Hermann Reuchlin

Geschichte Italiens von der Gründung der regierenden Dynastien

Dritter Teil

Hermann Reuchlin

Geschichte Italiens von der Gründung der regierenden Dynastien
Dritter Teil

ISBN/EAN: 9783742896995

Hergestellt in Europa, USA, Kanada, Australien, Japan

Cover: Foto ©ninafisch / pixelio.de

Manufactured and distributed by brebook publishing software
(www.brebook.com)

Hermann Reuchlin

Geschichte Italiens von der Gründung der regierenden Dynastien

Geschichte Italiens

von der

Gründung der regierenden Dynastien bis zur Gegenwart.

Von

Dr. Hermann Reuchlin.

Dritter Theil.

Die Reaktionszeit und die nationale Erhebung Italiens von der Bekämpfung
der römischen Republik im Frühjahr 1849 bis zum letzten Ministerium
Cavours im Januar 1860.

Leipzig,
Verlag von S. Hirzel.
1870.

Vorwort.

Angesichts der siegreichen Riesenkämpfe unsres tapfern Heeres, Angesichts des endlich raschen Reifens der nationalen Stimmung unsres Volks
mag das mehr diplomatische Vorschreiten der italienischen Einheit, dazu
noch mit fremder Hilfe, in diesen unsern großen Tagen sehr abblassen, die
Theilnahme daran bei uns im Niedergang sein. Der Schiffer aber tritt
eine weite Fahrt nicht gern bei konträrem Winde an. Und doch haben
wir dieß trotz den Warnungen erfahrner Freunde schon einmal gewagt,
als wir im März 1859 den ersten Band dieser Geschichte vom Stapel
laufen ließen, während Tausende nach Waffen riefen, um den Po am Rhein
vertheidigt zu sehen. Der Verfasser fühlte sich nicht getroffen, wenn eifrige
Patrioten ihm in ihrem Zorn selbst auf der Straße Cavour! nachriefen.
Bald darauf wirkte das Beispiel Italiens auf unsre öffentliche Meinung
mit der Kraft des Sauerteigs. Heute nun, da Deutschland ein Gegen-
bild voll Kraft und Größe bildet, ist es für den Politiker von hohem Interesse zu vergleichen, wie der romanische und wie der deutsche Volksgeist
das Ziel des Nationalstaats eigenthümlich auffaßte, und jeder es mit seinen
eigenthümlichen Mitteln anstrebte und erreichte. Ewig wird es denkwürdig
bleiben, wie in Italien eine kleine Schaar von Männern die ungeheuern
Hindernisse aller Art bekämpfte, die Geister aufrichtete, vereinigte, um bald
mehr mit List, bald mit kühner Gewalt schrittweise vorgehend schließlich
dahin zu gelangen, daß die Fahne des Nationalstaats auf dem Kapitol
aufgepflanzt werden konnte. Die materielle Schwäche Piemonts, ja Italiens, die langgestreckte Gestalt der Halbinsel, die mehr als dreihundert-
jährige Gewöhnung an Fremd- und Priesterherrschaft, die mangelhafte,

dazu sehr verschiedene Civilisation der Bevölkerungen Italiens boten und bieten noch ungeheure Schwierigkeiten.

Nachdem nun der Pol der italienischen Sehnsucht, das Kapitol erreicht ist, gewinnt die Frage der Weltstellung des Pabstthums, ob man ihm seine weltliche Basis entziehen darf, was die Folgen davon sein werden, eine für jeden Gebildeten verschärfte Wichtigkeit.

Unser dritter Band bietet ihm reiches Material sich sein Urtheil zu bilden. Zwar wird durch die auf dem Concil zur Gewalt gekommene Partei die Auffassung, welche der Kirche und der Menschheit zum Heil gereichen würde, möglichst zurückgewiesen. Aber die Nothwendigkeit, das „müssen" hat ja schon oft ihre Kraft erwiesen, den verirrten Sinn und den widerstrebenden Willen in die Bahnen der Weisheit und der Pflicht zu leiten. Dieselbe geistige Naturnothwendigkeit, welche zwei Völker zu ihrer Wiedergeburt gedrängt hat, sollte sich doch auch an der katholischen Kirche bewähren. War Cavour auch kein Kirchenvater, noch Kirchenfürst, so hat er doch dieses hohe Ziel klar ins Auge gefaßt und die Karbinäle würden nicht übel thun von dem Laien zu lernen.

Die gegenwärtig durch einen frevelhaft heraufbeschwornen Krieg in uns entzündete Erbitterung gegen Napoleon dürfte nicht geneigt sein meine Darstellung seiner italienischen Politik anzunehmen. Allein was in ihm von bessern Trieben war, das hat er der Wiege seines Geschlechts, Italien zu gut kommen lassen, Cavour hat ihn mit seiner Flügelkraft über sich selbst hinaufgehoben. Seine corsische Menschenverachtung hat er Frankreich und schließlich Deutschland geweiht. Aber sein Glücksschiff stieß hier auf Felsenmänner. So ist er, wenn auch halb widerwillig, Ursächer der italienischen und sehr wider Willen der der deutschen Nationaleinheit geworden. Sein viel getadeltes Verhältniß zum Pabst wurde durch die Ahnung bestimmt, daß seine Herrschaft und die des Priesterkönigs vom Schicksal in einen Knoten zusammengeschürzt seien. Seine Ahnung hat ihn nicht getäuscht: den 1. September entfiel ihm die Kaiserkrone, den 20. rückten die Italiener in Rom ein.

Dieser Band ist die Frucht zehnjähriger Arbeit und eines zwei= maligen (eines dritten und vierten) Aufenthalts in Italien (1860 und 1868), bei welchem es mir vergönnt war eine Anzahl der namhaftesten italienischen Politiker persönlich kennen zu lernen. Die Vorstudien zu diesem Bande sind theilweise schon verarbeitet in Aufsätzen, welche in den Preußischen und in den Deutschen Jahrbüchern, in Unserer Zeit, in Sybels historischer Zeitschrift, im Deutschen Staatswörterbuch und im

Staatslexikon, in Raumers Taschenbuch (Manin) und in der Kölnischen
Zeitung (die politische Karikatur in Italien) erschienen. Eine so gereifte
Frucht darf auch bei nicht besonders günstig scheinendem Wetter abge-
pflückt werden. Unser dritter Band enthält, um der Erzählung Einheit
und Uebersichtlichkeit zu geben, nur die Geschichte Ober- und Mittelitaliens.
Wenn Gott mir die Kraft erhält, soll in einem vierten Bande die Geschichte Neapels von 1850 an, der Sturz der Bourbonen und die Geschichte des Königreichs Italien bis zum Herbst 1866 dargestellt werden.
Es steht zu hoffen, daß durch den Fall Napoleons das Schloß von
manchem italienischen Munde abgenommen, manches Geheimniß veröffentlicht werde.

Stuttgart, 30. September 1870.

Dr. Hermann Reuchlin.

Sechsundzwanzigster Abschnitt.

Die italienische Politik Frankreichs, die kirchenstaatliche Republik, der Kampf um Rom, die Restauration in Stadt und Provinz.

Die Revolutionen bieten auch dadurch ein besonderes Interesse, daß sie die tiefsten, stärksten Triebe der Völker entfesseln und an den Tag bringen. Die pariser Februarrevolution von 1848 bewährte, daß ebenso= wohl die Dolmetscher der Triebe der Massen des französischen Volks, als seine despotischen Regierungen darauf zielen müssen, die europäische Ober= herrschaft Frankreichs unter dem Titel des europäischen Gleichgewichts zu erreichen. Es ist nur die Schuld der anderen Völker und Fürsten, daß den Franzosen dazu so oft die Freiheit als bester Gehilfe diente. — Auch im Jahre 1848 entfaltete die französische Republik der Freiheit, Gleichheit und Brüderlichkeit diese Fahne. Die Constituirende Versammlung stimmte den 25. Mai 1848 der Tagesordnung bei: Die vollziehende Gewalt ist ein= geladen als Regel ihrer Politik den einstimmigen Wunsch der Versammlung „die Befreiung Italiens" festzuhalten. Sie begrüßten aber die italienischen Revolutionen besonders darum, weil diese die Oberherrschaft über Italien, nach welcher die französischen Könige als Rechtserben der neapolitanischen Anjou seit dem Ende des fünfzehnten Jahrhunderts, nach welcher die französische Revolution und das Kaiserthum mit wechselndem Erfolg ge= rungen hatten, Oestreich zu entreißen suchten. Dieß genügte jedoch der Mehr= zahl des französischen Volkes nicht, welches wie die Kurie auf jeden früheren Besitz nur genöthigt und vorübergehend verzichtet. Lamartine sprach sich in einer Sitzung des Ausschusses für auswärtige Angelegenheiten im Frühjahr 1848 über den Zweck der französischen Alpenarmee dahin aus „Wenn der König von Sardinien die Lombardei sich aneignet, so verletzt er damit das europäische Gleichgewicht. Dann kann auch Frankreich unter diesem Titel es zu seinem Nutzen verletzen oder wiederherstellen, indem es Nizza und Savoyen überfällt und sie sich einverleibt. Siegt aber Oest= reich, so ist Sardinien zu unterstützen und Frankreich nimmt sich diese

Provinzen als Lohn für seine Hilfeleistung." Die Berechtigung der lom=
bardischen, venetianischen, toscanischen, kirchenstaatlichen „Nationalitäten"
wurden, wie wir im zweiten Theil (Band) unserer Geschichte eingehend
nachgewiesen haben, von den Agenten der französischen Republik gerühmt,
von ihnen wurde die Förderation derselben als die dem italienischen Genius
allein entsprechende Form warm empfohlen; während sie vor der Ver=
größerungsſucht Piemonts warnten. Der große Republikaner Baſtide
rechnet es sich in seinem Buche: la république française et l'Italie en
1848 zum Ruhm an, daß er, seit dem Mai 1848 Minister des Aeußern,
dieſe Politik unermüdlich befolgte.

In klarer Erkenntniß deſſen hielt Karl Albert die Fahne des l'Italia
farà da sè hoch. Er verbat sich im April 1848 in Paris jede Einmischung
und erklärte, die armirten Forts in den Alpenpäſſen hätten Befehl auf
etwaige französische Hilfstruppen zu feuern. Die ungeheure Mehrzahl der
Italiener hatte genug nationales Gewiſſen und Ehrgefühl um dieſe Politik
zu unterſtützen. Mazzini und Genoſſen hatten im erſten Taumel der
Brüderlichkeit in Paris dem nationalen Communismus gehuldigt. Ob
sie gleich in Italien ſelbſt bald davon zurückkamen, ſo bahnten sie durch
Untergrabung der militärischen und bürgerlichen Ordnung doch jeder Fremd=
herrschaft die Wege, und erhielten in Rom ihren Lohn dafür von den
Franzosen. Eine ausdauernde Bettelhaftigkeit um die Hilfe der West=
mächte, beſonders Frankreichs, zeigte der Diktator der Inselrepublik Ve=
nedig, Daniel Manin, wie wir im XXII. und XXIII. Abschnitt unserer
Geschichte im Näheren nachgewieſen haben, was auch Bonghi in seiner
verdienſtvollen Biographie Paſini's reichlich dokumentirt. Nur eine radikale
genueſiſche Fraktion in der piemonteſiſchen Regierung ſuchte französische
Hilfe nach. (Ueber die italienische Politik der französischen Republik,
ſ. Unsere Geschichte, Band II. erſte Hälfte, S. 165.)

Dieſes war auch das Motiv Karl Alberts, daß er nach ſeinem Ver=
zweiflungskampf im März 1849 — ein tüchtiger französischer General
war ihm von den französischen Republikanern verweigert worden — nach
Novara lieber die Krone niederlegte, als die Hilfe Frankreichs anrief. An=
ders als die Ledrü=Rollin und die Baſtide hatte ſogleich der Präsident
Napoleon die Geltendmachung der Intereſſen Frankreichs in Italien ver=
ſtanden. Als Broſſerio und seine radikalen Conforten 1858 vor einem
Bündniß Piemonts mit Kaiser Napoleon warnten und auf die Hilfe
einer nahen französischen Republik vertröſteten, antwortete Cavour den
16. April: „Erſt als die französische Regierung (durch die Präſidentschaft
Napoleons im December 1848) sich mehr der monarchischen Form näherte,
war der Präsident geneigt materielle Hilfe nach Italien zu schicken. Wer
verhinderte ihn daran, dieser Neigung Folge zu geben? — Die Häupter
der Nationalverſammlung, die Minister, worunter einige der jetzigen Re=
publikaner. Ich hörte dieß aus dem Munde eines ihrer berühmten

Redner, welcher sich dessen rühmte." (Cavour hatte seine guten Gründe sich anzustellen, als hätte Karl Albert Frankreich bestimmt um Waffen=hilfe gebeten.)

Die Gelüste der französischen Republikaner hielten auch Radetzky ab, seinen vollständigen Sieg bei Novara weiter zu verfolgen. Die Befestigung der österreichischen Herrschaft in Lombardovenetien, die Wiedereinsetzung seiner nunmehr zu bloßen Vasallen herabgesunkenen Herzoge von Modena, Parma und Toscana mußten Frankreich stacheln, der östreichischen Oberherrschaft auf der Halbinsel ein Gegengewicht zu geben. Der Pabst wenigstens durfte nicht durch die Oestreicher allein in seine Staaten wieder eingesetzt werden, ob er gleich ihnen den Vorzug gab. Der Ein=fluß Frankreichs in dieser romanischen Halbinsel durfte unter der Re=publik nicht unter das Niveau herabsinken, welches derselbe unter dem wegen seiner schwachen italienischen Politik vielgeschmähten Louis Philipp gehabt hatte. Es handelte sich dabei um die Ehre, um die Existenz der Republik und ihres Präsidenten.

Farini in seinem stato Romano (IV. 42) sagt, die französische Re=volution von 1848 sei nicht reif von innen heraus geboren worden. Den Anstoß habe der unter Pius liberal gewordene päpstliche Kosmopo=litismus gegeben. Die die Italiener beherrschende Idee der nationalen Unabhängigkeit, in welcher die rechtmäßige Entwickelung des bürgerlichen Rechts der christlichen Völker sich darstelle, sei von den Franzosen aller Parteien nicht begriffen worden. „In Italien ging man durch eine Reihe von Festen zur sicilianischen Revolution über; in Frankreich gab ein Bankét den Anstoß zu einer Revolution." — Eine kleine Partei hatte Paris mit der Republik überrascht, Paris hatte sie in die Provinz ge=schickt. Aber die niederen Klassen drängten sich nun auch gewaltsam an die Festtafel des Lebens. Alles was dem Menschen heilig ist, zumal das Eigenthum, sah sich bedroht. Die Kirche und das Heer erschienen als die einzigen Retter; sie gewannen jetzt eine ungeheure Geltung. Sie mußten solidarisch einander stärken, um den Bestand der menschlichen Gesellschaft tragen zu können. Darauf beruhte auch die Geltung Frank=reichs im Ausland, also seine Ehre. — Diese von den konservativen und katholischen Abgeordneten verkündeten Gedanken, durch den Klerus und die Presse verbreitet, fanden besonders bei dem Landvolke, welches die meisten Wähler und Soldaten stellt, als Ausdruck seines Instinkts leiden=schaftlichen Beifall. Das erkannte der Präsident Napoleon, welcher ihrer zu noch höheren Machtzielen bedurfte.

Seit der beim Ausbruch des italienischen Nationalkriegs gegen Oestreich vom Pabste erlassenen Neutralitätsallokution vom 28. April 1848, seit der Gefährdung der päpstlichen Regierung und Person, seit der Flucht des Pabstes aus Rom, in der Nacht des 24. November 1848, war diese Gährung in den Massen des französischen Volks eine immer stärkere geworden. Der Präsident durfte ihr nur die Wege bezeichnen. Im September 1848 wandte sich der Pabst im tiefsten Geheimniß durch ein Handschreiben an den Präsidenten der französischen Republik Cavaignac mit der Bitte um viertausend Mann zum Schutze seiner und der Minister persönlichen Sicherheit. Die Verweigerung dieser Bitte war entscheidend. Nicht Cavaignac, sondern Napoleon wurde am 20. December Präsident der französischen Republik. Er erkannte, unter welcher Bedingung er gewählt war. Unmittelbar vor dem Wahltag hatte Napoleon sich darüber entschuldigt, daß er sich bei einer Abstimmung über eine römische Expedition seines Votums enthalten hatte. Aber die verschiedenen Einflüsse auf ihn, die Ereignisse in Rom, die Parteien in Frankreich erlaubten ihm noch nicht, das Auge auf ein festes Ziel gerichtet, das Steuer mit sicherer Hand zu führen. Das wechselnde Uebergewicht dieser Elemente, der wechselnde Drang dieses Augenblicks nöthigte ihn zum Laviren. Und er wurde selbst nach und nach durch den Durst nach unbeschränkter Macht ein Anderer.

Die, wenn auch von Vielen kaum geahnte, Riesengröße des Verhältnisses von Kirche und Staat, welche in der römischen Frage eingeschlossen ist, an welcher noch die kommende Generation saure Arbeit finden wird, wie die unvergleichliche Größe der Vergangenheit Roms, deren Schatten von den Kämpfenden geweckt wurden, die Persönlichkeiten Pius', Napoleon's, Garibaldi's, in welchen sich das Denken und Ringen vieler Millionen incarnirte, die malerische Bedeutsamkeit des Schauplatzes, die scharfen Kontraste, selbst die ungleiche Stärke der Waffen, der geistigen wie der materiellen, fordern uns auf das Bild der Kämpfe um Rom, welche im Frühling und im Sommer 1849 ausgefochten wurden, diese Iliade unseres Jahrhunderts eingehender darzustellen und zu entrollen. Die national-patriotischen Versuche Piemonts, unter dem Schutz seiner Waffen Pius als constitutionellen Fürsten in den Vatikan zurückzuführen (Unsere Geschichte, Band II. zweite Hälfte, Seite 164), waren zugleich an der Scylla der Diplomatie der reaktionären Mächte, namentlich Oestreichs, und in der Charybdis des politischen und antikirchlichen Radikalismus in Trümmer gegangen. Das Pabstthum faßte sich wieder in seiner geschichtlichen Wesenheit; es stützte sich auf die Waffen der politischen Mächte der Legitimität und das Schauspiel wird nur widerspruchsvoller dadurch, daß die Waffen der französischen Republik ihnen in diesem Kriege den Vorkampf streitig machten. Die Radikalen, welche bisher überall nur die nationalen Kräfte verwirrt und zersetzt hatten, hatten in Rom endlich einen Boden, einen Schauplatz gefunden, wo sie herrschend der Welt erproben wollten und mußten, daß sie die Macht seien, dieselbe wiederzugebären, daß sie die Männer seien, welche nicht blos zerstören, sondern auch aufbauen könnten. So stießen in Rom, als im Mittelpunkt der Erde, die Mächte einer großen Vergangenheit, welche von vielen

Millionen noch als das Heiligste in der Gegenwart verehrt werden, und die Vorkämpfer der verkündeten republikanischen, geistesfreien Zukunft der Menschheit in hartem Kampf aufeinander. Alles was in Italien seit Novara geschah, der erbärmliche Zerfall des toscanischen Radikalismus und die Restaurationen auf dem ganzen übrigen Festlande verlieren im Vergleich mit dem Kampfe um Rom alles höhere Interesse. Dazu kommt, daß wir Deutsche, damals durch die Krise unseres, in seinen Grundfesten erschütternden Vaterlandes in Anspruch genommen, nicht in der Stimmung waren, dem Kampfe um Rom große Aufmerksamkeit zu widmen, weshalb er noch einen gewissen Reiz der Neuheit für uns besitzt. Dagegen darf bei der großen Mehrzahl der Leser diejenige Bekanntschaft mit den Oertlichkeiten Roms und seiner Umgebung vorausgesetzt werden, durch welche die Erzählung verständlicher und interessanter wird. Bei der Nennung der klassischen Hügel klingt es bei uns allen wie Jugenderinnerung.

Die Streiter selbst waren sich bewußt, daß sie eine Geisterschlacht kämpften, welche in dem blutigen Kampfe der Heere nur eine schwache Verkörperung fand, daß Hunderte von Millionen, welche in allen Welttheilen, soweit die Kirche und die Civilisation gedrungen ist, ein Amphitheater, einen circus maximus um diesen Kampfplatz bildeten. Einer der besten Patrioten Italiens charakterisirt das Wesen und die Folgen dieses Kampfes von prophetischer Höhe aus.

Massimo d'Azeglio, in einem seiner interessanten, intimen Briefe an den seiner würdigen Eugen Renbü in Paris, schreibt den 15. Januar 1849: Ich glaubte von Anfang und jetzt noch mehr, daß die römischen Revolutionäre sich in eine Sackgasse verrennen. Pius wird ganz gewiß zurückkommen; ich wünschte, daß dieß ohne Excommunikation und ohne Intervention geschähe. Und das war möglich, wenn man es nur verstand. Aber Oestreich und Rußland waren auf dem Platz, um die Sachen zu verwirren, um einige Unordnung zur Verfügung der Reaktion zu haben. Die Folge von all' dem wird sein, daß der Pabst durch das eine Thor einzieht, das Papstthum aber durch das andere entweicht. Diese verdammten Exaltirten haben mit Oestreichs Hilfe es dahin gebracht alles durcheinander zu werfen. Dahin ist es mit der italienischen Bewegung gekommen, welche im Anfang so großartig war und im Verlaufe welcher die Italiener wenigstens nicht so viele Fehler machten, wie bei früheren Bewegungen.

Um unnöthige Wiederholungen zu vermeiden, müssen wir auf unsere Darstellung der in Rom und um Pius in Gaëta ringenden Kräfte Band II, zweite Hälfte von Seite 163 bis 173 verweisen. Es erhellt daraus, daß Pius mit der Reizbarkeit nervöser und mhstischer Gemüther sich zu Anfang des Jahres 1849 für berechtigt und verpflichtet hielt, den nationalen Charakter seiner Fürstenkrone zu verläugnen, daß Antonelli

es Piemont als Verbrechen anrechnete, daß dieses mit allen Kräften, mit
Hilfe Mamiani's und der muthigen Romagnolen in Rom die Absetzung
Pius' verhindert hatte. Also beherrschte der entschlossenste Pessimismus
den unglücklichen Pius.

Die damalige Gesinnung Antonelli's gegen Frankreich erhellt aus
den Berichten Martino's und Altomonte's an Caraffa, welche Nicomede
Bianchi noch 1860 in Gaëta auffand und Gennarelli in seiner politica
della S. Sede e gli atti dei Bonaparte Seite 115 bis 138 veröffentlichte. Antonelli wurde zu Anfang des Jahres 1849 nicht müde Oestreich zum Krieg gegen Piemont und gegen Frankreich zu stacheln. Der
klerikalen Reaktionspartei war es bei ihrem Mißtrauen gegen die französische Republik höchst unangenehm, daß Oestreich, um nicht Frankreich
ein Motiv zur Einmischung in seinen bevorstehenden Krieg mit Piemont
um die Herrschaft in Oberitalien, zu geben, der Kurie Anfangs Februar
1849 erklärte, es sei bereit den Pabst mit den Waffen in seine Staaten
zurückzuführen, aber nur unter der Bedingung, daß Frankreich sich dabei
betheilige. Im Aerger darüber beschloß das Kardinalkonsistorium den
siebenten Februar 1849 in Gaëta, die bewaffnete Hilfe Frankreichs,
Oestreichs, Spaniens und Neapels anzurufen. Die dem Beschluß der
Kardinäle beigefügte Klausel, diese Waffenhilfe könne von jeder dieser
Mächte ohne vorhergehende gegenseitige Verständigung geleistet werden,
beabsichtigte, Oestreich freie Hand zu lassen; sie war aber dem gesammt-
katholischen Charakter, den dieser „Kreuzzug der katholischen Welt" zu
Gunsten ihres Hauptes haben sollte, entgegen. Wir werden uns überzeugen, daß diese Klausel Veranlassung zu einer Schlappe für die neapolitanischen Bourbonen wurde, welche ihren Sturz vorbereitete. In den
ersten Stunden des neunten Februars beschloß die constituirende Versammlung des Kirchenstaats ohne Kenntniß jenes Konsistorialbeschlusses,
in Rom das Ende der weltlichen Regierung des Pabstes und die Republik (Unsere Geschichte, Band II. 2. Hälfte, S. 171.)

Menghini, Abgeordneter aus Ravenna, hatte der Constituirenden
des Kirchenstaats die Frage prägnant vorgestellt: „Es sind nur drei Entschlüsse möglich: Pabst, oder provisorische Regierung, oder Republik. Vom
Pabste zu reden, würde ich mich schämen; die provisorische Regierung
wäre nur eine verlängerte Agonie; also bleibt nur die Möglichkeit der
Republik." — Die gemäßigten Nationalpatrioten unter Mamiani konnten
nur eine Vertagung der Entscheidung versuchen, indem sie dieselbe als
eine große italienische Frage, der erst zu wählenden italienischen constituirenden Versammlung im Sinne Gioberti's vorbehalten wissen wollten. Beim Namensaufruf enthielten sich zwölf Abgeordnete der Abstimmung,
zehn waren gegen, 120 für die Republik.

So ungleich auch die Zahl der Kämpfer war, so war der Kampf
doch hartnäckig gewesen. Mamiani bewies vom nationalen Standpunkt

aus, daß man durch die Ausrufung der Republik nur Piemont schwächen, Oestreich stärken werde und beide so allein einander gegenüberstelle. Denn die römische Republik hätte zu diesem nationalen Entscheidungs= kampfe in Oberitalien keine Truppen und kein Geld zu schicken, da sie weitere fremde Kriegsvölker gegen Rom, gegen Italien herbeiziehe. Da= gegen wurden Phrasen und unzeitige Wahrheiten deklamirt: das politische Pabstthum sei immer das Unglück Italiens gewesen. Die constitutionelle Regierung sei eine Lüge. Der Tag der Volksherrschaft, der Tag für den Bund der Völker sei angebrochen. Man versprach den Schutz der fran= zösischen Republik. Auch von der urchristlichen Kirche sprach man sal= bungsvoll. Ein schlechter Komödienschreiber rief mit Pathos: Im Namen Gottes, Vertreter eines christlichen Volkes, halten wir das Evangelium hoch und erklären wir ein für allemal, daß das Reich der Päbste nicht von dieser Welt ist! — Die Majorität für Republik war so zahlreich besonders durch unreife Leute, welche aus Eitelkeit die Volksvertretung gesucht hatten und von den Gallericen terrorisirt wurden, welche großen= theils von Fremden besetzt waren. Die besten Männer, namentlich aus der Romagna, waren nicht in der Versammlung. Sie, welche im No= vember bei der Ermordung des päbstlichen Ministerpräsidenten Rossi allein Muth gezeigt hatten (Unsere Geschichte, B. II. 2. Hälfte, S. 43), waren überzeugt, daß die Leidenschaft, daß Mazzini und Antonelli jede Verstän= digung unmöglich machen würden.

Es war Nacht zwei Uhr, als unter Jubelruf der Beschluß verkündet wurde, daß die weltliche Regierung des Pabstes aufgehört habe, die Re= publik zu Recht bestehe. Freudetrunken lief man auf das Kapitol und läutete die Glocke, deren heller Ton den Römern den Tod des Pabstes und den Anfang des Karnevals zu verkündigen pflegt. Andere Kirchen antworteten mit ihrem Geläute. Am Nachmittag desselben 9. Februar begaben sich die Abgeordneten auf das Kapitol. Der Präsident verlas von der Loggia über der äußeren Treppe des Palastes des Senators — welcher zwischen dem Forum und der Reiterstatue Marc Aurels sich mit einem Thurm erhebt — die Urkunde der Wiederherstellung der römischen Republik. Der römische Abbate Coppi, der trockene, aber streng zuver= lässige Geschichtschreiber Italiens, sagt: „Auf dem Kapitolplatze standen einige Hundert Personen, größtentheils von der öffentlichen Wohlthätigkeit bezahlte Arbeiter; in anständiger Entfernung sah man einige Neugierige, unter welchen der Schreiber dieses. Das römische Volk blieb in seiner gewöhnlichen Gleichgiltigkeit und Trägheit. Den eilften wohnte die Con= stituirende einem von ihr angeordneten feierlichen Dankgottesdienst im St. Petersdom bei. Ein emigrirter Priester aus Vicenza celebrirte die Messe ohne irgend eine Betheiligung des vatikanischen Klerus am Altar des Heil. Stuhls und stimmte den Ambrosianischen Lobgesang an." —
Die Constituirende übertrug die Regierung an ein Triumphirat, Armellini,

Saliceti und Montecchi und diese weiter an Minister, größerntheils ehr=
liche Republikaner. Leider saß neben dem trefflichen Justizminister Lazzarini
der Zeitungsdemagoge Sterbini. Der ehrenfeste Karl Rusconi, Minister
des Aeußeren, hat in seiner Geschichte: la republica Romana Rechenschaft
abgelegt von seinen fruchtlosen Bemühungen, die Regierungen und Völker
Europas für dieselbe zu interessiren.

Die Republik verrieth dabei ihre bis zur Unehrlichkeit unklare, weil
schwache Stellung. Sie wandte sich um Freundschaft bittend an den
Präsidenten Napoleon und an die französischen Rothen. Man lud die
Italiener ein zur italienischen Constituirenden zu wählen, welche Italien
als Republik vereinigen sollte, und unterhandelte darüber mit den Mi=
nistern Karl Alberts. Aber auch im unterwühlten Toscana war selbst
durch Mazzini nur der unklare, darum für alle „Ideen" zugängliche Mi=
nister Montanelli zu gewinnen, während sein Kollege Guerrazzi, sobald
der Großherzog ihm aus der Hand auch nach Gaëta geschlüpft war, schon
daran dachte ihn zu restauriren. Kein toscanischer Abgeordneter folgte
der Einladung nach Rom. Auch die noch unabhängigen, wenn auch sehr
gefährdeten Staaten Sicilien und Venedig erklärten aus Furcht vor der
Einheitsrepublik Mazzini's, daß sie der italienischen Constituirenden keine
unbegrenzte Vollmacht zur Entscheidung über die Autonomie der Staaten
zugestehen.

In der Constituirenden saßen viele Männer von Begeisterung und
Muth, wenige von politischer Bildung. Trotz der Reaktion in Wien, in
Berlin, besonders in Paris beredeten sie sich, die republikanische Sturm=
fluth sei in Europa noch im Steigen. Wie schwer waren Bildung und
Muth für einen Kirchenstaatler! Beides besaßen entschieden am meisten
wenige national Constitutionelle, welche ihre Ueberzeugung noch wie zuvor
unerschrocken bekannten und sich durch die Forderung persönlicher Ab=
stimmung nicht einschüchtern ließen. Aber wirklichen Einfluß übten sie
nicht. Die Nachricht, daß Haynau Ferrara schwer an Geld strafe, brachte
am 15. April der Beschluß hervor, daß die Klostergüter und überhaupt
die Güter der todten Hand, welche weithin um Rom vorherrschen und
den Ackerbau erschweren, in kleinen Theilen an arme Familien gegen
mäßigen Zins in ewigen, aber stets ablösbaren Pacht gegeben werden
sollten. Man bezweckte damit, das Landvolk, den Boden und die Luft zu
verbessern und das niedere Volk Roms für die Republik zu gewinnen.

Gleichzeitig und im Zusammenhang damit wurde folgender nicht
unwürdig motivirter Beschluß gefaßt: „In Betracht, daß das Kloster=
gelübde nur eine sittliche Beziehung zwischen dem Gewissen und Gott
constituirt; in Betracht, daß die bürgerliche Gesellschaft als solche mit
ihren äußerlichen, materiellen Mitteln sich in die geistlichen Pflichten
nicht einmischen (der Kirche gegen den austreten Wollenden nicht seine
zwingende Gewalt leihen) kann; in Betracht, daß das Leben und die

Fähigkeiten des Menschen von Rechtswegen der Gesellschaft und dem Lande gehören, in welches er durch die Vorsehung versetzt wurde; daß die Gesellschaft keine unwiderruflichen Bande zulassen kann, wodurch der Mensch ihr entfremdet, sein Wille und Thun in bestimmte Gränzen gebannt wird, wird beschlossen: die Gesellschaft erkennt die unbegränzte Giltigkeit der geistlichen Orden gegenüber eingegangener Gelübde nicht an. Es liegt im freien Willen jeder in einem geistlichen Ordensverband stehenden Persönlichkeit sich von dessen Regeln, wozu er sich durch Gelübde verpflichtet hat, loszusagen. Der Staat beschützt die Personen, welche sich dieses Dekret zu Nutz zu machen suchen, gegen jeden ihnen entgegengesetzten Widerstand und Gewalt; der Staat wird mit Dank in die Reihen seiner Truppen diejenigen Mönche aufnehmen, welche bereit sind, mit den Waffen ihr Vaterland zu vertheidigen, für welches sie bisher nur Gebete zu Gott gerichtet haben." — Der privilegirte Gerichtsstand der Priester nur vor geistlichen Gerichten, ihre Steuerfreiheit wurde aufgehoben. — Diese Dekrete, welche damals nur wenig praktischen Erfolg hatten, sind mit ihren Motiven die Vorläufer der in den Jahren 1866 und 1867 von dem Parlament des Königreichs Italiens verabschiedeten und durchgeführten Gesetze, nachdem sie Jahre lang als Aergerniß und als unmächtig verspottet worden waren. Die römische Republik brachte sie zu Papier, das nationale Königreich führte sie im Leben durch.

Erst als. auf Befehle hin, welche von Gaëta aus im Namen des Pabstes ergingen, der Klerus die Republik zu untergraben suchte und als auf seinen Ruf fremde Heere herbeizogen, wurden geistliche Personen und geistliches Gut verletzt. Einige Klöster waren in Kasernen verwandelt; Beichtstühle, ja Karossen einiger Karbinale wurden zum Barrikadenbau, die Pferde des Pabstes für die Artillerie verwendet, sogar heilige Reliquien verschleudert. Ehe der Beschluß gefaßt war, das zum Kultus unnöthige edle Metall der Kirchen für den Staat in Anspruch zu nehmen, war dasselbe von der Geistlichkeit in Sicherheit gebracht worden. Auf den Verdacht von Wühlerei hin wurden einige Bischöfe in die Gefängnisse der aufgehobenen Inquisition und der Engelsburg gebracht. Dieses geschah besonders Geistlichen, welche Verdacht erregten, indem sie in Verkleidungen entdeckt wurden. Seltsam war es, daß sich nicht wenige Geistliche in das Kloster der Antonianermönche bei St. Peter flüchteten, welche zu ihrem Schutz als Unterthanen des Sultans. die türkische Flagge aufzogen.

Andere Akte der römischen Republik gleichen denen anderer provisorischen Regierungen vollständig. Allen Offizieren und Beamten wurde der Eid aufgelegt, auch in der Absicht, daß ein Theil von diesen den hungrigen Stellenjägern Platz machte. Allein die meisten alten Beamten leisteten den Eid. Die Polizei namentlich bestand bald aus alten Schelmen und aus jungen, hitzigen, unerfahrenen Idealisten. In Stadt und Land herrschte daher oft hart neben merkwürdiger Sicherheit rohe Gewalt, Mord, Raub und schamloser Betrug. Auf der Bank mußten den alten gregorianischen (so wurden die klerikalen Reaktionäre nach dem Vorgänger Pios, Gregor XVI. genannt,) Geldmäklern für ihr Papiergeld, in Betracht, daß sie sich der Rache der Priester aussetzten, ein starkes Agio bezahlt werden, nachdem sie es sich hatten schriftlich geben lassen, daß sie nur der Gewalt gewichen seien. Das vermehrte Papiergeld fiel natürlich trotz alles Scheltens, Drohens und Erklärens. Der Republik fehlte der Glaube an ihre Zukunft. Der Zwangscurs half so wenig als anderswo. Der Plan eines Zwangsanlehens mit steigender Skala für die Reichen wurde nach dem Muster des von dem französischen General Miollis im Jahre 1808 ausgeschriebenen beschlossen. Auch in den Klubs äffte man noch eine Weile die französischen Revolutionäre nach.

Einige Zeit, so lange es nicht gereizt wurde, ersetzte das Anstandsgefühl des römischen Volks die Polizei. „Den schönsten Fasching, schrieb später die A. Allg. Zeitung, sahen wir im Jahre 1849. Es war kein Soldat, kein Sbirre, kein Gensdarm auf dem Corso, die Ordnung zu überwachen; das Volk war sein Selbstwächter, und nie herrschte mehr Anstand, nie größere Freiheit in der Haltung des Ganzen. Die Italiener besitzen das Geschick so etwas durch stilles Einvernehmen abzumachen und zur Verwunderung der Fremden durchzuführen. Damals galt es ja aber auch die Ehre der Republik," und, setzen wir hinzu, es waren keine rohen Russen, Engländer und Amerikaner da.

Auf die Nachricht, daß die Constituirende in Rom seine weltliche Regierung für „rechtlich und thatsächlich abgeschafft erklärt" und die Republik öffentlich verkündet habe, verlas Pius, umgeben von dem Kardinalkollegium, den vierzehnten Februar vor den versammelten Gesandten der Mächte einen feierlichen Protest. „Als weltlicher Fürst und noch vielmehr als Haupt und Oberpriester der katholischen Religion, sprach er, erkläre Ich jenen Akt der Felonie, der Ungerechtigkeit, des Undanks, der Thorheit und der Gottlosigkeit für null und nichtig. Wir verlangen, daß dem Stuhle das geheiligte Recht der zeitlichen Herrschaft erhalten bleibe —, dessen legitimen Besitz er unter allgemeiner Anerkennung seit vielen Jahrhunderten genießt, ein Recht, welches sich in der gegenwärtigen Ordnung der Vorsehung als nothwendig und unentbehrlich für die freie Ausübung des katholischen Apostolats dieses Stuhls erweist. Das lebhafteste Interesse, welches sich auf dem ganzen Erdkreis zu Gunsten Unserer Sache bethätigt hat, ist der klarste Beweis, daß sie die Sache der Gerechtigkeit ist. Deßhalb wagen Wir auch nicht zu zweifeln, daß Unsere Sache mit aller Sympathie und mit dem lebhaftesten Interesse der Nationen, welche durch Sie vertreten werden, aufgenommen werde."

Dieser Protest, den 18. Februar in der Constituirenden verlesen, wurde mit dem Donnerrufe: es lebe die Republik! aufgenommen und in

dem Monitore derselben mit diesem Zusatze veröffentlicht. In ihrer Ansprache an die anderen Völker berief sich die Constituirende für ihre Akte
auf das unveräußerliche Souveränitätsrecht des Volks. „Uns selbst überlassen haben wir die Revolution zu Ende geführt, ohne einen Tropfen
Blut zu vergießen. Wir haben die Souveränität der Päbste entwurzelt,
nach Jahrhunderten Ungemachs, nicht aus Haß gegen das Pabstthum,
sondern aus Liebe zum Vaterland. Die römische Republik wird ein
freies Volk zur Vertheidigung der religiösen Freiheit des Oberpriesters
aufstellen, für welche die Frömmigkeit eines republikanischen Volkes mehr
Werth hat als einige Spannen beherrschten Landes." — Schwieriger war
es, eine Note an die Mächte zu richten, deren Mehrzahl mit vollen Segeln in der Strömung der Reaktion einherging. Man berief sich darauf,
daß 250,000 Wähler ihre Wahlzettel in die Urne eingelegt hätten, obgleich sie durch die Blitze des Vatikans davor gewarnt waren. Mit Recht
konnte man sich darauf berufen, das Land von dem geflüchteten Pabst ohne
Regierung gelassen, müsse sich selbst eine geben.. Es gelang indeß nicht,
mit irgend einer Regierung in regelmäßigen diplomatischen Verkehr zu
treten. Der römischen Republik blieb die Größe der Isolirtheit ungetrübt.
Aber noch erschreckender zeigte sich in dieser Probe die Wurzellosigkeit der
weltlichen Priesterregierung. Keine Hand erhob sich für sie. Es wurde
versucht durch Prophezeiungen oder Wunder von Heiligenbildern Aufstände gegen die Republik anzuzetteln. Umsonst. Die Schweizer, denen
der Sold nicht mehr ausbezahlt wurde, liefen auseinander. Von seinen
getreuen Unterthanen hatte das weltliche Pabstthum die Wiedereinsetzung
nicht zu hoffen.

Durch den entscheidenden Akt der Constituirenden war in der Brust
Pio's auch das letzte Bedenken gegen Anrufung fremder Waffen erstickt.
Es blieb ihm nichts anderes übrig, wenn er nicht auf die weltliche Souveränität verzichten wollte, welche seine Vorfahren seit Innocenz III., dem
großen Sohne Anagni's, seit dem Anfang des dreizehnten Jahrhunderts
in Rom und in weiten Provinzen behauptet hatten. Die Frage war
nur, welche Staaten sollten zunächst zur Unterwerfung der päbstlichen
Unterthanen angerufen werden? Obgleich Pius dem piemontesischen Gesandten versichert hatte, er glaube den Einflüsterungen des ihm Gastfreundschaft gewährenden neapolitanischen Hofes nicht, welcher Piemont
beschuldigte, dieses trachte nach der Gewalt im Kirchenstaat, so konnte er
sich doch ihrer Wirkung nicht erwehren. Piemont blieb, da auch Oestreich seiner Zulassung entschieden widersprach, ausgeschlossen. Nicht minder mißtraute man am päbstlichen Hof namentlich den Franzosen. Die
Vergangenheit des Präsidenten Napoleon besonders während des Aufstandes von 1831 war der weltlichen Priesterregierung feindlich. Es war
bekannt, daß er unter Cavaignac's Präsidentschaft einer französischen Expedition zu Gunsten des Pabstes, als einer Einmischung zwischen Fürst und

Volk, entgegen gewesen war. Man war überzeugt, daß eine französische Garnison in Rom die Ausrufung der Republik nicht verhindert hätte. Allein da Oestreich sich nicht ohne Frankreich vorwagte, mußte man auch dieses aufrufen. Spanien und Neapel drängten sich mit Eifer herzu und ihr Eifer war unverdächtig.

So wurde denn der Beschluß vom Siebenten den Achtzehnten Februar vollzogen. Antonelli richtete an alle Mächte eine Note, worin er mittheilte, daß er die Waffenhilfe der genannten vier Mächte und die moralische Unterstützung aller anrufe. Die Begründung war dieselbe wie in dem Protest vom Vierzehnten: „der Pabst und die große Majorität seiner Unterthanen könnten das eiserne tyrannische Joch einer Horde von Sektirern nicht mehr ertragen. Der Pabst verlasse sich auf das religiöse Interesse dieser Mächte als Töchter der Kirche. So werde der Oberpriester in die freie Ausübung seiner obersten Gewalt wieder eingesetzt, wie es sein hoher, erhabener Charakter, die Interessen der allgemeinen Kirche und der Friede der Völker unbedingt verlangen. So nur könne er das Erbtheil erhalten, welches er bei Antritt seines Oberpriesterthums angetreten habe, um es ungeschmälert seinen Nachfolgern zu überliefern."

Oestreich ließ nun Mitte Februar der französischen Regierung Vorstellungen machen, die anormale Lage des Pabstes könne nicht so fortdauern, Rom dürfe nicht der Sitz der radikalen Propaganda werden; alle Nachbarstaaten würden dadurch gefährdet. Diesen komme es daher zu, in Rom dringend zu rathen, daß der Pabst wieder fürstlich zurückgerufen werde. Habe dieses keinen Erfolg, so hätten die Landtruppen Oestreichs und Neapels nach den Umständen einzuschreiten und Frankreich eine Flotte vor Civita vecchia zu schicken. Auf letzteres konnte sich Frankreich unmöglich beschränken lassen. So versuchte denn die französische Regierung Mitte März durch die Sendung Mercier's an die einflußreichsten Männer in der römischen Constituirenden, diese dahin zu bewegen, daß der Pabst als constitutioneller Fürst zurückgerufen würde. Er stellte ihnen vor, daß nur dann der Kirchenstaat Piemont im Kampfe gegen Oestreich beistehen könnte. Mamiani war dazu bereit, wenn Frankreich die Bürgschaft für das Fundamentalstatut des Kirchenstaats vom März 1848 übernähme. Armellini ging nicht darauf ein, da er nicht an eine französische Intervention glaubte. Stand doch in der Verfassung der französischen Republik schwarz auf weiß: sie wird nie ihre Kräfte gegen die Freiheit irgend eines Volks gebrauchen. Dieser Paragraph, mit Riesenlettern gedruckt, wurde beim Anmarsch der Franzosen gegen Rom in vielen Exemplaren auf ihren Weg gelegt.

Bereits trat der Gegensatz der Grundanschauungen innerhalb des französischen Volks und seiner Diplomatie stark zu Tage. D'Harcourt, als französischer Gesandter bei der Person des Pabstes, fand den Protest des tief gekränkten Karl Albert gegen die Uebergehung Piemonts bei der

Intervention gerecht. An seiner streng katholischen Gesinnung konnte nicht gezweifelt werden. D'Harcourt fand es passender, daß der Pabst durch italienische Waffen wieder in sein Fürstenthum eingesetzt werde. Dadurch wurde er am päbstlichen und neapolitanischen Hofe immer unleidlicher, während der bei diesem letzteren beglaubigte französische Gesandte Rayneval, später als Apologete der Mißbräuche der weltlichen Priesterregierung viel genannt, die Wünsche Antonelli's und des Königs Ferdinand von Neapel, welche in der Note vom 18. Februar ihren Ausdruck gefunden hatten, ganz zu den seinigen machte.

Dieser Januskopf der französischen Diplomatie ist ein auf einer Wasserscheide aufgestellter Markstein. Auf der einen Seite sehen wir die Solidarität der katholischen und der militärischen eroberungslustigen französischen Propaganda, welche der Nationaleitelkeit der Massen schmeichelt, sie personificirt sich uns in Drouyn de Lhuys, den Brüdern Falloux, dem Abgeordneten Montalembert, welcher viel von seiner Freiheit der Kirche und Schule sprach, Rayneval, Oudinet. Andererseits finden wir die Männer von edler, humaner Bildung, in deren Hut die Kulturelemente nicht nur Frankreichs stehen. Die Leitung Frankreichs in ihren Händen wäre der Weltfrieden, die gesicherte geistige Entwicklung der Völker nach dem Ideal der menschlichen Zustände. Sie stellen sich uns zunächst dar in dem Herzog d'Harcourt und bald auch in Lesseps, Renou, Doubet. Aber die weltgeschichtliche Mission welche dieser Minorität des französischen Volkes zusteht, riß nach einigem Ringen die gewaltthätige Majorität an sich. Vorerst verursachte jedoch das Harren auf den Waffenentscheid in Oberitalien Verzögerung der römischen Intervention. D'Harcourt verlangte, daß die dazu berufenen Mächte sich zuvor über die Ziele derselben verständigen sollten. Dazu brauchte es Zeit.

Zugleich stehen wir nun auf dem Punkte, wo die Wege Roms und Piemonts entschieden auseinander gehen. Die Ausschließung Piemonts von der Wiedereinsetzung des Pabstes, wodurch auch der Sturz Gioberti's und der Krieg mit Oestreich beschleunigt wurde, die Abweisung aller Bitten Piemonts bei der Kurie, ihm behilflich zu sein bei der Einschränkung der klerikalen Ausnahmsstellung, welch' letztere sich mit der piemontesischen Verfassung nicht mehr vertrug, zeigt dieses Auseinandergehen beider auf lange Zeit bereits entschieden an. Während Frankreich zweispältig zögerte, Piemont nicht konnte und nicht durfte, wußte Oestreich wenigstens genau was es so bald wie möglich wollte, die Restauration des gregorianischen Systems.

Den 22. März 1849 (also im Moment des Ausbruchs des östreichisch-piemontesischen Kriegs,) schrieb Fürst Schwarzenberg an den k. k. Gesandten in Neapel, den General Martini eine Depesche (Bianchi, diplomazia europea, Vol. VI. p. 439), welche dem neapolitanischen Gesandten mitgetheilt werden sollte:

· „Die Besprechungen zwischen uns und dem französischen Kabinet, um

ein vorläufiges Einverständniß über die geeignetsten Mittel zur Wieder=
einsetzung des Heiligen Vaters in die Ausübung seiner Souveränitäts=
rechte, haben unglücklicher Weise noch zu keinem unseren Wünschen ent=
sprechenden Resultat geführt. Nach unsern neuesten Nachrichten aus Paris
will das französische Kabinet eben so wenig unsere isolirte Intervention
als es, wenigstens vorerst, seine materiellen Mittel mit den unsrigen zur
Wiedereinsetzung des Heiligen Vaters in seine Rechte vereinigen will.
Nur mit Widerwillen würde es Spanien in dieser Sache eine thätige
Rolle übernehmen sehen; es würde einer Kollektivintervention Sardiniens
und Neapels noch den Vorzug geben; da aber diese Combination für den
Augenblick ganz unmöglich ist, so würde es sich resigniren, den König
Ferdinand allein in den Kampf treten zu sehen. Indeß würde das franzö=
sische Kabinet allen diesen verschiedenen Eventualitäten die Mittel der
Ueberredung und der Versöhnung weit vorziehen, im Ganzen hält dasselbe
die bewaffnete Intervention für das äußerste Mittel, welches noch in der
Reserve zu halten ist und dessen Anwendung vor dem Richterstuhl der
öffentlichen Meinung in Frankreich schwer zu rechtfertigen scheint. Da=
durch wird die Aufgabe der Konferenz in Gaëta erschwert. Ich hoffe
aber, daß, wenn man sich recht Mühe giebt, die beiden französischen Ge=
sandten in Gaëta zu einer besseren Ueberzeugung zu bringen, es durch
Geduld gelingen wird in Gaëta die nöthige Uebereinstimmung zu erzielen,
welche wir in Paris nicht erzielen konnten, Dank gewissen alten Ueber=
lieferungen der französischen Politik, in allem die Halbinsel betreffenden
das unsern Schritten entgegengesetzte zu thun." Mit einer Feinheit hoch
komischer Art verhüllt der vor allem an Pulver und Blei glaubende
Fürst die Forderung der Bürgschaften der Volksrechte, welche Frankreich
stellte, indem er schließt: „Drouyn de Lhuys, französischer Minister des
Aeußeren, ist der Meinung, die den intervenirenden Mächten zufallende
Aufgabe beschränke sich nicht auf die Restauration der päbstlichen Macht,
sondern es sei auch ihre Pflicht durch gemeinsam und mit den Bevoll=
mächtigten Sr. Heiligkeit verabredete Maßregeln deren Sicherheit zu ver=
bürgen. Aber die Schwierigkeiten, die modernen staatlichen Gesellschaften
zu regieren, werden beinahe unübersteiglich, sobald man sich an der Re=
gelung der inneren Angelegenheiten eines fremden Landes zu betheiligen
versucht. (!) In Betracht dieser Erfahrung wünschen wir den Modifika=
tionen fremd zu bleiben, welche Pius nach seiner Restauration mit den
politischen Institutionen, womit er sein Land beschenkt hatte, vornehmen
möchte oder nicht." Oestreich wußte bereits gewiß, daß Pius die Ver=
fassung als verwirkt betrachtete, beßhalb sollte sich Frankreich weder darein,
noch in die Regierungen mischen, welche Oestreich absolutistisch zu
restauriren im Begriff stand. Diese Sprache war besonders auch eine
Lockspeise für den auf seine Selbständigkeit stolzen König Ferdinand.
Das wirkliche Einschreiten fremder Waffen, wodurch dieser Bruch

vollzogen werden mußte, wurde durch das rasche Hineinstürzen der Römer in das Extrem beschleunigt. Die staatlose Vergangenheit, der Mangel bürgerlichen Lebens mußte dazu treiben. „Rom, sagt Farini, welchen wir im zweiten Bande unserer Geschichte als den vertrauten Staatssekretär Pio's kennen gelernt haben, ist das rechte Klima (temperie, „Wasser auf die Temperamentsmühle", übersetzte es ein alter Ausleger Ovids) für Mazzini. Nach Rom ziehen ihn sein revolutionärer Mysticismus, eine Menschenmasse, welche in der Aufregung die Beute des alten Rassenstolzes, des Zufalls, der kecksten Experimente ist. Ein römischer Staat hat kein historisches Bestehen; es giebt ja hier nur einen Staat, welcher ganz die Beute der Kirche ist, welcher päbstlich heißt, ein Aggregat von feudalen und republikanischen, von den Päbsten und von verbrecherischen Nepoten zusammeneroberten Municipien, deren jedes seine Traditionen, seine Privilegien und seine Eitelkeit, vielleicht seinen Stolz bewahrt, welcher dem des jedes Stolzes baren Staats entgegengesetzt ist. Denn umsonst machen gewisse Kleriker den Versuch, die Ueberlieferung ihrer eigenen weltlichen Herrschaft mit der wunderbaren heiligen Herrschaft der ewigen Kirche zusammenzuwerfen. Umsonst gedenken sie einen Staat zu befestigen, während sie doch die Nationalität, die Mutter und Substanz jedes Staates, verläugnen. Mit den Waffen halten sie ein Lehen fest, als hinge es in der Luft und als stünde es nicht auf italienischem Boden, sehen sie diejenigen für Hochverräther (felloni) gegen die Kirche an, welche sich als geborene Italiener fühlen. Ein seltsames Lehen! es ist weder Monarchie, noch Republik, es ist ebensowenig eine wahre Theokratie. Es ist eine Ueberlieferung der Archive, nicht die Ueberlieferung einer Dynastie, noch die einer Volksklasse, nicht einmal die einer Kaste; denn diese Priesterkaste hat keine feste Tradition, sie hat, um zu herrschen, den Inhalt verändert und verändert ihn noch. Es giebt hier keinen militärischen, noch bürgerlichen Ruhm; es giebt hier keine Gesetzbücher. Ihr sogenannter Staat ist eine papierene Burg, welche durch eine päbstliche Bulle zu jeder Stunde umgewandelt werden kann. Rom als Staat liegt in der Einöde; veröbet ist in ihm das vaterländische Gefühl, das heiligste nach der Liebe Gottes, verlassen ist es von der Civilisation, welche im Christenthum ihre Basis, ihren Geist, ihre Anregung besitzt. Rom ist universalistisch, deßhalb ist es kein Vaterland. Es ist das Gebiet St. Peters, eine Herrschaft der Priester, welche es durch ihre Bannflüche vertheidigen. Darum ist es die Beute des ersten besten, welcher in Waffen erscheint. Und dann betreiben die Priester eine Kollekte fremder Waffen und sind deren Führer nach Italien."

Farini deutet nur an, wie diese Feindschaft gegen Nationalität und Vaterland sich in antik-heidnische, mittelalterliche und moderne Kaiser- und Reichsideen hüllt, wie dieselben ja auch von den Ultramontanen diesseits der Berge gehegt werden. — Diese geistigen Mächte gürteten sich jetzt wie zu einer Entscheidungsschlacht. Hier trat jetzt Joseph Fantasie Mazzini auf den Plan, mit seiner von allen diesen Elementen geschwängerten, ebenso trüben als heißen Phantasie, er der verfehlte Mohamed Italiens, der Gioberti der starr unitarischen, socialdemokratischen Nationalrepublik. Identisch damit ist sein pantheistisches Losungswort: Gott und (das heißt gleich:) Volk. In der Wirklichkeit ist dieses oft der revolutionirte Pöbel. Er thut sich viel darauf zu gute, daß er diese kurze Zauberformel gefunden, ein neues: es werde Licht! Denn da er die reale Welt ignorirt, so muß eine neue geschaffen werden. Er war nicht mehr der Idealist von 1832, welcher entrüstet über das zur Koterie gewordene Carbonarithum, ein junges Italien durch Verbreitung von Volksschriften, durch das Beispiel von persönlicher Opferfreudigkeit schaffen wollte. Damals hat er Italien, das in Gefahr war nach phantastischen Aufständen auf das alte Lotterbett niederzusinken, aufgestachelt, ihm den Glauben an seine edlen Keime, an seine Zukunft aufgedrungen. Von Natur mit reicher Phantasie und dialektischer Konsequenz ausgestattet, konnte er auch ein Eiferer des Ultramontanismus werden. Auch er gebraucht seine reiche historische Belesenheit gewaltsam als Beleg für sein Ziel. Dieses war ihm aber durch den alt genuesischen Haß (er ist 1809 in Genua geboren) gegen die Despotie gesteckt. Auch er hatte für sich wenige Bedürfnisse. Wie Garibaldi ist er keusch in Worten, in Gedanken. Durch seine einnehmende feine Persönlichkeit, kraft seiner berechneten Einfachheit erobert er mit Schmeichelworten nicht blos Leibeigene für seine Zwecke. Gegen seine Freunde ist er aufopfernd, er theilt, wie ein Mönchsordenstifter, nicht blos das Seinige mit ihnen. Ihre Fehler, ihre Laster verzeiht, absolvirt er, wenn sie nur ihr Leben für seine abstrakte Idee wagen. Werden sie gehängt, so glänzt ihr Name in dem großen Martyrologium. Aber sie müssen auch gerächt werden; dazu ist der Dolch so gut als eine andere Waffe; er ist ja oft die einzige Waffe des Unterjochten. Die einzigen Ideale der italienischen Jugend, die altrömischen und die mittelalterlichen Republikaner hatten ihn mit Ruhm geführt. Großen Einfluß übte auf ihn Lamennais.

Aber er hat als Italiener mehr Selbstbeherrschung. Der nach vielen Schwankungen seiner Anschauungen ruhige, feste Glaube an seine Sache, an seine Person, der sich selbst wiederholende Starrsinn des Ideologen, geben ihm die Autorität des Stifters einer Religion, welche zugleich nationaler Patriotismus und Kosmopolitismus ist. Das ist sein confessionsloses Christenthum. Gewiß ist er sich selbst nicht klar, wie viel schwärmerische Ueberzeugung, wie viel schlaue Berechnung dabei ist. Farini hebt mehr das Letztere hervor: „Aus Christus, sagt er, machen die Mazzinisten einen Mythus, aus dem Evangelium das Buch der demokratischen Sibillen, sie verdrehen den Text der heiligen Schriften, machen Gott zur Incarnation ihres Volks, ihre trunkenen blutdürstigen Rotten zu Priesterinnen Gottes und des Volks. Und weil sie wissen, daß die Massen in Italien Gott anbeten und andächtig an der Religion der Väter hängen, tragen sie ihren religiösen Eifer zur Schau. So suchen sie wie die angeborenen Gefühle der Freiheit, so auch die der Religion als Mittel zu ihrem Zweck, ihrer Herrschaft zu gebrauchen; als Nachfolger der Kaiser und der Thrannen, welche, wo ihre Schergen nicht ausreichen, sich zu Heiligen, zu Inquisitoren, zu Propheten und Priestern machen und die Religion, unter dem Schein sie zu beschützen, unterdrücken und schänden!" — Der erhabene, dadurch wie durch die weltliche Priesterherrschaft motivirte Gegensatz gegen Mazzini's schlaue und schwärmerische Mischerei ist der Feldruf, welcher als das letzte Wort auf Cavours Lippen erstarb: die freie Kirche im freien Staate. — Der geistreiche altschwäbische Theologe Oetinger nennt den Satan den Affen Gottes. Mazzini äfft innerlich das Oberpriesterthum des Pabstes und die weltliche Priesterherrschaft nach. Diese hatten Rom räumen müssen. Nun zog Mazzini ein, segnete, verfluchte und herrschte, wie sie, nach seiner Idee. Garibaldi nennt Mazzini treffend „den zweiten Unfehlbaren".

Bald nach dem vermeintlich großen Akt der Proklamirung der Republik fühlte Rom, ohne praktische Ziele oder vielmehr ohne Mittel dazu, jenen physikalischen Schrecken des leeren Raums. Mazzini kam also zu Anfang des März 1849 eben recht diesen auszufüllen mit dem heißen Dunst seiner großen Phrase. Für diese ist Rom mit seiner großen Vergangenheit ganz geschaffen. Von hier aus hatte sich, vermittelst des falschen, marklosen Klassicismus der Jesuiten, die lähmende, eitle Schönrednerei seit einigen Jahrhunderten über ganz Italien wie Sciroccoschwüle verbreitet. Nun kam der Prophet derselben zum Berge. Gegenseitig wurden die Schleußen der Schmeichelei hoch aufgezogen. Rom hatte ihm das Bürgerrecht und den Sitz in der Constituirenden verliehen, wie einigen andern Nichtkirchenstaatlern. „Ich, sprach er zu den neuen Quiriten, habe in den Ruinen der römischen Größe, ich habe selbst in der päbstlichen Idee die Taumaturgenidee gefunden: Römer, ihr waret groß! Ich weihe euch romanamente zu Italienern. Ihr habt mit dem Adler die Welt, mit dem Labarum (der Kreuzesfahne) die Seelen erobert. Schaut nun den neuen Adler und das neue Labarum: Gott und das Volk: Rom, Mittelpunkt und Haupt Italiens. Die ewig erschaffne Stadt, die prädestinirte Fürstin der Welteinheit erhebt sich, Italien und Europa erheben sich mit ihr!" O, Rienzi! — Der klerikale Nationale Gioberti hatte Italien im Jahre 1843 eine dritte große Epoche verkündet; (s. Band I. unsrer Geschichte, S. 276 seine neuwelfische Schrift primato morale e civile degli Italiani, welche einen so wunderbaren Taumel hervorrief) auch Mazzini versprach nach dem Rom der Kaiser und dem der Päbste ein noch größeres, „das Rom des Volks". Das war der gestaltlose, unfruchtbare Kern seines mystischen Phrasennebels. Aber der staatsmännischen Gedanken war er bar, während Gioberti überfruchtbar war.

Ein seltsames Zusammentreffen war es, daß die Republik durch häufige, von ganzen Banden unter dem Vorwand politischer Rache verübte, Mordthaten, besonders bei Ravenna, in Imola sich eben jetzt genöthigt sah energisch einzuschreiten. Die Mörder wurden für Verräther am Vaterlande und für Parriciden an der Republik erklärt. Es fehlte nicht an Männern von Thatkraft, an wahren Republikanern wie Orsini, um mit geringen Mitteln wenigstens lokal und vorübergehend diese rohen Ausbrüche der Anarchie niederzuschlagen. Das Sicherste aber war, sein Leben durch eine Geldsumme zu erkaufen.

Auf die Nachricht, daß Piemont Oestreich den Waffenstillstand aufgekündigt habe, wurde in Rom die Nationalgarde auf dem Papier mobilisirt, Einschmelzung überflüssiger Kirchenglocken und Kirchengebete decretirt. Aber den 29. März traf die Nachricht von der Niederlage bei Novara ein. Um nun nach der von Vielen gewünschten Niederlage der königlichen Waffen endlich den Volkskrieg zu leiten und alle Kräfte zu concentriren, wurde ein Triumvirat mit unbeschränkter Vollmacht ernannt: Mazzini, Aurelio Saffi und Carlo Armellini. Mazzini war jetzt durch die Klubs unbeschränkter Autokrat, soweit es diese, der Pöbel und der passive Widerstand der beinahe nichts steuernden Provinzen erlaubte. Die Reihe der prahlerischen theilweisen Selbsttäuschungen eröffnete er, indem er dem Volke die (ephemere) Herrschaft der Rothen in seiner Vaterstadt Genua mit den jubelnden Worten ankündigte: Die letzte Täuschung ist gefallen! Das monarchische Princip ist verurtheilt! Es triumphiren Gott und das Volk, welche nicht verrathen! (Dieses zielt gegen Karl Albert!) Wie durfte es da den großen Geist irren, daß Florenz die Livorneser Banden hinauswarf, daß Toscana seinen Erzherzog aus Gaëta zurückrief? Mochte auch der neapolitanische Marschall Filangieri die sicilianischen Banden zerstreuen; Sicilien war ja nicht Republik! Diese in ihrer Reinheit in Rom herzustellen, sicherte gewiß gegen jeden Angriff. Mazzini, der alte Pessimist, war, seit er Autokrat geworden, der zuversichtlichste Optimist geworden. Den ontologischen Beweis für das Dasein Gottes übertrug er kühn auf die Politik: die vollkommene Republik muß Bestand haben bis an's Ende der Dinge. Er glaubte an die Republik wie der Pabst an die Kirche, beide fürchteten die Mächte der Hölle nicht. Die Verfassung derselben wurde auf die bekannten Grundpfeiler der Freiheit und Gleichheit gestellt. Zwei Konsuln wurde die vollziehende Gewalt auf zwei Jahre übertragen, Tribunen waren Wächter der noch zu machenden Verfassung Auch die Aemter waren durch die Wahl der Bürger übertragen. Nur betheiligten sich die wenigeren daran; sie war durch die Klubs terrorisirt, welche Proscriptionslisten aufstellten.

Wie die Staatsschuld, wurde auch die Unabhängigkeit des Pabstthums

garantirt. Die Constituirende verbürgte sich dafür in einer Erklärung an
das französische und an das englische Parlament. Die Trennung von
Kirche und Staat würde die Unabhängigkeit beider abgränzen. Indeß
sah Mazzini sich bemüßigt den Oberpriester noch viel salbungsvoller zu
spielen, als einst Robespierre gethan. Nicht umsonst sollte die Verfassung
den Widerspruch enthalten, daß die katholische die Staatsreligion sei. Ein
früherer Advokat der Heiligen, jetzt sein Mittriumvir, berieth ihn dabei.
Platner und Urlichs in ihrer Beschreibung Roms (bei Cotta 1845) geben
die antiquarische Notiz: „An den Abenden des Grünen Donnerstags und des
Karfreitages wurde ehemals gegen den riesigen Hauptaltar im Dom St. Peters von der Kuppel herab, zur Gedächtnißfeier der Leiden des Erlösers, ein
großes von 314 Lampen erleuchtetes Kreuz aufgehängt. Wegen der großen, in
einem Gotteshause höchst anstößigen Unordnungen, welche diese Beleuchtung durch den großen Zudrang des Volkes und namentlich der Fremden
veranlaßte, wurde sie von Leo XII. im Jahre 1824 untersagt und scheint
seitdem für immer abgestellt zu sein." — Mazzini ließ diese pompöse Beleuchtung der Gräber der Apostel am Karfreitag aufführen. Zum größten
Leidwesen der Römer fehlte es sehr an Fremden, wenn auch nicht an anstößigen Unordnungen. Ein Feuerwerk in den drei Nationalfarben, welche sich
zu Beleuchtungen allerdings trefflich eignen, wurde sinnbildlich abgebrannt.
Am Osterfeste zogen die Triumvirn, viele Abgeordnete, die Klubs, die
Beamten und Offiziere in den St. Peter. An einem der dem Pabst
reservirten Altäre celebrirte ein Milizkaplan die Messe. Dieser stieg
dann nach der Loggia, von welcher aus an diesem Feste der Pabst von
orientalischem Gepränge umgeben die Stadt und die katholische Welt
segnet. Der Kaplan trug das heilige Sakrament, umgeben von republikanischen Fahnen und segnete unter dem Donner der Kanonen und dem
Geläute der Glocken das auf dem Platze kniende Volk. Sodann erschien
Mazzini auf der Loggia und rief die Republik aus. — Ergrimmt über
diese Salbung rief Rusconi: die Religion (Kirche) richtet uns zu Grunde
und in ihren Mantel hüllt sich die römische Republik!

Auf die Nachricht von der Niederlage bei Novara warf Antonelli,
welcher 1847 bedauert hatte, daß sein Kardinalstalar ihn verhindere das
Schwert gegen Oestreich umzugürten, vor kurzem noch der constitutionelle
Minister des Pabsts, die Maske ab; er verlangte, daß der Pabst ohne
alle Bedingung, ohne alle Phrase als unbeschränkter Fürst durch die
Waffen der Fremden in sein Land zurückgeführt würde. Dem Pabst
stellte er vor, die Verfassung sei rechtlich ungiltig, da sie nicht durch
Consistorialakte publicirt worden sei. Die ganze geistliche und diplomatische Umgebung des Pabsts war einstimmig dafür. Da besonders bei
der Aufnahme von Klostergütern im Kirchenstaat lokale Tumulte bettelhaften, fanatisirten Volkes ausgebrochen waren, so versuchten einige Prälaten durch Einfälle an der Spitze bewaffneter Banden zu einer Contre-

revolution den Anstoß zu geben. Aber die Bürger von Ascoli, von Or=
sini geführt, und andere Gränzorte warfen die Freischaaren mit ihrer
Schlüsselfahne über die neapolitanische Gränze zurück. Dadurch schien
die Erklärung glänzend gerechtfertigt, womit Mazzini das Triumvirat an=
getreten hatte, man werde nicht unterhandeln, da Rom jetzt das Herz
Italiens geworden sei. Dennoch machte, da die Gesandten der katho=
lischen Mächte Frankreich zur Entscheidung drängten, der in Gaëta völlig
isolirte b'Harcourt in Rom noch einen letzten Versuch; jedoch nur noch um
den Franzosen es zu ermöglichen, ohne Blutvergießen als Mittler aufzu=
treten, indem sie, umgeben von ihren Waffen, den Papst als constitutio=
nellen Fürsten zurückführen würden. Aber sein Agent Mercier mußte ge=
stehen, daß der Papst keinerlei Zustimmung dazu gegeben habe. Umsonst
wurde von diesen liberalen Franzosen den kirchenstaatlichen Constitutio=
nellen das Beispiel der Florentiner Erhebung für den „constitutionellen"
Großherzog vorgehalten. Es war aber ein großer Unterschied, da die
Florentiner dadurch einer fremden Intervention vorzubeugen suchten.

Die von Oestreich in Paris unverholen ausgesprochene Absicht, in
Toscana einzurücken, spornte jetzt Frankreich zum Entschluß, seinerseits
im Kirchenstaat einzuschreiten. Der französische Minister Drouyn de
Lhuys schrieb Mitte April 1849 an De Lacour, seinen Gesandten in
Wien: „Diese Conjunktur führte uns zu dem Gedanken, daß Frankreich
eine entschlossenere Haltung annehmen müsse, um bei der Verwicklung
in Mittelitalien den Antheil an dem Einfluß zu erhalten, welcher Frank=
reich legitimer Weise zukommt, da derselbe von wesentlichem Einfluß auf
das europäische Gleichgewicht ist. Die Regierung der Republik hat über
die Sendung eines Truppencorps unter dem General Oudinot nach Civita
vecchia berathen. Dabei beabsichtigen wir weder dem römischen Volke das
System einer Verwaltung aufzuzwängen, welches durch seine freie Ent=
schließung verworfen würde, noch den Papst, wenn er in die Ausübung
seiner Macht zurückgerufen wäre, zu verpflichten ein bestimmtes Regie=
rungssystem zu verwirklichen. Es hat sich unsere Ueberzeugung befestigt,
daß das nach der Novemberrevolution in Rom eingesetzte Verwaltungs=
system bestimmt sei durch die natürliche Neigung der Geister zu fallen
und daß sich das römische Volk willig der Autorität seines Priestersou=
veräns unterwerfen wird, sobald dieser nur Bürgschaften gegen die Ge=
fahren der Reaktion gegeben hat. Andererseits glauben wir auch (und
es ist Ihnen am besten bekannt, daß unsere Sprache in dieser Beziehung
immer dieselbe gewesen ist), daß die päpstliche Autorität nie tiefe Wurzeln
schlagen und gegen neue Stürme gesichert sein kann, wenn sie nicht In=
stitutionen gründet, welche geeignet sind, der Restauration der alten Miß=
bräuche zuvor zu kommen, deren Ausrottung Pius mit edlem Eifer ver=
mittelst seiner Reformen unternahm. Unsere Expedition beabsichtigt eine
Versöhnung auf diesen Grundlagen zu erleichtern, indem sie dem Heiligen

Vater und allen, welche in Rom oder in Gaëta zur Mitwirkung hiezu geneigt sind, denjenigen Beistand bieten, dessen sie benöthigt sein dürften, um die von überspannten Prätensionen und böswilligen Leidenschaften Erfüllten zu überwinden. Fürst Schwarzenberg wird gewiß einsehen, daß wir nach reiflicher Erwägung nicht jede Wahrscheinlichkeit des Erfolgs durch Verzögerungen compromittiren wollten, welche unvermeidlich gewesen wären, wenn man davon zuerst der Conferenz in Gaëta Mittheilung hätte machen müssen. Der rasche Lauf der Ereignisse gestattete uns keinen Verzug."

Der neapolitanische Gesandte in Paris berichtet, Drouyn habe gestanden, daß Frankreich sich an der Restauration nicht habe betheiligen wollen; aber als den 14. April die Nachricht von der Besiegung der Sicilianer und davon anlangte, daß Neapel und Spanien mit Oestreich der Aufforderung des Pabstes Folge leisten würden, so beschloß man in Paris den 16. April, ohne irgend einer Regierung Mittheilung zu machen, die Expedition auszuführen, sich rasch in den Besitz Roms zu setzen und *dann* dem Pabst zu sagen: Ihr habt mich gerufen, ich bin im Besitz Roms, aber jetzt muß eure Regierung so secularisirt und liberalisirt werden wie es Frankreich gefallen kann. (Storia documentata della diplomazia europea in Italia dell' anno 1814 all' anno 1861 per Nicomede Bianchi. Vol. VI. p. 516.) Dieß war eine durch die auswärtige Politik Frankreichs diktirte Fusion der beiden Parteien in Frankreich. Rasch hatte Oestreich seinen Sieg verfolgt; deßwegen greift jetzt auch Frankreich rasch ein und zwar ohne die Zustimmung des Pabstes einzuholen. Es wollte sich von ihm die Füße nicht binden lassen. Da aber der Pabst in seinem Mißtrauen gegen die französische Republik dieser gegenüber und entrüstet gegen sein undankbares Volk keinerlei Versprechungen über seine künftige Regierung geben wollte, war da zu hoffen, daß er, daß die Priesterkaste, durch französische Waffen nach Rom zurückgeführt, sich selbst die Hände binden oder sich binden lassen würde? Gaben die Erfahrungen, welche die Mächte seit 1831 mit ihren bringendsten Vorstellungen bei der Kurie zu Gunsten von Reformen gemacht hatten, irgend einen Schein von Hoffnung? — Doch Eile that Noth, wenn Frankreich seinen Einfluß in Mittelitalien gegen den Oestreichs noch sicher stellen wollte. Rasch mußte sich Frankreich ein Pfand, ein besseres als 1832 Ancona, und eine Operationsbasis dafür nehmen und es nahm sie sich rasch. Und so wurde Italien durch die verblendete Herrschsucht der Prälaten und der Radikalen wieder der Schauplatz der Eifersucht fremder Mächte. Es war mehr die Schuld jener beiden als die der Mächte. Drouyn, indem er d'Harcourt vom Abgang der Expedition in Kenntniß setzte, bezeichnete als deren Zweck, „daß der Pabst, nach Rom zurückgekehrt, sich in einer Lage befinde, welche ihm und seinem Volk entspreche und daß so Europa und Italien gegen neue Bewegungen gesichert und weder

das Gleichgewicht, noch die Unabhängigkeit der italienischen Staaten gefährdet sei. Der Kardinal (Antonelli) wird begreifen, daß der Pabst, um
Nutzen aus unserem Einschreiten zu ziehen, sich zu beeilen hat ein Manifest zu veröffentlichen, welches, indem es dem Volke die Bürgschaft freier,
seinen Wünschen und den Nothwendigkeiten der Zeit entsprechenden Institutionen gibt, jeden Widerstand unmöglich und die Versöhnung gewiß
machen würde."

In der französischen constituirenden Nationalversammlung hatte der
Republikaner Jules Favre Bericht zu erstatten. Er beantragte Verwilligung der zu der Expedition nöthigen Geldmittel, da von Frankreich nicht
beabsichtigt werde zum Sturz der römischen Republik mitzuhelfen, sondern
da Frankreich ganz frei, ungehemmt durch andere Mächte, nichts zu Rathe
ziehe, als sein Interesse, seine Ehre und seinen Antheil an dem Einfluß,
welcher ihm bei jeder großen europäischen Frage gehört. Favre erklärte
im Mai 1859 in der französischen Kammer: „Im Jahre 1849 befür-
wortete ich die römische Expedition, weil mir der Prinzpräsident schwur,
die Truppen sollten nur in der Absicht nach Italien geschickt werden, um
östreichische Uebergriffe zu verhindern und die Unabhängigkeit Italiens
sicher zu stellen. Damit hat man mich und meine Freunde lächerlich
hintergangen." Lamoricière bezeichnete 1849 die Expedition als das einzige Mittel zu verhindern, daß Oestreich mit dem Pabst in Rom die
Contrerevolution und seine Macht einsetze. Sollte Oestreich dieß trotz der
Occupation Civita vecchias versuchen, so wäre die französische Regierung
in den Stand zu setzen ihre Truppen auf Rom rücken zu lassen, um aus
dem Schiffbruch noch zu retten was möglich sei, wenn nicht die römische
Republik, so doch die Freiheit und den Einfluß Frankreichs in Italien.
In diesem Sinne wurden die Geldmittel verwilligt. Die auf Unterjochung der anderen Völker auslaufenden französischen Interventionen sind
stets im Anfang mit edeln Absichten und Phrasen gepflastert.

Die Oudinot gegebene Instruktion befahl ihm, sobald er Civita vecchia besetzt hätte, sich mit d'Harcourt und mit Rayneval ins Vernehmen
zu setzen und nach ihren Weisungen zu handeln. Er habe durch einen Offizier
die römische Regierung in Kenntniß zu setzen, daß er nicht gekommen sei die
Republik zu unterstützen, aber sie aufzufordern zur Verständigung mitzuwirken. „Ihr Marsch auf Rom an der Spitze unsrer Truppen, sagt die Instruktion weiter, würde wohl dieses Resultat durch Ermuthigung der rechtschaffenen Leute erzielen. Sie haben selbst zu beurtheilen, ob die Umstände der Art sind, um sicher zu sein, daß man nicht blos keinem
ernstlichen Widerstand begegnen, sondern daß man auch gut aufgenommen
würde, sobald den Römern klar gemacht ist, daß Sie bei Ihrem Einrücken
dem Wunsche der Bevölkerung entsprechen werden."

In Folge der jahrhundertjährigen strengsten Bevormundung aber
ist in Rom und in seiner weitern Umgebung kein irgend politisch ge-

bildeter Bürgerstand, welcher zu einer solchen, allerdings bedenklichen
Verständigung hätte die Hand bieten können. Wenn man diese durch die
Priester verschuldete Entmündigung und Entwürdigung des kirchenstaat=
lichen Volks aller Orten nicht glauben will, so ignorirte man sie in
Frankreich damals gerne, um sein republikanisches Gewissen einzuschläfern.
Es blieb auch Frankreich, wenn es sich nicht von der Aktion ausschließen
lassen, noch gegen die sämmtlichen katholischen Mächte für die römische
Republik das Schwert ziehen wollte, kein anderer Weg offen, als derjenige
den es jetzt betrat. Die französische Politik beging nur den Fehler, daß
sie, trotz aller handgreiflichen gegentheiligen Erfahrungen, die Versöhnlich=
keit der Kurie und die der römischen Patrioten zu ihrer Operationsbasis
machte. Sodann mußte das Occupationskorps zahlreicher sein, zumal da
man beabsichtigte dadurch auch eine östreichische Intervention in der Ro=
magna auszuschließen. Die Garantie, welche Frankreich dem Pabst in
Gaëta für die Integrität seines Gebiets anbot, war besonders gegen die
alten Gelüste Oestreichs nach der Romagna gerichtet. Im Grunde
beurtheilte die liberale kirchenstaatliche Partei des Widerstands die
Aussichtslosigkeit auf ernstliche Zugeständnisse der Prälatenklique rich=
tiger. Alles was im Kirchenstaat eine Ahnung von Civilisation und von
bürgerlicher Regierung hatte, war entschlossen eher das Aeußerste zu wa=
gen, als sich der weltlichen Priesterregierung gütlich zu unterwerfen. Die
Frage war nur, ob Rom die Männer und die Waffen hätte, um die
fremden Heere zurückzuschlagen? Auf alle Fälle waren die Klügeren bereits
entschlossen einmal einen großartigen Protest gegen die Priesterregierung
mit ihrem Blute zu unterzeichnen. Und dazu genügten die Mittel, ob=
gleich Frankreich auf Tausende von Gewehren, welche nach Rom bestimmt
waren, in Marseille und in Civita vecchia Beschlag legte.

Die Prälaten=Kriegsminister hatten nur in der Schlechtigkeit der
Verwaltung und in dem Ruin der Finanzen tiefe Spuren hinterlassen:
Unordnung dort, Mangel an Disciplin, Favoritismus oder, wie man im
östreichischen Heere sagte, Protektionskinder in der Truppe. Die päbst=
lichen Schweizer, Landsknechte aus aller Herren Länder, darunter Prote=
stanten, die sich wiederholt für den Confessionswechsel hatten bezahlen
lassen, hatten sich im Juni 1848 durch ihre feste Haltung auf den Höhen
von Vicenza bei den Italienern sehr in Achtung gesetzt. Die Römer
ahmten ihren maschinenmäßig festen Schritt, der auch im feindlichen
Feuer sich gleich geblieben war, bewundernd nach. Seit Rossi's Tod noch
in der Romagna, hätte sich der Gewissensskrupel, daß sie dem Pabst
Treue geschworen, bei den meisten Schweizern wohl durch Geld überwinden
lassen. Aber da das Geld fehlte, lösten sie sich endlich auf. Nur bei
der Artillerie trat eine Anzahl ein. Die eingeborenen päbstlichen Truppen
waren, weil der Kirchenstaat die Conscription nicht kannte, geworben.
Die Prälaten sagten, sie könnten unmöglich die jungen Leute im Alter

der heißesten Leidenschaften durch die Conscription zum Cölibat zwingen.
Die Gemeinden zwangen aber die Taugenichtse sich anwerben zu lassen.
Die Offiziere, welche ein früherer päbstlicher, später östreichischer Offizier
mit den türkischen ziemlich in eine Linie des mangelnden Ehrgefühls stellt,
und der Soldat waren dadurch, daß sie viel schlechter bezahlt und behan=
delt waren als die Schweizer und besonders bei kirchlichen Cermonien zu
assistiren hatten, trotz ihres martialischen Aussehens nicht sehr zuverlässig
gewesen. Doch hatten sie in Venetien Pulver gerochen. Hier hatten sich
durch Muth und durch höhere militärische Eigenschaften der Römer Ca=
landrelli*) und der rechtschaffne, stattliche Artillerieoffizier Torre hervor=
gethan, welcher in seinem memoire storiche dell' intervento francese
den Kampf um Rom eingehend schildert. Sie hatten das Mögliche zur
Hebung der alten päbstlichen, jetzt republikanischen Linientruppen gethan.
Diese und die drei neuen Linienregimenter nebst den Schützen berechneten
sich auf 14,600 Mann. Da das Pabstthum keine Dynastie ist, hatte sich der
Uebertritt der alten Söldnerregimenter zur Republik unschwer vollzogen. Die
Reiterei, 400 Pferde stark, bestand aus den päbstlichen Dragonern, welche nicht
blos in ihren nach Landessitte über die Schultern geworfenen weißen
Mänteln auf dem Posten wie Statuen sich darstellten, sondern mit den
Banditen manchen harten Strauß ausgefochten hatten. Auch berittne
Hirten, welche blos ihre langen Stöcke mit einem Stachel führten, dienten
auf den Vorposten.

Garibaldi,**) welcher nach seinem verzweifelten Kampfe am Lago
maggiore im August 1848 sich in die Schweiz geflüchtet und dann sich
eben mit einer Schaar nach Sicilien eingeschifft hatte, war bewogen wor=
den Rom zu vertheidigen. Er war zu Anfang Aprils 1849 mit vierhun=
dert Mann, worunter achtzig Lanzenreiter, in Rom eingerückt. Mazzini
ernannte ihn zum General. Seine Freischaar verstärkte sich auf 1500
Mann, wovon über zwei Drittheile aus dem Kirchenstaat waren. Ehe
diese in ihre dunkelblaue, später rothe Blouse gleichmäßig eingekleidet
wurden, waren sie der Schrecken des Bürgers. Besonders viel hielten
sie auf ihre Kalabreserhüte mit Straußenfeder und auf den Dolch im
Gürtel. Garibaldi übte eine so äußerst strenge Disciplin, daß sich bald
kein Bürger über sie irgend zu beklagen hatte. Er hegt die Ueberzeugung,
dem durch die Conscription ohne seinen Willen Eingestellten sei nicht
der unbedingte Gehorsam und Muth zuzumuthen, wie dem freiwillig

---

*) Calandrelli, auch tüchtiger Artillerist, wurde später auf preußische Verwendung
von Pius amnestirt. Er starb während des Krimfeldzugs in Brussa.
**) Eine Lebensskizze Garibaldi's siehe am Schluß des ersten Jahrgangs des rühm-
lichst bekannten Europäischen Geschichtskalenders von Schultheß. Nördlingen 1861.
Sie ist besonders nach Papieren entworfen, welche Garibaldi, ehe er nach Sicilien
ging, Carrano, seinem Generalstabschef im Feldzug 1859, übergab.

und wissentlich sich unter die Fahne des Vaterlandes Stellenden. Wenn seine Leute weichen wollen, gebraucht er nicht blos die flache Klinge. Der größte Theil seiner Freiwilligen benöthigte eiserner Strenge. Dabei sorgte Garibaldi fleißig für gute Verpflegung. — Das kecke Volk der aus ganz Mittelitalien zusammengeströmten Freischaaren erinnerte einen in Rom ausharrenden deutschen Philologen an die Genossen des Romulus, Garibaldi durch seine Unerschöpflichkeit in Kriegslisten an Hannibal.

Vor 25 Jahren konnte man in Rom von Eingeweihten hören, das Kardinalcollegium dürfte bald unter die Leitung der piemontesischen und namentlich der genuesischen Kardinäle kommen. Jetzt herrschte in Rom der Genuese Mazzini und ragte der Piemontese Garibaldi unter den Kämpfern hervor. Seine Familie stammt aus Chiavari auf der genuesischen Ostküste. Er war jetzt 42 Jahre alt, also beinahe in gleichem Alter mit Mazzini. Garibaldi's damalige Erscheinung schildert G. v. Hoffstetter in seinem trefflichen Tagebuch aus Italien 1849 (Zürich, Schultheß 1851)*) also: „Er ist ein etwas kleiner Mann mit sonnverbranntem Angesicht und vollständig antiken Zügen. Ruhig und fest sitzt er zu Pferde, als wäre er darauf geboren. Unter einem spitzen Hut mit schmaler Krempe und schwarzer voller Straußfeder drängt sich das tief braune Haar hervor. Der röthliche Bart**) bedeckt zur Hälfte das Gesicht. Ueber der rothen Bluse flattert der kurze, weiße südamerikanische Mantel. Alle seine Leute (Escorte) trugen die Pistolen und die prächtigen Dolche im Gürtel; Keinem fehlte die große amerikanische Reitpeitsche von Büffelleder." Sein Angesicht, aus welchem tiefe Ueberzeugung und Zuversicht leuchtet, hat ihm viele seiner Genossen bis in den Tod gewonnen, noch mehr seine Thaten und seine Selbstlosigkeit, während seine Worte den Mangel einer geordneten Jugendbildung verrathen. Helfferich, der ihn nur den „berüchtigten Gaucho" nennt, hörte auch in Klöstern nichts von persönlicher Annexionslust, als daß er eine angebotene Cigarre nie ablehnte. Er hatte besonders unter den Bettelmönchen viele Verehrer.

Der breitkrämpige schwarze Filzhut, welcher bei den Offizieren durch grünen hängenden Federbusch geschmückt war, der dunkelgrüne Waffenrock mit karmoisinrothem Kragen unterschied die lombardischen Jäger. Diese

---

*) Das Tagebuch ist in Betreff alles Selbstgesehenen ganz zuverlässig. Der Verfasser, in Garibaldi's Generalstab, schrieb es jeden Abend, auch nach den größten Anstrengungen, und mußte öfters von den Kameraden hören, so etwas könne nur ein Deutscher thun.

**) Seltsam ist, daß die Männer, welche am meisten für Begründung des italienischen Staats thaten: Massimo d'Azeglio, Cavour und Garibaldi, blond waren, daß also wohl bei ihnen die alte deutsche Bluteinmischung wieder zu Tage kam. Nach der Tradition würde Garibaldi von Seite seiner ungleich bedeutenderen Mutter von dem Niedersachsen von Neuhof abstammen, welcher als König Theodor von Corsica vor hundert Jahren als Meteor glänzte.

waren der Rest der sechs Bataillone lombardischer Jäger, welche im Herbst 1848 auf piemontesischem Boden aus Freiwilligen, zum Theil aus Deserteuren östreichischer Regimenter unter Lamarmora's Leitung gebildet worden waren. Unter der unverantwortlichen Führung Ramorino's gegen den Uebergang Radetzky's bei Pavia den 20. März 1849 nutzlos verwendet, waren sie nach Novara von Piemont aufgelöst, zum Theil angestellt worden. Aber von allem Ungemach der Regengüsse im weglosen Apennin, vom Verdacht des Verraths, vom Betrug der Zahlmeister verfolgt, hatte der Mailänder Lucian Manara sein Bataillon nach Rom geführt. Die Franzosen, welche soeben Civita vecchia besetzt hatten, verhinderten seine Landung in Porto d'Anzo nicht. Die Brüder Dandolo, ein Morosini, Mancini, meist Mailänder dienten unter ihm.*) Aber nicht blos Söhne der ersten Familien, im reichsten Luxus erzogen, theilten mit dem Sohne des armen Pächters die Entbehrungen und die Gefahren, es waren darunter die edelsten, liebenswürdigsten Persönlichkeiten. Manara hatte zu seiner feinen humanen Bildung sich auf der östreichischen Marineschule auch tüchtige militärische Kenntnisse erworben. Erst 25 Jahre alt, ließ er seine Gattin und zwei Knaben in Mailand zurück. Der Liebling des Bataillons war der nach Herz und Gestalt jungfräuliche Emilio Morosini. Solche junge Männer erprobten, daß doch nicht die ganze goldne Jugend der Lombardei den sittlichen Kern in sich hatte taub werden lassen. — Andere Freischaaren nannten sich nach ihren Führern Arcioni und Medici. Es gab auch eine sogenannte französische Legion. Diese relativ unregelmäßigen Truppen zählten siebentausend Mann. Es war Ueberfluß an gesinnungstüchtigen Offizieren und Mangel an tüchtig gebildeten. Die untauglichsten waren der Barrikadenkommission zugewiesen, welche unter Mazzini's Leitung eine unpraktische, ununterbrochene einfache Reihe schwacher Barrikaden im ganzen Umfange der Stadt angelegt hatte —; man war also entschlossen sich unter den Trümmern Roms zu begraben. Diese Barrikaden wurden sehr verstärkt, aber nicht benützt. Auf den nächsten Miglien war die Straße nach Civita vecchia, welche hier durch öde Haide führt, zum Theil abgegraben und Brücken zerstört. Es fehlte nichts mehr als die Franzosen.

Und die Franzosen waren unversehens da. Die Division Oudinots, von der an der Gränze Savoyens stehenden Alpenarmee, in Marseille und Toulon eingeschifft, erschien am Morgen des 24. April

---

*) I volantarii ed i bersaglieri lombardi, annotazioni storiche di Emilio Dandolo. Torini 1849. — Luciano Manara, Milano 1859. Beide sind ergreifend zu lesen. Dem Verfasser geschah es wiederholt, daß er in der besten mailänder Gesellschaft bei der Gräfin M., auf seine Frage, ob dieser oder jener in diesen Büchern gerühmte Vertheidiger Roms noch am Leben sei, nur einige Schritte geführt und demselben vorgestellt wurde.

auf sechs Dampffregatten und einer Flotte kleinerer Schiffe, Angesichts englischer Wachtschiffe, vor dem Hafen von Civita vecchia. Der englische Admiral Cecille gab dabei seinen Instruktionen gemäß die Erklärung ab: „Die Regierung der Königin, weit entfernt über die Landung der Franzosen Verdacht oder Unruhe zu empfinden, stimmt ihr vollkommen bei, in der Hoffnung, daß die Gegenwart dieser Truppen im Kirchen= staat wahrscheinlich den Anstoß zu einer Reaktionsbewegung wie in Toscana geben werde, wodurch der Anarchie, welche Rom entehrt, früher ein Ziel gesetzt und die Wiederaufrichtung einer regelmäßigen Regierung erleichtert würde." — Dieß erklärt sich noch durch die Depesche Palmerstons an seinen Gesandten in Paris vom 27. März 1849: Nach der Ueber= zeugung der Regierung I. M. könnte die Versöhnung des Pabstes mit seinem Volke kaum erzielt werden oder wenigstens nur dann Dauer ha= ben, wenn sie nicht gegründet wäre auf eine Verpflichtung des Pabsts, das System der constitutionellen und Repräsentativregierung aufrecht zu er= halten, welche er fern von seinen Unterthanen verbürgte, und wenn nicht durch eine Abgränzung zwischen der geistlichen Autorität und den weltlichen Gewalten, welche klar und bestimmt festzustellen ist, so vielen Klagen ein Ende gemacht wird.

Mazzini hatte die Besatzung des Castells von Civita vecchia verstärkt. Aber Oudinot erklärte, er komme als Freund, erbat sich Einquartirung wie für Verbündete. Stadtrath und Handelskammer verlangten, daß man die Stadt nicht der Gefahr eines Angriffs aussetze. Man richtete auf der Piazza einen Freiheitsbaum auf, an dem die Fahnen der Schwesterrepubliken wehten. Römische und französische Soldaten bezogen gemeinsam die Posten. Oudinot proklamirte, seine Fahne sei die der wahren Freiheit, die der Versöhnung; er komme, vom Vaterlande der Römer die Gefahren der östreichischen und der neapolitanischen Intervention abzuwehren. „Frank= reich, sagt er, maßt sich nicht das Recht an, die Interessen zu ord= nen, welche wesentlich diejenigen der römischen Bevölkerung sind, welche jedoch im allgemeinen Ganzen mit denen des sämmtlichen Europa, ja der ganzen christlichen Welt verknüpft sind." Er rief die Gleichgesinnten auf, sich unter seiner Fahne zu sammeln. Seine Erklärungen und die seiner Parlamentäre mußten bald immer widersprechender werden. In Paris mißfiel es der Regierung, daß er die Fahnen und die Beamten der rö= mischen Republik in Civita vecchia ließ. Wir verschweigen jene, wie die vielfachen Proteste, auch den, welchen die Constituirende im Namen Gottes und des Volks gegen die Fremden schleuderte. Die Expedition, sagt sie, sei gekommen, um Anarchie hervorzurufen.

Die in Rom zurückgebliebenen französischen Gesandtschaftssecretäre, die mit Botschaften von Oudinot dahin geschickten Parlamentäre versicherten, die Stimmung in Rom sei so, daß die Franzosen in Rom keinen Wider= stand finden würden, die Thore würden ihnen geöffnet werden. Dasselbe

versicherten Rahneval und Prälaten von Gaëta aus. Nur erhielt Oudi=
not nicht die dazu nöthige, erhoffte päbstliche Proklamation mit Verbür=
gung der Reformen. Alle italienischen, französischen, alle europäischen
Reaktionäre stachelten Oudinot mit ihren Versprechungen zum vorwärts=
gehen. Den 26. April sandte Oudinot an Rusconi, den Minister des Aeu=
ßeren in Rom, die Erklärung, daß er nach Rom marschiren werde mit
der wiederholten Versicherung, Frankreich beabsichtige nicht dem Volke eine
Regierungsform aufzuzwängen. Sein Anmarsch sei nur ein glänzender
Beweis der Sympathie für die römische Nation. „Nehmt uns als Brü=
der auf, wir werden diesen Namen rechtfertigen! Wir werden uns mit
den bestehenden Autoritäten (?) in Uebereinstimmung setzen; wir werden
die Schutzwache eurer Truppen bilden, indem wir sie überall mit den
unsrigen vereinigen werden." Die Constituirende beschloß zur Rettung
der Republik Gewalt mit Gewalt abzuwehren. Nur der mystische Thea=
tiner Ventura aus Sicilien, welcher die theokratische Demokratie bei dem
Pabst verfochten hatte, später napoleonischer Hofprediger, versuchte offen eine
Verständigung. Aber selbst der gemäßigte Sturbinetti lehnte sie dem Ausland
gegenüber ab. Da die Pfandleihhäuser in Italien eine große Rolle spielen
und als Heiligthümer betrachtet werden, ist der Direktor derselben eine der
beim Volke einflußreichsten Persönlichkeiten. In Rom war dieß damals Pietro
Campana, der große gefährliche Kunst= und Alterthumssammler, dessen
kolossaler Unterschleif einige Jahre später so großes Aergerniß gab. Er
stellte sich an die Spitze, um den Franzosen friedlich die Stadt zu öffnen.
Das Geld wollte er beischaffen. Im Einverständniß mit einigen Offizieren
der Carabinieri (Gensdarmen) und mit Schweizern beschloß er, in jeder
der vierzehn Rioni von Rom die päbstliche Fahne aufzupflanzen, um
dieses bezahlte Volk (so sagt selbst Abbate Coppi) zu sammeln, mit ihm
beim Anrücken der Franzosen popolarmente an die Stadtthore zu rücken
und diese zu öffnen. Das Complott wurde verrathen und es bedurfte
nur warnender Worte an die Carabinieri. Wäre nicht einige Wochen
früher Garibaldi und eben jetzt Manara eingerückt, so wäre es doch viel=
leicht anders verlaufen. — In Klöstern wurden Spitäler für die Ver=
wundeten und ein Frauenverein errichtet, welcher sie unter der Vorstand=
schaft der Christina Trivulzio, Fürstin von Belgioso, verpflegen sollte.

Ein Uebelstand war, daß Civita vecchia 47 Miglien, also zehn deutsche
Meilen (15 deutsche Meilen == 70 Miglien) von Rom liegt. Oudinot
hatte bereits die Hälfte seiner Truppen, 8000 Mann, aus dem ungesun=
den Civita vecchia auf der Straße nach Rom in den Flecken Palo am
Meere vorgeschoben und auf der ganzen Linie Telegraphen errichtet. Er
beabsichtigte wohl mit denselben wenigstens das gesunde Plateau zu be=
setzen, welches auf dem Janiculus unmittelbar außerhalb der halbzerfal=
lenen Mauer des Kaisers Aurelian vor der Porta St. Pancrazio, also
auf dem rechten Tiberufer liegt. Das römische Bataillon in Civita vec=

chia wurde von den Franzosen jetzt entwaffnet und für kriegsgefangen, in der Stadt der Belagerungszustand erklärt. In einer Proklamation sagte Oudinot seinen Truppen: „Das Traumgebild von Regierung in Rom antwortet auf meine versöhnlichen Worte mit wiederholten Prahlereien. Soldaten, nehmen wir die Herausforderung an! Wir werden weder die römischen Bevölkerungen, noch die Truppen als Feinde finden. Beide betrachten uns als Befreier." — Das militärische Ehrgefühl war Meister geworden, aber nicht das Feldherrngenie.

Das Axiom, daß durch Oeffentlichkeit die Wahrheit am besten ans Licht gestellt werde, wird durch die Geschichte der Schlachten widerlegt. Es giebt nichts öffentlicheres als eine Feldschlacht; aber die Leidenschaft des Kampfes, die Nothlüge, um begangene Fehler zu vertuschen, die persönliche und die Nationaleitelkeit, besonders die der Franzosen, welche nie für geschlagen gelten wollen, verwirren um die Wette die Thatsachen. Dazu kommt hier noch die Unklarheit der französischen Angriffsdisposition. Dieser erste Kampf unter den Mauern Roms erinnert nur zu sehr *an die Demonstrationen*, welche Karl Albert im Anfange des Feldzugs von 1848 auf das Versprechen eines städtischen Volksaufstandes hin gegen Mantua und Verona machte. In der gleichen Voraussetzung dehnte sich das von Westen angerückte französische Corps unter den Mauern Roms weit längs der Nordwestecke des vatikanischen Stadttheils aus, wo die Straße von Civita vecchia auf Flintenschußweite längs der Stadtmauer bis zur Porta Angelica hinläuft, welche von Norden gerade auf den Petersplatz führt. Außerhalb der Stadtmauer sind so viele Terrainwellen und Gartenmauern, so daß selbst die auf der Peterskuppel inmitten der Gefechte Stehenden wenig davon sahen. Es war ungefähr, namentlich bei Porta Cavallegieri, dieselbe Gegend, wo 1527 die wilden deutschen Landsknechte unter Frundsberg und die Spanier Rom erstürmten und wo Benvenuto Cellini den Connetable von Bourbon erschossen haben will.

Der hinter dem Chor der St. Peterskirche ansteigende vatikanische Hügel ragt als der nordwestlichste Vorsprung der ummauerten Stadt beherrschend in das Kampffeld hinein. Diese alten Mauern hielt Oberst Masi mit schwerem Geschütz, mit Carabinieren und mit Nationalgarden besetzt. Die Franzosen hatten nur zwei Feldbatterien. Masi's Rechte dehnte sich bis an Porta Angelica aus, seine Linke an die Porta Cavalleggieri, welche die hier einen rechten Winkel bildende Mauer erschließend auf die Südseite des Petersplatzes führt. Masi's Reserve bildete Galletti mit seinen Carabinieren, von welchen die Franzosen Oeffnung der Thore erwarteten, und das lombardische Bataillon unter Manara, welche auf der Engelsbrücke und auf dem Petersplatz aufgestellt waren. Weitere Reserven standen auf dem linken Ufer der Tiber, auf dem alten Marsfeld. Der äußerste linke römische Flügel war zur Offensive unter Garibaldi vom rechten Tiberufer unterhalb der Stadt, also von Porta Portese bis herauf zu Porta St. Pancrazio größtentheils außerhalb der Mauern aufgeſtellt. Das Thor von St. Pancrazio iſt das Weſtthor Roms, bei= nahe gleichweit vom Vatikan und von der unteren Tiber. Auf dem Oſt= rand des Janiculus hoch über der Tiber und der Stadt gelegen, führt es auf ſein villenreiches Plateau. Da von den Republikanern auch die Ro= magna gegen Oeſtreich einigermaßen beſetzt werden mußte, ſo befanden ſich in Rom eben jetzt zehntauſend Mann, zur Hälfte Reguläre; es waren beinahe nur Italiener, bis auf 1600 Lombarden und Piemonteſen lauter Kirchenſtaatler, zum Theil nach Landsmannſchaften zuſammengeſchloſſen.

Den dreißigſten April um eilf Uhr Vormittags verkündeten die Glocken des Capitols und von Monte Citorio, bald auch der Donner der Geſchütze der ewigen Stadt, daß vor ihren Thoren der Kampf mit den Nachkommen der Gallier des Brennus ſich entzünde. Die franzöſiſche Vorhut, welche Befehl hatte durch ein offenes Thor einzurücken, wurde mit Schüſſen empfangen. Der linke franzöſiſche Flügel unter Levaillant ſtürmte in zwei Kolonnen vor. Die eine rechts durch Porta Cavalleggieri, *) die andere links durch Porta Angelica eindringend, ſollten ſie ſich auf dem Petersplatz wieder treffen. Die bei ihnen herrſchende Unklarheit wird durch die offiziellen und durch die anderen Darſtellungen noch vermehrt.**) Die Franzoſen erzählten ſpäter Coppi, ſie hätten nur Karten des alten Latium, und zweihundertjährige von Rom beſeſſen. Es ſcheint wirklich, daß ſie die Porta Pertuſa nahe der Weſtſpitze der vatikaniſchen Mauern, welche eben vor einigen hundert Jahren zugemauert worden war, ſuchten oder mit der tief gelegenen von Cavalleggieri verwechſelten. Der Siege

---

*) Bekanntlich iſt Rom die Siebenhügelſtadt. Der größere Theil der Stadt liegt aber in der Thalfläche auf dem linken Tiberufer. Der Lauf der Tiber iſt durch den Oſtabfall des auf ihrem rechten Ufer anſteigenden, eine halbe Wegſtunde langen Jani= culus beſtimmt. Auf ſeinem oberen Rande laufen von jeher die Stadtmauern, welche Rom gegen Weſten ſchirmen. Sie ſtehen etwa 150 Fuß über dem Fluß, bis zu welchem ſie ſüdöſtlich ſich herabziehen. Am Nordende des Janiculus iſt eine Tiefe, in welcher Porta Cavalleggieri liegt. Von ihr aus ſpringt die Mauer nordweſtlich vor und bildet um den vatikaniſchen Hügel herum einen unregelmäßigen ſpitzen Winkel. Am ſüdöſtlichen Fuße dieſes Hügels liegt die Peterskirche. Die ſechs andern Haupt= hügel liegen auf dem linken Tiberufer.

**) So auch in dem offiziellen Prachtwerke, in dem von dem rühmlich bekannten Vaillant geſchriebenen Siège de Rome en 1849, journal de siège de l'artillerie et du génie, publié avec l'autorisation du ministère de la guerre. Paris, imprimerie nationale 1851 in folio. Auf der K. Privatbibliothek in Turin befindet ſich ein Exemplar davon mit Bleiſtift=Randbemerkungen von der Hand des ganz zuverläſſigen römiſchen Generals Roſelli, welcher durch bloße Addition, durch den Terrainplan, durch einfache Thatſachen eine Reihe von Angaben der Franzoſen widerlegt. In dieſer trocknen Correctur liegt ein tiefer, überzeugender Humor. — Nicht ohne hiſtoriſches Intereſſe iſt: Album de l'expedition Romaine, texte et dessins par Vertray, ca= pitaine de l'état major. Paris, Parmentier 1853.

de Rome sagt, es sei nur eine Recognoscirung gewesen, ob sich die Römer der Gewalt widersetzen würden. Da aber der französische Soldat nicht gewöhnt sei und es einen schlechten Eindruck mache, durch Kanonenschüsse erklärte Herausforderungen nicht anzunehmen, so sei man wiederholt auf die Pertusa losgerückt. Mais on ne découvrit cette porte; was sehr wahrscheinlich ist.

Während hier das Geschütz- und das Schützenfeuer, dessen Stutzenkugeln bis in die Peterskuppel und in den vatikanischen Palast drangen, mit ungleichen Verlusten, denn die Römer standen hinter der Mauer, fortdauerte und die Franzosen immer noch hofften, es werde sich durch die Papalini ein Thor öffnen, rückte eine französische Kolonne als äußerster linker Flügel gegen Porta Angelica, über welche weg der bekannte Gang vom Vatikan nach der Engelsburg führt, entschlossen an. Hauptmann Faver, welcher in Rom gewesen war, versicherte, er wisse einen gedeckten Fußweg nach dem Thor, er sei seines Erfolges gewiß, und überredete so den General Levaillant seiner Führung zu folgen. Die Kolonne verirrte aber, hatte starken Verlust durch das Feuer von den vatikanischen Gärten herab; Hauptmann Faver sühnte seinen Irrthum mit dem Leben.

Auf dem rechten französischen Flügel hatte Major Picard mit einigen Kompagnien auf der alten Consularstraße gegen die Porta di St. Pancrazio, die alte Porta Aurelia, anrückend, sich in dem davor liegenden Park der Villa Pamfili festgesetzt. Als er dem linken Flügel durch sein Vorgehen gegen das Thor Luft machen wollte, fiel ihm Garibaldi mit großer Uebermacht in den Rücken. Seine Soldaten, wohl auch durch republikanische Grüße etwas beirrt, fanden sich zwischen den ummauerten Landgütern nicht zurecht und wurden in die benachbarte Villa Giraud gedrängt. Picard verlangte zu unterhandeln; aber er und seine Truppe wurden eingeschlossen, gefangen genommen, entwaffnet und mit Bezeugung republikanischer Brüderlichkeit in die Mauern geführt.*)

Kurz, nach fünfstündigem Schießen mußte Oudinot sattsam überzeugt

---

*) Coppi erzählt nach den Aussagen französischer Offiziere, Picard habe das St. Pancraziothor mit Flintenschüssen angegriffen. Bald habe er aber innerhalb Jubelrufe, Gesänge, auch die Marseillaise gehört und deßhalb geglaubt, die Stadt sei genommen. Sobald er deßhalb das Feuer eingestellt habe, hätten römische Soldaten ihre Helme — die Nationalgarde hatte ungefähr die preußische Uniform — auf die Bajonette gesteckt und gerufen: wir sind Freunde, wir sind Brüder, Friede! Friede! Dadurch in seiner Muthmaßung bestärkt, habe er seine Soldaten in einem Landhaus gelassen und sei allein in die Stadt gegangen, um die Befehle Oudinots zu empfangen, er sei aber zum Gefangenen gemacht worden. Dasselbe sei zu gleicher Zeit seinen Soldaten außerhalb geschehen. Eine andere offiziöse französische Darstellung behauptet sogar, die 250 Mann seien von römischen Soldaten eingeladen worden nach Ablegung der Waffen sich in Rom selbst zu überzeugen, daß nichts weniger als Anarchie herrsche. So in die Stadt gelockt, seien sie umzingelt und für Gefangene erklärt worden!!

sein, daß er gröblich getäuscht worden war. Unerschrocken trugen seine
Soldaten die vorgeschobenen Geschütze aus dem Feuer; sie zogen sich in
guter Haltung langsam nach Civita vecchia zurück. Verfolgt wurden sie
nicht. Der Siège giebt den französischen Verlust auf 80 Todte, 250
Verwundete, 250 Vermißte von 5800 Mann an. Die Römer hatten
150 Todte und Verwundete. Da ihre Reserven nicht verwendet worden
waren, so war die Zahl der Kämpfenden nicht sehr ungleich, aber die
Stellung der Römer war eine äußerst günstige gewesen.*)

So unbedeutend diese Gefechte vom militärischen Standpunkt aus
waren, so wurden sie durch den Eindruck, welchen sie auf beiden Seiten
und weithin machten, politisch bedeutend. Ueber die Stimmung in Rom
in diesen Tagen spricht sich wohl C. Dandolo am wahrhaftigsten aus.
Das römische Volk hatte keine politische Farbe. Ein starker Haß gegen
die klerikale Regierung und viel Indifferenz im übrigen sind seine her-
vorstechendsten Züge. Es war in Rom bisher weder Enthusiasmus, noch
ein ausgesprochenes Princip der Reaktion, noch eine starke Partei der
Opposition. Die Bürger waren der politischen Aenderungen und Mißbräuche so müde, daß sie sich der republikanischen Regierung ruhig unterworfen hatten, obgleich die eigentlich republikanische Partei sehr klein war.
Sie bestand blos aus glühenden, es ehrlich meinenden Jünglingen und
war nur durch den Haufen der Spekulanten angeschwellt, welche überall
in der unvermeidlichen Unordnung eines Ausnahmezustandes etwas zu
hoffen haben. Während die exaltirte mazzinistische Faktion eigentlich nur
geduldet war, waren die Soldaten, welche mit ihrer Faust die Stadt vertheidigten, beliebt und sie wurden unterstützt.

Man konnte sich am Morgen des 30. April überzeugen, daß die
Römer durchaus keine fremde Intervention wollten. Bei dem ersten
Kanonendonner begab sich das Volk haufenweise bewaffnet gegen Porta
Cavalleggieri, während ihm die Frauen und Jungfrauen mit jubelnder
Entschlossenheit von den Fenstern aus Muth zuriefen. Die Läden standen
offen, das republikanische Papiergeld wurde ohne viel Schwierigkeit an-
genommen.

Als nun aber Verwundete hereingebracht wurden, umgab jeden die
Volksmenge mit liebevollem Mitleiden. Auf den monotonen Ruf der
Wärter regnete es Leinwand aus allen Fenstern. Und nun die
Nachricht, daß die Fremden zurückgeschlagen seien! „Die ganze Stadt
war illuminirt, erzählt der enthusiastischere Hoffstetter; selbst im engsten
Gäßchen blieb kein Fenster dunkel, nur einige Paläste entflohener Nobili
und Prälaten schauten finster und öde in die Freudennacht. Schaaren

---

*) Die durch die Kämpfe vor Rom veranlaßten Karikaturen, durch welche bei den
Franzosen Erbitterung hervorgerufen werden mußte, s. Band II. unserer Geschichte,
Abtheilung 2. S. 233.

von Männern durchzogen die Straßen unter Gesang patriotischer Lieder.
Auf jedem Gesicht glänzte Freude und Stolz und in jedem Zuge konnte
man lesen: Wir sind wieder Römer." — Das war doch einmal etwas
Neues in der ewigen Stadt; nicht der gewohnte priesterliche, noch der
demokratische Weihrauch und Phrase, Prozessionen und friedliches Feuer=
werk. Die römische Legion, gegen achthundert Mann stark, hatte unter
Garibaldi sich geschlagen, sie hatte gesiegt, über eine wie schwache, verlassene
Truppe, das wußte man nicht. Die französischen Gefangenen, besonders
die Verwundeten wurden, wenn auch nicht ganz absichtslos, brüderlich ge=
pflegt. Der Held des Tages, der Held der Römer war jetzt Garibaldi. Er
hatte das Verdienst, die neue Truppe auf eine für sie höchst vortheilhafte,
scheinbar glorreiche Weise in den Kampf eingeweiht zu haben. Die Fran=
zosen, war ausgesprengt, hätten gesagt, die Italiener schlagen sich nicht,
und jetzt waren sie von diesen geschlagen, Franzosen von Italienern! Mit
jeder Stunde spann der Volksmythus neue Goldfäden in die Strahlen=
krone, um das Haupt seines Helden. Das Bewußtsein der Mannhaftig=
keit ist doch für jedes Volk, das noch einiges Ehrgefühl besitzt, das erhebendste.

Während die große Mehrzahl des Volks großmüthig sich seines Sieges
freute, nahm die Niederträchtigkeit der früheren niederen päpstlichen Werk=
zeuge die Gelegenheit wahr, ihr Werk zu treiben. Da die Priesterpartei
den Franzosen Botschaften zutrug, war der Verdacht besonders gegen ver=
kleidete Jesuiten zum rasenden Wahnsinn entzündet. Drei Männer, deren
Personen unbekannt blieben, wurden den dritten Mai auf der Engels=
brücke in Stücke zerrissen. Am kältesten aber schlachtete der Mörder Rossi's
Zambianchi, Offizier der früheren päpstlichen Finanzwache, welche jetzt mit
ihm bei der Republik ihr Brod suchte. Diese Rotte war auch dem Eigen=
thum gefährlich. Zehn Geistliche und zwei Laien, welche größtentheils
im Kloster St. Calisto gefangen lagen, wurden den ersten Mai von
ihnen erschossen. Mazzini bedrohte mit vielen Phrasen solche und die
Frevel gegen das Eigenthum, wie die reaktionären Complotte mit dem
Kriegsgerichte. Gefangene Priester wurden von ihm frei gelassen. Aber
die Bestrafung der meisten Mörder dieser Tage war der restaurirten
päpstlichen Regierung vorbehalten.

Die Presse war natürlich nur republikanisch, durch die Klubs, nicht
durch das Gesetz terrorisirt. Während der Republik und der Belagerung
wurde auf Kosten von Engländern und Genfern in Rom eine neue
Auflage von Diodati's italienischer Bibelübersetzung gedruckt, welche aber
kurz nach der Einnahme von Priesterhand unterdrückt wurde.

Oudinot schlug Austausch der Gefangenen vor, unter welchen er
seinerseits das in Civita vecchia entwaffnete römische Bataillon verstand.
Die römische Regierung erklärte, da ein Krieg zwischen den beiden Repu=
bliken ein Frevel wäre und gar nicht bestehe, so würden die gefangenen
Franzosen sofort frei gelassen. Sie wurden noch festlich durch die Stadt

geführt. In St. Peter, welchen sie zu sehen begehrten, warfen sich auf
die Aufforderung eines der Abgeordneten Franzosen und Italiener auf
die Kniee, um für die Befreiung und für die Verbrüderung aller Völker
zu beten. Oudinot entließ dann auch das römische Bataillon, aber ohne
Waffen, während doch die Franzosen mit Sack, Pack und Waffen zurückgeschickt worden waren. Die Einigkeit der katholischen Mächte entfaltete
sich. Dem König von Neapel gefiel es so wenig als dem päbstlichen Hofe,
daß sich die Truppen der französischen Republik in Rom einnisten sollten. Obgleich sein Heer in Sicilien noch gebunden war, versammelte Ferdinand
etwa 10,000 Mann mit 52 Geschützen bei Fonbi. Die angesagten Spanier trafen noch nicht ein, aber zwei spanische Linienschiffe besetzten Terracina und die Küste weiterhin; sie erleichterten dadurch die Verprovian-
tirung der Neapolitaner. Durch die Barbierschüssel auf dem Kopfe
gekennzeichnet wurden jene in Karikaturen verhöhnt. Nachdem er Oudinot
seine Bereitwilligkeit zu gemeinsamer Aktion mitgetheilt hatte, rückte der
König mit jener Truppe und einem Gefolge von Prinzen, worunter ein
Infant, den 29. April auf der alten Appischen Straße in Terracina und
in die pontinischen Sümpfe ein. Obgleich er hier Nachricht von Oudinots Unfall erhielt, marschirte man über Velletri vorwärts, indem man
ebensowohl die ihn unter dem Rufe: es lebe die Religion! festlich empfan-
genden, als die feindlich gesinnten Gemeinden entwaffnete. Zahlreiche
Einkerkerungen von Magistratspersonen wurden vollzogen; sie wurden mit
Mördern zusammengesperrt. Den vierten Mai wurde Albano besetzt,
wo weitere Truppen von Frosinone her zum König stießen. Sicilien war
jetzt besiegt. In der folgenden Nacht rückte Garibaldi mit 3000 Mann schlau
gegen Tivoli und von hier nach Palestrina, welches an der innern Landstraße von Neapel nach Rom liegt. Da die meisten Landesprodukte der
umliegenden Provinzen in Rom magazinirt waren, drohte der Stadt noch
kein Mangel. Allein es war von Werth sich diese an Wein, Oel und
Getreide fruchtbare Gegend offen zu halten und das Vorrücken Ferdinands
in die römische Ebene durch Bedrohung seines rechten Flügels zu erschweren.
Der neapolitanische General Lanza sollte daher Garibaldi aus der
von Natur und durch alte Mauern festen Stadt vertreiben. Er griff mit
Reiterei, mit drei Gardebataillonen und mit einer Batterie den ohne ein Geschütz gegen ihn vor die Stadtmauern ausgerückten Garibaldi am Nachmittag
des neunten Mai an. Aber die Lombarden Medici's zeigten sich der neapolitanischen Elitetruppe im zerstreuten Gefecht überlegen. Diese zog sich mit
einbrechender Nacht zurück mit Hinterlassung von Gefangenen und mit
Verschweigung des größten Theils ihres Verlustes. Mazzini, welcher für
Rom fürchtete, rief Garibaldi dahin zurück. Das Bewußtsein seiner Truppe
und sein Name waren gehoben.*) Rom begrüßte sie durch Beleuchtung.

*) Im Einzelnen und anschaulich beschreibt diesen neapolitanischen Zug Hoffstetter,
langweilig R. v. Steiger in: Die Schweizer-Regimenter in k. neapolitanischen Dien-

Eine neue Einladung des Königs zu gemeinsamem Operiren lehnte Oudinot nicht gerade ab, aber es war aus allem ersichtlich, daß Frankreich grundsätzlich allein vorgehen wollte und zwar auch dieses nicht einmal im Augenblick. Zu gleicher Zeit, am 17. Mai, erhielt der König Nachricht, daß die Römer, ohne Besorgniß wegen der Franzosen, sich anschickten, auf seine Rückzugslinie zu marschiren. Auch der Pabst rief seinen Sohn und Beschützer zurück. Dieser befahl daher sogleich der unnützen Villegiatur in Albano ein Ende zu machen und den Rückzug auf derselben Straße anzutreten. Dreizehn Tage hatte man Rom in Sicht gehabt. Den ganzen Feldzug hindurch bildete ein Bataillon Schweizerjäger die eigentliche Leibwache des Königs. Er wollte seine Neapolitaner ans Feuer gewöhnen. Den 16. Mai erlaubte ein mit den Franzosen abgeschlossener Waffenstillstand beinahe alle römischen Truppen gegen die Neapolitaner zu verwenden. Mazzini berief sich darauf, als auf einen Beweis, wie falsch die Angabe sei, es bestehe eine starke päbstliche Restaurationspartei in Rom. Obergeneral in Rom war Avezzana, Obercommandant der Expedition der ehrenfeste General Roselli, ein Römer. Garibaldi, zum Divisionsgeneral ernannt, diente dabei unter ihm. Es rückten noch am Abende des 16. Mai eilftausend Mann mit vier Geschützen aus. An der sehr mangelhaften Verpflegung und ermüdenden Marschordnung zeigte es sich, daß keiner der Führer auch nur eine so mittelmäßig zahlreiche Truppe im freien Feld recht zu befehligen wußte. Dadurch entstanden die dem Feinde nützlichsten Verzögerungen.

Das römische Corps ging wieder bis in die Nähe von Palestrina und dann südlich durch das wellenförmige Gelände am Monte Cavo. Den 19. Mai Morgens wollten die Neapolitaner eben aus der Stadt Velletri abmarschiren, als Garibaldi, welcher mit 2000 Mann und zwei Geschützen die Vorhut bildete, ihre leichten Truppen im Felde anpackte und zurückwarf. Garibaldi wäre hier beinahe von einem neapolitanischen Reiteroffizier zusammengehauen worden und erhielt zwei leichte Verwundungen. Das neapolitanische Heer stellte sich im Halbkreise vor der hoch gelegenen Stadt von dem römischen bis zum neapolitanischen Thore auf und brachte seine zahlreiche Artillerie ins Feuer. Da man sie nicht stürmen ließ, begannen die Lombarden in einer Terrainfalte zu tanzen; auch als einige Tänzer durch eine Kartätsche verwundet wurden, rief es: Musik! Musik! und der Tanz ging weiter. Roselli war Mittags mit dem Gros angekommen. Er beabsichtigte eine Umgehung gegen das neapolitanische Thor, da er die Mannschaft für die Entscheidungen vor Rom schonen wollte. Deßhalb rief er sogar die schon ihrem Ziel nahe Um-

---

sten 1848 und 1849. Zweite Auflage, Bern 1851, von Seite 304 an. Er sagt offenbar nicht alles, was er weiß, verschweigt das Interessantere, weil es den Neapolitanern nicht günstig war, welche er nicht zu rühmen weiß.

gehungskolonne zurück. Der König war bereits Nachmittags mit einem Theil seiner Truppen auf der Straße nach Terracina abmarschirt; um Mitternacht verließen die letzten Neapolitaner in aller Stille Belletri. Die Römer rückten ihnen eine kurze Strecke in den pontinischen Sümpfen nach. Ein Theil von ihnen unter Garibaldi wandte sich sofort auf die innere Landstraße von Rom nach Neapel und allarmirte die neapolitanische Gränze bei Ceprano am Garigliano. Man kam bis Arce, welches uns Gregorovius so herrlich schildert. Auf diesem Marsche wurde ein tapferer Soldat von Manara's Lombarden, weil er einer armen Frau drei Paoli (36 Kreuzer) mit Gewalt genommen, einstimmig zum Tode verurtheilt und erschossen.

Vor Belletri kam der Gegensatz der naturwüchsigen daraufgehenden Führer wie Garibaldi und Manara und andererseits der studirten, vorsichtigen, vielleicht unentschlossenenen Offiziere zu Tage. Roselli klagte, daß Garibaldi den Feind ohne Befehl und in einer günstigen Stellung, statt auf dem Rückzuge, angegriffen habe. Garibaldi meinte, wenn man entschlossener gehandelt hätte, würde man Ferdinand oder doch viele Neapolitaner gefangen nach Rom gebracht haben. Aber ohne Vergleich übler waren die moralischen Folgen für Ferdinand und seine Neapolitaner. Seine zahlreicheren, dem Feind an Geschütz ums dreizehnfache überlegenen Truppen waren zuerst ohne Gefecht, dann während eines Gefechts oder bei Nacht vor zum Theil unregelmäßigen Republikanern zurückgegangen. Und man durfte noch von Glück sagen, daß der Feind dieses gestattet hatte. Man war froh, als man wieder neapolitanischen Boden *unter* den Füßen hatte. Die Garde schien nur besorgt zu sein ihre schöne Uniform zu schonen und diese war ihr ausgeklopft worden. Besonders die Angst vor Garibaldi und seinen „Rundhüten" war, wie ein giftiger Tropfen, der empfänglichen neapolitanischen Phantasie eingeimpft worden und sie fieberte darin fort bis zur Krise 1860. Es war eine schlechte Ermuthigung, daß die Feldpatres Garibaldi mit dem Satan in besondere Verbindung brachten, wozu einige kecke Maskenscherze Veranlassung gaben. Der Aberglauben mußte im Zweifel bleiben, ob der Satan oder die Amulette, die jeder neapolitanische Soldat trug, die größere Macht hätten. Wenn man nur wissen könnte, welches von den wunderthätigen Madonnenbildern, welche von dem Volke als lebende Schwestern verehrt werden, stich= und kugelfest mache! Daß Garibaldi dieses sei, darüber war kein Zweifel mehr. Kurz, aller päbstlicher Segen war nicht stark genug, um die Elemente zu bannen, welche die Fundamente der Bourbonenherrschaft anfraßen. Nun hatten auch einmal nichtdeutsche Corps erfahren, was es mit Bundestruppen ist, welche nicht unter streng einheitlichem Commando operiren.

Die Franzosen vernahmen nicht ohne Befriedigung, daß ihren Freunden, den Neapolitanern, von den Römern nach Hause geleuchtet worden sei. Um so unangenehmer war ihr Ehrgefühl durch die Nachricht verletzt, daß nun doch auch die Oestreicher im nördlichen Kirchenstaat vorrückten. Während d'Aspre in Toscana eingerückt war, sollte Feldmarschalllieutenant Graf Franz von Wimpffen die Romagna besetzen. Er und der ihm beigegebene päbstliche Bevollmächtigte Prälat Bedini verkündigten der Bevölkerung, daß sie zu Wiederherstellung der päbstlichen Regierung und der Ordnung kommen. Sie fanden aber nirgends guten Willen bei dem Volke. Der erste Versuch, durch die Porta Galliera in Bologna einzudringen, kostete die Oestreicher den achten Mai 30 Todte und 146 Verwundete. Gestachelt durch den Ruf der „Lastträger": jetzt zeigt, daß ihr zu etwas nütze seid! machten sechszig berittene Carabinieri auf bedrängte östreichische Geschütze einen Ausfall. Aber zwei Dritttheile fielen durch die Kartätschen und durch das Feuer der im Hinterhalt liegenden Schützen. Umsonst wurde die Stadt mit Feldgeschützen und Raketen beschossen. Auch Schweizer kämpften von beiden Seiten. Die Bolognesen hatten 2000 Mann Linie, Nationalgarde, Carabinieri, Finanzwache und die den Bürgern selbst gefährlichen „Lastträger". Wimpffen, ob er gleich einen Zuzug von einigen tausend Romagnolen in freiem Feld auseinandergesprengt hatte, sah, daß er mit seinen 8000 Mann nicht vermöge die Stadt zu nehmen. Daher wurde das Corps durch Gorczkowsky verdoppelt und in der Nacht des 14. Mai durch Bomben an mehreren Punkten der Stadt Brand geschossen. In den Landhäusern wütheten die Oestreicher, in der Stadt der Pöbel gegen die Besitzenden, welche unterhandelten. Mehrere Bürger Bolognas bewiesen unerschrockenen Muth nach beiden Seiten. Erst den 16. Mai hörte das Bombardement auf, als der Erzbischof, der Magistrat und die Militärchefs die Capitulation abschlossen. Die Linie trat wieder in päbstlichen Eid und Brod über. Alle Waffen mußten ausgeliefert werden. Dagegen wurde Amnestie verbürgt. Die angesehensten Bürger der Stadt richteten an den Pabst eine Bittschrift um Beibehaltung der die Laienregierung sichernden Verfassung. Der östreichische Commandant nahm dieses Schreiben mit Gewalt an sich und legte den Unterzeichnern eine Geldstrafe auf. Nur ein Bolognese bezeugte dem Pabst schriftlich seine Freude über die Rückkehr unter dessen Herrschaft. Der päbstliche Bevollmächtigte spielte nach beiden Seiten eine üble Rolle. Noch den 22. Mai schreibt er an Antonelli: „Die Bevölkerung von Bologna war erstaunt, daß der Stellvertreter der päbstlichen Regierung sich außerhalb der Stadt und stets von den Fremden umgeben halten mußte." — Die östreichischen Offiziere verheimlichten nicht, daß sie selbst das weltliche Priesterregiment verachteten und nahmen nicht aufs schonendste die Verwaltung in ihre Hand. Das alte östreichische Gelüsten nach dem Besitz des reichen Landes und nach der Heimath eines so trefflichen militärischen Materials, aus dem die Prälaten nichts zu machen wußten, blickt überall durch. Schönhals schreibt: „Der muthige, blutdürstige Volksstamm der Romagnolen hat nie aufgehört eine Quelle der Verlegenheit für den Kirchenstaat zu sein. Die Stellung der Regierung in dieser Provinz war eine stets schwankende." Andererseits war bei einem Theil der besitzenden Klasse, vom Haß der Priesterregierung geschürt, immer eine Hinneigung zu Oestreich, welches doch das Eigenthum geschützt hätte. Aber aus Furcht vor dem Dolch des niederen Volks sperrte man sich gegen jeden Verkehr mit den Oestreichern ab. Alle Städte der Romagna öffneten sich ihnen jetzt. Bei dem Landvolke, sagt Schönhals, war noch nicht alle Anhänglichkeit an das Oberhaupt der Kirche geschwunden. Aber die Festung Ancona, namentlich die Nationalgarde setzte Wimpffen einen lebhaften, „fanatischen", hartnäckigen Widerstand entgegen. Da eine zweitägige Beschießung der Stadt von der Land= und Seeseite nichts nützte, so mußte eine regelmäßige Belagerung mit fünf Brigaden und mit schwerem Geschütz begonnen werden. In Rom dachten muthige Offiziere der Republik an einen Entsatz der ausdauernden Kameraden. Aber nachdem auch die letzte Wasserleitung von den Oestreichern erstürmt war und das Bombardement vielen Schaden angerichtet hatte, kapitulirte die Besatzung den 19. Juni gegen freien Abzug. Perugia war schon von Toscana aus von den Oestreichern besetzt. Nirgends begrüßte das Volk die Wiederherstellung der päbstlichen Regierung.

Für die Leiter der französischen Politik war es nicht minder unangenehm, daß ihre wiederholten Ansinnen an den päbstlichen Hof, die Note der beiden französischen Gesandten vom dritten Mai (Bianchi, storia documentata Vol. VI. p. 495) öffentlich Garantieen einer civilen Regierung zu geben, von Antonelli als Prostaatssecretär am siebenten Mai im Tone gereizter Ungeduld ablehnend beantwortet wurden. „Man könne sich, schrieb dieser, auf die erprobte Groß= und Sanftmuth des Pabstes verlassen, daß er für das wahre Beste seines Volkes Sorge tragen werde, soweit dieß sich mit den Bedürfnissen und besonderen Verhältnissen seines Staats vertrage. Da Frankreich versichere, daß es sich zum Schutz des politischen Gleichgewichts und der Unabhängigkeit der italienischen Staaten einmische, so dürfe es überzeugt sein, daß es gewiß nicht der Pabst sei, durch welchen diese gefährdet würden." Am liebsten hätte die Kurie, gereizt darüber, daß Oudinot den Prälaten, welchen sie als Präfekten nach Civita vecchia schickte, zurückwies, die Franzosen ganz abgeschüttelt, wenn auch die Restauration dadurch hinausgeschoben worden wäre. Wer daran zweifelte, daß an der Wiedereinsetzung der ganzen alten weltlichen Priesterherrschaft und an ihrem Fortbestand bis ans Ende der Tage das Heil der Kirche, also der Welt hänge, war in Gaëta der Ketzerei verdächtig. Aber je schlimmer für Oestreich der ungarische Feldzug sich gestaltete, um so geflissentlicher suchte sein Gesandter in Gaëta jede Reibung mit Frankreich zu vermeiden. Er rieth daher ebensowohl das verletzte militärische Ehrgefühl, als die ultramontane Partei zu entzünden, um Frankreich verden Wagen der weltlichen Pabſtmacht anzuſpannen und ſeine Hände, hier einzuklemmen. Rayneval war dazu äußerſt brauchbar. Sein Eifer machte ihn blind. Auch in Paris fehlte es dazu nicht an Anknüpfungspunkten. Auf die telegraphiſche Nachricht von dem Mißerfolg am 30. April ſchrieb der Prinz = Präſident an Oudinot, wie ſehr er durch dieſen Widerſtand der Römer enttäuſcht und verletzt ſei. „Unſere militäriſche Ehre iſt com= promittirt. Ich werde nicht dulden, daß ſie irgend einen Schimpf erfahre. An Verſtärkungen ſoll es Ihnen nicht fehlen. Sagen Sie es den Solda= ten.“ Schweres Belagerungsgeſchütz wurde ſogleich eingeſchifft. Oudinot warnte, daß man ſich in Paris nicht durch die Einbildungen derer in Gaëta täuſchen laſſe. Wohl ſei Pius in Rom geliebt, aber man wende ſich allgemein von der klerikalen Regierung ab. Ueberzeugt, daß nur durch Gewalt etwas zu erreichen ſei, rückte er wieder vor, ſchon um an die Neapolitaner kein Terrain zu verlieren. Er ſtellte ſeine Poſten um die ganze Weſthälfte der Stadt. Dennoch war es eine jener leeren Prahlereien, in welchen ſich die „militäriſche Aufrichtigkeit“ ſo gern er= geht, wenn Oudinot berichtet, die Unterwerfung der Rom beherrſchenden Partei wäre unfehlbar jetzt ſchon geſichert, wenn der Moniteur vom achten Mai nicht ihre unheilvollen Hoffnungen wieder belebt hätte.“*) Am ſiebenten Mai nemlich hatte die Conſtituirende in Paris beſchloſſen, die Regierung habe Sorge zu tragen, daß die franzöſiſche Expedition wieder auf das ihr geſteckte Ziel hingeleitet werde. Den folgenden Tag wurde der verſöhnliche Ferdinand Leſſeps nach Rom abgeſchickt, mit dem Auftrag, den Kirchenſtaat von der Anarchie zu befreien und zu verhindern, daß die

---

*) Ueberſchauen wir nochmals die Phraſen der römiſchen Politik Frankreichs! Die Abſichten Drouyn de Lhuys', des franzöſiſchen Miniſters des Aeußeren, in welchem ſich die gemäßigt freiſinnige Anſicht perſonificirte, prägten ſich klar aus in den Berichten des neapolitaniſchen Geſandten in Paris Antonini an den König Ferdinand. Den 13. Mai ſchreibt er folgendes Reſervatiſſimum: „Aus der ganzen Unterredung mit Drouyn de Lhuys wurde mir die Beſtätigung, daß die franzöſiſche Regierung an der Reſtauration eigentlich keinen Antheil nehmen wollte; als ſie aber den 14. April die für uns günſtige Wendung erfuhr, welche die Dinge in Sicilien nahmen, und ſah, daß Ihre Sicilianiſchen und Spaniſchen Majeſtäten entſchloſſen ſeien, mit Oeſtreich den Forderungen Seiner Heiligkeit zu entſprechen, faßte man hier ſogleich den 16. Dieſes den Entſchluß, die Expedition zu vollziehen und, ohne die drei Mächte zu benachrich= tigen, ſich in den Beſitz von Rom zu ſetzen, um dann dem Pabſt zu ſagen: Sie haben mich aufgerufen und ich bin in Ihrer Hauptſtadt, aber Ihre Regierung muß ſeculari= ſirt und ſo freiſinnig werden, daß ich ſie Frankreich annehmbar machen kann. Allein, fügte er bei, die Ereigniſſe haben dieſe Abſicht vereitelt; General Oudinot, welcher weder ſcharfſinnig noch klug genug iſt, iſt die rechte Urſache dieſes mécompte.“ — Den 15. Mai berichtet Antonini: „Drouyn bleibt bei der Behauptung, der Pabſt müſſe ſeinen Völkern liberale Inſtitutionen geben, ſonſt werde Frankreich ſich genöthigt ſehen, ſich an die Spitze der italieniſchen Bewegung zu ſtellen.“ Mit welcher Erbauung mag der eben von Garibaldi zurückgeworfene Ferdinand dieſe Nachricht geleſen haben!

Wiedereinsetzung einer geordneten Macht durch eine blinde Reaktion verdüstert und dadurch ihre Zukunft compromittirt werde. Um dem Mißtrauen der Conferenz in Gaëta keine Nahrung zu geben, habe er jeden Schein zu vermeiden, als erkenne er die republikanische Regierung in Rom an. Natürlich war der Empfang, welchen Lesseps im französischen Hauptquartiere fand, ein sehr frostiger. Aber er hielt Oudinot vorerst von weiterem feindlichen Vorgehen zurück. Dieß gelang ihm nur mit großer Mühe. Lesseps begab sich sofort den 15. Mai nach Rom. Es machte ihm den Eindruck, daß es zu hartnäckigem Kampfe gerüstet sei. Nicht blos die Fremden, auch viele Römer der besseren arbeitenden Klassen fand er aus Haß gegen die weltliche Priesterregierung der Republik als dem unvermeidlichen kleineren Uebel geneigt. Mazzini berief sich darauf, daß das republikanische Papiergeld im Verkehr nur einen Verlust von zwölf Procent erleide. Dieses war der ehrlichen Finanzverwaltung zu danken, welche den herkömmlichen Unterschleif unterdrückte, die Monopole abschaffte und an die Stelle des alten Nepotismus nur Parteirücksichten treten ließ. Dank der Priesterregierung, trotz Mazzini, hatten sich im Kirchenstaat mehr anständige Männer als in irgend einem anderen Theile Italiens der republikanischen Richtung angeschlossen. Die römische Republik konnte sich in Betreff der inneren Zustände der durch den kommunistischen Fanatismus bedrohten französischen ebenbürtig an die Seite stellen.

Aber die französischen Machthaber folgten ganz anderen Motiven.

Bis auf einen gewissen Punkt gingen die Interessen des friedlichen Englands Hand in Hand mit denen der französischen Liberalen. Die römische Republik hatte sich auch an Palmerston um Hilfe gewandt. Mazzini ließ ihm vorstellen, daß wenn die Reaktion sich durch Waffen das ganze Festland Europas unterwürfe, Englands Einfluß ganz davon ausgeschlossen würde. Palmerston rieth in Rom bringend zur Verständigung zunächst mit Frankreich und durch dieses mit dem Pabst. Nur dadurch sei es möglich bürgerliche Reformen zu retten. Man solle nur fest auf Scheidung der geistlichen und der bürgerlichen Gewalt bringen. Und da Mazzini und Genossen immer ihre Hoffnung auf die äußerste Linke in Frankreich setzten, so erklärte Palmerston, man solle in Rom ja überzeugt sein, daß die römische Republik von Frankreich selbst dann nicht nachhaltig anerkannt würde, wenn je die rothe Republik in Frankreich siegen sollte. Auch dann würde der Pabst, unter welchem Titel, unter welcher Farbe es auch wäre, Rom auferlegt werden. — Diese Rathschläge wurden aber von Mazzini der Constituirenden unterschlagen.*)

Nachdem die Constituirende eine Commission aus gemäßigten Männern ernannt hatte, wußte doch Mazzini als letzter Mandatar des allgemeinen Stimmrechts die Unterhandlungen ganz in seine Hand zu bekommen. Lesseps (welcher alle seine unlösbare Aufgabe betreffenden Aktenstücke bald darauf zusammenstellte in Ma mission à Rome) schlug vor, die Römer sollten die französische Bruderhilfe anrufen, die französischen mit den römischen Truppen die Stadt besetzen, Frankreich sollte das Gebiet gegen die österreichische und gegen die neapolitanische Invasion garantiren, sich aber nicht in die Verwaltung mischen. Volksabstimmung hätte über Verfassung des Kirchenstaats zu entscheiden. Mazzini antwortete, das römische Volk habe dieses bereits und mit demselben Rechte gethan, wie das französische. Es verlange und brauche keine französische Protektion, zumal nicht in der Form einer Besetzung Roms, der heiligen Stadt der Italiener. Wenn die Franzosen den Römern freie Hand ließen, so würden diese schon die Oestreicher aus dem Kirchenstaat vertreiben. Ein Tumult im französischen Gesandtschaftshotel, woran vielleicht französische Flüchtlinge die Hauptschuld trugen, ließ Lesseps Rossi's Schicksal fürchten. Im Lager gelang es ihm kaum Oudinot von einem Handstreich abzuhalten. Und nun kam noch Rayneval und warf Lesseps vor, durch die den Römern gestellten Bedingungen verletze er den Pabst und sein Recht, wie die Oestreicher aufs gröblichste. „Sie legen dem Heere Fesseln an, schrieb er, Sie setzen das Heer der Gefahr der Indisciplin und der Krankheiten aus. Dieses tapfere Heer, welches einen weiteren Ruhmesglanz dem französischen Namen beifügen will, wird zur Kapitulation ver-

---

das Versprechen constitutioneller, den Laien entschieden günstiger Institutionen verlangen; sonst würden 20,000 Franzosen Rom besetzen und daselbst eine freisinnige Regierung einsetzen, in Erwartung, von irgend welchen Verbündeten des Pabsts angegriffen zu werden, welche bei seiner Restauration nicht dieselben Absichten hätten. Frankreich würde dabei dem Pabst und seinen Rathgebern alle Verantwortung für die Verwicklungen überlassen, welche aus der ostinazione cardinalesca, wie Drouyn es nennt, entstehen würden.“ — Aber schon den folgenden Tag schreibt Antonini folgendes Reservatissimum: „Drouyn hat mir mitgetheilt, daß sich der französischen Regierung zwei Auswege darböten, um aus der falschen Stellung herauszukommen, worin sie durch die schlimme Leitung der Expedition und durch die Hartnäckigkeit des Pabstes, wie er sich ausdrückt, versetzt sei, welcher ihm die Unterwerfung Roms nicht erleichtern wolle. Der erste Ausweg wäre die offene Erklärung, daß man durch falsche Berichte über die Stimmung der Bevölkerung getäuscht worden sei, während man die Truppen nach Civita vecchia zurückzöge und die Ereignisse abwartete. Das andere wäre, der Regierung in Rom zu sagen: Unsere Truppen können in den Fiebergegenden nicht stehen bleiben; schließen wir eine Capitulation, kraft welcher sie in Rom selbst bessere Quartiere finden und wenn wir auch die Republik nicht anerkennen können, so versprechen wir euch doch, ihr nicht entgegen zu treten.“ — Diese beiden Ansichten fanden die eine in Lesseps, die andere in Oudinot ihren Vertreter. Aber dieser legte jenem die Willensmeinung des Heeres auf.

urtheilt. Während es thatlos unter den Mauern Roms liegt, rücken die
Oestreicher vor; der Pabst könnte sich leicht nach Bologna begeben, und
hier unter ihrer Aegide den Sitz seiner Autorität aufschlagen." Da solche
Worte absichtlich im Lager verbreitet wurden, war auch hier Lesseps'
Aufenthalt nicht ohne Gefahr. Den 31. Mai machte Lesseps noch einen
Versuch die Römer zur Annahme dieser Bedingung zu bestimmen. Die
Franzosen sollten als Verbündete sich überall hin begeben können, wo ihre
Gesundheit und der Schutz der Schwesterrepublik es verlangte. Er dachte
an die Albaner Berge. Die Constituirende nahm dieses Ultimatum um-
gehends an, nur sollte Rom „heilig" bleiben, die Franzosen sollten nur
in die Stadt keine Truppen legen können.

Dieser abgeschlossene Compromiß gab Oudinot den erwünschten Vorwand, der durch die Fortschritte der Oestreicher gestachelten und bereits
laut werdenden militärischen Ungeduld im Kriegsrath leidenschaftlichen
Ausdruck zu geben und der Unterhandlung den Boden auszuschlagen. Die
Großmuth Frankreichs, rief er, muß den Römern die beste Bürgschaft
sein. Die Ehre des französischen Namens, der Ruhm seiner Waffen
verlangen, daß sich der Gedanke Frankreichs frei auf dem Kapitol erkläre.
Außerhalb Roms bleiben, wäre eine Schmach, eine Feigheit. Eher soll
meine Hand verdorren, ehe ich meine Unterschrift unter eine solche Infamie setze! Er ließ sogleich an die Triumvirn die Anzeige abgehen: „Zu
meinem größten Befremden bringt mir Lesseps eine Art von Uebereinkunft, welche mit dem Geist und mit der Basis des früheren Ultimatums
in völligem Widerspruch steht. Ich bin überzeugt, daß Lesseps, indem er
sie unterschrieb, seine Vollmacht überschritten hat. Die Instruktionen,
welche ich von meiner Regierung erhalten habe, verbieten mir förmlich
dieser neuesten Akte beizutreten. Ich betrachte sie als nicht bestehend und
ich mache Ihnen hievon pflichtmäßige Anzeige." Vom französischen Ministerium kam zugleich eine Abberufung an Lesseps nach Paris, wo
seine Schritte mißbilligt wurden, und an Oudinot der Befehl, da
die Fieberzeit herannahe, am ersten Tag, an welchem er auf Erfolg
hoffen könne, in Rom einzuziehen. Am ersten Juni schickte dieser an den
Oberbefehlshaber Roselli die Kriegserklärung.

Schon einige Tage zuvor hatte Oudinot ein halbes Stündchen
unterhalb der Stadt, streng genommen gegen das Recht des Waffenstillstandes, eine Schiffbrücke über die Tiber geschlagen, ihren Brückenkopf
St. Paul gegenüber mit Kanonen armirt und andererseits den den Stadttheil
von St. Peter und die Florentiner Straße dominirenden Monte Mario
besetzt. Der Artilleriechef Vaillant hatte sich am 25. Mai in die Stadt
geschlichen und die Befestigungen des Janiculus eingesehen. Durch jene
Brücke wurde auch die Südseite Roms und durch das links von Monte
Mario bei Acqua Traversa, nördlich von Ponte Molle, (zwischen Nero's
Grabmal und der Tiber) aufgeschlagene Lager auch die Nord- und Ost-

seite der Stadt bedroht. Dieses nöthigte die Römer zum Niederreißen
schöner Villen außerhalb der Thore, zum Niederschlagen des vielbewun=
derten mehrhundertjährigen Pinienwaldes der unmittelbar außerhalb des
armirten Monte Pincio liegenden Villa Borghese, worin die Römer ihre
Oktoberfeste zu feiern pflegen. Hier, auf der Hauptseite der Stadt, standen
jetzt hauptsächlich die regelmäßigen Truppen der römischen Republik.
Die Römer mußten also bei dem großen Umfang der Stadt ihre
Streitkräfte sehr theilen. Sie hatten nach Roselli's handschriftlichen No=
tizen 108 Geschütze, darunter 50 Belagerungsgeschütze, größtentheils nur
auf Marinelafetten, keine Mörser, um das französische Lager zu beschießen.
Da man Ursache hatte zu glauben, daß die Franzosen die meist als Gär=
ten bebauten Stadttheile, also auf dem linken flachen Ufer, wo auch die
1600jährigen Mauern zerfallener sind, zuerst einnehmen wollten, so wur=
den nicht blos der Aventin und der Celius (Villa Mattei) mit Geschütz
armirt, sondern auch St. Johann am Lateran, ja ganz im Nordosten
Porta Pia. Die Linienartillerie zählte 700 Mann. Da die Oestreicher
die Besatzung von Ancona gern nach Rom gegen die Franzosen entlassen
hatten, so zählte jetzt die von Rom 15,000 Streitbare. Die National=
garde that jedoch in der Regel nur Polizeidienst innerhalb der Stadt.
Mit ihr zählt Hoffstetter die Römer selbst auf 6000 Mann.

Das französische Heer war bereits auf 20,000 Mann verstärkt und
wuchs nach Coppi während der Belagerung auf 30,000. Es war mit
vierzig Stücken Belagerungsgeschütz und trefflichen Genietruppen reichlich
versehen. Das Hauptlager der Franzosen dehnte sich in Terrainfalten
vom Santa Passera, bei der St. Paulskirche, und jener Schiffbrücke
unterhalb der Stadt an, bis zu welcher Dampfschiffe die Tiber herauf
liefen, nordwestlich bis gegen das Plateau von Villa Pamfili herauf.
Der Generalstab wählte zum Angriffspunkt die vorspringende Stadt=
mauer südlich von der Porta St. Pancrazio, also zwischen dieser und der
unteren Tiber. Dieser Plan war des trefflichen Generalstabs würdig;
denn wenn man sich hier der Stadtmauern bemächtigte, so stand man
auf einem der höchsten, die ganze Stadt beherrschenden Punkte, dem Ost=
rande des Janiculushügels. Um den Feind nicht in der Linken und im
Rücken der Belagerungsarbeiten zu haben, mußten zuerst Villa Pamfili
und die zwischen ihr und der Porta St. Pancrazio gelegenen Gebäude
genommen werden. Hiezu half eine kaum halberlaubte, der Großmuth
der großen Nation kaum würdige Kriegslist mit. Oudinot machte an
Roselli die Mittheilung, er werde „den Angriff des Platzes" auf vier
Uhr am Morgen des Montags, des vierten Juni verschieben. Er ordnete
aber den Angriff auf die Villa Pamfili und Umgegend auf die Morgen=
dämmerung des Sonntags, des dritten Juni an.*) Die Täuschung ge=

---

*) Wichtig für die Geschichte der Belagerung ist auch die Relation darüber vom
Hauptmann des französischen Generalstabs Delmas im spectateur militaire.

lang. Der Befehl auf dem rechten Tiberufer, also dem bedrohten Janiculus, war dem erst am Abende des ersten Juni von der neapolitanischen Gränze seinen Truppen vorausgeeilten Garibaldi übergeben. Diese glaubten nach den Eilmärschen sich eines Ruhesonntags erfreuen zu dürfen. „Aber Morgens um drei Uhr, erzählt Hoffstetter, weckte mich Manara mit dem Rufe: Hören Sie nicht schießen? Die Franzosen greifen eben an. — Aber das ist kaum möglich. Das wäre eine Wortbrüchigkeit! rief ich und sprang aus dem Bette.“ — In den Gärten von Villa Pamfili nämlich lagen 400 Römer und Bolognesen sorglos, als sie im ersten Tagesgrauen von zwei Bataillonen überfallen und zum Theil sogleich gefangen genommen wurden. Diejenigen welche Zeit hatten zu sich zu kommen vertheidigten sich tapfer, mußten sich aber gegen das Thor St. Pancrazio zurückziehen. So eröffnete Frankreich den heiligen Krieg für seine Waffenehre und für die heilige römische Kirche. Auf die Allarmzeichen eilten in Rom die Truppen auf ihre Sammelplätze, lange Reihen Betturini gegen Porta St. Pancrazio zur Aufnahme der Verwundeten. — Das war der Tag, an dem die Italiener den Soldaten der französischen Republik zeigen wollten, daß sie für ihr Vaterland zu sterben wüßten. Als um fünf Uhr Hoffstetter und Manara vor das Thor ritten, trug man den Hauptmann vom Generalstab Bixio her. Er hatte zu Pferd auf einem erhöhten Balkon der zwischen dem Thor und Pamfili liegenden Villa Corsini, den Franzosen eine erwünschte Zielscheibe, die Seinigen befehligt. Er fiel durch den Leib geschossen, sein Pferd war todt. Garibaldi's Hut und Mantel waren bereits durchlöchert, sein Stab fürchterlich gelichtet, Daverio, der Chef desselben, und Manuli todt, Oberst Marochetti und andere verwundet. Die italienische Legion war schon wie bis zu Schlacke verbrannt. Alle die ummauerten Gärten der Villen bis auf den des rechts unmittelbar vor dem Thore liegenden Vascello waren von den Franzosen überrascht und besetzt. Die Italiener suchten diese verlorenen Punkte wieder zu nehmen. Ihr Angriff auf die mit ihren Gärten an das Vascello stoßende Villen, besonders auf die zwischen hohen Gartenmauern hoch liegende Villa Corsini oder Quattro Venti hatte bereits so große italienische Opfer gefordert und verschlang sie den ganzen Tag über. Es war ein wahrer Todtentanz. Das Gartenthor von Corsini liegt in einem spitzen Winkel zwischen den Einschließungsmauern der sich hier gabelnden Feldwege. Auf die durch dieses Thor Hereinstürmenden oder sich Zurückziehenden concentrirten die in der Villa Corsini und hinter einer langen Balustrade und Orangebäumen liegenden chasseurs d'Orléans ihr Feuer. Während die Franzosen öfters abgelöst und gut versorgt wurden, verzettelte Garibaldi seine noch nüchternen Leute. Er zeigte sich heute bei aller Kaltblütigkeit zur Leitung eines Kampfes, wobei umsichtiges Vordringen nöthig war, ungeschickt. Nicht einmal sammelte er auch nur mehrere Hunderte zu einem starken Stoße. Zuerst führte auf seinen Befehl Manara

durch jenes Unglücksthor eine nur noch sechszig Mann starke Compagnie
Lombarden mit dem Bajonett gegen den unsichtbaren Feind vor. Seine
Mannschaft feuerte knieend; die Offiziere standen stolz mit ihren glänzenden Epauletten. Beinahe sie alle wurden verwundet. Hauptmann Heinrich Dandolo, durch die Brust geschossen, starb.*) So ließ Garibaldi eine
Compagnie Lombarden um die andere durch dasselbe Thor hineinstürmen,
von jeder kam nur die Hälfte heil heraus. Als am Abende der Mailänder Alexander Mangiagalli (später Reitlehrer in Mailand) mit Lombarden und dem tapfern Studentencorps die durch das Geschütz bearbei-
teten Villen Corsini und Valentini erstürmte, die Franzosen darin
tödtete oder gefangen nahm, und nun Garibaldi um Mannschaft bat, so
war dessen Antwort, er habe keinen Mann mehr. So gingen die theuren
Villen schnell wieder verloren. Oberst Masina war dabei den Reitertod
gestorben, indem er die Treppe der Villa Corsini hinauf den Seinen
voranstürmte.

Allerdings hatten die Franzosen nach und nach die größere Hälfte
ihrer Truppen ins Feuer geführt, während Garibaldi nur 5000 Mann,
aber die Unterstützung der Geschütze auf der Stadtmauer hatte. Die
Franzosen rühmten sich nur einen todten, dreizehn verwundete Offiziere,
nur 37 todte und 229 verwundete Soldaten zu haben. Dagegen rühmten sich die Italiener neunzehn todter, 32 (nach Hoffstetter über 108) verwundeter Offiziere. Die Mannschaften hatten einen Verlust von 500
ohne die 200 gefangenen. — Jedenfalls war jetzt der Uebelstand der
überzähligen Offiziere vermindert.

Auch im Norden der Stadt wurde der Ponte Molle an diesem Tage
von Monte Mario aus von den Franzosen überrascht und besetzt ehe die
Minen angezündet wurden. Vor der dadurch bedrohten Porta del Popolo
gab es täglich Gefechte. Die Kräfte der Belagerten waren noch mehr
getheilt. Die Franzosen hatten also am dritten Juni mit geringen
Opfern ihre Zwecke erreicht. Die Belagerungsarbeiten wurden am Abende
des vierten Juni um zehn Uhr von 1200 Arbeitern begonnen; bei Tagesanbruch waren die Arbeiter durch die Tiefe eines Meters und durch ihre
Batterien gegen das tüchtige Feuer von den Bastionen des Janiculus
und vom Monte Testaccio in ihrer Rechten schon gedeckt. Bei den Ausfällen verriethen sich die Freischaaren durch zu frühzeitiges Schießen und
Schreien. Auch war bei ihnen der Uebergang von Tollkühnheit zum pani-
schen Schrecken manchmal nur die Sache eines Moments. Garibaldi
mußte manchmal seinen Ochsenziemer schwingen.

---

*) Sein Bruder erzählt, ein mit französischen Soldaten aus dem Palast treten-
der Offizier habe freundlich gewinkt, und gerufen: wir sind Freunde! Dandolo ließ
darauf die Seinen das Feuer einstellen, wurde aber mit seiner Umgebung durch das
Feuer eben jener Franzosen niedergestreckt.

Die Befestigung Roms bestand in einer einfachen, unregelmäßig bastionirten Wallmauer ohne Graben, noch Vorwerke. Die Belagerungs= werke nahmen ihren regelmäßigen Verlauf. Den zwölften Juni forderte Oudinot nochmals auf zu capituliren. Dieß wurde von allen Macht= habern einstimmig verweigert. Seit der zweideutigen Eröffnung der Feindseligkeit in der Frühe des Dritten herrschte in ganz Rom Erbit= terung gegen die Franzosen. Oudinot hielt dießmal Wort: mit Tages= anbruch des Dreizehnten demaskirte er die zweite Batterieenlinie. Er soll auch durch den neapolitanischen Belagerungspark verstärkt worden sein. Aber neapolitanische Hilfstruppen und die Hilfe der 8000 Spanier, die jetzt in Terracina landeten, lehnte Oudinot so entschieden ab, daß er sie zurückzuwerfen drohte. Frankreich sei die erstgeborene Tochter der Kirche und es müsse die ihm angethane Schmach allein rächen. Die Franzosen waren nur noch 70 Schritte von den Bastionen. Von der alten Wall= mauer stürzten jetzt große Stücke bei jedem Schusse ein. Die Brust= wehren fielen herab. Tag und Nacht währte das Feuer aus allen Arten von Geschossen. Als die ersten Bomben bis in die Mitte der Stadt flogen, riefen die Römer: ecco, un Pio nono! Es war wieder, als ob Garibaldi gefeit wäre. Sein Hauptquartier hatte er in einem der aus= gesetztesten Häuser, dem dritten innerhalb Porta St. Pancrazio, der Villa Savorelli. Auch Mazzini stieg wohl einmal auf eine Loggia am Thor und zeigte, um so mehr, als ihn die Offiziere scharf beobachteten, starre Kaltblütigkeit, wenn eine feindliche Kugel eine Flasche zerschlug. So er= zählten uns Augenzeugen. Gleichgiltigkeit gegen Gefahr war schon allge= mein bei Bürgern wie bei Soldaten zur Gewohnheit geworden. Aber zu den Arbeiten fanden sich wenige Römer ein, während die Gallioten in der Hoffnung auf Amnestie sich decimiren ließen. Das Aeußerste aber leistete Medici in Behauptung des Vascello, indem er seine Mannschaft in eiserner Zucht hielt. Als ein Stockwerk um das andere vom feindlichen Geschütz rasirt war, feuerte er aus den Kellerräumen.

Den Achtzehnten schossen die Franzosen schon die dritte Bresche nebeneinander; doch war noch keine gangbar. Ihre Batterien vor Porta St. Pancrazio vermehrten und verstärkten sich. In Villa Savorelli flogen die Kugeln wie Schwalben ein und aus. Die Loggia derselben stürzte endlich ein, fünf Minuten nachdem Garibaldi sie verlassen hatte. Seine Frau Annita war in der Regel neben ihm zu Pferde. Da war es kein Wunder, wenn Männer ihr Leben trotzig wegwarfen, wenn sie auf das ihnen von den Franzosen angebotene Pardon antworteten, von Canaillen wollten sie sich das Leben nicht schenken lassen.

Am 21. Juni wurden die Breschen von beiden Theilen als gangbar erkannt. Garibaldi hatte hier den Kampf aufs Messer angekündigt. Siebenhundert Mann Reguläre lagen innerhalb zur Vertheidigung der Breschen. Gegen 11 Uhr Nachts plötzlich standen in der zweiten Bastion

links, südlich von St. Pancrazio, wie dem Boden entstiegen fremde Gestalten: amici! rufend zwischen den italienischen Vorposten. Im Schrecken
flohen diese und die übrige Mannschaft nach einigen Schüssen, ohne die
Minen, noch die Schilfhaufen als Signal anzuzünden, nach Trastevere
hinunter. Alles ging in größter Stille vor. Kurz darauf machte hier
der Oberstlieutenant dieser Italiener die Runde. Italienisch angerufen,
antwortete er: colonello — ronda. Den auf das avanti, colonello! vorgehenden nahm die französische Schildwache gefangen. Bald darauf
allarmirten die Franzosen auch Porta St. Paolo und die del Popolo,
während sich die Eingedrungenen auf dem Janiculus in jener zweiten
und in der dritten Bastion befestigten. Das Geniewesen und die stumme
strenge Disciplin der Franzosen ernteten so die Früchte ihrer Arbeit.
Garibaldi wagte wegen Gefahr der Panik den Versuch, die Franzosen sogleich wieder über die Bresche hinunterzuwerfen, nicht.

Der französische Generalstab hatte gerade diesen Abschnitt der Befestigung sich zur Erstürmung ausersehen, weil von hier aus die Stadt
überschaut und beherrscht wird. Daher schien sodann aller Widerstand
gebrochen. Aber die erstiegene Mauer war eine vor einigen Jahrhunderten
vorgeschobene. Innerhalb derselben lief die alte zerfallene Aurelianische
Mauer von Porta St. Pancrazio südöstlich schräg gegen die Tiber durch
die Gärten herab. Sie bildete die Basis eines Dreiecks, in dessen Spitze
und oberen Schenkeln die Franzosen sie „krönend" sich jetzt festgesetzt hatten.
Die zerfallene Aurelianische Mauer hatte Garibaldi, so gut es durch Civilingenieure binnen acht Tagen möglich war, etwas herstellen und mit
einigem Geschütz besetzen lassen. Dahinter, zwischen derselben und St.
Pietro in Montorio stand auf dem Pinohügelchen eine gutarmirte Batterie.
In die zwischen beiden letzteren gelegene Villa Spada verlegte jetzt Garibaldi sein Hauptquartier. Roselli war entschlossener sich hier aufs äußerste
zu halten als Garibaldi. Gegen Tagesgrauen begannen von hier die
Geschütze gegen die beschleunigte Befestigung der französischen Einnistung,
gegen die Krönung der Bresche zu feuern. Neue Werke wurden sofort
neben dieser von den Römern aufgeworfen und mit dem jetzt auf Monte
Testaccio unnütz gewordenen Geschütz armirt.

Am Morgen des 22. Juni erließ das Triumvirat eine Proklamation
an das römische Volk: „Mit Hilfe der Finsterniß, wie ein Verräther,
rief sie, hat der Feind den Fuß auf die Bresche gesetzt. Erhebe dich,
Rom! erhebe dich, Volk, in deiner Allmacht und vernichte ihn! Mögen
seine Leichen die Bresche verschließen!" Das römische Volk aber verblieb
in seinem Phlegma und machte seine spitzen Reden (motteggi) über diese
phrasenhaften Ausbrüche der Noth. Einige Municipalräthe (conservatori)
begaben sich zu Mazzini, um ihm vorzustellen, daß nach Erschöpfung aller
Mittel, nach dem Unterliegen der radikalen Partei (den 14. Juni) in
Paris jeder Widerstand aussichtslos sei. Der Waffenehre sei Genüge ge

schehen. Jetzt trete die Menschlichkeit in ihre Rechte; sie verlange, daß man sofort unterhandle. Mazzini legte den Ton des Gebieters erst ab, als Titoni ihm sagte, das geduldige Volk dürfte ihn sonst wohl aus dem Fenster stürzen.

Aber den meisten Soldaten war mit dem Tageslicht, mit der gesteigerten Gefahr auch der Muth gewachsen. Jetzt sah man dem Feinde auf wenige Schritte ins Auge. Den 24. demaskirten die Franzosen in der Krönung über den Breschen eine Batterie; sie wurde, trotz des nun trefflich berechneten französischen Wurffeuers von außen, demontirt. Auch von Aventin her wurde die Krönung beschossen. Den 26. wurden bei dem Einsturz des Vascello zwanzig Mann lebendig begraben. Aber Medici blieb darin. Den 27. stürzten die Reste der Porta St. Pancrazio zusammen, der Thurm von San Pietro in Montorio fiel in die Kirche. Kein Wunder; binnen dreier Stunden war die Hälfte der Bedienungsmannschaft der davorliegenden Pinobatterie gefallen. Mit Stolz zeigte man sich die Verstümmlungen. Einer der getödteten Vertheidiger des Casino (Gartenhauses) Barberini hatte 25 Wunden. Trotz der furchtbaren Hitze fanden sich Freiwillige zu unglaublichen Anstrengungen. Hätte man nicht die Geschütze von Zeit zu Zeit sich abkühlen lassen müssen, so hätte man sich dabei Tag und Nacht keine Ruhe gegönnt. Das Sichselbstvergessen hielt einen guten Gesundheitsstand aufrecht. Die römische Nationalgarde blieb außer Gefecht. Im Verlaufe des Tages hatte Garibaldi den Triumvirn den Vorschlag gemacht, mit ihnen, mit den Truppen und dem Gelde Rom zu verlassen. Wollte er sich auf die Neapolitaner und auf die Spanier werfen, um jetzt schon die Revolution in Neapel zu entzünden? war er dazu stark genug? — Erst jetzt wurde Garibaldi's Legion in die rothen Jacken eingekleidet, die bisher nur seinen Generalstab den Gunstbezeugungen der Frauen ausgezeichnet hatten. Mancher Tapfere hatte dieß mit dem Leben gebüßt. Alle Garibaldiner wollten diese gefährliche Ehre theilen! Da die zweite Linie, also die Reste der Aurelianischen Mauer und die Pinobatterie beinahe keine Deckung mehr boten, feuerten die Franzosen stark mit Kartätschen dahin. An einem Sturm darauf wurden sie besonders durch die Bastion Numero Eins, zunächst links von Porta St. Pancrazio verhindert, von wo aus die Linke der Sturmkolonne beschossen worden wäre. Daher wurde die Erstürmung dieser Bastion von den Franzosen beschlossen. Der Erfolg war durch eine Bresche in ihrer der französischen Krönung zugekehrten Seite erleichtert. Dazu kam, daß nun die physische Kraft auch der Kräftigsten unter den Belagerten versagte.

Am Abende des 29. Juni schmückte sich Rom noch einmal in seiner Größe. Es war der Festtag seiner Apostelfürsten Peter und Paul. Die Kuppel von St. Peter strahlte in der Festbeleuchtung. Die feindlichen Geschosse zogen ihre feurigen Kreise am Himmel. Und nun brach noch ein Gewitter mit Sturm und jenen tropischen Regengüssen über die ewige

Stadt los. Der jungfräuliche Hauptmann Emilio Morosini, noch nicht zwanzig Jahre alt, zog aus der Stadt mit seinen Lombarden auf den Janiculus. Oft mußten sie sich zum Schutz gegen die beim Auffallen platzenden Granaten und Bomben auf den Boden werfen. Ein Theil seiner Leute blieb in der Finsterniß zurück. Er konnte kaum die Posten auf der gefährdetsten Bastion Eins neben Porta St. Pancrazio besetzen. Nach zwei Uhr Nachts des dreißigsten Juni wurde sie zugleich von der Bresche aus erstiegen und von der französischen Krönung aus umgangen. Die Kanoniere fielen bei ihren Geschützen. Delmas rühmt den tapferen Widerstand der Wenigen gegen die Uebermacht der französischen Elite-truppen. Emilio, an Schuß- und Bajonettwunden sterbend, wird weg-getragen. Garibaldi eilt herbei. Aber trotz verzweifelten Widerstands wird die Höhe des Janiculus durch das hierher concentrirte französische Geschütz-feuer und durch das Bajonett den Italienern abgerungen. Medici, nachdem er zehn Stürme auf das Vascello abgeschlagen, davon abkommandirt, hielt sich immer noch in den Trümmern von Savorelli, welches von der eben verlornen Bastion nur durch die enge Straße getrennt ist. Auch Villa Spada wurde noch gehalten. Gegen Mittag verstummte das letzte rö-mische Geschütz. Das Gewehrfeuer knatterte bis zur Dunkelheit hinter Trümmern fort. Die Italiener hatten fünfhundert Mann an Todten und Verwundeten verloren.

Manara war in der Frühe durch die Brust geschossen worden. Bei Erzählung solcher Todesscenen muß man den Italienern Recht geben, wenn sie sich den Sinn für Freundschaft, den Deutschen mehr den das Gefühl verbergenden für Kameradschaft zuschreiben. Manara bat seinen verwundeten Freund Emilio Dandolo, seiner Wittwe beizustehen, seine Söhne in der Liebe der Religion und des Vaterlandes zu erziehen und ihnen, wenn sie erwachsen seien, die Waffen gegen dessen Feinde in die Hand zu geben. Von der Kurie mit dem allgemeinen Fluch beladen starb er als frommer Katholik mit den Tröstungen seiner Kirche.

Die Italiener hatten im Laufe der Belagerung nach Torre's genauer Berechnung 3000 todte und verwundete Offiziere und Soldaten, und nur einige Hundert Gefangene. — Abends neun Uhr sandten sie an Oudinot einen Parlamentär um vorläufigen Waffenstillstand.

Garibaldi trat am ersten Juli von Schweiß und Blut triefend in die Constituirende; er machte den Phrasen Mazzini's ein Ende durch die Erklärung, daß der Widerstand nur durch unverantwortliches Blutver-gießen und Zerstörung als Straßenkampf noch einige Tage weiter hinaus-gezogen werden könnte. Auf den Antrag Cernuschi's*) wurde beschlossen,

---

*) Orsini, zum Tode verurtheilt, verlangte nur noch Chernuschi zu sprechen, den er nur wenig in der Constituirenden gesehen, aber weil er ihn für den besten Patrioten Italiens halte. Er ist derselbe, welcher im April 1870 aus Frankreich ausgewiesen wurde.

den Widerstand aufzugeben. Aber man wollte, wie kurz darauf in Venedig, vermeiden, der Restauration durch Unterhandlung der Vollmachtträger des Volks eine Rechtsbasis zu geben, sondern überließ dieselbe dem Stadtrath. Das französische Ministerium hatte die Absicht, um Italien von den republikanischen Banden zu befreien, sie alle als Gefangene nach Algier zu schaffen. Garibaldi forderte alle die ihm vertrauten auf, ihm zu folgen. „Ich biete Euch Mühseligkeiten, Hunger, Durst und alle Gefahren des Kriegs", sagte er. Fünftausend unterschrieben sich, beinahe alle folgten ihm. Mazzini, in seiner Art beharrend, proklamirte am folgenden Morgen auf dem Capitol die eben fertig gewordene republikanische Verfassung des Kirchenstaats. Dem Papst wurde Unabhängigkeit, dem Bürger die persönliche Freiheit, das Hausrecht und das Eigenthum verbürgt, Confiscation und Todesstrafe abgeschafft, die Gerechtigkeit durch Gleichheit aller vor dem Gesetz, durch Unabhängigkeit der Richter und durch Geschworenengerichte in Kriminalsachen gesichert. Das Heer der Republik sollte aus Nationalgarden und aus Freiwilligen, also praktisch doch wieder aus Geworbenen bestehen. Abgesehen davon wären diese großentheils in der civilisirten Welt schon bestehenden Institutionen für den Kirchenstaat eine Revolution gewesen. Komisch lauten bei dieser Sachlage die Erschwerungen der Veränderung dieser Verfassung und der Beschluß, sie in Marmor einzuhauen.

Die Unterhandlungen des Stadtraths mit den Franzosen kamen zu keinem Abschluß, da ihr neuer diplomatischer Bevollmächtigter de Corcelles sich weigerte allen Belagerten Sicherheit der Person und des Eigenthums zuzugestehen, was der Stadtrath verlangte. Am Nachmittag des zweiten Juli sammelte Garibaldi seine Schaaren auf dem Petersplatz und, da die Franzosen die nach Norden führenden Brücken über den unteren Teverone zerstört hatten, führte er sie durch die Stadt, über das Forum, am Lateran vorüber durch die Porta di St. Giovanni nach Tivoli. Unmittelbar darauf besetzten die Franzosen, da ohne weitere Capitulation auf Befehl der Triumvirn aller Widerstand aufhörte, die westliche Kleinseite der Stadt, den Janiculus und Trastevere mit den Brücken. Am Mittag des folgenden Tages zogen französische Bataillone durch die Porta del Popolo ein und besetzten den Monte Pincio. Erst gegen Abend rückte Oudinot, umgeben von seinen Generalstäben, an der Spitze aller Waffengattungen vom Lager her durch Trastevere über das alte Marsfeld nach dem oberen Corso und diesen herab. Auf den Straßen standen nur einzelne düstere Volksgruppen, die Läden waren geschlossen. Oudinot selbst wurde mit Hohngeschrei empfangen, am meisten aber Priester, deren zwei, in Gaeta sagte man vier, ermordet wurden. Endlich mußten Verhaftungen vorgenommen werden. Die Franzosen lagerten die Nacht über in den Straßen.

Den andern Tag wurde der Rest der Constituirenden auf dem Ka-

pitol unter Protest durch eine Truppenabtheilung geschlossen. Sie hatte
noch für die hilfsbedürftigsten Hinterlassenen der Gefallenen Unterstützungen
ausgeworfen und allen Kämpfern das italienische Bürgerrecht ertheilt.
Mazzini rührte nochmals die Pauke seiner Phrasen und verschwand. Am
Hofe von Gaëta bemerkte man mit Aerger, daß Oudinot die Hauptrevo-
lutionäre nicht festhielt. Der Pabst sagte zum toscanischen Gesandten,
die Franzosen zeigen als Herren in Rom eine Milde, deren Motive man
sich nicht ganz klar machen könne (Bianchi, diplomazia europea. Vol. VI.
p. 548). Man schob in Gaëta die Schuld der Unordnung in Rom auf
die fortgesetzte Einschüchterung der Bürger durch die geschonten fremden
Radikalen. Oudinot verkündigte, daß Vergehen vorerst durch Militärgerichte
abgestraft werden würden. Die Behauptung Oudinots, er bringe den getreuen, nur durch Fremde unterdrückten Unterthanen des Pabstes Befreiung
von diesem Joche, widerlegt sich durch Zahlen. Die verwundeten Römer
wurden zum Theil in ihren Familien verpflegt. Dennoch waren nach
der Angabe des Oberchirurgen Bertani in den Spitälern als verwundet
249 Römer, 954 sonstige Kirchenstaatler, 246 Lombarden, 58 Venetianer,
143 sonstige Italiener, 10 Franzosen, 46 andere Fremde, namentlich Polen,
257 deren Heimath und zum Theil Namen unbekannt waren. Die
Franzosen gaben ihren ganzen Verlust bei der Belagerung in Summa
auf nur 1252 Todte und Verwundete an. Roselli, ihre einzelnen Tages-
angaben zusammenrechnend, weist nach, daß ihr Verlust stärker war. Indeß hatte die Belagerungskunst alles für Ersparung ihres Bluts gethan
und der einzelne französische Soldat vergaß nicht wie der italienische, daß
es nicht sowohl darauf ankomme für das Vaterland zu sterben, als möglichst viele Feinde zu tödten.

Wir können Garibaldi auf seinem verzweifelten Zuge nicht folgen.*)
Die Franzosen verfolgten ihn auf seinem Marsche über die Sabiner Gebirge gegen Terni, von Südosten drängten sich neapolitanische und spanische Regimenter heran. In Terni durch den Zuzug kirchenstaatlicher
Soldaten verstärkt, wandte er sich nach Orvieto, welche gut italienische
Stadt ihn mit Beleuchtung empfing. Von hier zog er durch die Gebirge
des kleinen Apennin gegen Arezzo, wo er von den Oestreichern zurückgewiesen wurde. Wiederholt schien er der Einschließung durch ihre Kolonnen
nicht mehr entgehen zu können. Da er jede Hoffnung aufgeben mußte,
die Toscanesen unter die Waffen zu bringen, marschirte er nördlich, um
sich in das noch gegen die Oestreicher aushaltende Venedig zu werfen.
Die Disciplin konnte nicht mehr streng gehandhabt werden; Wein und

---

*) Wegen der Einzelheiten dieses tollkühnen Zugs müssen wir auf das Tagebuch
Hoffstetters verweisen, welcher bis jenseits San Marino an Garibaldi's Seite war,
aber während des Nachtmarsches von ihm getrennt wurde. K. Witte, Transalpinisches.

4*

Pferde waren gefährdet. Einige Felsennester aus der Etruskerzeit verbarrikadirten sich daher gegen die Vorüberziehenden. Auf Ziegenwegen, stets gedrängt von Oestreichern, überschritt er den großen Apennin. Ein Theil seiner erschöpften Mannschaft zerstreute sich. San Marino nahm ihn auf und vermittelte Unterhandlungen. Er suchte seinen Getreuen das Leben und die Freiheit zu sichern. Aber da die Verzögerung der Bestätigung des Vertrags ihm Ursache gab zu glauben, daß die Oestreicher nur Zeit zu gewinnen suchten, um ihn ganz einzuschließen, brach er in der Nacht mit 200 Mann, worunter viele Offiziere, durch und erreichte am ersten August die Adria bei Cesenatico unweit Cesena. Er warf sich auf zwölf Barken. Aber eine östreichische Kriegsflotille nahm deren sieben. Mit dem Reste verfolgt, stieß er auf die Küste, wo er seine Getreuen entließ. Sie wurden großentheils von den Oestreichern gefangen, die Offiziere erschossen, unter ihnen sein Feldpater, der schwärmerische Mönch Ugo Bassi und Ciceruacchio mit seinen Knaben. Die Gemeinen wurden begnadigt aus den Kerkern Mantuas mit dreißig Stockstreichen entlassen. Seine Annitta, welche der Entbindung nahe war, den Strapazen des Kriegs und dem Sumpffieber erliegend, verließ Garibaldi trotz äußerster Gefahr nicht. Erst als er ihr die Augen zugedrückt, brachte ihn — jedem, der ihn verbarg, war standrechtliche Erschießung gedroht — die todeskühne Aufopferung eines Freundes in Ravenna und eine Kette von Patrioten mitten durch die Oestreicher, unter welche seine Photographieen vertheilt waren, durch die Romagna und durch Toscana, wo überall auf den „rothen Teufel" Treibjagden angeordnet waren, nach Elba und Genua. Die piemontesische Regierung mußte ihn hier trotz des Geschreies der Brofferio, jedoch in einem Palast gefangen halten. Von den Franzosen an allen Küsten des Mittelmeeres ausgekundschaftet, verbarg er sich ein Halbjahr in Tanger, von wo er nach Nordamerika segelte, um hier sein Brod durch seiner Hände Arbeit, zuerst in einer Seifenfabrik, zu verdienen.

Die im Apennin zerstreuten Garibaldiner führten den kleinen Krieg fort, welcher bald in Brigantenthum ausartete. Auch Leute von anderen nicht regulären Corps, welche aufgelöst wurden, stießen zu ihnen. Gegenseitig wurde kein Pardon gegeben. Umbrien, die Marken und die Romagna hatten lange schwer darunter zu leiden. Die Mannschaft der regulären kirchenstaatlichen Truppen, 5000 Mann, wurden für den Pabst wieder in Eid genommen; die Protestanten mußten katholisch werden. Aber ihre und vieler Römer stolzeste Erinnerung blieben ihre Kämpfe und ihre Narben. Weiber und Mädchen trotzten auf den ruhmreichen Tod der Ihrigen. Sämmtliche Offiziere hatten ihre Entlassung genommen; einige traten wieder in päbstliche Dienste. Besondere Achtung hatten sich bei den Römern durch ihre strenge Disciplin die Lombarden erworben. Sie waren nicht mit Garibaldi ausgezogen. Von 900 Mann waren sie in den Kämpfen auf 400 heruntergeschmolzen. Sie waren in einer besonders üblen Lage, da sie nicht in ihr Vaterland zurückkehren konnten und abermals ihr Kaffier mit dem Geld verschwunden war. Die öftreichischen Deserteure unter ihnen mußten keinen andern Ausweg, als sich für die französische Fremdenlegion in Afrika anwerben zu lassen. Die zahlreichen Söhne guter Familien begaben sich nach Piemont oder in das Teffin, wo sich die namhaftesten um die trauernde Familie Morosini sammelten. Die politisch Compromittirten, die Abgeordneten der Constituirenden, Gemäßigte (Sturbinetti), wie die Rothen, mußten auswandern und erhielten von den englischen und den amerikanischen Gesandten Pässe; sie begaben sich größerentheils nach Piemont. Dieß vernahm man in Gaëta mit Entrüstung.

Von klerikaler Seite wird die republikanische Regierung beschuldigt, binnen des ersten Halbjahrs 1849 durch Steuern, durch die jedoch mild eingetriebenen Zwangsanlehen, durch Papiergeld mit Zwangscurs, durch Münze, welche nur vierzig Procent ihres Nennwerths hatte, über 13,663,000 Scudi (der Scudo gleich 5 Francs 32 Centimes) verfügt zu haben; das Meiste davon sei mit der Republik verschwunden. Dagegen beruft sich Farini, Feind der Republikaner wie der weltlichen Priesterherrschaft, darauf, daß die von Oudinot zur Uebernahme der Kassen aufgestellten Commissäre schriftlich beurkundeten, daß die Rechnungen und die Kassen ganz stimmten, daß sich an Baarem und in Papier 597,240 Scudi vorfanden. Als die Republik eintrat, waren schon 4,150,000 Scudi ausgegeben; als die päbstliche Regierung restaurirt wurde, waren, die Bankbillette mit eingeschlossen, 7,828,300 Scudi Papiergeld im Umlauf. Die Republik hatte nur halbsoviel Papier und geringe Münze beschafft, als die Constituirende beschlossen hatte. — Uns wird es schwer zu entscheiden, ob die Finanzverwaltung der Prälaten oder die der improvisirten Republik für die Finanzen des Kirchenstaats ruinirender war. Diese hatte mehr Ordnung, verbrauchte aber rascher. Das Resultat zieht der Prominister der Finanzen Angelo Galli in seinem durch das Giornale di Roma vom 28. September 1853 veröffentlichten Bericht: „In Folge der Revolution von 1831, der folgenden politischen Bewegungen und der neuesten Anarchie (Republik von 1849) blieb der Kirchenstaat mit der ungeheuern Schuld von 23,449,000 Scudi belastet. Davon den Ueberschuß der vorhergehenden ruhigen Jahre mit 5,331,000 Scudi abgerechnet, bleibt noch ein Deficit von 18,098,000 (?) Scudi!" — Wir bezweifeln durchaus nicht, daß manche republikanische Gewalthaber sich auf unrechtmäßige Weise am Staat besackten; aber wir lernten auch Minister der Republik als Verbannte in sehr beschränkten Verhältnissen kennen. Einer der mehr genannten Obergenerale lebte Jahr und Tag in Genua, indem er von Verwandten täglich nur einen Franc zu seinem Unterhalt annahm. Mazzini hatte proklamirt: „Die Insurrektion muß das normale Leben, das Herzklopfen, der Athem jedes Patrioten werden. Die Lauen werden mit Ehrlosigkeit, die Verräther mit dem Tode bestraft!" Aber im Ganzen, zumal in Rom, war thätlich bei weitem nicht so fürchterlich gewüthet, wie gebrüllt worden. Die klerikale Partei hatte seit der Flucht des Pabstes alles aufgeboten, um jedes Element der Ordnung durch Anarchie zu verdrängen; Armellini sagte bei der Eröffnung der Constituirenden: „Der Klerus donnerte gegen uns, die Beamten verließen, die Podestaten (Bürgermeister) verriethen uns, die Municipalitäten lösten sich auf, aber das Volk war mit uns." Daher fallen die groben Unordnungen nicht blos auf das Haupt der Republik. Der Republikaner dall' Ongara konnte zu Ende Mai einen Quartband von Zustimmungsadressen aus 278 Stadt- und Landgemeinden veröffentlichen, welche der Haltung der Republik in ihrem Kampfe gegen Pabst und Fremde binnen weniger Wochen ihre Zustimmung gaben. Für die restaurirte weltliche Regierung des Pabstes konnte trotz aller Mühe der Klerikalen kaum ein Zehntheil solcher Adressen beige-trieben werden.

Die Franzosen vergossen nicht, wie die Oestreicher, standrechtlich das Blut der Besiegten. Wohl zeigten sie sich mit militärischem Gepränge als Sieger. Die Phrase führte jetzt andere Stichwörter; bei dem Tedeum im St. Peter redete Kardinal Tosti Oudinot als den Befreier Roms von den Ungeheuern an, welche die Schande des Menschengeschlechts seien. Und als der General im Dome nun auch eine Rede hielt und der Vor-sehung die Ehre gab, welche Rom vom fremden Joche erlöst habe, so nannte der Kardinal diese Worte vom H. Geist eingegeben. Ueberhaupt trat an die Stelle der Volksschmeichelei jetzt die gegenseitige der Prälaten und der Generale, an welche sich außerdem nur die Grundsuppe der Be-völkerung, als angebliche Märthrer, drängte. Oudinot bot auch „im In-teresse der Moral" allen Beistand, um die Aemter provisorisch mit kle-rikalen Elementen zu besetzen. Der französische Soldat zeigte großentheils den Priestern Geringschätzung und diese freuten sich, daß die Franzosen dem Volke verhaßt waren, daß nur ihr baares Geld beliebt war. Der französische Soldat, welcher anfangs die Römer wegen ihrer tapferen Ver-theidigung respektirt hatte, vergalt bald ihren Haß mit Verachtung, weil sie sich durch „Pfaffen" regieren ließen. Die französischen Offiziere ent-schuldigten gebildeten Römern gegenüber ihre Expédition.

Der Oberst des Geniecorps Niel überbrachte dem Pabst nach Gaëta die Schlüssel Roms. Oudinot proklamirte den 14. Juli die Wiederher-stellung der weltlichen Herrschaft des Oberhaupts der Kirche nach dem Wunsche der katholischen Welt und forderte die Bevölkerung der Haupt-stadt derselben auf, ihre bekannte Dankbarkeit dem großmüthigen Ober-priester für die von ihm eingeweihten Freiheiten zu bezeigen. Man war in Gaëta sehr entrüstet und beunruhigt darüber gewesen, daß Oudinot damit und mit der Aufrichtung der päbstlichen Wappen und Farben so lange gewartet hatte. Oudinot glaubte, diese Frist sei nöthig, damit die durch gar kein päbstliches Versprechen beruhigte Stimmung der Römer sich sammeln könnte. Die Mutter Kirche hielt nur für das Seelenheil der gefallenen Franzosen Todtenmessen.

Akte der Restauration wurden durch päbstliche Bevollmächtigte voll= zogen. Um den Franzosen die Verwaltung so bald wie möglich aus den Händen zu nehmen, kam 31. Juli ein vom Pabste ernanntes Triumvirat von gregorianischen (reaktionären) Karbinälen in Rom an. An der Spitze stand della Genga, welchen der Verdacht zweideutiger Sitten mit Nonnen, seine Feindseligkeit gegen die ersten Reformen Pio's und seine reaktionäre Härte auszeichneten. Als Hauptziel wurde Wiederherstellung der Reli= giosität und der Sittlichkeit verkündet. Oudinot behielt nur den Ober= befehl der Sicherheitsmaßregeln im weitesten Sinn. Die Offiziere setzten sich über manche Verordnungen der päbstlichen Behörden hinweg, wenn sie ihnen zu pfäffisch schienen. Indeß war in dem neuernannten päbst= lichen Prominifterium nur ein Prälate. Man konnte darin die Advo= katen, welche unter der Republik eine Hauptrolle gespielt hatten, noch nicht entbehren. Und sie bilden noch heute das beste Element in Rom, für den Fall, daß der Stadt die Verwaltung ihrer eigenen Angelegenheiten übergeben werden sollte.

Das neue päbstliche Triumvirat verfuhr wie andere Restaurationen: die Gesetze der Republik wurden aufgehoben, der Beamtenstand, selbst die Pensionäre einer strengen Sichtung unterworfen, die neugewählten Stadt= räthe aufgelöst. Wegen der armen Volksklassen, erklärte man, mit dem von der Republik ausgegebenen Gelde schonend verfahren zu wollen. Aber die Noten der Bank, an deren Spitze Antonelli's Bruder sich un= geheuer bereicherte, behielten lange Zwangscurs und wurden vom Staat eingelöst, während das kleine Geld der letzten Jahre nur kurze Zeit Gel= tung behielt. Helfferich (Briefe aus Italien 1850) schreibt noch zu An= fang des Jahres 1850: „Unter den Augen der Franzosen werden die un= schuldigsten, rechtschaffensten Leute, meist aus den mittleren Ständen, fortwährend verbannt und ausgetrieben." Und das waren zum Theil Männer, welche nicht viel weiter gegangen waren als Antonelli im Som= mer 1848 als Minister, welche sich, wie Mamiani, für den constitutio= nellen Pabst den Dolchen der Rothen ausgesetzt hatten. Am grausamsten aber waren die 4000 Juden in Rom der plünderungssüchtigen Wuth des Pöbels und der Spione unter dem Vorwande preisgegeben, sie hätten gestohlene Schätze im Ghetto verborgen. (Siehe die A. Allg. Zeitung zu Ende November 1849.) Auch sonst stand jeder Raum der priesterlichen Willkür und Spionage offen. Dennoch blieben Verbannte noch Jahre und Tage in Rom bei Gesinnungsgenossen verborgen. Frankreich ver= wendete sich nachdrücklich für Amnestie, ohne welche die vielen compromit= tirten Kirchenstaatler nicht heimkehren könnten. Es erbot sich die Gefähr=

lichsten nach Amerika zu schaffen. Die Karbinäle aber lagen nur ihrer Pflicht ob, recht viel zu strafen, damit der rückkehrende Pabst des Strafens enthoben wäre. Nur wurden keine politischen Todesurtheile in Rom selbst vollstreckt. Die Früchte der in blinder Eifersucht gegen Oestreich, ohne eigenen Plan und ohne päbstliche Garantieen für Reformen unternommenen französischen Intervention reiften jetzt. Der Civilbevollmächtigte de Corcelles, ein Enkel Lafayette's, konnte nur die Mißregierung der Karbinäle beklagen und seine Unmacht bekennen.*) D'Harcourt wollte den Pabst zu milden Maßregeln, zu Reformen, zur Rückkehr bestimmen. Aber auch er mußte bekennen, daß er durchaus keinen Einfluß habe. Man antwortete ihm, es wäre gegen die Würde des Pabstes, jetzt Zugeständnisse zu machen, da es das Ansehen hätte, als wären sie ihm durch die Franzosen abgerungen. Erst wenn Pius als Pabst wieder unbeschränkt eingesetzt sei, werde er als Pabst frei und mit Ehren handeln können. Seine Rückkehr wurde wiederholt in nahe Aussicht gestellt. Allein besonders durch die östreichische Partei wurde Pius eingeflüstert, die Franzosen, auch Republikaner, seien Atheisten und Communisten, er dürfe sich ihnen nicht anvertrauen. Man hinterbrachte ihm geschärfte Aeußerungen französischer Offiziere über die weltliche Prälatenregierung. Die reaktionäre Partei wünschte, daß Pius in Bologna unter dem Schutze der östreichischen Bajonette seine Regierung aufschlage, oder daß die Franzosen unter dem Hohngelächter aller Parteien Rom räumten. Wenn dann dieses von Oestreichern oder Neapolitanern besetzt wurde, so konnten die Prälaten ihre volle weltliche Herrschaft restauriren. Aus Furcht, durch dringende Vorstellungen Pius ganz in die Arme der Reaktion zu treiben, zögerte die französische Regierung solche zu machen. Sie mußte sich überzeugen, daß sie gar keinen Einfluß habe.

Am Abend des eilften August 1849 versammelte sich die Conferenz der Gesandten in Gaëta zum zwölften mal. Der Karbinal-Prostaatssekretär Antonelli machte ihr Mittheilung von den den päbstlichen Unterthanen von Sr. Heiligkeit ertheilten Institutionen. Die Summa derselben lag in dem Satze: „Eine Staatsconsulta wird in Rom errichtet. Ihre Mitglieder werden durch den Souverän ernannt, indem er je einen aus der Liste auswählt, welche von jedem Provinzialcollegium präsentirt wird. Auch letzteres wird aus einem Verzeichniß der bestbeläumdeten Großgrundbesitzer vom Pabst besetzt." Selbst Rayneval fand, daß das

---

*) Der neapolitanische Gesandte in Paris berichtet (Bianchi, diplomazia europea. Vol. VI. p. 533) den 23. August, Tocqueville, der Minister des Aeußeren, sei am meisten über die unvernünftigen reaktionären Handlungen der Regierungscommission in Rom und einiger Provinzialdelegaten erbittert, namentlich über die Wiederherstellung der Priestergerichtshöfe für Laien, was selbst gegen die vom Pabst versprochene Organisation laufe.

Wahlrecht zu ängstlich beschränkt sei und daß die Staatsconsulta das Recht haben sollte über die Steuern berathend abzustimmen. Antonelli erwiederte, dieß würde zur Repräsentativverfassung führen. Seine Heiligkeit sei in Ihrem Gewissen überzeugt, daß die Repräsentativregierung nicht mit der Unabhängigkeit und der Freiheit (wessen?) verträglich sei, für deren Erhaltung er der ganzen katholischen Welt verantwortlich sei. Das Recht der berathenden Stimme würde eine Theilung der Gewalt herbeiführen. Durch die Finanzen würde man zu allen Fragen der Regierung gelangen. Und bliebe es auch bei den Finanzen allein, so wäre die Unabhängigkeit des Pabstes, seine religiöse Thätigkeit paralysirt, sobald die Consulta die Geldmittel zu einem rein religiösen Werk verweigern würde." (Bianchi, diplomazia europea. Vol. VI. p. 499.) Esterhazy*) stimmte den weisen päbstlichen Ordnungen zu, obgleich Oestreich kein Recht habe sich einzumischen. Rayneval, sagte er, verlange etwas wie die preußische Verfassung von 1847 und es würde dieselbe Folge haben wie diese. Der spanische Gesandte Martinez della Rosa sagte, Spanien sei constitutionell, allein es habe die römische Frage stets unter dem katholischen, nicht unter dem politischen Aspekt betrachtet; der Pabst sei vollkommen frei, über das Innere seiner Staaten gemäß seinem doppelten Charakter zu verfügen. Wie schlecht die frühere Verwaltung gewesen, sehe man aus der Sittenlosigkeit des von ihr herangezogenen Geschlechts, welches sich gegen Pius empört habe. Er verspricht sich viel nur von den von Oestreich in Italien damals noch so empfohlenen Lokalfreiheiten der Selbstverwaltung. Da der Pabst weder durch eine Pairskammer, noch durch Ministerverantwortlichkeit gedeckt sei, so würde von einer Opposition in der Consulta seine hochwichtige Autorität gefährdet. Deßhalb müsse jede Opposition und Popularitätssucht unmöglich gemacht werden. Neapel, als Gastfreund des Pabstes, will keine Ansicht aussprechen, schließt sich nichtsdestoweniger Oestreich und Spanien an. Rayneval erklärt, Frankreich habe Ursache gehabt zu glauben, daß es einen constitutionellen Pabst wieder einsetze. Die Regierung der Republik werde über die unerwarteten Eröffnungen sehr überrascht sein. Zwar habe dieselbe aus Achtung den Pabst nie um ein Versprechen angegangen, daß er der Consulta das Steuerverwilligungs-

---

*) Fürst Schwarzenberg hatte an Esterhazy, seinen Gesandten in Gaëta, Instructionen des Inhalts geschickt, daß den Römern weder Preß- noch Versammlungsfreiheit, noch der Consulta das Votum über Steuern zukommen könne. Höchstens könne man derselben berathende Stimme für diejenigen Steuern geben, welche nicht schon ein für allemal festgesetzt seien. Der deutsche Bundestag beschütze auch dieses System bei den Bundesregierungen. Das Memorandum der Großmächte vom Jahr 1531 über die nöthigen Reformen, aber nicht mehr wäre anzunehmen. Jenes stimmte mit der Willensmeinung Antonelli's überein und hatte die endliche Formulirung derselben bestimmt.

recht zugestehen werde, aber derselbe und der Kardinalstaatssekretär haben öfters zu verstehen gegeben, daß jenes Recht der Consulta zugestanden und überhaupt die vom Pabst frei gemachten Zugeständnisse gehalten werden könnten. (Bianchi p. 506.) Wenn keine Zugeständnisse gemacht würden, so habe man weder die Beruhigung der Geister, noch die materielle Ordnung, noch Bürgschaften der Zukunft. Antonelli gab keine Hoffnung einer Milderung des päbstlichen Programms. Er berief sich auf das Gewissen des Pabstes, der nur so seine Freiheit und Unabhängigkeit gesichert erachte. Oestreich hatte den Grundsatz „der freien Fürsten“ dem der freien Völker entgegengestellt. Die Gewissensfreiheit des Pabstes wurde also stark verschanzt ohne Rücksicht auf die Freiheitsrechte, welche seine Unterthanen auch Gewissens halber ansprachen. Die Pabstmacht ist auf Grund der alten Märtyrer erbaut; damit es ihr nie an neuen Märtyrern fehle, brauchte sie Unterthanen. Welch edleres, seiner würdigeres Opfer konnten einem so erhabenen Herrscher seine Unterthanen bringen, als das ihrer Gewissen? könnte den himmlischen Zwecken des Pabstthums gegenüber die zeitliche Wohlfahrt von ein Paar Millionen Laien in die Wagschale fallen?

Die beiden Bevollmächtigten Frankreichs auf der Conferenz übergaben den 19. August 1849 dem Kardinal-Prostaatssecretär Antonelli eine sehr einbringliche Note (Bianchi Vol. VI. p. 508, welcher den 29. August nennt). Darin wird erklärt, daß zwar das eine der Ziele, welche Frankreich bei seinem kriegerischen Eingreifen sich setzte, die zeitliche Unabhängigkeit des Pabstes, jetzt erreicht sei, aber nicht das andere Ziel, nemlich ernsthafte liberale Institutionen, durch welche allein die erstere verbürgt werden könnte. „Frankreich hat im Anfang seiner Expedition diesen seinen doppelten Zweck Sr. Heiligkeit deutlich erklärt. Wenn schon die katholischen Nationen, unter welchen Frankreich die erste ist, von jeher das Recht hatten, auf die Regierung des Kirchenstaats einen wirklichen Einfluß zu üben, so steht das Recht des Rathertheilens und des Einflusses Frankreich in diesem Fall rechtlich um so mehr zu, als Frankreich von der Kurie zu Hilfe gerufen wurde. Frankreich machte von diesem seinen zweifellosen Rechte den achtungsvollsten Gebrauch, indem es seine Hilfe nicht voraus an Bedingungen knüpfte, um ja keine ungerechten Empfindlichkeiten zu erregen. Erst nach Wiederherstellung der päbstlichen Autorität in Rom wurden die Wünsche Frankreichs in Gaëta vorgetragen und zwar so, daß nur das Minimum, das Allernöthigste gewünscht wurde, indem Frankreich auf frühere Wünsche verzichtete. Die französische Republik beschränkt sich auf diejenigen Grundsätze des päbstlichen Statuts vom 17. März 1848, durch welche die persönliche Freiheit und die Unverletzlichkeit des Privateigenthums, wie die der Staatsschuld verbürgt werden. Politischer Natur ist nur der Wunsch der Secularisirung der Verwaltung, so daß Laien zu allen Aemtern, welche nicht gemischter Natur sind, zulässig wären und der

Consulta in Steuersachen ein berathendes Botum gegeben würde. Mit tiefstem Bedauern haben wir aus den Mittheilungen vom Eilften ersehen, daß die päbstliche Regierung bei weitem nicht diesen Erwartungen entspricht; wir hoffen, daß es doch noch geschehen werde, nachdem Frankreich nun seine Wünsche unterbreitet hat. Es ist für Frankreich von der größten Wichtigkeit, daß der Kirche, dem Klerus die Liebe und die Ehrfurcht erhalten bleiben, welche die liberalen Reformen Pio's ihnen erwarben. Durch blutige Kämpfe hat die französische Republik die Kirche, Familie und Eigenthum gegen den Kommunismus gerettet. Jetzt gilt es, die Zukunft Europa's sicher zu stellen. Der Unterricht, alle Gewalten, welche die Schutzgeister der öffentlichen Sittlichkeit sind, müssen feste Unterlagen erhalten. Oder soll diesem Werk, welches Frankreich unternimmt, die Hilfe der heiligen Grundsätze fehlen, deren Träger die Kirche ist? Ein Umschlag in den freisinnigen Absichten des Heil. Stuhls würde eine furchtbare Schwächung des religiösen Glaubens beim Volke (auch beim französischen) zur Folge haben. Die Kräfte, die Anmaßungen, die Wuth des Socialismus würden gesteigert. Das nationale Ehrgefühl Frankreichs würde sich verletzt fühlen. Aber der Rückschlag, die Gefahr würde sich nicht auf Frankreich beschränken. Und würde Italien gegen diese Ansteckung gesichert bleiben?"

Diese hohen edlen Gesichtspunkte mußten auf Pius trotz seiner bitteren Enttäuschungen über die Versöhnung der Kirche und der Freiheit, einigen Eindruck machen. Allein Antonelli, der Schwarzenberg der Kurie, antwortete in der Note vom 31. August (Bianchi Vol. VI. p. 513): „Obgleich der H. Vater den Grundsatz unerschütterlich fest hält, daß jeder Souverän das Recht hat, die innere Verfassung seiner Staaten zu regeln, wie er es für das Heilsamste hält, so glaubte derselbe doch in gegenwärtigem Fall zur Beruhigung der Katholiken in Betreff der Unabhängigkeit seiner Autorität den vier Mächten Mittheilung über seine Entschließungen machen zu sollen. Die von ihm gegebenen Institutionen sichern den Unterthanen, wie dem Pabste die entsprechende Freiheit. Was aber jene Betrachtungen einer höhern Ordnung anbelangt, so dürfen Ihre Excellenzen überzeugt sein, daß Se. Heiligkeit Ihre Pflicht, die heilsame Lehre der Kirche zu verbreiten, mit Weisheit erfüllen wird, wodurch auch zeitliche Segnungen nicht mangeln werden."

Antonelli ignorirte in dieser Note vornehm einen Zwischenfall, welcher großes Aufsehen machte, als reiche er weit nicht an die Höhe der Kurie. Präsident Napoleon, welcher bisher wiederholt hatte, die Autorität des Pabstes und die französische Regierung müßten sich gegenseitig stützen, suchte durch einen persönlichen Schritt die liberalen französischen Abgeordneten zu beschwichtigen und das militärische Ehrgefühl der Franzosen und des Occupationsheeres für obige Forderungen zu gewinnen, durch deren Annahme allein die Beschränkung des östreichischen Einflusses im

Vatican gesichert worden wäre. Er schickte den Oberst Edgar Ney nach Rom und schrieb ihm den 18. August: „Die französische Republik hält in Rom eine Armee sicher nicht, um die italienische Freiheit niederzutreten; vielmehr war ihr Ziel dieselbe zu regeln, indem man sie vor ihren eigenen Excessen bewahrte, und ihr eine feste Grundlage zu geben, indem man auf den päbstlichen Thron den Fürsten zurückführte, welcher sich zuerst an die Spitze aller wahrhaft nützlichen Reformen stellte. Mit lebhaftem Bedauern fühle ich, daß die wohlwollenden Absichten des Heil. Vaters, wie auch unsere eigene Aktion erfolglos bleiben, Angesichts der Leidenschaften und der feindlichen Einflüsse, welche als Grundlage der Rückkehr des Pabstes die Proscription und die Tyrannei feststellen möchten. Sagen Sie ausdrücklich in meinem Namen dem General, er dürfe in keinem Falle dulden, daß man im Schatten der Tricolore irgend einen Akt begehe, welcher den Charkter unserer Intervention entstellen könnte. Ich fasse die weltliche Macht des Pabstes also: allgemeine Amnestie, Verwaltung durch Laien, Code Napoleon und freisinnige Regierung. Ich habe mich beim Lesen der Proklamation der drei Karbinäle persönlich beleidigt gefühlt, weil sie nicht ein Wort für den Namen Frankreichs, noch für die Leiden unserer Soldaten hat. Jeder unserer Fahne, unserem Wappen angethane Insult trifft unmittelbar mein Herz. Empfehlen Sie dem General, es recht klar zu machen, daß, wenn Frankreich seine Dienste nicht verkauft, es wenigstens fordert, daß man ihm für seine Opfer und seine Selbstverläugnung Dank wisse. Als unsere Heere den Rundmarsch durch ganz Europa machten, so hinterließen sie überall als ihre Spur die Zerstörung der Mißbräuche des Feudalismus und die Saat der Freiheit. Es soll nicht gesagt werden, daß im Jahre 1849 das französische Heer in einem anderen Geist habe handeln und entgegengesetzte Erfolge zurücklassen können. Bitten Sie den General, dem Heer in meinem Namen meinen Dank für sein edles Benehmen auszusprechen. Ich habe zu meinem großen Bedauern gehört, daß es auch im Materiellen nicht auf die Weise behandelt wurde wie das Heer verdient hätte; ich hoffe, daß diesem sofort abgeholfen werde. Es darf nichts gespart werden, um unsere Truppen angemessen unterzubringen." Oudinots Nachfolger, der klerikale General Rostolan, weigerte sich anfangs etwas für die Veröffentlichung dieses Privatschreibens zu thun. Frankreich, meinte er, würde dadurch seine ruhmreiche Politik mit einer abenteuerlichen vertauschen; Europa könnte durch diese Ungerechtigkeit in Brand gerathen. Der Präsident hatte den Brief abgeschickt, ehe er ihn seinen Ministern zeigte und denselben dann nur als Privatbrief zu lesen gegeben. Andere militärische und die diplomatische Spitzen der Franzosen verlangten die Veröffentlichung dieses Briefs im offiziösen Giornale di Roma. Aber die Karbinal=Triumvirn verweigerten entschieden die Veröffentlichung dieser an sie und an den Prostaatssekretär gerichteten Verwarnung. Die französischen Minister suchten

zu begütigen und zeigten sich nachgiebiger gegen die Kurie. Die reculade
der französischen Politik wurde eine vollständige. Abbate Coppi sagt, der
Brief habe keinerlei Folge gehabt, — außer, müssen wir hinzusetzen, in
den Jahren 1859 und 1860 die Preisgebung des größten Theils des
Kirchenstaats durch Frankreich wegen unheilbarer klerikaler Verstockung.*)

Louis Napoleon, eingedenk seiner italienischen Abstammung, der revolutionären Wiege seiner Familie, seiner Stellung als Präsident der
französischen Republik, eingedenk der Heillosigkeit des weltlichen Priesterregiments, welche ihn und seinen älteren Bruder im Jahre 1831 in
das Lager der kirchenstaatlichen Insurgenten getrieben hatte, wünschte,
daß Pius baldigst mit einer Amnestie und mit Verbürgung einer Laien-
gierung nach Rom zurückkehre. Aber in der Aufregung über seinen Brief
an Ney begab sich Pius den vierten September in entgegengesetzter Richtung nach Portici, ganz ins Lager der Reaktion. Während die Korre-
spondenten der A. Allg. und der Kölnischen Zeitung, wie die der Times
einig waren, daß durch Wiederaufrichtung der Kardinalregierung die ganze
weltliche Herrschaft des Pabstes gefährdet würde, war bereits das weitest-
gehende, noch in Gaëta in Erwägung gezogene Zugeständniß: Selbstverwaltung der Provinzen unter dem realen Ehrenvorsitz eines Kardinals.
Aber auch dieser Gedanke mußte zurücktreten gegen das Gelüsten, alle Ge-

---

*) Der Zusammenhang des Briefs an Ney mit dem Krieg von 1859 wäre viel-
leicht ein ziemlich unmittelbarer, wenn richtig ist, was der neapolitanische Gesandte in
Paris den 25. September 1849 berichtet: „Man wollte hier glauben machen, das
wiener Kabinet unterstütze die Forderung aller vom französischen Kabinet gestellten
Zugeständnisse und folglich habe der Brief des Präsidenten von Seiten des Fürsten
Schwarzenberg keine Mißbilligung erfahren Statt dessen verurtheilt derselbe ihn
durch eine Depesche an seinen hiesigen Gesandten vom fünfzehnten September nicht
blos derb dem Inhalt und der Form nach, sondern er sagt auch, daß was man sich
nicht vom Oheim Napoleon, welcher doch gewartet habe, bis der Pabst ihn gekrönt
hatte, ehe er einen so arroganten Ton anstimmte, gefallen ließ, das werde man gewiß
nicht vom petit-neveu dulden. Der Pabst werde daher gut thun, sich durch den Brief
nicht als beleidigt zu achten. Das Beste wäre, ihn als gar nicht geschrieben anzusehen
und an dem Lauf der in Gaëta sich fortspinnenden Unterhandlungen nichts zu ändern." (Bianchi, diplomazia europea. Vol. VI. p. 540.) Der durch langjährigen
Aufenthalt Roms kundige d'Azeglio schreibt den achtzehnten September an Rendû:
„Die römischen Geschichten machen nur den Eindruck einer Reihe von Ungeschicklichkeiten
und Fehlern. Der Brief des Präsidenten hat doch etwas zu viel von der furia francese. Zuerst mußte man einen festen Plan haben, das war die Hauptsache; sodann
mußte man ihn mit einer ruhigen, alle Formen beobachtenden, aber unerschütterlichen
Festigkeit verfolgen. Statt dessen hat man anfangs etwas weich gegeben, und nimmt
dann plötzlich drohende Manieren an, während man sich doch vor nichts so sehr zu
hüten hat, als davor, den Monsignori Gelegenheit zu geben de se poser en victimes.
Jetzt ist der Handschuh hingeworfen, man kann ihn nicht mehr zurücknehmen. Jetzt
muß es sich zeigen, ob es noch ein Frankreich auf der Welt gibt oder ob uns nur
noch ein Rußland bleibt."

walt in Rom zu centralisiren. Den zwölften Sept. erschien ein „Motu proprio" des Pabstes, zugleich als Antwort auf den Brief an Ney. Dasselbe versprach eine Finanzconsulta, welche über den Etat, über Steuern und Handelssachen ihre Gutachten geben sollte. Die Mitglieder derselben sollten vom Pabst aus der Zahl der von den Provinzialräthen, welche Bunsen nach dem Muster der preußischen Provinzialstände schon Gregor aufgedrungen hatte, wie diese aus der Zahl der von den Municipalräthen präsentirten Männer ausgewählt werden. Nähere Bestimmungen über die Ernennung der Municipalräthe wurden vorbehalten. Doch sollten die Höchstbesteuerten mitwirken. Zum Schein, beinahe zum Spott wurden die Ausdrücke der französischen Vorschläge beibehalten. Reaktionäre und Konstitutionelle sahen das Motuproprio Pio's als eine Revokation der von ihm zu Anfang seiner Regierung begangenen liberalen Fehler an. Die Kirchenstaatler lasen als die Hauptsache heraus, was nicht ausdrücklich gesagt war, daß die höheren Staatsämter wieder nur den in der Regel blos im kanonischen Recht und in Hofintriguen erfahrenen Prälaten vorbehalten sein sollten. Man sagt von ihnen, sie haben nicht die Tugenden der Priester, aber ihre Leidenschaften. Vor allem brennen sie von Verlangen, aus ihrer Zwitterstellung herauszukommen, ihre violetten Strümpfe mit den rothen Kardinalsstrümpfen zu vertauschen. Die Römer ließen sich nicht durch die den Fremden vorgehaltene Erklärung täuschen, daß ja für die höheren Aemter die Priesterweihe nicht nöthig sei. Antonelli selbst hat auch heute nur die niedere Diakonenweihe. Aber man muß einen Priestermantel tragen, Celibatär sein, was manches Aergerniß mit sich bringt, um im Kirchenstaat den höheren Staatsämtern vorzustehen. Gesetzlich stehen solche Männer unter geistlichen Gerichten, gesetzlich dürfen sie für Vergehen nur mit leichteren Strafen belegt werden als Laien. Bei der Solidarität, welche der Klerus aller Grade bildet, ist also ihre Verantwortlichkeit, zumal dem Laien gegenüber, thatsächlich gleich Null. Der Kirchenmann muß vor allem auf die Gesinnung sehen. Deßhalb straft er auch als Richter auf den Verdacht entgegengesetzter Gesinnung hin, ohne wahrhaft juristische, rechtliche Abwägung oder er spricht den rechtlich strafbaren Gesinnungsgenossen frei. Kleriker standen an der Spitze aller Gerichtshöfe und das kanonische Recht war entscheidend. Und auch für ein Avancement ist es viel entscheidender, ob der Kandidat streng klerikal gesinnt ist, als welchen Lebenswandel er führt. Wenn ein Prälate der niedersten Weihen seine Carrière für ruinirt hält, so verzichtet er darauf, indem er heirathet. Un ambitieux découragé se tue à Paris, sagt About,*) à Rome il se marie.

---

*) Leider ist das Meiste, was About in seiner pikanten La question romaine. Bruxelles 1859, über Rom und die Provinzen sagt, nur zu wahr; von furchtbarer

Da nur erprobte klerikale Parteigesinnungstüchtigkeit, Protektion von Karbinälen und von ihren Klienten, fleißiger Kirchenbesuch, Spionage den Laien, aber nur bis zu mittleren Aemtern befördert, so sah sich die ganze etwas auf seine Ehre haltende bürgerliche Jugend vom Staatsdienst ausgeschlossen. Die bisherigen Beamten blieben jetzt in ihren Stellen nur sofern sie noch servilere Bürgschaften gaben, als früher. Diese und das Vergessenmachen politischer Vergangenheit konnte besonders durch Denunciation der Collegen geleistet werden. Obgleich daher keiner dieser Laienbeamten dem andern trauen konnte, so haben sie doch ihren klerikalen Vorgesetzten gegenüber auch ihre Solidarität der Trägheit und nicht selten die der Untreue. Während einer die politisch-kirchlichen Gedanken des andern belauscht und denuncirt, drückt man gegenseitig zum Unterschleif die Augen zu. Man thut halbpart mit den Schmugglern. Das Uebel wird auch durch die Sopravivenza genährt, kraft welcher gewisse Aemter, z. B. die Postdirektion, das Direktorium bei Hypothekenbanken, in gewissen adeligen Familien erblich sind. Die oft unwissenden, blutjungen Amtserben müssen ihren Untergebenen Vieles nachsehen. Manche Nepotenfamilien haben sogar ein herkömmliches Recht auf den Karbinalshut. Das Ehrgefühl, das Pflichtgefühl eines rechten Beamtenstandes fehlt ganz. Helfferich, welcher sich doch etwas eingehender um die realen Zustände der Regierung und um die Stimmung des Volks erkundigte, als die gewöhnlichen Romfahrer und als die Künstler, schreibt schon im December 1849: „Alle Reformen, alle Institutionen werden sich so lange als völlig wirkungslos erweisen, bis im Kirchenstaat ein Verwaltungspersonal existirt, das weiß, wozu das Regieren berechtigt und verpflichtet. Aber von denjenigen, die in den geistlichen Uebungen und kirchlichen Dienstleistungen aufgewachsen sind, kann vernünftiger Weise gar nicht gefordert werden, als bürgerliche Obrigkeiten ihre Stellen auszufüllen. Der eigentliche Entscheidungsgrund liegt nicht in der größeren oder geringeren Anzahl der Geistlichen oder Laien im Amt, sondern in den leitenden, Ton und Richtung angebenden Persönlichkeiten und die sind überall Prälaten. Das herrschende System ist ein geistliches und darum mit den nächsten und dringendsten Bedürfnissen des weltlichen Regiments wenig oder gar nicht vertraut. Wenn irgend etwas die Zustände des Kirchenstaats in Verwirrung gebracht hat, so war es der Mangel an tüchtigen Beamten. Alles was auf die materielle Wohlfahrt des Volkes, auf seine rein menschlichen Bedürfnisse Bezug hat, z. B. Verkehrswesen, Forstkultur, ist daher im Kirchenstaat so schlecht als nur irgendwo berathen.“ Döllinger hat dieß zwölf Jahre später noch viel eingehender ganz wahrheitsgetreu dar=

Wahrheit das über die römischen Fürstenfamilien, diese Nachkommen päbstlicher Nepoten. Die aufopfernden höheren Damen Roms sind meist katholisirte Töchter des Nordens.

gestellt. Rayneval wollte es nie begreifen. Da den vorgesetzten Prälaten alle modernen realen Kenntnisse, von Nationalökonomie reden wir gar nicht, fehlen, so ist es für die ihnen untergeordneten Laienbeamten auch nicht räthlich solche zu besitzen. Der herrschende Mangel an guter Schulbildung ist es daher auch nicht, was die meisten Söhne besserer Familien abhält, die Beamtenlaufbahn zu betreten. Nebst der Trägheit ist es das Ehrgefühl, was sie davon wie vom Offiziersstand abhält. Der Kirchenstaat, Land und Leute, seine Beamtenhierarchie sind ja nicht, wie sonst überall, wie selbst in absolutistischen Staaten, um des Staates, geschweige denn um des Volkes willen da. Sie sind nur Mittel für den Zweck der Kirche, zunächst für die des sich dafür ausgebenden Klerus, nur seine Kariatiben und Heloten. Daher hält sich der gebildetere Kirchenstaatler vor der ganzen Welt als Sklave gebrandmarkt, und zwar um so mehr, als dieß alles ganz allein im Kirchenstaat so ist.

Das altherkömmliche, an die Zukunft der Familie nicht denkende, heute üppige, morgen bettelhafte, stets träge Leben der Römer, das ganz in Liebschaften, in Campagnen, im Vogeljagden, im Theater aufgeht, jenes Leben, welches uns mit seinen pittoresken Reizen und mit seinen Gemeinheiten d'Azeglio so ganz nach dem Leben in seinen ricordi schildert, war einem großen Theil der jüngeren Generation vergällt. Aber zu einer würdigen Thätigkeit fehlt die Erziehung in Familie und in Schule, fehlt die offene Rennbahn. Um der weltlichen Priesterregierung willen haßt man die Kirche, die Religion. „Wenn Sie Atheisten zu Hunderten sehen wollen, gehen Sie nach Rom", flüstert man wieder. Doch geht man manchmal in die Messe, um von einer bigotten Tante nicht enterbt zu werden. Sie ist ja von Abbaten umgeben, welche sie dazu verlocken, ihr Vermögen der Kirche zu vermachen, was die Gesetze sehr erleichtern. Aber in den Kaffees, in den Theatern, bei den Barbieren, in den Apotheken betreibt man neben obscönen Intriguen nichtige Demonstrationen gegen die herrschende Prälatur. Man sagt dieser nach, daß unter ihren Mitgliedern nur insofern einiger Unterschied sei, ob einer mehr oder weniger Eigennutz, Herrschsucht, böswillige Intrigue hege als ein anderer. Aber in den abendlichen Salons gleitet man kalt höflich an den Prälaten vorüber, eifersüchtig mit ihnen um die Gunst der Damen ringend, und man hörte damals mit an, wie Legitimistinnen, besonders aus Frankreich, die offenbaren Wunder verkündigten, durch welche Soldaten des französischen Belagerungscorps oder Heiligenbilder vor der Wuth der römischen Republikaner bewahrt wurden. Reiche junge Männer wendeten Jahre lang umsonst ihre guten Connexionen an, um einen Paß zu einer Bildungsreise ins Ausland zu erhalten. Einem, der verrieth, daß er auch Piemont betreten wolle, wurde gesagt: reisen Sie, aber kommen Sie nicht mehr zurück.

So war und ist es in Rom, und noch verbissener in den Provinzen,

wo damals dem Reisenden neben der „hottentottenmäßigen" Neugierde der
Straßenmenschen die scheinbare Gleichgiltigkeit der Männer auffiel, welche
selbst nicht nach den wenigen noch zugelassenen Zeitungen griff. Die
Erlasse der Kardinaltriumvirn luden auch nicht zu Lektüre ein. Die alten,
auch den innern Verkehr erschwerenden Hemmungen, die Verpachtung der
Steuern, die ausschließenden Protektionen des Erwerbs, die Prügelstrafe
wurden wieder eingeführt. Die Franzosen paradirten bei der ersten Voll=
streckung derselben. Natürlich waren nur solche Bücher und Zeitungen
erlaubt, welche auf die Demokratie schimpften. Auch die den achtzehnten
September 1849 verkündete Amnestie konnte keine Versöhnung bringen.
Sie machte so viele Ausnahmen, sie war so unbestimmt, besonders für
die Beamten, daß sie den gereizten Gemüthern mehr als ein Hohn, als
eine Proscriptionsliste erschien. Ferdinand II. hatte nur 80 Meistcom=
promittirte von der sicilianischen Amnestie ausgenommen, der Pabst that
dieß mit 283. Während der nächsten neun Jahre soll er auf Bitten nur
59 derselben die Heimkehr gestattet haben, aber den Abbokaten unter
diesen wurde die Abbokatur verboten. (Die furchtbare Karikatur auf die
Amnestie, siehe Gesch. v. It. Theil II, zweite Hälfte, Seite 236.) Nach
der Angabe des in diesem Fall nicht ganz zuverlässigen Abbate Coppi
wurden 42 Offiziere proscribirt, 49 verbannt, „mehrere hundert" Civil=
beamte entsetzt oder suspendirt. Andere zählen deren für Rom allein
siebenhundert. Dennoch beklagt K. Kolb (Ueber die gegenwärtige Regie=
rung des päbstlichen Stuhls, aus den Papieren eines Diplomaten. Schaff=
hausen 1865), daß gerade die „ungetreuesten Italiener" in den Aemtern
geblieben seien. Niemand hielt sich für gesichert gegen Untersuchung wegen
älterer politischer Vergehen. Man hält die Priesterregierung für beson=
ders hinterhaltig und rachesüchtig. Die durch die militärischen Sicher=
heitsgerichte der Franzosen verfügten Strafen erschienen in der Regel als
verhältnißmäßig mild und als weniger entehrend. Die Priester suchen
besonders die Ehre des Gegners zu verletzen. Der eben so zuverlässige,
als humane neapolitanische Staatsmann de Martino erzählte uns, König
Ferdinand habe ihn einige Jahre nach der Heimkehr des Pabstes zu einer
Zusammenkunft beider in Porto d'Anzio mitgenommen. Er habe beide
Fürsten beschworen eine volle Amnestie zu gewähren und sie waren ge=
neigt dazu. Aber Pius wurde sogleich durch Antonelli umgestimmt,
Ferdinand in Folge dessen auch, überraschte aber de Martino durch die
Beförderung eines seiner nächsten Verwandten. Hier sahen sich die beiden
Fürsten zum letzten mal.

Die Organe der ultramontanen und der reaktionären Partei in
Frankreich, Graf Montalembert voran, drängten zur äußersten Härte, er=
klärten die Zugeständnisse des Pabstes für würdig seiner Vergangenheit;
es sei mehr geboten als die Italiener verdienen; diese hätten ja gar keine

liberalen Institutionen verlangt. Das französische Ministerium aber theilte seinem Stellvertreter in Rom mit und veröffentlichte im Moniteur Nr. 192, daß es wie durch die Unzulänglichkeit der Institutionen, so auch durch die Amnestie sich bitter enttäuscht sehe. So könne unmöglich Beruhigung der Gemüther eintreten. Die Orleanisten hatten sich indeß in Sachen des Pabstthums mit den Legitimisten vereinigt und die durch den blutig niedergekämpften Communistenaufstand Mitte Juni noch kirchlicher gestimmte öffentliche Meinung Frankreichs fuhr fort die Politik in dieser Richtung zu treiben. Im Oktober 1849 sprach Thiers in der Gesetzgebenden: Für das Pabstthum giebt es keine andere Unabhängigkeit, als die Souveränität selbst. Dieß ist ein Interesse erster Ordnung, welches allen besonderen Interessen der Nationen Schweigen auferlegt." Die Italiener aber sahen darin nur einen Beweis, daß ihre Interessen denen anderer Staaten, besonders denen Frankreichs geopfert werden sollten.

Auch bei den Römern fanden die guten Absichten Napoleons nur halben Beifall. Man wußte, daß dadurch die Rückkehr des Pabstes und damit auch die der Schaaren reicher Fremder vertagt wurde. Pius fürchtete in Rom unter die Vormundschaft der verhaßten französischen Republikaner zu fallen oder doch diesen Schein auf sich zu ziehen. Helfferich schreibt zu Ende des Jahres 1849 aus Rom: „In Rom wünscht die ungeheure Mehrzahl der Bevölkerung den Pabst zurückkehren zu sehen, nicht um den geistlichen Oberhirten wieder in ihrer Mitte zu haben, sondern die Einen, weil sie dadurch vom Papiergelde und der anhaltenden Verdienstlosigkeit erlöst zu werden hoffen, die Anderen, weil sie darin das einzige Mittel erblicken, dem reaktionären Gebaren der Prälatenpartei einen Zügel anzulegen, von der fremden Einlagerung befreit zu werden, statt französischer Soldaten reiche Engländer zu beherbergen." Derselbe schreibt: „Zu meiner Ueberraschung fand ich, daß selbst am Weihnachtfeste der Zudrang zu den Hauptkirchen und die Theilnahme sehr gering waren; und überdieß mehr Neugierige als Gläubige. Die letzten unglücklichen Ereignisse haben dem religiösen Bewußtsein der Römer eine tiefe Wunde geschlagen; in den unteren Klassen ist die Ehrfurcht vor der Kirche und ihren Institutionen sichtlich geschwunden. Bei sehr Vielen ist nur noch die Furcht ein Bestimmungsgrund, sich an den kirchlichen Uebungen zu betheiligen."

Die östreichisch = neapolitanische Diplomatie hatte kaum noch nöthig, um den Einfluß bei dem Pabste mit dem französischen zu ringen. Beide Theile gaben sich keine Mühe ihre gegenseitige Abneigung zu verbergen. Den 21. März 1850, eben zwei Jahre nachdem das östreichische Gesandtschaftswappen am Palazzo di Venezia, welcher an den Palast des Jesuitengenerals stößt, vom römischen Volke herabgerissen worden war, wurde es wieder aufgehängt. Nur päbstliche Soldaten, kein Franzose erschien dabei.

Todesstille herrschte, als es enthüllt wurde. Selbst der römische Adel wagte nicht sich dabei sehen zu lassen.*)

Indeß verrieth doch das lange Ausbleiben des Pabstes der ganzen Welt zu sehr, wie schlimm die Stimmung in Rom gegen die Priesterregierung war. Allein die Franzosen ließen sich nicht durch Demonstration bewegen den Oestreichern oder den Neapolitanern, welche einige päbstliche Gränzprovinzen besetzt hielten, Rom zu übergeben. Französische Bischöfe verwandten sich bei dem Pabste um Versöhnung mit dem eifrig katholischen Frankreich. Der Entschluß des Pabstes in seine Staaten zurückzukehren, kam aber erst durch die gewandten Unterhandlungen des Kardinals Düpont zur Reife. Die in Portici anwesenden Kardinäle, namentlich Antonelli's Amtsvorgänger unter Gregor und jetzt sein Gegner, Kardinal Lambruschini, stimmten dafür. Die Gesandten der vier intervenirenden Mächte wurden von dem Entschlusse des Pabstes in Kenntniß gesetzt; der französische und der spanische Botschafter gaben ihre volle Zufriedenheit darüber zu erkennen, während der östreichische und schon ehrenhalber der neapolitanische Bedenken wegen möglicher Zwischenfälle vorbrachten. Deßhalb entsprach der Pabst dem Wunsche der Römer nicht, schon am Osterfeste sie zu segnen und Fremde zu dieser Feier anzulocken. Die Travestie der Osterfeier durch Mazzini war noch in zu frischer Erinnerung. So war denn die von 1850 „kläglich".

Pius IX., zu Anfang Aprils von Portici aufgebrochen, bewegte sich, acht Kardinäle und die Gesandten in seinem Gefolge, langsam gegen Rom. Sein Gastfreund Ferdinand II. begleitete ihn bis an die Gränze ihrer Staaten. Hier kniete dieser vor dem Heil. Vater nieder, küßte ihm die Füße und erhielt für sich, für sein ganzes Haus und Reich den erflehten Segen. Der Einfluß Ferdinands auf die Kurie blieb ein intimer. Im Jahre 1856 waren von 66 Kardinälen neun Neapolitaner, soviel als die französischen, während Oestreich ihrer nur sechs, Deutschland zwei, Spanien einen zählten. Dennoch gelang es Neapel erst 1856 den Lehenszins durch 10,000 Scudi für die Säule der unbefleckten Empfängniß abzulösen. Pius wurde nach dem giornale di Roma von seinen Unterthanen

*) Selbst Baron Antonini, der neapolitanische Gesandte, berichtet den 18. März 1850 von einer Unterredung, welche er mit Antonelli hatte: „Ich erfuhr, daß man in Betreff der organischen Gesetze, welche auf der Basis des Motuproprio vom zwölften September gegeben werden sollen, vorerst für das passendste hält, abzuwarten, welche Wendung im allgemeinen die Angelegenheiten Europas nehmen werden. Ich darf nicht unterdrücken, daß das verlängerte Schweigen der Regierung darüber nicht ermangelt Mißvergnügen zu verursachen, indem es zur Voraussetzung führt, daß sie wenig Geneigtheit habe, den Staat mit den versprochenen Zugeständnissen auszurüsten; diese wären eben jetzt um so nöthiger, wo sich zu constituiren, die Erfahrung und Einsicht der Besten nöthig hätte." Der militärische Absolutismus stumpft sich früher ab als der klerikale.

5*

mit allgemeinem Jubel empfangen. Der osservatore Romano erzählte von einer Gemeinde, sie hätte keine Teppiche ausgehängt, die Leute hätten sich aber über die Straße gelegt, damit der Papst über sie wegfahre. Den zwölften April vier Uhr Nachmittags hielt Pius in Rom durch die Porta St. Giovanni, durch welche Garibaldi ausgerückt war, seinen feierlichen Einzug. Die Römer fanden, daß er während der anderthalb-jährigen Abwesenheit ein volleres Angesicht und mehr Beleibtheit bekommen; aber seine zuvor kaum grauen Haare waren weiß geworden. Im Vergleich mit früher fiel es auf, daß seine Person von der französischen Generalität, von französischen Dragonern und Gensdarmen umgeben war. Auf dem Platz vor der Laterankirche, prima urbis et orbis, standen die päpstlichen Truppen, welche noch vor kurzem für die Republik gefochten hatten, weiterhin französische. Die Kardinäle begrüßten den Heil. Vater zuerst in der Laterankirche und eilten dann nach St. Peter voraus, um ihn auch hier feierlich zu empfangen. Augenzeugen versichern einstimmig, daß trotz abmahnender Blätter viel Volks auf dem Wege stand; „es fehlte auch nicht sehr an Zurufen, im Ganzen aber herrschte etwas Kälte. Das sonst übliche Niederknieen beim Nahen des Papstes war selten; fromme Seelen, besonders Fremde, waren unzufrieden über den Mangel an De-votion." An Kanonendonner, an Glockengeläut und an Beleuchtung war kein Mangel. Die östreichische Presse verbreitete unbegründete Gerüchte von Mordanschlägen, Apparaten zu Brandstiftungen.

Das annuario statistico von 1857 auf 1858 bezeichnet es als eine Eigenthümlichkeit Italiens, daß die illustrirten Karikaturblätter verhältniß-mäßig zahlreicher und einflußreicher seien als in anderen Ländern und als die politischen Zeitungen. Dieses ist natürlich bei einem Volke, dessen große Mehrzahl nicht lesen kann, aber jede Gebärde, jeden sinnbildlichen Zug mit scharfem Verständniß sogleich in all' ihren Beziehungen erfaßt.[*] Diese Karikaturen hatten während der revolutionären Bewegung seit 1848, in Rom besonders Don Pirlone eine große Rolle gespielt. Obgleich ihr Druck und ihre Verbreitung jetzt sehr gefährlich waren, fanden sie doch ihre Schleichwege und eine nur noch leidenschaftlichere Aufnahme. Auch zum Einzuge des Papstes machte sie ihre kecken Randzeichnungen. Die französische Kainsrepublik erschlägt die römische Zwillingsschwester. Na-poleon tanzt auf einem andern Blatte dem zwischen Bajonetten einziehen-den Papste mit der Harfe voraus. Die Trinität ist wieder aufgerichtet: zwei Adlerköpfe zwischen welchen ein Jesuitenkopf herausschaut. Das eindrucksvollste Bild ist das, welches nur Pius und französische Bajo-nette zeigt.

Indeß war Rom wieder Rom, besonders für die Fremden, sie kennen

---

*) Die Kölnische Zeitung von Ende 1960 an enthält in ihrem Feuilleton eine ein-gehende Geschichte dieses wichtigen italienischen Literaturzweiges.

ten den Pabst wieder sehen. Die geistlichen Eminenzen rollten wieder in ihren rothen Karossen mit den schwarzen Zeltern durch die Straßen. Die einst auf Kosten des Kirchenstaats von einem Pabstoheim fürstlich begüterten Principi bezogen wieder ihre Paläste. Aber immer sah man noch mehr rothhosige Soldaten als Priesterfutanen. Es war doch nicht mehr das alte Rom Gregors XVI., nicht einmal für das Auge, innerlich noch viel weniger. Man hatte große Gnadenakte von dem heimkehrenden Pabste gehofft. Dazu war Gelegenheit vorhanden; den 15. März 1850 lagen allein in den carcere nuove 758, nemlich 333 kriminelle und 425 politische Verhaftete, manche seit acht Monaten ohne nur verhört zu sein; vier davon waren durch die Inquisition verhaftet. Beinahe eben so viele lagen in der Engelsburg, andere im Polizeigebäude. (Das Nähere: A. Allg. Zeitung vom 23. April 1850.) Pius beschränkte sich indeß darauf, daß er den Beamten, welche sich weniger compromittirt hatten, die halbe Suspensionszeit nachließ und den hungernden Familien der abgesetzten Almosen gab. Ein Römer sagte: man könnte meinen, wir haben für alle Welt die Leiden Christi zu erfüllen. Aber unser Leiden kann uns nichts helfen, denn wir sind das ungläubigste, gottloseste Volk auf der ganzen Erde. In Folge des im Verkehr allein sichtbaren Papiergeldes waren die Lebensmittel bis zum doppelten Preise gestiegen. Die Pächter der Campagna, jene inmitten ihrer Heerden mit dem Stachelspieß reitenden Nomaden, fanden es nicht der Mühe werth, um dieser Fetzen willen ihr Vieh nach Rom zu treiben. Lieber verkauften sie es auswärts oder den Franzosen um weniges baares Geld.

Wollte die Regierung nicht auch den Rest ihres Ansehens in Gant kommen lassen, so mußte sie, wenn auch mit schweren Opfern, ins Mittel treten. Man durfte nicht blos französisches Silber sehen, denn cujus pecunia, ejus regio. Allein woher sollte das Geld dazu kommen? In dem ersten Halbjahr der Restauration belief sich das Deficit auf 2,260,000 Scudi, im Jahre 1850 noch auf 1,690,000 Scudi. (Der Scudo ist gleich 5 Francs 32 Centimes.) Daher wurde kurz nach der Rückkehr des Pabstes die Grundsteuer, die Steuer auf Stempel, auf Einregistrirung, auf Hypotheken erhöht, eine Steuer auf alle Arten von Gewerben gelegt. Allein da diese trocken lagen, so war ihr Ertrag unglaublich gering. Die „Pfaffenregierung" betrügen galt für ein politisches Verdienst. Es mußte ein neues Anlehen geschlossen werden. Angesichts der Plünderung des Ghetto (Judenquartier) erklärten es die offiziösen Blätter für eine böswillige Verläumdung der Mazzinisten, daß man aussprengte, der Heilige Vater stehe darüber mit einem Juden in Unterhandlung. Aber gleichzeitig wurde von ihm ein Anlehen von 31,970,000 Francs mit Rothschild abgeschlossen. Den zehnten Juni 1851 konnte der Karbinalstaatssekretär veröffentlichen, daß „nur" noch 3,700,000 Scudi, also an zwanzig Millionen Francs Papiergeld in dem verkehrlosen Priesterstaate cursiren. Erst 1858 wurde seine Einlösung vollendet. Zugleich wurde 1851 wieder ein Jahresdeficit von 1,656,000 Scudi veröffentlicht. Deßhalb wurde die Grundsteuer wieder um ein Sechstel erhöht und den Gemeinden eine Steuer von einer Million Scudi auferlegt. Das Jahr 1852 wies ein Deficit von 1,795,000 Scudi auf. Daher wieder Erhöhung der Grundsteuer, des Salzpreises, der Zölle, der Gemeindesteuer. Da dieses so fortging, mußte im Jahre 1853 wieder mit Rothschild, aber unter noch härteren Bedingungen ein Anlehen von 26,030,000 Francs abgeschlossen werden.

Gleichzeitig brach die Steuerkraft der besten, der adriatischen Provinzen zusammen. Sie hatten für ihr Hauptprodukt, die Seide, jährlich im Durchschnitt gegen vierzig Millionen Francs erlöst. Vom Jahre 1854 an, bis in die neueste Zeit, herrschte neben der Traubenkrankheit die der Maulbeeren und der Seidenraupen, die Atrophie. Weder das östreichische, noch das Concordat mit Costaricca und mit Guatemala boten dafür genügenden Trost. Pius fand ihn im Dogma der unbefleckten Empfängniß Marias, welches den achten December 1854 im St. Petersdom den 53 Kardinälen, 42 Erzbischöfen, 98 Bischöfen den erstaunten Römern verkündigt wurde. Die Italiener nennen es gemeinhin il dogma francese, weil besonders fromme französische Legitimistinnen es befördert haben sollen. Der Pabst schloß in diesem Jahre wieder ein Anlehen von zweiundzwanzig Millionen Francs mit Rothschild ab. Auch nicht der entfernteste Verdacht bevorstehenden leichtsinnigen Schuldenzahlens lastete auf den Priesterregenten. Die Anlage war sicher eine dauernde, dennoch wurde sie beschafft, aber unter noch drückenderen Bedingungen. Bekanntlich ist die ganze Phantasiewelt des Süditalieners, die des Kirchenstaatlers wie des Neapolitaners, erfüllt von Hoffnungen auf Lotteriegewinnste; alle Lebensereignisse, namentlich Träume sind eine Reihe von darauf sich beziehenden omina. Der Einfluß der Bettelorden beruht zum Theil auf dem Glauben, daß sie dieselben am besten zu deuten wüßten. Um die melkende Kuh dieses das Nationalvermögen aussaugenden Aberglaubens ausschließlich für die päbstliche Regierung nutzbar zu machen, waren früher über alle Privatlotti schwere Kirchenstrafen verhängt worden. Jetzt wurde jedes andere Lottospiel außer dem päbstlichen für Kriminalverbrechen erklärt und erstmals mit sechsmonatlichem Gefängniß und hundert Scudi Geldbuße gestraft. Sonntags, wann alle andern Boutiken geschlossen sein mußten, war die der päbstlichen Lotterie offen. In beinahe keiner römischen Haushaltung findet sich eine Bibel, in jeder ein Traumdeutebuch.

Wofür diese Summen verwendet wurden, ist um so weniger mit Sicherheit anzugeben, als der zur Controle der Staatsausgaben bestellten Consulta nie die Rechnungen rechtzeitig und klar zur Begutachtung übergeben wurden. Die Priesterregierung wollte zeigen, daß sie unverantwortlich sei. Der Bericht über die Einnahmen und Ausgaben des Jahres 1851 wurde vom Finanzminister der Consulta im Sommer 1854 zur Prüfung übergeben. Sie konnte dieselbe in den Sessionen 1855 und 1856 nicht erledigen. Die klerikale Büreaukratie klagte über ihre kleinliche Controle, ließ sich vom Pabste Vollmacht geben, die von der Consulta gestrichnen Posten ferner doch auszugeben, und zeigte ihr nur Geringschätzung. Wenn die Consulta Dokumente verlangte, hieß es, sie seien verlegt. Sie wurde über keines der Staatsanlehen oder über neue Steuern zu Rathe gezogen. Im obigen motu proprio vom 12. September 1849 ist bestimmt, wie die Provinzialräthe und die Consulta vom Pabst gewählt werden sollte. Die Basis, das Gesetz über die Gemeinderäthe, wurde bald darauf dahin bestimmt, daß sie das erste mal vom Pabst aus einer Liste ausgewählt werden sollten, auf welcher nur die von der Polizei und vom Geistlichen gut prädicirten Bürger standen. Und dabei blieb es. Diese so ernannten Gemeinderäthe legten dem Pabst eine lange Reihe von Kandidaten für den Provinzialrath vor, z. B. in der Provinz Bologna 156, damit der Pabst die eilf ihm wohlgefälligsten auswähle. Diese präsentiren dem Pabst vier Kandidaten für die Consulta, woraus der Pabst Einen für zwei Jahre auswählt. Dazu fügt der Pabst noch lebenslängliche Mitglieder aus ganz freier Wahl hinzu. Der Präsident, ein Kardinal, ernennt die Kommissionen; kein Dokument wird ihnen übergeben außer durch seine Hand. „Und diese ausgesiebt devoten Leute unterbreiten dem Pabst jährlich eine unterthänigste Bittschrift gegen die argen Mißbräuche des Finanzsystems. Der Pabst schickt sie an einige Kardinäle und diese schicken sie weiter ad graecas calendas“, sagt About. Dieses nannte Rayneval die päbstliche „Laienabgeordnetenkammer“.

Das väterliche, aber über seine Verkennung bitter gereizte Herz des von Natur etwas eiteln Pabsts wurde dadurch noch erbitterter, daß sogar in der Heiligen Stadt selbst sich wieder Spuren von Verschwörungen zeigten, welche auf ein weitangelegtes Gewebe hinwiesen. Schon im Jahre 1850 hatte sich in London ein europäisches demokratisches Centralcommitte gebildet, in welchem Mazzini neben französischen, polnischen und deutschen Revolutionären eine Hauptrolle spielte. Er stand an der Spitze des von den italienischen Flüchtlingen gebildeten Triumvirats mit Vollmacht, ein Nationalanlehen im Namen des römischen Volkes zu machen. Denn Mazzini mußte den Pabst nachahmen. Das Anlehen sollte sich zunächst auf zehn Millionen Francs belaufen, in Aktien theils zu hundert, theils zu 25 Francs. Die Aufforderung war von sechszig Exabgeordneten des Kirchenstaats und von hundert anderen Italienern unterzeichnet. Viele sahen die Aktiennahme als eine Art von Lebensversicherung gegen den Dolch an. Der der Betheiligung überwiesene wurde streng bestraft. Da Pius und der Prinzpräsident Napoleon von diesen Fanatikern gleich tödtlich gehaßt wurden, so schwand immer mehr das Mißtrauen und der Groll des Heil. Vaters gegen diesen Sohn, der seinerseits für seine

Absichten auf die Kaiserkrone, welche durch das allgemeine Stimmrecht realisirt werden sollten, vor allem das Landvolk, also den Klerus zu
gewinnen suchte. Napoleon that alles, um diesen und den Pabst in sein
Interesse zu ziehn. Und als Napoleon den Staatsstreich vom zweiten
December 1851 vollstreckt hatte, so war Pius der erste Monarch, der
ihn darüber beglückwünschte. Auf diesen Tag, sagte uns ein Italiener,
wurden Pius und Napoleon Freunde mit einander, denn zuvor waren
sie einander Feind. Die Freundschaft und die Dankbarkeit des Baticans
gegen die Tuilerieen wurden aber nie groß. Allein Kaiser Napoleon
hatte doch den Schein derselben, indem er die immer unentbehrlicher wer-
dende Okkupation nicht Oestreich allein überließ. Und die Kurie bewahrte
wenigstens den Schein der Unabhängigkeit, indem sie durch zwei Ver-
mächte der katholischen Welt gegen ihre Unterthanen beschützt wurde.
Aber die priesterliche Unabhängigkeit wurde offenbar durch die Nothwendigkeit eines fremden Schutzes für die weltliche Souveränität erniedrigt.

Es brauchte eine Weile bis sich der Radikalismus von dem furchtbaren Schlage des zweiten Decembers erholte. Aber im Februar 1853
erließ das italienische Nationalcommitte einen Aufruf an die italienischen
Brüder und Schwestern: „Die Mission des Committes ist erfüllt; die
eurige beginnt. Das letzte Wort, welches es euch zuschickt, ist: Insurrektion!
Ganz Europa ist nur eine dünne vulkanische Rinde. Darunter liegt
die Lava, welche, sobald Italien, dem die europäische Initiative gegeben
ist, den Stoß gibt, in Strömen durchbrechen wird!" — In Mailand,
in der Romagna, in Rom sollte dieser Ausbruch sich folgen, so befahl
Mazzini. Als in Rom die Nachricht einlief, daß der in Mailand erhobene
Dolch den Mazzinisten aus der Hand geschlagen sei, so gab der Versuch,
die ganze Opposition gegen die Priesterherrschaft in die große Partei der
Fusionisten zusammenzufassen, nur Veranlassung zur Spaltung. Die
mazzinistischen Einheitsrepublikaner wollten auch jetzt noch, trotz den
Franzosen, Rom und die Provinzen in Aufstand versetzen. In dieser
Absicht schlichen sich aus Genua kommend in Rom — acht Verschworene
ein. Der Anführer sollte der frühere Bolognesische Advokat Petroni sein.
Aber schon einige Wochen vorher wurden 58 Mazzinisten und Fusionisten verhaftet. Nach anderthalbjähriger Untersuchung verurtheilte die
Consulta ihrer neununddreißig, worunter fünf zu lebenslänglicher, acht zu
zwanzigjähriger Galeere. Schon seit einigen Jahren wurden Radikale,
welche im Verdacht standen als Anstifter oder als Vollstrecker an dem den
15. November 1848 verübten Mord des päbstlichen Ministers Rossi Antheil zu haben, gefangen gehalten. Ein Betheiligter verrieth die anderen.
Im Mai 1854 wurden der Journalist Sterbini, welcher zum Mord auf-
gehetzt hatte, der von den Oestreichern längst erschossene Ciceruacchio und
andere Geflüchtete in contumaciam und sechszehn Gefangene verurtheilt, zwei zur Hinrichtung, zwei zu lebenslänglicher, drei zu zwanzig-

jähriger, die anderen zu kürzerer Galeerenstrafe. Auch die meisten Mörder
von Ende des April 1849 wurden 1854 ähnlich bestraft, und gewiß
mit Recht. Aber die drakonischen Richter machten wenig Unterschied unter
solchen Verbrechen und politischen Vergehen. Die Franzosen justificirten
nur bei Angriffen gegen die Person ihrer Soldaten.

So erhielt der Kardinal-Staatssekretär Jakob Antonelli, der römische Talleyrand, in Rom und im nächsten Erbtheil St. Peters Ruhe
und Frieden. Er ist im Jahre 1806 in dem durch seine Räuber sehr
übel berüchtigten Gebirgsnest Sonnino an der neapolitanischen Gränze
von niederen Eltern geboren. About hat ihm nachgerechnet, von wie
vielen Verwandten und Nachbarn er in seiner Jugend die Köpfe ausgestellt sah, wie viele er in den Galeeren hatte. Seine Verwandte bereichert
er ungeheuer, während Pius den seinigen wenig schenkt, frei vom Nepotismus seiner Vorgänger ist. Eine große Arbeitskraft und äußerst schlau
erklomm Antonelli rasch die Stufen der klerikalen Hierarchie, unter Gregor harter Reaktionär, in den Anfängen Pio's eifrig nationalliberal,
im Sommer 1848 sein Minister. Die Neapolitaner glaubten, als Genosse seiner Emigration in Gaëta habe er Pius durch gettatura behext.
Dem bei aller Reizbarkeit weichen Pabste mußte die rücksichtslose, harte
Entschlossenheit Antonelli's imponiren, seine Schlauheit hielt ihn umgarnt.
Die Römer sagten, der weiße Pabst habe alle Gewalt an den rothen
Pabst abgetreten. Die Restauration der Priesterherrschaft konnte keinen
zugleich erbarmensloseren und geschmeidigeren, also keinen dazu passenderen Händen anvertraut werden. Er ist spiegelglatt und hart wie po-
lirter Stahl. Seine Gestalt ist hager und sehnig, die Nase gebogen, sein
stolzes Auge durchbringend, der Mund klein und fein mit scharfem Gebiß,
sein Lächeln zugleich bitter und liebkosend. Sein ganzes Wesen ist mit
allen Mitteln stets auf sein Ziel gerichtet. Im Gespräch scheint er geschmeidig auf die Gedanken des Anderen einzugehen, aber sein Gedanke
bleibt unbeweglich, es ist der der Priesterweltherrschaft, welche an der
päbstlichen Unfehlbarkeit Theil zu haben meint. Für die dogmatische Unfehlbarkeit des Pabstes, für die unbefleckte Empfängniß unmittelbar hat
Antonelli gar keinen Sinn. Er ist „innerlich frivol“. In Rom, besonders
gegen die Fremden, kehrt Antonelli die gewinnende Seite heraus. So beobachten ihn die fremden Gesandten und berichten an ihre Höfe. Die
in Rom residirende Prälatur verzehrt hier die Einkünfte nicht blos der
arbeitsameren Provinzen an der Abria. Sie ist in Rom auch beflissen,
den Ruhm der gentilen Liebenswürdigkeit bei der vornehmen fremden
Welt und den Schriftstellern zu gewinnen. Die grausame Priesterherrschaft wird den entfernteren Provinzen geoffenbart, welche außer der erdrückenden Grundsteuer auch schwere Ausfuhrzölle für ihre Produkte, besonders Getreide und Vieh, bezahlen, damit diese auf den römischen Markt
kommen und Rom auf Kosten der Provinzen wohlfeil lebe. Seit der

Restauration von 1849 durften in Rom gewisse französische Ehrenpunkte auch den Unterthanen gegenüber nicht ganz aus den Augen gesetzt werden, zumal den Franzosen ihre Mittel es erlaubten, jährlich zehn bis zwanzig Millionen baares Geld auf ihr Okkupationskorps zu verwenden, so daß dem Kirchenstaat und der Stadt Rom hauptsächlich nur die Last der Kasernirung blieb. Die Oestreicher in den Nordprovinzen waren theurere Freunde. Doch waren die Bürger in Orvieto, in Spoleto froh, als sie statt der französischen Garnison die reorganisirten päbstlichen Truppen, diese Landeskinder mit preußischer Pikelhaube und in rothen Hosen, bekamen. Nach ihren Kämpfen bei Vicenza und bei Rom waren sie nicht mehr als Schlüsselsoldaten vom Bürger verächtlich angesehen. Aber die Priesterregierung hatte Ursache, ihnen bei Lokalcaballen nicht recht zu trauen. Sie waren in jene Garnisonen verlegt, um die Franzosen von den Oestreichern in den Marken streng zu trennen. Aber bald versank die päbstliche Truppe wieder in die alte Verachtung, da sie nur durch schlimme für zwölf Scudi (?) angeworbene Subjekte ergänzt, durch die Lieferanten betrogen, von Bedienten mißachtet, hinter die fremden Truppen weit hintangesetzt wird. Die Epaulette hat überall hinter die Tonsur zurückzustehen; der Kutscher des Karbinals fragt nichts nach dem Wache habenden Offizier und seinen Weisungen, denn jeder Karbinal ist Kronprinz.

Ehe wir uns zu den Provinzen wenden, wollen wir noch das Urtheil d'Azeglio's über die römische Restauration hören, das Wort eines Ehrenmannes, welcher die warme katholische Frömmigkeit seiner Eltern und Voreltern vergeistigt in seinem ritterlichen Herzen bewahrte. Er hielt mit seinen Freunden eine gewisse Territorialherrschaft für unentbehrlich zur Wahrung der geistlichen Unabhängigkeit des Pabstes und war deßhalb über die groben, dieselbe gefährdenden Fehler der Priesterherrschaft ergrimmt. Den zwölften März 1851 schreibt er an seinen Vertrauten Renbü: „Die Verblendung hat in Rom nun die Gränzen des Möglichen erreicht. Sie haben das arme Land (1846) gesehen, wo das durch eine langjährige abscheuliche Regierung erstickte religiöse Gefühl durch die Hoffnung einer besseren Zukunft wiedergeboren wurde. Und nun ist die Regierung schlimmer als unter Gregor XVI., sie ist die vendetta pretina (pfäffische Rache) in ihrem abstoßendsten Ausdruck. Einer meiner Freunde, ein Bischof, welcher aus Rom zurückkam, sagte mir, daß, als er an einem Sonntag um zehn Uhr in der großen Pfarrkirche Sant'-Andrea-Della-Valle die Messe las, nicht zwölf Personen darin waren. Namentlich hat das niedere Volk nur noch Haß im Herzen. Ich rede nicht vom Zeitlichen des Pabsts, aber seine moralische Autorität ist zerstört." Doubet, 1840 einer der Gründer des cercle catholique in Paris, in dem Lacordaire wirkte, Doubet, welcher im Auftrage des französischen Unterrichtsministers in den Jahren 1853 und 1854 sich auch in den inneren Provinzen des Kirchenstaats aufhielt, berichtete an d'Azeglio sehr niedergeschlagen über die daselbst herrschende antireligiöse Stimmung. D'Azeglio macht darüber den 15. Mai 1854 Mittheilung an Rendü. „Die Erbitterung, schreibt er, wächst mit jedem Tage in den päbstlichen Staaten. Wie sollen denn aber die Leute Katholiken bleiben, welche täglich den Katholicismus, und zwar am Sitze des Pabstes selbst, zu einem instrumentum regni, zu einer Waffe gegen die Nationalität des Volks gemacht sehen? „Der Krieg gegen Piemont" und gegen die Repräsentativinstitutionen! — das ist das Losungswort der Monsignori (der Prälaten) und das Heilmittel gegen alle Uebel der Kirche. Nur so fortgemacht, meine Herren! in fünf Jahren werden Sie etwas davon zu erzählen haben! Ihr wollt aus dem Dogma ein Bollwerk für eure Boutike machen; ihr werdet sehen, wie man in eure Boutike mitten durch das Dogma kommt! Ich gerathe in Zorn, wenn ich sehe, wie die Religion meines Landes sich mit solchem Grimm durch die Hand ihrer Häupter selbst vernichtet." Es erfüllte sich jetzt buchstäblich, was Gioberti, als er im Anfang des Jahres 1849 die Wiedereinsetzung Pio's durch piemontesische Waffen als constitutionellen Fürsten beabsichtigte, unter Protest gegen jede nicht-italienische Intervention der französischen Regierung vorausgesagt hatte, daß durch diese die italienische Nationalität und Unabhängigkeit verletzt würde: durch eine fremde Intervention könnte allerdings der Pabst in seine Rechte wieder eingesetzt werden, aber nicht das Volk; es würden dadurch ihm für immer die Herzen seiner Unterthanen entfremdet und der Religion eine unabsehbare Wunde beigebracht." Alle Italiener sahen in der weltlichen Herrschaft des Pabstes die Ursache beständiger fremder Okkupation im Herzen Italiens. Die Stadt Rom hatte auch mannigfaltigen Schaden von der fremden Okkupation. Wenn durch dieselbe auch manche bisher durch die Klerusregierung hintangehaltene Verbesserung der Polizei befördert wurde, so gewöhnten sich die Römer doch noch leichter an manche Unsitte und Unsittlichkeit der französischen Civilisation, an Nachahmung fremder Moden und es wurde manche gute und schöne Eigenthümlichkeit verwaschen, ohne daß die Kultur große Fortschritte machte.

Die Klerikalen dagegen rühmten sich, daß im Jahre 1854 der Telegraphendraht von Modena über Bologna und Rom nach Neapel geführt wurde. Welche Absicht die Priesterregierung dabei hatte, erhellt daraus, daß sie dazu durch den blutigen Polizeichef von Neapel Delcarretto und den Diplomaten der Reaktion Grafen Ludolf bestimmt wurde. Angesichts der Thatsache, daß je näher bei Rom, desto mehr der Anbau abnimmt und die malaria zunimmt, beabsichtigte Pius zur Wiederurbarmachung der römischen Campagna arme Familien aus den Marken zu verpflanzen. Eine Commission von Ministern und von fürstlichen Großgrundbesitzern wurde ernannt. Aber sie brachten es nur zu sehr schätzbarem schriftlichem Material. Die großgrundbesitzenden Klöster widersetzten sich, wie der Expropriation für Eisenbahnen, um nicht durch den Lärm der Arbeit

im Gebet gestört zu werden. Da waren doch die Großherzöge von Tos=
cana in ihren Maremmen ohne allen Vergleich wirksamer!

Und doch wären solche energische Unternehmungen der Kultivirung
des Landes und des Volkes vom Po bis Terracina aller Orten brennen=
des Bedürfniß gewesen. Wie dürfen wir die uns unglaubliche Verwil=
derung in der Romagna läugnen, wenn selbst im Albanergebirge, bei
Palestrina, wo der Pabst seine Sommersitze und die Karbinäle ihre Ge=
meinden haben, Mangel an Erziehung und an Rechtsschutz die Blutrache
schürten und sich die deßhalb Flüchtigen zu Räuberbanden sammelten. Da
die Heiligen=Agenden nicht vermögen die Phantasie des wildkräftigen
Volkes auszufüllen, so waren und sind die keckten Räuber sein Ideal. Das
Volkslied, der Bettelmönch läßt sie alle als feurige Madonnenverehrer
bei ihrem Tode direkt in den Himmel fahren. Das Volk hält es mit
ihnen nicht blos aus Angst vor ihrer Rache. Daher hat man umsonst
zu verschiedenen Zeiten aus amnestirten Banditen und aus Gensdarmen
maskirte päbstliche „Räuberbanden" gebildet, um die ächten auszutilgen.
D'Azeglio in seinen ricordi schildert diese socialen Motive nach mehrjäh=
riger Erfahrung trefflich.*) Gregorovius in seinen köstlichen „Lateinischen
Sommern" erzählt, daß in dem kleinen Genazano, während er einige
Sommermonate im Jahre 1856 daselbst weilte, fünf Personen wegen
Traubendiebstahls ermordet wurden. Man konnte aber leicht in noch
schlimmeren Verdacht kommen: ein Weib schalt ihn, als er, eine Pabst=
biographie lesend, durch eine Vigna sich erging, als einen Traubenver=
zauberer aus. Nebst dem Mangel an sittlicher Erziehung in Kirche und
Schule, findet er ein Hauptmotiv dieser Zustände in der Feilheit der
Justiz. Diese hat, wie das ganze Institut des Kirchenstaats, für die Ehre
Gottes, der Kirche, das heißt des Priesterstandes, nicht sowohl für das
Wohl der Unterthanen zu sorgen, welche jenem à discretion überantwortet
sind. Man konnte nicht klagen, daß die patriarchalische Justiz der
Priester zu lax sei. Allerdings entschuldigte sie gerne gemeine Verbrecher
mit ihrer kirchlichen Gesinnung. Um so schärfer wurde die vermuthete
böse politische Absicht bestraft. Die Heimlichkeit der politischen Gerichte
gab besonders Anstoß. Gregor XVI. dispensirte einen Jungen von
der Minderjährigkeit, so daß er gesetzlich hingerichtet werden konnte.
Die päbstlichen Gefängnisse waren von allen Freunden der Gefängniß=
reform neben den neapolitanischen, ob sie gleich jährlich dreimal so viel
kosten als der Unterricht, als besonders hart, unreinlich und ungesund
constatirt. Das lebenslängliche Gefängniß hat das Gute, daß es wegen
seiner Härte kurz währt. Es ist außer Zweifel, daß man in Rom einige
Mustergefängnisse hat, in welche allein man ausgezeichnete Fremde, Par=

*) Siehe: Die Bevölkerung des jetzigen Kirchenstaats und die päbstliche Regierung
in: Unsere Zeit vom 1. Juni 1867.

lamentsmitglieder führt, damit sie Augenzeugen der Priesterhumanität
seien. Der Professor der Kirchengeschichte in Philadelphia Rev. Butler,
welcher um 1863 Jahr und Tag in Rom lebte, hat in seinem Inner
Rome die Gräuel der Untersuchung, der Schmutzlöcher aufgedeckt, in
welchen besonders politisch Verdächtige verfaulen, die Folter des Hungers
leiden. Es ist, als ob die geistlichen Richter die alten Märtyrer-Legenden
praktisch benützten, um raffinirte Qualen des Leibes und der Seele anzuwenden. Es ist unbegreiflich, daß die Priester Männer, wie den edeln
Gesandten Manin's, Tergolina, nach Jahren wieder frei ließen, nachdem
sie, alle Rechtsformen höhnend, ihn in den Gefängnissen von Rom, zum
Theil unterirdisch, auf jede Weise mißhandelt hatten. Voll Ergebung in
die göttlichen Führungen hat er in England seine schauerliche Passions-
geschichte geschrieben in seinen quattro anni delle prigione del S. Padre.
Als eine der markirtesten, bekanntesten Persönlichkeiten des Kirchenstaats, der Scharfrichter Titta im Jahre 1864 in den wohlverdienten
Ruhestand versetzt wurde, nachdem er unter fünf Päbsten seines hohen
Amtes gepflogen hatte, glaubte er gegen fünfhundert Individuen theils
durch den Strick, theils durch die Guillotine in ein besseres Jenseits befördert zu haben. Kein Wunder, hatten doch nach einer offiziellen Statistik die römischen Gerichtshöfe im Jahre 1853 neben 603 Verbrechen
gegen das Eigenthum 1344 gegen Personen zu bestrafen. Man sagt, die
Räuberbanden, welche die Gebirge von Terracina an über Frosinone,
Subiaco, Rieti, längs der neapolitanischen Gränze beherrschen, geben der
hohen Justiz reiches Futter. Aber das harte Volk arbeitet mit der Hacke
auf jedem irgend dankbaren Stückchen Boden. In der Glühhitze des
Sommers steigt es in das Hügelland, in die Campagna herab, wo seine
Erntearbeit, die es für den in seinen Mantel malerisch gehüllten Römer
verrichtet, wegen des Nachtlagers im Freien durch das Fieber gefährlicher
ist als ein Feldzug. Eine rüstige Person, welche gesund bleibt, bringt
davon zwanzig Francs für den Winter nach Hause, wo man durch Noth
und Herkommen nicht selten sich dem Raub ergibt. Wenn diesen zahlreichen Bevölkerungen der fruchtbare Boden der römischen Campagna in
mehrjährigen Ackerbaupacht und einiger Kredit zum Betriebskapital gegeben würde! Und doch haben auch wir in Rom humane Mitglieder des
höheren Klerus persönlich kennen gelernt; aber das System schlägt sie in
Fesseln. „Siamo servi!" sagte mir im Vatican der gute Monsignore N.
Um Karbinal zu werden verbirgt man seine Gesinnung. Als trotz seiner
Argusaufsicht in der Vaticanischen Bibliothek Monsignore M. jene Hoffnung verlor, soll er sich den Hals abgeschnitten haben.

Wir haben gesehen, wie die adriatischen Provinzen des Kirchenstaats
und Umbrien im Mai 1849 nach blutigem Widerstand, besonders in Bologna und Ancona, von den Oestreichern besetzt wurden. So arg auch
die Anarchie mancher Orten gewesen war, so fand die weltliche Priester-

herrschaft doch keine Sympathieen bei civilisirten Menschen. Schon in Assisi, schreibt Helfferich im December 1849, hörte ich darüber klagen, die Oestreicher seien so stolz, barsch und unfreundlich, mit den Franzosen lasse sich viel besser auskommen. — Der sprachliche Verkehr mit der polyglotten östreichischen Truppe war meist unmöglich. Solche „fremde Völker" sind dem Bürger überall ein großes Uebel. Dazu kam, daß Oestreich nicht die Mittel hatte seine Truppen mit Baar zu versehen. Das Land sollte sie erhalten. Außer Einquartierung, Fuhren wurden neue harte Steuern eingetrieben, die man die östreichischen nannte. Helfferich hörte zu Ende des Jahres 1849 außerdem besonders darüber klagen, daß der Klerus sogleich wieder begonnen habe durch fromme Erbschleicherei die Familien in Armuth zu stürzen, um ihnen etwa nachher ein Almosen zu geben. „Die Kapitalien, schreibt er, verschwinden immer mehr aus dem Verkehr und verlieren immer mehr ihre befruchtende Triebkraft. Ebenso wenig kann es gebilligt werden, daß das Sportelwesen zu Gunsten der Geistlichkeit einen kaum glaublichen Umfang erreicht hat. Wenn ein Mädchen sich verheirathen will und nur zehn Scudi Vermögen besitzt, so muß sie fünf Scudi für den Trauungsschein an die bischöfliche Kanzlei entrichten, nachher kommt der Ortsgeistliche mit seinen Stolgebühren, bis die zehn Scudi aufgezehrt sind. Die moralischen Folgen davon sind nicht minder nachtheilig als die materiellen."

In Perugia erstaunte der deutsche Reisende über den bettelhaften Zerfall alter Pracht. „Ich machte es mir zur Pflicht, schreibt er, erst nach Anhörung zahlreicher Zeugen aus allen Ständen und Berufsarten mein Urtheil über die unter dem Volke herrschende Stimmung zu bilden. Indessen mochte ich mich wenden an wen ich wollte, die Antwort lautete unabänderlich: wir müssen bei längerer Fortdauer des gegenwärtigen Systems alle zu Grunde gehen. Richtete ich meine Frage an den Meister, der den Leisten in der Hand hatte, so entgegnete er: „Stadt und Land Perugia haben für ihr Kataster drei Millionen aufzubringen, von denen zwei zu geistlichen und eine zu weltlichen Zwecken verwendet werden; unsere Stadt von 16,000 Einwohnern zählt 18 Mönchs- und 13 Nonnenklöster, alle an den schönsten Punkten der Stadt erbaut, im Besitz der fruchtbarsten Ländereien und reichlich dotirt von unserem Schweiße; zur Zeit Braccio-Forte's, da Perugia allein 12,000 Bewaffnete aufbieten konnte, waren es nicht so viele." Wandte ich mich an den Mann der Wissenschaft, so hieß es: „Unsere Universitäten sind fortwährend geschlossen, alle höheren Unterrichts- und Bildungselemente noch ärger geknebelt als zuvor, das Schulwesen liegt gänzlich darnieder, die Religion in ihrer sittlich-geistigen Bedeutung existirt gar nicht mehr, der Glaube an das Göttliche und Ewige im Christenthum ist aus den Gemüthern getilgt." Die sogleich wieder installirte Inquisition setzte nicht blos die ihr irgend anrüchigen Lehrer ab, sondern schloß Schulen. Ein reicher Gutsbesitzer

bei Perugia war bei den geistlichen Behörden eingekommen, in einem
ihm zugehörenden Weiler, wo von 200 Einwohnern nicht ein Einziger
lesen und schreiben konnte, eine Schule einrichten zu dürfen, deren Lehrer
er aus seinem Beutel zu besolden und, falls es gefordert würde, neben
diesem auch noch einen Geistlichen anzustellen versprach. Es wurde ihm
abgeschlagen. Der praktische Geschäftsmann seinerseits bemerkte achselzuckend: „Was wollen Sie? Von den Reformen Pius' IX. ist auch der
letzte Rest verschwunden; für die hämischen Insinuationen eines Priesters
besteht unbeschränkte Preßfreiheit, wir Alltagsmenschen dagegen stehen wieder
unter der ganzen Strenge der früheren Censur; von Municipalverfassung
und Gerechtsamen der städtischen Vertreter kann gar nicht die Rede sein:
unser Stadtrath hat weiter nichts zu thun, als was der Legat befiehlt; unsere
Verwaltung ist ein im Namen der Kirche geübtes systematisches Aus-
saugungssystem, wodurch möglichst Viele zu Bettlern gemacht werden, um
sie hinterher durch Almosen zu erhalten. Das Merkwürdigste dabei ist,
daß die Klostergeistlichkeit und überhaupt sehr Viele vom niederen Klerus
mit der neuen Phase der römischen Frage ganz und gar nicht einverstanden sind. Der schon aus früheren Zeiten bestehende Riß zwischen
hoher und niederer Geistlichkeit erweitert sich zusehends und die Prälatur
mag es verantworten, wenn daraus für die päbstliche Regierung neue
und ganz unerwartete Schwierigkeiten erwachsen.“

Sehr wohl that es dem deutschen Herzen Helfferichs, mit größtem
Lobe von einem deutschen Baron zu hören, der bei Cesena (Romagna)
eine wüstliegende Strecke Landes ankaufte, das er in wenigen Jahren
in einen wahren Garten verwandelte. Auch die Gemeindeangelegenheiten
brachte er in den besten Gang und bewerkstelligte namentlich die Anstellung schöner Vicinalwege. Aber jetzt mußte er als Protestant das Land
verlassen. Ganz ähnliche Fälle werden von andern Punkten des Kirchenstaates gemeldet. Das Mißtrauen der Priester, unfähig an uneigen-
nützige Humanität zu glauben, witterte Absicht der Proselytenmacherei.
Jedem gebildeten Manne mußte es wehe thun, daß die meisten und
berühmtesten Professoren der Universität Bologna außer Thätigkeit gesetzt
waren und nur gesinnungstüchtigen Privatunterricht erlaubt wurde. Wie
früher für Jurisprudenz, war Bologna seit den Zeiten des Königreichs
Italien für Naturwissenschaft berühmt. Aber diese gilt den Klerikern
für Ketzerei und alle Aerzte, als Träger derselben, waren unter strenger
Aufsicht. Was das heißt, wissen die „precettati“ im Kirchenstaat. Da
die Gefängnisse nicht ausreichen, werden viele politisch Verdächtige und
entlassene Verbrecher verpflichtet von Sonnenuntergang bis Aufgang zu
Hause zu sein. Die Polizei kann sich zu jeder Stunde davon überzeugen.
Sie dürfen ihre Gemeinde nicht verlassen, müssen sich wöchentlich bei der
Polizei stellen, oft beichten, mehrtägige geistliche Uebungen in Klöstern
mitmachen. Man sagte About, daß in Viterbo, das 14,000 Seelen zählt,

200 ſolcher precettati ſeien. Am Namenstage Pio's 1853 wurden Einzelne derſelben gegen Revers befreit von dem interdictum humanae so-
cietatis consortium. (A. A. Zeitung 9. Febr.)

Die im Jahre 1850 von den päpſtlichen Truppen beſetzten Gegenden
von Orvieto und Spoleto ſind ein gebirgiger Uebergangslandſtrich. Die
Franzoſen hielten das prieſterliche und klöſterliche, die Oeſtreicher das
trotz der Legatenherrſchaft doch vorherrſchend bürgerliche Land beſetzt.
Die Franzoſen legen zu viel Gewicht darauf, daß dieſe adriatiſchen Provinzen zehn Jahre länger (von 1797 bis 1807) eine weltliche Regierung
hatten, als der ſüdweſtliche Kirchenſtaat. Das Grundeigenthum und die
Arbeit ſind zu den beiden Seiten des Apennin im Kirchenſtaat ganz ver-
ſchieden, wozu allerdings jener Umſtand mitwirkte. Der Kontraſt iſt ungeheuer. Der Graf Tournon ſagt in ſeinen ſtatiſtiſchen Studien über Rom:
Der ager Romanus, zu deſſen Eroberung die Römer wegen ſeiner vielen
volkreichen Städte mehrere Jahrhunderte brauchten, iſt in unſeren Tagen
das Eigenthum von 113 zum Theil fürſtlichen Familien und 64 Korporationen (Klöſtern, Kirchen, Spitälern), alſo Todter Hand. Die Provinz
Rom hat auf 90 Einwohner, die Provinz Macerata auf ſechs Einwohner einen Grundbeſitzer. Ein großer mercante di campagna, Pächter
großer Landſtriche der römiſchen Campagna, ſagte: ſechs Zehntel des römiſchen Gebiets ſind im Beſitz der Todten Hand, drei in dem von Fürſten, meiſt alten Pabſtnepoten, ein Zehntheil gehört Privatleuten. Die
beiden erſten Klaſſen, meiſt Leute ohne große Laſter und ohne große
Tugend, wollen einen ſichern, ruhigen Genuß ihrer mäßigen Landrente,
ohne daß ſie Arbeit und Kapital darauf verwenden. Daher verpachten
ſie die weiten Steppen meiſt fruchtbaren Bodens an Großpächter als
Viehweide. Der Ackerbau, glauben ſie, würde den Boden erſchöpfen, jedenfalls müßten ſie die Mühewaltung der Aufſicht ſelbſt übernehmen, da
niemanden zu trauen iſt. Das kanoniſche Geſetz ſoll dreijährigen Pacht
gebieten, welcher allerdings zum Raubbau führen würde. Da kein Theil
Stallungen baut, ſo iſt der Nutzen der Viehheerden gering und für den
Pächter voll Riſico. So bieten die weiten Ebenen um Rom eine Ahnung
von der Größe der Wüſte, von welcher die Afrikareiſenden uns entzückt
erzählen; ſo werden Senſationsreiſende und Maler Lobredner der Prieſterregierung. Die waldloſen Berge, deren Quellen verſiegen, deren
Dammerde von Wolkenbrüchen fortgeſchwemmt wird, verklären ſich ja in
blauen und violetten Tinten. Und Rom erſcheint durch den Kontraſt
noch großartiger, ein geiſtliches Palmyra.

Im hierarchiſchen Rom, ſagt d'Azeglio, iſt kein Bewußtſein der perſönlichen Menſchenwürde und ſocialer Gleichheit außer bei wenigen Gliedern des mißtrauiſch angeſehenen, ausgebeuteten Bürgerſtandes. Die
Weinkarrenführer und die Pflaſterer ſind ſtolz auf ihre ächte Nachkom-
menſchaft der alten Römer. Der Adel iſt oberflächlich durch die Jeſuiten

geglättet und dressirt, ohne Kenntnisse, ohne Schnellkraft des Herzens und des Geistes, menschenähnliche Puppen. Jeder kniet um die Protektion der zunächst über ihm stehenden Klasse. Die Klasse der Bedienten ist in keiner Stadt so stark vertreten. In den adriatischen Provinzen dagegen herrscht ein Gefühl der Gleichheit, weil die Gewohnheit der Arbeit. Hier ist ein zahlreicher, wohlhabender Bürgerstand. Der Adel ist stolz darauf, daß seine Vorfahren seine Vaterstadt lange gegen die päbstliche Herrschaft vertheidigten, mancher studirte, arbeitete, um sie vielleicht wieder davon zu befreien. Faktisch ist gleiche Erbberechtigung der Kinder anerkannt. Die kleinen Besitzer führen wenigstens selbst die Aufsicht über ihre Pächter. Der reiche Genuß der Lebensmittel und des Weins bei äußerstem Mangel an geistigen Bildungsmitteln führt bei der Mittelklasse Derbheit der Sitte mit sich. Aber die körperliche und die geistige Energie, wenn sie die Hindernisse der Bildung überwand, erzeugte hier für Italien Männer wie Rossi, Farini, Minghetti, Mamiani von Pesaro, den Landsmann Rossini's. Wen hat das moderne Rom ihnen an die Seite zu stellen? Diese Vorzüge hatten jene Provinzen kraft ihrer Entfernung von Rom, dem Mittelpunkte der Priesterregierung, kraft des lebhafteren Verkehrs mit fortgeschritteneren Städten des Nordens. Im Jahre 1858 gingen von Bologna mehr Posten ins Ausland als in der Richtung gegen Rom. Die Briefe brauchten zwischen Bologna und Wien 24 Stunden, sogar die von Paris einige Stunden weniger als zwischen Bologna und Rom. Dadurch war den Unterthanen die Größe des Kirchenstaats fühlbar gemacht; aber Viele meinten, er sei viel zu groß.

Dieß verhinderte nicht, daß die Industrie auch der von Rom entferntesten, dazu sich besonders eignenden Provinzen durch Privilegien wie durch Fußschellen gehemmt wurde. Nicht blos Tabak und Salz, auch die Fabrikation von Zucker, Glas, Stearinlichtern war ein Privilegium der Regierung, welche es nur ihren Freunden verlieh. Die Körbe der Kirschenverkäufer auf den Plätzen Roms müssen von dem privilegirten Korbflechter sein, wenn sie nicht Gefahr laufen sollen mit der Waare confiscirt zu werden. In den Provinzen war nur die Willkür und die Ungleichheit der Preise der Lebensmittel in Folge schlechter Wege noch größer. Das Fleisch bezahlte an den Thoren von Bologna ebensoviel als in Paris; Stroh, Heu, Holz bezahlten mehr. Der Bolognese bezahlte ein stärkeres Oktroi als der Florentiner, als der Lyoner; denn von 1846 bis 1858 verdoppelte sich das Budget seiner Stadt. Welche nützliche Einrichtungen hatte er dafür? Schwäbische Schweizersoldaten in päbstlichem Dienst rühmten, daß sie durch Beförderung des Schmuggels über die Mauern von Bologna eine schöne Nebeneinnahme hatten.

Die Räthe der Provinzen hatten nur dadurch Gewicht, daß die von ihnen erhobenen Steuern schwerer waren als die des Staats. Seine Finanzen zerfielen auch dadurch, daß ihm für Einzugsgebühren 31 Procent entgingen, welche in England acht, in Frankreich vierzehn, in Piemont sechszehn Procente betrugen. Während ein großer Theil des Großgrundbesitzes, also namentlich der um Rom, weil geistlich, von regelmäßigen Steuern beinahe exinirt ist, waren die des Kleingrundbesitzes, also die der adriatischen Provinzen, unbarmherzig; und doch waren Mehl, Reis und Gemüse noch besonderen Taxen unterworfen. Daß indeß die neuen Steuern oft nur auf dem Papier bestanden, zeigte sich gegen Ende des Jahres 1855.*) Eine eingehende Correspondenz der A. Allg. Zeitung vom ersten September 1856 hat wohl ihre Belehrungen zum Theil aus dem Munde östreichischer Occupationsoffiziere in der Romagna geschöpft. Sie meldet von Brodkravallen. Die Unsicherheit sei so groß, daß Bischöfe sich nicht in manche Theile ihres Sprengels wagen. Die östreichischen Truppen werden mehr gegen Aufständische als gegen die Räuber, welche aber schwer von jenen zu unterscheiden sind, verwendet. Beide haben nur vor ihnen Respekt. Daher herrsche bei den Besitzenden Angst bei dem Gedanken an den Abzug der fremden Truppen, welchen Cavour im Pariser Friedenscongreß verlangt hatte.

Die päpstlichen Beamten, heißt es weiter, liegen unter einander in ewigem Hader und sind selbst unzuverlässig. Die Bitte um einen Paß, selbst nach Rom, halten sie halbe Jahre hin. Gültig wurde er aber erst durch östreichische Visa. Ehrenfeste Bürger werden durch den beim Antritt eines Municipalamtes zu leistenden Eid von der Annahme eines solchen Amts abgeschreckt. Da ehrenhafte Bürger selbst dem päpstlichen Befehl der Amtsübernahme sich aufs äußerste zu entziehen wußten, so wurden die Gemeindeangelegenheiten meistens durch charakterlose Lohndiener besorgt. Dieß erinnert uns stark an die letzten schlimmen Zeiten der römischen Kaiser. Besonders seit dem Krimkrieg brachten englische

---

*) Der Widerstand gegen die Besteuerung der Handwerke, der Industrie und der freien Künste, die thatsächliche Verweigerung dieser Steuern war eine so allgemeine, daß selbst die Mumienstadt Benevent sich auflehnte und rasch ein Jägerbataillon hingeschickt werden mußte. Auch die Wenigen, welche bisher diese Steuer hatten entrichten können und wollen, thaten es ganz nach ihrer Willkür. Für eine geordnete Steuerverweigerung war nicht der nöthige Bürgersinn, noch die Organe vorhanden, sie war eine tumultuarische Meuterei. Die Minister fanden für nöthig, dießmal nicht taub und stumm zu bleiben: In der Ministeraudienz des 27. December wurde dem Papste die Sachlage vorgetragen und dieser erließ denen, welche diese Steuern von den Jahren 1852 bis 1854 noch schuldig waren, dieselben, und den Wenigen, die etwas dafür bezahlt hatten, wurde es zurückbezahlt. Um aber sich nicht zu viel zu vergeben, wurde verordnet, daß diese Steuerrückstände vom Jahre 1851 in zwei Raten in den Jahren 1856 und 1857 endlich zu bezahlen seien. Aber auch diese blieben größtentheils auf dem Papier. (Siehe die Correspondenzen der Kölnischen und der A. Allg. Zeitung vom Anfang des Jahres 1856.) Wir glauben uns nicht zu irren, wenn wir in dem passiven Widerstand und in dieser ungewohnten Humanität Antonelli's die Wirkungen der Cavour'schen Politik und der Angst vor Piemont erkennen.

und französische Zeitungen, am besten das journal des débats, furchtbare Einzelheiten aus dem Kirchenstaat, z. B. wie die Banditen den 25. Januar 1851 das Theater in dem Städtchen Forimpopoli, welches 4000 Seelen zählt, während der Aufführung umzingelten und die Zuschauer schweres Lösegeld zahlen mußten. Mit Recht nahmen die Bürger nach honetten Gesetzen regierter Staaten Anstoß an den Erlassen von Bischöfen und Behörden im Kirchenstaat, welche die Dienstboten bei Androhung der Inquisition aufforderten, ihre Herrschaften zu denunciren, wenn diese unkirchliche Aeußerungen wagten, jene fatalen Karikaturen oder Bücher besäßen, oder die Fastengebote überträten. Den Denuncianten war Verschweigung ihres Namens zugesichert. Wir geben zunächst, was der vorsichtige römische Abbate Coppi in seinen Annalen, großentheils mit Verweisung auf das offiziöse giornale di Roma schreibt: Im Jahre 1849 blieben die Legationen (Bologna und die Romagna) und die Marken, Perugia bis Foligno von östreichischen Truppen besetzt. „Die Kommandanten gaben sich den Titel Civil- und Militärgouverneure, proklamirten das Standrecht und dehnten es auf alle Verbrechen des gewaltsamen Diebstahls und des Raubs aus. Die Legationen waren überaus bedrängt von vielen Uebelthätern, welche durch die Wirren keck geworden waren. Mehrere Hunderte wurden (von den Oestreichern) militärisch zu verschiedenen, auch zu Todesstrafen verurtheilt." — Es war für die Prälaten, selbst für den Pabst je länger, je schmerzlicher, daß dieß ohne irgend welche Mittheilung an sie, ohne formale Wahrung ihrer Autorität geschah. Wenn man Zeit hatte, holten die Kommandirenden die Bestätigung der Todesurtheile nur bei Radetzky ein und so blieb es. Und das thaten „die Stützen der päbstlichen Souveränität und Unabhängigkeit". Wie die französischen, so bezeugten die östreichischen Offiziere den Gesetzen und Handlungen der weltlichen Priesterregierung mit Lust ihre Geringschätzung.

„Im Jahre 1850, schreibt Coppi, wurden die Legationen auf beklagenswerthe Weise von Meuchelmördern heimgesucht. Sie bildeten eine Bande von etwa hundert Missethätern unter der Führung des Stefano Pelloni, genannt il Passatore. Sie begingen endlose Räubereien, indem sie sich bald in kleine Banden auflösten, bald sich vereinigten. Ihre Keckheit war so groß, daß sie ansehnliche Ortschaften überfielen und den Einwohnern alles was sie von Werth hatten, abpreßten. Die päbstliche Regierung bot gegen sie die schwache öffentliche Macht auf, welche sie in diesen Provinzen besaß, und setzte Prämien auf ihre Festnahme. Das östreichische Militärkommando ließ manchmal starke, mobile Kolonnen gegen sie ausrücken. Viele wurden festgenommen und von den Standgerichten verurtheilt. Aber das Uebel konnte nicht ganz ausgerottet werden." Dieses wird dadurch bestätigt, daß Coppi das Jahr 1851 mit denselben Worten einleitet und fortfährt: „Die Frechheit der Meuchelmörder steigerte sich sehr. Der päbstliche Commissär erhöhte die Preise für ihre Einbringung. Endlich wurde Passatore den 23. März in einem Zusammenstoß mit dem Militär getödtet. Die Standgerichte verurtheilten ihrer 150 Köpfe und so wurde das Uebel erleichtert."

Die Unterwerfung ganzer Städte durch die Banditen war die Folge der strengsten Entwaffnung mit Todesstrafe für den Besitzer irgend einer Waffe. Da auch die Raubthiere überhand nahmen, gestattete man später einzelnen zuverlässigen Bürgern den Besitz einer Flinte. Der Erlaubnißschein dazu mußte aber stets an dem betreffenden Gewehr befestigt sich finden lassen, widrigenfalls der Besitzer dem Standrecht verfiel. Anfangs wurden auf tausend Seelen nur drei, später fünf solcher Flinten erlaubt. Obgleich die entwaffneten Dorfbewohner den Banditen keinen Widerstand leisten konnten, wurden sie zu Hunderten wegen gewährten Obdachs, unterlassener Anzeige Jahre lang in den Kerkern gehalten, manche auch zur Abschreckung erschossen. Unter dem Jahr 1852 berichtet Coppi von den Strafen, welche an Verbrechercomplotten der letzten Jahre vollzogen wurden. Von der Lega sanguinaria in Ancona und dem Gnadenort Loreto, welche viele Morde begangen hatte, wurden neun Mitglieder hingerichtet. Ein ähnliches Complott bestand in Sinigaglia, es nannte sich infernale degli ammazzarelli, das höllische der Mörder. Es wurden davon hundert Personen verhaftet und, wie immer, die Mehrzahl zur Galeere verurtheilt. Der ehrenwerthe Tergolina versichert, das Dekret der Sacra Consulta vom 31. December 1851 vor Augen zu haben, welches überschrieben mit dem Gewöhnlichen: „Nach Anrufung des allerheiligsten Namens Gottes", 91 Bewohner der Provinz Sinigaglia, der Heimath Pio's, verurtheilt und zwar zehn zu zehn, fünfzehn, zwanzig, vierzig Jahren Galeere und ihrer 24 zum Tode. Achtzehn wurden hingerichtet. Beinahe alle hatten, wie die in Ancona, trotz langem Drängen die Beichte und die andern Sakramente verweigert, was nur im Kirchenstaat vorkam. Wie die Obigen wurden in Forli durch die päbstliche Consulta zehn wegen politischen Mordes verurtheilt. Ein Jahr lang verzögerte sich die Hinrichtung von vier zum Tode Verurtheilten. (Im Vergleich damit war das rasche östreichische Standrecht eine Wohlthat.) Dabei gaben die Kaufleute der allgemeinen Entrüstung, wie Abbate Coppi sagt, dadurch Ausdruck, daß sie ihre Läden schlossen: Der päbstliche Delegat befahl sie zu öffnen; viele gehorchten nicht. Dafür belegte das östreichische Militärkommando 72 Kaufleute mit Geldstrafen im Betrag von achthundert Scudi. „In Bologna, führt unser römischer Abbate fort, fuhr das östreichische Civil= und Militärkommando fort in Ausübung der richterlichen Gewalt, welche es sich angemaßt hatte und erließ im Laufe des Jahres 1852 Straferkenntnisse gegen 284 gemeine Verbrecher. Einige wurden hingerichtet, worunter drei wegen Verschwörung gegen den Bestand der Regierung des Pabstes. Für sieben der Verschworenen verwandelte Radetzky die Todesstrafe in schweres Gefängniß. (Selbst das Begnadigungsrecht war dem Pabst genommen! —) Die päbstlichen Unterthanen beklagten immer lebhafter die fortgesetzte Erniedrigung der Würde der päbstlichen Souveränität."

Zu Anfang des Jahres 1853 proklamirte Mazzini die uns schon bekannte italienische Explosion. Nach Modena war Orsini, nach Bologna Saffi geschickt, um hier, sobald das Mailänder Attentat gelänge, eine provisorische Regierung zu gründen. Wir haben gesehen, wie es sich über Ancona nach Rom verzweigte. Da der Mailänder Aufstand fehl schlug, entwichen die genannten Führer, sie wurden, — natürlich umsonst, vorgeladen und nach zwei Jahren in contumaciam zum Tode verurtheilt. Der unerschütterliche Orsini aber hatte schon wieder im August 1853 auf der genuesischen Ostküste um Sarzana einen Aufstand vorbereitet. Da sich aber statt Hunderten nur 29 Verschworene einfanden, wurde er verhaftet und nach zweimonatlichem Gefängniß in Genua nach Marseille gebracht. — Er schlich sich nach Mailand, ja nach Wien, und wollte sich in ein italienisches Regiment in östreichischem Dienst anwerben lassen, um die Offiziere zu bearbeiten. Durch einen Juden verrathen, wurde er in Mantua eingekerkert, von wo er 31. März 1855 entkam.*)

Während im Jahre 1855 der Papst dem Kollegium der Kardinäle in Allokutionen seinen Schmerz über Mißhandlung der Kirche in Piemont, in Spanien und in der Schweiz auszudrücken hatte, durfte er demselben den am 18. August in Wien erfolgten Abschluß des östreichischen Konkordats mit Jubel verkündigen. Der Kaiser gab noch ein „Unterpfand seiner frommen Ergebenheit gegen den römischen Stuhl und seines besonderen Gehorsams gegen den Pabst", indem er 100,000 Gulden besonders für die Denksäule der unbefleckten Empfängniß stiftete. Aber in Bologna, fährt

---

*) Wie unsicher sich auch nach dem Entweichen der Hauptverschwörer die päbstlichen Behörden fühlten, erhellt aus dem Schreiben des Delegaten von Ferrara an den päbstlichen Generalgouverneur zu Bologna vom 22. Februar 1853, welches urkundlich und wörtlich also lautet: „Damit die vielen in den Regierungsgefängnissen gefangen Liegenden von den Meuterern nicht befreit werden könnten, sollte man im Falle der Gefahr die schwersten Verbrecher in den Hauptorten, wo genügende Garnison ist, in den Gefängnissen vereinigen, während man die anderen aus bloßer Vorsicht als einfach verdächtig oder wegen geringer Injurien, Verwundungen oder politischer Ausschreitungen Gefangengesetzten provisorisch in Freiheit setzen, aber unter strenge Polizeiaufsicht (vincoli precettivi) stellen würde. Gleichzeitig wäre eine andere ebenso wichtige Maßregel von der öffentlichen Ordnung und von der persönlichen Sicherheit gebieterisch erfordert, nemlich die vorsorgliche (precauzionale) Einkerkerung der entschlossensten Feinde der päbstlichen Regierung, welche sich in den früheren Revolutionen am meisten compromittirten, kurz der verschlagensten, verbissensten Missethäter, welche, auf freiem Fuß gelassen, nicht ermangeln würden sich an die Spitze der Rebellen zu stellen." (Gennarelli, documenti I. 70.) Und doch waren alle Gefängnisse und viele Klöster schon mit solchen Gefangenen vollgepfropft!

Coppi fort, erließ der östreichische Militärrath in diesem Jahre sieben Urtheilssprüche, womit er 138 päbstliche Unterthanen größtentheils wegen Straßenraubs mit Mord theils zum Tode, theils zur Galeere verurtheilte. „Wenn es zu beklagen ist, daß so viele Verbrechen begangen wurden, so ist es nicht minder zu beklagen, daß sie durch fremde Autorität bestraft wurden, welche sich die Civil= und Militärregierungen in den Legationen angemaßt hatte." So der römische Abbate.

Erst im Oktober 1856 zog Oestreich seine Truppen aus den übrigen Städten der Romagna und der Marken und ließ sie nur in Bologna und in Ancona. Diese Befreiung von der Ueberlast ihrer fremden Stützen verdankte die Kurie und das Land dem Auftreten Cavours auf dem Pariser Friedenscongreß. Strafen und Verbrechen milderten sich jetzt auffallend. Man hat berechnet, daß die Oestreicher von 1849 bis 1856 in den adriatischen Provinzen fünfhundert Personen standrechtlich hinrichteten.

Der Bürger eines jeden anderen Staates hat die größte Mühe sich einen einigermaßen richtigen Begriff von einem durch Priester regierten Staate zu machen, selbst wenn ihn kirchliche Voraussetzungen entfernt nicht berühren. Auch ein solcher kann die wenn auch noch so gut documentirten Thatsachen nicht glauben. Allein die Ursachen derselben liegen offen vor uns. Der Kirchenstaat besitzt keine Dynastie, welche mit dem Volke, mit seinem Wohl und seinem Wehe verwachsen wäre. Der Staat, wie der Unterthan ist hier nur Mittel für die Zwecke der Kirche, oder vielmehr für die Herrschaft, für die Weltherrschaft eines ehelosen Priesterstandes, welcher seine Interessen um so hartnäckiger mit denen der Religion, der Kirche verwechselt, je stärker die Angriffe auf seine Herrschaft, auf seine weltliche und auf seine geistliche Gewalt werden. Er selbst, seine Vermengung beider Gewalten reizt, ja nöthigt damit oft auch die Gegner, diese Gewalten und die Angriffe auf beide als unzertrennlich zu betrachten. Wir suchen beides möglichst zu trennen und treten dem Programm Cavours bei, welcher in ihrer praktischen Scheidung eine der größten Aufgaben unsers Jahrhunderts erkannte. Dazu ist aber nöthig, daß der ganze Schaden, der Fluch bloßgelegt werde, welcher auf der weltlichen Priesterregierung und auf der ihr unentbehrlichen Waffenhilfe ruht, welcher auf dem Pabstthum und auf der Kirche, wie auf dem Volke innerhalb, ja auch außerhalb des Kirchenstaats lastet. Wo der Glaube ins Spiel kommt, da müssen die Beweise gehäuft und verstärkt werden. Um zugleich die humane Skepsis Derer, welche vermeinen, es sei doch von den argen Schilderungen der weltlichen Priester= und der sie stützenden und ersetzenden fremden Militärregierung ein billiger Abzug zu machen, ihres Irrthums zu überweisen, lassen wir den Aussagen gebildeter Reisender, den Warnungen hilfreicher Staatsmänner, den trockenen Berichten eines römischen Abbate von seltener Wahrhaftigkeit einige der amtlichen Schrif-

stücke folgen, welche der päbstliche Kardinal-Staatssekretär und seine klerikalen Behörden in der Romagna während eines Jahrzehntes gewechselt
haben. Bei der Flucht dieser Behörden Juni 1859 in den Amtsregistra-
turen theils im Original, theils im Concept zurückgelassen, wurden sie
von Achilles Gennarelli, Advokaten der sacra ruota Romana und Professor an der Universität Bologna, in zwei starken Quartbänden abgedruckt.*)
Gegen ihre Echtheit ist nie ein Zweifel erhoben worden, die besten Katholiken benützen sie als authentisch. Wir wüßten nicht, was zum vollwich-
tigen Zeugniß dieser Selbstcharakteristik noch zu verlangen wäre.

Die Vertheidiger der weltlichen Priesterregierung entschuldigen ihre
üblen Folgen damit, daß sie die Schuld auf die revolutionäre Bewegung
von 1848 laden, durch sie sei Unordnung in die Verhältnisse und in die
Geister gekommen. Gegen diese Auffassung sprechen alle die vielen Aufstandsversuche seit 1830. Um den wahren Sachverhalt vor 1848 darzulegen genügt ein einziges Dokument, ein Bericht des Karbinallegaten von
Imola, Massimo, vom 12. August 1845, also unter Gregor XVI., an
den Gouverneur von Rom, den Prälaten Marini. Dieser Bericht kam
aus dem geheimen Polizeiarchiv Nr. 33881 in Privathände und wurde
von Gennarelli im ersten Bande seiner Dokumente Nr. 39 abgedruckt:
„Eure Excellenz verlangen von mir Bericht über die Lage und über die
Stimmung der Masse der Bevölkerung der Regierung gegenüber. Ich
muß Ihnen erklären, daß die Sache des Altars und des Thrones zu
wahrhaft beklagenswerthen Maßen gediehen ist. Der durch die französische
Herrschaft (1797—1814), deren Ziel Abschaffung der päbstlichen Regierung und der geistlichen Güter war, ausgestreute Same wuchs seitdem
so, daß es keine Gränzen selbst für die Scham mehr gibt. Wenn es
sich nicht um permanente Thatsachen handelte, welche dem Zweifel stets
siegreich antworten können, so könnte man Anstand nehmen, sie mitzutheilen, um nicht für übertrieben zu gelten. Allein die Ungezogenheit in
allen Klassen, die schrankenlos ausgedehnten Coalitionen vom Patriciat
an bis zum Jungen in der obscuren Werkstatt, welche stets für das Verbrechen und für den Verbrecher sind, indem sie zur Schmach der Regierung eine Gemeinsamkeit ihrer Interessen, ihrer Beziehungen und ihrer
Börsen üben; der hier in jeder Stadt nach Art einer bewaffneten Macht
geübte Schmuggel; die täglichen Meuchelmorde der wenigen getreuen Beamten als Opfer des Parteihasses; die allgemein eingerissene Einschüchterung kraft des gezückten Dolches der Sektirer, welche den Zeugenbeweis
verstummen macht, so daß in der Regel jede Missethat ungestraft bleibt,
außer wenn einmal ein Deliquent von der ganzen öffentlichen Meinung

---

*) Il governo pontificio e lo stato romano, documenti raccolti per decreto
del governo delle Romagne dal cavaliere A. Gennarelli. Prato 1860. Das
Lesen dieser Masse von Dokumenten ist ebenso belehrend, als peinlich.

preisgegeben und ausgestoßen ist; dazu der immer noch wachsende Geist der Transaction zu Gunsten der Neuerer von Seiten vieler Regierungs- und Municipalbeamten und nicht weniger Mitglieder des Priesterstandes: die Verhöhnung der Religion, die selbst im Munde der Kinder (trotz der gesetzlich darauf gesetzten härtesten Körperstrafen) allgemein verbreitete Gotteslästerung: das alles zuhauf beweist die allgemeine politische und sittliche Verderbniß. Dazu kommt der Stolz der Bewohner dieser Provinz (Romagna), welcher, in starker Ueberschätzung ihrer selbst und ihres Landes, es ihnen unerträglich macht, dem, was sie Priesterregierung nennen, zu gehorchen." Der Kardinal fährt fort: „Die gegenwärtige Generation muß verloren gegeben werden, mit ihr muß man fortwährend im Kampfe liegen. Für das nachwachsende Geschlecht müssen die Grundlagen der sittlichen Unterweisung wieder aufgenommen werden. Es genügt auszusprechen, daß mit Ausnahme der Greise, der erst heranwachsenden Jugend in den Städten und eines sehr kleinen Theils der nicht ganz verdorbenen Ackerbau treibenden Landbevölkerung, die ganze übrige Landbevölkerung von über achtzehn Jahren, die sehr wenigen furchtlosen Legitimisten abgerechnet, durchweg prinzipiell feindselig gegen die Regierung gesinnt ist. Hiermit habe ich Euer Excellenz Ihrem Verlangen entsprechend mit voller Aufrichtigkeit, mit Entfernung jedes Schleiers, meine Ansicht mitgetheilt." So stand es dreißig Jahre nach der Restauration des weltlichen Priesterregiments. Im geheimen Archiv der römischen Polizei fand sich dabei auch das Concept des Antwortsschreibens des Gouverneurs an den Kardinallegaten: „Es sei betrübt, daß man Angesichts anderer, zuvor erhaltener, damit übereinstimmender Mittheilungen, das Urtheil des Kardinallegaten für wahrheitsgetreu halten müsse, man habe wohl erwogen, was zu thun sei." — Damit soll nicht geläugnet werden, daß durch die blutigen Unordnungen und die blutige Restauration von 1849 der Druck und die Erbitterung gesteigert wurden.

Diese und die sittliche Verwilderung machte sich in den verschiedensten Gestalten Luft. Gennarelli theilt am Schlusse des zweiten Bandes das Verzeichniß der im alten zwischen Palestrina und Anagni nach dem Plan des Herzogs vom Alba gebauten Kastell der Colonna zu Paliano von 1849 bis 1856 hauptsächlich wegen politischer Vergehen gefangen Liegenden mit. Der Buchstabe A. macht 56 Personen namhaft; weiter zählten wir nicht. Die Verbrechen waren: Singen verbotener Lieder (überhaupt die mindeste Strafzeit der Anstalt waren drei Jahre), Verdacht der Conspiration, Anmaßung der Amtsgewalt — der früher republikanische Gouverneur von Amandola war auf Lebenszeit „und auf weitere vierzig Jahre" zum Kerke verurtheilt —, Desertion, Brandstiftung, Raub, Diebstahl, Mord. Ebenist Foller aus Rom war „vorsorglich" auf fünf Jahre eingekerkert. Sowohl während des Untersuchungs= als des Strafgefängnisses wurden die politischen, wie die gemeinen Verbrecher von den päbstlichen

Gensdarmen, wie von den östreichischen Auditoren stark geprügelt. Je nachdem man die Wirkung auch auf andere Verhaftete oder nur auf den Geprügelten beabsichtigte, ließ man ihn schreien oder verstopfte man ihm den Mund. Der ehrenfeste, gebildete Venetianer Tergolina, Manin's Gesandter, welcher einige Jahre in Paliano Gefangener war, schreibt: „Unsere tägliche Kost war so, daß man, wenn nur halb gesättigt, nicht weiter essen konnte: das schwarze schwere Brod, die schlechte Suppe voll Unraths, das Gemüse voller Würmer; selbst das Wasser, mit fremden Substanzen gemischt, enthielt öfters lebende Fischchen. Vier Jahre erduldete ich die Qualen des Hungers, sah ich keinen guten Bissen Brod, noch einen Tropfen reinen Wassers. Nach meiner Befreiung konnte ich ein Jahr lang mich nie gesättigt fühlen." Die Kerkerwächter, zum Theil alte Verbrecher, behandelten oft die gemeinen Verbrecher besser als die politischen Gefangenen. Tergolina ist uns ein um so ehrenwertherer Zeuge, als er seine Zeit auf Unterricht seiner Mitgefangenen verwendete.

Im päbstlichen Gefängniß zu Faenza lagen laut Register einige hundert hauptsächlich wegen Anklage auf gewaltsamen Einbruch, auf Erpressung durch Brandbrohung, auf Brandstiftung, auf Straßenraub, auf Diebstahl, Verwundung und Mord. Unter ihnen lagen wegen Heimwehs oder wegen Mangels aus der Verbannung heimgekehrte Liberale. Andere waren als precettati in die Fangeisen der Polizei getreten. Der „wahrhaft grandiose Plan", ganze Massen von Unterthanen — die Polizei bezeichnete für Faenza allein einige hundert — nach Amerika zu transportiren, fand Hindernisse. Das Anerbieten Roms, die ganze liberale Jugend in die östreichischen Strafcompagnieen zu stecken, lehnte Radetzky ab, weil dadurch der Geist seiner Truppe verdorben würde.

Während die Oestreicher in der Regel in den Städten, auf deren schwere Kosten, lagen, laufen bei ihren Kommandanten viele Beschwerden der päbstlichen Behörden ein, „man versuche es umsonst, bald durch starke Militärposten auf allen Poststationen, bald durch mobile Kolonnen von 150 bis 300 Gensdarmen den Postlauf sicher zu stellen. Die päbstlichen Truppen seien durch diese Streifzüge demoralisirt, nicht blos die armen Landleute, auch die braven Gensdarmen werden von ihnen geprügelt." Bei der Ausrottung der Banditen that die Aufhebung der, 1809 von dem Vicekönig von Italien eingeführten, Impfung durch die Restauration der Priesterregierung gute Dienste; nicht wenige Banditen starben an den Blattern. Gegen die von den östreichischen Kommandanten erhobene Klage, die päbstlichen Gerichte seien unthätig, sie lassen die Untersuchungsgefangenen so lange in den Kerkern, antwortet das giornale di Roma vom 27. März 1851 mit den amtlichen Akten in Händen: „Hat man denn vergessen, daß allein in den Regierungsbezirken Faenza und Imola, infolge blos zweier Processirungen wegen Einbruchs, 82 (ottantadue) Individuen erschossen wurden, während für weitere zehn diese Strafe in

Galeere, für weitere dreizehn in zeitweises oder lebenslängliches Gefängniß verwandelt wurde?" Folgen weitere ähnliche Beispiele. —

Und doch vermoderten Hunderte lebendiger Retardate in abscheulichen Kerkern. Der neue päpstliche Gouverneur des Distrikts Faenza, Ludwig Maraviglia, berichtet den 16. Juli 1853 an den ihm vorgesetzten päpstlichen Commissär über die Legationen, einen Prälaten (doc. I, 25): „Excellenz, Gestern begab ich mich zu einer außerordentlichen Visitation in die Gefängnisse. Der Schmerz preßte mir das Herz zusammen. Ungerechnet andere Individuen, welche in den andern Gefängnissen liegen, fand ich daselbst 91 Nummern. Die Wenigsten stehen in Untersuchung. Einige liegen hier durch den Einfluß des Oestreichers, Einige auf Verfügung der Inquisition, sehr Viele aus Vorsicht ohne ein Verhör, vielleicht auch ohne einen Verdachtsgrund. Der Eine seufzt seit Monaten, der Andere seit Jahren, Andere seit Lustren. Dieß ist eine *blutende* Wunde, der erste Ursprung der Mißstimmung, des Trotzes gegen die Regierung. Auch wegen der letzten blutigen Thaten wurden von päpstlichen und von östreichischen Behörden zum Theil offenbar Unschuldige eingesetzt. Der Ruf des Unwillens ist allgemein. Es bedarf einer strengen aber gerechten Maßregel. Beauftragen Sie mich damit, sonst bin ich außer Stande die Thränen von einem Hundert Familien, welche die Verhaftung des Vaters, des Gatten, des Sohnes beklagen und in Folge derselben meist im Elend schmachten, zu trocknen. Als ich in die Registratur einen Blick warf, fand ich die kläglichste Leere, während doch über 450 Processe seit vier, fünf Jahren anhängig sind und nur sehr wenige Arbeiter zu Gebote stehen." — Das Verzeichniß von 427 dieser Processe liegt bei Gennarelli II, 28—40 vor. Leider waren dieser humanen, aufrichtigen Prälaten nur wenige.

Wie oft im Neapolitanischen, so wird auch unter der Prälatenregierung die Anklage erhoben, daß der Besitz einer schönen Frau gefährlich sei, daß der Gatte eingekerkert wurde, nur um ihn von ihr zu entfernen. Oft wurde aus Privatrache politisch denuncirt. Besonders schlimm aber wirkten die auf Einbringung von Verbrechern gesetzten Geldpreise. Handlanger der Polizei wurden von dem weltlichen Gerichte z. B. durch den Nachweis, daß als Schuldbeweise gegen die von ihnen denuncirten vorgezeigte Brecheisen Eigenthum dieser Handlanger waren, überführt, daß sie selbst im Complott Unschuldige in den Verdacht des Einbruchs zu bringen suchten. Das Protokoll des Criminal- und Civiltribunals erster Instanz in Bologna, welches größtentheils aus Civiljuristen bestand, vom 12., 13. und 16. Juni 1856 erklärt auf Grund vieler von ihm selbst gemachter Erfahrungen, daß die Räubereien besonders auf dem Lande sich vermehrten, weil die den mobilen Kolonnen beigegebene Sbirrenlieutenante sich „so oft mit enormem Mißbrauch ihrer Gewalt unehrlicher, verbotener, gewaltsamer, roher Mittel zur Erpressung von Geständnissen bedient hätten".

Die Inhaftirten wurden nicht blos geprügelt, man drohte Hunde auf sie zu hetzen. Wir werden gefoltert! riefen sie, wo sie irgend mit der Außenwelt in Verkehr treten konnten. „So kam es, heißt es im Protokoll weiter, daß das (weltliche) Tribunal, so oft Geständnisse von Angeklagten vorkamen, welche von solchen unheilbaren Fehlern inficirt waren, fest in seinem unerschütterlich gefaßten Grundsatze beharrte, sie als null und nicht bestehend zurückzuweisen." Offenbar wollte der fromme Eifer der Klerikalen nur die Verbrecher treffen, selbst auf die Gefahr hin, auch Unschuldige niederzuschlagen. Die bürgerlichen Richter hatten den umgekehrten Grundsatz. Aber die Voruntersuchung und die Entscheidung letzter Instanz waren in der Regel in der Hand jener. Besonders schwer traf der fromme Eifer die Gotteslästerer; auch wenn einer seit Jahr und Tag für simpelhaft oder verrückt bekannt war, so schützte ihn dieß nicht vor der Galeere.*) Auch Testamente Verrückter wurden für giltig erklärt, wenn es dem Staat, also der Kirche Vortheil brachte. Wer je einen Proceß gegen die Finanzkammer gewann, mußte immer die Proceßkosten bezahlen; man durfte doch die Kirche nicht zu Schaden kommen lassen. Indeß trat jener Fall selten ein, da die Unsitte der schon seit Jahrzehnten von Kardinalsconsulten bekämpften „Deklarationen" fortbestand. Kraft derselben wurde im Verlaufe eines Processes ein rückwirkendes Gesetz gegeben, welches zu Gunsten des Fiscus oder geistlicher Protektionskinder gerade für denselben gemacht wurde.

Die von Gennarelli gehäuften Beweise für die Kulturfeindlichkeit der Priesterregierung mitzutheilen ist wohl überflüssig. Gehässig ist das klerikale Argusauge, welches wacht, damit kein des Liberalismus Verdächtiger durch liberale Arbeit, z. B. durch Kunst sein Brod verdiene. Lächerlich wäre die Beflissenheit, durch bloße Scheinverordnungen über Kulturinstitute das übrige Europa zu täuschen, wenn sie nicht durch eifrige Posaunen frommen Ohren verkündigt und für Thatsachen genommen würden. Der Haß, welchen die klerikalen und die Militärgewalten einander bewahrten, stachelte ihren Wetteifer in Verfolgung der Liberalen. Der Unterthan war wie ein Wild, auf welches der Förster und der Wilddieb zugleich den Hahn spannen. Es war auch die Concurrenz um Fleisch und Fell desselben. Und zwar handelte es sich nicht blos um Nutznießung, sondern auch um den Besitz von Land und Leuten. Die Hartnäckigkeit, womit Oestreich seit den Zeiten Kaiser Josefs II. durch alle Wandlungen der Revolutionskriege nach dem Besitz der Romagna getrachtet hatte, war bei den Priesterregenten unvergessen. Sie hatten keinen Glauben an den nationalen Geist, welcher den östreichische Sympathien Besitzenden

---

*) Das Nähere darüber und über die Methode, für die Kirchenstaatskasse Geld mit enormer Verletzung des berechtigten Unterthans testamentlich zu erschleichen, siehe Unsere Zeit. Jahrgang 1861, Heft 96, wo sich auch sonst viele Aktenstücke aus Gennarelli finden.

jetzt entgegentrat. Der päbstliche Delegat in Ferrara berichtet den zehnten Dezember 1849 (Gennarelli I, 34) an seinen Vorgesetzten, was er
gethan, um die Gerüchte zu widerlegen, welche über die Absichten der
östreichischen Regierung auf den nördlichen Kirchenstaat verbreitet worden
waren: „Bis jetzt habe ich keine Gelegenheit gehabt, die Realität hinter-
listiger Manöver zur Beförderung der Fusion der Legationen in Oestreich
zu entdecken; wohl hört man überall den Ruf: es wäre für uns besser
unter Oestreich, als unter der Priesterregierung zu stehen! auf den Lippen
der Liberalen; aber man sagt dieß nicht aus Liebe zu den Oestreichern,
sondern aus Haß gegen die päbstliche Regierung, gegen welche man mit
allen möglichen Verläumbungen Haß und Verachtung erwecken will. Wollte
man aber je in Wirklichkeit jenen Plan ausführen, so wären die Liberalen
die ersten, die Ausführung des verhaßten Projekts zu verhindern." —
Dennoch nannte derselbe Delegat noch kurz darauf, in einem Schreiben
an den östreichischen Feldmarschalllieutenant, Oestreich die „edle Macht,
welche uns bisher vertheidigt hat und welche allein uns gegenwärtig vertheidigen kann". Die an unumschränktes Regiment gewöhnte, höhere
Geistlichkeit war auf die von den östreichischen Kommandanten, also von
Laien geübte Gewalt so eifersüchtig und entrüstet, daß sich während der
Occupationszeit kein Kardinal dazu hergeben wollte als Legat des Pabsts
in den von Oestreich occupirten Provinzen zu residiren. Das war die gerühmte Selbständigkeit und Unabhängigkeit des Pabsts, welche ihm durch
den souveränen Besitz von Land und Leuten gesichert war, um deren
willen drei Millionen Seelen das Aeußerste erduldeten!

Alles sträubt sich in uns, Einzelnheiten der Untersuchungsprocesse
zu erzählen. Oestreichische Auditore übten den grausamen Hohn der sittlichen Rohheit an den ihrer Willkür preisgegebenen Verdächtigen. Das
Ehrgefühl dieser, ihre Bildung, ihre aufopfernde Freundschaft reizte die
gemeinen Seelen nur, sie geistig und körperlich raffinirt zu foltern. Die
Foltergeschichte eines bologneser Privatdocenten, welcher seinen Freund,
einen Studenten nicht angeben wollte, ist von Gennarelli genau dokumentirt und von Farini an Russel berichtet (s. „Unsere Zeit" VIII. Heft 96,
S. 767). Der unbeugsame Muth, der feine Geist dieser Opfer, selbst in
Momenten, wo sie dem Wahnsinn verfallen zu müssen schienen, ließ von
diesem Volke das Höchste erwarten, wenn es erst ihm selbst gehörte.
Colletta sagt von den Neapolitanern, sie erproben den größten Heroismus
angesichts des Galgens, einen Heroismus, der bei ihnen, wenn sie bewaffnet
vor dem Feind stehen und im bürgerlichen Leben nur sehr selten zu finden sei. Sollte dieß ein allgemein italienischer Charakterzug, eine Folge
der langen Unterjochung sein? Die Ueberzeugung, daß auch die Beichte
als Mittel der Ausforschung benützt werde, war allgemein verbreitet.*)

---

*) In der Schrift: I lutti dello stato Romano, relazioni storiche. Firenze
1860, erzählt Gennarelli von einer seltsamen Bewahrung des Beichtsigels. Ein wackerer

Wir wissen blos, daß der gute Kaiser Franz in Spielberg dieselbe durch einen Polizisten behorchen ließ und daß den Gefolterten die Höllenstrafen als Fortsetzung angedroht wurden.

Summa: Der römische Priester- oder vielmehr der Prälatentypus zerrüttete, vergiftete die ganze weltliche Regierung des Kirchenstaats, und der Besitz eines großen Gebiets, welches deßhalb nur durch fremde Waffen behauptet werden konnte, verdarb den Geist der obersten Kirchenleitung, flößte ihr einen despotischen Gewaltssinn ein, welcher von dem christlichen, allein universellen Geiste nur den Schein hat. Aus beiden Motiven entsprang der tiefe Haß aller patriotischen Italiener gegen Rom. Ein Fanatismus entzündete sich am andern.

„Wenn das Alles, oder auch nur die Hauptsache wahr wäre, wie war es möglich, daß Tausende von jährlichen Romfahrern so wenig davon erfuhren?" — Aber was sucht die große, zum Theil flüchtige Mehrzahl dieser Romfahrer in Rom? Der Zauber der antiken Denkmäler, der Kunstwerke der Renaissancezeit hält sie gefangen. Der Fremde lebt in Rom in einer sehr angenehmen Ausnahmsstellung. Das Volk ist verschlossen. Der breite Schweif der Kardinäle und Prälaten drängt sich an die Fremden. Beinahe unwiderstehlich ist der graciöse kirchliche Enthusiasmus französischer Schwärmerinen. Diese gute Gesellschaft macht auch tiefer eingeweihte Diplomaten das Selbstgeschaute nicht blos verschweigen, sondern auch vergessen. Dieß erfuhr auch der französische Gesandte Rayneval. Seine viel gepriesene Apologie der Priesterregierung faßt sich in die Sätze zusammen: „Früher, vor der Wahl Pio's, wurde im Kirchenstaat jede, selbst materielle Verbesserung durch das starre Festhalten der alten Ueberlieferung abgewehrt. Die höheren Aemter und Geschäfte waren ausschließlich Prälaten vorbehalten, die päbstliche Unfehlbarkeit selbst auf Verwaltungssachen ausgedehnt. Gerichtssprüche, selbst über Eigenthums-

---

Priester war während der Anarchie von 1849 in Fermo ermordet worden. Nicht nur die zwei verrufenen Thäter, sondern auch drei als liberal bekannte Jünglinge wurden deßhalb nach der Restauration eingesetzt. Durch bessere Behandlung, Wein und Cigarren wurde einem der Verbrecher Hoffnung auf Begnadigung erweckt, wenn er die drei als Mitschuldige angebe. Er that es. Als er aber sah, daß er doch hingerichtet wurde, so widerrief er bei seinem Beichtiger seine falsche Angabe; allein dieser erklärte, er habe nur seine Beichte, keine Angaben zu hören. Erst als jene miteinander hingerichtet waren, begann er seine Predigt mit den Worten: es ist nicht immer der Schuldige, der hingerichtet wird. Die Einwohner hatten sich am Hinrichtungstage so fest in die Häuser geschlossen, daß ein fremder Mönch das Kloster seines Ordens nicht erfragen konnte. — Nur von dieser letzten Geschichte haben wir kein Dokument gelesen. Deßhalb erzählen wir sie nicht als verbürgte Thatsache, obgleich man durch längeres Lesen von kirchenstaatlichen und von neapolitanischen Dokumenten in Versuchung kommt zu denken: das ist abscheulich, das ist deßhalb unglaublich, also ist es in diesen Ländern wahrscheinlich. Wer aber solche harte Studien nicht selbst gemacht hat, der glaubt auch das ihm Dokumentirte kaum.

fragen, waren durch persönliche Entscheidung des Pabstes abgeändert worden. Der Kardinal-Staatssekretär vereinigte alle Gewalten in seiner Oberhand, unter welcher die verschiedenen Zweige vielmehr Commis, als Minister übertragen waren. Die Finanzverwaltung war geheim, man schloß oft selbst die Rechnungen nicht ab. Die Municipalfreiheiten waren den beschränkendsten Maßregeln unterworfen."

Rayneval behauptet, mit dem Regierungsantritt Pio's sei dieses Alles anders geworden. Allerdings hatte Pius theils gutwillig, theils gedrängt das Alles bessern wollen. Aber die Restauration hatte die alten schweren Mißstände, von deren Darstellung durch den frommen Diplomaten wir hiermit Akt nehmen, in der Hauptsache wieder hergestellt, man hatte sie zum Theil wiederherstellen müssen, weil das erbitterte Volk sich weigerte von seinen beschränkten Rechten der Selbstverwaltung Gebrauch zu machen. Die Veröffentlichung der Finanzetats aber war nur ein für das übrige Europa, dessen Kredit man brauchte, bestimmter unrealer Scheinausweis. So ist es auch mit der Darstellung des Beamtenstandes durch Rayneval; er ignorirt, daß die Leitung, der Geist derselben ganz klerikal ist. Und wenn er behauptet, einige Provinzen hätten selbst um Prälaten als Gouverneure gebeten, weil nur vor dem geistlichen Rock Respekt bestehe, so klagt er damit die geistliche Regierung an, daß sie die Achtung vor dem Gesetz in ihren Unterthanen nicht zu pflanzen wußte, daß der Civilbeamte nichts galt. — Der treffliche französische Diplomat hat vergessen, daß man in weltlichen Dingen den Prälaten, von welchen er sein Material erhielt, nicht alles glauben darf.

Wie ein Prophetenwort tönt durch dies Wortegekräusel des Diplomaten und der Prälaten der patriotische Zorn des guten Katholiken. In seinen vertrauten Briefen an Rendü und an Doubet drückt d'Azeglio seinen tiefsten Schmerz darüber aus, daß die Kurie durch ihr zähes Festhalten ihrer schwachen weltlichen Gewalt und an Privilegien, durch ihr Sichanklammern an fremde, weltliche Mächte, durch das Bündniß mit der Fremdherrschaft in jedem Italiener die Religion ersticke, indem sie ihm nur die Wahl zwischen der Kirche und der Unabhängigkeit seines Vaterlandes läßt. Im August 1853 schreibt er: „Ich kenne unser armes Italien genug, um behaupten zu können, daß es bei uns in Piemont noch mehr Religiosität gibt als bei unsern Nachbarn und als in Rom selbst. Daraus schließe ich, daß weder die Verfassung, noch die Preßfreiheit, noch die Gesetze Siccardi's oder das Gesetz über die Festtage Ursache des Zerfalls des Christenglaubens ist, sondern die für jedermann offen daliegende Evidenz, daß die Religion oft nur die Maske ist, unter welcher sich die gemeinsten Leidenschaften und die gemeinsten Interessen verbergen." Dabei ist er fest überzeugt, daß Italien nicht lutherisch, noch reformirt werden könne. Wenn die Kurie den Katholicismus niederreißt, bleibe nur Fäulniß. „Deßhalb bin ich wüthend, daß ich sehe, wie der katholische Glaube durch die Hände seiner Häupter niedergerissen wird; und doch liebe ich Pius!"

Von ganzer Seele beklagt d'Azeglio das östreichische Konkordat, durch welches diese Macht und die Kurie sich eine unmögliche Zukunft verbürgen. (Aus d'Azeglio's Schrift la politique et le droit chrétien.) „Das Pabstthum, diese größte moralische Kraft, welche die Welt regiert und gerettet hat, wohin ist es mit ihm gekommen um einer Erbscholle willen? Nur auf Söldner, auf fremde Truppen und Polizei gestützt, schafft es um sich eine Wüste. Mögen die gebildeten Klassen durch die edleren Grundsätze der Civilisation, welche die des Christenthums sind, vor den tödtlichen Folgen der Irreligiosität gerettet werden; aber welche Stütze bleibt noch den Massen an dem Tag, wo in ihrem grollenden Herzen die grausame Offenbarung sich erschließt: die Religion ist ein Polizeigesetz; das Kreuz dient dem doppelköpfigen Adler nur zur Fahnenstange. Will man uns über den Untergang der großen Idee des Pabstthums damit trösten, der Protestantismus werde, wie in England und Deutschland, die religiösen und die nationalen Interessen versöhnen? — Aber die Massen in Italien werden katholisch oder nichts sein. Alle Bibelgesellschaften und Missionare werden den Glauben nicht ersetzen, welcher Italien seine Künste, seine Sitten, welcher ihm sein ganzes sociales Leben gegeben hat. Mit der Zersetzung der religiösen Ideen ist bei uns auch die sittliche Zersetzung, das Nichts erreicht. Dieß ist bei uns wirklich im Anzug. Es liegt in unserm nationalen Schicksal und Berufung, daß der Katholicismus, welcher unser Ruhm war, unser Untergang werden kann. Er kann durch nichts ersetzt werden. Wenn Oestreich und Rom einmal jenes Werk erfüllt sehen, so wissen beide, wer die Verantwortung dafür vor Gott und vor dem Gewissen der Menschheit auf sich zu nehmen hat. Rom hat dann und zwar zu seinem Verderben dem elendesten Motiv, dem Interesse, das sittliche Leben des Volks geopfert, welches ihm unmittelbar anvertraut war."

Siebenundzwanzigster Abschnitt.

Toscana von 1849 bis 1858.

Wir haben die Ereignisse in Toscana während der Bewegungs-
jahre bis 1849 trotz den reichlich fließenden Quellen kurz erzählt, weil
nur da wo Kraft ist, auch die Geschichte am Platz ist. Die Livorneser
Radikalen hatten seit 1846 einige Bewegung auf der Oberfläche hervor-
gebracht; durch ihren Lärm drängten sie der noch schwächlicheren Dynastie
und ihrem Anhang die Meinung auf, als wäre eine entschlossene national-liberale Willensmeinung im Volke verbreitet, welche doch nur in dem
gebildeten loyalen Kreise der Ridolfi, Gino Capponi wurzelte. Da aber
diese Männer keinen Halt im Volke und in der Mehrzahl der Abgeordneten fanden, da die Einen sich ängstlich zu Hause hielten, die Anderen
ebenso charakterlos mitschrieen für die immer weiter gehenden Forderungen
Guerrazzi's und seines Schweifs, so mußte die Regierung in die Hände
desselben fallen. Die Klubregierung, die schwachen Versuche, im Namen
des demokratischen Princips einige Ordnung zu schaffen, sind im zweiten
Theil, zweite Hälfte unserer Geschichte, von Seite 177 bis 187 erzählt.
Gennarelli, der passionirte Sammler von Aktenstücken zu Belastung der
Restaurationsregierungen, hat Eulen nach Athen getragen, indem er seit
1859 überflüssige Beweise dafür sammelte, daß es hauptsächlich Briefe des
Pabstes vom Januar 1849 waren, welche den schwachen Großherzog Leopold bewogen, die von ihm den eilften Februar bereits angenommene,
bewaffnete piemontesische Hilfe zu Wiedereinsetzung seiner national-constitutionellen Regierung am neunzehnten wieder abzubestellen und sich
21. Februar auch nach dem Hauptquartier der Reaktion Gaëta einzuschiffen. (Le sventure italiane sotto Pio IX. Firenze 1863.) Welche
andere Motive mitwirkten, erhellt aus dem Schreiben Radetzky's an den
Großherzog aus Verona schon vom zweiten Februar 1849: „K. K. Hoheit,
Nach bestimmten Befehlen, welche ich von der kaiserlichen Regierung und
vom Kaiser Unserem Herrn erhielt, ist es mir angenehm Ihrer k. k.
Hoheit anzuzeigen, daß ich, wenn Sie in Allem und zu Allem der Te-

reiche des Hofcabinets vom 26. Januar Sich uniformiren und dem gemäß Ihre Festlandsstaaten verlassen und Sich in St. Stefano in Sicherheit bringen, sobald ich die Demokraten in Sardinien unterworfen habe,
zu Ihrer Hilfe mit 30,000 meiner Tapferen herbeieilen (volerò) und Sie
auf den Thron Ihrer Väter wieder einsetzen werde. Wenn der Kurier,
welcher Gegenwärtiges zu Ihren Händen überreicht, keine Nachricht bringt,
so halte ich die Sache für abgemacht." (Zobi, memorie I. 271.) Wir
wissen nicht, ob eine und welche Bitte um Invasion von Seiten des
Großherzogs Veranlassung dazu gegeben hatte. Sehr wahrscheinlich ist
es. Was in Folge der halbbeabsichtigten Ueberlieferung des Landes an
die Anarchie in Toscana geschah, haben wir sehr kurz Bd. II. S. 188
angedeutet, eingehend ist es erzählt in Cavelli e Perego, und im zweiten
Bande von Ruths Geschichte von Italien von Seite 339 an. Es ist
für uns zugleich widerlich und belehrend wegen der Parallelen, welche die
deutschen Mittelstaaten gleichzeitig und später boten, wie denn Toscana
mehr als irgend ein anderer italienischer Staat solche Parallelen mit
deutschen Mittelstaaten bietet. Da herrschte auch das „laßt mich eine
Rede halten, oder ich platze", während man mannhaften Thaten und
Opfern aus dem Wege geht. So der schöngeistige, eitle Professor Montanelli, welcher sich ungeheuer überschätzte, seit er durch die Oestreicher
eine leichte Wunde erhalten hatte und gefangen worden war. — Nachdem
er mit Phrasen den Luftballon seines demokratischen italienischen Staaten-
bundes aufgebläht hatte, war er schließlich froh, als Gesandter der Republik Toscana bei Zeit nach Frankreich zu kommen. Guerrazzi schickte
diesen seinen Neider fort, weil dieser als Personification des toscanischen
Partikularismus und Radikalismus mehr Anhänger hatte, also viel hin-
derlicher war als Mazzini, welcher mit seiner Predigt von der „starken"
römisch-toscanischen Republik sich in Toscana keinen Anhang gewinnen
konnte. Er war schon zu positiv und machte zu ernste Ansprüche an die
Schwätzer. Die toscanische Revolution war ja nur eine von mittelmäßigen
Statisten aufgeführte Alfierische Tragödie, welche den Zuschauer nicht
einmal zum Lachen reizt. Das gelang nur den dadurch veranlaßten
Zoteleien, den Stornelli Stenterellos, dieser Personifikation der ge-
wissenlos schlauen Seite des toscanischen Volkscharakters. Giusti schrieb
damals, durch diese Elendigkeit auf den Tod ins Herz getroffen, einige
seiner besten Satyren an seinen Freund Gino Capponi (Versi editi ed
inediti di Giusti, edizione postuma. Firenze, Le-Monnier 1852).
Deshalb erscheint uns selbst der zwar auch sehr phrasenhafte Guerrazzi
verhältnißmäßig noch als staatsmännisch. Er hatte Ehrgeiz und an sich
selbst denkende Voraussicht genug, um die Rolle Mirabeau's spielen zu
wollen, er unterhandelte einseitig mit dem Großherzog in Gaëta, um ihn
als constitutionellen Fürsten nach Toscana zurückzuführen und wo möglich

sein Minister zu bleiben. Aber in der Politik hilft Bekehrung nichts. Wie den Minister Gioberti faßten ihn die unsaubern Geister seiner radikalen Vergangenheit. Er hatte nach Vertreibung der alten Sbirren, welche nur auf politische Denunciation gefahndet hatten, aus den Dieben Livornos die Sicherheitswache der Hafenstadt gebildet; und sie entsprachen seinem gegen sie ausgesprochenen Vertrauen, die Diebstäle verminderten sich. Als aber dieses und anderes politisches Gesindel als „Marseiller" von dem Diktator nach Florenz verlegt wurde, so empörte sich gegen ihr wüstes Treiben das Anstandsgefühl der Florentiner den eilften April 1849 und warf sie zur Stadt hinaus.

Jetzt erst konnten die verhöhnten Altliberalen, namentlich Capponi und Ricasoli, wieder auf den Plan treten; sie versuchten dadurch die politische Ausnutzung dieses materiell unbedeutenden, aber die große Mehrzahl des Volks vom Terrorismus der Schreier befreienden Conflikts durch die nackten Reaktionäre zu verhindern. Diese, ermuthigt durch den Sieg, den die Oestreicher einige Wochen zuvor bei Novara erfochten hatten, suchten denselben auch auf die Südseite des Apennin auszudehnen, während jene Patrioten eben dieß zu verhindern hofften. Sie ließen sich nicht durch die den vierten März gegebene östreichische Verfassung täuschen: die nationale Unabhängigkeit ging ihnen über alles. Sehr schlimm für sie war, daß die Radikalen ihre Schreckensherrschaft in Livorno behaupteten. Aber die Feigheit des weit hinauf reichenden reaktionären Pöbels verwandelte sich jetzt in wüthenden Racheburst; es fehlte ihm nur der Muth zu blutigen Gräueln. Vor seinem Drohen und seiner Spionage entflohen die meisten Führer der Demokratie. Nur Guerrazzi, selbst von seiner gesinnungstüchtigen Leibgarde verlassen, ließ sich weder durch Drohungen, noch durch flehentliche Bitten zur Flucht bewegen. Er setzte diesem Pöbel kühnen Trotz und Verachtung entgegen. Um ihn zu beschützen und um ihn dem Großherzog zur Verfügung zu stellen, wurde er in das Fort Belvedere auf der Spitze des Boboligartens gebracht. Aber um das Gelöbniß einer ehrenvollen Behandlung seiner Person brechen zu können, wurden seine Papiere durchsucht und sobald man seinen Befehl, den flüchtigen Großherzog nach Elba zu bringen, glücklich gefunden hatte, wurde ihm selbst das Lesen und das Schreiben verboten. Vier Jahre blieb er in Haft und Untersuchung.

Es liegt uns jetzt die Correspondenz des Großherzogs vom ersten Frühjahr an vor, welche bei seinem Abgang aus Toscana zu Ende April 1859 zurückgelassen, 1863 von Gennarelli in seinen le sventure italiane durante il pontificato di Pio nono in Florenz dem Druck übergeben wurde. Der Großherzog, nachdem er Siena den siebenten Februar 1849 verlassen und sich in den äußersten toscanischen Küstenpunkt Porto St. Stefano unter den Schutz eines englischen Kriegsschiffs zurückgezogen hatte, knüpfte seinen persönlichen schriftlichen Verkehr mit dem 18jährigen Kaiser von Oestreich durch einen Brief vom eilsten Februar wieder an, indem er Franz Josef „als Haupt Unserer Familie" zur Thronbesteigung Glück wünschte. Er entschuldigt sich damit, daß er bei seinen constitutionellen und nationalen Schritten der vorhergehenden Jahre nur dem Beispiele des Pabstes gefolgt sei.

In einem Schreiben von Molo di Gaëta vom 26. Februar 1849 an Kaiser Franz Josef gesteht Leopold, daß er in Porto St. Stefano das Anerbieten bewaffneter piemontesischer Hilfe angenommen, aber auf die von Gaëta aus erhaltene Nachricht, daß diese von den Mächten nicht gebilligt werde, sondern Piemont einen Krieg von Oestreich zuziehen würde, wieder abbestellt habe. Durch die Kunde von jener piemontesischen In= tervention sei in Florenz die Ausrufung der Republik beschleunigt worden. So in die gleiche Lage wie der Pabst versetzt, habe er sich zu diesem nach Gaëta begeben. Das Schreiben des Großherzogs schließt mit den Wor= ten: „Indem Ich volles Vertrauen in Ihre wohlwollenden Gefühle setze, halte ich es für überflüssig, der politischen Erwägungen zu erwähnen, durch welche die Interessen Toscanas mit denen Oestreichs verbunden sind." Das lange Ausbleiben der kaiserlichen Antwort und die Angst, daß Toscana sich in den ausbrechenden Krieg als Bundesgenosse Piemonts mischen möchte, drückt sich in dem großherzoglichen Schreiben vom 19. März (Bianchi, Vol. VI. p. 183) aus. Darin heißt es: „Zuverlässig wird mit mir die Mehrzahl meiner Unterthanen in der freundlichen In= tervention der östreichischen Truppen das Ende der Schreckensherrschaft begrüßen."

Die Antwort des Kaisers vom 27. März, also wohl geschrieben un= mittelbar nachdem er die Nachricht von dem Siege seiner Waffen bei Novara erhalten hatte, ist dem Großherzog persönlich gegenüber stolz und trocken: „Ihren Wunsch, daß ein Schleier über das Vergangene geworfen werde, kann Ich nur theilen; denn ein Blick darauf könnte in Mir nur schmerzliche Gefühle erwecken. So groß auch die Pflichten sein mögen, welche man von der Lage eines Souverains eines italienischen Staats abzuleiten sucht, so hätte doch nie vergessen werden sollen, daß Ihr Souveränitätsrecht blos in Ihrer Eigenschaft eines Glieds Unserer Familie begründet war. Es mußte Mich daher betrüben, daß die Forderungen der Zeit einen Erzherzog von Oestreich soweit führen konnten, die Farben und selbst den glorreichen Namen Unseres Hauses zu verläugnen, die Waffen gegen dieses zu ergreifen und in der Stunde der Gefahr viel= mehr Hilfe bei dessen erklärtem Feinde Piemont zu suchen, als da, wohin die Bande des Bluts, die ehrwürdigsten Erinnerungen, Gewohnheiten, Rechte und Verträge einen Prinzen Unseres Hauses hätten führen sollen. Indeß haben Sie Mir wenigstens die Gerechtigkeit wiederfahren lassen, daß Sie Sich überzeugt zeigen, Ich werde Mich nicht weigern aufrichtigen Antheil an dem schmerzlichen Schicksal zu nehmen, welches J. Kaiserliche

7*

Hoheit und Ihre Familie betroffen hat. Während Ich persönlich Ihnen diese Gefühle weihe, hat Meine Regierung Sorge getragen, bei den Mächten die geeigneten Vorbehalte zu machen, um die Rechte Unseres Hauses auf das toscanische Gebiet sicher zu stellen. Die Entscheidung über den Augenblick und über die Mittel, sie geltend zu machen, muß von der Entwicklung der Ereignisse abhängig gemacht werden. Bis dahin kann Ich Ihnen nur rathen, fest auf Ihrem unbestreitbaren Rechte zu bestehen und jeden Schritt zu vermeiden, wodurch diesem etwas vergeben werden könnte." Der Sinn dieses Schreibens und die Stimmung des k. k. Hofs gegenüber dem Großherzog erhellt aus dem Berichte eines vertrauten Unterhändlers, welchen Großherzog Leopold, gleichzeitig mit seinem zweiten Schreiben, nach Wien entsendet hatte. Dieser berichtet von hier aus: „Ich war zuvor überzeugt, daß die toscanische Frage zwei Seiten biete: die politische und zweitens die persönliche, Se. Kaiserliche Hoheit den Großherzog betreffende. Ich habe nie daran gezweifelt, daß Oestreich die erste niemals aufgeben könnte; seine Politik ist dabei viel zu sehr interessirt, sein Recht, sein Interesse ist dabei viel zu klar. Die zweite Frage ist eine viel delikatere und ich wußte schon von den höchsten Personen, welche ich vor dem Fürsten von Schwarzenberg sprach, daß sie sehr schwer zu behandeln sein würde. So sagte er mir denn in Betreff des politischen Punktes: Toscana ist Oestreich, — er wiederholte dieß öfters —, wir werden es gewiß nicht aufgeben; unsere Maßregeln sind dafür schon genommen. (Indeß waren die Nachrichten vom piemontesischen Waffenstillstand in Wien angelangt.) Der Fürst legte einen recht absichtlichen Nachdruck darauf, daß Oestreich Alles was es für Toscana thun würde, in seinem eigenen Interesse, in dem seiner Politik thun werde; man werde im geeigneten Augenblick den Großherzog davon in Kenntniß setzen. Diese Gelegenheit benützte ich, um auf die Person des Großherzogs überzugehen, und wurde in der Ueberzeugung bestätigt, daß die Gefühle, welche gegenwärtig das östreichische Kabinet gegen ihn beseelen, keine wohlwollenden sind. Der Fürst hat mich wiederholt über das Alter und über die Fähigkeiten des Erbgroßherzogs befragt; so entzückt er über das Gute schien, das ich über diesen sagte, so äußerst contrarié schien er über dessen große Jugend (geboren den 10. Juni 1835). Ich überlasse es dem Scharfsinn Sr. Kaiserlichen Hoheit, aus Letzterem die geeigneten Schlüsse zu ziehen. Man hat mir auch die Hoffnung ausgedrückt, daß die großherzogliche Regierung nicht durch andere Unterhandlungen die Linie störe, welche Oestreich in den Angelegenheiten Toscanas einschlagen wird." Was damit gemeint ist, wird sich sogleich herausstellen.

Also sollte der Großherzog wenigstens der Folter der Angst unterworfen werden, daß er könnte gezwungen werden zu Gunsten seines Sohnes abzudanken. Daran hielt ihn Oestreich fest. Die Nachricht, daß

den zwölften April Florenz die Republik gestürzt habe und ihn als constitutionellen Fürsten zurückrufe, mochte ihm willkommen sein. Aber die
Haltung Toscanas bereitete ihm neue Verlegenheiten. Die im Namen
des Großherzogs größtentheils aus Altliberalen errichtete provisorische
Regierung in Florenz beglückwünschte die Toscaner zu ihrer Abwerfung
des Demagogenjochs, besonders auch deßhalb, „weil ihnen dadurch das Unglück und die Demüthigung einer fremden, d. h. der östreichischen Invasion, erspart würde". — Hätten die gemäßigten Toscaner vor Novara den
Radikalismus gestürzt, so hätte es ihnen gelingen mögen die Occupation
zu verhindern. Aber jetzt war es zu spät.

Kaum waren die Nachrichten von den Ereignissen in Florenz zu
Gaëta angekommen, als der französische Admiral Baudin (siehe seinen
Bericht an sein Ministerium, Gaëta 17. April, bei Gennarelli S. 63)
dem Großherzog seine Flotte zur Verfügung stellte, um ihn an irgend
einen Küstenpunkt Toscanas zu führen. Dadurch, stellte er dem Großherzog vor, würde am besten einer fremden (östreichischen) Intervention
vorgebeugt. Der Haß, welchen eine solche erzeuge, habe die beiden Zweige
der Bourbonen in Frankreich gestürzt. Wenn der Mangel an eigenen
Truppen ihm später die Stütze Anderer unentbehrlich machen sollte, so
könnte er am ehesten die piemontesischen herbeirufen. „Der Großherzog,
schließt der Bericht, verlangte von mir einige Tage Bedenkzeit. Es ist
mir aber klar, daß, schwach wie er ist, er den östreichischen Einflüssen
unterliegen muß, von denen er unmittelbarer und stärker umgarnt ist,
als selbst der Pabst und König Ferdinand." Die Angst, daß seine Abdankung verlangt werden könnte, hatte den Großherzog gestachelt einen
Agenten auch an Radetzky zu schicken, um eine baldige Intervention zu
erbitten. Derselbe kam den 23. April mit bejahender Antwort zu ihm
nach Molo di Gaëta zurück. In der Frühe des folgenden Tags versprach der Großherzog dem östreichischen Gesandten Esterhazy feierlich, die
Intervention anzurufen. Dieß geschah in den Gemächern Antonelli's.
Auch die provisorische Regierungscommission in Florenz, worunter der
Gonfaloniere Orazio Cesare Ricasoli, Bettino Ricasoli und G. Capponi,
indem sie durch eine Deputation (welche zwar auch am 24. April, aber
erst nachdem der Großherzog dem k. k. Gesandten jenes Versprechen gegeben hatte, vorgelassen wurde,) ihre dringende Einladung an den Großherzog, baldigst in seinen Staat zurückzukehren, wiederholt hatte, zeigte
ihm an, daß sie England und Frankreich gebeten habe, durch eine Landung von Marinetruppen bei Livorno „blos in humanem, nicht in
politischem Sinn", der Stadt zur Befreiung vom Terrorismus fremder
Radikaler die Hand zu bieten. Um gegen Einfälle von Freischaaren aus
dem Kirchenstaat und gegen andere Unordnungen gesichert zu sein, hält
die Regierungscommission für nöthig, Piemont um ein Truppencorps zu

bitten, damit die Restauration sich ganz mit nationalen Mitteln voll-
ende. Sie hatte bereits den Professor Giorgini nach Turin geschickt, um
sich über die Geneigtheit der piemontesischen Regierung dazu, über die
Auffassung der beiden Westmächte und davon zu überzeugen, ob es ohne
einen Bruch mit Oestreich möglich wäre, dessen Invasion dadurch vorzubeugen. Namentlich der englische Gesandte in Turin war sehr dafür;
der piemontesische Ministerpräsident d'Azeglio war nicht ganz abgeneigt,
obgleich Piemont, kraft des Waffenstillstandsvertrags, bis an die Sesia
von den Oestreichern besetzt war und die Friedensunterhandlungen mit
diesem abgebrochen waren. Allseitig aber wurde als die Vorbedingung der
piemontesischen Intervention die Forderung gestellt, daß der Großherzog
seinen Wunsch darnach gegen Piemont ausspreche. Allein dazu konnte
ihn keine patriotische Bitte seiner provisorischen Regierung bewegen. In
Uebereinstimmung mit d'Azeglio betrieb Giorgini, um das reale Ver-
Oestreichs zu vermeiden, den Plan einer gemischten italienischen Intervention in Toscana. Der Großherzog sollte nemlich den Hof von Neapel
mit dem von Turin versöhnen und diese beiden sollten eine beliebige
Anzahl Truppen dem Großherzog zur Verfügung geben. Graf Cäsar
Balbo, die in Gaëta und Neapel noch willkommenste Persönlichkeit, reiste
in dieser Absicht von Turin dahin ab. Piemont wie Frankreich harrten
nur einer Aufforderung des Großherzogs.

Die Menschen halten überall das von ihnen Heißerwünschte für
wahrscheinlich. Wie konnte man aber so kindlich uneigennützig sein, oder
sich anstellen, zu glauben, Oestreich werde, aus Respekt vor dem National-
princip, es auch sein? So schlimm auch seine Sache in Ungarn stand,
so durfte man doch gewiß sein, daß es auch außerhalb seines unmittelbaren Gebiets Italien nicht seiner Selbsthilfe überließ. Das Heer Radetzky's hätte das nicht geduldet. Fürst Schwarzenberg, im Feldzug 1848
in Italien „Felddiplomat", überwachte jetzt die italienische Beute mit
Geieraugen. Das Einrücken der Oestreicher in Toscana war in politisch-
militärischer Beziehung eine wohl motivirte Combination. Zu Ende des
April rückten die Franzosen und die Neapolitaner gegen Rom, deßhalb
gingen zu Anfang des Mai die Oestreicher gegen die Romagna und
parallel in Toscana vor. Die Republikaner konnten als Sieger, oder,
wie es im Juli geschah, als Besiegte sich von Rom nach Toscana werfen,
und wenn hier keine östreichischen Truppen standen? Die Toscaner betrachteten sich, wie alle Mittelstaater gerne thun, als eine Insel, sie vergaßen, daß Kraft die einzige Bürgschaft der Selbstständigkeit ist.

Daher die orakelhaft unbestimmte Antwort, welche der Großherzog
der ihn nach Florenz zurückrufenden toscanischen Abordnung gab. Ihr
nächster Zweck war, von ihm das Versprechen zu erlangen, daß er keine
östreichische Intervention wünsche. Er versprach nur die Verfassung gegen
die Radikalen sicher zu stellen.

Laut dem Berichte des vertrauten Unterhändlers Cavaliere Prevôt
de St.-Marc, in seinem Paß Leblanc genannt, welcher im Auftrag Ester=
hazy's und blos mit einem Zeugniß über seine Zuverlässigkeit von seinem
Herrn dem Großherzog reiste, kam derselbe den 26. April in Mailand an.
Sogleich Radetzky vorgestellt, sagte dieser, nachdem er den Brief des
Großherzogs vom 20. und die Depeschen gelesen hatte: ich bin über
ihren Inhalt entzückt, die beiderseitigen Absichten stimmen ganz überein,
die Intervention ist beschlossen.   Prevôt bat, daß sie sobald als möglich
Statt habe, daß sie durch 4000, allerhöchstens 6000 Mann geschehe und daß
sie unmittelbar gegen Livorno, nicht gegen das loyale Florenz gerichtet
werde.   Der Feldmarschall gewährte ihm den ersten Punkt, indem er den
27. April antwortete, daß das zweite Armeecorps den 6. Mai bei Viareggio
bereit stehen werde in Florenz und Livorno einzurücken. (Bianchi, VI.
p. 481.) Radetzky hieß den Unterhändler sogleich in das Hauptquartier des
Occupationscorps nach Massa, zu General d'Aspre sich begeben, um mit
diesem das Nähere abzumachen.   Er fand diesen aber sehr eigensinnig, in
systematischer Opposition gegen den Feldmarschall beharrend.   Jedoch ge=
währte d'Aspre die beiden anderen Wünsche, bestand aber darauf mit
wenigstens 18,000 Mann einzurücken. — „Die Hauptaufgabe des sogleich
zu ernennenden großherzoglichen Bevollmächtigten beim Hauptquartier,
berichtet Prevôt, wird sein, alles aufzubieten, um von den Chefs zu ver=
langen, daß die Soldaten nicht das Ehrgefühl der Bewohner verletzen.
Diese Wunden heilen nicht so schnell, als die welche bluten.   Was ich
vom Oestreicher am meisten fürchte, ist die Verachtung gegen die Italiener,
welche er gar nicht verheimlicht."
Obgleich in ganz Toscana außer Livorno die Dynastie vom Volk selbst
restaurirt war, so ersparte das Haupt des Hauses Lothringen=Habsburg
dem Großherzog die gefährliche Demüthigung der Occupation doch nicht.
Das Hauptmotiv war: Volk und Fürst sollten dafür gezüchtigt werden,
daß sie einige Jahre lang gemeint hatten, sich selbst, nicht Oestreich anzu=
gehören.   Das Volk, welchem man dieses ohne Gefahr bieten zu dürfen
glaubte, fühlte tief diese Ehrenkränkung.   Die Furcht des bei aller
Schwäche schlauen Leopold war zweiseitig.   Es liegt uns durchaus keine
schriftliche, klare Anrufung der östreichischen Waffenhilfe von seiner
Hand aus dieser Zeit vor; doch bezieht sich Radetzky auf eine solche
vom 20. April.*) Wollte Leopold nach Umständen seinen Hilferuf ab=
läugnen können? Das Opfer seiner Vorsicht war General Graf Serristori,
welcher, von der Abordnung in Gaëta zurückkehrend, den vierten Mai in Flo=
renz sein Amt als außerordentlicher großherzoglicher Commissar antrat.   Den=

---

*) Dieser Brief war wohl an Radetzky gerichtet; auch einer der drei von Leopold
an Franz Josef gerichteten Briefe ist noch geheim.

ſelben Tag kündigte d'Aſpre ſein Einrücken in Toscana an. Beides erſchien daher als gemeinſames Uebereinkommen. Das Schweigen Serriſtori's über das Mitwiſſen des Großherzogs um die Invaſion wurde ihm
von den Meiſten als Mitſchuld und Zweideutigkeit ausgelegt. Der
Stadtrath von Florenz proteſtirte, das Miniſterium gab ſeine Entlaſſung.
Trotz aller ſeiner dringenden Briefe an den Großherzog blieb Serriſtori
mit der Geſchäftslaſt solo solo, und erhielt von dieſem keine Antwort
auf ſeine Anfrage, ob (was er, Serriſtori, hoffe) das Vorgeben der
Oeſtreicher, daß ſie vom Großherzog gerufen kämen, falſch ſei? Auch
d'Aſpre bat wiederholt, namentlich nach der blutigen Einnahme von Livorno den zwölften Mai (Bianchi, Vol. VI. p. 484), ſchriftlich den
Großherzog, es offen zu erklären, daß er die Oeſtreicher herbeigerufen
habe; umſonſt! Daß er vom Großherzog gerufen ſei, erklärte d'Aſpre den
24. Mai vor ſeinem Einzug in Florenz, welches ihn nicht, wie das übrige
Land, beſonders wie das Landvolk, mit rothweißen Fahnen bewillkommte.
Er ſchreibt an dem Tage ſeines Einrückens dem Großherzog: „nur einiges
niedere Volk war dabei in den Straßen ſichtbar und zwar, wie man mir
verſichert, wegen des Geheimniſſes, welches man in Betreff der Anrufung
unſerer Intervention von Seiten Eurer K. Hoheit beobachtete." Die
Florentiner waren dadurch beleidigt, daß das Verdienſt ihrer Erhebung
gegen die Livorneſer Horden ignorirt wurde. Die Beſetzung von Florenz
erſchien auch den Bevollmächtigten des Großherzogs als ohne ſeinen
Willen geſchehen. Schleicherei und lächelndes Schweigen war der Typus
der Camarilla. Serriſtori erhielt vielleicht erſt durch einen Brief Radetzky's vom 25. Mai Gewißheit. Dieſer ſchreibt ihm: „Indem ich den
Gefühlen, welche Sie in Ihrem Schreiben vom 21. ausſprechen, Gerechtigkeit widerfahren laſſe, beſchränke ich mich einerſeits darauf, Euer Exc.
zu verſichern, daß die militäriſche Hilfe, welche ich nach den Befehlen des
Kaiſers Toscana angedeihen laſſe, von Sr. Kaiſerlichen Majeſtät nicht
blos kraft Seiner unbeſtreitbaren Rechte gewährt wurde, ſondern auch
auf wiederholtes Verlangen Sr. k. k. Hoheit des Großherzogs ſelbſt; und
die Motive der Intervention, wie militäriſche Erwägungen erlaubten ihre
Beſchränkung auf einen Punkt des großherzoglichen Gebiets (Livorno)
nicht." Gleichzeitig erhielt Serriſtori die erſehnte Entbindung von ſeinem
Commiſſariat; er glaubte, um ſeiner perſönlichen Sicherheit willen, ſich
vom Großherzog die Erlaubniß erbitten zu ſollen, noch ein Halbjahr die
damit verbundene Ordensertheilung geheim zu halten. — So mußte
Leopold die Achtung, worin ſeine verdienteſten Staatsdiener ſtanden, auszunützen. Die Reaktionäre waren ungehalten darüber, daß Serriſtori den
republikaniſchen Exdiktator Guerrazzi vor d'Aſpre in Sicherheit gebracht
hatte. Nach den Erfahrungen der zwanziger und der vierziger Jahre war
es nicht ganz unmotivirt, wenn d'Aſpre zu Landini ſagte, man müſſe

verhindern, daß das Großherzogthum nicht wieder das neutrale Gebiet werde, wo man ſicher arbeiten könnte, um Revolutionen ins Werk zu ſetzen, die Küche, wo man Gerichte koche, welche ſofort anderwärts aufge= tragen würden.

Am Vorabend der Rückkehr des Großherzogs nach Florenz (27. Juli 1849) erklärte d'Aſpre dem Miniſter des Innern Landucci, er werde mit ſeinem Generalſtab dem Großherzog entgegengehen, aber Angeſichts deſſel= ben umkehren, wenn der Großherzog die Uniform mit den italieniſchen Nationalfarben trage. Die Freudenbezeugungen, womit die Toscaner ihn empfingen, waren beſonders von Seiten der Städtebewohner darauf be= rechnet, ihn auf dem Wege der Verfaſſung, welche zu halten er gelegent= lich verſprach, feſtzuhalten. Doch ſchien es den Patrioten bei ſeinem Einzug in Florenz, als ob ihn die Oeſtreicher im Triumph einführten. Die obgenannten vernünftigen Patrioten waren nicht blos, wie das ganze Landvolk und wie die meiſten Städter, der radikalen Struwelpeterei höchſt überdrüſſig, ſie ſuchten zugleich Toscana ſeinen nationalen italieniſchen Charakter und die Verfaſſung zu erhalten. Zu dieſem Zwecke verbürgten ſie ſich für den Großherzog bei dem Volke, daß er die von den Radikalen umgeſtoßene Verfaſſung wieder aufrichten würde. Hatte doch ſelbſt der harte d'Aſpre zu Anfang Mai vor ſeinem Vorrücken gegen Livorno er= klärt: „Ich komme, um die öffentliche und die private Sicherheit unter euch wieder aufzurichten; nur im Schatten derſelben können die conſtitutio= nellen Inſtitutionen, welche euch von eurem legitimen Souverän ertheilt ſind, feſte Wurzeln ſchlagen und reiche Früchte bringen.“ In Wien aber war man entſchloſſen, den Großherzog durch Aengſtigung ganz von ſeinem Volke loszutrennen und ihm einzuſchärfen, daß er nur als Glied der Dynaſtie Lothringen=Habsburg Fürſt ſei und bleiben könne. Vor allem ſollte er von der Nationalitätsmarotte gründlich geheilt werden. Die Verfaſſungsfrage ſollte von der Geſtaltung Oeſtreichs allein abhängen. Dieſer Plan, den toscaniſchen Zweig der lotharingiſch=habsburgiſchen Dynaſtie ausſchließlich an das Schickſal Oeſtreichs zu feſſeln, wurde denn auch ſo glücklich realiſirt, daß gerade zehn Jahre ſpäter die Dynaſtie mit dem öſtreichiſchen Geſandten abreiſen konnte, ohne daß im toscaniſchen Volke eine große Lücke gefühlt wurde. Die guten patriotiſchen Familien, welche im Frühjahr 1849 die Bürgſchaft für die nationale, conſtitutionelle Regierung Leopolds übernommen hatten, waren betrogen worden und ſtanden vor ihrem Volke als Betrüger da. Zur Rache dafür entzogen ſie dem Schuldner des Volks ihre Bürgſchaft und die öſtreichiſche Se= cundogenitur brach beinahe lautlos zuſammen wie mürbes Holz. Bezeich= nend ſind die Namen der Männer, welche im Namen von Florenz und Toscana den ſechsten Mai 1849 gegen die Invaſion proteſtirten, „nach= dem ſie verſucht hatten, die wiedergeborene Dynaſtie vor der unheilvollen

Taufe fremder Schutzherrschaft zu retten": Gonfaloniere Ubaldino Peruzzi, Cambray Digny, Gino Capponi und die beiden Ricasoli.*)

Gleichzeitig mit der Rückkehr des Großherzogs, welche erfolgt war „sobald es seine Gesundheit erlaubte", waren von ihm einige motu proprio erlassen worden, welche einerseits Amnestie für alle mündlichen oder schriftliche Vergehen gegen ihn ertheilten, andererseits die Bestrafung der schwereren Verbrechen „gegen die Verfassung" anordneten. Allen zu einem halbjährlichen Gefängniß oder zu einer Festungsstrafe von einem Jahr oder darüber Verurtheilten sollte gestattet sein auf die doppelte Zeit in die Verbannung zu gehen. Den 21. November 1849 erfolgte eine weitere theilweise Amnestie, von welcher nur die Hauptführer der demokratischen Regierung, z. B. auch Morbini, und diejenigen ausgeschlossen sein sollten, welche sich, wenn auch nur mit Worten, gegen die Staatsreligion vergangen hätten. Dagegen wurden die Führer des antiradikalen Kampfs vom eilften April mit Denkmünzen belohnt. Ihr Verdienst wurde bereits von der großen Mehrzahl für ein sehr bedenkliches betrachtet.

Schon zwei Monate vor der Rückkehr des Großherzogs war ein Ministerium gebildet worden, welches sich zur Erhaltung der Verfassung verpflichtete. Senator G. Baldasseroni war Ministerpräsident und für die Finanzen, Landucci hatte das Innere, Andrea Fürst Corsini Herzog von Casigliano das Aeußere, das Kriegsministerium erhielt der wackere Generalmajor Graf Cäsar di Laugier. So gute Disciplin auch die österreichische Truppe hielt, so verletzte es doch besonders die Florentiner sehr, daß ihre Kommandanten und Auditore nach unbekannten Regeln auch über Bürger und gemeine Vergehen Justiz und Polizei übten. Die

---

*) Giusti dichtete kurz, ehe er bei seinem Freunde Gino Capponi starb (März 1850), folgendes Sonnett:

> Una volta il vocabolo Tedeschi
>   Suonò diverso a quello di Granduca,
>   E un buon Toscano chi dicea Granduca
>   Non si credetto mai di dir Tedeschi.
>
> Ma l'uso in oggi alla voce Tedeschi
>   Sposò talmente la voce Granduca
>   Che Tedeschi significa Granduca,
>   E Granduca significa Tedeschi.
>
> E diffatto la gente del Granduca
>   Vedo che tien' di conto (apprezza, conteggia) dei Tedeschi,
>   Come se proprio fossero il Granduca.
>
> Il Granduca sta su per i Tedeschi,
>   I Tedeschi son qui per il Granduca:
>   E noi paghiamo Granduca e Tedeschi.

C. Digny ist ein „Nousvoulons"; so nannten die Toscaner die mit den Lothringern 1737 eingewanderten Familien, weil der erste Erlaß Franz Stefans mit: „nous voulons" begann.

Todesstrafe war längst abgeschafft. In der Erklärung der toscanischen Constitutionellen vom März 1859 wird besonders darüber Beschwerde geführt, daß während der Occupation Toscaner durch östreichische Militär=gerichte zum Tode verurtheilt wurden und daß das Begnadigungsrecht nicht vom Großherzog, sondern von Radetzky geübt wurde. Im Juli 1849 wurde der bisherige Gesandte in Neapel, Lenzoni, nach Wien ge=schickt mit dem dreifachen Auftrage, Sorge zu tragen, daß die östreichische Truppe zwar nach dem Bedarf etwa auf sechstausend vermindert, aber nicht ganz zurückgezogen werde, so lange die toscanische nicht genüge; die Oestreicher sollten sich nicht als Sieger in feindlichem Lande, denn Tos=cana sei ja schon selbst zur Ordnung zurückgekehrt gewesen, sondern als die einem befreundeten unabhängigen Staate von einem befreundeten Staate geliehene Hilfstruppe betrachten. Die Finanzen Toscanas ge=statten nicht eine so starke Truppe ganz zu versorgen. (Zobi, sommario. Vol. II. p. 547.)*) Namentlich wird Lenzoni, da sich Toscana ganz an den Gang Oestreichs anschließen wolle, beauftragt, genau zu beobachten und zu berichten, was die östreichische Regierung in Betreff der Verfassung und ihrer Anwendung beabsichtige. Ueber etwaige Anträge eines Zoll=vereins sollte Lenzoni blos nach Florenz berichten; Anträge ein politisches Bündniß betreffend, sollte er um so bereiter entgegen nehmen, je mehrere der bedeutenderen italienischen Staaten dadurch mit Oestreich verbunden würden. Sollte aber dieses nur noch mit Parma und Modena beabsich=tigt werden, so sollte er sich zurückhaltend benehmen.

Trotz den Bemühungen Lenzoni's, als toscanischen Gesandten in Wien, und der angerufenen Fürsprache Radetzky's ließ sich der Wiener Hof doch nicht zu einer bedeutenden Verminderung der Occupationstruppe bewegen. „Man mußte, schreibt Abbate Coppi, (Tomo XII. p. 32.) in Florenz im April 1850 eine Convention unterschreiben, kraft welcher dieselbe auf zehntausend Combattanten bestimmt wurde. Diese Zahl sollte nur durch ein Einvernehmen beider Theile und zwar auf wenig=stens sechstausend vermindert werden können. Der Kaiser übernahm gnä=digst Sold und Ausrüstung, alles Andere fiel Toscana zur Last, mit

---

*) Baldasseroni bat Radetzky, welchem die toscanische Truppe unterstellt war, eben darum, indem er ihm den ersten September schrieb, in welche peinliche Lage die Regierung durch das Ansinnen d'Aspre's versetzt werde, in Florenz für zehntausend Mann Winterkasernen zu schaffen. Hiezu wäre die Räumung vieler Klöster unver=meidlich, wogegen alle Frommen, der bisher gutgesinnte Klerus und der Nuntius auf das stärkste protestiren würden. Es fehlte nicht an amtlichen Aeußerungen des Ge=fühls der toscanischen Selbstständigkeit; so machte der Minister des Kultus, Mazzei, den Charakter der Oestreicher als „toscanischer Hilfstruppe" geltend gegenüber dem östrei=chischen Ansinnen, daß das k. k. Kommando, sofern es ihm nöthig erscheine, ganz Tos=cana oder einen Theil desselben in Belagerungsstand erklären könne. Er protestirte dagegen als gegen einen Verzicht auf das fürstliche Souveränitätsrecht.

einem jährlichen Aufwand von acht Millionen. Diese Convention machte
in Turin einen sehr schlimmen Eindruck. D'Azeglio, als piemontesischer
Ministerpräsident, drückte sein Bedauern über diese Störung des in den
Traktaten vorgesehenen Gleichgewichts in Italien aus, zumal kein Termin
für die bereits unnöthig gewordene Occupation festgesetzt sei. Der
toscanische Gesandte in Turin, Martini, mühte sich ab, um zu beweisen,
daß die Selbstständigkeit des Großherzogs dadurch keineswegs gefährdet
werde. (Die fünf betreffenden Aktenstücke Zobi, sommario di documenti officiali Vol. II. von p. 561 an.) Aber die piemontesische Presse
schalt und die gebildeteren Toscaner hielten sich immer entschiedener
von den Oestreichern und von der Regierung entfernt. Abendcirkel, in
welchen sich die hervorragenderen Männer aller Nationen mit denen
Italiens zusammenfanden, wie die bei den italienischen Perthes, Vieusseux
in Florenz, wurden geschlossen, um nicht genöthigt zu sein auch wohl-
empfohlene östreichische Offiziere zuzulassen. Dieß war nicht Folge einer
terrorisirenden frechen Presse; denn es gab gar keine freie Presse mehr.
Die Festsäle des Palastes Pitti öffneten sich wieder den Fremden ohne
seine Auswahl. In Florenz legten sich diejenigen Töchter Albions vor
Anker, welche ihre Netze nach irgend adeligen Herrn auswarfen. In
England fanden die in Florenz vereinten Ehegatten in guten Häusern
schwer Zutritt.

Der Großherzog beabsichtigte offenbar noch einige Zeit wenigstens
seine Versprechung der Wiederaufrichtung der Verfassung zu halten. Ridolfi, als wahrer Freund, warnte ihn vor der gefährlichen Unterwerfung
unter die Fremden, welche ihn eines Tags für immer in die Fremde
führen müßte. Im December 1849 wurden die Wählerlisten zur Abgeordnetenwahl ausgegeben. Aber im Juli 1850 begab sich der Großherzog
mit Baldasseroni und mit seinem Minister des Aeußeren nach Wien.
Die Toscaner fühlten die Bedeutung dieses Akts so scharf, daß man Leopold bei seiner Rückkehr nach Florenz am 31. August mit eisiger Kälte
ohne eine Begrüßung von Seiten des Volks durch die Stadt fahren ließ.
Baldasseroni hatte bei seiner Abreise in Wien eine schriftliche Anfrage
hinterlassen, wie es mit der toscanischen Verfassung zu halten sei.
(Bianchi, stor. doc. Vol. VI. p. 301.) Oestreich holte die Gutachten
der italienischen Höfe darüber ein, ihres Inhalts zum voraus gewiß.
Neapel erwiederte, nach den gemachten Erfahrungen wäre eine Erneuerung
derselben soviel als das Land absichtlich in den Ruin stürzen. Antonelli
erklärte, daß, wenn es auch nur in Toscana geschähe, so würde die Ausübung der geistlichen Gewalt des Pabstes bei der geringen politischen Erziehung des Volks gefährdet. Parma befürchtete auf diesen Fall Ent-
züglung der Leidenschaft. Besonders stark sprach sich Modena aus: in
Toscana seien die Liberalen nur zurückgedrängt, Occupation und Verfassung seien neben einander unverträglich. Es läßt sich aus diesen Ant-

worten ermessen, mit welcher Erbitterung das räubige Schaaf Piemont von dieser Heerde betrachtet wurde. Schwarzenberg übermachte obige Gutachten an die toscanische Regierung und protestirte um so entschiedener gegen die Verfassung, da sie zur Revolution und zum Krieg gegen Oestreich geführt habe. Zugleich warnte er, nicht wieder in die alte Schlaffheit und Unthätigkeit zu verfallen. An demselben 21. August, an welchem Fürst Schwarzenberg an seinen Gesandten in Florenz die Gutachten der italienischen Regierungen im Auszug mittheilte, schickte er ihm auch den Vorschlag zu einer Uebereinkunft unter den italienischen Staaten, dessen wir unter Modena nähere Erwähnung thun werden, da dieser Herzog die leitenden Gedanken desselben weiter ausbildete. Den 23. September wurde im toscanischen Staatsanzeiger mitgetheilt, „in Betracht, daß die europäischen und italienischen Verhältnisse, wie die Toscanas, die beabsichtigte Wiederaufrichtung der von den Radikalen gestürzten verfassungsmäßigen Organe noch nicht erlaube und der Zeitpunkt hiefür noch nicht zu bestimmen sei, so werden indeß nach den Grundsätzen der Verfassung Verwaltungsreformen ausgeführt werden; die ständische Versammlung werde auf unbestimmte Zeit aufgelöst. Das war also eine Suspension der Verfassung. Minister Mazzei nahm seine Entlassung in einem Briefe an den Großherzog vom ersten September, (Bianchi, dipl. eur. V. VI. p. 584) welcher der national-constitutionellen Partei Toscanas den Sieg verbürgte.*)

Im Februar 1848 hatte derselbe Großherzog Leopold die Verfassung gegeben und erklärt, das Volk Toscanas sei längst reif dafür, schon sein Ahn Leopold I. habe vor sechzig Jahren ihm eine geben wollen. Durch die Suspendirung derselben betrachteten sich die Toscaner Angesichts der gebildeten Welt als Menschen von „schlechter Erziehung“, als Sklaven Oestreichs mißhandelt. Die häufige Abprügelung der östreichischen Soldaten ließ Oestreich als eine barbarische Macht erscheinen. Florenz war aber entschlossen, sich als einer ehrenhafteren Behandlung würdig zu beweisen. Auf den Antrag des Raths der Prioren von Florenz versam-

---

*) Mazzei lehnt den Antheil an der Verantwortung einer Macht ab, welche nicht das Recht hat Gesetze zu geben. „Die persönliche Emancipation hat zur Folge, daß jeder für seine Ueberzeugung auf irgend einer Seite stehend kämpft. Es gilt die conservativen Kräfte gegen die untergrabenden zu bewaffnen. Aber nur die Verfassung gibt das Recht hiezu den Generalmarsch zu schlagen. Sie ist das unausweichbare, dringend nöthige Mittel die Sittlichkeit, die Gesetzlichkeit und die Heiligkeit Eurer k. k. Hoheit und Ihrer erlauchten Familie dauernd zu erproben. Die Verfassung ist auf eine Weise, mit solchen Bekenntnissen, nach solchen Vorgängen, bei so feierlichen Gelegenheiten, als Lohn für solche Thaten Toscanas bestätigt, daß sie nicht blos ein heiliger Vertrag zwischen Fürst und Volk, sondern die wahre Quelle der höchsten Autorität ist, denn sie ist eine That hoher Sittlichkeit oder vielmehr hoher Religiosität.“

melte der Gonfalonieri Ubaldino Peruzzi den 27. September den Municipalrath. Es wurde eine protestirende Bittschrift an den Großherzog
vorgelegt, worin dieser an die Heiligkeit seines gegebenen Versprechens,
an die Unzertrennlichkeit der constitutionellen Krone von dem Wohl
Toscanas erinnert wurde. Sechs Stimmen waren gegen die Einreichung
dieses Protests, 26 waren dafür.' Peruzzi wurde sofort seiner Würde
enthoben und dem Municipalrath vom Großherzog ein gewisser Leonetti
vorgesetzt. Der Rath, welcher sich für solidarisch mit Peruzzi erklärte,
wurde abgewiesen, da er seine Schranken überschritten habe. Während so
die Gewalt in Toscana ihren unaufhaltsamen Lauf hatte, wurde Leopold
sehr unangenehm durch eine Aeußerung Viktor Emanuels, seines Neffen,
berührt, welcher auf diese Mittheilung sagte: „Je ungetreuer die Andern
ihren Eiden werden, desto fester werde ich an dem meinigen halten; ich
werde die Gewalt niederlegen, ehe ich ihn verletze." (Zobi, sommario di
documenti ufficiali p. 628.) Obgleich der toscanische Gesandte diese
von den offiziösen Blättern Piemonts veröffentlichte Aeußerung des Königs nach Florenz berichtete, so gehörte er doch auch zu denjenigen Dienern,
welche ihren Herrn in Sicherheit einwiegten. Immer soll nach seinen
Berichten d'Azeglio loyale Befürchtungen für die Zukunft der Lothringer
ausgesprochen haben, aber sich bald eines Besseren haben belehren lassen.
Ein Brief Landucci's vom 22. Juni 1850 beweist indeß, daß es ihm bedenklich schien, Toscana durch einen Zollverein mit Oestreich von Italien
loszutrennen. Er will, daß alle italienischen Staaten, Piemont eingeschlossen, den Vertrag abschließen. „Sonst wird der Vertrag nicht ein
Mittel der Civilisation, sondern eine politische Maschine, welche Oestreich
und Piemont als Repräsentanten verschiedener Systeme nur noch mehr
entzweit und so nur Abneigung finden wird. Vielmehr müssen beide
Staaten sich im Sinn der Ordnung vereinigen." Aber war dieß innerlich möglich?

Der napoleonische Staatsstreich vom zweiten December 1851 hatte
der Reaktion endlich Muth zur Ausführung ihrer Gelüste gemacht. Oestreich trat zwar erst durch das k. k. Handschreiben vom 20. August 1852
in seinen Absolutismus zurück, aber der Großherzog promulgirte schon
den sechsten Mai 1852, natürlich auf Befehl von Wien, daß die Absichten, welche ihn im Februar 1848 bewogen hätten seinem geliebten Toscana eine Verfassung zu geben, nicht in Erfüllung gegangen seien, die in
ihren Grundlagen bedrohte europäische Gesellschaft habe sich unter den
Grundsatz einer „freien, starken Autorität" geflüchtet. Dasselbe habe auch
das geliebte Toscana zu thun. Daher wird die Verfassung abgeschafft,
die Minister sind als Räthe des Großherzogs nur diesem verantwortlich,
die Gesetze sind nach den alten Grundsätzen zu reformiren. Zu Realisirung dieses Umsturzes der beschworenen Verfassung wird die Hilfe
Gottes angerufen. Zur „Disciplinirung der freien Presse", wie der

Gesandte in Turin sich ausdrückte, wurden die geeigneten Schritte ge=
than, „um der Religion und der Moral" Achtung zu verschaffen. Mönche
mit Vollmacht von Rom entbanden geängstete Gewissen von ihrem auf
die Verfassung geleisteten Eide (Zobi, Memorie p. 301). Die östreichischen
Offiziere hatten das Vergnügen, daß Florentiner nach östreichischen Zei=
tungen, z. B. nach dem Trentino griffen, um noch Lebenszeichen der
italienischen Nationalität zu finden. Die A. Allg. Zeitung verglich 1857
die toscanischen Preßzustände mit den russischen unter Nicolaus und sagte:
Ueber toscanische politische Zustände darf nicht gesprochen werden. Die
Institutionen eines von Toscana anerkannten Staats dürfen nicht ge=
tadelt werden. Artikel fremder Zeitungen über Toscana dürfen nicht
einmal widerlegt werden. Ueberhaupt ist eine Polemik mit fremden Zei=
tungen nicht gestattet."

Den Toscanern blieben zur Bezeugung ihres Mißvergnügens nur die=
jenigen Mittel, welche sich die Italiener bis 1848 der Fremdherrschaft gegen=
über so gewandt bedient hatten. So hoch die meisten adeligen Familien ihre
Hofchargen und die Hoffeste hielten, so schickten doch ein paar Männer
bei der Aufhebung der Verfassung ihre Kammerherrnschlüssel zurück.
Schon der erste Jahrestag der Florentiner Erhebung vom eilften April
1849 war vom Volke nicht gefeiert worden. Wohl aber wurde je am
29. Mai der Jahrestag des im Jahre 1848 von den Toscanern gegen
die Oestreicher bei Curtatone gelieferten Treffens in der Kirche Sta. Croce,
dem toscanischen Pantheon, gefeiert, wo die Namen der an jenem Tage
für das Vaterland Gefallenen auf Gedenktafeln standen. Damit vor
diesen Broncetafeln nicht mehr Blumen gestreut werden könnten, waren
sie am 29. Mai 1851 abgesperrt. Da die Polizei gegen den Andrang
nicht Meister werden konnte, rückte die bewaffnete Macht aus dem Hin=
terhalt der Sakristei vor und es kam zu Verwundungen. Die toscani=
schen Gensdarmen gaben Feuer, während die Oestreicher nur im geschlossenen
Vormarsch Kirche und Klostergang räumten. Der Erzbischof weihte die
Kirche wieder. (Ranalli, istorie italiane Vol. IV. p. 317.) Offiziere
und Kleriker haßten einander wie Concurrenten, aber sie waren gegen
den freisinnigen Bürgerstand solidarisch. Jene Broncetafeln wurden
1855 am Stadthaus von Turin neben denen befestigt, welche die Namen
der in demselben Unabhängigkeitskriege gefallenen Turiner enthielten.
Bedenklich war es, daß in dem conservativen Siena am Abende des
30. Juli 1852 ein Polizeidelegirter schwer verwundet und eine Verschwö=
rung von Jünglingen besserer Klassen entdeckt wurde. Dergleichen war
in Toscana neu. Dunkel ist ein Attentat auf Baldasseroni in Florenz;
er suchte immer noch Verbindung mit den Patrioten zu erhalten und
ließ die Maßregeln, welche am meisten Haß erregten, durch Landucci aus=
führen, welcher den Radikalen als „Apostat" besonders verhaßt war.
Daher wurde zu Ende des Jahres 1852 die Todesstrafe gesetzlich wieder

eingeführt und die Strafgewalt der Polizei unmäßig erweitert. Fanatiker
der Ordnung hatten der Regierung durch Festsetzung Guerrazzi's nach dem
eilften April 1849 die größten Verlegenheiten bereitet. Guerrazzi verlangte nach der Verfassung als Minister vom Oberhaus gerichtet zu werden. Er brachte zu seiner Vertheidigung vertraute Briefe des Großherzogs aus seiner Angstzeit vom Januar 1849 bei. Man wußte nicht, was
er noch in der Reserve hatte. Ganze Bände waren zur Anklage und zur
Vertheidigung gedruckt. Den ersten Juli 1853 wurde nach Verhandlungen,
welche zeigten, daß die ihm 1849 so feindliche Stimmung sich jetzt gegen die
Regierung gewendet hatte, über ihn das Urtheil auf fünfzehn Jahre Zuchthaus gesprochen. Der Großherzog verwandelte diese in Verbannung aus
Toscana. Guerrazzi's Vergangenheit bis 1848 war allerdings eine dema-
gogische; aber einmal Minister, hatte er Toscana zu vergrößern gesucht,
um es durch den ängstlichen Großherzog zu regieren. Die Constituirente
und die Conföderation der Republiken hatte er als eitel Dunst verspottet.
Zu lebenslänglichem Zuchthaus wurden Morbini, zwei Niccolini, der
Schwätzer für die italienische Bundesrepublik Montanelli verurtheilt. Zum
Glück für beide Theile waren sie außer Lands.

Wie andere Völker auf ihre Waffenthaten, so sind die Toscaner auf
ihre humane Civilisation und auf ihre skeptische Aufklärung stolz. Diese
hatten namentlich auch in den Gesetzen des Großherzogs Leopold I. von
den Jahren 1786 und 1787 über das Verhältniß des Staats zu den Organen der Kirche, welche in büreaukratischem Laienselbstbewußtsein abge-
faßt sind, Gestalt gewonnen. Ihre Grundzüge hatten trotz einiger schon
1790 gemachter Modificationen noch Gesetzeskraft. Das Staatsbewußtsein
des toscanischen Unterthans faßte sich in ihnen zusammen, sie hatten ihm
lange die politische Freiheit ersetzt, ihm Selbstbewußtsein besonders gegenüber den trotzigen Nachbarn im Kirchenstaat gegeben, während der durch
das Exequatur des Staats geschwächte Verkehr der Bischöfe mit dem Papst
beiden jetzt bei weitem nicht genügen konnte. Sie, welche schon in Gaëta
gegen die Verfassung intrigirt hatten, wollten gern die politische Freiheit
opfern helfen, wenn nur jener Verkehr freigegeben würde, während der
freisinnige und ehrliebende Bürger jetzt in jener Beschränkung der klerikalen Macht allein noch seine gerettete Fahne sah. Unter ganz anderen
Umständen, in der Absicht, den Abschluß eines nationalen Bundes zu befördern, hatte selbst Ridolfi im Anfang des Jahres 1848 Unterhandlungen über ein Concordat in Rom angesponnen. Und in der That könnte
der mit der Freiheit und mit der Nationalität versöhnten Kirche auch
größere Freiheit gewährt werden, als der mit dem Absolutismus zur Unterjochung der Geister verbundenen. Sobald sich Pius zu Ende des April
1848 von dem Kampfe für die nationale Unabhängigkeit lossagte, brach
Ridolfi die Unterhandlungen mit Recht ab. Pius und seine Prälaten
träufelten dem auch nach Gaëta geflüchteten Großherzog die fromme Lehre

ein, daß die Vergewaltiger der Kirche den Strafgerichten Gottes nicht ent=
gehen. Leopold scheint hier, wenn auch nicht bestimmt formulirte, Ver=
sprechungen gemacht zu haben. Die frommen Bitten der Großherzogin
Wittwe und der Klerikalen ließen ihn dieselben nicht vergessen. Die in
Lucca vor seinem Anfall an Toscana bestandene Steuerfreiheit der Kirche
wurde auch für Toscana reklamirt. Die Leopoldinischen Gesetze wurden
als „Jansenismus" in Rom und in und von Wien aus verdächtigt. Nur
eine starke Kirche könne dem Staat als Basis dienen. Namentlich wurde
die Wiederherstellung der bischöflichen Gerichtshöfe und der privilegirte
Gerichtsstand der Geistlichen von ihnen betrieben. Während Viktor Ema=
nuel die nationalen und freisinnigen Geister sich zu gewinnen suchte, legte
die Eifersucht der beiden Höfe dem Florentiner den Gedanken nahe, sich
die Klerikalen zu gewinnen. Im März 1850 erhielt der toscanische Ge=
sandte in Rom Auftrag die mit der Kurie im Frühjahr 1848 gepflogenen
Unterhandlungen wieder aufzunehmen. Baldasseroni unterzeichnete in
Rom den 25. April 1851 mit Antonelli ein Konkordat, welches den Ver=
kehr zwischen dem H. Vater und den Bischöfen frei gab und das Exe=
quatur aufhob. Die Ueberlieferung der toscanischen Staatsmaximen war
so stark, daß die Kurie die Entscheidung der Staatsgerichte über geistliche
Personen und Dinge, auch in Kriminalsachen gegen Kleriker zugestehen
mußte. Es ist wahrhaft komisch, (Zobi, memorie Vol. I. p. 291) mit
welcher Salbung die Bezeigung des großherzoglichen Leidwesens über die
Siccardischen Gesetze von der Kurie entgegengenommen wurde. (Depesche
Antonelli's von Portici den eilften März 1850.) Diese Gesetze beabsich=
tigen nur die Sicherstellung derselben Rechte der Staatsgerichtsbarkeit für
Piemont, welche von der Kurie Toscana „ohne Schwierigkeit konsentirt"
wurden. Und dennoch war der Widerstand des toscanischen Staatsbewußt=
seins selbst an diesem von den Oestreichern bewachten Hofe in der Zeit des
östreichischen Konkordatsabschlusses so hartnäckig, daß ein Jahr um das an=
dere verging, ohne daß dieses milde Konkordat wirklich angenommen wurde.
Der Großherzog suchte umsonst Personen, welche klerikaler gesinnt, zugleich
im Stande gewesen wären, zu regieren. Er hatte dabei den grundbesitzen=
den Adel gegen sich. Viele bürgerliche, wie adelige Familien sahen sich
durch die klerikalen Fanatiker im Besitz von einstigen Kirchengütern be=
droht, welche ihre Großväter zu Anfang des Jahrhunderts gekauft hatten.
Damit hing zusammen, daß auch der höchste Klerus sich nur noch aus
den niederen Volksklassen ergänzte; die besseren Familien ärgerte es, daß
Leopold immer mehr den verwandten Hof von Neapel, woher er sich auch
Polizisten verschrieben hatte, sich zum Muster nahm.

Es herrschte ein fremdartig düsterer Ton in den Handlungen der Re=
gierung. Der Briefwechsel des Pabstes mit dem bedenklichen Leopold II.
trug am meisten dazu bei, daß besonders die Gleichberechtigung der Bür=
ger ohne Ansehen der Confession, welche in der Verfassung verbürgt war,

zurück genommen wurde. Zunächst handelte es sich um ihre Zulassung zu Beamten-, namentlich zu Richterstellen. Natürlich mußte schon der Gedanke, daß in einem an den Kirchenstaat gränzenden Lande ein Katholike, vielleicht ein Priester von einem akatholischen Richter als Partei oder als Zeuge vorgeladen werden könnte, das größte Aergerniß erwecken. Nachdem Leopold den dringenden Vorstellungen des H. Vaters trotz den entgegengesetzten seiner Minister darin nachgegeben hatte, handelte es sich in ihrer Correspondenz um die ärztliche Praxis, welche nach der Ansicht des Pabstes ein Vertrauensverhältniß bedingt, das zwischen Katholiken und Akatholiken unzuläßig ist. Leopold erklärt, protestantische Aerzte hätten das unbedingte Vertrauen vieler guten Katholiken erworben; sie zeigen die herannahende Lebensgefahr gewissenhaft an, so daß der Kranke noch die H. Sakramente empfangen könne. Endlich gab Leopold auch darin nach und ging auf den Vorschlag des H. Vaters ein, jüdischen Aerzten die Praxis blos bei jüdischen Kranken zu gestatten. (Zobi und Inner Rome by Butler. Philadelphia 1866.) Die Familie Madiai wurde zum Aergerniß des gesammten gebildeten Europas auf mehrere Jahre in den Kerker geworfen, weil sie mit ihrem Dienstmädchen in der Bibel gelesen hatte; ein Guicciardini erprobte Mannesmuth in Befolgung seiner religiösen Ueberzeugung. Die römische Inquisition glaubte die Staatsbehörden Toscanas bereits zur Ausführung ihrer Urtheile in Anspruch nehmen zu können, um eine gemischte Ehe ungiltig zu machen. (Zobi, sommario di documenti, p. 626.)

Die Hoffnungen der auf die sehr zahlreichen Geistlichen und Klöster von Florenz gestützten Klerikalen hoben sich sehr, als der Pabst 1857 einen Aufenthalt in Bologna machte. Den Jesuiten wurde erlaubt, außer dem Staatsanzeiger noch eine politische Zeitung, die Lilie, herauszugeben, während sie die Gegner durch präventive Censur vollends mundtodt zu machen hofften. Den 18. August hielt der Pabst seinen Einzug in das geschmückte Florenz. Er besuchte, immer vom Großherzog begleitet, alle größeren Städte Toscanas, namentlich die alte Etruskerstadt Volterra, in deren Collegium er erzogen worden war. Das Landvolk zeigte Andacht, die städtischen Bevölkerungen mehr Neugierde, ja Mißtrauen. Plumpe Satyren gegen den Bundesgenossen der Reaktion verriethen wenig toscanischen Geist;*) dieser verrieth sich eher in den höhnischen Berechnungen über die Kosten des zwölftägigen Aufenthalts des Statthalters Christi. Selbst nach dem Abbau

---

*) Als Beispiele von dieser gemein populären Sprache mögen folgende dienen: Sono i re prepotenti, i preti astuti; tu sei prete e sei re; dunque tu sei il vero tipo de' (birbanti). Ferner: Peggior di Giuda assai è il regnante Mastai; quegli tradì l' maestro, ma s'uccise; questi sponse la madre e la derise. In einem anderen Spottlied heißt es: Christus ritt bei seinem Einzug in Jerusalem auf einem Esel, sein Statthalter hatte bei seinem Einzug in Florenz einen an seiner Seite. O Leopordo, rief der Volksdialekt Leopold zu, vecchio rimbambito e tutta la Toscan hai rovinato.

Coppi beliefen sie sich auf 70,000 Francesconi (à 5¹/₂ Franken), ungerechnet die der Privaten.

Die Reise des Pabstes hatte nicht die von den Einen erhofften, von den Andern gefürchteten Folgen. Drei Erzbischöfe benützten zwar die Gelegenheit, dem Großherzog eine Bittschrift in die Hand zu spielen, welche die Abschaffung der die Todte Hand beschränkenden Gesetze verlangte; aber ohne Erfolg. In 157 Mannsklöstern lebten 3240 Mönche, wovon zwei Dritttheile Franciscaner, die Hälfte Priester waren. Die eigentlichen Nonnen und die der Krankenpflege und dem Unterricht sich widmenden Oblaten lebten auch in 157 Klöstern 4173 Köpfe stark. Die nützlichsten Klosterbrüder waren die Padri delle Scuole pie von St. Josef Calasanzio oder die Scolopen mit nur 117 Mitgliedern, welche durch ihre Gymnasialanstalten den Jesuiten das Einschleichen sehr erschwerten. Aus ihrer Mitte war der in diesem Vertheidigungskampfe bewährte Limberti, welcher 1856 Erzbischof von Florenz wurde und dem eigensinnigen ultramontanen Erzbischof von Pisa ein Gegengewicht bot. Denn auf Balancirung waren der Erzherzog und Baldasseroni in Allem bedacht. Für die Uebereifrigen war die Bestimmung, welche Pius festhielt, daß man erst im dreißigsten Jahre Klostergelübde ablegen dürfe, beinahe ein Aergerniß. Die liberale Partei zielte nur auf Beschränkung der Klöster und auf Hebung des äußerst vernachlässigten Schulunterrichts. Nicht die verwildertsten waren die toscanischen Gemeinden auf der Nordostseite des Apennin längs des Kirchenstaats, wo doch ein Zehntel der Jugend die Schule besuchte, während die wüstenartigen Gränzstrecken im Südwesten Toscanas von aus dem Nachbarstaat entwichenen Verbrechern unsicher gemacht wurden. Denn der Kirchenstaat lieferte deren ungleich mehrere als Toscana. Auch in den meisten anderen Landstrichen kamen oft auf einen in der Regel schlecht bezahlten und ziemlich unwissenden Lehrer wenige Kinder. In vielen mittelgroßen Gemeinden war keine Mädchenschule. Diese wurde besonders durch Privaten gefördert. Im Bezirk Fiesole besuchten im Jahre 1848 von 2,218 Kindern nur 116 eine Schule, welche von Privatbeiträgen erhalten wurde. Im Jahre 1848 erhielten von 273,586 jungen Leuten 12,173 Knaben, 4,925 Mädchen mit einem Aufwand von 204,850 Lire aus öffentlichen Kassen, und 5,428 Knaben und 5,741 Mädchen mit einem Aufwand von 169,145 Lire aus Privatmitteln Unterricht. Der gediegenste Pädagoge Thouar wurde seit 1849 als Patriote außer Thätigkeit gesetzt, während die Klosterleute sich vieler Schulen bemächtigten. Da man glaubte, das verjüngte Oestreich werde jedem Knaben die für einen Unteroffizier nöthigen Kenntnisse beibringen, so wurde es, wie in seiner Verwaltung, als ein Ideal angesehen, man bedauerte, daß die Vasallenstaaten Oestreichs in der Regel nur seine Fehler nachahmen. Vor allem fehlte in den Schulen Energie und Kenntniß der Realien. Die Schuldisciplin war in den Klosterschulen oft eine erniedrigende. War doch noch dem siebenjährigen Ricasoli in einer der besten Schulen befohlen worden, auf den Boden eine Kreuzform zu lecken, was er aber als hündisch entschieden verweigerte. Die italienische Sprache wird in den bürgerlichen Anstalten besonders gepflegt; daher zum Theil kommt die formell so ansprechende, aber etwas inhaltlose educazione, welcher sich der Toscaner rühmt. Die höheren Klosterschulen übten hauptsächlich die scholastische Logik. So fanden der angestammte milde Schönheitssinn und der kalt secirende Verstand ihre Ausbildung. Neuerdings hat man Aufheben davon gemacht, daß Florenz im Jahre 1340 bei 90,000 Seelen 12,000 Schüler, im Jahre 1859 bei 130,000 Seelen in den Gemeindeschulen nur 200 Schüler zählte. Die meisten besuchten vor 1859 Kloster- und Privatschulen. Im Jahre 1870 hat Florenz bei 190,000 Seelen 11,500 Schüler.

Ein unvergleichlicher Ruhm Toscanas war die Akademie der Georgofili, welche 1853 ihr hundertjähriges Jubiläum feierte. Auch sie hatte durch Leopold I. um 1783 die entschieden praktische Richtung genommen. Wenn Musterwirthschaften, Vertheidigung gegen Krankheiten der Pflanzen und der Nutzthiere, Reform des Pacht- und Taglöhnerwesens ihre nächste Aufgabe waren, so fanden auch humane, national-ökonomisch freisinnige Ideen bei ihr ein Asyl. Freihandel, nationaler Zollverein, Volksschulen, Sparkassen, Gefängnißreform fanden in diesem Kreise, dem die besten Männer Toscanas, Ridolfi, Abbate Lambruschini, Ricasoli vorleuchteten, nachhaltige Unterstützung. Peel und Cobden und ähnliche ausgezeichnete Fremde waren Mitglieder; der Verkehr der toscanischen und der fremden Celebritäten fand hier einen praktischen Mittelpunkt, durch welchen die Unterstützung der letzteren für kommende Zeiten der nationalen Entscheidung gewonnen wurde. Wenn Toscana durch die Erhebung des eilften April 1849 vor einer grausamen Restauration und vor der Ausstoßung der gemäßigt Nationalen bewahrt worden war, so fanden sie in dieser vereinten Thätigkeit die besten Heilmittel gegen trägen Pessimismus und gegen seinen Zwillingsbruder, den vulkanischen Radikalismus. Die besten Männer Toscanas blieben durch Förderung der wesentlichsten Interessen des Volkes diesem vielleicht näher, als wenn sie in der Tretmühle des mittelstaatlichen Scheinconstitutionalismus sich abgemüht hätten. Sie hegten bereits seit 1855 Hoffnungen, ihre politische Ueberzeugung in Toscana realisirt zu sehen.

Leopold und seine Minister wandten sich bei Gelegenheit des ausgebrochenen orientalischen Kriegs nach Wien mit der Bitte, auch die letzten sechstausend Oestreicher aus Toscana zu ziehen, da die Verfassung und alle Elemente der Unruhen entfernt und die zehntausend Mann toscanischer Truppen im Nothfall genügen würden. Toscana werde stets den Wünschen Oesterreichs entsprechen und mit ihm jeder Veränderung in Italien vorbeugen. (Zobi, sommario p. 574.) Im Mai 1855 verließen denn die letzten östreichischen Truppen Toscana. Die Gesammtausgabe Toscanas für dieselben binnen der sechs Jahre berechnete sich auf 31,913,000 Lire.

Von Stund an rangen die klerikal-österreichische und die national-liberale Partei um die Leitung Toscanas. Da das Schaukelsystem Leopolds und Baldasseroni's so entschiedenen Parteien nicht genügen konnte, so suchten beide, namentlich die nationale, den Rücktritt beider Regenten zu veranlassen; man hoffte, den noch sehr jungen Erbprinzen für entschiedenere Schritte zu gewinnen. Die Nationalen hofften Ridolfi statt Baldasseroni's als Ministerpräsidenten zu begrüßen. Die Frage wurde 1856 im großherzoglichen Familienrath wiederholt behandelt. Lenzoni, welcher in Wien Toscanas Interessen mit Gewandtheit vertreten hatte, wurde zur Freude der Gemäßigtliberalen Minister des Aeußeren. Aber der Handel und die gebildeteren Grundbesitzer harrten umsonst auf Ridolfi. Cavour that alles Mögliche, um der national-liberalen Partei in Toscana an das Ruder zu helfen, damit das Großherzogthum im Kriegsfall zu Piemont stände. Der toscanische Gesandte in Paris berichtete entzückt darüber, wie sehr Cavour auf dem Congreß des Frühjahrs 1856 die toscanischen Zustände, namentlich das Heer, im Gegensatz zu denen des Kirchenstaats und Neapels gerühmt habe. Während der florentiner Hof, östreichischen Einflüssen folgend, aus „Sparsamkeitsrücksichten" seinen Gesandten aus Turin abberief, wurde Piemont durch den ausgezeichneten Boncompagni in Florenz vertreten, welcher im Sinne Cavours arbeitete. Cavour zielte damals auf ein dreitheiliges Italien nebst dem Erbstück Petri für den Pabst. In Plombières soll zu diesem Zweck eine Vergrößerung Toscanas durch die Marken und durch Perugia auf den Fall vorgesehen worden sein, daß es in das französisch-piemontesische Bündniß träte. Aber bald darauf erschienen östreichische Stabsoffiziere in Florenz, wie man sagte, um sich zu überzeugen, ob Toscana die Oestreich versprochenen 12,000 Mann Hülfstruppen stellen könne. Die Stellung Boncompagni's war keine beneidenswerthe. Der östreichische Gesandte war die erste Autorität am Hofe, der preußische conservativ, Frankreich wäre mit der Neutralität Toscanas bei ausbrechendem Kriege zufrieden gewesen. Der Tory Lord Normanby war ein blinder Agent der Restauration; nachdem er den Bemühungen Boncompagni's schroff entgegengetreten war und so zum Sturze der Dynastie beigetragen hatte, suchte er sich im Parlament zu entschuldigen, indem er Boncompagni verläumdete, als hätte er von langer Hand mit der nationalen Partei zum Sturze der Dynastie conspirirt. Solche Unwahrheiten müssen dem Historiker den Glauben an viele diplomatische Berichte benehmen.

Karl Boncompagni war mehr als irgend ein anderer Piemontese berufen, Piemont und die nationale Sache bei den edelsten Männern Toscanas zu vertreten. Seine Familie stammt aus Florenz. Er ist hier 1804 geboren. Sein Vater war napoleonischer Gerichtsbeamter in dem zum französischen Kaiserreich gehörenden Florenz und der Knabe genoß bei den Scolopen den ersten Unterricht. Durch den aufopfernden Freund der nieberen Volksklassen, den Lombarden Aporti gewonnen, widmete sich Karl Boncompagni als piemontesischer Richter den Kinderasylen und suchte so-viel armen Kindern wie möglich freiwillige Vormünder zu verschaffen, „welche die sehr wichtige Bedingung des Bezahlens so erfüllten", daß sie nur als Bürgen des dazu als verpflichtet betrachteten Vaters erschienen. Bei dieser Thätigkeit wurde er mit Cavour und mit den edelsten Menschen-freunden Toscanas befreundet, namentlich mit Abbate Lambruschini, wel-cher schon 1838 den guida dell' educatore schrieb. Im Kampfe gegen die Hindernisse und gegen die Ansprüche auf die Leitung dieser Bestre-bungen, welche von Seiten der Klerikalen, namentlich der Congregationen erhoben wurden, lernte auch Boncompagni den Minenkampf der Parteien kennen, während er, der gelehrte Jurist, mit den Kindern sich verjüngte. Das Mißtrauen der kirchlich-absolutistischen Partei gegen die Kinderasyle war um so bezeichnender, als die Kinderfreunde von positiv-religiösen Ueber-zeugungen geleitet wurden. Boncompagni war einer der Mittler dieser Zwei: eine in Piemont und derer in Toscana. Wir können die Krise der Jahre 1859 und 1860 nur dann richtig beurtheilen, wenn wir diese Vorgeschichte der-selben und ihrer Vorkämpfer uns immer wieder vor die Seele führen.

Der Großherzog und Baldasseroni, immer nur rückwärts schauend nach den Erfahrungen von 1848 und 1849, glaubten sehr weise zu han-deln, indem sie zwischen den sich bekämpfenden Großmächten wie zwischen den einheimischen Parteien die alte Leopoldinische Politik des friedlichen Lavirens beobachteten. Darum schildert Giusti den Großherzog als den mit Lattich und Mohn bekränzten Schlummerer. Indem er das Volk ein-zuschläfern suchte, trübten sich seine Augen. Diese Regenten trauten dem nationalen Geist der Toscaner nicht viel Energie und Reife zu; sie glaubten dem Naturel der großen Mehrzahl der Toscaner entsprechend sich durchzuwin-den. Aber das alte bequeme Toscana bestand auch materiell nicht mehr. Durch die Revolution und durch die Restauration waren die Finanzen sehr er-schüttert; binnen der ersten zwei Jahre der Restauration wurden die direkten Steuern beinahe verdoppelt, es mußten 42 Millionen Lire zu 5%, später weitere Staatsschulden sogar zu 65 aufgenommen werden. Der Ernst dieser Thatsachen wurde nicht gemildert durch eine interessante Geschichte der toscanischen Staatsschuld, in welcher Baldasseroni bewies, daß die Republik Florenz im Jahre 1343 in Gestalt ihres monte com-mune das Staatsschuldenmachen erfunden habe. Dazu kam die Krankheit des Weinstocks und der Seidenraupen, Mißwachs des Getreides, wobei der Staat genöthigt wurde für Zehntausende Beschäftigung zu schaffen. Die Neubildung und die Verstärkung des Heers war nicht nur theuer, sondern machte auch durch die das toscanische Ehrgefühl und die Weichheit verletzende östreichische Disciplin die Conscription viel verhaßter; man wollte nicht ein Werkzeug Oestreichs werden, Freiwillige traten keine mehr ein. Die durch den Despotismus erzeugten negativen Freiheitsbegriffe, ein

falsches Ehrgefühl und eine weichliche Theilnahme für die Uebertreter des
Gesetzes hatten längst den Bürgern alles Bewußtsein der Pflicht abge=
stumpft, selbst Ordnung zu schaffen. Daher war eine ganze Bevölkerung
von nichtuniformirten Polizisten (Sbirren) und Spionen schon unter
den grausam mißtrauischen Mediceern und durch die kameralistische Viel=
regiererei Leopolds I. aufgekommen, deren zahlreiche Nachkommen sich
erblich in die Emolumente theilten und dieselben durch Bestechlichkeit er=
höhten. In die neue Truppe wurden sie als „Jäger" eingeschmuggelt.
Aehnliche Demoralisirung, Erblichkeit der Aemter und Nepotismus, An=
stellung auf eine Damenempfehlung hin und baldige Pensionirung dieser
in der Regel untauglichen Protektionskinder herrschten wie vor 1848; nur
war jetzt noch Denunciation und angebliches Märtyrerthum für die
Dynastie als Anspruch hinzugekommen. Weder oben, noch unten, noch
in der Mitte fand sich durchgreifende Energie, der fleißige Beamte war
vereinzelt und wurde verlacht. Wer einige Reinigung des Augiasstalls
beantragte, wurde als Revolutionär verdächtigt. Dazu ein Verwirrung
und Betrug in dem Staatsrechnungswesen begünstigendes dreifaches Münz=
system. (Siehe die Correspondenz aus Pisa vom 28. März 1858 in der
A. Allg. Zeitung, von einem deutschen Diplomaten, welcher nicht blos
über Toscana sehr gut unterrichtet war.) So wird 24. November 1857
aus Florenz geschrieben: „Das herrschende System ist Centralisation ohne
Centrum. Ein großer Nachtheil für die Verwaltung ist die Zersplitterung
der Autoritäten, die im kleinen fast mit der Macht des Absolutismus
ausgerüstet sind und das Ministerium, wenn es auch mit dem besten
Willen aufträte, der freien Bewegung berauben. Die Oberintendanten
haben das ganze Finanzwesen an sich gerissen." Und als nun dieses
Schlaraffenland der „Staatsdiener" durch die Bewegung von 1859 „in
Unordnung gebracht wurde", als die „Nordländer", die arbeitgewöhnten
Piemontesen und die rührigen Lombarden sich festsetzten, da wurden die
Boncompagni, die Ricasoli als die Urheber des Sündenfalls denuncirt,
und dieselben Federn, welche den alten Unfug nach der Wahrheit gerügt
hatten, beklagten die neuen Mißstände als Verschlimmerung. Giusti hat
diese Beamtenrace verewigt. Ricasoli nennt schon 1847 den toscanischen
Beamten „stets träge und stets unzufrieden".

Wenn am Po die Fremdherrschaft unleidlich wurde, welche statt des
Scepters den Stock führte, so wurde die Secundogenitur Oestreichs am
Arno als ihr Anhängsel und durch ihre Schwäche denen zuwider, welche
das Bedürfniß eines Vaterlandes, eines Staates fühlten. Der Mangel
eines Staatslebens wurde um so fühlbarer, da es an einem fleißigen
Beamtenstand fehlte. An ihm fehlte es, weil seit einer Reihe von Ge=
schlechtern Kirche, Staat und Schule das Aufkommen eines kernhaften
Bürgerstandes verhindert hatten. Dasselbe gilt noch mehr von Neapel.
Der Kirchenstaat hegte alle diese Mängel auf groteske Weise.

Achtundzwanzigster Abschnitt.

Parma und Modena von 1849 bis 1859.

Noch mehr als in der Lombardei hätten sich in diesen Stäätchen administrative Einrichtungen des napoleonischen Königreichs Italien erhalten, deren Werth, von dem Haß gegen die kleinen Thrannen übersehen, jetzt in dem neuen Königreich Italien als Muster gerühmt wird. Jedes dieser Herzogthümer ist aus einigen selbstbewußten Fürstenthümern zusammengefaßt; auch Modena, noch ohne Massa-Carrara im Südwest des Apennin, hatte bei der Restauration 1814 auf stark neunzig Quadratmeilen weniger als eine halbe Million Einwohner. Auf die Farnesische weibliche Linie in Parma waren im vorigen Jahrhundert spanische Bourbonen, auf die Este in Modena Habsburger eingeimpft. Daher nannten sich die Herzoge von Parma Infanten, die von Modena Erzherzoge. Dieses verläugnete sich auch in ihrer dynastischen Politik nicht. Die durch den Tod der Wittwe Napoleons I., Marie Luise, zu Ende des Jahrs 1847 aus Lucca in ihr Erbe zurückgekehrten Bourbon-Farnesen waren in einer schwierigen Lage. Im Frieden 1748 hatte sich Oestreich ein Anfallsrecht auf das Ganze, Piemont ein gleiches auf Piacenza verbriefen lassen.

Parma mit dem festen Piacenza wäre die natürliche rechte Seitendeckung Piemonts gegen das in der Westlombardei stehende östreichische Heer gewesen. Daher besprach sich Karl Albert öfters mit seinem Vertrauten, dem Bibliothekar Promis, ob er vielleicht Parma gegen Abtretung der Insel Sardinien ertauschen könnte. Allein Oestreich hatte sich von dem wiener Congreß das Besatzungsrecht von Piacenza geben lassen. Auf diesem Congreß hatten die Bourbon-Farnese an den spanischen und französischen Bourbonen eifrige Verfechter gehabt; allein da in Spanien die weibliche Linie, in Frankreich die Orleans an die Stelle der legitimen Linien traten, so kühlten sich die Beziehungen dieser Höfe zu der legitimistischen bourbonischen Seitenlinie in Parma ab. (Siehe unsere Gesch. v. Italien, erster Theil, S. 97. 99, und für die folgende Zeit: Unsere Zeit, Band VIII. Heft 81, von Seite 401 an.)

Kaum waren die Bourbon-Farnese in der Jahresscheide von 1847 auf 1848 nach Parma zurückgekehrt, so hielten sie sich durch die liberale Bewegung im Volke für genöthigt, mit Oestreich ein Schutz- und Trutzbündniß abzuschließen. Aber als die Oestreicher im März 1848 Mailand räumen mußten und der Versuch der Dynastie, sich der nationalen Bewegung anzuschmiegen, mißlang, so räumten die Bourbon-Farnese das Land, welches sich im Mai, noch während ihrer Anwesenheit, durch Abstimmung mit Piemont fusionirte. Es wurde erst nach der Schlacht bei Novara am Ende des März 1849 von den Piemontesen völlig geräumt; aber ein Theil der parmensischen Offiziere blieb in piemontesischen Diensten. Alfons Lamarmora sagte scheidend in seiner Ansprache an die Bevölkerung: Trösten wir uns gegenseitig und erhalten wir uns für die glücklicheren Tage, welche die Vorsehung endlich doch über unser unglückliches Vaterland wird aufgehen lassen. Die Dynastie war dem Lande entfremdet. Der eherne Schritt des sofort einrückenden d'Aspre vernichtete alle seit dem Frühjahr 1848 gemachten Einrichtungen und Ernennungen. Man war ungewiß, wer Landesherr sei. Die amtliche Zeitung vom 14. April 1849 theilte die aus Sachsen vom 14. März datirte Abdankungsurkunde des Herzogs Karl II. mit. Sein Sohn Karl III. hatte von Edinburg aus die Uebernahme der Regierung zugesagt. Im Mai 1849 erschien der neue Herzog auf einige Tage im Herzogthum zur Besitzergreifung, sagte eine Verfassung zu, bestätigte die von seinem Vater ernannte provisorische Regierung und überließ die Gewalt dem k. k. Feldmarschall-Lieutenant Stürmer, da d'Aspre seitdem Toscana besetzt hatte. Stürmer ertheilte den achten August allen Ausgewanderten, mit Ausnahme der zehn Compromittirtesten, die Erlaubniß zur Rückkehr bis Ende Septembers mit Verbürgung der Straflosigkeit. Wer davon keinen Gebrauch machen wollte, konnte um gesetzliche Autorisirung zur Auswanderung einkommen. Kurz darauf erschien der Herzog wieder, um die Regierung selbst anzutreten. Eine seiner ersten Regierungsakte war die einseitige Aufhebung des Benediktinerordens, weil dieser die Revolution begünstigt habe und noch in den Umsturzgrundsätzen beharre. Im folgenden Jahre wurde eine strenge Untersuchung in dem Collegium di St. Lazzaro in Piacenza, dem Hauptpriesterseminar, vorgenommen. Es fanden sich leidige Beweise, daß die Professoren und Priester der leitenden französischen Congregation St. Vicenz von Paul, von den Grundsätzen des Jahres 1789, von den nationalen Illusionen, namentlich wie Gioberti sie gelehrt hatte, angesteckt seien; die Seminaristen sangen sogar während der Untersuchung nationale Lieder. Daher wurden die Väter aus allen Staaten des Herzogs verbannt, die Zöglinge ausgetrieben. Der Anfang mit Aufhebung geistlicher Körperschaften und zwar mit bloßer nachfolgender Mittheilung an die Kurie wurde also von der Reaktion gemacht. Es handelte sich dabei nicht um Josefinismus, sondern um unbegränzte absolutistische Willkür und vielleicht um Geldgewinn; das Collegium von St. Lazzaro hatte ein Einkommen von 160,000 Lire, auch die Güter der auf mäßige Staatspension gesetzten Benediktiner wurden inkamerirt (amministrati dal patrimonio dello stato).

Da Herzog Karl III. sein ganzes Herzogthum, die Leiber wie die Güter seiner Unterthanen für seine Privatdomäne ansah, da er nur nach dem Grundsatz tel est Notre bon plaisir, als eine Miniatur von Ludwig XV. persönlich regierte, so müssen wir von seiner Person sprechen. Er war 1823 geboren; er blieb immer von sehr hagerer Statur. Ein sehr conservativer, an seinem Hof beglaubigter deutscher Diplomat sagte uns: „Karl ist nicht ohne Talente, hat aber eine launische Weibererziehung gehabt; er ist sehr reizbar. (Als Jüngling sollte er in Turin namentlich seine militärische Bildung erlangen; er spottete aber jeder Disciplin und mißhandelte einen Verpflegungsbeamten so barbarisch, daß er starb. Coppi, annali Vol. XII. p. 152.) Er hatte über sich selbst keine Gewalt, keinen Sinn für Recht und Ordnung, am wenigsten für Zahlen. Er wollte sich nur amüsiren und war ganz in der Gewalt seines augenblicklichen Gelüstens.“ Er hob die Trennung zwischen Staats- und herzoglichem Privateigenthum auf, um nur Geld und Geld zu bekommen. Der milde Abbate Coppi sagt, er habe sich mit dem Eigenthum von Spitälern bereichert.*)

Für seine Umgebung war es eine Wollust, die Mitglieder der nationalen Partei um Geld oder körperlich zu züchtigen. Die Mitglieder der provisorischen Regierung von 1848 wurden verurtheilt eine Schadloshaltungssumme von 582,000 Lire zu bezahlen. Während die Gerichte angehalten wurden das Landvolk mild zu bestrafen, während ihm die Staatsgüter in Parzellen von höchstens 3000 Lire Werth auf hundert Jahre in Erbpacht gegeben wurden und die Aufkündigung des Pachtvertrags dem Grundbesitzer sehr erschwert wurde, sobald der Pächter behauptete, sie sei eine Rache für seine loyale Gesinnung, fiel der herzogliche Haß auf alle Gebildete, weil sie revolutionär gesinnt seien. Für gebildete Leute war es nicht gerathen dem Herzog zu begegnen, wenn man sich nicht barscher oder vertraulicher Behandlung aussetzen wollte. Die Bourbonisten hieß man birboni (Schelme), weil das Gefolge des Herzogs sich alles erlaubte. Die von den Oestreichern wieder eröffnete Universität wurde vom Herzog definitiv geschlossen. Studenten, welche einem liberalen Professor eine Leichenfeier gehalten hatten, steckte er in Strafkompag-

---

*) Unsere Zeit nach Dokumenten S. 435, namentlich nach der nie angefochtenen Sammlung von Dokumenten: I Borboni di Parma nelle legge e negli atti del loro governo dal 1847 al 1859, appunti e documenti, edizione uffiziale. Parma 1860. Farini ließ sie als Diktator von Parma im Herbst 1559 aus den herzoglichen Archiven zusammenstellen, um sie den Großmächten vorzulegen.

nien, in welchen sie die niedrigsten Dienste verrichten mußten und keine
Briefe empfangen durften. Obgleich die Oestreicher das Standrecht fort-
übten, auch prügelten, so beobachteten sie doch eine gewisse Regel; aber
sie waren die Beschützer der grausame Willkür Ausübenden.

Wenn Parma mit der östreichischen Besatzung in dem festen Piacenza
die Südostgränze Piemonts bedrohte, so sperrte Modena vermittelst
Carraras Piemont bis an das Meer vom ganzen übrigen Italien ab.
Oestreich hielt seinen am Ende des Jahres 1847 mit beiden Herzogthümern
abgeschlossenen Militärvertrag aufrecht, kraft dessen sie im Kriegsfall wie
östreichisches Gebiet waren. Im Jahre 1851 wurde auch der Zollverein der
bisher geschiedenen Herzogthümer mit Oestreich auf vier Jahre und neun
Monate fertig, welcher die industrielosen Herzogthümer der östreichischen
Industrie öffnete' und sie noch mehr von Piemont absperrte. Oestreich
war nach seinen Siegen fest entschlossen Lombardo-Venetien und die beiden Herzogthümer auch ferner als die Basis seiner Oberherrschaft in der
Halbinsel zu verwerthen; die Regierungen bedurften seiner. Fürst Schwarzenberg sah wohl ein, daß die militärische Unterdrückung der nationalen
Bewegung nicht genüge, daß man durch einige, wenn auch nur schein-
bare Zugeständnisse den Einfluß der piemontesischen Verfassung auf die
Halbinsel schwächen und die liberale öffentliche Meinung in Frankreich und
England täuschen müsse. Den 21. August 1850 schrieb er an den Baron
Hügel in Florenz: (Le sventure italiane sotto Pio IX. p. 128 datirt
fälschlich vom 21. April 1850.) „Mehrere von den Regierungen, welche
wir über die Frage, die in meiner letzten Depesche erörtert wurde, zu
Rath zu ziehen suchten, zeigten sich durchdrungen von der Nothwendigkeit,
unter einander ein rückhalloses Einvernehmen herzustellen über die Ausdehnung der zuzugestehenden Gemeinde- und Provinzialfreiheiten und über
gemeinsam zu ergreifende Maßregeln, um die Freiheit der Presse und der
Association in die richtigen Gränzen einzuschließen. Die Regierungen
von Rom, Modena und Parma ont abondé dans ce sens." (Mit
welcher Mentalreservation werden wir sehen.) „Wir unsrerseits halten
nichts für nützlicher als einen Mittelpunkt des Einverständnisses, wo diejenigen italienischen Regierungen, denen vor allem die Erhaltung der
öffentlichen Ruhe am Herzen liegt, ihre Ideen darüber auszutauschen
hätten, wie die Absicht erreicht werden könnte, den Institutionen ihrer
Länder eine gewisse Uniformität aufzuprägen, welche äußerst wünschenswerth, ja unentbehrlich ist. Indeß sind wir der Ueberzeugung, daß ein
solcher Austausch der Ideen, um Nutzen zu bringen, auf sehr confiden-
tiellen Wegen geschehen müßte; denn wenn man die Form feierlicher
Conferenzen einschlagen wollte, so würde man Gefahr laufen der fremden
Einmischung und den Intriguen in Italien (wohl Piemonts) einen Vorwand zu bieten. Aus diesem Grunde wünschten wir eintretenden Falls
von einer direkten Betheiligung an solchen Unterredungen dispensirt zu

sein, während wir beflissen wären, den Regierungen, welche uns ihr Vertrauen schenken wollen, so weit unsere Kräfte reichen, jede moralische und
materielle Unterstützung zu gewähren, deren sie im Interesse der Sache,
welche sie in Gemeinschaft mit uns vertheidigen, bedürfen möchten." Der
Zweck ist klar. Es war dieß dieselbe Grundidee, welche Oestreich seit dem Wiener
Congreß verfolgt hatte, sich an die Spitze eines Bundes der italienischen
Regierungen zu stellen, welcher aber jetzt ein geheimer sein sollte, zumal
man auch die Neigung Ferdinands von Neapel, seine eigenen Wege selbstständig zu gehen, kannte. Es war manchem Reaktionär ärgerlich, daß er die
Verfassung wohl thatsächlich, aber nicht auch formell aufhob. Auffallend
ist, daß Rom, welches 1816 ein solches Bündniß mit Oestreich an der
Spitze entschieden abgewiesen hatte, jetzt sich bereit zeigte. Es suchte sich
eine Gegenstütze gegen die französische Occupation Roms. Oestreich sollte
also an der Spitze des Geheimbundes stehen. Herzog Karl fand es zu
liberal. Die im Oktober 1850 durch die Gefahr eines östreichisch-preußischen
Kriegs erweckten Hoffnungen der italienischen Radikalen und die Befürchtungen der Reaktion ließen den Gedanken an ein Bündniß der restaurirten Regierungen nicht einschlafen. Der Herzog von Modena formulirte
seine Vorschläge in einer an den Fürsten Schwarzenberg den 20. Dezbr.
1850 gerichteten Verbalnote. Sie erinnert sehr an Vorschläge, welche in
den besten Zeiten des Bundestags gemacht wurden. Der Herzog geht
von dem richtigen Gedanken aus, daß die Stärke der Revolutionäre in
der Uneinigkeit der Fürsten wurzele. Diese sollten sich zu Präventiv-
und Repressionsmaßregeln, in dieser Absicht auch zu einheitlichem Verkehr
verständigen: „Von der zunächst für die fünf conservativen italienischen
Staaten beabsichtigten Union sollte Oestreich wenigstens virtuell nicht ausgeschlossen sein, ihm sollten die Uebereinkommen mitgetheilt, von Oestreich
und von Neapel eine gewisse militärische Kameradschaft eingeleitet werden."
(Bianchi, dipl. europ. V. VI. p. 573.) Wollte der Herzog sich dadurch
den Lasten seines Spezialbündnisses mit Oestreich entziehen? Aber da namentlich die größeren Staaten, vor allen Neapel, für ihre Selbstständigkeit
fürchteten, so kam es zu keinem Abschluß. Herzog Franz drückt seine intime Ansicht über obige „liberal thuenden" Vorschläge Oestreichs den 27.
April 1851 also aus: „Jedenfalls macht sich Oestreich aus solchen Phrasen nichts; es ist gewöhnt Sand in die Augen zu streuen. Die östreichische Regierung, welche die überliberale Verfassung vom vierten März
1849 gab, wird sich auch aus diesen zweideutigen Phrasen nichts machen."
Oestreich verbürgte seinen schwachen Verbündeten ihre Souveränität und
Integrität gegen innen und außen. Besonders der Herzog von Parma
nützte den ihm von Oestreich gewährten Schutz so unmäßig aus, daß dieses in den Verdacht kam, es wünsche, daß er sich und das Land ruinire,
damit der Bevölkerung Vereinigung mit Oestreich als die einzige Rettung
erscheine. Eine eigene Truppe von 6000 Mann östreichischer Occupations-

truppen auch außerhalb der Festung, vor allem die Verschwendung des herzoglichen Hofs und Theaters zerrütteten die Finanzen. Den ersten März 1854 veröffentlichte der Herzog den Befehl zu einem obligatorischen Anlehen, wozu Jeder, welcher irgend ein regelmäßiges Einkommen, ein Gewerbspatent, irgend eine Besoldung oder eine Pension besaß, Gemeinden und Institute verpflichtet waren. Weder die Summe des Anlehens, noch die der Staatsschulden oder der Staatsbedürfnisse war genannt. Vierzehn Tage darauf wurde wieder ohne eine Angabe des Betrags die Ausgabe von Schatzbons befohlen. Jetzt erkannten manche trefflich Conservative, daß die versprochene Volksvertretung und deren Controle doch kein Unglück gewesen wäre. Das Schrankenlose dieser Proscriptionen gegen die Privatvermögen erschreckte jeden, die Unzufriedenheit war allgemein.

Am Sonntag, dem 26. März, Abends sechs Uhr kehrte der Herzog mit einem Adjutanten von dem öffentlichen Spaziergang zurück, als er unweit des „königlichen Schlosses", inmitten vieler Zuschauer mit einem Dolche getroffen wurde. Der Stich ging drei Fingerbreiten tief in den Magen. Obgleich bekannt war, daß Mazzini das erbitterte Parma als Operationsbasis zugleich gegen Oestreich und gegen das angränzende Piemont behandelte, trotz wiederholten Warnungen hatte Franz den Muth oder die Menschenverachtung, sich nicht darum zu kümmern. Den folgenden Nachmittag starb er,*) mit den H. Sterbesakramenten versehen, indem er gegen seine treffliche Gattin, welche er unglaublich mißhandelt haben soll, die Hoffnung aussprach, mit ihr im Himmel glücklicher zu leben. Coppi sagt, er habe bizarr tyrannisch regiert; so war auch sein Tod bizarr. Er starb im Glauben an die Kirche und vor allem an die unbeschränkte Gewalt des legitimen Fürsten. Fünf Tage nach dem Herzog wurde der mit der Untersuchung seines Mordes beauftragte Richter ermordet. Trotz der äußersten Oeffentlichkeit des Meuchelmordes gelang es der Gerechtigkeit nicht, den Mörder Karls zu entdecken. Man glaubte, es sei der Vater oder Bruder eines der Mädchen, welche der Hof durch seine Schergen wegfangen ließ. Wir glauben wohl unterrichtet zu sein, daß es ein Sattler war, welchem der Herzog öffentlich eine Ohrfeige gab, weil derselbe ihn in der Eile nicht erkannt und daher nicht gegrüßt hatte. Er begab sich aus dem Volkshaufen in eine Kirche und dann sogleich zum Thore hinaus und wurde bei seiner Rückkehr als ein von dem Lande Heimgekehrter unter dem indeß streng bewachten Thore aufgeschrieben. Er wanderte nach Amerika aus.

Die Wittwe des Herzogs war die Tochter des im Jahre 1820 in

---

*) Dafür, wie ungenau die Zahlen und Namen oft auch der pünktlichsten italienischen Geschichtsschreiber sind, mag als Beispiel dienen, daß Abbate Coppi den Herzog Karl den 26. Februar, das gute Büchlein: date memorabili della storia d'Italia 1846—1865 den „Herzog Ferdinand III." am 27. März tödlich verwundet werden läßt.

Paris ermordeten Herzogs von Berry, also eine französische Bourbon. Sie war über drei Jahre älter als Franz, aber eine milde, graciöse, heitere, liebenswürdige Dame. Da ihr ältester Sohn Robert erst im Sommer 1848, auf der Flucht, in Florenz geboren war, so übernahm sie die Regentschaft und ernannte bisher wegen ihrer liberalen Gesinnung verfolgte Männer, namentlich den ehrenfesten Pallavicino, zu Ministern, ob es gleich ihre klerikale Gesinnung ein Opfer kostete. Die Lage war eine höchst gefährliche. Trotz den starken Besoldungsguthaben der Beamten waren nur dreihundert Lire in der Staatskasse; der Herzog hatte sich eine Civilliste von 1,800,000 Liren ausgeworfen, hinterließ aber eine Privatschuld von dritthalb Millionen, welche der Staat übernehmen mußte. Das Zwangsanlehen und die Verordnung über die Bons wurden zurückgezogen; die Herzogin verpfändete ihr Privatvermögen für ein Staatsanlehen von dritthalb Millionen, welches sogleich gedeckt war. Die bekannten Organe Oestreichs in der süddeutschen Presse behaupteten, aber erst nach ihrem Zerwürfniß mit Oestreich, sie habe einen Theil dieses Anlehens auf Gründung von Klöstern verwendet. Die Hofhaltung wurde sehr eingeschränkt, die Civilliste unter die Hälfte herabgesetzt. Verbannten wurde die Heimkehr gestattet, einige wurden als Professoren angestellt, Gütersequester aufgehoben. Aber die Erbitterung über die schändlichsten Ehrenkränkungen und Beraubungen kochte noch in den Massen, und Mazzini war entschlossen, diese seine Basis sich nicht durch Versöhnung rauben zu lassen. Den 22. Juli brach in der Hauptstadt im Einvernehmen mit Soldaten der Finanzwache eine Verschwörung aus. Es kam zu einem Straßenkampf, welcher zehn Soldaten das Leben kostete. Oestreichische Truppen rückten von allen Seiten ein. Sechs Verschwörer wurden erschossen. Langwierige, peinliche Prozesse, verstärkte östreichische Occupation waren die nächste Folge. Die Regierung suchte durch Aufhebung des seit 1849 fortgesetzten Belagerungszustandes am zehnten Juni 1855 Frieden zu stiften. Aber die Richter, welche gegen die bei dem Aufstand Gravirtesten auf Tod gestimmt hatten, erhielten der Reihe nach ihr eigenes Todesurtheil zugeschickt und wurden einer nach dem andern erdolcht. Daher mußte im März 1856 der Belagerungsstand für die Hauptstadt erneut werden. Der östreichische General Crenneville mit seinen schrecklichen Auditoren entriß den Civilgerichten auch die Fortsetzung älterer Untersuchungen, namentlich die über die Ermordung des Herzogs. Als Pallavicino das Recht der bürgerlichen Gerichte zu wahren suchte, erklärte ihm der östreichische General, er nehme nur Mittheilungen mit der Unterschrift der Herzogin an. Die Herzogin, gekränkt durch den auf sie geworfenen Verdacht, als wollte sie die Untersuchung gegen den Mörder ihres Gatten verhindern, erklärte, den herrischen General nicht mehr zu empfangen und wandte sich brieflich an Radetzky, und, als dieser für den Kameraden Partei nahm, an den Kaiser. Nun wurde Pallavicino verdächtigt, als ob er mit Cavour die Dynastie zu untergraben suche. Aber die Herzogin hielt die Würde ihrer Krone, das Recht der bürgerlichen Gesetze und Gerichte aufrecht; Crenneville und seine Auditore mußten das Herzogthum räumen. Pallavicino ließ in Wien erklären, das Interesse Parmas sei doch mit dem Oestreichs nicht in allen Punkten identisch, es liege im Interesse beider, daß Parma nicht als von Oestreich abhängig scheine. Besonders peinlich war es für Oestreich, daß die Herzogin und Pallavicino beinahe gleichzeitig mit Cavour auf dem pariser Friedenscongreß den Abmarsch der östreichischen Occupationstruppen verlangten, welcher auch im Februar 1857 erfolgte; es war dies ein Zugeständniß des Kaisers Franz Josef, welcher eben in Mailand durch Gnadenertheilungen die Geister zu gewinnen suchte. Nur Piacenza blieb vertragsmäßig von ihnen besetzt. Umsonst hatten Mazzini und fanatische Mönche selbst von der Kanzel herab Drohungen und beängstigende Gerüchte verbreitet. Viele der aus den Kerkern Mantuas zurückverlangten „Galeeren" wurden gleichzeitig freigelassen. Die Krankheit des Erbprinzen erinnerte die Parmenser daran, daß wenn vier Augen brächen, sie unmittelbar östreichisch würden. Auch Piemont faßte diese Möglichkeit scharf ins Auge. Da die Herzogin es vorzog, von den Nachbarstaaten als von ihren Unterthanen getrennt zu sein, so erneuerte sie im Herbst 1857 den Zollverein mit Oestreich und Modena nicht. Diese geheimen Kämpfe wurden durch nationalgesinnte „Verräther" in Parma vor das europäische Forum gebracht. Sehr zur Unzeit, als eben die Augen der Welt auf die muthige Herzogin gerichtet waren, begann auch der Herzog von Modena einen Span mit ihr, wodurch er als Trabant Oestreichs erschien, während er doch seinem dynastischen Instinkt und seiner absolutistischen Ueberzeugung folgte. (Die würdige Haltung der Herzogin und Pallavicino's, die sich jener Schwarzburgischen Fürstin an die Seite stellt, welche den Herzog von Alba gefangen zu nehmen befahl, ist nach den Akten und dem allerhöchsten Briefwechsel eingehend erzählt in Unserer Zeit, Heft 91 von Seite 437 an.)

Da die nationale Bewegung eine antiklerikale war, so mußten die intime Verbindung der Herzogin mit der ultramontanen Partei in Frankreich, die Stiftung von Klöstern der der weiblichen Erziehung sich widmenden französischen Orden, das Mißvergnügen der Nationalen im Herzogthum erwecken. Die Herzogin hoffte durch ihre milde, fromme Regierung ihrem Sohne die Krone zu sichern, als lebte sie auf einer Insel und nicht als Nachbarin Piemonts, das sich durch die östreichische Besetzung Piacenzas tödtlich bedroht fühlte. Der Erwerb Parmas war die erste geographische Bedingung der Erzielung des nationalen Berufs Piemont. Lafarina schreibt als vertrauter Agent Cavours den 21. Februar 1859 an den Advokaten Armelonghi in Parma: „In Toscana werden Volksdemonstrationen gegen die Verträge mit Osterreich veranstaltet. Könnte man nicht auch in Parma ähnliches machen? Im Bejaungsfall muß man

dafür sorgen, daß nichts geschehe, wodurch der Zukunft vorgegriffen und
Verbindlichkeiten mit der gegenwärtigen Dynastie eingegangen würden."
Kaiser Napoleon konnte sich um so weniger berufen fühlen, den schützenden Ritter der Bourbonen in Parma zu machen, da die französischen Legitimisten ihm die Regierung der Herzogin fort und fort als Muster vor-
hielten. (Im Geiste der Legitimistenpartei schrieb Henry de Riancey einige
die Herzogin vergötternde Bücher.) Indeß that sie auch der streng ultramontanen, jesuitischen Partei lange nicht genug, sie war ja kein Engel
der Rache, sondern der Versöhnung. Während die Herzogin die Geschichte
durch Herausgabe des Monumenta historica ad provincias Parmensem
et Placentinam pertinentia durch eine Commission beförderte, hatte die
A. Allg. Zeitung (22. Jan. 1858) zu klagen, daß die deutsche Literatur durch
die modenesische Zolllinie von der italienischen Halbinsel beinahe ausgeschlossen werde; deßhalb brauchte ein deutsches Buch bis Florenz zehn
Spediteure. Und die Paßprellerei im Carrarazipfel!

Auch die Herzogin von Modena, Adelgunde, Tochter des Königs
Ludwig von Baiern, seit dem Jahre 1842 Gattin des „Erzherzogs", seit
dem Jahre 1846 Herzogs Franz V., wurde von allen Rechtschaffenen verehrt. Sie hatte wenig Einfluß auf die Regierung. Ihre Kinderlosigkeit
machte den Heimfall des Herzogthums an Oestreich mit jedem Jahre
wahrscheinlicher. Der 1819 geborene Herzog hatte nicht die fürchterlich
reizbare Phantasie, nicht den Ehrgeiz, noch die List des Vaters. Er war
jesuitisch, streng legitimistisch erzogen. Eine seiner Knabenarbeiten, welche
Farini 1859 dem Kaiser Napoleon mittheilte, führte den Plan aus,
wie die alte bourbonische Linie unter Mitwirkung auch Modenas durch
die Waffen Europas in Frankreich restaurirt werden könnte. Sonst
waren seine Gesichtspunkte etwas enge. Aus enger Pietät wollte der
Sohn keine der Ungerechtigkeiten des Vaters anders als auf dem Gna-
denweg sühnen. Kreaturen Metternichs beriethen ihn. Die romagnolischen Ultraklerikalen, welche seit 1847 gegen Pius waren, Legitimisten
aus allen Ländern fanden in Modena ein Asyl. Die im Jahre 1848
enthüllten Gelüste des liberalen Toscana und Piemonts nach seinen süd-
apenninischen Parzellen ließen den Herzog in einem engen Militärbündniß
mit Oestreich im Dezember 1847 Schutz für sein Recht suchen und finden.
Nach einem leichten Straßenkampf zog sich der Herzog mit den östreichischen Truppen den 21. März 1848 nach Oestreich zurück. Die großen
Güter, welche er hier besitzt, verstärkten sein habsburgisches Bewußtsein.

---

*) Das Nähere siehe I ducati Estensi dall' anno 1815 al 1850 per Nicome-
Bianchi. Torino 1852, zwei Bände einer noch etwas pathetisch breiten Arbeit des je
gründlichsten italienischen Geschichtsschreibers, ferner Documenti risguardanti il governo degli Austro-Estensi in Modena dal 1814 al 1859, Modena 1860, b
Bände, auf Anordnung Farina's aus den Archiven genau veröffentlicht und nach be

Wie Piacenza ſich 1848 wieder von Parma, ſo machte ſich Reggio im Frühjahr 1848 neben Modena ſelbſtſtändig; aber alle ſtimmten trotz mazziniſtiſcher Anſchläge für Anſchluß an Piemont. Die geworbenen Soldaten des Herzogs, deren Familien Steuerfreiheit beſaßen, verloren jede Disciplin und Modena konnte bei dem Kriege am Mincio nur wenig leiſten. Wie tief im Volke wie in den höchſten Kreiſen Oeſtreichs das Axiom wurzelte, daß die beiden Herzogthümer Oeſtreich gehören, er= hellt aus einigen Akten dieſer Zeit der tiefſten Erſchütterung des öſtrei= chiſchen Staats. Bekanntlich ſchickte das öſtreichiſche Miniſterium im Mai 1848 den Baron Hummelauer nach London, um dieſem Kabinet die Baſis zur Friedensmittlung zu unterbreiten. (Unſere Geſchichte Band II. erſte Hälfte, Seite 172.) Darin heißt es: „Der Herzog von Parma und ſein Sohn befinden ſich ihrem eigenen Lande gegenüber in einer ſo un= vortheilhaften Lage, daß ihre Wiedereinſetzung in das Herzogthum un= möglich iſt. Es tritt ſomit thatſächlich der in den Traktaten von 1748 und von 1817 vorgeſehene Heimfall Parmas und der Feſtung Piacenza an Oeſtreich ein, während einige Gränzdiſtrikte an Piemont fallen würden. Dem Herzog könnten für ſeine Abdankung ſeine Allodien garantirt wer= ten. Auch der Herzog von Modena hat ipso facto aufgehört zu regieren. Wir haben Urſache, es nicht für unmöglich zu achten, den Herzog von Modena zu bewegen zu Gunſten ſeines jüngeren nicht compromittirten Bruders, des Erzherzogs Ferdinand abzudanken. In dieſem Falle könnte der Kaiſer dieſen Prinzen zum Vicekönig des mit Oeſtreich durch Perſo= nalunion verbundenen lombardo-venetianiſchen Königreichs ernennen, wo= für er Oeſtreich Modena beibringen könnte. Dieſe „adminiſtrative Ver= einigung" (die militäriſche war durch den Vertrag vom December 1847 ſchon geſichert) der beiden Herzogthümer mit dem lombardo-venetianiſchen Königreich würde deſſen militäriſche Stellung weſentlich verſtärken." Und als im Auguſt 1848 nach der Niederlage des piemonteſiſchen Heeres Herzog Franz V. nach Modena zurückkehrte, ſo interpellirte ein Mitglied des öſtreichiſchen Reichstags das Miniſterium, weshalb man dieſes zuge= laſſen habe; der Kriegsminiſter Latour entſchuldigte es damit, daß der Herzog ohne Anfrage bei Oeſtreich zurückgekehrt ſei.

Der Herzog entſprach den rachebürſtigen Anſinnen der reaktionär= bigotten Partei nicht, welche ſich der Großmuth unwürdig zeigte, die gegen ſie von den Nationalen während des Sommers bewieſen worden war. Zur Befriedigung der Oeſtreicher wurden zwei Zwangsanlehen ausgeſchrie=

---

en Unſere Zeit wie oben. Die Dokumente ſind in beinahe erdrückender Maſſe, mit dieſem Unbedeutenden vorgelegt. Kann auch dem Hiſtoriker Indiskretion nur lehrreich ſein, ſo iſt es doch widerlich, daß Privatnotizen an das Licht gezogen wurden, um den Kaiſer der Franzoſen gegen den vertriebenen Herzog aufzubringen.

ben. Während des Märzfeldzugs 1849, welcher bei Novara ein so rasches Ende fand, war auch Modena von den Oestreichern geräumt. Der Herzog hielt sich in Brescello am Po auf. Piemont ließ durchaus nicht zu, daß Oestreich in den Friedensverhandlungen die beiden Herzogthümer vertrete, um sich nicht den Anschein zu geben, als verzichte es auf die Rechte, welche die Volksabstimmung ihm auf dieselben gegeben hatte. Dem jungen König Viktor Emanuel sollen von Oestreich, unter der Bedingung, daß er Bürgschaften seines Verzichts auf die nationale Politik gebe, Abtretung der im Süden des Apennins gelegenen modenesischen Provinz Massa Carrara gegeben worden sein. Franz sah ein, daß er nur durch Oestreich gestützt werden könne, aber als Oestreich ihn durch ein Ultimatum zum Abschluß eines Zollvereins drängte, fühlte er sich als violentato. Dennoch erneute er ihn als er im Jahre 1856 abgelaufen war, da Oestreich Modena gegenüber im Falle der Weigerung „sein System zu ändern" drohte. Bianchi theilt (Diplomazia europea Vol. VI. p. 322) ein merkwürdiges Schreiben Schwarzenbergs an den Herzog vom 13. April 1851 mit, worin er den Zollverein, dessen Ausdehnung auch auf Toscana und weiter beabsichtigt wurde, als ein gegen die englisch-piemontesische Solidarität gerichtetes Bündniß der absolutistischen Staaten Italiens auffaßt. Die Sprache Oestreichs gegen den fest ihm anhängenden aber selbstbewußten Herzog ist rücksichtsvoller als gegen den Großherzog von Toscana. Indeß galt ein östreichischer Major für den Gewalthaber in Modena.

Wenn auch mit Zurückhaltung, hatte die gebildete Bevölkerung während der Krise von Novara national-antidynastische Gesinnung verrathen. Daher sollte die Bildung zurückgehalten werden. Das Studiren selbst in dem restaurirten Jesuitencollegium wurde besonders den Söhnen nichtstudirter Väter sehr erschwert, auch wenn diese eifrige Reaktionäre waren. Deßgleichen der Besuch der östreichischen Lehranstalten; der Vater, welcher ein Kind ohne eine herzogliche Erlaubniß dahin schickte, verfiel in Geld- und Gefängnißstrafen. Die Haltung Piemonts und das Fortbestehen eines nationalen modenesischen Ausschusses in Turin, die Stacheln der ultramontan-absolutistischen Partei brachten jetzt den Herzog in die Geleise seines Vaters. Man sagte ihm, es sei seine Pflicht, die von der schlauen, compakten, zum Theil reichen Revolutionspartei unterdrückten Getreuen zu schützen. Er nahm sich der Pächter gegen die Grundeigenthümer an. Er erließ an die Gerichte Befehle (Beispiele in großer Zahl in den documenti), die getreuen Landleute bei Gesetzesübertretungen milde zu bestrafen oder gar keine Untersuchung gegen sie vorzunehmen. Wegen verborgener Waffen wurden Nationalgesinnte bis zu acht Jahren, Gutgesinnte nur zu sechs Monaten bestraft.

Im Jahr 1856 erschien ein etwas milderes Strafgesetzbuch, kraft dessen nur noch die Häupter von Verschwörungen mit dem Tode und mit Vermögensentziehung bestraft wurden. Herzog Franz war ein Feind eingehen-

ter Protokolle und der Motivirung der Strafurtheile und ertheilte deß=
halb den Gerichten manchen scharfen Verweis. Die patriarchalischen An=
sichten des Herzogs schafften wenig Linderung, da die Polizei und die
östreichischen Auditore und ihre Folterknechte am meisten eingriffen.
Die Polizei bestrafte mit Prügelstrafen jeden, der die Nationalfarbe trug,
der patriotische Lieder sang, der eine politische Karikatur machte oder nackt
badete. Die Gefängnißstrafe bot eine ganze Stufenleiter von Qualen.
Der von der Polizei wegen „antipolitischen Verdachts" Precettirte mußte,
wie im Kirchenstaat, bei strenger Strafe von Sonnenuntergang bis zum Mor=
gen im Hause bleiben, er durfte seine Gemeinde nicht verlassen, er hatte
sich an bestimmten Tagen bei der Polizei zu stellen, der Umgang mit ge=
gewissen Personen war ihm verboten. Wenn die Gerichte namentlich einen
politisch Verdächtigen lossprachen, oder wenn die Strafzeit „zu mild Be=
strafter" abgelaufen war, so befahl der Herzog öfters, solche noch Monate
im Polizeigefängniß zu behalten. Besonders erbitterte es ihn, wenn das
Gericht „die Absicht des Gesetzgebers" als Milderungsgrund anführte, da
doch er der Gesetzgeber sei. Er drohte daher alle Richter fortzuschicken,
und wenn es sein müßte, andere aus Kroatien kommen zu lassen. Der
Richterstand bewährte große Unerschrockenheit. Manchmal milderte der
Herzog auch die vom Gericht ausgesprochene Strafe, z. B. die einem „gut=
gesinnten Oheim" für eine unerwiesene Demunciation gegen seinen libe=
ralen Neffen angesetzte Strafe. *)

In Carrara war durch Familienrache der politische Parteihaß ge=
steigert, Meuchelmorde und Verwilderung waren eingerissen. Die Rich=
ter mußten bei Strafe binnen angesetzter Frist die Thäter entdecken, weß=
halb Weiber aufs äußerste gepeinigt wurden gegen ihre Männer zu zeugen.
Bis zu hundert Prügelstreichen waren erlaubt, um ein Geständniß zu er=
pressen. Der stärkste Galleote, ein Mörder von ungeheurer Körperkraft,
wurde eigens dazu hingeschickt. Als ein Priester sich weigerte die Beichte
eines Verdächtigen dem Gericht mitzutheilen, so drohte man ihm, ihn durch
den Pabst dazu zu zwingen. Andere Geistliche spielten dabei eine ganz
gemeine Rolle, sie wußten sich durch Spionendienste Straflosigkeit für ihr
ausschweifendes Leben zu verschaffen. Den gemeinsten traf bei einer Pro=
zession ein tödtlicher Schuß. Und doch wird uns versichert, daß der Her=
zog zwar auch ein „Eisenkopf", aber eigentlich kein grausamer Mann war,
daß er gegen Arme gutthätig, aber beschränkt in der Auffassung seiner
Regentenpflicht handelte. Es war die Frucht seiner jesuitischen Erziehung.
Für die Gefolterten und für die erwiesenermaßen Unschuldigen war frei=

---

*) Weitere charakteristische Einzelheiten und die Verweisungen auf die drei Bände
mobenesischer Dokumente: Unsere Zeit, Heft 91, von Seite 429 an; über die unglaub=
lichen Folterungen in Carrara s. Deutsche Jahrbücher, Oktober 1864, S. 71. Dem Ver=
fasser des Aufsatzes wurden dieselben an Ort und Stelle ganz so erzählt, wie er sie
nach den Dokumenten geschildert hatte.

lich dieser Trost nicht ausreichend. Die Herzogin suchte Thränen zu stillen wo sie konnte und durfte.

Seit dem Krimkrieg und dem pariser Friedenscongreß des Frühjahrs
1856 erkannte Herzog Franz die aufsteigende Gefahr, welche nur seinen
Legitimitätseifer steigerte.*)

Auch die Legitimität hatte ihre verborgene Stacheln: als Herzog Franz,
dessen jüngerer Bruder Ferdinand 1849 gestorben war, zu Anfang des
Jahres 1857 auf dem Schmerzenslager war, stellte sich Oestreich als See-
lenwärter an dasselbe, da Oestreich berechtigt war, bei dem Tode des kinderlosen Fürsten und seines betagten, auch kinderlosen Oheims (geb. 1782)
einen Erzherzog an seine Stelle zu setzen.   Daß Oestreich gleichzeitig sich
in Piacenza, auf welches Piemont, auf alte Verträge gestützt, im Falle des
Aussterbens der parmensischen Bourbonen Ansprüche erhob, durch einen
Kreis von Forts befestigte, steigerte die Erbitterung.   Piemont protestirte
vor ganz Europa gegen diese Festsetzung der Oestreicher, welche, verbunden
mit dem Schutz- und Trutzbündniß vom Dezember 1847, eine Einverleibung beider Herzogthümer vorbereite, als gegen Verletzung der Bestimmungen des wiener Congresses von 1814.   Die Parmenser schlossen sich
nur um so fester theils an ihre Herzogin, theils an Piemont an.

---

*) Schadenfroh hat man 1859 seine geheimsten Papiere und Worte an das Ta-
geslicht gezogen und Napoleon vorgelegt.   „Die Westmächte, diese Schelme", „der Bri-
gante Napoleon und die ganze napoleonische Baracca", diese seine Zornausbrüche wurden 1859 auch ihm staatsgefährlich.   Es ärgerte ihn sehr, daß selbst sein Amtsblatt 1855
der Annäherung der östreichischen Kaiserfamilie an die napoleonische Erwähnung that.
Im Jahre 1858 berichteten die herzoglichen Gesandten in Wien, daß Napoleon bei
diesem Hofe „der gekrönte Robert Macaire, Tartüffe, ein schlechterzogener, heimtückischer
Prügeljunge" genannt werde. Am liebsten hätten wir solche Ausbrüche des Unmuths und
Zwischenträgereien kleinbiplomatischer Wohldienerei verschwiegen; allein es ist nicht
unwahrscheinlich, daß ihre Veröffentlichung in der Annexionskrise von 1859 und 1860
besonders auf die napoleonische Politik einigen Einfluß übte.

Neunundzwanzigster Abschnitt.

Die Oestreicher in Lombardo=Venetien von 1849 bis 1858.

Der Tessin ist eine natürliche und geistige Gränze wie wenige Flüsse. Wenn wir aus der mathematisch angelegten und bewässerten Lombardei auf das rechte Ufer des Ticino gelangen, so erscheint der Boden als un= dankbar, Bäume und Früchte wie einem nördlichen Klima angehörend. Die Gebirgswasser hinterlassen auch in den besseren Gegenden breite Kiesbetten wie im oberen Venetianischen. Seit Jahrtausenden haben sich hier in dem oberen Pobecken andere, härtere Völkerniederschläge (malo assuetus Ligur) gebildet, als in der mittleren breiteren Poebene. Mai= land und Turin bildeten immer in Kultur, in Politik, in der ganzen Lebensweise beinahe schroffe Gegensätze. Mailand, als Sitz mächtiger Tyrannen, Herzoge genannt, als Sitz der Spanier und der Oestreicher, bedrohte Piemont, und dieses, obgleich ärmer und schwächer, zeigte die zäheste Ausdauer in der Aneignung der mailänder Westprovinzen, in der blattweisen Auffspeisung der schönen Artischoke. Dadurch wurde der geistig reicher begabte, geistig regsamere, flotter lebende Mailänder gegen den verschlossenen, militärisch und klerikal ernsten, steifen Turiner nur noch spöttischer gestimmt.

Da die Mailänder den Abzug der Oestreicher im März 1848 den Erfolgen ihrer Tapferkeit zuschrieben, so sahen sie auf die piemontesischen Truppen herab, welche sich vor Verona Monate vergeblich abmühten, die Früchte der mailänder Siege einzuheimsen. Daher wollte zwar das reichere Land, „das sich selbst befreit hatte", die piemontesische Dynastie in Gnaden anerkennen, aber Mailand sollte die Hauptstadt des subalpinischen Königs= reichs werden. Das machte in Turin keinen guten Eindruck. Die Mazzi= nisten, um eine Tochterrepublik der französischen Republik in Lombardo= Venetien zu errichten, bliesen alle Funken alter Zwietracht zwischen dem extremen Lombarden und dem monarchischen Piemontesen auf. Als nun im Anfang August 1848 Karl Albert mit seinem geschlagenen Heere er= schien, um unter den Mauern Mailands noch einmal den Kampf um diese reiche Beute zu wagen, so war in jener furchtbaren Nacht nach

dieſem unglücklichen Kampfe ſein Leben durch den mailänder Pöbel bedroht,
die Ehre des „Verräthers“ wurde gebrandmarkt. (Siehe unſere Geſchichte
Band II, erſte Hälfte, S. 279.) Und nun wies der Waffenſtillſtand die
Piemonteſen wieder hinter den Teſſin zurück.

Die Piemonteſen, welche mit Aufbietung aller, ihrer äußerſten Kräfte
beinahe allein gegen den gemeinſamen Feind gerungen hatten, blieben den
Mailändern hinwieder Haß und Verachtung nicht ſchuldig, zumal die
Tauſende nach Piemont geflüchteter Lombarden alles und jedes piemonte⸗
ſiſche Herkommen bedrohten und das piemonteſiſche Heer mit dem glühen⸗
den Brandmaleiſen ihres Spottes wie einen verwundeten Gladiator wieder
in den Kampf gegen die Oeſtreicher drängten.

Ein Mann wie Hartig, wenn für ihn inmitten der ſiegestrunkenen
Soldateska Raum geweſen wäre, könnte jetzt die alten Vergehen der miß⸗
trauiſchen Politik des Kaiſers Franz ſühnen. Dieſe hatte die Municipal⸗
ſelbſtverwaltung, welche den Männern des Patriziats eben ſo entſprach
wie vielen Damen die öffentliche Wohlthätigkeit, durch die Büreaukratie
des Staats verdrängt. Wenn jetzt die öſtreichiſchen Gewalthaber, wenn
Radetzky und namentlich Schwarzenberg ſich darauf beſchränkten, mit ihren
Proſcriptionen und Gütereinziehungen ſich auf einige Dutzende zu werfen,
wenn ſie den Anderen großmüthig Amneſtie anboten und hielten, wenn
ſie die Prügelſtrafe abſchafften und die in Oeſtreich proklamirte Freiheit
mit der Verpflichtung, die Demonſtranten landesüblich zu beſtrafen, den
Gemeinden einräumten, wenn das Offizierscorps im ſtolzen Bewußtſein
des Siegers über Demonſtrationen hinwegſehend, ſich den Hohn gegen
italieniſche Geſinnung hätte abgewöhnen können, ſo könnte entweder jetzt
oder nach Novara Lombardo⸗Venetien, wenigſtens die große Mehrzahl der
Bewohner der Ebenen, noch in ein erträgliches Verhältniß zu Oeſtreich
treten. Weil dieß gar nicht ernſtlich verſucht wurde, weil man mit Lei⸗
denſchaft und Hohn ſich im Gegentheil gefiel, ſo erſchienen die Oeſtreicher
den Italienern nicht ohne Grund als Barbaren. (Siehe den XXIII. Ab⸗
ſchnitt unſerer Geſchichte: Die Lombardei unter der Militärherrſchaft.)
Die bis 1848 angeordnete Verwaltung, welche nur durch die Polizei ge⸗
ſtört worden war, wurde jetzt raſchen Schritts durch gewaltthätiges Ein⸗
greifen des Militärs verſchlechtert, was auch die Folge hatte, daß Einge⸗
borene und Deutſchöſtreicher von Charakter in öſtreichiſch Italien keine
Civildienſte mehr nehmen wollten. Das beſte Motto für dieſes Miß⸗
regiment der öſtreichiſchen Militärbeſpotie ſind die ſtaatsmänniſchen Worte
Macchiavelli's: „Die größte Gefahr, das Verderblichſte für eine Regierung
iſt, wenn ſie die Gemüther der Bürger durch immerwährende Strafen
und Verletzungen in Furcht und Zweifel erhält. Denn ſobald bei den
Menſchen die Beſorgniß einwurzelt, es möchte ihnen übel ergehen, ſo
ſuchen ſie ſich auf alle Weiſe gegen dieſe Gefahr zu ſichern, ſie werden
kühner, rückſichtsloſer zu Neuerungen. Deßhalb iſt es nothwendig, ent⸗

weder nicht zu verletzen, oder alles Uebel auf einmal zu thun, darauf aber die Leute wieder sicher zu machen, ihnen wieder Beruhigung und Muth einzuflößen." Auch gehört hieher, was derselbe sagt, Gütereinziehung errege mehr Erbitterung als die ein für allemal vollzogenen Todesstrafen. Und so gelang es der Militärregierung binnen weniger Monate den Haß gegen die Piemontesen durch den gegen die Oestreicher vergessen zu machen.

Wie fieberhaft der Haß der Lombarden gegen die Oestreicher und das Heimweh der Tausende Emigrirter war, zeigten schon im Winter vor 1849 Aufstände einzelner Thäler an der Schweizergränze. Allein da die Entwaffnung von Stadt und Land bei Todesstrafe ausgeführt wurde, so konnten ohne kräftige Unterstützung aus Piemont durch solche verzweifelte vereinzelte Versuche nur Schrecken und Haß gesteigert werden. Schon im Herbst 1848 war in Turin eine Insurrektions-Commission gebildet worden, welche aus den angesehensten Männern aus allen Theilen der Lombardei, z. B. einem Casati aus Mailand, bestand. Das zu insurgirende Land war in zwanzig Kreise eingetheilt. Von beiden Seiten suchte man sich durch übertriebene Versprechungen zu ermuthigen; daß aber in der lombardischen Ebene nicht einmal Muth oder Interesse genug war, um unmittelbar nach Aufkündigung des Waffenstillstands die wichtigen Nachrichten über die Bewegungen des östreichischen Heers nach Piemont zu bringen, war eine der Ursachen des raschen unglücklichen Verlaufs des Krieges. Während einige Tausend der bravsten Lombarden unter Manara regelmäßig geschult Pavia gegenüber standen, suchten in der Stunde des Kriegsausbruchs vom Lago Maggiore aus Männer wie Gabriele Camozzi, aus einer der ersten Familien Bergamos, den am Fuß der Alpenvorberge liegenden Mittelstädten Waffen zu schaffen. Er brachte 5500 Flinten; viertausend ebendahin bestimmte fanden die siegenden Oestreicher noch in Mortara. Nur am Fuß der Gebirge, in Varese, in Como, in Lecco wurden beim Wiederausbruch des Kriegs um den 20. März 1849 die Nationalgarden wieder hergestellt, eine provisorische Regierung errichtet. Aber man fand weiter nichts zu thun als die östreichischen Beamten zu verjagen. Die Oestreicher hatten sich nicht durch Hinterlassung ausgesetzter Besatzungen geschwächt; nur wo starke Bergcitadellen Städte beherrschten, wie die von Bergamo und Brescia, hatten sie einige Kompagnien eingelegt. Die Belagerung derjenigen von Bergamo war eingeleitet und tausend Mann bewaffnet, als die Nachricht von der Niederlage der Piemontesen bei Novara am 23. März und vom Waffenstillstand anlangte. Die Municipalität schloß mit dem Kommandanten ein möglichste Gnade sicherndes Abkommen. Der zahlreiche Adel war zum Theil heimlich östreichisch-klerikal gesinnt, mehrere Kirchenfürsten entstammten ihm. Bergamo hatte noch seine eigene, von der Mailänder abweichende Lirarechnung. Brescia hatte eine Bevölkerung von 40,000 Einwohnern von energischem Charakter, zum Theil Metallarbeiter; besonders unter Napoleon I. war

es eine große Waffenschmiede und Kanonengießerei gewesen. Im März
1848 war hier die östreichische Truppe lebhaft angegriffen worden; Fürst
Schwarzenberg gedachte es Brescia, daß er damals nur mit empfindlichem
Verlust hatte abziehen können. Viele Waffen wurden nach der Rückkehr
der Oestreicher in der Stadt und von den wild energischen Bauern und
Hirten der Gebirgsthäler verborgen gehalten. Der Kommandant Feldmarschall-Lieutenant d'Aspre hatte im Januar 1849 bei Gelegenheit der
Entdeckung eines Ausrüstungsdepots die Stadt ·wegen ihres feindlichen
Geistes um 520,000 Zwanziger gestraft. Nach seinem Abgang gegen
Venedig kam nur auf kurze Zeit Feldmarschall-Lieutenant Appel, einer
der wenigen Generale, welche mit den Italienern vernünftig umzugehen
wußten. Das Insurrektionscommitte soll von Turin aus Geld bekommen
haben, womit es italienische Soldaten und Conscriptionspflichtige im Ver-
steck unterstützte und ihnen zum Theil nach Piemont durchhalf. Es hieß
20,000 Patronen. Der Pfarrer von Serle im Gebirge ließ Mannschaft
den Winter über verpflegen und drillen. Schon zwei Tage vor der
Verabredung erschien er am 19. März mit 180 Bewaffneten auf den
Hügeln nördlich von Brescia. Am 22. wurde in der Stadt ein östreichischer Waffentransport, welcher sich nach dem Castell bewegte, mit
Blutvergießen genommen. Am Abende entzündeten aus Piemont zurück-
kehrende Brescianer durch ihre glänzenden Berichte und der Kommandant
das Castells durch in die Stadt geworfenen Bomben die Wuth auch der
großen Masse. Das leitende Committe stellte in der Stadt geachtete
Patrioten voran, welche kraft der sprichwörtlichen Fertigkeit der Brescianer
in Nothbauten Barrikaden errichteten. Man zählte dreitausend mit Flinten Bewaffnete. An Ingenieuren fehlte es in der Lombardei nicht.
General Nugent konnte mit tausend Mann Rumänen nur außerhalb der
Stadt Meister werden, er fiel beim Sturm auf die Stadt tödtlich verwundet. Die Nachrichten von der Niederlage der Piemontesen und von
dem Waffenstillstand wurden durch falsche übertäubt. Pfarrer feuerten
das Volk zur Fortsetzung des Widerstands an.

Schwarzenberg und d'Aspre hatten ihren Privathaß gegen Brescia
der Militärleitung mitgetheilt. Ganz österreichisch Italien sollte ein furcht-
bares Beispiel an Brescia gegeben werden. Der geeignetste Racheengel war
Haynau, von den Soldaten Einhau genannt. Er rückte mit weiteren
dreitausend Mann von Verona heran und warf sich mit einem Theil
derselben in das hart über der Stadt gelegene Castell. Von hier aus
erließ er am Morgen des 31. März eine Aufforderung an die Stadtbehörde,
sich sofort ohne Bedingung zu unterwerfen. „Wenn um Mittag, erklärte
er, nicht alle Barrikaden abgetragen sind, so wird die Stadt mit Sturm
genommen, geplündert und allen Gräueln der Verwüstung preisgegeben
werden. Alle Ausgänge der Stadt sind von meinen Truppen besetzt, ein
verlängerter Widerstand wird den Ruin der Stadt zur Folge haben.

Brescianer, ihr wisset, daß ich mein Wort halte!" Sie wußten, daß er es namentlich in diesem Falle halten werde. Die Abordnung der Municipalität erklärte ihm um Eilf Uhr Morgens, daß sie über die fanatisirten Massen keine Gewalt hätte; sie bat um 48 Stunden Zeit, um dieselben von der Niederlage der Piemontesen zu überzeugen. Aber Haynau gestand nur noch einige weitere Stunden zu. Nach Ablauf derselben gegen vier Uhr Nachmittags läuteten die Glocken der Stadt Sturm, das Castell bombardirte sie, die Sturmkolonnen rannten vom Castell herunter und gegen die Ost- und Südthore. Aber die Insurgenten leisteten hinter den Barrikaden verzweifelten Widerstand. Haus um Haus wurde unter den entsetzlichsten, an Kindern, Weibern und Greisen verübten Gräueln erstürmt. Glaubwürdige Brescianer erzählen, östreichische Soldaten seien mit Terpentinöl zum Anzünden der Häuser versehen gewesen. Damit seien die Kleider des buckligen Schmiedgesellen Lima bestrichen worden; als sie angezündet waren, faßte er einen Soldaten und hielt ihn wüthend so fest, daß dieser mit ihm verbrannte. Die meisten Gräuel soll eine Truppe verübt haben, welche sich aus dem Veronesischen rekrutirte. Die Soldaten waren durch die zum Theil wahren Erzählungen über die Mißhandlung einzelner, selbst kranker oder verwundeter Soldaten wüthend. Als am Morgen des ersten April das Sturmläuten und das Feuer der in den nordwestlichen, freieren Theil der Stadt gedrängten Insurgenten wieder begann, verbot Haynau Pardon zu geben. Die zwei Bataillone vom Regiment Baden hatten an Verwundeten und Todten zwölf Offiziere und über zweihundert Soldaten.*) Der „östreichische Veteran" (Schönhals) rühmt, „daß Brescia in der Disciplin der Truppen und in der Mäßigung Haynau's einen Schutzengel gefunden." Ein allgemein geachteter Mönch hatte den Muth den Mittler zu machen; Haynau versprach, daß die friedlichen Bürger nicht als Feinde behandelt werden würden. So ließ der Widerstand nach; am Abende war die ganze Stadt in den Händen der Oestreicher.

Den folgenden Tag befahl Haynau die Auslieferung der Waffen bei Todesstrafe für den Hauseigenthümer. Stadt und Provinz hatten sechs Millionen Zwanziger Strafe zu zahlen; überdieß bezahlte die Stadt für die Verwundeten und für die Waisen der Gefallenen 300,000; sie hatte auch dem Staat allen Schaden zu ersetzen. Die Führer des Aufstandes waren entflohen. Etwa fünfzig, mehr oder weniger Compromittirte, worunter einige Priester, wurden erschossen, ungefähr die gleiche Zahl in östreichische Regimenter gesteckt. Den besonderen Zorn der Militärjustiz erregte die Entschuldigung, da sich die Lombardei im vorigen Jahre durch

---

*) (So rechnet Schönhals. Nach Coppi gaben die Oestreicher ihren Verlust auf Stabsoffiziere, 32 niedere Offiziere und 1476 Soldaten an, was aus mehreren Gründen als unglaublich erscheint.) Die Zahl der todten und der verwundeten Aufständischen wurde nie bekannt.

Volksabstimmung an Piemont übergeben habe, so seien die Gefangenen nicht als Rebellen gegen Oestreich zu behandeln. Sechszehn Gefangene der Emigrantenschaar Camozzi's wurden im Castell erschossen. Noch im Juli wurden zwölf standrechtlich Verurtheilte auf der Promenade gehängt. Wie einige fanatische Weiber gestraft wurden, weiß Europa. Haynau hatte sich durch seinen Heroismus solche Achtung bei der Militärpartei erworben, daß ihm bald darauf die Führung des ungarischen Krieges übertragen wurde. Das liberale Europa nannte ihn die Hyäne von Brescia. Es wäre mühsam aus den offiziellen Blättern die Zahl der in der Lombardei standrechtlich Hingerichteten zusammen zu zählen. De la Varenne in seiner Schrift: Les Autrichiens et l'Italie berechnet dieselben vom sechsten August 1848 bis zum 22. August 1849 auf 960. Doch hüten wir uns überhaupt selbst nicht angefochtene Dokumente aus seiner Schrift mitzutheilen, weil sie die Stimmung Frankreichs auf den Feldzug von 1859 vorbereiten sollte. Aber auch der pünktliche Abbate Coppi registrirt jene Zahl.

Es gereicht dem Ehrgefühl der Italiener zur Ehre, daß sie durch die niederträchtige Abprügelung, z. B. der im März 1848 fortgeschleppten Geißeln, wie eines Grafen Porro und Anderer, ungleich mehr erbittert wurden, als durch die Todesstrafen (siehe Mascheroni gli ostaggi). Da der östreichische Soldat geprügelt werden mußte, so mußte natürlich auch der „schlechte Kerl", der Italiener geprügelt werden.

Der Geburtstag des neuen Kaisers Franz Josef, der 18. August 1849 wurde in Mailand auf eine charakteristische Weise begangen. In der Nacht zuvor wurden die Eingebornen durch Maueranschläge vor jeder Betheiligung an der Feierlichkeit gewarnt. Mehrere östreichische Personen und Gegenstände wurden verhöhnt. Die Offiziere, besonders durch die eben angekommene Nachricht von der Unterwerfung des ungarischen Heeres bei Vilagos erregt, versammelten sich nach ihrem Festmahle siegestrunken im Cafe Mazza beim Dom. Eine ihnen wohlbekannte Handschuhhändlerin erschien auf dem Balkon gegenüber, ihre Schürze, auf welche das östreichische Wappen schwarzgelb gestickt war, zur Schau tragend. Sie wurde von den Offizieren mit Applaus, von den Mailändern mit Pfeifen empfangen. Der dadurch veranlaßte Zusammenlauf wurde nicht ohne Verwundungen durch Patrullen auseinander getrieben; zahlreiche Verhaftungen wurden vorgenommen. Nach fünf Tagen erschien eine Veröffentlichung, seltsamer Weise ohne Unterschrift, wornach zwanzig Personen zu fünfzig Stockstreichen, vierzehn zu Gefängniß in Eisen verurtheilt waren. Die Männer wurden auf dem Castellplatz, zwei Mädchen, Sängerinnen, im Castell abgeprügelt. Der Kommunalverwaltung wurde eine Rechnung vom zweiten September überschickt, laut welcher sie für sechzig dabei verbrauchte Stöcke acht Gulden, für vierzig im Verlauf des Juli im Civilarrest verbrauchte Stöcke fünf Gulden zwanzig Kreuzer, für Verbandzeug, Essig und Eis auf die Wunden fünf Gulden bezahlen sollte. Da diese Rechnung in Turiner

Zeitungen als ein Beweis des herausfordernden Hohnes gegen die Be=
siegten veröffentlicht wurde, erließ der Militärkommandant Liknowski den
28. September an den Podesta einen strengen, drohenden Verweis über
diesen böswilligen Bruch des Amtsgeheimnisses durch Kommunalbeamte.
Er erklärt, die Thatsache durchaus nicht anfechtend, daß die Einreichung
der Rechnung bei der Stadtbehörde blos ein Irrthum des Profosen sei.
(Die Urkunden bei Zobi, cronaca degl' avvenimenti nel 1859, Vol. I.
pag. 673 u. 692.) Da die Lombarden jetzt von solchen Szenen am liebsten
schweigen, möge auch uns dieses eine Beispiel genügen. Wie wenig die
Oestreicher Scherz verstanden, ersehen wir daraus, daß ein Junge, welcher
in Venedig Kartoffeln verkaufte, 25 Stockprügel erhielt, weil er sie Wiener
Orangen nannte.

Zum Friedensvertrag zwischen Oestreich und Piemont war vereinbart,
daß Oestreich eine Amnestie für Lombardo=Venetien nach der Unterzeich=
nung und vor dem Austausch der Ratificationen erlasse. Den zwölften
August wurde eine beschränkte Amnestie von Radetzky proklamirt. Es sollte
den politischen Flüchtlingen bis Ende Septembers freistehen, ungestraft
zurückzukehren oder hernach auszuwandern. Von dieser Amnestie sollten
ausgeschlossen sein 86 Personen, die hervorragendsten der Lombardei: der
edle Gründer der Kinderasyle Priester Aporti, mehrere Borromeo, Ca=
mozzi, Casati und Litta=Arese, Marchese Georg Pallavicino von Spielberg,
Graf Durini, Cernuschi, Correnti und die Fürstin Christina Trivulzio=
Belgioioso. Mag die geistreiche Fürstin politisch sehr excentrisch gewesen
sein, sie widmete sich öfters Monate lang persönlich ganz dem Unterricht
der Kinder ihrer Pächter und Tagelöhner und baute viele im Krieg zer=
störte Häuser wieder. Eine wahre Landplage waren auch nach Novara
die die Lombardei durchstreifenden Banden von Deserteuren, welche sich
den östreichischen Patrullen nicht selten mit den Waffen widersetzten. Die
Gemeinden wurden mit schweren Geldstrafen, Privaten mit dem Tode be=
droht, wenn sie denselben irgend Unterstützung gewähren würden. Wer
einen bloßen Deserteur einlieferte, erhielt 72 Lire, wer aber einen Deser=
teur, der vom Raube lebte, einlieferte, erhielt 600 Lire Belohnung. Obige
Zahl von 960 binnen Jahresfrist Hingerichteter ergänzte sich wesentlich
auch durch solche vom Standrecht Abgeurtheilte. Die an der revolutio=
nären Regierung irgend betheiligten Gemeindebeamten, Geistlichen und
Lehrer wurden abgesetzt. An ihre Stelle und als Berather der Regie=
rung bei Reformen der Verwaltung und des Schulwesens wurden häufig
verachtete Denuncianten eingesetzt.

Das Hauptmotiv der nur im Mai 1848 bei einigen östreichischen
Liberalen vorübergehend erschütterten Willensmeinung, Lombardo=Venetien
mit allen Mitteln zu behaupten, sprach Finanzminister Krauß im Novem=
ber 1848 vor dem Reichstag in Kremsier aus: Lombardo=Venetien zahlte
jährlich 110 Millionen Lire Steuern; die Lokalausgaben und die allgemeinen

des Staats, der Antheil namentlich an den Zinsen der Staatsschuld un am Militär beliefen sich auf 85 Millionen; somit blieb ein jährlich Reingewinn des Gesammtstaats von 25 Millionen. In den Kriegsjahre 1848 und 1849 hatten die östlichen Provinzen des lombardo-venetianische Königreichs für die italienischen Truppen schwere Lieferungen und für d östreichischen allein Lieferungen in einem Werth von 93 Millionen; machen. Die Zerstörungen des Kriegs an Gebäuden betrugen sechszi Millionen, wovon nur wenig ersetzt wurde. (Imposte ed estorsioni a striache nella Venezia per A. Meneghini. Torino 1859.) Besonte auf die Vorstellungen der Mittlermächte England und Frankreich hin wur die enormen Kontributionen, welche 209 am Aufstand Betheiligten ein Strafe von zwanzig Millionen Lire (Francs) auferlegt hatte, zu Anfan des Jahres 1849 eingestellt worden. Allein nur wenige Wochen na Novara nahm Fürst Karl Schwarzenberg dieselben wieder auf. Auch d mütterliche Vermögen von Mädchen, die kaum gehen konnten, z. B. w des Töchterchens des Grafen Arese, wurde mit Sequester belegt. Die Öe reicher verwiesen lachend auf den in Mailand fortgesetzten Luxus, welch allerdings oft durch Ueberfülle jede Mode, namentlich die der Krinoline ins Unschöne übertrieb. Da die Italiener den Versuchen Oestreichs, ihr Papiergeld bei ihnen in Curs zu bringen, bisher Widerstand geleist hatten, so wurde jetzt der Versuch gemacht, durch Ausgabe von siebzi Millionen östreichisch-italienischen Papiergeldes die Lombarden zur Annahm desselben zu zwingen. Das niedergeworfene Italien sollte die Geldmitt zur Unterwerfung Ungarns, im Herbst 1850 zur Niederwerfung Preußen liefern. Da aber die Italiener dieses Papier, obgleich es Zinsen trug unter sich nicht gebrauchten und deßhalb der Curs desselben niedrig wa somit dasselbe dem Staat nicht den gehofften Betrag lieferte und späu zurückgezogen werden mußte, so wurde am 26. März 1850 ein „freiwillig Anlehen" von 120 Millionen Lire für die italienischen Provinzen ausg schrieben, mit der Drohung, daß, wenn dasselbe nicht durch freiwilli Unterzeichnungen gedeckt würde, müßte man es in ein Zwangsanlehen ve wandeln, was auch geschah. Die Grundsteuer wurde „außerordentlich Weise" um fünfzig Procente erhöht. Da ein Theil der den zwölften A gust 1849 Amnestirten, namentlich solche, welche auch Güter in Piemo besaßen oder dort eine Anstellung gefunden hatten, von der Erlaubniß d Rückkehr keinen Gebrauch machten, so wurde im März 1850 kraft ein Gesetzes von 1832 auf alle ihre Güter Sequester gelegt. Professor Ces berechnet die von den Oestreichern vom August 1848 bis Ende 1851 un den verschiedensten Formen eingetriebenen Summen für die Lombardei a 422, für Venetien auf 240 Millionen Lire. Jacini, welcher in den Zeit des härtesten Drucks neuen Steuerplanen mit Zahlen entgegentrat, wur 1858 vom Gouverneur in das auch durch die Traubenkrankheit hart heu gesuchte Veltlin geschickt. Von 1847 bis 1857 hatten sich die Kühe u

1700 vermindert, statt 1667 waren nur noch 500 Ochsen vorhanden; die meisten waren verkauft, um einen Theil der Steuerrückstände zu decken. Die Steuer hatte 1847 nur 297,000, seit 1854 aber 668,000 Lire betragen. Die Trauungen waren auf die Hälfte zurückgegangen und öfters konnten wegen der hohen Taxen Erbschaften nicht angetreten werden. Dazu kam noch die Krankheit der Seidenraupen und Verwüstungen durch Wildwasser. Die Polizei war für die Gemeinden sehr theuer und, da sie hauptsächlich nach politischen Vergehen fahndete, für die Bürger peinlich; doch schützte sie auch das Grundeigenthum gegen den Diebscommunismus. Das Standrecht herrschte 1851 noch, wozu Raub und Brandstiftung immer noch Veranlassung gaben. Der oberste Gerichtshof wurde von Verona nach Wien verlegt. Die Oeffentlichkeit der Gerichte und andere moderne Verbesserungen kamen den politischer Vergehen Angeklagten nicht zu gute. Die Regierung sorgte für „zuverlässige“ Richter. In Rovigo allein wurden im Mai dieses Jahres 14 standrechtlich erschossen, 21 auf die Galeeren oder zu Gefängnissen verurtheilt. Ein Besuch des Kaisers im Herbste 1551 galt zwar hauptsächlich dem Heere; dennoch wagte der Municipalrath von Mailand zu klagen, daß der Belagerungsstand die Industrie und den Handel unterbinde. Am drückendsten für die Gemeinden sei, daß sie für Vergehen Einzelner verantwortlich gemacht und mit schweren Geldstrafen belegt werden.

Die national-constitutionelle und die Partei Mazzini's, die Verschiedenheit ihrer Ziele und ihrer Mittel schieden sich wieder immer klarer. In London bildete sich 1850 das europäische demokratische Committe. Als ob der Absolutismus das Blut und das Vermögen der Lombarden nicht hinreichend zehntete, wurden auch an sie Anforderungen der Betheiligung an dem demokratischen Anlehen von 10 Millionen Lire gestellt. In Mantua, in Venedig, in Padua, in Vicenza und Treviso bildeten sich kleine Verschwörungen, welche das Volk zum Aufstand gegen die Fremdherrschaft und für die Republik vorbereiten sollten. Das Kriegsgericht in Mantua ließ im Winter nach 1852 eilf meist gebildete Männer hinrichten, darunter Tozzoli, Priester und Professor am bischöflichen Seminar in Mantua, und den Erzpriester Grazioli. Eine Anzahl Anderer wurde zu Eisen bis auf fünfzehn Jahr verurtheilt. Der Dompfarrer von Mantua Martini erzählt in seinem „confortatorio di Mantova negli anni 1851, 1852, 1853“, daß am 19. März 1853 in der Frühe in Mantua für 58 in obigen Proceß Hineingezogene die kaiserliche Amnestie verkündigt wurde. Während im Dom eine Dankfeier gehalten wurde, ward der dabei betheiligte Pietro Frattieri gehängt, was die aus dem Dom tretenden Bürger mit Grauen erfüllte. Einer der Betheiligten war von seiner Geliebten, die sich aber einem östreichischen Offizier ergeben hatte, verrathen und hingerichtet. Bei der feierlichen Hebung der Särge im Jahre 1867 erkannte man seine Leiche an der ihm von derselben Person gestickten Weste. Jene

Hinrichtungen waren um so grausamer, da, wie wir von Eingeweihten wissen, die Verschwörung unmittelbar nach dem napoleonischen Staatsstreiche vom zweiten December 1851 sich aufgelöst hatte.

Der lombardische Klerus war in seiner großen Mehrzahl josefinisch, seit einem Jahrzehnt liberal und national gesinnt. Dafür wurde er von der östreichischen Militärregierung auf die entwürdigendste Weise behandelt. Fürst Schwarzenberg erließ 1850 an die Erz- und andern Bischöfe ein Rundschreiben, worin der Mehrzahl des Klerus vorgeworfen wird „moralische und politische Versunkenheit, stupide Verderbtheit, sakrilegische Handlungen, Corruption, skandalöse Ausschweifungen". (Das Rundschreiben s. Unsere Zeit, Heft 35, S. 689.) In Lombardo-Venetien gab sich selten ein Geistlicher zu Spionendiensten für die Regierung her. — „Gott, Vaterland und Handel" lasen wir um diese Zeit auf einer lombardischen Festsäule. Dieser populären Trinität setzte Mazzini sein: Volk gleich Gott und die Revolution als seinen Propheten entgegen. Damit das Gefühl des Elends gesteigert, die Verzweiflung gereift würde, suchten die Mazzinisten durch allerlei Hetzereien den Kredit und die Industrie zu stören. Während Oestreich Alpenstraßen, z. B. die über den Tonale baute, welche seine Heere rasch in die Lombardei fördern konnten, sah es sich durch Zettlungen genöthigt, den Verkehr an den Gränzen aufs peinlichste zu überwachen. „Zwischen den Alpen, proklamirten zu Anfang des Jahres 1853 Mazzini und Saffi, und der äußersten Seeküste Siciliens stehen 25 Millionen der Unsrigen und hunderttausend Fremde. Sobald ihr nur wollt, so ist es nur ein Kampf für einen Augenblick. Soldaten, Frauen, gebildete Jünglinge und Volk, laßt uns nur einen Augenblick ein Herz, einen Gedanken, einen Herzschlag, einen Wunsch in der Seele, einen Ruf auf den Lippen haben: wir wollen ein Vaterland, wir wollen ein Italien! und das italienische Vaterland wird sein! Stürmt auf alle Punkte der langen, schwachen feindlichen Linie und zerreißt sie. Krieg bis zum Messer! Macht euch Waffen aus Kieselsteinen, aus Pflastersteinen, aus jedem Eisen, aus euren Kreuzen! Zu den Waffen, zu den Waffen!"

Italien sollte Europa, Mailand Italien mit dem Beispiel der Rache vorangehen. Mazzini schlug zu Anfang des Jahres 1853 sein Hauptquartier wieder in Lugano, also im Schweizerkanton Tessin, auf. Von Piemont aus sollte eine Schaar Verbannter in die Lombardei einfallen, allein Piemont verhinderte es und wies einige Gravirte sofort aus. Aus Furcht vor Verrath brach man früher los. In Mailand wurden einige hundert Personen aus dem niederen Volk angeworben, mit Dolchmessern und mit Nagelstöcken versehen. Am Sonntag Abend, den sechsten Februar, überfielen sie die Hauptwache vor dem Palast am Dom, wo sie die Flinten fortnahmen, und das Offizierscafehaus davor, sie läuteten auf einem Kirchthurm Sturm, griffen einzeln gehende Offiziere und Soldaten an. Sie sollen deren zehn getödtet, 54 verwundet haben. Die Bürger eilten bestürzt in ihre Häuser und verschlossen sie. Bald rückten Militärkolonnen aus und stellten die Ordnung wieder her. Es spann sich ein Mythennetz um das Haupt Mazzini's, mit welcher Geistesgegenwart er als Eselstreiber aus Mailand entkommen sei. Er war aber die ganze Zeit im sicheren Lugano geblieben. Der Kommandant, Feldmarschall-Lieutenant Strassoldo, sprach sogleich Erneuerung des Belagerungsstandes für Mailand aus. Radetzky verfügte von Verona aus, daß die Stadtgemeinde die Verwundeten lebenslänglich und die Hinterbliebenen der Getödteten zu versorgen habe. Bis zur Festnahme und Bestrafung der Anstifter hatte die Stadt, mit Befreiung der notorisch Loyalen, der Garnison einen erhöhten Sold zu bezahlen. Gegen 250 Personen, meist von niederem Stande, wurden verhaftet, von welchen sechzehn binnen weniger Tage hingerichtet wurden. Im Verlauf des Sommers wurden noch 48 weitere meistens zu schwerem Kerker in Eisen verurtheilt oder „begnadigt". Aber der Abschreckungstheorie zum Trotze ließen sich kurz darauf Einige von Mazzini zur Revolutionirung des Friauls abschicken, deren Führer nach beinahe zweijährigem Gefängniß gehängt wurde. Der unbeugsame Orsini versuchte von dem Gebirge hinter Spezia aus den Apennin zu insurgiren. Er hatte das Glück von piemontesischen Soldaten gefangen zu werden. Er wurde nach zwei Monaten aus dem Königreich verbannt. Die Mazzinisten hatten sich also auch als Feinde Piemonts bewiesen, aber hier hatten sie keinen Anhang gefunden und wurden als Verirrte entfernt. Zum Beweis, für wie ungefährlich er diese mazzinistischen Zettlungen hielt, ließ Cavour am 9. Februar jenes Revolutionsmanifest veröffentlichen.

Die Lombardei außer Mailand hatte keinen Aufstandsversuch gemacht; dennoch erließ Radetzky am eilften März an die Bewohner des ganzen lombardo-venetianischen Königreichs eine Proklamation, worin er erklärte, „er sei durch die letzten Ereignisse in seiner Ueberzeugung befestigt worden, daß die Bewohner desselben mit wenigen löblichen Ausnahmen sich von der infamen regierungsfeindlichen Umsturzpartei terrorisiren lassen. Er sehe sich daher genöthigt, zum letztenmal die Bevölkerung zu warnen, daß er die äußerste Strenge gegen alle Theilnehmer regierungsfeindlicher Unternehmungen werde eintreten lassen. Er habe die Gerichte instruirt, mit der Vermögensconfiscation vorzugehen, sobald Anzeichen vorliegen, daß jemand auch nur seiner Pflicht der Denunciation nicht entsprochen habe." Diese Proklamation war in den Händen der Feinde der Fremdherrschaft ein kostbares Dokument zum Beweis der unversöhnlichen Scheidung zwischen Regierung und Unterthanen. Sie deckte vor Europa eine wunde Stelle am Leibe Oestreichs auf; damit war auch die Nothwendigkeit der militärischen Verwaltung des Königreichs nachgewiesen. Die Tafelrunde Radetzky's nahm nicht blos den Besiegten gegenüber eine Stellung ein, welche der der Wallensteiner glich. Auch der kaiserliche Hof in Wien ließ sich durch die Mailänder Pöbelszene so sehr in Leidenschaft bringen, daß er ſeinen innerſten Haß enthüllte. Der Kaiſer verfügte zwei Tage nach der Proklamation Radetzky's: „In Erwägung, daß die Theil= nahme der aus dem lombardo=venetianiſchen Königreich Flüchtigen an den letzten Mailänder Vorfällen offenbar iſt, dekretire ich: alle beweglichen und unbeweglichen Güter dieſer Flüchtigen ſind ſofort mit Sequeſter zu bele= gen. Zu der Klaſſe der politiſchen Flüchtlinge gehören nicht blos diejeni= gen, welche durch Meine Entſchließung vom 29. Dezbr. 1850 für Flücht= linge erklärt wurden, ſondern und namentlich auch diejenigen, welche von der Amneſtie ausgeſchloſſen wurden, ohne Unterſchied, ob ſie die Erlaubniß zur Auswanderung erhalten haben oder nicht" — Somit widerrief der Kaiſer einen eigenen ſouveränen Akt, den der Entlaſſung angeſehener Perſonen aus dem öſtreichiſchen Unterthanenver= bande, welche in Folge derſelben in den piemonteſiſchen eingetreten waren. Durch dieſe war 1850 ein hundertjähriges Mißverhältniß gelöst worden. Zum Lohn für die von Piemont an Oeſtreich im ſpaniſchen und im öſt= reichiſchen Erbfolgekrieg geleiſtete ſtarke Waffenhilfe nemlich waren die weſtlichſten Bezirke der Lombardei, die auf dem rechten Ticinoufer von Oeſtreich an Piemont abgetreten worden. Dadurch waren nicht wenige reiche mailänder Familien in ein Unterthanenverhältniß zu beiden Staaten gekommen, wodurch oft Verwickelungen entſtanden. Dieſe waren endlich dadurch beſeitigt worden, daß der Kaiſer 1850 viele ſolche Familien aus ſeinem Unterthanenverband entließ, weil ſie in Piemont ſich aufhielten. Dieſer Akt war nur eine k. k. Auslegung des im Auguſt 1849 zwiſchen Oeſtreich und Piemont geſchloſſenen Friedens und Piemont hatte auf die= ſelbe hin dieſen rechtlich aus dem öſtreichiſchen Unterthanenverhältniß ent= laſſenen Familien ſein Bürgerrecht ertheilt. Der piemonteſiſche Geſandte fragte in Wien an, man werde doch wohl nicht die lombardiſchen Güter ſolcher Familien unter Sequeſter ſtellen. Die ungeheure Mehrzahl gerade der begüterten exlombardiſchen Familien ſtand mit den Mazziniſten auf dem Fuße tödtlichen Haſſes, weil ſie ſich ganz an Piemont, an ſeine Con= ſtitution und Politik angeſchloſſen hatte. Der Vorwurf, den Oeſtreich ihnen machte, daß ſie mit den Geldmitteln, welche ſie aus ihren lombar= diſchen Gütern ziehen, ſich an dem mazziniſtiſchen Anlehen betheiligt hätten war beinahe durchweg unwahr. Weil von denſelben jede Betheiligung daran verweigert worden war, waren unter ihren Pächtern Brandbriefe von den Mazziniſten verbreitet worden, worin jene „goldene Emigration" alſo apo= ſtrophirt wurde: „Eure Väter haben 1814 Mailand an Oeſtreich verkauft. Weil ihr es 1848 nicht wieder an Oeſtreich verkaufen konntet, ſo habt ihr, als die würdigen Söhne ſolcher Väter, uns an Piemont verkauft und ſeufzt jetzt conſtitutionell in Turin. Wer ſeid ihr? Oeſtreicher ſeid ihr. Eure Fuſion der Lombardei mit Piemont im Mai 1848 (welcher ſich Mazzini mit allen Mitteln widerſetzt hatte) war nur ein Mantel, um eure ſchwarzgelbe Livree zu verhüllen!" Sehr wenige von den 978 mit

Sequester Betroffenen hatten Stoff zu der jetzt von Oestreich erhobenen Anklage gegeben, kraft welcher Manche ihres ganzen Vermögens beraubt Dagegen, auch als gegen eine Verletzung des 1851 abgeschlossenen Handelsvertrags, welcher piemontesischen Unterthanen den Besitz liegender Güter in der Lombardei erlaubte, appellirte Piemont an das besser unterrichtete Gewissen Oestreichs.

Tausend und abertausend Familien wurden unmittelbar und mittelbar durch diese harte, ungerechte Maßregel getroffen. Die öffentliche Meinung zu beiden Seiten des Ticino brandmarkte die dadurch gezwungen in die Lombardei Rückkehrenden und doch konnten die größtentheils in Ueberfluß Erzogenen nur durch die Rückkehr sich die Mittel einer angenehmen Existenz, ja das Nothwendigste sichern.*)

*) Welche heikle Saiten dadurch rauh berührt wurden, erhellt aus einem Briefe, welchen der berühmte Vicentiner Pasini, der 1849 in Manins Namen in Wien unterhandelt hatte, im April 1854 an seinen vertrautesten Freund schrieb, um dessen Urtheil allein es ihm zu thun war. Es war von Oestreich anerkannt worden, daß er an dem Februarattentat keinen Antheil habe. Aber Oestreich, als wäre es der Vollstrecker des Hasses Mazzini's gegen die gemäßigte Emigration, bestand darauf, das auf seine Güter gelegte Sequester nur unter der Bedingung seiner Rückkehr aufzuheben; Pasini schreibt nun: „Ich weiß, daß gar Manche glauben, man dürfe in solcher Lage nie Geldinteressen in Betracht ziehen. Das mag sein, wenn es sich um eigene Interessen handelt; aber es sind bei meinem Sequester auch bedeutende fremde Interessen verwickelt. Unglücklicherweise sind die Schulden meines verstorbenen Vaters (eines Tuchfabrikanten) und die meinigen beinahe lauter Buchschulden. (Das Sequester nahm gesetzlich auf Schulden keine Rücksicht.) Ohne irgend eine Rücksicht auf das Nutznießungsrecht meiner Mutter, noch auf meinen Bruder, den Verwalter des ungetheilten väterlichen Vermögens, wollten sie vorweg den Betrag der mir zukommenden Hälfte für den Staat flüssig machen und alle Passiven, die Nutznießung meiner Mutter und die Mitgift meiner Schwester einbegriffen, zu Lasten der Hälfte meines in Vicenza gebliebenen Bruders lassen. Und weil ich im Jahre 1846 mit der solidarischen Bürgschaft meines Vaters bei einem Privaten 70,000 Lire aufnahm, so wird der Abzug dieser Summe von meinem sequestrirten Vermögen verweigert und der Gläubiger angewiesen, sich an meinen Bruder zu halten, als an den Miterben des Bürgen. Andere meiner Gläubiger, obgleich sie die schriftlichen Beweise in Händen hatten, als sie die Erfolglosigkeit der Geltendmachung derselben sahen, unterließen diese, schrieben mir aber nach Turin Briefe, welche mich an meiner Ehrlichkeit anfaßten. Das ganze Vermögen meiner Frau wurde mit dem meinigen mit Beschlag belegt und man deutete ihr an, da sie mir gefolgt sei, so habe sie nicht einmal Anspruch auf den Lebensunterhalt. Mit meinem Vermögen sequestrirte man einen Betrag von 300,000 Lire, welche den Testamentserben meines Neffen gehören, weil er mich formell zum Erben, eigentlich aber nur zum Testamentsvollstrecker eingesetzt hatte. Nicht einmal die den Dienstboten vermachten Pensionen wurden ausbezahlt. Ich lasse es hiermit bewenden. Ich hoffe, daß du mir glaubst, wenn ich sage, daß diese Frage für mich eine äußerst delikate geworden ist." Pasini kehrte aus diesen Motiven in seine herrliche Vaterstadt Vicenza zurück. Auch wir beschränken uns auf dieses eine Beispiel, obgleich ähnliche, welche die namhaftesten Familien betreffen, zur Auswahl vorliegen.

Die Erlaubniß, betagte Eltern in der Lombardei zu besuchen, welche von den Ausgewanderten bei Radetzky selbst eingeholt werden mußte, wurde jetzt auch Frauen,

Wir haben geſehen, mit welcher Vorſicht und Entſchiedenheit Cavour
den Verſuch Mazzini's, Piemont bei ſeinem Putſche zu compromittiren
vereitelt hatte.　Dennoch glaubte Oeſtreich jetzt eine Veranlaſſung gefun=
den zu haben, Piemont, welches alle Ermahnungen zum Verzicht auf ſeine
national = conſtitutionelle Politik zurückgewieſen hatte, in den Augen des
friedensdürſtigen Europas als Bundesgenoſſen des europäiſchen Revolutions=
committés zu verdächtigen und es durch geringſchätzige Behandlung in den
Augen der Italiener zu erniedrigen.　Oeſtreich behauptete, es ſei dieſen
Akt der Nothwehr ſeinen treuen Unterthanen ſchuldig.　Die ultramontane
und die ganze Preſſe der herrſchenden Reaktion, beinahe die geſammte
ſüddeutſche Preſſe blieſen aus vollen Backen in das öſtreichiſche Horn.
Seit dem Beſuch des Kaiſers Nikolaus in Wien im Mai 1852 ſtützte
Oeſtreich ſeinen Arm auf den Rußlands und ſetzte es ſeinen Fuß auf
Preußen.　Wer wollte es verhindern, das noch viel kleinere Piemont
d'abord d'avilir et puis de le détruire?　Zwölf Tage nach der mai=
länder Hetzerei wurde auf den Kaiſer Franz Joſef von einem Ungarn ein
Mordanfall gemacht; alle zerſtörenden Mächte der Hölle ſchienen zuſammen
verſchworen.　Deßhalb wurde unter dem Eindruck dieſer äußerſten per=
ſönlichen Gefahr das Konkordat als Siegel auf das Bündniß der conſer=
vativen Mächte beſchloſſen.　Gehalten wurden aber die wenigſten der Kirche
gemachten Zugeſtändniſſe, da es die Zeit noch nicht erlaube.　Der nicht
aufgeklärte Abſolutismus, welcher den Geiſtlichen zum bloßen Werkzeug
deſſelben macht, wurde geſchärft.　Nach wie vor mußten die Hirtenbriefe
der Biſchöfe der weltlichen Behörde zur Beſtätigung vorgelegt werden.
Der Klerus klagte, ſein einziger Gewinn vom Konkordat ſei, daß er den
erſten Jahresgehalt einer neuen Stelle dem Staat zu zahlen habe.　Die
um ihren Patriarchen verſammelten venetianiſchen Biſchöfe baten im Au=
guſt 1858 den Kaiſer, das Konkordat möchte nicht bloßer Buchſtabe blei=
ben.　Derſelbe ſagte dabei laut, der piemonteſiſche Epiſkopat genieße eine
größere Freiheit. (D'Azeglio-Rendu p. 358.)

　　Trotz dem beſten Willen fand die Unterſuchungscommiſſion kein
Zuſammenhang zwiſchen den verurtheilten Emigrirten und Mazzini heraus,

---

welche mit ihren Männern ruhig in Piemont lebten, ſehr erſchwert und je nur in
der Zwiſchenzeit einiger Jahre wieder gewährt.　Ein geborener Lombarde, welcher in
in Turin in dem demokratiſchen Miniſterium geſeſſen hatte, zeigte mir auf der Karte
den Weg, den er beinahe jährlich von Piemont aus mit Vermeidung der öſtreichiſchen
Gränze über den Bernhardin, über den Julier und den Berninapaß zweimal machte, um
ſeine kränkliche in Sondrio lebende Mutter im ſchweizeriſchen Poſchiavo zu treffen.
Es war in jenen Jahren für den in italieniſche Familien eingeführten Deutſchen deut=
lich, wenn ihm ſolche Quälereien nicht mit thränenreichem, ſondern mit brennendem
Auge erzählt wurden und wenn man fühlte, daß der Erzählende doch ein letztes
Aeußerſtes verſchwieg, und wenn man dann wieder eine deutſche Zeitung zu Geſicht
bekam, welche die Italiener ſchalt, daß ſie gegen die milde Behandlung ſo undank=
bar ſeien.

Buol mußte zugestehen, daß ein Theil der Emigration nur „stummen Haß gegen ihren rechtmäßigen Herrn den Kaiser hege"; allein es bestehe doch eine moralische Solidarität. Cavour wußte zum erstenmal in einer ganz Europa, weil die Grundlagen des Völkerrechts stark berührenden Frage trefflich zu plädiren. Die Abberufung des piemontesischen Gesandten aus Wien war ein den Italienern gegebenes Unterpfand, daß Piemont die Ehre Italiens auf sich genommen habe und sie zu wahren wisse. Viele durch die Ausschweifungen der Revolution reaktionär Gewordene erkannten, daß das reaktionäre Oestreich auch die internationalen Verträge und Grundsätze, wie seine beschworene Verfassung, mit Willkür behandle. Die piemontesische Presse ermangelte nicht, auch die Verletzung dieser von Oestreich gegen seine italienischen Unterthanen übernommenen Verpflichtung hervorzuheben. Indeß hatte Oestreich an seiner offiziellen Mailänder Zeitung eine wohlunterrichtete, oft auch die Waffen der Satyre mit Ueberlegenheit führende Sachwalterin.

Mazzini, eifersüchtig auf Cavour, brütete indeß in London Pläne zu neuen Attentaten aus. Garibaldi weigerte sich, eine Mission nach Sicilien zu übernehmen. Die verzweifelte Lage der unweit des Mittelmeers, bei Carrara wohnenden modenesischen Unterthanen ließ ihn hoffen, daß hier sich Leute fänden, welche beim Unterliegen des Aufstands als Opfer der Militärgerichte doch den Haß gegen die Fremden und gegen die Fürsten schüren würden. Allein die im Frühjahr 1854 dahin abgegangene Expedition zerstreute sich an der Küste beim Anblick der Zollwächter. Mazzini hatte Orsini nur fünfhundert Francs auf den Weg gegeben; so gering war die Betheiligung an seinem Anlehen. Im August begab sich Mazzini nach Graubünden, um mit einigen hundert Geworbenen in das durch die Noth in Verzweiflung gebrachte Veltlin einzubringen und es in Aufstand zu bringen. Aber es fanden sich nur Orsini und acht Mann ein und durch die Verhaftung Einiger löste sich auch dieser Schwindel in nichts auf. Das leitende Committe in London schlug nun einen andern Weg ein. Ein Garibaldischer Freischärler von 1849, Pianori aus Faenza, wurde unter dem Namen Liverani im Frühjahr 1855 nach Paris geschickt, um den Kaiser Napoleon zu tödten. Er feuerte am 28. April 1855 im Boulogner Gehölz auf den spazierenreitenden Kaiser eine Pistole ab und wurde zum Tode verurtheilt. Die Anstifter blieben in England ungestraft. Es war auch das Geld englischer Revolutionsromantiker, mit welchem Mazzini im Sommer 1856 sich der Festungswerke seiner Vaterstadt Genua zu bemächtigen hoffte, um Piemont sodann zum Krieg gegen Oestreich fortzureißen. Eine Aussetzung von dreißig jungen Leuten in die Maremme von Orbetello, und von sechzig wieder unweit Carrara lieferten nur den Gerichten einige Unglückliche. Mazzini selbst betheiligte sich nicht dabei; er legte sich nun wieder auf das Schreiben. (Seine Schriften und seine Betheiligung an Zeitungen s. Giuseppe Mazzini per Monta-

10*

zio, p. 91 bis 93, unter i contemporanei italiani.) Orsini war 1854
als gehorsamer Ueberbringer der Befehle Mazzini's zur Organisirung eine
sicilianischen Vesper gegen die Oestreicher in Piemont und in der Lom
barbei gereist. Dort erfuhr er, daß die ganze Emigration sich der Polit
Cavours angeschlossen habe, hier, daß man Mazzini für einen östreichisch
provocirenden Agenten halte. Er wurde auf seiner abenteuerlichen Flücht
lingsfahrt im December 1854 in Siebenbürgen verhaftet und nach Mantu
in den Kerker gebracht, von wo er mit dem Zeugniß guter Aufführun
im März 1856 entfloh. Emma Herwegh hatte ihm die Mittel dazu ve
schafft, während die Theilnahmlosigkeit des persönlich so vorsichtigen Mazzi
mit seinem Loose ihn erbitterte. Dennoch folgte er im Mai 1856 de
Rufe Mazzini's nach London, welches er wegen der unter den Flüchtling
herrschenden gegenseitigen Gehässigkeit scheute.

In Folge des an seinen östlichen Gränzen entbrannten russisch-türkisch
Kriegs hatte Oestreich dieselben stark zu besetzen. Daher zog es 185
seine Besatzungen aus Toscana und aus Modena. Die piemontesisch
Allianz mit den Westmächten, zuerst von diesen abgelehnt, so lange si
noch Hoffnung hatten Oestreich zu ihrem Verbündeten zu machen, bar
offenbar Samen künftiger Gefahren für Oestreich. Es suchte daher in
Einreden der europäischen Kabinette Stoff und Gelegenheit zu entzieh
da es sich keinem derselben befreundet, und Rußland, seine bisherige Stüt
gegen sich erbittert wußte. Die 1815 eingerichteten, 1847 lebendig g
worden en, 1848 suspendirten Centralcongregationen in Mailand und
Venedig wurden 1855 wieder hergestellt. Man wollte sehr mäßig const
tutionell erscheinen. Schade, daß die Unterthanen keinen Glauben dar
hatten. Andererseits setzte man die Politik fort, welche die gegenseiti
Eifersucht der Städte namentlich in der Frage der Eisenbahnlinien z
schüren suchte. Venetien behauptete, verhältnißmäßig höher besteuert z
sein als die Lombardei. Mailand wandte sich an den Kaiser, um d
Summen, welche es für die ganze Lombardei bezahlt habe, von den and
Provinzen wieder zurück zu bekommen. In solchen Händeln von St
gegen Stadt genoß die Presse große Freiheit. In Mailand hatte d
Karikatur unmittelbar nach dem Abzug der Oestreicher im März 18
einen bedeutenden Aufschwung genommen. Den 1. Mai eröffnete d
ausgezeichnete Satyriker Greppi den spirito folletto (Poltergeist). Rad
mit seinem in Gestalt von Flaschen (fiaschi) dargestellten Fiasco wu
nicht geschont; sobald er im August als Sieger wieder eingezogen w
kaufte er die gegen ihn erschienenen Karikaturen zusammen. Auch d
Bibliothek der Brera hat eine reiche Sammlung von Karikaturen au
dieser Zeit. Greppi geißelte noch schärfer das faule, kokette Maulheld
thum des sechsten Tags (nach Abzug der Oestreicher) und die weibl
Spielerei mit Uniformen und Waffen; seine goldene Jugend thut Kri
dienst im Tilbury. Im Herbst mußte er nach England fliehen. S

illuſtrirte Satyre gebunden. Endlich im Jahre 1856 er-
dem uomo di Pietra, einem im mailänder Corſo einge-
genanntes Witzblatt, das uns in ſeinen erſten Jahrgängen
nerlichkeit einer Preſſe darſtellt, welcher politiſche Bezie-
ſind. Nur Theater und Mode, die alten von Metternich
tel gegen patriotiſche Gedanken. Aber der Wunſch, die
ie eingewurzelten öſtreichiſchen Beamten endlich abziehen
doch in Karikaturen und in einem ſcheinbar an jenen
i Liebe im Volksdialekt (Daghela avanti un passo!
Schritt weiter weg!) dargeſtellt. Der Schlüſſel zu geheimen
uf Oeſtreich verbreitete ſich nach Ausgabe des Blatts mit
irch die Stadt und vom Bahnhof aus durch die Provinzen.
des Baues der lombardiſchen Eiſenbahnen im Vergleich
monteſiſchen war eines der fruchtbarſten Motive. Der
ie Plan, den mailänder Bahnhof in Geſtalt einer ſtark
auszuführen, wurde einfach wiedergegeben. Nachdem er
e ſich einige Freiheit genommen und zuletzt einen großen
rten Vogel (Adler?) mit Eſelskopf gegeben hatte, wurde
Pietra gegen Anfang des Kriegs von 1859 aufgehoben.
Cenſur hatte nicht die gerühmte Folge gehabt Sprache
feinern.
in ſeinen Denkwürdigkeiten: „Mag ſich der Blick bei dem
izelnen oder bei dem eines ganzen Volkes verweilen, es
enderes Schauſpiel als das eines ſtarken Contraſts zwiſchen
nd dem inneren Weſen, zwiſchen dem Schein und der
Dinge. Während es unter der äußeren Unbeweglichkeit
n unthätig zu bleiben und doch auf alles gefaßt ſein zu
oſtille den Sturm voraus zu ſehen, dieß iſt vielleicht unter
n Lagen die die Seele am meiſten abſpannende, welche
m unerträglichſten wird.“ Die öſtreichiſche Regierung er-
uf das Empfindlichſte. Das ſiegreiche Heer hatte mit Zu-
rzenbergs mit Härte und mit Hohn begonnen, die abſo-
hatte, wenn gereizt, mit blinder Strenge Unſchuldige und
Unterſchied geſchlagen. Oeſtreich befand ſich, wie es in
rſten geſchriebenen Briefe heißt, in einen falſchen Zirkel
ßte ſich immer bitterer gehaßt und mußte daher immer
ind proſcribiren. Deßhalb wurden auch alle ſeine Schritte
ollenden, ohne Unterſchied mit Mißtrauen aufgenommen.
wollte ſich italieniſche Beamte heranziehen, welche die
rnehmen könnten; aber die Einführung der hiezu unent-
ſen Sprache in die höheren Lehranſtalten gab den Meiſten
ie Aufhebungen des Sequeſters wurden nur verlacht. Das
er Lage wurde erſt recht fühlbar, ſeit Cavour auf dem

parifer Congreß des Frühjahrs 1856 die italienifche Frage aufgeworfen hatte und Oeftreich fich ohne Bundesgenoffen fah. Gleichzeitig fühlte fich auch der nationale Geift gehoben und er war noch weniger zur Verföhnung mit Oeftreich geneigt. An welche Partei des Doppelkönigreichs follte es fich wenden? Gab es überhaupt in dem politifch längft mundtodt gemachten Lande noch Parteien?

Obgleich alle Lombarden von Ehrgefühl im Haß gegen die auf fie fpöttifch herabfehenden fremden Eroberer vereint waren, fo waren fie doch durch die verfchiedenen Parteiftandpunkte, welche fie in den Monaten der Freiheit im Sommer 1848 verfochten hatten, getrennt. Viele Flüchtlinge betrachteten fich als die einzigen Charaktervollen und Muftermärtyrer, als die berufenen Cenforen; fie überfchätzten ihren Einfluß auf die Heimath fehr. Ein Theil derfelben ergoß in der piemontefifchen Preffe Rüge und Spott über die „fchwachen Leute" daheim, befonders über die Heimgekehrten. Diefe aber, täglichen Polizeibedrückungen ausgefetzt, beneideten die Flüchtlinge, welche in einem freien Lande lebend ihr Auskommen hatten. Auch unter den Heimgekehrten waren Männer von Charakter, welche durch Wahrung ihrer perfönlichen Würde das nationale Bewußtfein der niederen Klaffen aufrecht zu halten wußten und jeden Fingerbreit Recht gegen die Willkür vertheidigten. Sie fuchten die fittliche und ökonomifche Kraft des Landes zu üben, damit es bei einem neuen Befreiungskampfe nicht machtlos wäre. Das war den Peffimiften ein Aergerniß, welche in ihrer Trägheit Europa nur den Anblick eines unglücklichen Landes bieten wollten, fich nur auf Complotte und auf Demonftrationen einließen. Diefe Peffimiften, größtentheils in den Monaten der Freiheit radikal, waren noch die Handlanger der hitzigften Emigranten. Jene Unermüdlichen im Lande aber, größtentheils die alten Verfechter des Anfchluffes an Piemont, fuchten den Ackerbau zu heben, ihn gegen unrechtmäßige Befteuerung und gegen Landplagen zu fchützen, fie berechneten die Steuerüberbürdung des Königreichs im Vergleich mit den übrigen Ländern Oeftreichs, während die Trauben= und die Seidenraupenkrankheit das Einkommen deffelben jährlich um einige Dutzend Millionen fchwächte. Durch diefe Darlegungen wurde Pafini der Anwalt Venetiens; der und fehr junge Jacini in feiner trefflichen Schrift über das Grundeigenthum in der Lombardei mahnte die Grundeigenthümer wie die Regierung ihre Pflichten. Sie und ihre zahlreichen Freunde weckten und leiteten die öffentliche Meinung. Zugleich wurden Banken, Affekuranzen, Handelsvereine gegründet, fchon um den Anforderungen gewachfen zu fein, welche der Durchftich der Landenge von Suez befonders an Venetien ftellen würde. Diefen Sporn fetzte namentlich auch Torelli (feit 1867 Präfident von Venedig) in feiner tüchtigen Handelsgefchichte: dell' avenire del commercio Europeo an. Der wiener Hof glaubte offenbar bei diefen materiellen Intereffen pflegenden Männern Empfänglichkeit für materi-

Zugeständnisse zu finden, weßhalb die Staatssteuer Venetiens um 1,281,000 Lire herabgesetzt wurde.

Besonders viel hoffte man von dem persönlichen Erscheinen des Kaisers und der schönen jungen Kaiserin als Spender von Gnaden. Zu Ende des Jahres 1856 erschienen sie in Venetien als Engel der Versöhnung. Den 119 Gemeinden des Brescianischen wurden 1,087,000 Zwanziger, welche sie an dem ihnen aufgeladenen Antheil am „Nationalanlehen" noch schuldig geblieben waren, nachgelassen.*) Nachdem mehrere einzelne Begnadigungen vorangegangen waren, wurde vom Kaiser mit Würde erst in Mailand den 25. Januar 1857 ein Generalpardon für alle, welche im Königreich wegen Hochverraths, wegen Beleidigung der Majestät oder des k. k. Hauses, wegen Störung der öffentlichen Ruhe, Rebellion oder Auflehnung gefangen oder in Untersuchung waren, ausgesprochen. Selbst dreißig in den Kerkern von Mantua liegende Kirchenstaatler wurden freigelassen. In Mailand, von dessen Bewohnern das Kaiserpaar mit minderer Aufmerksamkeit empfangen worden war, als von dem herbeigeströmten Landvolk, schien in diesem Augenblick eine Flamme herzlicher Dankbarkeit, der Geist der Versöhnung aufzuleuchten. Der Kaiser wies große Summen für Restauration mehrerer Monumente an, auf welche Mailand mit Recht stolz ist. Um aber aus dem Kriegszustand völlig in den des Friedens überzugehen, nahm der Kaiser unter großer Verdankung die Bitte des 91jährigen Radetzky um Versetzung in den Ruhestand den 28. Februar an, indem dabei der Stolz des Heeres, dessen Personification er war, möglichst geschont wurde. Am gleichen Tage ernannte der Kaiser seinen Bruder, den romantisch humanen Erzherzog Maximilian zum Generalgouverneur des lombardo-venetianischen Königreichs, indem er ihm die nöthigen Vollmachten zu ertheilen versprach. Der durch seine Gutmüthigkeit und durch seine gastliche treffliche Tafel bekannte Giulay wurde unter ihm zum Generalkommandanten ernannt. Eine allerdings zu rosige Correspondenz aus Mailand vom 14. Februar in der A. Allg. Zeitung gibt einige seine Beobachtungen der Stimmung. Die Bevölkerung Mailands hatte bange gehabt, einige tolle Menschen könnten beim Einzug ein Attentat, eine Demonstration gegen den Kaiser machen; offenbar theilte die Kaiserin, welche blaß an der Seite des Kaisers saß, diese Furcht. Es machte einen guten Eindruck, daß der Kaiser sich nicht durch das Voraus-

---

*) Einer der angesehensten Männer von Vicenza erzählte uns: Bei dem Angriff der Oestreicher am zehnten Juni 1848 auf die Vicenza beherrschenden Höhen ritt einer ihrer Oberoffiziere in die Kirche Madonna del Monte; einer der darin liegenden italienischen Verwundeten erschoß ihn. Ihrer viele wurden dafür durch das Gangfenster hinabgestürzt und das berühmte Gemälde Paul Veroneses, Christus an der Tafel des Pabsts, in Dutzende von Stücken zerrissen, fortgenommen. Die Vicentiner kauften dieselben zusammen und zeigten sie jetzt dem Kaiser, welcher sie auf seine Kosten kunstreich wieder zusammensetzen ließ.

schicken der Amnestie einen festlichen Einzug erkauft hatte. „Der Um-
schwung der öffentlichen Meinung, wenn von gewissen allerdings bedeu-
tungsvollen Bevölkerungsklassen abgesehen wird, ist ein außerordentlicher.
„Unser Kaiser", was man früher so selten hören konnte, ist ein jetzt mit
Vorliebe gebrauchter, mit Freude und Stolz betonter Ausdruck. Des Kaisers Wort, daß er des Vergangenen nicht mehr gedenke und gekommen
sei um zu versöhnen, wird voller Glaube geschenkt, und wenngleich im
Volke von Erkenntniß begangenen Unrechts sich kaum eine Spur zeigt,
wenngleich die vergangenen Bestrebungen ihm großentheils noch immer
als gerechtfertigt, als rühmlich erscheinen, so freut man sich doch, daß es
vergessen werden soll. Man ist kaiserlich geworden — nicht östreichisch."
Es blieben indeß immer noch harte Knoten zu lösen zurück. Die Zahl
der zu Conscribirenden war soeben erhöht, die Loskaufsumme war sehr hoch,
einige tausend junge Leute waren deßhalb landesflüchtig; die Offiziere
assentirten daher nicht selten durch das Loos Befreite. Man sah der
Einheit von Münze und Maaß im ganzen Kaiserstaat ungern entgegen.

Die seit dem Frühjahr 1848 größtentheils entschieden national gesinnten höheren Klassen, besonders in Mailand, fürchteten den gewinnenden
Eindruck jener persönlichen Gnadenakte. Sie hatten schon zuvor auf alle
Fälle eine sehr zurückhaltende Stellung eingenommen. Tenca, auch durch
seine Novellen beliebt, schrieb seit einigen Jahren die Zeitschrift il cre-
puscolo (die Dämmerung), welche im ganzen Poland verbreitet ihm Ansehen und eine schöne Einnahme schaffte. Da er beharrlich über den
Aufenthalt der k. k. Majestäten im Lande schwieg, wurde er vor dem Einzuge
derselben in Mailand auf die Polizei beschieden und ihm aufgetragen, desselben auf eine wenn auch nicht lobende Weise, doch als Tagesereigniß zu
erwähnen. Er lehnte dieß ab. Man erklärte ihm, daß er nur die Wahl
habe, es zu thun oder auf die Fortsetzung seiner Zeitung zu verzichten.
Er wählte das Letztere. (Er ist Abgeordneter Mailands im italienischen
Parlamente.) Die höheren Klassen wußten zu gut, daß die Isolirung,
worin sich Oestreich auf dem pariser Friedenscongreß im Frühjahr 1856
besonders in der italienischen Frage befunden hatte, ein Hauptmotiv der
kaiserlichen Huld war.

Jener Oestreich freundliche Correspondent aus Mailand vom 14. Februar sagt: „Es ist unläugbar, daß der Zweck des kaiserlichen Besuchs,
ein Gegengewicht zu bilden gegen die immer ausgesprochenere Neigung
nach Piemont hin, großentheils erreicht ist. Wie zuvor die Blicke nicht
nur des zeitungslesenden Publikums, sondern auch die der untersten Volksklassen, in Neid und Hoffnung gemischt, sich nach Piemont wandten, dort
alles rosenfarbig schauten und träumerisch ihr zukünftiges Glück in der
Verbindung mit jenem Staate sahen, so wenden sie sich jetzt vertrauens-
und hoffnungsvoll an den Kaiser." Dieses eben fürchtete man auch in
Turin, obgleich die im December der Emigration ertheilte Amnestie nur

von der Minderzahl benutzt worden war.   Nicht ohne Demonstration gegen Oestreich wurde den 7. Jan. 1857 das Parlament eröffnet.   Der König sprach selbstbewußt: „Zum erstenmal wurden auf einem europäischen Congreß die Interessen Italiens, die Nothwendigkeit der Verbesserung seiner Lage von einer italienischen Macht vertreten und diese von ihr bewiesen.   Die Regierung wird diese betretene politische Bahn mit Beharrlichkeit verfolgen.“ Während der Wochen, welche der Kaiser in Mailand weilte, wurde vor dem Castell in Turin der Grundstein zu der Statue des piemontesischen Soldaten gelegt, welcher, die Nationalfahne in der einen Hand den Säbel gegen Osten schwingt.   Lombarden hatten einen großen Theil der Kosten durch Beiträge gedeckt und schickten eine Deputation zur Grundsteinlegung.   Ein piemontesischer Senator wurde aus der Lombardei ausgewiesen.   Die piemontesische Presse, zuerst die unabhängige, und als die offizielle Mailänder Zeitung mit Drohungen antwortete, auch die offizielle griffen die Herrschaft Oestreichs in Lombardo-Venetien und seine Einmischung in ganz Mittelitalien mit erneuter Lebhaftigkeit an.   Der Kaiser reichte von Mailand aus durch seinen Gesandten in Turin den 10. Februar eine bittere Beschwerde darüber ein, daß seine auf Versöhnung zielenden Schritte von der piemontesischen Presse offenbar in der Absicht angegriffen würden, diese Wirkung zu vereiteln.

Die Entschiedenheit, womit Cavour antwortete und seinen Gesandten aus Wien abberief, sollte und mußte die Lombarden überzeugen, daß die piemontesischen Nadelstiche stärkere Waffen gegen Oestreich im Rückhalt hätten.   Piemont blieb in Wien durch einen trefflichen Agenten bedient.

Der durch die persönliche Erscheinung des kaiserlichen Paares erhoffte gewinnende Eindruck sollte durch den Erzherzog Maximilian und durch seine Gattin erhalten und vermehrt werden.   Beide widmeten sich mit einer gewissen Schwärmerei, welche der Absichtlichkeit die Hand bot, dieser schönen, wichtigen Aufgabe.   Sie mußten auch einige Zeit die Ueberzeugung hegen, daß durch ihre Zuvorkommenheit der Patriotismus selbst der Catone und der Heroinen geschmolzen werde.   Allein die patriotische heilige Schaar erlaubte sich nur eine Kriegslist, indem auch sie den Friedenssignalen zu lauschen schien.   Man wollte für das Land soviel Zugeständnisse wie möglich in Gutem erlangen, um daraus Vertheidigungspunkte für die Rechte der Nationalität zu machen, welche das mitten in seiner Centralisationsarbeit begriffene Oestreich nie anerkennen konnte.   Die glänzende Stellung des Erzherzogs, welcher unmittelbar an den Kaiser zu berichten hatte, war dennoch eine vielfach gebundene, da er auch Befehle von den Ministern anzunehmen hatte, und die beiden Unterchefs, der für das Heer und namentlich der für die Civilverwaltung, auch wichtigere Fälle selbständig entschieden.   Die Provinzial- und Centralcongregation, welche er hergestellt waren, zeigten sich nicht mehr so gelehrig stumm wie 1847, sie sprachen den Wunsch aller italienischen Unterthanen Oestreichs aus, indem sie verlangten, Italien sollte in der Grundsteuer nicht höher, nicht mehr mit 28 statt mit 16 Procent, angelegt werden als die anderen kaiserlichen Provinzen. Die kaiserlichen Behörden behaupteten die höhere Grundsteuer für Italien sei blos eine Schabloshaltung des Staats für anderweitige Erleichterungen Italiens und ein Ersatz für die größeren Staatsausgaben in Italien. Der phantasiewarme Erzherzog sollte in diesen verwickelten Detailfragen einen salomonischen Ausspruch thun. Er forderte die größte italienische Autorität in diesem Gebiet auf eine Denkschrift darüber zu schreiben. Pasini nahm den Auftrag an, unter der Bedingung vollkommener Freiheit, seine Arbeit zu veröffentlichen. Er wies mit Dokumenten nach, daß, die neueren außerordentlichen Grundsteueransätze eingerechnet, die außeritalienischen Provinzen Oestreichs ? und ein Dritttheil, die italienischen 38½ Procent bezahlten. Der Erzherzog hoffte durch persönlichen Ideenaustausch irgend eine goldene Mittelstraße zu entdecken. Sie trafen sich in Venedig den ersten Juni 185? den Tag, ehe der Erzherzog mit seinen Vorschlägen nach Wien gehen wollte. Nachdem Pasini seine Behauptung gerechtfertigt hatte, stellte der Erzherzog die Schicksalsfrage, indem er an den Versuch anknüpfte, welchen Pasini im Sommer 1849 auf Andringen der vermittelnden Westmächte und Manins, als alle Hoffnungen Venedigs auf erfolgreichen Widerstand schwanden, in Wien gemacht hatte, Lombardo-Venetien eine autonome Verwaltung zu geben. Maximilian hoffte in Wien jetzt günstige Bedingungen in diesem Sinne zu erzielen und darauf das Versöhnungswerk aufzubauen. Hierauf erwiederte Pasini entschieden, in Folge vieler frühern und neueren Mißgriffe habe sich in allen Klassen der Bevölkerung ein Gefühl fest gesetzt, welches nach seiner Ueberzeugung jede Versöhnung unmöglich mache. Der Erzherzog wiederholte seine Hoffnung, Pasini seinen Zweifel. Der Verdacht der Ultrapatrioten hängte sich an seine hierher gethanen Schritte, da er längere Zeit über diesen Vorgang schwieg. Die nähere Schilderung läßt beide Männer als liebenswürdige Gentlemen erscheinen (Bonghi, vita e i tempi di V. Pasini. Firenze 1867, p. 725.)

Fehlte dem Erzherzog in Wien die eigene Ueberzeugung von der Möglichkeit einer Versöhnung, welche allein überzeugen kann? Sein kaiserlicher Bruder soll nicht ganz ohne Eifersucht oder Mißtrauen gegen den hochfliegenden, glänzenden Prinzen gewesen sein. Dieser brachte nur Vollmacht zur Errichtung einer halb aus Deutschen, halb aus Italienern zusammengesetzten, namentlich zu Erledigung der Steuerausgleichungsfrage einzusetzenden Junta zurück. Als nun die offizielle Mailänder Zeitung diese Frage etwas spöttisch behandelte, so veröffentlichte Pasini seine Denkschrift unverändert. Nach wenigen Tagen wurde eine neue Auflage nöthig. Die Lombardo-Venetianer sahen ihr Mißtrauen gerechtfertigt; England und Frankreich überzeugten sich, daß Oestreich auf das schöne Land hauptsächlich darum so großen Werth lege, um das Deficit der anderen

Provinzen zu decken. Das war eine Zurechtweisung auch für die Pessimisten, welche höhnisch fragten, was nützt aber diese Darlegung? Sie dient zum Beweis, antwortete selbst ein Friauler Blatt, daß wir nicht eine zu beständiger Bevormundung bestimmte Race sind. Pasini erreichte, zumal da die Junta fruchtlos war, seine Absicht, die fortgesetzte Ungerechtigkeit der Fremdherrschaft und ihre Unfähigkeit zur Genugthuung gründlich darzulegen. Das erzherzogliche Paar mußte sich trotz allem Aufwand liebenswürdiger Dahingabe an seinen unmöglichen Beruf überzeugen, daß die Italiener seiner Kreise nur zur höheren Dienerschaft gehörten. Radetzky wurde es erspart Zeuge von dem Zusammensturz seines Werkes zu sein; er starb nach manchem schmerzlichen persönlichen Unfall den 5. Januar 1858 im Schloß von Monza, im Alter von 92 Jahren. Zu gleicher Zeit starb der piemontesische Marschall Sallier della Torre, noch aus der napoleonischen Schule, welcher 1821 der Militärrevolution Widerstand leistete, (unsere Gesch., erster Theil, S. 191, 193) und lange eine Hauptstütze des Absolutismus war. Ihre Zeitgenossen und die ihnen folgende Generation waren ihnen im Tode vorangegangen und eine neue Zeit dämmerte bei ihrem Tode.

Wir können drei Methoden unterscheiden, nach welchen die Lombardo-Venetianer seit 1814 von der östreichischen Regierung behandelt wurden, eine vorherrschend büreaukratische, eine standrechtliche und schließlich die nothgedrungene versöhnliche, welche von der Bevölkerung nur zu sehr als solche erkannt wurde. Der frühere grausame Hohn erntete jetzt höhnische Abweisung. Kaiser Franz II. hegte Mißtrauen und Haß gegen seine italienischen Unterthanen. Aber da zu seiner Zeit der nationale Gedanke nur in Wenigen erwacht war, so kosteten nur Wenige den Kelch seiner raffinirten Grausamkeit. Ferdinand öffnete 1838 die Kerker des Spielbergs. Der Geist Franzens lebte aber in dem Beamtenthum fort, nur einzelne geborne Italiener zeigten ihren Landsleuten schonende Theilnahme. Die herrschende Polizei übte die scharfe Gleichheit vor dem Gesetz nur in Fällen von schwerer Bedeutung, gewöhnlich wurde ein jeder Stand besonders behandelt. Ein Freund d'Azeglio's, der Sohn einer der ersten Familien Mailands, wurde damals wegen politischen Verdachts vor den Polizeichef gerufen. Dieser scherzte über die Verlegenheiten, welche man sich durch die Politik bereite, und gab ihm den Rath: „Mein Gott, Herr Graf, Sie sind jung, reich, von gutem Adel, liebenswürdig; besitzen Sie nicht alle Mittel sich zu amüsiren? Der Teufel, was kommt Sie an, sich in solche Hacken zu begeben? Haben Sie vielleicht bange vor den Tänzerinnen der Scala? Der Kaiser liebt die Jugend und will daß sie sich amüsire; man verlangt ja von Ihnen nichts so Schweres, aber seien Sie nicht widerspenstig und folgen Sie meinem Rath." Die Bürgerklassen wurden auf die materiellen Interessen verwiesen, die Studenten auf ausschließliches Brodstudium. Die niederen Klassen und namentlich das Landvolk wurden instruirt durch den revidirten Katechismus und durch den amtlich vertheilten Traktat über die Pflichten der Unterthanen gegen den Monarchen, welcher in den Volksschulen auswendig gelernt werden mußte. (Correspondence politique de M. d'Azeglio, p. 340.) „Nach demselben beruhen diese Pflichten darauf, daß an der Stelle des unsichtbaren Gottes der von ihm eingesetzte Monarch sichtbar regiert und unbeschränkte Gewalt über die Personen und Güter seines Unterthanen hat. Dieser hat sich nur um seine nächsten Angelegenheiten zu kümmern. Selbst wenn der Kaiser einen Sieg erringt, so hat jener sich aller übermäßigen öffentlichen Freudenbezeigungen zu enthalten, durch welche die Ruhe der Gemeinde gestört werden könnte. — Was, heißt es darin, ist unter Vaterland zu verstehen? Nicht blos das Land, in welchem wir geboren sind, sondern auch dasjenige, welchem wir incorporirt sind."

Doch waren nicht alle Geistliche so gute Agenten des Polizeiregiments wie die Ballettänzerinnen. Der Josefinismus hatte Aufklärung und Kritik gelehrt, die sich ebensowohl gegen die Regierung, wie gegen die Kurie wenden konnte. Die großen Erinnerungen der alten unabhängigen mailänder Kirche und der philosophische Geist der Lombarden waren durch den Abbate Professor Rosmini, durch den Geistesaustausch mit Deutschland und durch die nationale Phase Pio's IX. geweckt. Der Pfarrer haßte die Polizei, welche seine Predigten belauschte. Daher schlossen sich viele Geistliche der nationalen Bewegung an, sie waren während des Feldzugs von 1848, wie wir aus Privatmittheilungen wissen, die besten Kundschafter der italienischen Truppen; bei der Nachricht von ihren Niederlagen ließen sie den Thränen öffentlich den Lauf. Es herrschte damals besonders in den Offizierscorps der in Italien liegenden k. k. Regimenter ein bitterer Groll gegen den Klerus. Die blutige, habgierige Härte der Militärregierung machte die Lombarden ohne Unterschied des Standes strammer. Piemontesische Klerikale wünschten seit 1850 nicht mehr die Annexion der Lombardei, weil der piemontesische Klerus durch die Reformen päpstlich gestimmt wurde, der lombardische großentheils national war. Durch die Fusion beider wäre der klerikale Widerstand in Piemont geschwächt worden. Das ist nirgends gedruckt, es ist aber doch thatsächlich.

So sehr die Solidarität der kaiserlichen und der päpstlichen Politik sich dem Bewußtsein der Bischöfe eingeprägt hatte, so fest dieselbe durch das östreichische Konkordat (1855) besiegelt war, so kam auch dadurch der Streit zwischen den Siegern über die Frage, wer der höchste Sieger sei, zum Ausbruch. Der ultramontanen Partei besonders im lombardischen Episkopat erschien Oestreich nur als Schwert der Kurie und dieß habe der Kaiser im Konkordat anerkannt. Die Bischöfe trafen, ohne die Ausführungsverordnungen des Staats abzuwarten, Vereinbarungen über die Art und Weise, das Konkordat zu handhaben; der Erzbischof von Mailand kündigte allen Buchdruckern und Buchhändlern seine Präventivcensur an. Die ultramontane Presse stellte noch weitergehende Forderungen, namentlich bekämpfte sie die den Akatholiken im Konkordat zugestandene Gewissensfreiheit. Der Bischof von Brescia eiferte gegen „diese für die Verirrten verlangte Protektion. Eine solche kann ein katholischer Souverän nie zugeben ohne die Ketzerei zu begünstigen, sie läuft gegen Aussprüche der Vernunft und des Glaubens und gegen das wahre Glück seiner Unterthanen. Wer nicht ein treuer Sohn der römisch-katholischen Kirche ist, kann die Freiheiten des Konkordats nicht beanspruchen, weil außerhalb derselben jede Religion Irrthum ist und der Irrthum kein anderes Recht hat, als beklagt und beleuchtet zu werden." (Sferza 29. Nov. 1855.) Diese Wegradirung eines wichtigen Artikels aus einem soeben vom Pabste abgeschlossenen Vertrage geschah in Uebereinstimmung mit den Jesuiten und mit ihrem selbst über die Kurie wachenden, Weltherrschaft sich anmaßenden Organ, der Civilta cattolica. Sie warf sich besonders auf die Schüler Rosmini's und auf die mittelalterlichen Städtegeschichten der Lombardei (Odorici). Die östreichische Presse erkannte in diesen Invasionen in das Staatsgebiet mit Recht eine Gefahr für den alten Imperialismus, dessen Träger nun Oestrich sei, ein Neuwelsenthum, welches nur Frankreichs Macht verstärken könne. So stand jetzt die Regierung zwischen diesen jesuitischen Anmaßungen der Bischöfe und dem nationalen Liberalismus vieler Pfarrer.

Als nun Erzherzog Maximilian die dritte Methode, die der dem Thron abgeängsteten Humanität anzuwenden hatte, so war es ihm durch diese entgegenstehenden Ansprüche vollends unmöglich gemacht, Allen Alles zu werden. Die Büreaukratie war überdieß seit Jahrzehnten daran gewöhnt, sogar an den Patriarchen von Venedig Ansinnen zu stellen, als ob er ein Polizeichef wäre. Diese verschiedensten Strömungen erfaßten den Erzherzog wie ein Wirbel; er mußte sich mit Schritten im Bodenlosen ab, aber er kam keinen Schritt voran. Ein ihm untergebener Beamter scherzte gegen uns: „Wir spielen den Italienern seit Jahr und Tag die Melodie vor: zur Liebe kann ich Dich nicht zwingen, doch geb' ich Dir die Freiheit nicht! — Es ist kein Wunder, daß wir müde sind, sie ohne Nutzen fortzuspielen, und daß die Italiener müde sind, sie zu hören." Wenn Regierungen und Völker mit ihren Stimmungen in eine solche Sackgasse sich festgefahren haben, muß die Kanone ihnen eine Bresche öffnen.

Dreißigster Abschnitt.

Politische Koryphäen Piemonts.

Massimo Taparelli Marchese d'Azeglio war der ten zweiten Oktober 1798 nachgeborene Sohn einer altadeligen Familie streng kirchlich = dynastischer Gesinnung. Seit der Restauration von 1814 einige Jahre tollheiterer Reiteroffizier, gähnte ihn die Leere der goldenen Jugend des kirchlichen Turin an. Er lebte daher als Maler einige Jahrzehnte in Rom und in der römischen Campagna, von welchen er in seinen ricordi eben so anziehende als belehrende Bilder entwirft. Die seltsame kräftige Rohheit des Landvolks zog ihn eben so sehr an, als die leere Faulheit des römischen Beamtenthums, auch des geistlichen, ihn abstieß. Die Verachtung der Fremden gegen das italienische Volk entzündete seinen nationalen Patriotismus und so gewann er, während einer seiner Brüder ein eifriger Jesuite und Vorkämpfer des Pabstthums wurde, das Vertrauen der Romagnolen, deren Anliegen er in jener noch finstern Morgenstunde Karl Albert vortrug. Eben so besonnen verfocht er sie 1846 in seinen casi di Romagna (Erster Theil unserer Geschichte, S. 279.) Als Landschaftsmaler durchzog er einen großen Theil Italiens und ward überall für die den Verschwörungen fremde, besonnene nationale Partei. Seine Romane, seine politischen Schriften arbeiteten für denselben Zweck, deßhalb mußte er Mailand, Florenz, ja Turin meiden. Als der National= krieg im April 1848 losbrach, bemühte er sich in Rom den Pabst zur Betheiligung zu bewegen, und rückte mit den „Kreuzfahrern" ins Feld. Als zu Anfang des Juni Heß Radetzky den genialen Rath gab, die Schlappe bei Goito und den Verlust von Peschiera durch den Ueberfall des werthvollen Vicenza mehr als gut zu machen, zeigte d'Azeglio als Oberst mehr blinde Tapferkeit, als Umsicht. Er ließ sich durch Nachrichten von dem Anrücken des weit überlegenen Feindes in seiner Sicherheit nicht stören und forderte das Mitglied der provisorischen Regierung von Vicenza, Cabianchi, auf, durch seine Improvisation die dadurch gestörte Hei=

terkeit herzustellen. Dieser aber lehnte mit den Worten ab: wir halten
das Mahl der Girondisten. D'Azeglio scherzte: Oestreich ist wie die Natter,
welche, wenn ihr der Nacken zertreten ist, sich noch krümmt. Am folgen=
den Abend wurde d'Azeglio, nach dem Verlust des die Stadt vollkommen
beherrschenden Hügels von Mobanna del Monte, bei einem Ausfall aus
dem alten (linken) Stadtthor am Fuß schwer verwundet. Auch in der
Politik war der Marchese mehr ritterlich, als besonnen mannhaft, aber
in Geldsachen stets rein. Feurige Aufwallungen der Opferbereitschaft,
nicht Ausdauer in der Arbeit war seine Tugend. Seine für die Frauen
beinahe unwiderstehliche Liebenswürdigkeit hatte ihn besonders in Rom
mit den ausgezeichneteren Männern aller Nationen in nähere Ver=
bindung gebracht. Diese persönlichen Verbindungen mit den bedeutend=
sten unter den zahllos Italien Bereisenden sind ein Element, welches bei
der Befreiung Italiens, für die Gewinnung der öffentlichen Meinung
Europas und seiner Staatsmänner überhaupt sehr ins Gewicht fiel.
Aehnliches war in Mailand, in Turin erst seit 1849 der Fall. Nur der
kleinere Theil der nationalen Koryphäen Italiens, wie Cavour und
Minghetti, knüpften durch Aufenthalte in Paris und London Verbin=
dungen an, welche der Befreiung ihres Vaterlandes nützten. Wenn diese
Verbindungen den Muth und die Bildung der höheren Klassen Italiens
auch in den schlimmsten Zeiten aufrecht erhielten, so mußten sie ihnen
auch den Gedanken nahe legen, mit fremder Hilfe Freiheit nach außen
und nach innen zu erlangen. Der Fremdenzug war auch ein demorali=
sirendes Element. Männer wie Balbo ärgerten sich darüber, daß Italien
von allen Nationen nicht blos als ihr Museum, sondern auch, wie Ve=
nedig im vorigen Jahrhundert, als ihr Lusthaus angesehen würde.
Der Einfluß der modernen Romfahrer wirkte auf die Literatur anregend,
er entfremdete diese den zweideutigen Ueberlieferungen, aber auch dem bes=
seren Kern des italienischen Volks. Seit 1848 stachelte sowohl der Spott
der Fremden über die Niederlage, als ihre Theilnahme mit dem Unglück
Italiens zu neuen Wagnissen auf.

D'Azeglio hatte von Natur und durch die langjährigen Aufenthalte
in Florenz und Rom, gegen welche die in Turin bis 1849 nur als
Episoden erscheinen, mehr italienisches Leben in sich als die andern Pie=
montesen vor und seit 1848. Sein Temperament war erregbarer, seine
Begabung, seine Ausbildung waren vielseitig. War er auch entfernt kein
Michel Angelo, kein Lionardo da Vinci, so erinnert er doch als Maler,
als historischer Romanschriftsteller, als politischer Redner und Pamphletist,
an jene Riesen des genialen italienischen Dilettantenthums. Er war
der europäischen Diplomatie gegenüber der Vertrauensmann, der Bürge
für die würdige, loyale Haltung Piemonts nach seiner militärischen Nie=
derlage bei Novara. Sein alter Adel, seine Wunde, welche ihn hinkend
machte, seine antipfäffische Kirchlichkeit empfahlen ihn bei dem Könige, welcher

überzeugt war, daß der chevalereske Marchese ihm nie zu einem ehrenrüh-
rigen, feigen Schritte rathen würde. Aber er hatte weder die realen Kenntnisse, noch die Arbeitstüchtigkeit und Ausdauer, um die Reform eines zurückgebliebenen Landes von Grund aus durchzuführen. Sein ganzer Bil-
dungsgang in Rom hatte ihn verhindert, von dem ökonomischen Leben eines
Volks sich einen Begriff zu machen. In seinem Ausspruche, ein mittel-
mäßiger Verwaltungsbeamter sei ein nützlicheres Mitglied des Gemeinde-
wesens, als der größte Maler, liegt ein Gefühl seiner schwachen Seiten.
Den Handelsstand sah er nur als Leute an, deren Weisheit darin besteht,
billig einzulaufen und theuer zu verkaufen. Als er zu Anfang des Jahres 1849, der radikalen Hetze in Piemont überdrüssig, seine Wunde an der
Nordgränze Toscanas pflegte, machten die toscanischen Radikalen auf ihn
Jagd. Zu Ende des Januars hatte er einen Rechenschaftsbericht an seine
Wähler geschrieben, dessen Wahrheiten namentlich seinen Kammercollegen
galten. Darin heißt es: „Ihr macht für euer Unglück die Minister, die
Fürsten verantwortlich. Ihr wollt nicht begreifen, daß bei einem Volke,
wie das unsrige, es sich nicht darum handelt, die Formen, sondern darum
uns selbst zu ändern und zu regeneriren, darum, unsere Trägheit abzu-
werfen, uns aus dem Koth feiger Gewohnheiten zu reißen. Wir müssen
aufhören, zugleich prahlerisch und untauglich zu sein. Aus einer erniedrigten Race, welche der Spott der Starken ist, müssen wir ein Volk
werden, welches inneren Werth und Mannestugenden besitzt."

Zu Anfang des Jahres 1849, also zwölf Wochen vor Novara, war
d'Azeglio vom König Karl Albert nach Turin berufen worden, um die
Ministerpräsidentschaft zu übernehmen; er lehnte es ab. „Ich hätte, schrieb
er später, weder ganz allein den Krieg gegen Oestreich führen, noch weniger Frieden schließen, und ihn unterzeichnen mögen, den eine Reihe un-
heilvoller Irrthümer unvermeidlich gemacht hat." Nach Novara tröstete sich
auch d'Azeglio, daß Piemont damit die äußerste Möglichkeit gethan habe,
er rühmte besonders das gemeine Volk, als Tausende Weib und Kind aus
anerzogenem Gehorsam verließen, selbst ohne zu wissen, daß sie sich für die
Auferstehung Italiens opferten. Er sammelte Beispiele, Zeugnisse piemontesischer Tapferkeit im Kampf bei Novara. Seine Briefe aus dieser Zeit
sagen uns, wie in den Gemüthern der ächten Patrioten Verzweiflung und
hoffende Entschlossenheit mit einander rangen. Zehn Tage nach Novara
schreibt d'Azeglio an seinen Freund Rendü: „Sie können sich vorstellen,
wie gepreßt mein Herz ist. Sein ganzes Leben für Einen Gedanken ge-
arbeitet zu haben, ohne die Hoffnung, daß sich je eine Gelegenheit seiner
Verwirklichung biete; und nun sie, alle vernünftige Voraussicht übertreffend,
sich darbieten zu sehen; und dann zu fühlen, wie dieses Gebäude in Einem
Tage zusammenstürzt! Nach einem solchen Schlage behält man nur noch
den Schein des Lebens, aber Seele und Herz sind todt. Ich werde mein
armes liebes Vaterland nie vom Joch befreit sehen. Der Wille Gottes

geschehe". Am Schlusse des Briefes aber schreibt er: „Wir sind nieder=
geworfen, aber nicht entmuthigt; eine lange Arbeit ist wieder von vorn
anzufangen. Das ist alles. Helfen Sie uns durch Zeugniß für die pie=
montesische Tapferkeit unser einziges Gut, die Ehre retten." Einen Mo=
nat nach der Schlacht schreibt derselbe: „Wir haben für den Augenblick
uns nur in den Abgrund rollen zu lassen. Hernach werden wir sehen,
von welchem Punkt aus wir wieder vorgehen." Und nach einigen Wochen
war d'Azeglio Ministerpräsident mit dem Wahlspruch, daß der Krieg eine
Unmöglichkeit sei, aber nicht minder die Entehrung. Die ungeheure Be=
zahlung der Rechnungen für die tollen Streiche seiner verhaßten Feinde
zu übernehmen war ein Wagniß. Er schreibt den 21. Mai an Renöü mit
seltsamem Humor: Die Uebernahme des Ministeriums des Aeußern im
Augenblick der Friedensunterhandlungen mit Oestreich durch mich, machte
auf mich selbst einen komischen Eindruck, und wohl auch auf die uns be=
freundeten und feindlichen. Aber die Interessen der inneren Ruhe haben
Angesichts der Aufreizungen der anarchistischen Partei den Ausschlag ge=
geben. „Ich mußte mich überzeugen, daß ich mich selbst stranguliren
mußte, und so bin ich Ministerpräsident." Er hoffte, die Radikalen hätten
auf ungeheure Unkosten des Volks sich bei allen auch nur halb Vernünf=
tigen discreditirt. D'Azeglio war überzeugt, daß er, wegen seiner den
Westmächten bekannten Mäßigung, ein Oestreich gefährlicherer, unangeneh=
merer Minister des Aeußeren war, als ein Demokrate. An seine Frau
schreibt er (Lettres di Massimo d'Azeglio a sua moglie Luisa Blondel,
per cura di G. Carcano. Milano 1870.): „Piemont, klein und ruinirt
wie es ist, wird, solange ich befehle, sicher keine Tollheiten machen; aber
ich will, daß es seinen Kamm aufrecht halte, wie ein Hahn, welcher in
der Tenne vorn auf der Deichsel sitzt. Ich gebe nach, weil ich klein bin,
aber ich bitte nicht um Verzeihung, weil ich recht habe. Ich weiß, daß
wer verspielt hat, bezahlen muß." Charakteristisch ist, daß ihm einige
Wochen vor dem Ministerportefeuille die Direktion des Turiner Theaters
vom Minister des Innern angeboten worden war.

Es hat den Anschein, als trügen wir Eulen nach Athen, indem wir, nach=
dem uns Heinrich von Treitschke (in seinen Historischen und politischen Auf=
sätzen, neue Folge von 1870, im ersten Theile) ein klassisches Marmorbild
Cavours mit reichen Reliefs seiner Thaten aufgestellt hat, noch eine biogra=
phische Skizze desselben versuchen. Aber diese ist zur Vollständigkeit unserer
Geschichte unentbehrlich. Neben dem Meißel hat auch der Bleistift seine
Rechte. Camillo Benso di Cavour war von einer altadeligen reichen
Familie. Nach einer Familienüberlieferung, welche Camillo mit Scherz
behandelte, war ein Deutscher Benz mit Barbarossa ins Land gekommen.
Der Wahlspruch der Familie war deutsch: Gott will Recht. Seine Phy=
siognomie war durchaus nicht italienisch, sein Haar blond. Cavour oder
Savore war ein Familiengut im oberen Pobecken, unweit der Mündung

des Waldenserthals von Luserna, wo einst katholische Waisenhäuser für geraubte Waldenserkinder waren, an der Gränze des französischen und des italienischen Sprachgebiets. Die Mutter Cavours war eine edelsinnige Genferin. Er ist den 10. August 1810 in Turin geboren. Wohl nicht ganz ohne Einfluß auf seine milde Gesinnung gegen wenn nur ehrliche kirchliche Frömmigkeit war sein um ein Jahr älterer Bruder Gustav, „sein Bruder über den Dächern", welcher mit Rosmini und dem mystisch-praktischen Kreise desselben eng verbunden war. Aber der Glaube, welcher Camillo auch dabei leitete, war der starke Glaube an die Kraft der Freiheit, das heißt an den Adel der menschlichen Natur. Die Jugendeindrücke und die Privatseite von Cavours Leben sind am besten geschildert von seinem Genfer Vetter de la Rive in „le comte de Cavour, Paris 1863." Sein aristokratischer Vater bestimmte ihn zum Offizier und so trat er, zehn Jahre alt, in die Militärakademie ein. Da seine Familie zu den altangesehenen gehörte, war ihm als Pagen der Zutritt zum Hof eröffnet. Aber er spottete der an demselben herrschenden spanischen Etikette so sehr, daß er dieses „Mauleselbdienstes in Lakaienuniform" bald entbunden wurde. Der steif ceremoniöse Kronprinz Karl Albert und Cavour waren sich antipathisch. Mathematik war die Basis seiner Erziehung; er rühmte, daß sie sicher, folgerichtig denken lehre. Auch als Mittel, das Gedächtniß zu üben und die Zeit scharf einzutheilen, rühmte er die Mathematik. In den vielen schlaflosen Nächten seiner Jugend rechnete er schwere mathematische Aufgaben zu jenem Zwecke ganz im Kopfe aus. Er vergaß im Geschäftsleben nichts, nicht ein Rendezvous; wo möglich fand er sich auf die Minute ein. Allein Cavour vermißte später, daß er zu wenig humanistische Studien gemacht, daß man ihn nicht in der Jugend im Sprechen und im Schreiben geübt habe. Außer dem piemontesischen Patois war ihm nur das Französische geläufig. Sein Freund Castelli erzählt, daß Cavour im Jahr 1847 oft einen italienisch geschriebenen Artikel ihm mit den Worten: mache mir das italienisch! gegeben habe. Dante, Ariost hat er nie gelesen, Macchiavell und Guicciardini erst im Herbst 1859. Einen Vers werde ich nie machen, rief er einmal, aber Italien werde ich machen! Die Philosophie blieb ihm fremd. Die halb antiken Heldengestalten des Alfierischen Dramas übten auf ihn gar keinen Einfluß. Von Geschichte kannte er die neuere, besonders die der französischen Revolution. Für Musik hatte er einen sehr feinen Sinn; weniger für die bildenden Künste. Wenn er einen P. Potter sah, verglich er die Racen seiner Kühe mit der seinigen. Da er sich nie verehelichte, wollte er an seinem älteren sehr begabten Neffen ein Muster von Erziehung geben; er hoffte zuversichtlich, dieser werde ihn einmal weit übertreffen. Vor allem pflegte er in ihm den Geist ritterlicher Opferfreudigkeit. Im Treffen bei Goito (29. Mai 1848) leicht verwundet, ging derselbe vom Verbandplatz als Freiwilliger sofort wieder vor und wurde tödtlich verwundet. Das war der tiefste persönliche Schmerz in Camillo's Leben. Viktor Emanuel wollte seinen Vater, Cavour diesen „seinen einzigen Sohn" an Oestreich, aber beide wollten vor Allem Italien rächen und machen. Er hegte ein kräftiges Ehrgefühl, aber nicht nach Würden, sondern das des Bürgers eines freien Staats, auch als er noch in einem geknechteten lebte. Als ihm später in einer der schwersten Krisen Ehrgeiz als Motiv vorgeworfen wurde, donnerte er die kleinen Seelen mit den Worten nieder: Mag meine Reputation, mag mein Name zu Grunde gehen, aber das italienische Vaterland muß gemacht werden! Sein durchaus modernes Wesen und Streben wurzelte auf dem kampfbereiten Boden des piemontesischen Adels. Aber er schaute viel weiter und rang für die Ideen der aufgehenden Zeit.

Es war in Cavour eine unverwüstliche Lebensfrische und Jugendelasticität. In jüngeren Jahren, besonders wenn er bei seinen Verwandten in Genf weilte, mochte man in ihm nur einen trefflichen Gesellschafter, den diseur de fariboles bewundern und lieben. Er war stets schlagfertig und seine Witzpfeile hagelten auf die Gegner nieder, wie Blumen und Confetti im Carneval. Berti hat vor seiner Briefsammlung ein Herbarium dieser Kinder des Augenblicks angesammelt. Im parlamentarischen Kampf hat er manchen aberweisen Gegner damit so getroffen, daß er auf längere Zeit außer Kampf gesetzt wurde. Als er schon Träger von drei Portefeuilles war, brach öfters, wenn er eine größere Arbeit fertig gebracht hatte, seine Jugendlust heraus; er konnte dann in seinem Arbeitszimmer Sätze machen, wie ein Schüler, welcher seine Aufgaben fertig gemacht und nun das unabsehbare Glück einiger Vakanztage vor sich hat. So gut wurde es ihm freilich nur selten, daß er im Schatten der Bäume seines nahe bei Turin gelegenen Landguts Leri „mit auf dem Rücken gekreuzten Armen" sich im Gespräche mit einigen Freunden ergehen konnte. Gehaßt hat er nur Einen Menschen oder Unmenschen, Haynau, „die Hyäne von Brescia"!

Der Lebenslauf Cavours war ein einfacher, sein Steigen im Staatsdienst ein etwas ungewöhnliches, sofern er vom Lieutenant zum Minister sich aufschwang. Im sechszehnten Jahre wurde er in Folge seiner trefflichen Prüfungszeugnisse, vier Jahre früher als das Reglement feststellte, Lieutenant im Geniecorps. In dem den turiner Junkern fremdartigen Genua fühlte er sich auf das Vielseitigste angeregt und gefördert, was den Samen seiner Freihandelsideen legte. Das sich hier entwickelnde Gefühl seiner persönlichen Freiheit steigerte sein Mißverhältniß zu seinem Vorgesetzten, dem Prinzen von Carignan, nachmaligen König Karl Albert. Der verschlossene, auf seine Legitimität, je gefährlicher sie angefochten war, um so höher haltende Herr schöpfte Verdacht gegen ihn. Auflaurer hinterbrachten sogar, daß er über Orden und über ähnliche allerhöchste Dinge mit keckem verächtlichem Spott sich ausließ, welcher sich, als er später selbst damit überhäuft wurde, zu völliger Gleichgiltigkeit abkühlte. Eines Tags

nannte der mißtrauische Karl Albert den rastlosen Beförderer der ihm
verdächtigen geistigen Arbeit „den gefährlichsten Mann in seinem Königreich". Daß Karl Albert im Feldzug von 1848 vor Verona sich täglich
früh vier Uhr die Messe lesen ließ, daß er alle drei Tage beichtete, nur
von Kartoffeln und von Eiern lebte, gewann Cavour nur ein Lächeln
ab. Die beiden Männer mußten sich fremd bleiben. Als aber Karl Albert,
nach hundert Proben der Todesverachtung selbst ein Opfer für sein Land,
für Italien die Krone niederlegte und auf fremder Scholle starb, da beugte
sich auch Cavour vor der seltsamen Charaktergröße und er stellte ihn,
„den Großmüthigen", dem Volke als einen der vorkämpfenden Helden hin,
welcher mit seiner Brust in die Reihen der Unterdrücker Bresche gebrochen,
in die man nachstürmen müsse. Als Cavour sich ihm ebenbürtig fühlte,
würdigte er Karl Albert. Im Jahre 1830 begrüßte der Genielieutenant
Cavour die Julirevolution, während Prinz Carignan über diesen Sturz
der Legitimität tief trauerte. Der Lieutenant wurde daher als Leiter der
Bauten nach dem Felsenfort von Bard, welches den Weg vom Großen
St. Bernhard im Thal von Ivrea sperrt, in Ungnaden versetzt. Hier,
wo sein ganzer Verkehr sich auf das Tarokspiel beschränkte, wobei er die
große politische Wahrheit lernte, daß man kleine Karten nicht verachten dürfe,
konnte er es nur ein Jahr aushalten. Er nahm 1831 seine Entlassung aus
dem Offiziercorps, nachdem er auf die Hoffnung, an der Seite Frankreichs
unter Piemonts Fahne gegen Oestreich zu ziehen, hatte verzichten müssen.

Das Reifen der politischen Ideen Cavours in der Glühhitze der Re-
volutionsversuche und der Restaurationen eingehend zu schildern, müssen
wir seinen Biographen überlassen. Unter ihnen ragen mit hervor: il
conte di Cavour, documenti editi e inediti per Nicomede Bianchi,
nach Cavour's Tod zuerst in der rivista contemporanea veröffentlicht,
wovon 1863 (wenigstens) drei besondere Ausgaben in Turin erschienen,
an deren Spitze eine Auswahl der Monographien über Cavour steht.
Die mehrjährigen Gehilfen Cavour's J. Artom und A. Blanc geben eine
Auswahl der Reden Cavours mit trefflichen Einleitungen in oeuvre
parlémentaire du c. d. Cavour, Paris 1862. Von Layard soll die im
Juliheft 1861 des Quarterly review veröffentlichte Charakteristik sein.
Bonghi's Cavour (zweite Ausgabe 1861) hat bei aller Kürze auch dadurch
besonderes Interesse, daß Cavour die erste Ausgabe selbst las. Noch ge-
reifter ist, was Bonghi in seinem Pasini über die Zeiten Cavours giebt.
Diese Werke sind nicht bloße Literatur, nicht bloße Geschichtsquellen, sondern eine Fortsetzung des Werks von Cavour.

Im Juli 1832, also nachdem der Aufstand im Kirchenstaat und in
den Poherzogthümern durch die Oestreicher niedergeworfen war, schreibt
Cavour, 22 Jahre alt, an einen Freund in England: „Von der einen
Seite durch die Bajonette Oestreichs, von der andern durch die päbstlichen
Excommunicationen niedergedrängt, ist unsere Lage eine wahrhaft bekla-

genswerthe. Jeder freie Gebrauch des Gedankens, jedes edle Gefühl ist als ein Verbrechen gegen Kirche oder gegen den Staat erstickt. Wir können nicht hoffen, durch unsere Kraft (da noi) irgend eine Erleichterung unseres schweren Unglücks zu erlangen. Das Schicksal meines Landes und besonders das der Romagna ist wahrhaft haarsträubend und die ver= mittelnden Schritte der Mächte haben es nur verschlimmert." Während er über das Geschehenlassen der Orleans zürnt, spricht Cavour Hoffnung auf England aus, indem er schon damals seinem unglücklichen Vaterland überall hilfreiche Freunde zu werben sucht. Den Verschwörungen gegen= über besteht er auf ausschließlich gesetzlichen, ehrenhaften, offenen Mitteln, indem er sich fest vornimmt, an der Menschheit nicht zu verzweifeln. Wir sehen bereits dieselben Ideen in ihm keimen, welchen er beinahe ein Men= schenalter später zur Reife half. Und er dachte früh an ihre Realisirung. „In meinen Jugendträumen sah ich mich schon als Minister von Italien," schrieb er an die Marchesa von Barol. Im Jahre 1833 wurde im pie= montesischen Heere und in der Kriegsmarine eine Verschwörung entdeckt, welche den darin verwickelten Garibaldi nöthigte landesflüchtig zu werden. Cavour war um so entrüsteter dagegen, da er dadurch Karl Albert sogleich bei seinem Regierungsantritt ganz in die Gewalt der klerikal=reaktionären Partei und Oestreichs gestoßen sah. Trotz den Lockungen der Verzweiflung an natio= nalen Reformen weihte er seinen glühenden Zorn auch der Verschwörung des sich damals um Mazzini bildenden jungen Italiens. Er sah darin nur eine andere Form des entsittlichenden Terrorismus und der raffinirten Barbarei.

Die Arbeitskraft des 22jährigen Exoffiziers, des nachgeborenen Sohns, warf sich sofort mit Entschiedenheit und Ausdauer auf die Landwirthschaft, indem er den Betrieb eines großen Guts unweit Vercelli übernahm. Lie= bigs und englische Schriften über Ackerbauchemie, über Viehzucht und Reis= bau, die große Lehre von den Düngern und Mastungsmethoden heilten seinen Geist von den Gefahren der politischen Unzufriedenheit, sie erhöhten die Einkünfte der Familie bedeutend. Wie einst consulare Römer vom Pflug weg zur Diktatur abberufen wurden, wie St. Benedikt seine Schüler durch Kultivirung von Einöden auf die Leitung der Geister vorbereitete, so sehen wir Cavour in monotoner Ebene, die Georgophilen ob dem Arno= thal, Ricasoli an der Gränze der Sienesischen Maremmen im Dienste der Mutter Gäa ihre Kraft üben, um dem städtereichen Italien die Bahn der nationalen Unabhängigkeit zu brechen. Die städtischen Grundbesitzer des Südens, wohl auch die der Lombardei, welche die Verwaltung ihrer Güter in die nicht immer reinen Hände ihrer Faktoren legten und nach dem Theater gegen Mitternacht sich in den Salons sammelten, mußten eines Tags ihrer geübten Geistes= und Willenskraft gehorchen. Zuerst erprobte diese ihre Anziehungskraft auf dem Lande. Vermittelst der Ackerbaugesellschaften wurde den Grundbesitzern der Provinz ein nachhaltiger Anstoß gegeben. Indem er die Kräfte der Intelligenz und des Kapitals in Gesellschafts=

unternehmungen zusammenzufassen suchte, um die von der Regierung und von der herrschenden klerikalen Partei als unheimlich angesehene Dampfkraft zu benützen und Industriezweige zu beleben, welche aus der Landwirthschaft erwachsen, machte er sich als unruhiger Geist verdächtig. Schon im Jahre 1836, als er die Lombardei bereiste, war er der Polizei als solcher bezeichnet und wurde streng überwacht. Sein Sinn für das Positive, für das Mögliche, für das Nützliche, für Ordnung, seine Ausdauer und Verwaltungsgabe wurden durch diese Arbeiten geübt. So gereift, mit geschärftem Sinn für alles Nützliche, was zu sehen und zu hören war, machte er seit 1840 einen längeren Aufenthalt in Paris und in London. Hier legte er sein Ohr an den Herzschlag der sich erhebenden neuen Zeit; es freute ihn zu sehen, wie die Söhne der ersten Familien und die edelsten Geister mit Aufopferung und mit Mäßigung der praktischen Lösung der nationalökonomischen Aufgaben sich widmeten, während man in Piemont das Glück durch geistliche Congregrationen zu bringen hoffte. Er erkannte die Völkerwanderung von unten herauf. Damit sie nicht die edelsten Güter der Menschheit zerstöre, sollte sie, wie Wasser und Dampf, geleitet und nützlich gemacht werden. Er erkannte die demokratische Bewegung, ohne sich darüber auszusprechen, ob sie erfreulich sei oder nicht, als unwiderstehlich an und war entschlossen sich und die Jugend darauf vorzubereiten (de la Rive p. 94). Er erkannte die Solidarität aller Monopole im Staat und im Güterverkehr, und dachte auf ihre Entfernung durch schonende Reform. England machte ihm durch das dort ungetrennt herrschende Gefühl der nationalen Kraft und der persönlichen Freiheit den tiefsten Eindruck. Er wünschte das stolze civis romanus sum und das philanthropische homo sum versöhnt zu sehen. Die Versöhnung beider spricht er in folgendem Gedanken aus, welcher seine Arbeit am Machen Italiens durchglüht: „Die Geschichte aller Zeiten belegt den auch streng zu beweisenden Satz, daß kein Volk einen hohen Grad von Intelligenz und Sittlichkeit erlangen kann ohne eine starke Entwicklung des Nationalgefühls. Diese sehr beachtenswerthe Thatsache ist eine nothwendige Folge der die menschliche Natur regierenden Gesetze. Denn das intellektuelle Leben der Massen dreht sich in einem sehr engen Ideenkreise. Unter den Ideen, welche sie sich aneignen können, sind nach den religiösen die des Vaterlands und der Nationalität sicher die edelsten und erhabensten. Wenn aber von den politischen Umständen eines Landes die Manifestirung dieser Ideen verhindert, oder wenn ihnen dadurch eine falsche Richtung gegeben wird, so bleiben die Massen in einen Zustand beklagenswerther Inferiorität versunken. Aber noch mehr: bei einem Volke, welches auf seine Nationalität nicht stolz sein kann, wird das Gefühl der persönlichen Würde nur ausnahmsweise bei einigen bevorzugten Individuen bestehen. Und gerade die zahlreichen Klassen, welche die niedrigsten Schichten der socialen Sphäre einnehmen, haben das Bedürfniß, sich vom rationalen Gesichtspunkte aus groß zu fühlen, um das Bewußtsein ihrer eigenen Würde zu erlangen. Dieses Bewußtsein bildet ebensowohl für die Völker, wie für die Individuen ein wesentliches Element der Sittlichkeit. Also wenn wir mit solchem Eifer die Emancipation Italiens verlangen, wenn wir erklären, daß vor dieser großen Frage alle andern Fragen, die uns trennen könnten, verschwinden, daß vor ihr alle besonderen Interessen verstummen müssen, so geschieht dieß nicht blos um unser Vaterland glorreich und mächtig zu sehen, sondern hauptsächlich, damit es sich auf der Leiter der Intelligenz und der sittlichen Entwicklung auf gleiche Höhe mit den civilisirtesten Nationen erheben könne." — Schleiermacher hat an die Stelle der herkömmlichen territorialen Landeskirchen die Kirche der geistigen Gemeinschaft gestellt; so Cavour an die Stelle des dynastischen Partikularstaats den Nationalstaat. Die Italiener sind sich bewußt, daß sie nicht durch Einheit des Gebluts, sondern durch die Gemeinsamkeit der Kultur in Sprache und Schönheitssinn eine Nation sind. Cavour war entschlossen, sie durch stärkere Bande zu höheren Zielen zusammen zu fassen.

Cavour kehrte 1842 nach zweijähriger Abwesenheit nach Piemont zurück. Keßhalb hat er, welcher Italien befreien, sein Minister werden wollte, nie Mittelitalien und den Süden Italiens bereist? Sein Freund Castelli antwortet uns: Cavour sagte, er reise um zu lernen, um in geistig freier Atmosphäre sich zu entwickeln; das wäre damals in Italien unmöglich gewesen. Nach seiner Rückkehr schrieb er an de la Rive: „Ich lebe wieder in einer intellektuellen Hölle, in welcher Geist und Wissenschaft von denen, welche die Güte haben uns zu regieren, als höllische Dinge angesehen werden. Seit zwei Monaten athme ich in einer von Unwissenheit und Vorurtheilen erfüllten Atmosphäre, in einer Stadt, wo es gut ist sich zu verbergen, um einige Ideen auszutauschen, welche außerhalb der politischen Sphäre liegen, in welche die Regierung uns eingeschlossen halten möchte." Er schrieb bald darauf: „Die ultramontane Partei ist eine schlimmere Geißel für die Menschheit, als der Kommunismus. Sie verhindert oder verzögert doch die regelmäßige Vorwärtsentwickelung des menschlichen Geistes und ist an den meisten Fehlern unserer Regierung schuld. Der slavische Kommunismus ist für die Menschheit eine größere Gefahr als die Heere Rußlands, aber die größte ist der Ultramontanismus." Der Contrast war gar zu schroff. Was er ganz besonders vermißte, war eine durch vielseitige Erörterung gereifte öffentliche Meinung und ihre Macht, „dieser Chor in den antiken Tragödien". Aber er ließ sich durch die Schwierigkeiten nicht abschrecken, Vereine zu Gründung von Industrie, den Kredit, Sparkassen, Kinderasyle, anzuregen, alles zu fördern, was die materielle und geistige Hebung der handarbeitenden Klassen förderte. War diese ihm Selbstzweck, so sah er darin auch ein Mittel, die Einigung Italiens vorzubereiten. Er wies der politischen Oekonomie nur die zweite Stelle an, nach der Kunst, die geistigen und die moralischen Kräfte der Nationen zu entwickeln. Diese sind nicht mit der Aufgabe, recht viele materielle Güter und Genüsse zu schaffen, als höchstem Zweck zu Staaten vereinigt. Der veredelte Mensch ist der Träger des höchsten, des nationalen Staats und nur dieser ermöglicht dem Bürger, sich zur höhern Menschheit zu erheben.

Seit dem Jahre 1844 sammelte sich um Balbo ein aristokratischer Kreis, welcher besonders die vaterländische Geschichte, dieses Hauptziel der Piemontesen, pflegte. Reumont in seinem „Zeitgenossen" gibt uns eine würdige Schilderung desselben. Ihre Ueberlieferung ist bis auf unsere Tage thätig. Der Freund Karl Alberts, der Bibliothekar Domenico Promis hat die Kronprinzessin Margaretha mit den großen Beispielen der Fürstinnen aus dem Hause Savoyen gebildet, Cavours Freund Castelli steht in Turin an der Spitze der Archive Italiens, der Adoptivsohn Piemonts, der Modenese Nicomede Bianchi schreibt nach Urkunden die Geschichte Italiens seit 1814. Cavour schrieb mehr aus dem Leben und für das Leben, jetzt um so freudiger als damals auch die Regierungen anfingen die materielle und die intellektuelle Hebung des Volks als eine Nothwendigkeit anzuerkennen. Ob er gleich nie an der „welfischen" kirchlichen Partei Theil nahm, so gründete er doch mit Balbo und Santa Rosa die Zeitschrift risorgimento (Auferstehung). In allem hatte er sein national politisches Ziel im Auge. Die ersten Symptome des Völkerfrühlings, welcher das Bleidach über Italien zu schmelzen versprach, hatte ihn zuerst mild gestimmt, er war bereit, alle sich nationalisirenden Regierungen zu fördern: „Toscana, schrieb er, hat sich durch keinen Staat in der Eisenbahnarbeit überholen lassen; die östreichische Regierung zeigte sich von eben so wohlwollenden, als richtigen Gefühlen beseelt." Als aber Oestreich im Sommer 1847 sich der nationalen Bewegung, ob sie gleich noch im Namen des Pabstes sich entwickelte, feindlich bezeigte, so schürte er mit Kühnheit den Haß der Fremdherrschaft. Er hoffte noch: „wenn unsere Fürsten zugleich klug, geschickt, fest und versöhnlich sind, so wird sich das Werk unserer Wiedergeburt ohne innere Risse erfüllen."

Gegen Ende des Jahres 1847, als die harten Preßgesetze faktisch suspendirt waren, stellte Cavour sich an die Spitze des Risorgimento. „Da er im Schlaf mehr Muth hatte als Andere als hellem Tage", so unternahm er unter dem Dröhnen der unterirdischen, aber mit nahem Ausbruch drohenden Kräfte die extremen Ideen, die Parteien zu modificiren, zu versöhnen, wie die Peel und Russel gethan. Der italienische Geist, welcher bald durch seine heiße Leidenschaft, bald durch seine Schlauheit in Gefahr ist, auf Irrwege zu gerathen, sollte zu einer männlich klaren und festen öffentlichen Meinung erzogen werden. Aber gleichzeitig brach (12. Januar 1848) die Revolution in Sicilien und in Genua der Sturm gegen die Jesuiten los. Im Januar 1848 kamen Genuesen nach Turin, um hier die Journalisten für ihre Sturmpetition um eine Nationalgarde zu gewinnen. Man stimmte ihnen zu. Aber Cavour schlug im Namen der Männer des Risorgimento vor, eine feste Basis der Freiheit, eine Verfassung vom König zu erbitten. Nur der Philanthrope d'Azeglio, Massimo's Bruder, Santa Rosa, und Giacomo Durando (für die Opinione), lauter Adelige und dießmal auch der Radikale Brofferio stimmten ihm zu. So geschah nichts und Karl Albert wurde von Ferdinand von Neapel in Ertheilung einer Verfassung überholt. Nur noch halb freiwillig gab Karl Albert den achten Februar eine Verfassung. Cavour ereiferte sich für eine gewählte erste Kammer; wie Balbo hätte er jetzt am liebsten im Innern eine feste Grundlage für Anziehung der östreichischen Provinzen gelegt. Aber als die Revolution in Mailand den 21. März losbrach, war er für unverzügliches Vorrücken. Jetzt wurde das Risorgimento zur Kriegstrompete: „Die Stunde des Lebens oder des Todes hat für die Dynastie Savoyen geschlagen, die Stunde energischer Entschlüsse, die Stunde, welche über das Glück von Reichen, über das Schicksal von Nationen entscheidet." Es gelte, ein auch die Unabhängigkeit der italienischen Halbinsel sicherndes starkes Königreich Oberitalien zu gründen. Damit alle Kräfte darauf vereinigt würden, that er sein Aeußerstes die radikalen Fluthen einzudämmen. Ob er gleich durch seine Bekämpfung des allgemeinen Wahlrechts einen Theil seiner Popularität verloren hatte, fiel eine Nachwahl in Turin auf ihn. Der Sommer brachte ihm den Tod seines Neffen, die Niederlage der piemontesischen Waffen am Mincio, den Verlust Mailands, als Cavour sich eben anschickte, selbst ins Feld zu gehen. Wie die Gewalt der Ebbe des Schwimmers und seines Ringens spottet und ihn ins Bodenlose hinauszieht, so verloren die Geister, in kraftloser Wuth über die militärischen Niederlagen, allen realen Boden. Der Pessimismus jubelte über den Ausgang des Fürstenkriegs. Mazzini verkündigte den Sturz aller Throne, die Conföderation der italienischen Republiken schien nahe und kann wehe über dich, Oestreich! „Gott und Volk" schleudern dich über die Alpen zurück! Gegen diesen Phrasensturm, durch welchen immer Einer dem Andern Muth machen wollte, erhob Cavour (besonders Risorgimento vom 16. Nov. 1848) Worte der Erfahrungsweisheit. Er läugnet nicht die Möglichkeit augenblicklicher Erfolge der revolutionären Mittel. Aber diese sind ein machtloser Kampf gegen die menschliche Natur: „Einen Augenblick scheinen sie Sieger, am folgenden Morgen erhebt sich die kalte Vernunft, die Nothwendigkeiten des menschlichen Geschlechts, die unbesiegbaren Interessen der Familie erheben sich wie eine Springfluth und das revolutionäre Mittel, der Terrorismus werden weggeschwemmt und der Zweck ist gescheitert. Es ist, als ob die Natur sie lockte und auf sie lauerte, um hernach ihrer zu spotten und sie zu zwingen ihre Gesetze zu verehren." — „Die eben so ungerechte, als unwissende Sekte der demokratischen, socialen Republik hat sich in Italien wie in Frankreich auf Grund eines hypothetischen Verlangens erhoben, welches so alt ist als die Geschichte und selbstmörderisch wie der blindeste Egoismus. Das Ende davon wird bald Ludwig Napoleon auf dem Throne und mit Hilfe dieser Sekte auf der italienischen Halbinsel die Wiederaufrichtung der Thrannei sein." Die knabenhafte Presse, Kammer- und Klubredner wetteiferten in Verläumdung der ehrenfesten Minister, d'Azeglio's, Santa Rosa's und des weniger hervorragenden Cavour. Der König und das Heer versuchten tollkühn noch einmal bei Novara die Entscheidung der Waffen, welche endlich auch Cavour für unvermeidlich erklärte. Der besiegte König legte seine Krone nieder, aber die Maulhelden nicht ihre Anmaßung.

Wer zu schmeicheln sucht und weiß, von dem darf vorausgesetzt werden, daß er auch der Schmeichelei zugänglich ist, daß er sie liebt und durch sie bestechlich ist. Daher wird ihm, sobald er Einfluß gewinnt, sobald er in die Macht gelangt, in die Wette Weihrauch angezündet werden. Dieß alles ist bei Urbano Rattazzi und seinen Biographen der Fall. Es wird uns eben deßhalb schwer, den guten Seiten an Rattazzi's Wesen gerecht zu werden. Im Jahre 1808 in Alessandria geboren, ist er an Körper und Geist gleich fein und geschmeidig. Der schon frühe durch Scharfsinn, Gewandtheit und Fleiß ausgezeichnete Jurist wurde durch die klerikale Partei von der akademischen Laufbahn verdrängt. Als berühmter Advokat in Casale erwarb er sich makellos ein schönes Vermögen, welches bis zu seiner Verehelichung mit einem Seitensprößling der Bonaparte ihm eine unabhängige Stellung sicherte. Erst mit Anfang des Jahres 1848 trat der Vierzigjährige in das politische Leben ein. Die Herzogthümer Parma und Modena schlossen sich im Mai 1848 durch allgemeines Stimmrecht Piemont mit seiner oktrohirten Verfassung vom Februar 1848 an. Die Mailänder, von den Mazzinisten bearbeitet, glaubten dagegen eine constituirende Versammlung verlangen zu müssen, welche auf die breiteste Grundlage, sei es auf Fels oder auf Sand, neu aufbauen sollte, indem eine constituirende Versammlung aus den alten und den neuen Provinzen Alles, mit alleiniger Sicherung der Dynastie, umschmelzen würde. Unter dieser Bedingung fiel auch die Lombardei mit ungeheurer Mehrheit Piemont zu und das Ministerium nahm dieß zu Balbo's Leidwesen an. Die piemontesische Kammer, obgleich vorherrschend gemäßigt, wählte eine Commission. Cavour griff im Risorgimento die politische Ignoranz an, welche eine Constituirende mit unbeschränkter Vollmacht schaffe, während die Regierung alle Kraft des Landes aufbieten müßte, um die Oestreicher zu überwältigen. Das sei ein Convent, eine revolutionäre, bodenlose Invasion der gesetzgebenden Gewalt in die Executive und in die Verwaltung. Diese Ansicht, zu welcher sich auch die liberalsten Minister bekehrten, wurde in der Commission von Pinelli vertreten. Eben deßhalb wollte Rattazzi als Berichterstatter der Commission die Vollmacht der Constituirenden um kein Haar breit einschränken lassen. Er stellte den Sophismus auf, es handle sich um einen Staatsvertrag zwischen Piemont und dem Staat Lombardo-Venetien. Pinelli und Rattazzi setzten vor der piemontesischen Kammer ihre vor den Gerichtshöfen seit Jahren ausgefochtenen advokatischen Turniere mit allen Finessen fort. (Für parlamentarische Fechtmeister ist interessant Chiala, une page d'histoire von Seite 166 an.) Die Kammer beschränkte die Aufgabe der Constituirenden auf die Aufstellung einer neuen Verfassung. Die lombardischen Commissäre protestirten im Einvernehmen mit Rattazzi gegen die Einschränkung der Constituirenden. Bald sah man vor lauter Feinheiten die Sache selbst nicht mehr. Rattazzi's advokatische Rabulistik und die partikularistisch-demokratische Aufblähung der Lombarden brachten es bis zu einer piemontesischen Ministerkrise und zur Gefahr der Errichtung mehrerer provisorischer Regierungen. In das auch mit Lombarden besetzte Ministerium Casati trat am 28. Juli 1848 Rattazzi als Unterrichtsminister ein. Aber wie bei so manchem Prozeß, war indessen der Vogel, um dessen Besitz und Zurichtung es sich handelte, davon geflogen: das piemontesische Heer war den 25. Juli bei Custoza geschlagen. Am vierten August rückten die Oestreicher in Mailand ein. Das erste Ministerium Rattazzi's währte drei Wochen. Er hatte bei den Politikern den Ruhm eines gewandten Prinzipien- und Formenritters erlangt, dem es nur am festen Schluß fehle.

Rattazzi half nun das Ministerium Alfieri-Pinelli, das bestverleumdete, untergraben. Daher wurde er in dem „demokratischen Ministerium" Gioberti vom 16. December 1848 zuerst Justiz-, dann Minister des Innern. Durch ein Rundschreiben an die Bischöfe über die Art und Weise, wie sie in ihren Hirtenbriefen sich den bürgerlichen Behörden gegenüber zu benehmen hätten, brachte er es zu Stande, daß der bisher größtentheils der Verfassung freundliche Klerus mit der Regierung in Streit gerieth. Die Kammer wurde vom demokratischen Ministerium als zu demokratisch aufgelöst und Rattazzi half als Minister des Innern dazu, daß eine aus noch demokratischeren Dunkelmännern bestehende gewählt wurde. Gioberti stellte den genialen Grundsatz auf, daß nur italienische Staaten in italienischen Staaten zu interveniren hätten und wollte daher den durch die Demokratie bedrängten Großherzog von Toscana mit piemontesischen Waffen halten, den Papst als constitutionellen Fürsten nach Rom zurückführen. Aber Rattazzi war dagegen. Indem er den den Frieden mit Oestreich vermittelnden Westmächten hierzu ein Ultimatum von acht Tagen gestellt wissen wollte, drängte Rattazzi zu rascher Aufkündigung des östreichisch-piemontesischen Waffenstillstands. Er ließ dem Ministerium von der Kammer mehr als diktatorische Gewalt für die Kriegszeit geben. Aber die war in vier Tagen, den 23. März 1849, bei Novara zu Ende.

Es überrascht, daß Karl Albert, welchen es Krone und Vaterland kostete, in seinen vertrauten Papieren das Urtheil hinterließ, Rattazzi sei der Minister, welcher ihm mit dem größten Eifer und mit der größten persönlichen Neigung gedient habe. Die Erklärung liegt darin, daß auch Karl Albert den Krieg mit Oestreich, als Mittel seine Ehre reinzuwaschen,

ersehnte und daß Rattazzi eine gewisse weibliche Feinheit und eine Ge-
wandheit besitzt über ihm stehenden Personen zu dienen.

Auch Garibaldi hat in seinem aufopfernden schwärmerischen Heroismus, in seiner Herzenstheilnahme mit den Leiden der Armen, in dem
Kultus für seine Mutter, deren schützendes Lichtbild er in der Schlacht,
auf der sturmgepeitschten See über sich schwebend sieht, etwas Weibliches,
ähnlich einer Jungfrau von Orleans. Und doch gibt es keine verschie-
deneren Persönlichkeiten als Garibaldi und Rattazzi.

Dieser war nun bei dem Steigen der reaktionären Strömung ein
Hauptgegenstand der gehässigen Leidenschaften, der Verläumbung. Allein er
wußte in der Kammer durch seine fließende Rede, durch seinen klar zer-
setzenden Scharfsinn, durch sein ihm jederzeit die Details geordnet bieten-
des Gedächtniß, durch seine Geflissenheit und sein einnehmendes Wesen,
durch seine über die Parteigenossen wache Eifersucht sich als das ein-
flußreichste Mitglied der Linken zu behaupten. Und er hatte den Scharfsinn, es zu erkennen, daß ihre regierende Rolle, die Aufstellung unprakti-
scher Forderungen sich überlebt hatte. Eine klassische Charakteristik Rattazzi's giebt Bonghi in seinem Cavour S. 76 bis 79: „Als Redner sa
er das gegebene Thema von verschiedenen Seiten mit einem gewissen advokatischen Scharfsinn an, zersetzt er die Ansichten Anderer, aber er geht
nicht staatsmännisch auf die Sache selbst, auf ihre Ursachen und Folgen
ein. Darum zündet er auch nicht. Seine leicht dahin fließende Rede
hat keine Farbe, bildet keine Kaskade." Sein Hauptverdienst um Piemont
war, daß er nach den furchtbaren Erfahrungen, die er als Mitglied des
nach Novara führenden Ministeriums gemacht hatte, einsah, daß die Tob-
sucht der Radikalen in die Länge die Verfassung zur Unmöglichkeit machen
würde und daß er einen Theil derselben dränirte. De la Rive nennt ihn
ein Genie in der parlamentarischen Taktik. So war Rattazzi im Jahre 1852.
Eine neue Entwickelung und Entpuppung trat bei ihm ein, als er an den
Hof kam. Cavour war vielleicht zu streng gegen des Königs Neigung zu Rosine, welche zwar nichts von Politik versteht und will, aber unter pfäffischem
Einfluß steht, weshalb sie auch von ultramontanen Autoritäten „der gute
Genius des Königs" genannt wird. Wahrscheinlich ist, daß Cavour sie an
einen pensionirten Hauptmann zu verheirathen suchte. Rattazzi aber soll
Rosine durch seine Schmeichelei und durch geleistete Dienste ganz für sich
gewonnen haben. Er hat etwas von einer schlauen Kammerzofe. Deßhalb
ist Cavour nicht blos bei dem höheren Hofgesinde in üblem Andenken,
während Rattazzi gerne gesehen ist. Ein feiner Beobachter der italienischen Staatsmänner charakterisirt sie mit Folgendem: Ricasoli's Charakter
macht ihn zum Diktator in Krisen, Rattazzi führt Krisen herbei, Garibaldi verstand beides auf seine Weise. Cavour bezeichnete mit einem
englischen Ausdruck Rattazzi als den ersten unter den Politikern zweiter
Klasse. Damals hielten nur Extreme ihn für einen politischen Roué.

Einunddreißigster Abschnitt.

Piemont nach Novara, unter dem Ministerpräsidenten Massimo d'Azeglio bis zum November 1852.

Die Niederlage des piemontesischen Heeres am vierten Tag des Feldzugs, den 23. März 1849, die Abdankung Karl Alberts haben wir am Schluß der zweiten Hälfte des zweiten Theils dieser Geschichte eingehend erzählt, auch Seite 222 eine Uebersicht über die Friedensunterhandlungen gegeben. Radetzky drängte zum Frieden, um Mittelitalien zu besetzen. Aber Fürst Schwarzenberg wollte Piemont derart schröpfen, daß es aus Schwäche lange das Haupt nicht mehr erheben könnte. Ein die Hauptprodukte Piemonts aus der Lombardei ausschließender Handelsvertrag sollte dazu beitragen. Ende Aprils reisten deßhalb die piemontesischen Unterhändler wieder von Mailand ab, auf die Gefahr hin, daß Oestreich den Waffenstillstand kündige. Am meisten Eindruck machte auf Oestreich die entschiedene Weigerung Piemonts, mit Oestreich ein Bündniß zu schließen, und sein Entschluß, die Hilfe Frankreichs und Englands anzurufen. Piemont machte nach allen Seiten hin geltend, wenn es einen entehrenden Frieden annehme, so gehe es tiefen Erschütterungen entgegen. Allein seine Vorstellung, daß das verlassene Piemont sich an Oestreich anschließen müßte, machte in Paris keinen Eindruck. Nur zur Besetzung von Genua in Gemeinschaft mit England zeigte sich Frankreich geneigt, aber offenbar um seine Expedition gegen Rom zu stützen. Jedoch wirkten Frankreich und England diplomatisch auf die Mäßigung der östreichischen Forderungen hin. Sie deckten die Integrität Piemonts. Erst als die Oestreicher Alessandria geräumt hatten, kehrten die piemontesischen Unterhändler nach Mailand zurück. Das feste Beharren Piemonts darauf, daß eine allgemeine völlige Amnestie für die compromittirten Unterthanen Oestreichs für Piemont Ehren- und Gewissenssache sei, verzögerte den Abschluß, bis der Kaiser beinahe das Verlangte versprach. Nur wurde es dem Vertrag nicht einverleibt. Jeder Theil schloß die Einmischung des andern in seine inneren Angelegenheiten aus. Den sechsten August wurde der Frieden in Mailand abgeschlossen, obgleich gegen Ende der

Unterhandlungen, den ersten August, b'Azeglio schreiben konnte, daß je[?] plötzlich Frankreich sich das Ansehen gebe, daß es ein Heer zu Piemonts Hül[?] anrücken lasse. (Bianchi, storia della diplomazia europea in Itali[?] Vol. VI. p. 462.) Oestreich mußte sich mit dem dritten Theil der g[?] forderten Summe, mit 75 Millionen begnügen. Die alten Gränzen un[?] Verträge wurden erneuert. Es war Oestreich nicht gelungen, Piemo[?] durch Aussicht auf mildere Behandlung von seinem nationalen, ve[?] fassungstreuen Wege abzudrängen. Die Friedensunterhändler war[?] der Aufgabe, durch Wahrung der Unabhängigkeit Piemonts die italieni[?] vorzubereiten, sich vollkommen bewußt, namentlich Boncompagni. D'Azegl[?] schrieb 21. Mai: „Ich bin überzeugt, daß das wenn auch nur schweigend[?] Aufgeben des Nationalitätsprincips, welches unsere wahre Kraft in Ita[?] lien ist, die constitutionelle Regierung in eine absolute Unmacht versetze[?] würde." Allein die innere Lage Piemonts blieb eine nicht blos finan[?] ziell tief erschütterte. Die Anarchie herrschte in den Geistern und in de[?] Staatsmaschine. Die ultramontane Partei hatte Mitglieder, welche bei[?] Kriegsausbruch 1849 für den Sieg der Oestreicher, der Bundesgenosse[?] des Pabstes Gebete abgehalten hatten. Am Vorabende der Schlacht hatt[?] diese im Heer die Lüge verbreitet, Turin habe Karl Albert verrathen un[?] eine mazzinistische Revolution gemacht. In der Kammer herrschte die r[?] dikale Partei, welche im December 1848 schließlich das Ministerium de[?] halb gestürzt hatte, weil man den Studenten nicht dieselbe schranken[?] Freiheit, politische Verbindungen zu bilden, gewähre, wie sie auf de[?] deutschen Universitäten herrsche. (C. Boncompagni per Parrini p. 37[?] Auf die Nachricht von der Niederlage regten sich in ihr unsinnige Con[?] ventsgelüste, welche an dem republikanischen Aufstandsversuche in Genu[?] eine Stütze finden sollten. Allein die Permanenz des Turiner Stadtrath[?] imponirte den Radikalen. Keine Verläumdung war den Extremen z[?] gemein.*) D'Azeglio hieß als Friedensschließer der Verräther Italien[?]

Das in drei Monaten wiederholt modificirte demokratische Mini[?] sterium Gioberti-Rattazzi war nach dem fatalen Ausgange des von ih[?] herbeigeführten Kriegs sogleich abgetreten und den 27. März durch ei[?] verfassungstreues, aber besonnenes unter dem Vorsitz des Generals D[?] launay ersetzt, in welchem der entschlossene Advokat Pier Dionigi Pine[?] das Innere hatte; Gioberti hatte darin ohne Portefeuille Sitz und Stimm[?]

*) Viktor Em., welcher bei Novara wieder die größte persönliche Tapferkeit e[?] probt hatte, wurde nachgesagt, er habe dabei den Verräther gemacht, um seinen Va[?] vom Thron zu verdrängen; man suchte mich noch im Jahre 1856 in der Nähe v[?] Novara von diesem „Geheimniß" zu überzeugen. Meine Frage, ob Einer der Herr[?] der Schlacht angewohnt habe, wurde verneint. Namentlich war die Verzweiflu[?] vieler Flüchtlinge über das Scheitern der erhofften glorreichen Heimkehr zum fr[?] Wahnsinn geworden. Wir haben ergreifende Beispiele davon erlebt. Die interess[?] testen Mittheilungen werden dadurch unbrauchbar.

Es löste den 30. März die Kammer auf. Dieses Ministerium erfuhr schon den siebenten Mai dadurch eine nationalere Färbung, daß Massimo d'Azeglio die Präsidentschaft und das Aeußere übernahm. Die Modificationen währten in diesem Sinne fort. Denn auch die öffentliche Meinung schwankte, je nach den Erfolgen und den Niederlagen der Volkskriege in Rom und in Ungarn, noch unsicher hin und her. Aber bereits war bei der Mehrzahl die von d'Azeglio in einem Briefe vom 22. April (L'Italie de 1847 à 1865, correspondence politique de Massimo d'Azeglio par Rendu N. 22) ausgesprochene Befürchtung eingetreten: Wir scheinen in Italien auf dem besten Wege zur politischen Indifferenz zu sein. Wie kann man auch verlangen, daß unser Volk noch Verehrung für das Verehrungswürdigste auf der Welt, für die Unabhängigkeit und für die Freiheit habe, nachdem es Schwachköpfe und Schurken an der Arbeit gesehen hat?

Den 30. Juli 1849 eröffnete Viktor Emanuel die nur durch ein Drittheil der Wahlberechtigten gewählte Kammer. Er sprach entschieden seine Anhänglichkeit an die Verfassung aus, warnte aber vor den blinden Leidenschaften, durch welche die Verfassung unmöglich würde. Allein die Opposition besetzte alle parlamentarischen Stellen mit den Ihrigen. Die Sitzungen waren nicht ganz unfruchtbar; die Aufhebung der Majorate, die Unabhängigkeit der Richter, deren Urtheilssprüche in Geldsachen bisher durch königliche Erlasse unkräftig gemacht werden konnten, wurden gesetzlich festgestellt. Allein das leidenschaftliche Ausschauen nach außen lähmte doch den Sinn auch für innere Reform. So kam es, sagte Cavour später, daß in der Mehrzahl des Volks sich der Glauben an die Fruchtbarkeit der Verfassung schwächte, „während die Reaktionspartei sich überzeugte, daß man bei constitutioneller Regierung stehen bleiben, ja in der Gesetzgebung zurückgehen könne. Diese Partei gewann daher, wenn auch nicht mehr Kraft, doch mehr Kühnheit."

Der Entschluß Victor Emanuels, die ja nur oktroyirte Verfassung buchstäblich zu halten, wurde durch die Abgeordneten fort und fort beinahe muthwillig auf die Probe gestellt. Im Gefühl der Unmacht gegen außen chikanirte die demokratische Majorität das Ministerium auf jede Weise, zum Theil um ihre Abneigung gegen den von ihm mit Oestreich abgeschlossenen Frieden zu „bekennen". Man weigerte sich „die Schmach Piemonts zu sanktioniren". Brofferio däuchte sich etwas Großes zu thun, indem er rief: lieber möge die Verfassung, lieber die Freiheit zu Grunde gehen als die Ehre! Was wollten die Herrn von der großen Phrase? das wußten sie nicht. Auch im Süden der Alpen halten Manche kindischen Eigensinn für männlichen Charakter. D'Azeglio überzeugte sich immer mehr, daß die schlimmsten Tauben diejenigen sind, welche nicht hören wollen. Den 13. September schrieb er: „Da die Kammer uns nicht mit dem Schwert zerhauen kann, bekriegt sie uns mit Nadelstichen. Es ist trostlos, wie schwachköpfig diese Menschen sind. Sehen sie denn nicht, daß das Ministerium schon genug zu thun hat, die Verfassung aufrecht zu halten und daß après nous les Croates und daß, sobald ich das Ministerium aufgebe, die Hälfte dieser Herrn nach der Festung Fenestrelles wandern würde?" Gegen Ende Septembers 1849 wurde in der Kammer das Ansinnen des Ministeriums berathen, ihm bis Ende des Jahres Vollmacht zur Erhebung gewisser Steuern zu ertheilen. Die Commission beantragte dieselbe nur bis Ende Novembers zu ertheilen. Die Majorität wollte also das Ministerium kurz schließen. Nicht blos ein Mißtrauensvotum wollte ertheilt, sondern das Regieren beinahe unmöglich gemacht werden. Michelangelo Castelli sagte es der Kammer, sie wolle der Regierung nur die Wahl zwischen Unterwerfung und einer widerconstitutionellen Handlung lassen, da eine Ministerveränderung durch die äußeren Verhältnisse unmöglich sei, weil sie die Herausforderung zu einem unsinnigen Krieg wäre. „Was muß daraus entstehen, wenn man sein Recht auf die Spitze treibt? die Gefahr, daß das Recht der Kammer vor der vom Ministerium vertretenen Nothwendigkeit verschwindet. Wem der beiden hat das Land Recht gegeben, indem es freiwillig Steuern zahlt? Einige fürchten eine gesetzliche oder ungesetzliche Auflösung der Kammern: ich fürchte ihre moralische Auflösung." Allein das linke Centrum und die Linke mit 101 Stimmen ertheilten gegen 25 Stimmen der Regierung nur bis zum letzten November Vollmacht.

Ein Theil der Linken erwog denn doch, in welch elende Lage sie und das Land gebracht würden, wenn ihre Abstimmungen eine reale Wirkung hätten. Balbo hatte den 24. September als Berichterstatter die Annahme des Friedensvertrags, „ohne irgend eine Diskussion, mit der bloßen Protestation des Stillschweigens" beantragt. Cadorna, Mitglied des linken Centrums, stellte den 16. November den Antrag, daß die Annahme an die Bedingung geknüpft würde, Oestreich dürfe von Piemont die Auslieferung lombardischer Flüchtlinge nicht fordern. Nicht blos Balbo erklärte, daß dieß schlimmer wäre, als eine offene Ablehnung des bereits perfekten Vertrags; selbst Valerio von der Linken erklärte sich gegen Cadorna. Dennoch wurde Cadorna's Antrag mit 72 gegen 66 Stimmen angenommen. Den folgenden Tag wurde die Kammer auf zwölf Tage vertagt. Nachdem d'Azeglio seine Abgeordnetenpartei zu Rathe gezogen, löste er, obgleich nur die Hälfte derselben dafür stimmte, die Kammer den 20. November auf; dadurch wurde die dritte Abgeordnetenwahl in demselben Jahre nöthig.

Hatte jetzt Viktor Emanuel nicht alles gethan, um den piemontesischen Politikern zur Vernunft zu verhelfen? und war es nicht handgreiflich, daß alles vergeblich sei? Die Restauration hatte jetzt nicht blos in Italien, wo bereits alle anderen Verfassungen suspendirt waren, sie hatte in ganz Mitteleuropa die Revolution von 1848 niedergeworfen. War es

nicht Pflicht, Piemont aus seiner Isolirung herauszuhelfen, indem man
die Verfassung „suspendirte", um sie handlich zu machen? Die Demo=
kraten konnten zu dem klerikal erzogenen Sohn und Gatten von Erzher=
zoginnen doch nie ein volles Vertrauen fassen. Die zahlreiche klerikale
Partei, geschreckt durch die Feindseligkeit der Kammer gegen den Pabst,
hätte den jungen König so gerne unterstützt, wenn er zur Solidarität
des Throns und des Altars sich bekannt hätte. Viktor Emanuel war
nicht durch Aufklärung mit der Kirche überworfen. Sie hätte ihm die
Absolution für seine Sinnlichkeit nicht zu schwer gemacht, wenn er nur
ihre Gewalt erhalten hätte. Aber Viktor Emanuel fühlte in sich den
kühnen Trotz des Hauses Savoyen und des tapfern Soldaten. Oestreich
war sein Feind, die Scharte mußte ausgewetzt, sein Vater mußte gerächt
werden. Die Leiche des im fernen Oporto Gestorbenen war soeben, wie
die Reliquien eines Märtyrers der Nation, von Genua, von allen Dörfern,
den 12. Oktober von Turin in tiefster Trauer empfangen worden und
Tausende wallfahrteten nach der Gruft unter der Kirche der Superga,
welche hoch herab auf Turin schaut. Soldatisches Worthalten, natur=
wüchsiger Verstand, Lust zum kecken Wagniß für ein großes Ziel und der
Rath d'Azeglio's erhielten den 29jährigen König bei der nationalen Sache.
Die Verfassung war eine nationale Fahne. Vielleicht war es dem kräf=
tigen Fürsten, welcher keinen Beruf fühlte so viel lesend und schreibend
zu arbeiten wie sein Vater, auch ein angenehmer Nebennutzen seiner Ver=
fassungstreue, daß ihm durch wirklich verantwortliche Minister ein Theil
der Arbeit abgenommen wurde. Diese Dispensation, den Weibern, der
Jagd und den Pferden eine schöne Zeit zu widmen, mochte für die Jahre
der männlichen Kraft gleiches Gewicht haben, wie die kirchliche Absolution.
Der König wurde dabei durch d'Azeglio gestützt und geleitet, welcher den
Glauben der Italiener an diese Dynastie als den einzigen Anker der Zu=
kunft ansah. „Dieser Glaube, schreibt er, wäre durch einen nicht absolut
nöthigen Staatsstreich, also durch einen Eidbruch des Königs für immer
verloren gegangen. Es war nationale Ehrensache, auch den andern großen
Nationen zu beweisen, daß Italien nicht unfähig sei sich constitutionell zu
regieren. Eine Suspendirung der Verfassung, wie man sie in Wien
wünschte, eine Abänderung des Wahlrechts hätte später republikanische
Staatsstreiche hervorgerufen." Daher die Verfassung, vorerst nur die
Verfassung. D'Azeglio schreibt seiner Frau, er habe nicht sowohl wegen
Piemonts, sondern wegen Italiens, um die Verfassung nicht zu diskredi=
tiren, die Kammer aufgelöst. Er fürchtete, daß Italien, wie gewöhnlich,
durch Unwissenheit zu Grunde gehe, der Reaktion durch Abstumpfung
verfalle.

Zugleich mit dem Ausschreiben der neuen Wahl richtete der König
persönlich, was allerdings gegen den Buchstaben der Verfassung war, eine
Ansprache an die Wähler. Er hielt ihnen vor, daß, während die Ver=

faſſung von der Ehre des Hauſes Savoyen heilig gehalten worden ſei, die meiſten Wähler die Erfüllung ihrer Pflicht verſäumt, die Kammer mehrheit durch ihre Behandlung des Friedensvertrags die Unabhängigkeit der königlichen Gewalt, ein ihr zuſtehendes Recht verletzt habe. „Aber ich habe geſchworen, die Freiheit für Jeden in ſeinem Rechte aufrecht zu erhalten, die Nation von der Tyrannei der Parteien, welchen Namen, welchen Zweck, welchen Stand ſie haben mögen, zu retten. Dieſe Gelübde habe ich durch die Auflöſung einer unmöglich gewordenen Kammer und jetzt wieder durch alsbaldige Einberufung einer anderen erfüllt. Ich unter ſchrieb einen Friedenstraktat mit dem Kaiſer von Oeſtreich, wie es das öffentliche Wohl und die Ehre des Landes verlangten. Die Heiligkeit meines Eides fordert, daß er ohne Doppelzüngigkeit gehalten werde. Aber als die Miniſter ihn der Kammer vorlegten, begegneten ſie nur Feind ſeligkeit. Deßhalb appellire ich an die Nation. Sollten mir aber das Land, die Wähler ihre Unterſtützung verſagen, ſo fällt nicht auf mich, ſondern auf ſie die Verantwortung für die Zukunft und für die mögliche Unordnungen.“ Dieß war die Proklamation von Moncalieri vom 20. No vember. — Cavour als Redakteur des Riſorgimento zeigte, daß es der Regierung unmöglich geweſen und noch ſei, ſich auf die unzuverläſſigen unpraktiſchen Phraſenhelden des linken Centrums zu ſtützen. Nur mit dem Scharfblick Rattazzi's und dem Ernſt Buffa's könne man noch Ach tung haben. Offenbar hoffte Cavour, daß die tragiſchen Erfahrungen ihres durch Novara geſtürzten Miniſteriums eine heilſame Lehre für ſie geweſen ſeien. Verfaſſer der Proklamation war d'Azeglio.

Formaliſten, welche ſelbſt in außerordentlichen Momenten am Buch ſtaben hängen, tadelten die perſönliche Anſprache des Königs an ſein Volk als die Vorläuferin eines Staatsſtreichs. Aber das Volk wurde von ihr ſelber tief erfaßt. Das linke Centrum erkannte jetzt, daß es, ſchon um wieder gewählt zu werden, ſich als Freund der Regierung darſtellen müſſe. Allein es ſagte ſich nicht von den Grundſätzen der Linken los, ſondern erklärte nur, es ſehe ſich genöthigt, mit Abſtreichszahlungen, mit dem Möglichen vorerſt ſich zu befriedigen. Cavour aber verlangte in dem ge waltigen Artikel „die Regierungsmänner“, daß ſie ſich beſtimmt für oder wider die Regierung erklärten, daß ſie mit ihrer Vergangenheit, welche die Geſchicke Italiens verdarb, brächen. Einen andern Weg zur Pflicht gebe es nicht für Männer, welche ſich noch vor kurzem durch die fieber hafte Straßenaufregung im Triumph tragen ließen, welche erſt dann con ſervativ wurden, als es nichts mehr zu conſerviren gab, als ihre Porte feuilles, und welche von Neuem zur Oppoſition traten, als ſie die Erben der bitteren Früchte ihrer eignen Irrthümer (die neuen Miniſter) ge rüſtet fanden, ihren neuen Anmaßungen ſich zu widerſetzen. „Sie können die Regierung nicht unterſtützen, ſo ſehr ſie ihren guten Willen dazu be theuern. Eine Regierung, welche ihre Unterſtützung erbettelt oder an

Almosen annehmen müßte, würde dadurch nur behindert, weil gedemüthigt." Cavour schrieb damals mit seinem Freund Castelli und mit dem Handels= historiker Torelli das Risorgimento, welches er 1847 mit Balbo be= gonnen hatte. Obgleich das linke Centrum alles aufbot und die Opi= nione zum Organ hatte, wurden doch nur seine Führer und dreißig von der Linken gewählt. Cavour, welcher als zu conservativ seit dem Januar 1849 nicht mehr in der Kammer gewesen war, wurde jetzt wieder Abgeordneter. Die neue Kammer wurde den 20. December 1849 eröffnet. P. D. Pinelli von der Rechten wurde zum Präsidenten gewählt. Diese Kammer wurde von der sehr gelichteten Linken nach dem Datum der königlichen Ansprache die Kammer von Moncalieri genannt. Die Neuen waren weniger gebunden.

Graf Cäsar Balbo, halb erblindet, entzog sich der schweren Pflicht, der Kammer den Friedensvertrag zur Bestätigung vorzulegen, nicht. „Das Motiv hiezu, sprach er, ist ein einziges, die klare, von aller Welt aner= kannte Rothwendigkeit. Ihr offen, direkt nachzugeben, verlangt ebenso großen Muth, als sich jeder falschen oder zweifelhaften Nothwendigkeit zu widersetzen. Auch die Verfassung verlangt unsere Zustimmung. Die Commission schlägt Ihnen die möglichst wortkarge Sanktion vor." Von 135 Abgeordneten stimmten 112 den neunten Januar 1850 schweigend dafür, 17 dagegen. Diese Helden wußten ja, daß ihr „nein" keine Gefahr bringe, weil der Frieden doch angenommen werde. Sechs enthielten sich der Abstimmung. Die Befestigung der Präsidentschaft Napoleons hatte die Hoffnungen vieler Radikalen in Piemont sehr herabgestimmt. Diese, die Linke, fühlten sich durch den Versuch des linken Centrums, sich von ihr abzuziehn, verletzt. Als Rattazzi, der Führer desselben, den 23. Januar es versuchte, dem Finanzminister Nigra eine Art von Mißtrauensvotum zu geben, so stimmte die Linke mit der Rechten und mit dem rechten Centrum (Cavour) dagegen, und Rattazzi hatte nur ein Dutzend Stimmen. *)

Bianchi breitet im sechsten Bande seiner storia documentata mit vollen Händen Belege vor uns aus, mit welchem Eifer d'Azeglio von An= fang seines Ministeriums, im Mai 1849, an bei den italienischen Höfen, in Paris und in London thätig war, um jene zur Aufrechthaltung ihrer Verfassung, und diese zur Verhinderung der östreichischen Herrschaft unter der Gestalt von Handelsverträgen über Italien zu bewegen. Der König von Neapel gab darauf damals noch constitutionelle Versprechungen, der Großherzog that beleidigt, daß man an seiner constitutionellen Gesinnung

---

*) Der Standpunkt der Rechten ist in Cesare Balbo di Ercole Ricotti, Fi= renze 1856, der des rechten Centrums in der sehr tüchtigen Schrift une page d'histoire du gouvernement représentatif en Piémont par Louis Chiala. Turin-Paris 1858, der der Linken in den Denkwürdigkeiten Brofferio's, der der Rattazzianer in dem phrasenhaften U. Rattazzi con cenni storici parlamentari dal 1848 al 1861, per F. Mogliotti. Pinerolo 1862, dargestellt. Dazu vergleiche Unsere Zeit VII. von Seite 337 an.

zweifle. Nur der Pabst und Antonelli erklärten die Unmöglichkeit. Umsonst bat Graf Balbo persönlich in Gaëta, der Pabst möchte sich nicht isoliren und sich neben den Sultan und den Czaar stellen. Pius wies ihn mit den Worten ab: die Völker sind für die Freiheit nicht reif. Der französische Minister gestand dem piemontesischen Gesandten, daß auch Frankreich darin trotz aller Bemühungen in Rom nicht eines Fingers breit vorwärts gekommen sei; auch Frankreich müsse sagen: non possumus. Ebensowenig könne Frankreich, ohne einen Krieg zu wagen, die Uebermacht der Oestreicher in Italien einschränken. Doch machte es Eindruck, als der piemontesische Gesandte sagte, dann könnte sich Piemont genöthigt sehen, in den östreichischen Zollverein einzutreten, um die Hauptausfuhr seiner Produkte, die in die Lombardei, nicht zu verlieren. Seit Cavour mit regierte, war Piemont als freihändlerisch mit England näher verbunden. Der Bruder d'Azeglio's in London klagte, daß Oestreich ganz Italien mit den Produkten seiner Erbstaaten überschwemmen wolle, daß es das dem englischen Import dienende Genua, ja Livorno zu Gunsten Triests, daß es die Finanzquellen Piemonts ruiniren wolle. Palmerston erklärte, so lange Oestreich seine politischen Eingriffe unter der Hülle von Handelsverträgen durchführe, könne England sich nur beobachtend verhalten. Vorerst erreichte d'Azeglio nur, daß England und Frankreich die Schritte Oestreichs in Italien scharf beobachteten und Piemont als die erwünschte Schranke derselben betrachteten. Piemont war in London, in Paris, an den italienischen Höfen, sogar in Wien der Sachwalter der Ehre Italiens; seine Presse verkündete Europa die Rohheiten, die Handlungen des Uebermuths der österreichischen Militärherrschaft. Fürst Schwarzenberg war darüber so erbittert, daß wohl nur sein früher Tod einen Bruch zwischen beiden Nachbarstaaten verhinderte. Er warf dem Gesandten Piemonts vor, dieses sei noch die einzige revolutionäre Regierung in Europa. Auf Versuche Piemonts, sich Rußland wieder diplomatisch zu nähern, erfolgte der Bescheid, Nikolaus mißbillige die piemontesische Politik entschieden. Er war der Dankbarkeit Oestreichs zu gewiß. Rußland war so erbittert wie Oestreich darüber, daß der piemontesische Gesandte in Constantinopel die zu den Ungarn übergegangenen östreichisch-italienischen Soldaten gegen das an die Pforte gestellte östreichische Ansinnen der Auslieferung in Schutz nahm und daß dieselben auf Sardinien von den Behörden ehrenvoll aufgenommen wurden.

Die Flüchtlinge, eine zahlreiche, äußerst verschiedenartige fluktuirende Bevölkerung, verursachten der piemontesischen Regierung die größten heikelsten Verwicklungen (Bianchi, Vol. VI. p. 342). Rußland nahm es sehr übel, daß Piemont 23 Polen in seinem Offiziercorps behielt. Noch mehr war es für Piemont Ehrensache, die italienischen Flüchtlinge, zumal die aus den oberitalienischen Ländern, welche durch Volksabstimmung ihre Fusion mit Piemont erklärt hatten, welche von diesem angenommen worden war, in

Schutz zu nehmen. Waren darunter viele edle, gebildete Patrioten, welche in den vernachläßigten piemontesischen Lehranstalten als Lehrer gute Dienste leisteten, so waren auch die liederlichen Subjekte, welche in Spielhäusern herumlungerten, nicht selten. Die Schlimmsten wurden eingesperrt, und einmal achtzehn durch Gensdarmen über die östreichische Gränze gebracht, was sehr übel aufgenommen wurde. Andere führten in der Presse den Kampf gegen Oestreich, oft ohne alle Rücksicht auf die schwierige Lage Piemonts, unausgesetzt und leidenschaftlich fort. Die Opinione war ihr bedeutendstes Organ. Die Stellung des östreichischen Gesandten in Turin war daher eine peinliche. D'Azeglio verwies den lombardischen Flüchtling Bianchi Giovini außer Lands, weil er persönliche Angriffe gegen denselben richtete. Bianchi suchte nun in England die öffentliche Meinung gegen Oestreich zu entzünden. Wie diese Flüchtlinge suchte auch Mazzini, welcher 1850 sich wieder im Kanton Tessin einstellte, Piemont in den Krieg gegen Oestreich zu stoßen. Er aber hielt für nöthig, zuerst den piemontesischen Thron umzustürzen. Oestreich, von Rußland und von Preußen in Paris unterstützt, verlangte, daß dem Flüchtlingswesen gegenüber auf einer Conferenz Grundsätze gemeinsam aufgestellt, daß die Schweiz, wenn sie sich denselben nicht füge, blokirt und besetzt werde. Piemont, welches wohl einsah, daß diese Grundsätze auch auf sein Gebiet gemünzt waren, freute sich, daß Frankreich nicht auf eine solche Verpflichtung eingehen wollte. Es konnte den Anklagen Oestreichs, daß Piemont die revolutionären, das heißt, die nationalen Parteien in Italien begünstige, die Thatsache entgegenhalten, daß die klerikalen Aufreizungen in Piemont von Oestreich begünstigt wurden.

Wie überall in ähnlichen Fällen, so machten die Hetzer zu dem tollkühnen Krieg der vier Märztage 1849 in der Kammer die größten Schwierigkeiten, die Rechnung dafür zu bezahlen. Sie erschwerten und beschnitten den Finanzministern die neuen Steuerprojekte und beklagten sich dann, daß sie nicht hinreichend Einkünfte abwerfen. Die alten Schulden vor 1848 hatten jährliche 5,336,393 Lire Zinsen verursacht. Die drei Jahre 1848 bis 1850 hatten bei neunzig Millionen jährlicher Einkünfte ein Gesammtdeficit von zweihundert Millionen. Die beiden Kriege und der Kriegskostenersatz an Oestreich kosteten dem Staat 250 Millionen. Das zur Deckung der östreichischen Schuld im Februar 1850 ausgeschriebene fünfprocentige Anlehen wurde zu 78 sehr überzeichnet. Obgleich in diesem Jahre die Staatsschuld um zweihundert Millionen vermehrt wurde, so stand das Staatspapier am Ende desselben doch auf 86. Die Steuern auf Verkäufe und auf Erbschaften waren sehr erhöht worden. Ohne die an Oestreich zu bezahlenden Kriegskosten, belasteten die Schulden neuern Datums den Staat mit jährlichen 6,771,680 Liren Zinsen. Auch die Reform der Verwaltung, die Ersetzung der Militärkommandanten durch Civilbeamte in den Provinzen kosteten ein schönes Geld.

Seit die sehr verstärkte Rechte im weiteren Sinne zur Majorität geworden war und folglich wirklich zu regieren hatte, mußten in ihr die verschiedenen bisher zurückgedrängten Nüancen mehr hervortreten. Auch d'Azeglio trug dazu durch seine Versuche bei, auch außerhalb ihr Stehende mit ihr zu versöhnen. Die bisher verborgenen Anziehungs- und Abstoßungskräfte traten in der Frage über die verfassungsgemäße und über die klerikale Gerichtsbarkeit heraus.*) Karl Albert hatte 1840 durch ein Konkordat die durch die Restauration von 1814 gewährte Exemtion der Kleriker von der bürgerlichen Gerichtsbarkeit bestätigt. Die den vierten März 1848 gegebene Verfassung dagegen proklamirte im Artikel 24 die Gleichheit aller Bewohner des Königreichs vor dem Gesetz, welches auch ihr Titel und Stand sei. Der Artikel 68 erklärte, daß alle Gerichtsbarkeit vom Könige ausgehe und durch von ihm ernannte Richter verwaltet werde, und nach Artikel 71 kann niemand diesen seinen natürlichen Richtern entzogen werden. Dieß war eine ungeheure Neuerung, ein Sacrilegium; denn die Bischöfe allein übten bisher nicht blos bei kirchlichen, sondern auch bei bürgerlichen Vergehen von Geistlichen und in Geldsachen, z. B. bei Schuldklagen von Handwerkern gegen Kleriker, durch ihre geistlichen Gerichte die Gerichtsbarkeit. Der Klerus ist ja ein unmittelbar von Gott eingesetzter privilegirter Stand, dessen Angehörige nur von ihren höheren Pairs gerichtet werden können. Im Kirchenstaat als Musterstaat war dieß mustergiltig durchgeführt. Piemont war bis vor Kurzem annähernd auch ein solcher Musterstaat gewesen. Und als der nationale Geist erwacht war, hatte er Dank Gioberti, Pius und Karl Albert die Kirche als ältere Schwester verehrt. Nur der leibige Radikalismus, welcher auch die Verfassung diktirte, hatte als Schlange im Paradies die fromme Unschuld gestört. Allein so stellten es nur Diejenigen dar, für welche die Kirche erst mit der jesuitischen Reaktion der Mitte des sechzehnten Jahrhunderts mustergiltig war. Früher war in Piemont das Recht des Gewissens gegen die Ketzermörder gesichert gewesen (Unsere Gesch. Band I, S. 7). Erst durch die Abhängigkeit von Spanien, von Louis XIV. und von Oestreich war Piemont in die Gewalt der Jesuiten gefallen. Der Staat hatte sich aber im vorigen, ja noch in unseren Jahrhundert zur Wehr gesetzt, wie von Boggio und noch gründlicher durch Nicomede

---

*) Am gründlichsten findet sich das Material in la chiesa e lo stato in Piemonte, sposizione storico-critica dei rapporti fra la St. Sede e la corte di Sardegna dal 1000 al 1554, compilata su documenti inediti per l'avvocato collegiato Pier Carlo Boggio. Torino 1854, zwei starke Bände. Der Verfasser ist der etwas phantastische, aber ehrliche Abgeordnete. Er widmet das Buch dem Andenken Karl Alberts, welcher die Schwesterschaft der Religion und der Freiheit bewiesen habe. Als Vorrede dient ein vom Hospiz des großen St. Bernhard an Cavour geschriebener inhaltreicher Brief von siebzig Seiten. Boggio fand seinen Tod als Nationalgardist, indem er 1866 mit dem Admiralschiff bei Lissa versank.

Bianchi, storia documentata della diplomazia Europea in Italia dall'
anno 1814 all' anno 1861 nachgewiesen ist.

Die sociale Geschichte Piemonts und die ungeheure Veränderung des
ganzen Lebens in Piemont durch das Jahr 1848 concentrirt sich in der
kirchlichen Frage. Rom, die ultramontane Partei mit ihrer Legitimitäts-
und Restaurationspolitik herrschte in Piemont bis 1848 im Palast, in
den blutigen Albertinischen Strafrechtsbüchern, in den hohen und niederen
Schulen und Familien. Deßhalb unterstützte Karl Albert den spanischen
Prätendenten Carlos, deßhalb gab er noch 1847 dem schweizerischen Son-
derbund Waffen. Durch die ultramontane Partei, die Cattolica, wurden
Stellen im Staat und Heer mit ihrer Klientel, mit Fanatikern und mit
Heuchlern besetzt; durch ihre Werkzeuge wurde der König bis in seine in-
nersten Privatverhältnisse überwacht. Trotz dem tiefen Mißtrauen des
Königs und seiner Staatsmänner, des großgesinnten d'Aglie und selbst
des streng kirchlichen Margherita gegen Oestreich war Piemont eine Vorhut Oestreichs und der Kurie. Das Leben in der Lombardei war in Vergleich ein geistig freies, denn der Josefinismus, der Polizeistaat verfolgte
nur die politischen Tendenzen. Wer Piemont nicht vor 1848 betreten hat,
kann sich keine Vorstellung von der alle inneren und alle äußeren Verhältnisse beherrschenden Gewalt der Klerikalen machen. Die Volksschule
wurde bis 1845 systematisch vernachlässigt. Der Erzbischof von Turin,
der impertinente Fransoni, verbot bei strengen Strafen seinen Geistlichen
den Besuch der Lehrkurse, welche der lombardische Priester, der edle Gründer der Kinderbewahranstalten Aporti auf Anordnung Karl Alberts eröffnete. Der König mußte Hilfe in Rom suchen.*) Die Mädchenschulen
aller, namentlich die der höheren Stände wurden durch weibliche Orden,
Filiale der Jesuiten, gehalten. Die Zöglinge verpflichteten sich, auch wenn
sie verheirathet wären, sich an einem bestimmten Wochentage wieder bei
den Ordensschwestern zu stellen. In Folge dieser Erziehung und der
Frömmigkeit der Mütter glaubten viele junge Leute einen inneren Beruf
zum geistlichen Stand zu haben; das Leben der schlechtunterrichteten Jüng-
lingskreise war in der Regel ein so schaales, daß es tiefere Gemüther abstieß. Aber solche Söhne adeliger Familien vergeilten später häufig in
den zahlreichen Kanonikaten, welche an den Stiftskirchen den Domherren
ein leibliches Auskommen gegen die Verpflichtung, im Chor Gebete zu re-
citiren, gewährten. Die Knabenlehranstalten, in welchen von geistlichen Leh-
rern manchmal, später gerichtlich constatirte unnatürliche Laster getrieben
wurden, die Universitäten standen unter dem alles mißtrauisch durchdrin-
genden Druck des Klerus (Pr. Monatsblätter S. 170). Die kirchlichen
Pflichten gingen weit allen andern vor. Der Student mußte jeden Mo-

---

*) Boggio und großentheils nach ihm die Protestantischen Monatsblätter 1865,
Septemberheft. Das Meiste wurde uns auch mündlich durch gute Katholiken, namentlich durch einen Freund Karl Alberts bestätigt.

nat seinen Ausweis beibringen, daß er gebeichtet habe. Zweimal des Jahres wurden die Vorlesungen behufs geistlicher Exercitien für die Studenten unterbrochen, welche dann acht Tage lang täglich drei bis vier Predigten hören mußten. Daß nur die Gymnasien den Jesuiten unmittelbar überlassen waren, erleichterte daher wenig. Die Politik des Mißtrauens wurde getragen durch eine Kirchlichkeit der Angst vor Tod und Hölle.

Die Generation, welche in den Jahren 1840 und 1850 im besten Mannesalter stand, war unter der dreizehnjährigen Herrschaft des revolutionären und napoleonischen Frankreichs geboren, unter welcher der Bürgerstand sich fühlen gelernt hatte; aber sie war dann widerwillig in jesuitischem Zwang erzogen worden. Statt der früheren Gleichheit vor dem Gericht war durch die Restauration den Klerikern, wie im Kirchenstaat, eine leichtere Strafe selbst für entehrende Verbrechen gesetzlich zugesichert. Die geistlichen Gerichte sorgten getreulich für die Ausübung dieses Vorrechts. Ihnen verfiel aber auch der Laie, welcher sich irgend einer „Gotteslästerung" verdächtig machte. Nach dem verbesserten Albertinischen Codex, Artikel 160 bis 164, verfiel der Todesstrafe, wer gegen eine geweihte Hostie einen Akt der Geringschätzung beging; dem Gefängniß bis zu Lebensdauer, wer sich einer solchen gegen Reliquien, gegen Heiligenbilder, gegen heilige Gefäße schuldig machte; dem Gefängniß und der Zwangsarbeit, wer den Namen Gottes oder der H. Jungfrau lästerte. Eine durch fanatische Predigten visionär gewordene Frau bezeichnete im Juli 1845 den Dieb einer Hostienbüchse. Der „Tempelschänder" wurde in Ketten gelegt, der Fanatismus brüllte nach einem Autodafé. Aber das weltliche Obergericht des nahen Turin wies seine Unschuld nach und setzte ihn in Freiheit. Das war schon ein Zeichen einer freieren Zeit. Im Jahre 1844 wurde dem holländischen Gesandten in Turin seine Tochter in ein Kloster entführt. Trotz den Vorstellungen seiner Regierung wurde sie ihm nicht herausgegeben, da der Staat keine Macht über die heiligen Räume habe und der Erzbischof von Turin die Rückgabe verweigere. Der unglückliche Vater legte sein Amt nieder und schickte dem König seinen Orden zurück. Auf die Mißhandlung der Waldenser, welche sich als die treuesten Unterthanen erprobt hatten, und auf die der Juden können wir nicht eingehen. Solche noch frische Erinnerungen und der hochmüthige Widerstand gegen vermittelnde Reformversuche steigerten die Erbitterung und vergifteten das Verhältniß der Kirche und des Staats, der ultramontanen und der nationalen Parteien. Der Schuldigste war der hochmüthig herausfordernde Erzbischof von Turin, welcher gegen Eisenbahnen, gegen Industrie, gegen landwirthschaftliche Vereine, gegen Sparkassen, für die Bettelfreiheit sich ereiferte. Der alte und der neue Ultramontanismus stellten wetteifernd ihre Forderungen an den Staat. Ein in seiner Art freisinniger Priester, der Erzieher des Königs, Charvaz, gegenwärtig Erzbischof von Genua, legte bei Gelegenheit des Preßgeſetzes von 1847 ſein Bisthum Pinerolo nieder, weil er den Druck der kirchlichen Bücher nicht der erleichterten Cenſur des Staats unterſtellen wollte. Er war, auf ſeine Weiſe, für Trennung von Kirche und Staat.*)

Nachdem ſich auf die Unterſcheidung kirchlicher Perſonen und kirchlicher Dinge geſtützte Mittelwege als Quelle neuer Verwirrung erwieſen hatten, hob alſo die Verfaſſung vom Februar 1848 auch die perſönliche Exemtion des Klerikers auf. Die Mehrzahl der Pfarrgeiſtlichkeit, namentlich im eigentlichen Piemont, nahm die Gleichſtellung mit den andern Bürgern in Rechten und in Pflichten gut auf, da ſie hoffte, ihre beinahe knechtiſche Abhängigkeit von den Biſchöfen werde dadurch gemildert werden. Gioberti's Ideen hatten bei ſeinen geiſtlichen Landsleuten ſehr Eingang gefunden. Die Truppen des Pabſtes rückten ja als Bundesgenoſſen des Hauſes Savoyen gegen Lombardo = Venetien.

Aber in Folge der kritiſchen Allokution des Pabſtes am Ende des April 1848, durch welche er ſeinen Wunſch nach Neutralität im Nationalkrieg ausſprach, (ſ. unſere Geſchichte Band II, erſte Hälfte, S. 191) brach der Groll der piemonteſiſchen beſſeren Klaſſen über ihre durch klerikale Erziehung verdüſterte Jugend los. Die Gefahr, daß die Kammer auf eigene Fauſt die Grundſätze der Verfaſſung ſchonungslos und leidenſchaftlich auf die Stellung des Klerus ſofort anwende, wurde brennend. Dieſem ſuchte der Juſtizminiſter Graf Sclopis zuvorzukommen, wie es von einem Freunde des frommen Miniſterpräſidenten Grafen Balbo ſich erwarten ließ. Den vierten Mai richtete er an den Miniſter des Aeußeren Marcheſe Lorenzo Pareto eine Denkſchrift für die Kurie. Darin wird eine Reform des Konkordats von 1840 als brennende Nothwendigkeit bewieſen; auf das Privilegium des Klerus, auf ſein eigenes Gericht in Civil= wie in Kriminalſachen ſei zu verzichten. Der piemonteſiſche Geſandte in Rom wurde beauftragt, Unterhandlungen darüber zu führen. Antonelli ſchien anfangs geneigt, darauf einzugehen. Allein der Staatsſecretär, Kardinal Soglia erklärte 27. Juni 1848, die Kirche könne ihre Grundgeſetze nicht ſo raſch wie der Staat ändern, noch ſie nach denen des Staats modeln. Die piemonteſiſche Kammer wurde indeß durch Ernennung einer Commiſſion nothdürftig beſchwichtigt. Nach den Siegen Radetzky's fühlte ſich Antonelli auf dem kanoniſchen Rechtsboden befeſtigt. Als Preis

---

*) Sehr lehrreich iſt das Urtheil eines ſehr Ultramontanen (Lettres de Beauséant, études de philosophie sociale et politique. Paris 1850, p. 228): „Charvaz iſt ein gelehrter, wackerer Mann, ein guter Prieſter, aber geſättigt mit jener ehebrecheriſchen Miſchung des katholiſchen Liberalismus, zu welcher ſich leider ein ſo großer Theil des Klerus bekennt, deſſen tödtlichen Keim Abbé de Lammennais, als er aus der Kirche deſertirte, einpflanzte; der prieſterliche Parther ließ dieſe verhängnißvolle Wunde im Buſen des heiligen Heeres, als er vor ihm floh. Mgr. Charvaz war der Erſte in Piemort, welcher bei der liberalen Umſchwenkung Karl Alberts gebieteriſch die unbedingte Freiheit des Klerus forderte und voraus an die völlige Preßfreiheit appellirte."

für einige Zugeständnisse sollte nach ihm der ganz uncontrolirte Verkehr der Bischöfe mit Rom und die Ernennung der Bischöfe dem Pabst allein zugestanden werden, während doch das Haus Savoyen seit vier Jahrhunderten dieses Recht besaß. (Siehe außer den obgenannten Quellen Chiala, une page d'histoire p. 27.) Gioberti, seit 15. Dec. 1848 piemontesischer Ministerpräsident, glaubte die Kirchen= und die nationale Frage zu versöhnen.

Nicht blos die Radikalen suchten nach Novara dafür, daß Pius die Franzosen und die Oestreicher zu seiner Restauration aufrief, an jenen Privilegien des Klerus Rache zu nehmen. Der Staat sollte die Verfassung praktisch machen, sich auch von der Verpflichtung lossagen, den bischöflichen Gerichten zum Vollzug ihrer Urtheile den weltlichen Arm zu leihen. Die Kirche sollte die Oberaufsicht über die Stiftungen verlieren, aus welchen ihren Schützlingen oft fette Bettelsuppen erflossen. D'Azeglio war weit davon entfernt, diese Forderungen zu theilen. Um die Versöhnung der Kirche und des constitutionellen Princips in Piemont, wie im Kirchenstaat anzubahnen, schickte, wie wir sahen, d'Azeglio sogleich im Mai 1849 Cäsar Balbo nach Gaëta. Aber der Pabst ehrte nur die der Kirche angenehme Persönlichkeit des Neuwelfen. Auch ihm wurde kein Zugeständniß gemacht. Um den Radikalen die Entscheidung über gemischte Gegenstände aus den Zähnen zu reißen, schickte d'Azeglio im September 1849 noch den Grafen Siccardi zum Pabste nach Neapel, um noch einmal den Weg der Unterhandlungen zu betreten. Aber Pius antwortete, die Vorschläge zu Modificirung der Vorrechte des Klerus seien für ihn und für die Kirche eben so viele Herzwunden. Es herrschte in seiner Umgebung eine ausgesprochene Gereiztheit gegen Piemont. Der zu den Unterhandlungen bevollmächtigte Prälate Catterini behauptete, es stehe nur dem Pabste zu, einen Bischof zu richten, selbst wenn er die Sicherheit des Staats bedrohe. Die Berufung auf die Vorgänge anderer Konkorde half nichts. Artom bemerkt ganz richtig: „Italien war für das Pabstthum stets ein getreuer, aber ein dafür von ihm aufgeopferter Diener, indem der Pabst ihm nie dieselben Zugeständnisse machte, wie den andern ihm gefährlicheren, gegen Rom rebellischeren Völkern. Stets haben die italienischen Regierungen vom Pabste nur einen schwachen Theil derjenigen Zugeständnisse erhalten, welche andere ihm entrissen haben." Auf die Basis dieser Erfahrung beschloß sich endlich auch die piemontesische Regierung zu stellen, nachdem Siccardi den 23. November 1849 seinen Aufenthalt bei der Kurie für aussichtslos erklärt hatte. Mehr als ein Jahr später schreibt d'Azeglio darüber an Rendü: „Die Gegenforderung der Kurie in der Hand konnten wir triumphirend antworten: wir unterhandeln nicht mehr, weil die Kurie jeden Vertrag unmöglich macht. Allein wir hätten damit den religiösen Gefühlen des Landes einen schrecklichen Stoß gegeben. Deßhalb zogen wir das Schweigen über dieses traurige Dokument unglaublicher Blindheit und eigensinnigen Festhaltens an zeitlichen Interessen vor. Die Lösung des Räthsels ist: Gott ist Zeuge der vollkommenen Aufrichtigkeit unserer Absichten."

Nachdem durch die Auflösung der radikalen Kammer und durch die königliche Ansprache vom 20. November 1849 für eine besonnenere Kammermajorität gesorgt war, gürtete sich das Ministerium d'Azeglio-Siccardi, selbstständig gesetzgeberisch zur Abschaffung der bischöflichen Gerichtsbarkeit und gegen das den Verbrechern in den Klöstern gewährte Asyl vorzugehen. Die Gesetzesvorlage vom 27. Februar 1850 stellte die Geistlichen wie die anderen Bürger in Civil- und in Kriminalsachen vor das bürgerliche Gericht. Ferner sollte die Arbeit nicht an allen, sondern nur an den höheren Feiertagen bestraft werden. Alle, auch geistliche Corporationen sollten nur mit Staatsgenehmigung Grundeigenthum erwerben und Schenkungen annehmen können. Dadurch wurde der Erbschleicherei und der Anhäufung von Grundeigenthum in Todter Hand, durch welche das Vermögen der Familien gefährdet und Anlegung der Ersparnisse in Grund und Boden erschwert gewesen war, ein Riegel vorgeschoben. Gegen diesen „Frevel an der Kirche, an der Religion und an der Sittlichkeit" erhob sich die klerikale Partei. Bei der den 6. März eröffneten Diskussion erklärten die klerikalen Redner, das Konkordat könne als Staatsvertrag mit einer andern Macht nicht einseitig aufgehoben werden; wenn man an den Klerus rühre, so werde das Landvolk in eine verfassungsfeindliche Bewegung kommen. Dieses fürchtete auch Cäsar Balbo, er bestritt daher die Vorlage als eine nicht zeitgemäße. „Nach meiner Ueberzeugung, sprach er, müssen wir die Entwickelung aller Freiheiten anstreben, die der Handelsfreiheit, der Freiheit des Ackerbaues, die der Gemeinde, der Provinz, des Unterrichts; auch die religiöse Freiheit gehört dazu. Gestehen wir also auch diesen Ultras, seien sie geistlich oder weltlich, dieselbe Freiheit zu, welche man allen anderen Ultras läßt." (Reuchlin, Lebensbilder zur Zeitgeschichte I. Balbo, S. 59.) Ihm stimmte der Savoyarde Menabrea, ein ausgezeichneter Militär- und Civilingenieur bei (Chiala p. 100), welcher wiederholt in hohen militärischen und diplomatischen Stellungen war, sie aber, wie auch jetzt, niederlegte, so oft er es für Gewissenspflicht hielt. Diese Männer schwächten den Uebelstand, daß 1848 nur Advokaten Uebung in der Beredtsamkeit besaßen. Menabrea's Reden glichen wohldisponirten Batterien. Den 7. März erhob sich Cavour. Er hatte die Anläufe d'Azeglio's zu Beschränkung der Presse im ersten Anfang durch sein: rührt nicht an die Presse! bekämpft. Da er fürchtete, das Ministerium könnte durch eine starke conservative Majorität zu freiheitswidrigen Schritten sich verleiten lassen, war er bereit, jedem Vorwärtssignal desselben entschieden sich anzuschließen. Nur durch Ausführung längst nöthiger Reformen könne man die Macht des Radikalismus brechen. Das Volk müsse überzeugt werden, daß die verfassungsgetreue Regierung nichts weniger als unfruchtbar sei. Der piemontesische Staat dürfe sich von der Hierarchie nicht seine Rechte rauben lassen, die der östreichische längst wieder an sich genommen habe. Wie wäre es sonst möglich, daß Piemont der Vorkämpfer der nationalen Unabhängigkeit und der Freiheit bleibe? Die Arbeit und das durch sie gesammelte Vermögen müßten gegen die Hemmungen und die Gelüste der Kirche und der Klöster geschützt werden. Wie könnte sonst Piemont die ihm von seiner nationalen Aufgabe auferlegten Lasten tragen? — Daß sich Cavour gerade bei dieser Frage von seinen alten politischen Freunden zu trennen anfing, war nicht zufällig; in den lettres inédites de Cavour à Rattazzi, traduites par de la Varenne heißt es (S. 153 bis 185): „Nicht blos war Cavour die weltliche Priesterherrschaft zuwider, er stieß sich besonders an der Solidarität Roms und Oestreichs, wodurch das politische Gleichgewicht in Italien gestört, die Fremdherrschaft befestigt werde. Es befremdete ihn, daß Balbo und seine anderen Freunde auf der Rechten im Jahr 1848 diese Solidarität übersahen." „Oestreich, sagte er eines Tages, muß ebensowohl in Bologna und Rom (und in den geistlichen Gerichten Piemonts, dürfen wir beifügen) als in Mailand und in Venedig bekämpft werden." Cavour verlangte aber von der bürgerlichen wie von der päbstlichen Gesetzgebung, daß sie auf gegnerische Ueberzeugungen, auf die Verhältnisse Rücksicht nehme; er hatte deßhalb vorerst gegen die Civilehe gestimmt, während die Linke Rache für Ablehnung derselben zu nehmen suchte, indem sie Secularisation des Kirchenguts verlangte (Boggio I, p. 355). Cavour sprach im Verlauf seiner klassischen Rede (Oeuvre parlémentaire du comte de Cavour par Artom et A. Blanc, Paris 1862, p. 64—79): „Man will ein Aergerniß darin sehen, daß ein Priester vor Gericht gestellt werden könnte. Aber seine Straflosigkeit, welche unter dem alten System nur zu häufig war, hatte noch viel jämmerlichere Folgen. Der Anblick eines schuldigen, aber straflosen Mönchs ist viel trauriger, als ein gegen ihn gesetzlich eingeleiteter Proceß. Das gesetzliche Verfahren hat für die Priester den ungeheuern Vortheil, daß es ihnen Schutz gegen die Verläumbung gewährt. Ich erinnere mich aus meiner ersten Jugend, daß ich in Bentimiglia sah, wie ein eines Verbrechens angeklagter Mönch sich in das Asyl eines Klosters flüchtete und daß das Kloster einen Monat lang von Soldaten und von Carabinieri umstellt war. Der Eindruck, welchen dieses Schauspiel auf mich und auf die Bevölkerung machte, war sicher kein dem Priesterthum und der Religion günstiger. Da also unsere Reformen der Religion nicht schaden können, wie sollten durch sie die Priester gegen die Staatsgesetze, gegen die Regierung, gegen das Parlament dauernd verfeindet werden? Und wenn dadurch einige aus geheimen zu offenen Feinden gemacht würden, so wäre es ein Gewinn." Cavour verwies am Schluß auf das Beispiel „der größten Staatsmänner Englands, auf Wellington, Grey, Peel": „Die rechtzeitigen Reformen machen den revolutionären Geist machtlos. An dem Tage, an elchem die Revolution rings um uns ausbricht, wird der reformatorische, nstitutionelle Thron alle lebendigen Kräfte Italiens um sich sammeln d die Nation zum Ziel der Geschicke führen, welche ihrer harren." Die nlen, welche Cavours männliche Mäßigung in ihrem blinden Taumel nicht griffen hatten, meinten jetzt einen bisher Gichtbrüchigen die Krücken weg= erfen zu sehen. Allerdings war Cavour, anders als Andere, als Jour= list seit Gewinnung der Verfassung conservativ, als Abgeordneter libe= l geworden; als Minister wurde er kühn wie ein Revolutionär.

D'Azeglio hatte der Kurie zuvor Mittheilung von diesem Gesetzes= ntwurf gemacht und sich zu weiteren Unterhandlungen mit ihr, aber in urin bereit gezeigt. Den neunten März wurden die obigen Siccardi= hen Gesetze mit 130 Stimmen angenommen; 27 Abgeordnete blieben nbeweglich, unter ihnen Balbo, Revel und Menabrea. Das linke ientrum stempelte sie zu Reaktionären und einige wurden es auch. Ca= vour wurde durch diese Abstimmung von einem Theil der Rechten los= gelöst und fing an das rechte Centrum zu sammeln. Doch war dieser Anhang anfangs, in Folge kirchlicher Bedenken vieler Wähler, sehr fluk= uirend. Während Viele seine Rede für eine Ministerrede hielten, sah avour selbst sich dadurch für halb abgenützt an. Um sich der Gruppe avours zu nähern, machte sich Rattazzi's Tierspartei immer gemäßigter. Die bisher hauptsächlich sie trennende Kriegs= und Friedensfrage war berwunden. Vorerst aber suchten Cavour und die Seinigen sich noch ls solidarisch mit der parlamentarischen Rechten darzustellen, da sie an en klerikalen Schmähungen gegen die Regierung keinen Antheil nahm, ielmehr diese nach wie vor unterstützte, während sie darüber spottete, daß avour zur Partei des dritten Rachekriegs gegen Oestreich übergegangen i. Cavour erklärte aber Brofferio und der Linken, daß er eine ganz ndere Ansicht von Christenthum und von der Moral habe, als sie und re Klubs. (Briefe Cavours von Berti. Berlin 1862, S. 15.) Die nle Linke, sagt Bonghi (la vita e i tempi di Val. Pasini. Firenze 867, p. 680), schrieb um so unmäßiger, da es jetzt damit keine Gefahr ehr hatte, das heißt, weil sie eine schwache Minorität geworden war.

Diese kreischende Linke war ohne formelles Einverständniß durch Haß ui der ultraklerikalen Partei gegen das Ministerium und gegen die efonnenen Reformen verbunden. Sie wütheten in die Wette gegen alle eine Schritte, besonders in den kirchen=politischen Fragen, die Einen, weil e Siccardischen Gesetze eine schwache Stümperei, die Andern, weil sie n Frevel an den heiligen Rechten der Kirche seien. Den 18. März 550 reichte der Nuntius in Turin einen Protest gegen diese Gesetze ein: Dem Heil. Vater bleibt nichts übrig, als die Augen zum Gott des Er= armens zu erheben, damit er von dem piemontesischen Volke die Züch= igungen fern halte, womit er andere Völker geschlagen, die ihr Glück in er Erniedrigung des Priesterthums suchten." Aber die Hoffnung auf den klerikal bestürmten Senat scheiterte. Als auch der König die Siccardischen Gesetze bestätigte, reiste der Nuntius von Turin ab. Der piemontesische Gesandte blieb in Rom und der Kammerpräsident Pinelli reist nach Gaëta, um über weitere gemischte Punkte zu unterhandeln. Als der Priesterkönig Neuroms wies auch dieses Angebot Sibyllinischer Blätter von sich. Als Pinelli im Oktober unverrichteter Sache von Rom zurück kehrte, verhöhnten ihn die ultramontanen Organe ebenso, wie die radikalen. (Siehe das Nähere, meist nach Boggio, in Protest. Monatsblättern Augustheft 1865.) Während die Ultramontanen von den durch die Verfassung gewährten Freiheiten der Presse und der Vereine den ausschweifendsten Gebrauch machten, hetzten sie das Volk gegen die Verfassung auf. Der hochfahrende, gegen seine Priester tyrannische Erzbischof Franzoni von Turin verbot diesen bei strenger Strafe Folge zu leisten, wenn sie als Beklagte oder als Zeugen vor ein Civilgericht geladen würden. Er selbst erschien auf die Vorladung des Richters nicht, obgleich dieser bereit war ihn in seiner Wohnung zu vernehmen. Das Volk drohte mit ernstlichen Demonstrationen gegen den Palast des Erzbischofs. Es war höchst nöthig, das Gesetz und die Gleichheit aller vor demselben zu erproben, zumal da der Erzbischof erklärte, er habe nur von Rom Befehle anzunehmen, und daher für seine Person Unverletzlichkeit, wie für die des Königs verlangte. Er wurde zu einer Geldbuße und zu einer einmonalichen Gefängnißstrafe verurtheilt, die er auf der Citadelle von Turin in der Wohnung des Kommandanten absaß. Dem „Märtyrer" wurde von französischen und von italienischen Ultramontanen ein kostbarer Becher und ein Ring gesammelt. Die piemontesischen Bürger aber errichteten zu Ehren Siccardi's auf der piazza Savoia in Turin eine Obelisk. Das Gesetz selbst war nicht nur mit Beleuchtungen, sondern an manchen Orten auch mit einem Tedeum begrüßt worden. Im Mai 1850 bei Gelegenheit der Verurtheilung des Erzbischofs von Turin schrieb d'Azeglio an seine Frau: Die Verantwortung dafür fällt auf die, welche kein Urtheil haben, nicht blos auf den Erzbischof, sondern ebensowohl auf den Pabst, welcher für Mazzini und für den Nihilismus (Nientino) arbeitet, wie wenn er von ihnen dafür bezahlt wäre. Die Berichte der piemontesischen Gesandten in Paris zeigen, daß Oestreich hier über dies Vorgehen Piemonts die schlimmsten Dinge zu verbreiten wußte.

Der Erzbischof von Turin suchte offenbar einen fanatischen Volksaufstand zu entzünden, welchen auch die um ihr Seelenheil geängstigte Gebirgsbevölkerung um Aosta versuchte. Er erklärte, daß alle an den Siccardischen Gesetzen irgend Betheiligten der Excommunication verfallen seien. „Am Todtenbette sind sie stark und grausam." Im Juli 1850 erkrankte der Minister des Ackerbaues und des Handels Pietro Derossi di Sant Rosa schwer. Als guter Katholike erbat er sich die heil. Sakramente welche ihm, da er gebeichtet und die Absolution empfangen hatte, selbst

nach dem Urtheil der geachtetsten Priester nicht verweigert werden durf=
ten. Aber je drohender die Gefahr wurde, um so schwerere Bedingungen
des Widerrufs stellte von seinem Landsitze aus der Erzbischof durch den
unglücklichen Pfarrer. Die Erklärung des Sterbenden, daß er durch sein
Gewissen zur Zustimmung zu den Siccardischen Gesetzen genöthigt ge=
wesen sei, widerlegte der Erzbischof den vierten August durch den Bescheid,
auch Calvin hätte sich auf sein Gewissen berufen, in Kirchensachen sei der
Katholik nicht Richter. Obgleich „bei den Eingeweiden Christi" beschwo=
ren, zur Ehre Gottes den Widerruf zu thun, starb der Graf unter er=
schütternden Familienscenen. Das kirchliche Begräbniß blieb ihm ver=
weigert. Turin aber hatte noch nie ein so zahlreiches Leichenbegängniß
gesehen. Nur die Nationalgarde verhinderte blutige Rachehandlungen.
Die Rückkehr des Oberseelenhirten zu seiner Heerde war eine moralische
Unmöglichkeit geworden. Wegen aus seinen Papieren erwiesener fortge=
setzter Zettlungen, „wegen flagranter Aufreizung zum Ungehorsam, zum
Haß und zur Verachtung des Staatsgesetzes" zu zwei Monaten Gefängniß
verurtheilt, nahm er in Lyon seinen Sitz, von wo aus er seiner Heerde
Jahre lang, zumal bei Gelegenheit des Skandals der Erbauung einer
Waldenserkirche in Turin, mit Hirtenbriefen zusprach. Das pariser Ka=
binet verwandte sich bei dem piemontesischen nachdrücklich für seine Be=
gnadigung. Die klerikal=reaktionäre Partei setzte ihre Hetze mit den be=
kannten Mitteln fort, indem sie das arme Volk ängstete, die Regierung
werde demnächst die Maske abwerfen und sich zum Protestantismus
oder zum Koran bekennen. Diese „fromme" Partei wurde auch witzig,
sie verbreitete Karikaturen: der König z. B. steht auf einer berstenden
dünnen Erdrinde, die Teufel darunter freuen sich schon auf den könig=
lichen Braten. Doch noch mehr als auf die Teufel verließen sich die
Fanatiker auf die ersehnten östreichischen Bajonette. Diese stützten ja die
weltliche Priesterherrschaft im Kirchenstaat, während sie durch Piemonts
nationale und freiheitliche Politik bedroht war.

Die durch die Mißhandlung Santa Rosa's aufgeregte öffentliche
Meinung verlangte eine Bürgschaft dafür, daß der Staat die klerikalen
Anmaßungen auch ferner zurückweisen werde und so wurde der Tod Santa
Rosa's die Veranlassung, daß Cavour den eilften Oktober 1850 dessen
Ministerien, die des Ackerbaus und des Handels nebst dem der Marine
übernahm. Wir treten hiemit wieder in die verhältnißmäßig klarere po=
litische Atmosphäre ein. An einem Scheidepunkte angelangt, orientiren
wir uns in derselben über die Parteien und ihre Führer. Bonghi, als
gründlicher Kenner und unerschrockener Geschichtsschreiber, entwirft uns
(auf den oben genannten Blättern) folgendes Bild: „Rechts von der wirren
Linken, welcher indeß einige Männer von Geist und Muth nicht fehlten,
saß eine Schaar geschickter Abgeordneter, Söhne des zähen piemontesischen
Bürgerstands, Aerzte, Ingenieure, Advokaten, ohne übermäßige Geistes=

bildung, von etwas engem Geist; ihre Liebe zu den parlamentarischen Freiheiten war um so tiefer gewurzelt, je mehr sie Eins war mit dem Haß gegen die Aristokratie ihres Landes, welcher seit lange in ihnen kochte, und weil sie noch nicht sicher waren, deren Macht und Einfluß überwunden zu haben. (Vergleiche Preußen!) Diese Gruppe, welche das Hauptwerkzeug zum Sturze des Ministeriums Balbo und des von Alfieri gewesen war, hatte Rattazzi zum Führer." (Jenes fiel 28. Juli, dieses 15. Dec. 1848). „Das linke Centrum Rattazzi's bombardirte die Minister nicht mehr; aber wenn es auch noch nicht im Stande war, von demselben einen dem Gewicht seiner Stimmen entsprechenden Antheil zu fordern, so gab es dadurch, daß er ihm nie seine volle Zustimmung schenkte, zu verstehen, daß es das Ministerium früher oder später nöthigen würde mit ihm zu unterhandeln. Um dieses zu beschleunigen, mußte die Aber, welche sich in der majorisirenden Rechten seit einigen Monaten (seit den Siccardischen Gesetzen) bemerklich machte, einen Riß bilden. In den Einfluß über diese Majorität theilten sich nemlich Graf Revel und Graf Cavour. Dieser hatte seit der letzten Kammer wohl Anzeichen gegeben, daß nach seiner Ueberzeugung das Ministerium d'Azeglio in den inneren, namentlich bei den ökonomischen Reformen mit mehr Kühnheit nach den freiheitlichen Neuerungsgrundsätzen vorgehen sollte, was aber bei der äußern Rechten keinen Beifall gefunden hätte. Graf Revel war zwar der von ihm verkündeten Verfassung als loyaler Charakter getreu, glaubte aber nicht, daß die Finanzen auf dem Wege der Neuerungen sich wieder heben würden; er wünschte, daß das Ministerium, statt die Liberalen durch Entfremdung Roms zu ermuthigen, der Regierung wieder mehr Autorität verschaffe und so Europa, welches der Bewegungen und der Kriege müde war, Bürgschaften biete. Damit stimmte auch Balbo überein. Indeß waren diese zwei kaum getrennten Theile der Rechten durch die Nothwendigkeit der Lage und durch den Namen d'Azeglio's zusammengehalten, welcher beiden aus verschiedenen Gründen sein Vertrauen schenkte. Indem er Cavour, seinem voraussichtlichen Nachfolger, die Hand bot, war er entschlossen, sich noch nicht weiter drängen zu lassen." Die Minister selbst hatten dem Könige Cavour als unvermeidlichen Collegen vorgeschlagen. Viktor Emanuel, welcher unter seiner derben Gutmüthigkeit einen nicht gewöhnlichen gesunden Menschenverstand und Mutterwitz verbirgt, hatte nur ihren eigenen Gedanken Worte geliehen, indem er sagte: Sehen Sie aber nicht, daß dieser Mann Sie alle von Ihren Sitzen verdrängen wird? Den 21. November bei Gelegenheit des Eintritts von Cavour ins Ministerium schreibt d'Azeglio an seine Frau: Wir wollen sehen, ob man mit der Aufrichtigkeit regieren kann. Es hat immerhin den Vortheil der Neuheit, zumal in Italien.

Cavour war jetzt 42 Jahre alt. Er ist nicht durch eine glänzende Rednergabe zu Anerkennung und an die Spitze der Regierung gekommen.

Er hatte von Anfang Schwierigkeit, seiner sachlichen Auffassung und Darstellung Anerkennung zu erringen; Brofferio und Valerio hatten durch ihre übergewürzten Phrasensaucen den Geschmack der Kammer verdorben. Rattazzi servirte und tranchirte seine Platten viel coulanter und eleganter in durchdachter Reihenfolge; Schade, daß man am Ende oft nicht wußte, was, ja ob man gespeist habe. Cavour führte englische Küche, er war wie ein Koch, welcher die Eigenschaften der verschiedenen Viehracen und Kräuter versteht; auf Verlangen stand er aber mit sehr pikanten Zwischenspeisen zu Dienst. Die Redner der radikalen Linken führten den parlamentarischen Kampf wie Freischärler, Rattazzi liebte die mathematischen Kunststücke des Parabeplatzes, Cavour recognoscirte stets das Terrain vor- und rückwärts gründlich und leitete seine Streitkräfte mit sicherem Feldherrnblick, indem er die schweren und die leichten Waffengattungen jede mit Virtuosität am rechten Platz und Moment eingreifen ließ. Gegen taktlose Indisciplin seiner Parteigenossen war er unbarmherzig. Wer unpraktische Utopieen verlangte, z. B. eine ausschließliche Steuerquelle, wer die Einkommensteuer empfahl, von dem verlangte er genaue Angabe der Ausführung. Nur den, welcher seinen Muth verdächtigte, vernichtete er moralisch. Eingehende Detailkenntniß mit klarer Uebersicht, praktisches Geschick und Entschlossenheit machten ihn zum Staatsmann und erst in zweiter Linie zum Redner. Der Redner war die Schöpfung des Staatsmannes. Seine Stimme war nicht wohlklingend, durch die Gewohnheit des Befehlens bekam sie später etwas Scharfes. Das rechte Wort stand ihm nicht immer so zu Gebot, wie Rattazzi; man sah, er mußte öfters scheinbar hustend Zeit gewinnen, um es zu suchen. Sein zu lebhaftes Geberdenspiel während einer gegnerischen Rede und seine gefürchteten Impromptüs hat Bonghi in seinem Cavour S. 85 treffend geschildert.

Es war nicht Adels-, noch Ministerstolz, was Cavour nicht selten herzlos, abstoßend erscheinen ließ. Er hatte seine Person so ganz identificirt mit der Aufgabe Italien zu machen, daß er die Menschen je länger, je mehr als Mittel zu diesem Ziele betrachtete, sie je nach ihrer Leistungsfähigkeit dazu schätzte. Wer heute seinen Zorn gefühlt hatte, weil er ihm ein Hinderniß auf diesem Wege gewesen war, den konnte er den folgenden Tag um seine Unterstützung ansprechen und benützen; und ebenso umgekehrt. Manchmal war es, als ob er einen politischen Genossen von sich stöße, weil er fürchtete, derselbe möchte zu viel Einfluß auf ihn gewinnen. Einer der von ihm freundlich nachgezogenen jüngeren Männer versichert uns, daß in seinen Freundschaften keine Spur von Sentimentalität gewesen sei. Er wechselte sie nicht nach Laune, sondern nach Bedürfniß. Er war durchaus nicht empfindlich und trug gegnerische Zusammenstöße nicht nach. Agenten zweiten Ranges „wechselte er wie Pferde". Dadurch, daß kein Beamter je vor seiner näheren Ueberwachung sicher war, erhielt er die etwas veraltete Staatsmaschine in scharfem Gang. Er wagte nicht sie durch eine neue zu ersetzen, da er fürchtete, das ganze Personal gegen seine Ziele zu erbittern. Seine Erfolge gewöhnten ihn an die Ueberzeugung, daß er stets Recht habe. Daher zog er auch als Ministercollegen je länger, je mehr Anfänger, auf deren Lenksamkeit er sich verlassen konnte, solchen vor, deren anerkannter Name, deren Willenskraft und Verstand sie ihm ebenbürtig erscheinen ließ. Deßhalb sagte man, er sei zuerst Minister, später der Minister gewesen. Aber seine Arbeitskraft war auch eine einzige, sich leicht in alle Sättel findende. Seine untersetzte Statur ließ ihn wie einen Athleten erscheinen, welcher übermenschliche Lasten scheinbar leicht trägt. Seine hohe breite Stirne bürgte für seltene Intelligenz; sein Mund, auf welchem in parlamentarischen Räumen der Witz wetterleuchtete, trug ruhig geschlossen mehr das Siegel der Entschlossenheit, als das des Edelmuths.

Diese Züge waren im Herbst 1852 schon als Grundlinien vorhanden. Sie entwickelten sich im Verlaufe seines achtjährigen Ministeriums, kraft des riesenmäßigen Wachsthums seiner Bedeutung entschiedener, vielleicht härter. Man kann wohl sagen, daß Cavour, von ganz anderen Anfängen ausgehend, mit der Zeit und mit der Gewalt dem Grafen Bismarck ähnlicher wurde. Beide waren in den jüngeren Jahren Offiziere und Landwirthe; aber Cavour war damals seinen Standesgenossen durch seine geistige Freiheit ein Aergerniß, während Bismark ein pommerischer Vollblutsjunker zu sein schien. Cavour ist mehr eine hellenische, Bismark eine römische Natur. Ungleich näher liegt uns die Aufgabe, die Grundzüge der politischen Charaktere d'Azeglio's und Cavour's zu vergleichen.*) Gemeinsam war ihnen die Grundidee der nationalen Unabhängigkeit, als die Grundbedingung der sittlichen Wiedergeburt Italiens. Loyalität, Mäßigung und weises Zuwarten charakterisirten die Politik d'Azeglio's; Erziehung, das reifere Alter, die Erfahrungen von 1848 hatten ihn das gelehrt. Er war daher der einzige Bürge für die Loyalität Piemonts, welchen das reaktionäre Europa von 1849 anzunehmen Willens war. Er legte beim Regieren zu viel Gewicht auf unmittelbare Divinationsgabe und auf ritterliche Schnellkraft; Vorkenntnisse und Wahrscheinlichkeitsberechnungen waren nicht seine, sondern Cavours Sache. Dieser suchte dem Volke das Vaterland und die Freiheit dadurch werth zu machen, daß er ihm die Früchte der entfesselten Arbeit zu kosten gab, daß er ihm die Verschlingung der geistigen und der materiellen Interessen handgreiflich machte. D'Azeglio hielt es für Unrecht, die ohnedieß entzündliche Phantasie der Italiener mit großen Hoffnungen zu erfüllen; Cavour gebrauchte diesen geistigen Dampf als bewegende Kraft. D'Azeglio rühmte sich, wenig zu bellen, desto mehr zu beißen; gewiß ist, daß Cavour beides verstand und

---

*) S. darüber den feinen Aufsatz „D'Azeglio" von Dr. Wilhelm Lang im April-Heft 1866 der Preußischen Jahrbücher, S. 41.

e bekannten, daß sie nicht den nächsten Weg zum Ziele
n; d'Azeglio wählte den sichersten, oder doch den unge=
r den kühnsten, den am weitesten führenden Weg. Die
ber und die Verschiedenheit der Zeiten, der Aufgaben
fielen am meisten in die Augen. Ist das Motiv
Opferbereitschaft, das Cavour's mehr ein großartiger
Beide hatten ein ächt piemontesisches Pflichtbewußtsein.
er Politik Cavour's die Basis und die Wege wie Fa=
dem Scipio. Beide waren sich bewußt, daß die äußere
nneren Zustände bedingt, daß nur Herstellung der Ord=
rtrauens, zugleich aber die Sicherung der Freiheit im
für moralische und militärische Erwerbungen im Aeu=
sem Bewußtsein wurde der eine wie der andere seiner

r zu sagen, ob die äußere oder die innere Lage Pie=
immer war. Nachdem sich das politische Fieber gelegt
geistige und materielle Erschlaffung. Der Krieg schien
es Heeres und der Finanzen, die Verfassung Verwir=
ung geschaffen zu haben. Die Regierungen von Florenz
die Kurie erhoben an allen Höfen Klage und Anklage,
e in ihren Ländern nur noch durch die Stürme in der
durch die piemontesische Politik gestört. Die Wühlereien
urden dieser auf die Schuldrechnung gesetzt. Napoleon
Rath, durch Zuvorkommenheit gegen die Wünsche Oest=
twaffnen. Preußen rieth zur Mäßigung und gab Pie=
der Anspruchslosigkeit. Das nationalliberale Programm
also vorerst nur Lasten, Gefahren und Spott. Cavour
ampf für die Siccardischen Gesetze Parteihaupt, durch
inister geworden. Deßhalb war er die Zielscheibe des
en Partei. Da ihm diese jeden seiner Schritte durch
imliche Mittel zu erschweren suchte, so wurde er auch
aftlicher gegen sie, als sein Plan und Wille gewesen
ein Sauerteig seiner inneren und seiner äußeren Po=
tt Cavour's ins Ministerium den 11. Oktober 1850
je, aber besonnene Reform. Seine erste Verordnung
obtaxe gerichtet. Die croce di Savoia, Rattazzi's Or=
t seine Hoffnung, von Cavour in die Gewalt nachge=
Die bisherige Majorität der Rechten habe ihre Bedeu=
Die Parteien, sagt sie, sind bei uns falsch klassificirt.
gossen werden, ihre zerstreuten Molecüles müssen sich
Zusammenschluß nähern, die „Partei der Intelligenz"
Allein die den 4. November 1850 wieder zusammen=
wählte den constitutionellen Conservativen Pinelli mit

71 Stimmen zum Präsidenten, während Rattazzi nur 21, der Kandidat der Linken nur 13 Stimmen auf sich vereinigten. Das Ministerium fand bei der Rechten Beifall, als es erklärte, es werde seine Gewalt niederlegen, sobald es durch äußere oder innere Uebermacht an den Reformen verhindert werde. Allein Rattazzi wurde nicht müde zu zeigen, daß das rechte Centrum, welches in ebenso loser Verbindung mit der Rechten stehe, wie das linke Centrum (Rattazzi-Tierspartei) mit der Linken, sich nothwendig mit dem linken Centrum vereinigen müsse. Rattazzi war überzeugt, daß man in der Politik durch wiederholte Körbe zur Einigung komme, daß man zu seinem Zweck komme, wenn man nur immer davon spräche. Cavour war immer der Ueberzeugung, zwei regierungsfähige Parteien seien das Lebenselement der verfassungsmäßigen Regierungen. Den 19. April 1851 übernahm Cavour zu dem Ackerbau und Handel, welcher die Marine mit einschloß, auch das Ministerium, beinahe die Diktatur der Finanzen. Sein Grundgedanke war, daß das Deficit beschränkt, der Kredit wiederhergestellt werden müsse, aber nicht durch Einschränkung nützlicher Ausgaben, auch nicht durch Schwächung des Heers, auf welchem die Zukunft Italiens ruhe, sondern durch Steigerung der Steuerkräfte des Landes. Diese sei aber nur durch Befreiung und Zuckerung der Arbeit zu ermöglichen. Die genuesischen Küstenanwohner, sagte er, pflügen das Meer mit dem Steuerruder; die Schifffahrt ist der Arbeit der Binnenländer gleichberechtigt, ihr Element ist der Freihandel. Für beide ist die möglichst freie Bewegung das Geheimniß, die Bürgschaft der Blüthe. Die Vorurtheile Anderer dürfen uns nicht davon abhalten, den Verkehr auf unsern Gränzen, in unsern Häfen zu erleichtern. Mag Frankreich sich selbst schaden durch Aufrechthaltung seines Abschließungs- und Schutzsystems; mittelbar werden wir uns selbst Ersatz für unser freiheitlichen Beispiele verschaffen. Obgleich Oestreich unser Feind, obgleich seine Handelsflotte nebst der griechischen der piemontesischen Marine mit gefährlicherer Concurrenz droht als die französische, so würden wir das Oestreich zu Repressalien gegen die Einfuhr unserer Naturprodukte in die Lombardei herausfordern, wenn wir ihm nicht die Rechte des am meisten begünstigten Staats einräumten. Cavour mäßigte indeß seine Freihandelsideen seit er Minister war und suchte Piemont durch Verträge gegenseitige Zugeständnisse zu sichern. Eine Hauptabsicht war ihm dabei, das zurückgebliebene Piemont mit den civilisirtesten, freiesten Völkern auch in persönlichen Verkehr zu bringen. Obgleich viele Flüchtlinge in Piemont als Lehrer civilisirend wirkten, so wäre der Weg durch die Schulen allein doch ein zu langsamer gewesen. Ein bedeutender Nebennutzen war, daß die Feindseligkeit Europas gegen das kühn sich reformirende Piemont durch Entfernung der Hemmnisse des Personen- und Güterverkehrs besänftigt wurde. Der Absolutismus selbst predigte ja überall das Evangelium der materiellen Interessen. Nur der Ultramontanismus wurde durch das

Niederreißen der chinesischen Mauern noch mehr erbittert, so salbungsvoll er auch von der brüderlichen Vereinigung aller Nationen zu sprechen weiß. Aber die Freiheit, die er meint, ist nicht die auf Freiheit der Arbeit, auf die Gleichheit Aller in Pflichten und Rechten begründete.

Wir können nicht auf die einzelnen Handels- und Schifffahrtsverträge näher eingehen, welche Cavour besonders mit Frankreich und England und mit den meisten Staaten zwischen Griechenland, Norwegen und Amerika schloß. Am zähesten hielt Frankreich auf seinem starren Protektionssystem, in der Hoffnung, die freihandelsnärrischen Länder würden zu seinem Vortheil sich verbluten. Cavour konnte den mageren Vertrag vom November 1850 nur vom politischen Standpunkt aus empfehlen. Die Minister machten eine Kabinetsfrage daraus und erzielten nur dadurch die Annahme. Ein von beiden Seiten liberal behandelter Vertrag mit England öffnete nicht blos dem Oel und Wein, der Rohseide Piemonts die Häfen Englands und seiner Kolonien, sondern auch den dreitausend Schiffen der genuesischen Küste, welche aus Mangel an Ausfuhrartikeln ihres Hinterlands auf Beifuhr des pontischen Getreides und auf Fahrten zwischen amerikanischen Häfen beschränkt gewesen waren. Dennoch erweckte dieser Vertrag die Eifersucht der französischen Fabrikanten; sie verlangten dieselben Vortheile wie die Engländer, ohne entfernt dieselben Zugeständnisse zu machen. Obgleich ein neuer Vertrag Piemont den französischen Waaren noch mehr öffnete, hat England besonders mit seinen Baumwollwaaren auf dem piemontesischen Markt die Oberhand behauptet, während die piemontesische Einfuhr in England in keinen Vergleich damit kommt. Die Montcenisbahn sollte Piemont zu einem großen Passageland, Genua, den natürlichen Hafen der Lombardei und Piemonts, trotz Marseille zum Hafen Ostfrankreichs und der Westschweiz machen.

Cavour entwickelte die Grundsätze und die Folgen seiner Handelspolitik in einer Reihe von denkwürdigen Reden (Oeuvre parlémentaire von S. 80 bis 174). Sehr genau nahm er es mit der Verwohlfeilerung des Brods, der Kleidung für die niederen Klassen und er freute sich derselben ganz besonders. Der Mißwachs des Getreides um 1851, während dessen Cavours Wohnung von dem Pöbel, welchem man gesagt hatte, er treibe Kornwucher, bedroht wurde, belebte die Schifffahrt sehr; aber die darauf folgenden langen Jahre der Traubenkrankheit und der Krankheit der Seidenwürmer, deren Gespinnst der wichtigste Ausfuhrartikel Piemonts ist, erschwerte die Politik Cavours äußerst, da sie sich eigentlich bereits auf die theure Basis des schon erzielten Großstaats stellte. Dieses wurde namentlich von dem östreichischen Ministerpräsidenten Fürsten Schwarzenberg sehr übel bemerkt; er schrieb an den Herzog von Modena: „England sucht in Italien Terrain zu gewinnen und bedient sich dazu des Grafen Cavour, welcher durch diese Mittel (Handelsverträge) die Revolutionspartei wieder aus ihrem Ruin aufzurichten sucht. Das beste Mittel für uns ist, daß wir alle eine Zoll- und Handelsunion schließen, um Piemont zu zwingen, sich auch auf diesem Gebiet für besiegt zu geben."

Die Wogen der politischen Aufregung gingen hoch im November 1851. Alle Volksklassen Piemonts wurden durch die kirchlichen Fragen am tiefsten angeregt. Die Hierarchie wollte vom Staat Geld für ihre Institute, sperrte sich aber gegen jedes Aufsichtsrecht desselben, die Demokratie wollte den Staatsfinanzen durch das Kirchengut aufhelfen. Cavour hielt den Grundbesitz der Geistlichkeit für wichtig und heilsam, weil sie durch denselben in die Solidarität der bürgerlichen Interessen versetzt sei. Er wollte die Gewissen durch Staatseinmischung so wenig wie möglich stören, zumal die Verschiedenheit der Ansichten der politischen Gesetzgeber über die Lehren der Kirche keine Einmischung derselben in diese Lehren zulässig machen. Aber Piemont und seine Kirche waren durch die Restaurationen von 1814 und von 1821 um alle Früchte der Vereinfachung des vierzehnjährigen französischen Regiments gekommen. Der lebendige Katholizismus hat seinen Mittelpunkt in Frankreich und in Belgien, wo der Klerus durch die Abschaffung unnöthiger Pfründen genöthigt ist seine Pflicht zu thun. In Oestreich wie in Belgien kam auf fünfhundert Seelen, in Piemont-Genua auf 227, auf der verwilderten Insel Sardinien auf 127 Seelen ein Kleriker. In Frankreich kamen auf 421,000, im Königreich Sardinien auf 146,000 Seelen, auf der Insel Sardinien auf 42,000 ein Bischof. Obgleich Belgien etwas bevölkerter ist als das piemontesische Festland, so hat es doch nur sechs Bischöfe, während Piemont 36 Bischöfe und sechs Erzbischöfe hatte. Daß durch dieses Kircheninstitut hauptsächlich für die nachgeborenen Söhne des Adels, welche sich nicht für das Militär entschließen konnten, gesorgt werden wollte, erhellte aus den 1324 Kanonikaten, welche wohldotirt großentheils Sinecuren waren, während die meisten Priesterseminare schlecht dotirt waren. (Die vergleichenden Zahlenkolonnen in Boggio und Protest. Monatsblätter Sept. 1865, S. 201.) Zwischen dem Einkommen der Bisthümer selbst war ein Unterschied wie zwischen eins und zehn. Die von Turin und von Novara hatten jährlich 100,000 Lire. Ebenso ungleich war die ihnen zugetheilte Seelenzahl. Auch manche Pfarreien hatten ungeheure Besoldungen, oft das Zehn-, ja das Dreißigfache der zahlreichen armen Stellen, welche kaum 1000 Lire hatten. Diesen mußte der Staat, unter dem klerikalen Ministerium Margarita vor 1848 mit jährlichen 4,400,000 Liren, zu Hilfe kommen, während Hunderte der Weltgeistlichen praßten. Cavour wollte nicht blos diese Staatsunterstützungen vermittelst gleichmäßigerer Normirung der Pfarreien und Abschaffung beinahe pflichtloser Pfründen entbehrlich machen, sondern er wollte auch die niedere Geistlichkeit durch ein gesichertes Auskommen menschenwürdig stellen. Viele Hunderte derselben, von den Gratialien der höheren Hierarchie ganz abhängig, standen in einem Knechtsverhältniß zu ihr. Die Kontraste waren so schreiend, daß Cavour in Rom Unterhandlungen über

Reformen anknüpfte. Er zog in dieser Absicht im Herbste 1851 L. Farini ins Ministerium, da seine Geschichte des Kirchenstaats selbst bei Pius IX. Anerkennung gefunden hatte. Der Pabst verhinderte persönlich ein Jahr lang, bis 1853, einen Angriff des Jesuiten Curci gegen diese Geschichte in der civltà cattolica (Chiala p. 293). Die hohe Gestalt Farini's und seine jeden Augenblick schlagfertige Beredtsamkeit machten ihn zu einem werthvollen Vorkämpfer der Politik Cavours gegen Rechts und gegen Links. Wenn er sich aufschnellte, war es als wäre sein blanker Schädel ein Stahlhelm, als wollte sein Arm den Gegner fassen. D'Azeglio war er von den Romagnolischen Kämpfen her vertraut. Bei allen Parteien in England war der Kämpfer gegen die weltliche Priesterherrschaft, der kecke Niederwerfer der Banditenherrschaft in Bologna im September 1848 hoch gehalten. Die Radikalen haßten ihn, weil sie ihn fürchteten.

Im November 1851 war die Feindschaft zwischen dem Präsidenten und der gesetzgebenden Versammlung der französischen Republik aufs äußerste entbrannt. Dieses wirkte um so ansteckender, als zu beiden Seiten der Alpen die ultramontane Partei die Verfassung zu stürzen suchte. Nach dem 2. December war die turiner Kammer noch das einzige Ventil der mitteleuropäischen Demokratie. Rattazzi sah daher wohl ein, daß es jetzt sehr gefährlich wäre, das Ministerium d'Azeglio-Cavour zu stürzen, aber die Unterstützung, welche er demselben öfters lieh, war in der Regel mit Bezeigung nur halben Vertrauens gewürzt, mit wiederholter Bedingung, daß das Ministerium seine Versprechungen auch halte, eine „Stärkung", welche sich Cavour verbat, weil sie in der That eine moralische Schwächung sei. Rattazzi und Genossen waren sich wohl bewußt, daß sie durch ihre Vergangenheit von 1848 und 1849 vorerst unmöglich seien. Sie verlangten zur Entlastung des Staats ein rasches, einseitiges Vorgehen in der Kirchengüterfrage. Einen Antrag in diesem Sinne stellte Cadorna, derselbe, welcher behauptete, Cavour habe gewisse Bestimmungen im östreichischen Handelsvertrag angenommen, damit die östreichische Polizei auf Piemonts Kosten um so besser bedient werde. Solch' knabenhaftem Gebahren gegenüber erscheinen die meisten Abgeordneten der Rechten als Männer.*)

---

*) Graf Salmour, welcher auf einer Reise durch Mitteleuropa die daselbst über Piemont herrschenden Urtheile gesammelt hatte, bedauerte die Verunstaltung des Sachverhalts durch die beiden Extreme der Presse, namentlich die Verbreitung der Ansicht, als ob Piemont nicht in der Absicht einer Verständigung mit Rom unterhandelt habe. Die öffentliche Meinung Europas stehe unter dem Druck dieser systematischen Verläumdungen. Italien aber brauche Kredit, dieser sei gleichbedeutend mit dem Vertrauen auf seine Loyalität; deßhalb müsse man diese auch dem Pabste gegenüber mit Geduld erproben. Denn die Börsen nahmen damals Partei für den Pabst. Salmour bewährte sich als eben so guten Staatsbürger, wie als Katholiken, indem er sprach: „Niemand wünscht lebhafter als ich das Budget von den Kultusausgaben entlastet zu sehen; niemand verlangt mit feurigeren Wünschen eine gerechte Be theilung der Güter des

Das auf vielen Schlachtfeldern mit dem Leben der Besten errungene piemontesische Staatsbewußtsein hatte nun auch seine Probe gegen die Anmaßungen der klerikalen Herrschsucht zu bestehen. Bei dieser Gelegenheit, im Januar 1852, erklärte Cavour, er nehme mit Dank die Unterstützung der Rechten an, er werde es aber laut erklären, wo er ihre politischen Ansichten nicht theilen könne; er werde auch die Unterstützung der Linken nicht zurückweisen. „Das Ministerium, sprach er, hat die Politik der Erhaltung unserer Freiheiten gleichzeitig mit der Reform der Institutionen übernommen, welche mit der Verfassung noch nicht harmoniren." (Den Uebergang über die politische Wetterscheide schildert eingehend L. Chiala in une page d'histoire von S. 66 an.) Cavour fühlte sich so auf den Wagbalken zwischen den Parteien gestellt, weil die Rechte glaubte, daß er zu rastlos vorwärts strebend, zu kühn für sie sei. Sie fürchtete, die unerhört rasche Fahrt, die Reformen in allen Zweigen des Staats, besonders die national=ökonomischen, müßten in einen Abgrund führen. Dazu kam der Contrast von Cavours und von d'Azeglio's Art. Dieser hielt für sicher, daß Loyalität früher oder später zum Ziele führen müsse; er hegte noch den Optimismus von 1845, den von Gioberti, Italien könne bei einiger Klugheit „die Hände in den Taschen" sich erneuern. Cavour erkannte den ungeheuern Werth der Verfassung für Aufrichtung des nationalen Geistes in Italien, aber er war überzeugt, daß es schließlich zu einem Unabhängigkeitskriege kommen müsse, während d'Azeglio hoffte, Lombardo=Venetien würde mit Zulassung Oestreichs als unhaltbare, ihm schädliche Besitzung in die Arme Piemonts fallen. Das hätte einem Theil der Rechten sehr zugesagt. Andere Mitglieder derselben hielten die Energie Cavours im

---

Klerus, um zu jenem Resultat zu gelangen, und zwar ebensowohl im Interesse der Religion, als in dem des Staats. Da aber weder jene Entlastung, noch diese Vertheilung ohne eine neue Abgränzung der Diöcesen möglich ist, zu welcher die Dazwischenkunft der geistlichen Gewalt unvermeidlich ist, so weise ich den Antrag Caborna's mit allen Kräften meines Geistes zurück, weil er das, was durch zwei Gewalten entschieden werden muß, einer zutheilt und so die Sache durch Prejudiz unselig verwirrt. Ich werde jeden Versuch einer solchen Ersparniß verwerfen, bis die mit dem römischen Hof begonnenen Unterhandlungen entweder Erfolg haben, oder absolut gescheitert sind. Ich erwarte davon mit von Hoffnung erfülltem Herzen ein gutes Resultat, wenn die extremen Parteien sie nicht absichtlich unmöglich machen. Ich hege die innerste Ueberzeugung, daß wenn sie erfolglos sind und zwar wenn dies nicht durch unsere Schuld und Ungeduld, sondern in Folge der Unwilligkeit und der überspannten Pretensionen des römischen Hofs der Fall ist, daß dann wir selbst, welche heute die irgend mit der Würde der Nation verträgliche äußerste Unterwürfigkeit unter der geistliche Gewalt fordern, die Ersten wären, welche die Regierung in der Behauptung der bürgerlichen Gewalt und in ausgedehnter Anwendung derselben im öffentlichen Interesse unterstützen würden. Diese Willensmeinung, welche, wie ich glaube, auch die der ungeheuren Mehrzahl der Nation ist, wird sich auch in Rom verständlich machen, wo man begreifen wird, daß ein weiteres Hinausschieben der Beilegung unseres Streits nur den Feinden der Religion von Nutzen sein kann." —

nöthig, allein sie fühlten sich von dem gebieterischen Ton ver=
nehm berührt, wie Gioja und Andere, welche deßhalb aus dem
getreten waren. So kam es, daß die Rechte sich unter sich
ur entfremdete. So rücksichtslos Cavour in seinen Mitteln,
blungsweise war, so blieb sein Ziel doch stets zwischen die
ie Mitte gesetzt. Er war in dem verknöcherten Piemont ein
rechender Propeller gewesen, ein staatsgefährlicher Mensch;
mokratie die Wasser bis auf den Grund aufrührte, hatte er
brechender Damm ihr entgegengestellt. Seit dem 2. December
Gefahr der freiheitsfeindlichen Reaktion von Frankreich wie
her handgreiflich, der Radikalismus drohte nur noch mit
schenen, kraftlosen Phrasen. Der Feind kam jetzt von der
en Seite mit Macht angerückt; man brauchte daher nicht
u sein, um rasch eine starke Frontveränderung zu vollziehn.
zu halten, mußte Cavour weiter links rücken. Es war ihm,
ihm die Herstellung des inneren europäischen Gleichgewichts
Staatsmänner sah er die träge, wie die hitzige Majorität
rnünftige Gewalt an. Er brauchte aber einen festen frei=
um sich, an welchen sich die realen Trümmer der alten
ließen könnten. Er hoffte, daß die unmittelbaren Gefahren
kens durch England abgewehrt würden, dessen Politik erst
dem Festland, wie die Taube nach der Sündfluth, wieder
fand. Napoleon hatte am ehesten in England Anerkennung
aatsstreich erlangt; um England nicht von sich zu stoßen,
urz der Republik nicht eine gar zu reaktionäre Gestalt zu
ht Oestreich die Oberherrschaft in Italien in die Hände zu
Napoleon nicht feindselig eine liberale Regierung in Piemont
galt, Frankreich von dem Einlenken in ein ihm selbst schäd=
abzuhalten. So handelte denn Cavour, im Gegentheil der
litiker, im genialen Geiste jener antiken Feldherrn, welche ein
ium als ein günstiges laut begrüßten. Bald nach dem Staats=
Oestreich nicht blos selbst und unmittelbar in Turin im Namen
Mächte Klagen über die piemontesische Presse und gegen
mischen Flüchtlingen gewährte Asyl erhoben und Rathschläge
ern Oestreich hatte auch Napoleon veranlaßt, dasselbe zu thun.
el wies jene als unberechtigt zurück und d'Azeglio instruirte
ten in Paris, H. di Collegno, den Diktator von Frankreich
, wie gefährlich es für Piemont wäre, auf fremde Ansinnen
des Staats zu verläugnen. Um nicht diesen schlimmen Schein
ben, hatte das Ministerium, zunächst der Justizminister De=
schon zuvor, den 17. December 1851 der Volksvertretung
orlage zur Bestrafung frecher Preßangriffe gegen die Per=
Fürsten eingebracht. Die Auswahl der Schwurrichter aus

sämmtlichen Wahlberechtigten sollte nicht mehr dem Zufall überlassen bleiben. Ein schwächerer Staat hat ja noch mehr Ursache, dem Grundsatz Geltung zu verschaffen, daß das internationale Völkerrecht einen Theil, einen Schutzdamm des positiven inneren Rechts jedes Staats bildet. Aber auch das linke Centrum ereiferte sich dagegen, während die Conservativen im Senat den 28. Januar 1852 beinahe einen Tadel der Regierung erzielt hätten, weil diese die eingezogenen Jesuitengüter unter den Staatsdomänen aufführte.

Dieß waren die Motive Cavours, sich dem linken Centrum zunächst in einer vertrauten Besprechung mit Rattazzi insgeheim zu nähern. Die Rechtsschwenkung Rattazzi's hatte auch für ihn ihre Gefahren; sie mußte vorbereitet, motivirt, vorerst maskirt werden. Die Presse des linken Centrums deutete daher die Gefahr eines von der Rechten beabsichtigten Staatsstreichs gegen das Ministerium an; dieses sei zwar nicht freiheitsfeindlich, aber zu ängstlich auf die alte Majorität erpicht, statt der gemäßigten Linken entschlossen die Hand zu bieten. Es gebe längst keine festen Parteien mehr, beinahe vor jeder Abstimmung gebe es keine Gewißheit ihres Resultats. Häufig stimme ein Theil der Linken mit einem Theil der Rechten. Auch die Liberalen seien in eine gewisse Nonchalance verfallen. „Aber, und dieß ist das Programm, es ist klar, daß in der Kammer virtuell eine numerisch beträchtliche, entschieden liberale Majorität besteht. Das Ministerium hat nur zu erklären, daß es keinen Schritt mehr zurückweichen wird, es hat seine Parole in diesem Sinn auszugeben, so wird es alle diese Kräfte in einen Bündel vereinigen; dieß wird für das Ministerium keine Schwierigkeit haben." Dieses plötzliche, besonders für d'Azeglio empfindliche Selbstvertrauen des linken Centrums hatte dasselbe größtentheils von Cavour entlehnt. Er war entschlossen, den Großmächten gegenüber als schwacher Mittelstaat einen Schritt zurück, zugleich aber im Innern bei Schritte voranzugehen.

Der zu Anfang Februars 1852 eröffnete parlamentarische Kampf um obige Gesetzesvorlage Deforesta's war durch die Mischung von politischen und von Verfassungsmotiven ein äußerst interessanter (s. Chiala von S. 94 an). D'Azeglio verglich Piemont und seine Presse einer Wandergesellschaft, welche in der Wüste sich neben einer Löwenhöhle lagert, von welcher ein Reisegefährte, trotz der Warnung des Führers, Lärm machen will. Brofferio, in Worten und in Verschwörungen stets keck, warf ein, es sei das Sicherste, an einem bissigen Hofhund vorüberzugehen, als beachtete man ihn nicht. Die Collegen Cavours waren sehr erfreut, daß dieser in einem Privatgespräch mit einem Mitglied des linken Centrums, diesem laut, beinahe für die ganze Kammer hörbar sagte: „Ihr habt Piemont schon einmal ins Verderben gestürzt, und wenn es drei Piemont gäbe, eure Partei würde alle drei ins Verderben stürzen!" Seine alte Entrüstung über die Leichtfertigkeit der Linken machte sich in dieser Straf-

ere Luft, sie mußte indeß, da die neue Allianz schon bekannt war, sehr
befremden. Sie war aber sein der Linken eine gründliche Sinnesänderung
befehlendes Ultimatum. Und wirklich erklärte Rattazzi sich in der Kam=
mer bereit, das Ministerium in seiner schwierigen Lage zu unterstützen, in
der Ueberzeugung, daß es entschlossen sei, die Verfassung ungeschmälert auf=
recht zu erhalten. Er erklärte dieses ohne Auftrag seiner Partei und der
schroffe Lanza hielt sich daher einige Zeit von ihr getrennt. In diesem
ganzen parlamentarischen Kampfe finden wir, daß die Männer, welche
1848 im Feld gewesen waren, der ungeheuren Uebermacht Europas gegen=
über zur Besonnenheit rathen, um, wie Menabrea sagte, die Gegenwart
und mit ihr die Zukunft zu retten, während die Advokaten, welche Andere
ins Feuer gestoßen hatten, sich in Kühnheit der Worte überbieten. Alle
bedeutenderen und viele unbedeutende Abgeordneten legten in diesen Tagen
im Gefühl des nahenden Untergangs der alten Parteien ihre öffentliche
Rechtfertigung und Beichte ab. In der Sitzung des 4. Februars 1852
hatte Menabrea sich sehr bitter über die Mißbräuche der Presse, über ihre
anonyme unheilbare Ehrabschneiderei, über die Einschüchterung der stillen
guten Bürger ausgesprochen. Die Minister befürchteten, daß Cavour, in
seinem Glauben an die sich selbst heilende Kraft der Freiheit, sich öffent=
lich der Presse, als deren College er sich immer ansah, annehmen werde
und suchten ihm von einem Bruch mit der Rechten abzureden.*) Wäh=
rend er nun für die conservative Gesetzesvorlage des Ministeriums sprach,
wußte er die radikale Linke für immer unschädlich zu machen, indem er
ihre bisherigen Genossen von ihr weg manövrirte.

Die Absicht Cavours, Menabrea, indem er dessen Grundsätze über die
Presse zurückwies, zum Sündenbock zu machen, welcher seinen Uebergang
über den Rubicon rechtfertige, gelang kaum halb. Man hatte zuvor schon
Kunde, daß er ihn vorbereite. In der Sitzung des Fünften sprach Mena=
brea diese Absicht Cavours aus: „Wenn der Herr Finanzminister (Ca=
vour) unter Segel gehen will, um auf anderen parlamentarischen Ufern

---

*) Wir kennen recht wohl die Darstellung dieser Krise in dem Brief d'Azeglio's
vom 24. Mai 1852 an Rendü, wo dieselbe als eine heimliche Intrigue und als eine
in der Nische seines Krankenzimmers ausgebrütete Laune erscheint. D'Azeglio, zu be=
quem zu gründlichen Darstellungen, liebt die pikante anekdotische Federzeichnung in
seinen französischen Briefen. Er wollte dadurch die besten Kreise in Paris für Italien,
manchmal für sich gewinnen. Wir stehen öfters in der Versuchung, seine Illustrationen
in die italienische Geschichte, deren Quellen meist trocken und pathetisch sind, einzu=
fügen, aber amicus Plato, sed magis amica veritas. Wir behandeln diese Krise ein=
gehender, weil sie uns die wichtigsten Persönlichkeiten handelnd mit ihren leitenden
Motiven kennen lehrt. Es liegen uns in der Regel die verschiedenen Darstellungen
vor, wir erzählen die beglaubigtste, ohne in der Regel unsere Gründe entwickeln zu
können. Manche aus verletztem persönlichem Ehrgeiz entsprungene Auffassung lebt
als „wichtiges Geheimniß" fort; wir lassen es Liebhabern neidlos.

zu landen, so steht ihm dieß frei; aber ich werde ihm nicht folgen. Ich werde stets ohne Rücksicht auf das Ministerium, auf die Parteien und auf die Popularität nach meiner festgewurzelten Ueberzeugung handeln." Cavour erklärte sofort, gegen den Willen oder doch ohne Wissen der meisten anderen Minister, Rattazzi seinen Dank für seine Mäßigung und nahm Akt von seinem Versprechen der Unterstützung des Ministeriums. Durch die Unterstützung eines solchen Talents werde die parlamentarische Bahn wesentlich geebnet. . Er erklärte als im Auftrag der Minister, daß diese nie die Preßfreiheit in inneren Fragen beschränken würden, auch wenn es von der Kammer oder von einem andern Ministerium beantragt werden sollte. Den tiefsten Eindruck, einen sehr bitteren bei der Rechten brachten Cavours Worte hervor: „Vielleicht wird diese Erklärung als unvorsichtig angesehen, weil das Ministerium nach derselben sich auf den absoluten Verlust der schwachen Unterstützung gefaßt machen muß, welche es seit einiger Zeit von dem ehrenwerthen Abgeordneten Menabrea und seinen politischen Freunden erhielt."

D'Azeglio, welcher absichtlich dieser Sitzung nicht angewohnt hatte, um nicht genöthigt zu werden, sich sogleich über die geahnte Krise auszusprechen, berief unmittelbar nach derselben Farini zu sich. Dieser, ganz für die Verbindung mit dem linken Centrum entschieden, suchte ihn zu überzeugen, die Rechte habe seit den Siccardischen Gesetzen sich von dem Ministerium abgezogen, Cavour könne die brennenden Finanzgesetze nur mit Rattazzi's Hilfe durchsetzen. Obgleich bis vor wenigen Wochen zu den Ministersitzungen über die wichtigeren Fragen die Mitglieder der Rechten Balbo, Revel, Pinelli beigezogen worden waren, so entschloß sich d'Azeglio doch, die Erklärung Cavours als vollbrachte Thatsache schweigend hinzunehmen, um nicht in dem schwierigen Moment den innern Zwiespalt des Ministeriums zu enthüllen. Cavours Erklärung erschien als die des Ministeriums. Der ehrwürdige Graf Cäsar Balbo, welcher am meisten durch die scheinbare Uebereinstimmung der anderen Minister empfindlich überrascht sein mußte, erklärte folgenden Tags, er habe es bei Gelegenheit der Siccardischen Gesetze unterlassen, mit seinen 25 Gesinnungsgenossen eine besondere Partei zu bilden, weil in kritischen Zeiten eine parlamentarische Regierung nur mit zwei Parteien bestehen könne. Da er aber jetzt sehe, daß Cavour Menabrea von der Rechten ab in eine einsame Ecke drängen wolle, erkläre er, seine Gewohnheit sei, dem Angegriffenen beizustehen; da dieß hier offenbar Menabrea sei, so stelle er sich ihm zur Seite. Dasselbe erklärte Boncompagni. Konnte Rattazzi diese Verluste ersetzen? Buffa constatirte, daß vorgestern in Folge von Menabrea's Rede eine Spaltung in der ministeriellen Partei eingetreten sei. Jetzt disputire man, ob es wirklich geschehen sei. Aber die Regierung müsse sich entschieden aussprechen, ob sie für oder gegen die besonnenen Ansichten Menabrea's sei. Wollte er damit die Verschiedenheit der im Ministerium herrschenden Ansichten zu Tage locken? Graf Revel aber erkannte Cavour als den Sprecher desselben an und drückte nur seine Ueberraschung aus, daß Cavour eine Ehescheidung zwischen dem Ministerium und einem Theil der ihm gewöhnlich anhängenden Majorität vollziehen wolle; „ich bin erstaunt, daß er zugleich eine Ehe (connubio) mit einer andern Partei schließt. Dieser Vorfall zeigt, daß damit die Regierung ihre Politik ändert. Da sie sich an die Politik anschließt, welche Karl Albert über Novara nach Oporto führte, so erkläre ich, daß ich dieser Politik noch entgegen bin und daß ich sie für schlecht halte. Ich weiß nicht, ob diese nach drei Jahren wieder hervorgeholte Politik jetzt den Frieden und die Unabhängigkeit wird erhalten können. Da die Partei, deren Unterstützung durch den gewöhnlichen Sprecher des Ministeriums für die Zukunft gewünscht wird, (die Partei Rattazzi's, das linke Centrum) ihre Politik nicht geändert hat, so muß ich glauben, daß das Ministerium die seinige geändert habe. Nach den Anspielungen des Finanzministers über die Unterstützung durch unsere Partei erkläre ich, daß ich auch ferner die mit meiner Ueberzeugung übereinstimmenden Anträge des Ministeriums unterstützen, aber bei gegentheiligen nicht mehr schweigen werde.“

Die Worte „Ehescheidung und Eheschluß“ waren das eingedrückte Ei des Columbus. Sie gaben bekanntlich nicht nur dem neuen Parteiverhältniß bleibend den Namen, sie brachten es zur Reife; hundert Karikaturen schlüpften daraus hervor, auf welchen Rattazzi stets als die weibliche Ehehälfte erscheint. Diese in einem streng katholischen Lande doppelt stachlichen Worte reizten Cavour im Moment, um so mehr, als er dießmal den Chor der Lacher gegen sich hatte. Er antwortete jedoch mit Offenheit und mit Mäßigung gegen die Personen. Er berief sich darauf, daß seine Erklärungen vollkommen mit seiner früheren Haltung übereinstimmten. Er sehe über Nebenfragen hinweg, um auf dem Boden der Verfassung, der Freiheit eine Vereinigung zu vollziehen. Und wirklich war seit Jahren die Vereinigung Wellingtons und Peels mit den Liberalen sein Vorbild gewesen, in solchen Fusionen sah er den unentbehrlichen Stoffwechsel des politischen Lebens. Daher durfte er mit gutem Gewissen Revel erwiedern: „wenn es in freien Ländern unmöglich wäre, sich mit Männern zu verständigen, welche in andern Zeiten und Verhältnissen unsere politischen Gegner waren, so wäre es unmöglich eine Partei zu bilden.“ Das Gleichniß Menabrea's beantwortete er mit der Versicherung, daß er nicht nach anderen Küsten, daß er aber in der Richtung des Vordertheils, nicht in der des Hintertheils zu segeln entschlossen sei. D'Azeglio war durch das Aufreißen der alten Wunden sehr schmerzlich berührt. „Wir haben, rief er bewegt, alle irgendwie geirrt, wir haben daher einander zu verzeihen und wollen nach dem gemeinsamen Unglück auch ferner in der Hauptsache Eins bleiben! Das Ministerium steht noch auf dem Boden meines vor drei Jahren aufgestellten Programms: die Verfassung, nichts mehr und nichts weniger! Es steuert unverwandt nach demselben Ziele, je nach Umständen mit Aufsetzung mehrerer oder weniger Segel. Es nimmt jede loyale Unterstützung an, läßt sich aber durch etwaige Verweigerung derselben in seinem Curs nicht irren." Die Bildersprache der Führer beweist uns, daß, wenn auch ein Riß durch die alte Majorität ging, doch die Trennung noch nicht durch klare Programme festgestellt war. Rattazzi aber beschuldigte Revel, daß seine schlechte Finanzverwaltung im Jahre 1848 eine Hauptursache des übeln Ausgangs dieses Feldzugs und der Schlacht bei Novara gewesen sei. Revel erklärte, daß er am Ende des Jahres 1848 in der Staatskasse sechszig Millionen gelassen habe, von welchen nach dem dreimonatlichen kriegerischen Ministerium Rattazzi's keine Spur mehr zu finden gewesen sei. Das bigotte Organ der über die für die italienische Nationalität zu bringende Opfer erbitterten Savoyarden, l'echo du Mont blanc, verdächtigte daher Rattazzi und Genossen der Unterschlagung dieser sechszig Millionen. Es entstand daraus ein giftiger Preßkrieg und schließlich stellte die Untersuchung heraus, daß diese Summe bis auf den letzten Centesimo auf die Kriegsrüstungen verwendet worden war. Auch der Führer der radikalen Linken, Brofferio, rieb in der Kammer seinen Witz an dem linken Centrum, „in welchem man mit leiser Stimme vom langsamen Fortschritt spreche".

Erst der durch die bisherige Majorität der vereinten Rechten zum Präsidentenstuhl erhobene wackere Pinelli wußte den Streit zu einem würdigen, versöhnlichen Abschluß zu bringen. Er hatte zu seinen Freunden gesagt: Um Abrahams Nachkommenschaft zu sichern, erlaubte ihm der Herr, sich Hagar beizulegen, ohne ihm darum zu gestatten, Sarah zu verschmähen; das heißt: Pinelli hatte nichts gegen die Verständigung Cavour's mit dem linken Centrum, aber er hielt die Ueberwerfung mit der Rechten für unnöthig und für ein Unrecht. Auch er wollte nur zwei Parteien in der Kammer sehen. Endlich am zehnten Februar wurde die neu modificirte Gesetzesvorlage des Ministeriums mit 98 gegen 42 Stimmen angenommen. Dafür stimmte beinahe die ganze Rechte einschließlich des rechten Centrums, dafür auch ein Theil des linken Centrums, dagegen die Mitglieder desselben Rattazzi, Lanza, Berti. Sie hatten unter der Bedingung, daß das Ministerium keinen weiteren Schritt zurückgehe, ihm nur für die nächste Kammersession ihre Unterstützung zugesagt. Die Opinione urtheilte, das sei keine Reconstitution, sondern eine wahre Confusion der Parteien. Dieß war aber nur vorübergehend.

Noch am Tage dieser Abstimmung erließ d'Azeglio an seine Gesandten ein Rundschreiben, worin er erklärte, „das Ministerium habe damit keine Wendung (revirement) in seiner parlamentarischen Politik gemacht, es beharre auf seiner bisherigen Politik, dieser habe sich die Tiersparti Rattazzi's genähert, während ein Theil der Rechten Cavour durch falsche Unterstellungen zu discreditiren suche, um ein schon voraus bestimmtes

Ministerium einzusetzen. Dieses müßte aber zu dem Wagniß einer Kammerauflösung schreiten." Der Ministerpräsident konnte ihnen doch nicht mittheilen, daß Absage und Bündniß ohne seinen Willen von Cavour allein durchgesetzt worden seien. Er verbiß vorerst seinen Schmerz mannhaft klug. Cavour aber hätte den von ihm für nothwendig erachteten Schritt seinen Collegen nicht zuvor mittheilen können, denn sie hätten sich dagegen erklärt. Er verließ sich auf ihren sich selbst verläugnenden Patriotismus, kraft dessen sie die vollendete Thatsache nicht von sich weisen würden. Er hatte sie schon daran gewöhnt, ihn als sehr mündigen Sohn für die Familie handeln zu lassen. War Cavour seinen Collegen und der eigentlichen Rechten an Scharfblick in Auffassung des Moments, wie an Fernblick, an Kühnheit überlegen, so erprobte seinen unnöthigen persönlichen Angriffen gegenüber, durch welche er seine Linksschwenkung maskiren wollte, die Rechte einen seltenen selbstlosen sittlichen Patriotismus, welcher auf Altpiemont ein schönes Licht wirft. Mit Recht sagt Chiala: "Die Rechte sah in der Regierung nicht eine Partei, sondern die Nation; trotz der Geringschätzung, welche man gegen ihre Unterstützung an den Tag legte, glaubte sie, daß vor diesem heiligen Richterstuhl kein Opfer der Eigenliebe, keine persönliche Selbstverläugnung je zu groß sein könne." Das waren Goldbarren im Gewölbe; Cavour wußte aus ihnen Münze zu prägen und auf sie hin möglichst viel Bankpapier auszugeben. Im Königreiche Italien sind solche parlamentarische Ereignisse unerhört. In kritischen Zeiten, zumal wenn sie lange währen, werden alle Kräfte der Minister und der Parteiführer, wird ihr Gemüth so übermäßig angegriffen, daß es Wenigen möglich ist, die eben dann nöthige Kaltblütigkeit zu bewahren. Mit argusäugigem Mißtrauen wird das Thun und Lassen der Gegner, ja der Freunde beobachtet. Cavour hatte Gelegenheit, die Wahrheit der Worte Giuzots zu erfahren, daß die rechtschaffnen Leute sich gern dem weitestgehenden Verdacht hingeben. Bloße Mißverständnisse führten zur Erledigung zweier Portefeuilles. Als die Kammer nach kurzer Vertagung den vierten März 1852 wieder zusammentrat, hatten die Parteien angefangen sich neu zu bilden: das Ministerium zählte 84 Stimmen, die reine Rechte mit Balbo, Revel und Menabrea 19; zwischen diesen beiden fluktuirten etwa 40 noch unentschiedene. Diese waren Salmour, Ricotti, Durando unter Pinelli's Leitung. Die Linke zählte 42; fünfzehn, worunter Brofferio, hatten noch keine feste Stellung eingenommen. Ein Regierungsmann wurde sogleich zum ersten Vicepräsidenten gewählt. Erst im dritten Wahlgang wurde der zweite Vicepräsident gewählt. Ohne Rücksprache mit d'Azeglio, welcher aufregenden Erörterungen gern auswich, unterstützte Cavour die Wahl Rattazzi's dazu, welcher endlich durch den Beitritt der Linken mit 71 von 114 Stimmen durchdrang. D'Azeglio, als Minister des Aeußeren, wurde nun von der fremden Diplomatie bestürmt, dieß sei ein offenbarer Uebergang der Regierung ins Lager der Demagogen. Er hatte sich kaum davon erholt, als ihm eine Correspondenz der Independance Belge durch die Behauptung, diese Wahl Rattazzi's sei das Resultat seiner Ministercandidatur, einen Stachel tief ins Herz drückte. Noch denselben Tag erließ d'Azeglio ohne Wissen Cavours an seine Gesandten ein Rundschreiben, worin er bestimmt erklärte, Rattazzi würde vom Ministerium nie als College aufgenommen werden, dieses werde sich nie der Politik des linken Centrums anschließen!

Gleichzeitig erhielt das Ministerium in einer besonderen Frage nur 67 Stimmen gegen 59 protestirende. Gegen den zweiten December hatte Oestreich die Befestigungen seiner lombardischen Westgrenze beschleunigt und seine Truppen verstärkt. Die Verstärkung Casales erschien daher zur Sicherheit Piemonts unentbehrlich; aber man wagte nicht durch Forderung der dazu nöthigen Summen politische Kammerreden zu veranlassen, zumal Cavour eben in England ein Anlehen versuchte. Deßhalb beschloß das Ministerium, das Nöthige auf seine Hand zu bauen und später sich von der Kammer Indemnität geben zu lassen. Allein diese, auf ihr junges Steuerverwilligungsrecht eifersüchtig, gab dieselbe nur mit jener kleinen Majorität. D'Azeglio glaubte darin die geringen Früchte der Ehe zu linker Hand zu erkennen. Ein Finanzminister aus Karl Alberts Zeit, Gallina, forderte im Senat Aufschlüsse über diese Ehe, bevor man durch diese Indemnität ein Zutrauensvotum gebe. Die Lasten, welche Folge der beiden Kriege von 1848 und von 1849 seien, müßen getragen werden, aber der getheilte Grundbesitz, die Familien dürfen nicht durch die Ansprüche für einen neuen Nationalkrieg erdrückt werden. D'Azeglio selbst habe diesen für unmöglich erklärt. Er stelle an dessen jungfräuliche Wahrhaftigkeit die Frage über die Zukunftspolitik des Ministeriums. D'Azeglio, rückhaltslose Aufrichtigkeit für seinen größten Ruhm achtend, erklärte den dritten April 1852, das ganze Ministerium sei Eins und fest auf dem Grundsatz der Verfassung und der Unabhängigkeit; nur in secundären Sachen kommen, wie in jedem Menschen, je nach den schwankenden Eindrücken, Meinungsverschiedenheiten vor. Seine Politik neige sich links, wenn man von rechts zu sehr andringe und umgekehrt, wie auf einem schwankenden Schiffe. „Mit der ersten, mit der Frage der Unabhängigkeit, sprach er, hängt die der Finanzen unmittelbar zusammen. Es ist eine bemerkenswerthe Thatsache, daß das Haus Savoyen immer eine von den Dynastien war und noch ist, welche von ihren Unterthanen die schwersten Opfer an Blut und an Geld verlangt haben. Was gab es ihnen dafür? Es gab Piemont Unabhängigkeit, Würde und Ehre. Man wird gegen Lasten schreien; aber dieselben, welche dieß thun, würden noch viel lauter sich vernehmen lassen, wollten wir ihnen Reichthümer auf Kosten der Unabhängigkeit und der Ehre Piemonts bieten. Der Wahlspruch des Ministeriums bleibt: „die Verfassung, nicht mehr, nicht weniger, weder nach rechts, noch nach links! immer Unabhängigkeit!"

,eichnet in einem Privatbriefe als die Absicht Gallina's,
vermittelst des Hinweises auf die noch ungeordnete Ver=
Existenz anzugreifen. Die Gegner zielen, vielleicht ohne
sein, auf die Verfassung selbst". Er mußte sich in die=
h die erneuten Anfragen der Klerikalreaktionäre bestärkt
inisterium sich auf die Rechte oder auf die Linke stütze.
egte Cavour längst gegen die Rechte, deßhalb hatte er
einen Schwerpunkt außer ihr zu suchen. Drei Jahre
Wenn der Wind in einer bestimmten Richtung weht, so
ich in derselben treiben zu lassen und dem Abhang zu
hen sich die Ereignisse überstürzen. Mein Meister in der
rea weiß, daß die Bewegung im gesteigerten Verhältniß
wächst, daß, während die Bewegung im Anfang nur
erstand überwindet, sie mit der Zeit sehr rasch wird,
welcher selbst Diejenigen nicht mehr widerstehen können,
kaum sichtbare Schritte in dieser Richtung machen woll=
schien also jetzt mit Cavour denselben Standpunkt ein=
rs Entschiedenheit war ja jetzt selbst durch die Rechte
ne sonst, durch ihre Extremen weiter rechts gezerrt, das
sich fortgerissen oder gestürzt hätte. Deßhalb hatte Ca=
n mit ihr verknüpfende Band zerhauen. Dem Gallina
daß das Ministerium, indem es den in der moralischen
hen Welt geltenden dynamischen Gesetzen folge, weder
och eine Wetterfahne sei. Er eröffnete Blicke auf die
Vergangenheit des Landes und der Minister: „Als mir
n die Spitze des Ministeriums zu treten (sechs Wochen
he Macht, welcher Grundsatz war damals unverletzlich?
war noch ganz? Ueberall in Europa, wie in Piemont,
kunft düster. In jedem Lande war Revolution that=
im Keime. Auch in Piemont brüteten die Geister über
Unter dem Gewitter der Parteien schwankte das Land.
ung antrat, war das Land bis zur Sesia von fremden
benna durch die Republikaner in Aufruhr gesetzt. Da
orge des Ministeriums, Vertrauen in die Geister aus=
Vertrauen schlug wieder Wurzel, die monarchische Idee,
n die Oberhand. Auch die Bewegungspartei faßte wie=
die Regierung und in die Krone, sie drängte nicht mehr
Die Reaktionspartei, das Gespenst der 1852 drohenden
ngen, schwieg. Da kam der 2. December, die Reaktions=
n als einen Sieg der Reaktion. Alle Welt weiß, wie
iffe gegen alle constitutionellen Regierungen richtete. Es
Viele die Gefahr, welche von den Revolutionären drei
te, jetzt erst bemerken, daß sie mich, der ich damals von

den Schergen der toscanischen Demokratenherrschaft bedroht war, daß sie Cavour, welchen die Gallerien wegen seiner muthvollen Vertheidigung des Friedens mit Oestreich auspfiffen, daß sie Farini, welcher an der Seite des Pabstes stand, als sein Palast beschossen wurde, jetzt als Revolutionäre bezeichnen! Ja der Wind, welcher jetzt das Schiff mit Untergang bedroht, ist nicht der der Revolution, sondern der der Reaktion." Er erklärte, daß die Annäherung des linken Centrums an das Ministerium ohne einen Pakt, ohne ein politisches Zugeständniß dieses sich vollzogen habe. Dennoch erhielt das Ministerium im Senat nur 36 gegen 32 Stimmen. Trotzdem vollzog sich in diesen Wochen in Turin wieder die erste nationalliberale Wendung mitten in der Reaktionsfluth Europas. Wie stark diese war, erhellt aus dem giftigen Geifer, welchen sie über die muthigen Männer am Steuerruder Piemonts ergoß.

Cavour beabsichtigte eben sowohl durch den Handelsvertrag, als durch die den Wuthausbrüchen der Turin bewohnenden fremden und der italienischen Radikalen gegen fremde Fürsten gesetzten Schranken den Dictator von Frankreich mit Piemont zu befreunden. Um so bitterer klagten die Reaktionäre in der klerikalen savoyischen Presse über den durch diesen Handelsvertrag an den Lebensinteressen Savoyens begangenen Verrath. Die damit verbundenen persönlichen Verläumbungen schmerzten Cavour um so mehr, als sie von Jugendgenossen und von Leuten bezahlt wurden, welche sich hinter seiner Person gehalten hatten, so lang er den herrschenden Radikalismus bekämpfte. „Ich wußte, sprach er, daß wenn man in so schwierigen Zeiten ins politische Leben tritt, man auf große Enttäuschungen gefaßt sein muß. Ich war darauf vorbereitet. Weder meine Ueberzeugungen wurden dadurch erschüttert, noch mein Muth geschwächt. Müßte ich auf alle meine Jugendfreunde verzichten, müßte ich sehen, wie meine innigsten Bekanntschaften sich in erbitterte Feinde verwandeln, ich werde doch meiner Pflicht nicht untreu werden; nie werde ich die Grundsätze der Freiheit verläugnen, denen ich mein Leben geweiht habe."

Der Tod des ehrenfesten Kammerpräsidenten Pinelli brachte eine neue Probe für Cavour. Eine der mißlichsten Erscheinungen des constitutionellen Lebens sind die oft aus früheren Berufsarten sich fortpflanzenden persönlichen Rivalitäten. Eine solche bestand zwischen Pinelli und Rattazzi, seit sie Advokaten am Gerichtshofe von Casale gewesen waren. In den Jahren 1848 und 1849 hatte Rattazzi den Pinelli durch liberalere Ansichten zu überbieten gesucht. Wenn der Eine einen Antrag stellte, so konnte man sicher sein, daß der Andere sich dagegen erhob. Pinelli's Richtung bekam seit Ende des Jahres 1849 die Oberhand. Rattazzi näherte sich Cavour wohl auch in der Absicht, den großen Zukunftsminister von Pinelli zu trennen. Sollte nun Rattazzi auf den durch Pinelli's Tod erledigten Präsidentenstuhl erhoben werden? Es war kein geringes Unglück, daß diese Frage durch jenen Todesfall jetzt schon gestellt wurde. Und einige

Stunden „zu spät" bestimmten die Entscheidung. Cavour mußte Rattazzi als Kandidaten unterstützen, wenn er ihn nicht von sich stoßen wollte. Dieß wußte auch d'Azeglio. Eben deßhalb besprachen sie sich nicht. Cavour suchte den König von der Nothwendigkeit dieses Schrittes zu überzeugen, ohne Rattazzi's Namen zu nennen. Der König berief, um ganz klar zu sehen, Cavours Freund Castelli zu sich aufs Land und ließ durch diesen Rattazzi um das patriotische Opfer des Verzichts bitten, wozu sich Rattazzi brieflich an den König bereit erklärte. Aber eben schlug die Stunde der Abstimmung. Den Parteigenossen und der gemäßigten Linken konnte der Verzicht Rattazzi's nicht mehr mitgetheilt, keine neue Parole mehr ausgegeben werden. Jede Partei stellte, es war am 11. Mai 1852, ihren Kandidaten auf, um ihre Stärke zu zeigen. Im ersten Wahlgang bekam Rattazzi 56 Stimmen, Boncompagni 25 von Denjenigen, welche, im Grund ministeriell, die Trennung von der Rechten tadelten; die Linke gab Tecchio 22, die Rechte Revel 20 Stimmen. Erst im dritten Wahlgang erhielt Rattazzi durch den Uebergang von zwei Drittheilen der Linken 74 gegen 52 Stimmen. Absichtlich trat d'Azeglio erst nachher in die Kammer ein. Er, wie der König, nahm um des Friedens willen die vollendete Thatsache an. Aber Galvagno, früher Minister des Innern, jetzt der Justiz, sprach Rattazzi in der Ministersitzung des 14. Mai allen politischen Takt ab, was auch Cavour im Jahre 1848 gethan hatte, indem er Rattazzi die Personification des Sophismus nannte. Da gab Cavour, überdieß durch die an ihn gerichtete berechtigte Forderung, daß so wichtige Fragen fürder im Ministerrath zuvor berathen werden sollten, und durch den etwas derben Ton des ehrlichen Galvagno erzürnt, rasch seine Entlassung. Dasselbe thaten die übrigen Minister, um dem König freie Hand zu lassen. D'Azeglio, längst gegen Cavour gereizt, erzählt den Hergang brieflich etwas anders: Das Entgegenkommen Cavours gegen die Linke, seine Ehe mit ihr war mir unangenehm gewesen; doch um unsere Meinungsverschiedenheit nicht zu veröffentlichen, machte ich es wie jener General, welcher, als ihm seine Truppe nicht gehorchte, um dem Feind den Aufruhr zu verheimlichen, sich noch an ihre Spitze stellte. Aber diese Situation war auf die Länge nicht haltbar. Das Maaß war voll, als Rattazzi durch den lieben Urheber der Ehe Präsident wurde. Diese Ohrfeige konnte ich trotz aller christlichen Demuth nicht hinnehmen. Es handelte sich überdieß darum, sich zu vergewissern, ob das Ministerium und seine Politik nicht ganz ihre Richtung verlören. Am Wahltag war ich meiner bösen Wunde halben noch im Bette, als ich die Wahl Rattazzi's erfahre. Ich schreibe an den König, daß ich, durch meine Wunde tief ins Bett gesprochen, mich in der Unmöglichkeit sehe, mich gegen die Intrigue zu vertheidigen, und daß ich ihm meine Entlassung einreiche. Der König nahm die des ganzen Ministeriums an, indem er mich mit der Bildung eines neuen beauftragte. Ich thue dieß, indem ich Cavour und Farini ausschließe. Sie haben mich

14*

mittelst der Ernennung Rattazzi's beohrfeigt; und ich habe sie aus der Thüre hinausbefördert. Ich habe meinen bisherigen Collegen Galvagno nicht in das neue Ministerium bringen können, (weil die Linke ihn als ihren persönlichen Gegner ansah). Er ist ein schöner Charakter, ein Herz von Gold. Wie wenig man doch ausrichtet, wenn man in der Gewalt oder vielmehr in der Pflicht (au pouvoir, au devoir) ist!" — Die übrigen Minister blieben, Lamarmora und Paleocapa. Cavour selbst hatte Cibrario zu seinem Nachfolger in den Finanzen empfohlen. Galvagno machte fürder als Abgeordneter gegen Cavour von seiner klaren Rednergabe selten Gebrauch. Die Stadt Turin ehrte sein Verdienst besonders um die Verbesserung der Verwaltung, indem sie ihn zu ihrem Syndicus ernannte.

Durch diesen Ausgang wurde auch die Verschlimmerung der diplomatischen Lage Piemonts, welche in Folge der Wahl Rattazzi's drohte, abgewendet. D'Azeglio war sehr erfreut, daß das französische Ministerium demselben seinen Beifall gab. Auch die Kammer gab dem neuen Ministerium ein Vertrauensvotum. Durch die Ernennung Boncompagni's zum Sigelbewahrer war ein Vicepräsidentenstuhl erledigt. Es war ein Akt der Versöhnung der Ministerpartei mit der Rechten, daß General Dabormida mit 72 Stimmen, worunter auch die des linken Centrums, gewählt wurde.

D'Azeglio wollte in inneren, wie in äußeren Angelegenheiten beweisen, daß das Ministerium, gegen links und gegen rechts abwehrend, auf seinem Wege fortschreite. Die Angriffe der Presse und der Karikaturen gegen die Religion und gegen fremde Fürsten wurden den Staatsanwälten zu scharfer Ueberwachung empfohlen. Die Siccardischen Gesetze verlangten die Regelung der Form der gesetzlichen Eheschließung. Boncompagni war der vierte Minister der Justiz, welcher sich damit beschäftigte. Er wollte beweisen, daß das Ministerium durch den Austritt Cavour's nicht an seiner Energie zu versprochenen Reformen verloren habe. Die „italienische" Form der gesetzlichen Eheschließung war, daß der Staat die Bedingungen und also auch Hindernisse der Ehe feststellte, daß die Feier der Eheschließung vor (in) der Kirche sich vollziehe, wovon der Staat den Beweis durch Registrirung aufbewahrte. Dadurch wurde die Trennung des bürgerlichen und des kirchlichen Akts, welche die französische Form hat, indem sie den letzteren Akt dem Gewissen der Verlobten anheimstellt, vermieden. Boncompagni's Gesetzesvorlage ließ die Verschiedenheit der Confession und geistliche Gelübde als Ehehindernisse fortbestehen. Da der katholische Glaube als der der Mehrzahl durch die Verfassung anerkannt war, sollte die Ehe kirchlich eingesegnet werden und blos wenn dieß vom Priester verweigert würde, sollte die Nothciviltrauung genügen. Nur die in die Civilregister eingeschriebene Ehe sollte bürgerliche Folgen haben. Indem Boncompagni der Kirche, dem Staat, den Gewissen gerecht zu werden suchte, rief er einen schweren klerikalen Sturm herauf. (Die verschiedenen Gesetzesprojekte und ihre Motive und das musterhaft taktvolle Benehmen Sambuys s. bei Chiala, une page d'histoire von Seite 199 an). Menabrea zeigte dagegen, daß dadurch die Bigamie straflos würde. Der Kampf in der Kammer dauerte vom 26. Juni bis zum 5. Juli 1852. Auch die Liberalen waren mit der Gesetzesvorlage unzufrieden, sie waren es wegen zu großer Nachgiebigkeit gegen die Hierarchie. Valdo trug auf Vertagung der Gesetzesvorlage an. Umsonst! Durch die Einschärfung der bürgerlichen Registrirung binnen 24 Stunden nach der kirchlichen Trauung modificirt, wurde das Gesetz mit 94 gegen 35 Stimmen vorerst von der zweiten Kammer angenommen.

Sobald die Kurie Kunde davon hielt, erhob sie strenge Klage darüber, daß in einem katholischen Staat möglicher Weise eine vor der Kirche giltige Ehe bürgerlich ungiltig und umgekehrt sein könne. Antonelli rügte es, daß die Gesetzesvorlage nicht der Kurie vor der Kammer mitgetheilt worden sei. Das Ministerium hatte dieß vermieden, um nicht dadurch extreme Forderungen der Liberalen hervorzurufen. Alfons Lamarmora, während d'Azeglio's Erholung an der gennesischen Küste provisorischer Minister des Aeußern, erklärte sich dermaßen bereit, der Kurie jetzt noch bedeutenden Einfluß auf das Gesetz zu gestatten, daß der tüchtige, seine piemontesische Bevollmächtigte bei der Kurie, de Sambuy, ihr diesen Gedanken Lamarmora's nur als einen persönlichen, nicht verpflichtenden mittheilte. Gleichzeitig erbat sich Lamarmora die Vermittlung Frankreichs, in welchem die reine Civilehe schon herrschte, als Piemont noch französische Provinz war. Das Verhältniß zwischen Rom und Turin erschien um so bedrohter, als der Pabst das ihm von einem devoten Unterhändler früher gegebene Versprechen, das Gesetz werde nur bürgerliche Verhältnisse ordnen, und damit sich selbst verletzt betrachtete. Den 25. Juli schrieb der König an den Pabst einen Brief, welchem die Minister Erklärungen ihrer Kirchlichkeit, aber auch über das Herkommen und über die Anschauungsweise, welche in den Gerichten, selbst in den Seminaren und in der öffentlichen Meinung Piemonts herrschten, beifügten. Sambuy nahm weislich Anstand, dem reizbaren Pabst diese Papiere, welche den ihm von d'Azeglio, dem gründlichen Kenner der Kurie, ertheilten Instruktionen schroff widersprachen, zu überreichen. (Seine Motive dabei sind klassische Regeln für jeden mit diesen Dingen Beauftragten, s. Chiala p. 223—226 und 292.) Er behielt sie vorerst in seiner Hand, indem er die übeln Folgen, welche die Uebergabe haben müßte, begründete. Lamarmora fühlte sich durch diesen „Ungehorsam" persönlich verletzt. Er befahl Sambuy die Uebergabe derselben an den Pabst. Pius war hocherfreut, daß er darin um eine principielle dogmatische Entscheidung gebeten war, was Sambuy eben hatte vermeiden wollen. Denn angesichts einer solchen hört jeder Versuch einer Unterhandlung auf, gibt es nur noch unbedingte Unterwerfung. Das hätte besonders ein General begreifen sollen. Allein Lamarmora's Sehkraft ist so scharf begränzt, daß es ist, als ob für ihn in einer bestimmten Linie ein Mauer stünde.

Schon seit einiger Zeit war das Verhältniß des Pabstes zu Piemont ein wohlwollenderes. Da es sich hauptsächlich um die Ablösung der geistlichen Zehntrechte handelte, hatte er nicht blos in Errichtung zweier Commissionen gewilligt, wozu er drei Bischöfe, der König drei Staatsbeamte ernannte; Pius hatte dazu selbst den Bischof Charvaz, den Lehrer des Königs, ernannt. Antonelli verwilligte dem Staat ein Jahr lang die Einkünfte der erledigten Pfründen, damit er fortfahren könnte die Kultusbeiträge zu bezahlen. Die Generale des Dominikaner- und des Karmeliterordens, geborene Piemontesen, standen mit Santhuh auf freundschaftlichem Fuße. Aber die ganze Prälatur, jene weltlich-kirchliche Amphibie suchte eine Versöhnung zu verhindern. Der Jesuite Curci, Redakteur der civiltà cattolica, wollte mit Santhuh als Macht gegen Macht, unter Androhung der Verdächtigung Piemonts als des preßfeindlichsten Staats in Italien, in Unterhandlung treten. Er verlangte, sein ultramontanes Blatt sollte in Piemont nie mehr mit Beschlag belegt werden. Santhuh wies ihn mit Würde in die Schranken (Chiala p. 291). Der Pabst erklärte wie Santhuh vorausgesehen hatte, dem König in einem Schreiben vom 19. September 1852, daß die Ehe wesentlich Sacrament, daß sie ohne kirchlichen Akt bloßes Concubinat sei. Daher stehe es nur der Kirche die Bedingungen ihrer Giltigkeit, dem Staat nur ihre bürgerlichen Folgen zu bestimmen. Gegen die französische Civilehe habe die Kurie stets gegen einen Zwang protestirt und sie müsse die Wiederholung solcher verderblichen Beispiele entschieden verhindern. Auch in der Zehntsache wurden jetzt von Antonelli principielle Fragen aufgeworfen, um ihre Piemont günstige Lösung von der Nachgiebigkeit Piemonts in der Ehefrage abhängig zu machen. So sah sich Santhuh durch Lamarmora's Taktlosigkeit in die peinlichste Lage versetzt; die von ihm schon errungenen Vortheile gingen wieder verloren, er war auf den höchst ungünstigen Boden des für Dogma erklärten kanonischen Rechts gesetzt. Da er auf alle seine Anfragen von Lamarmora keine Instruktion erhielt, reiste er nach Turin, um ihn aufzuklären. Aber seine feinen Bemühungen, die Kurie zu überzeugen daß die Kirche mit dem freiheitlichen Staate sich besser verständigen könne als mit dem absoluten selbst eines Margarita, waren jetzt trotz der persönlichen Geneigtheit des Pabstes gescheitert.

Dem piemontesischen Ministerium war indeß auch daheim nicht auf Rosen gebettet. Es wurde von beiden Extremen wegen der Kirchenfrage heftig angegriffen. Aber der realste Dorn war die fatale Finanzfrage. So einfach und geordnet die Finanzen des absoluten Staats Piemont gewesen waren, so waren sie nicht blos durch den Krieg und durch die theuren neuen Institutionen, sondern auch unter dem Finanzminister Giovanni Nigra (vom 27. März 1849 bis zum 10. April 1851) darum in Verwirrung gerathen, daß er durch Verheimlichung des Deficits von siebzig Millionen den Curs der Staatspapiere zu heben hoffte (Chiala von S. 234, wie immer trefflich). Sobald Cavour ihm folgte, suchte er ein wirkliches Bübget aufzustellen, aber auch er rechnete zu rosig. Er hatte die Kühnheit, Piemont von der ausschließlichen Abhängigkeit von dem Hause Rothschild zu erlösen. Seinem Aufruf an das Vertrauen des Landes antwortete dieses durch Ueberzeichnung seines Anlehens, obgleich die piemontesisch-Rothschildischen Papiere auf den Börsen von Paris und London zu 82 standen und das neue Anlehen zu 90 ausgegeben wurde. In Folge dessen konnte Cavour mit dem Londoner Haus Hambro zu 85 ein Anlehen von vierthalb Millionen Pfund abschließen. Jene Börsen, von der ultramontanen Presse unterstützt, suchten vergeblich sich zu rächen. Gleichzeitig stieg der Krebit der Schatzbons. So konnte die Kriegsschuld an Oestreich abgetragen und der ordentliche Ausgabeetat bestritten werden. Die außerordentlichen Ausgaben für Eisenbahnen waren allerdings stark. Als Cavour im Mai 1852 das Finanzministerium niederlegte, waren 22 Millionen baar im Schatz. Dazu das verfallende Drittheil des Hambroanlehens und die Schatzbons gerechnet, hinterließ er fünfzig Millionen, allerdings vermittelst des außerordentlichen Mittels jener Anlehen. Das für das Jahr 1852 votirte Bübget wies wieder ein Deficit von mehr als vierzig Millionen auf, da der Aufwand für das Heer von 50,000 Mann und für die Flotte achtzehn Millionen mehr betrug als die regelmäßigen Einnahmen. Cavour war entschlossen, zu bebeutenden Steuererhöhungen zu schreiten. Auch im Süden der Alpen wird man dadurch nicht populär; es fehlt auch dort nicht an Volksfreunden, welche vom Staat Unsägliches verlangen unter der einzigen Bedingung, daß er vom Volke äußerst wenig verlange. Cibrario hatte die Aufgabe übernommen, die verschiedenen Steuererhöhungen zu studiren. Das bestrebigirte Blatt, die Opinione, fand aber, daß Cibrario ein gebiegenerer Geschichtsschreiber und Novellist als Finanzminister sei. Der Herbst und die Kammeröffnung nahten heran, ohne daß er irgend etwas über seine Steuerpläne verlauten ließ. Es herrschte eine empfindliche Geschäftsstockung; Eisenbahnunternehmungen, die transatlantische Dampferlinie, welche von Cavour angeregt waren, kamen ganz ins Stocken und die Ungewißheit über den Staatskrebit wurde als die Ursache hievon angeklagt. Dazu kam, daß d'Azeglio in seinem Nationalgefühl sich durch das herrische Benehmen des französischen Gesandten Grafen Butenval tief verletzt fühlen mußte. Die französischen Flüchtlinge des zweiten December, natürlich Männer von äußerst verschiedener Art, waren von Piemont internirt worden. Indeß befanden sich ihrer 150 in Nizza, zum Theil aus Gesundheitsrücksichten. D'Azeglio hatte wegen des Advokaten Pastoret mündlich bei Butenval angefragt, dieser sprach in einem amtlichen, persönlich beleidigenden Schreiben sich aus, als hätte Frankreich das Recht, in Piemont die hohe Polizei zu üben. D'Azeglio schickte das Schreiben an den Gesandten zurück und ließ ihn durch Lamarmora fordern (Corresp. polit. de M. d'Azeglio p. 79). Bei seiner leidenden Gesundheit und der Erschöpfung seiner Kräfte hatte dieser Streit ihm das Regieren noch mehr entleidet. Zugleich fühlte er, daß im Innern neue Schritte zur Verständigung der Parteien nöthig seien, während er sich nicht entschließen konnte sich dem linken Centrum zu nähern. Die unvermeidlichen Intriguen hinter den Koulissen des parlamentarischen Lebens waren ihm in innerster Natur zuwider. Er hatte in den harten Präsidentenstuhl sich aus ritterlichem Pflichtgefühl gesetzt. Er fühlte aber, daß er jetzt nicht mehr der Unentbehrliche war. „Ich habe das Schiff glücklich durch die Klippen geführt, schreibt er an Rendü, jetzt ist es herausgeflickt und ich wage zu sagen, daß die Segel den Winden geöffnet werden können. Bei meiner physischen Unmacht nach dreijähriger Selbstabschlachtung würden die Geschäfte unter mir leiden. Ich muß gestehen, daß ich bei den letzten Unterhandlungen mit Rom nicht genug Energie gezeigt habe. Man hat einige Dummheiten begangen, welchen eine mehr ins Einzelne gehende persönliche Thätigkeit von meiner Seite gewiß vorgebeugt haben würde." Den König aber kam es sehr schwer an d'Azeglio zu missen. Der Hof liebte ihn und seine chevalereske Art. Man verzieh ihm, daß er Schriftsteller und Maler war, war er ja doch auch Oberst gewesen. Selbst aufopfernd, aber bequem, machte er an niemanden zu strenge Ansprüche. Diese fürchtete der ganze Hof von dem früher oder später unvermeidlichen, rastlosen, sarkastischen Cavour. Jetzt bestätigte es sich, daß d'Azeglio „nicht die Gall'sche Beule der Posessivität (der Eigenthumsliebe) habe." Er besaß wenig Vermögen. Dennoch wollte er seine Partei nicht den Koryphäen der Klerikalconservativen La Maragarita, La Tour gleichstellen, welche „den Staatswagen wie ein Fiaker gegen hohen Stundentarif leiteten". Der König wollte ihn als Tischgenossen haben, ihn vom Obersten zum General machen. D'Azeglio antwortete, wenn es Krieg gebe, werde er alle Tage bei ihm speisen. Im Februar reiste er nach London, um Bestellungen auf Gemälde entgegen zu nehmen.

Zweiunddreißigster Abschnitt.

Piemont unter dem Ministerpräsidenten Cavour von November 1852 bis 1858.

Im Juni 1852 hatte sich Cavour während der Parlamentsferien wieder auf Reisen begeben, theils weil er seine Gegenwart in Turin als eine Verlegenheit für die Regierung ansah, theils weil er die Zeichen der Zeit an ihren Mittelpunkten beobachten wollte. Er fand in Frankreich und in Belgien eine sehr starke, für Piemont bedrohliche klerikale Strömung. Den 13. Juli 1852 schreibt er an seinen Freund Michelangelo Castelli (oeuvre parlémentaire p. 208): „Thiers sagte mir beim Abschied: wenn man Ihnen, nachdem man Sie beim Frühstück mit Nattern abgespeist hat, dieselben zum Diner aufträgt, so seien Sie nicht ekel! — Thiers sagte mir dieß aus Erfahrung. Und hätte er noch einige Nattern weiter hinuntergewürgt, so wäre Frankreich jetzt nicht in dieser schlimmen Lage. Predigen Sie unsern Freunden Geduld. Dieß ist gewiß für den Augenblick die geschickteste Politik. Aber man darf den Muth darum nicht verieren." England, dessen Freundschaft ihm nicht blos im Frieden als die wünschenswertheste erschien, fand Cavour sehr conservativ, Derby im Sattel. Aus London schreibt er: „Die Torys sind uns nicht feindselig; im Gegentheil macht uns unser Antipapismus werth in ihren Augen. Gewiß darf man die Unterstützung nicht zu hoch anschlagen, welche wir von ihnen in einem materiellen Kampfe erhalten würden. Ob aber die Whigs mehr thun würden, ist mir sehr zweifelhaft. Daß die Torys jetzt an der Gewalt sind, hat nur eine wirkliche Inconvenienz: es übt einen sehr unangenehmen moralischen Einfluß, indem es bei uns die freisinnige Partei entmuthigt und der retrograden Keckheit gibt." Von Edinburg aus schreibt Cavour an St. Martino: „Palmerston und die Wighs lieben Azeglio wegen seiner Mäßigung, die Torys finden ihn besonders dem Pabst gegenüber nicht energisch genug." Namentlich dem Ausland, wohl namentlich dem Pabst gegenüber sah Cavour die Ehre Piemonts gesunken. Er fürchtete, daß d'Azeglio „durch seine endlosen Zögerungen das Regierungsproblem beinahe unlösbar mache." Nach Paris zurückgekehrt, schreibt er im September, die Macht Napoleons sei fest gegründet. Er sei nun durch den klerikalen Geist bedroht, welchen er vorerst begünstige, dem er aber später werde entgegentreten müssen. Cavour hatte mit Rattazzi eine Audienz bei Napoleon. Ihre Anhänger machten nur zu viel Lärm davon, um zu beweisen, daß sie beide allein die Männer seien, die inneren und die äußeren Verlegenheiten Piemonts zu überwinden. Cavour äußerte sich auch dahin, daß er nicht als verlorner Sohn, sondern nur mit Männern seiner neugeschaffenen Mittelpartei wieder in das Ministerium eintreten könnte. (Lettres de Cavour à Rattazzi par Varenne p. 197.)

Die zähen germanischen Völker erkennen wirkliche politische Größe oft erst nach ihrem Tode an; eine kaum halbjährige Abwesenheit genügte um Cavour, trotz der giftigsten persönlichen Angriffe beider Extreme, vor den Augen Piemonts in seiner ganzen Bedeutung darzustellen. Thegilio bezeichnete ihn dem Könige als den Mann, welcher die dem Könige am meisten am Herzen liegende Unterhandlung, die römische, wieder auf den rechten Weg und zum Ziele bringen könne. Allein Cavour erklärte dem Könige, welcher ihn den 24. Oktober mit der Bildung eines Ministeriums beauftragte, er könnte sich den Anmaßungen der Kurie gegenüber nicht nachgiebig zeigen. Der König veranlaßte den neuernannten Erzbischof von Genua, Charvaz, welcher eben von Rom zurückkam, und Sambuy Cavour von dem Stand der Verhandlungen in Rom in genaue Kenntniß zu setzen. Da Charvaz die Frage Cavours, ob seine Person in Rom das nöthige Vertrauen finden würde, verneinen zu müssen glaubte und dem Gedanken Cavours beistimmte, daß Balbo dieses Vertrauen besitze, so verzichtete Cavour auf die Bildung eines Ministeriums und bezeichnete Balbo als den Mann dazu, mit den sehr deutlichen Worten: man müsse entweder unmittelbar zu einem Bruch mit Rom kommen oder Balbo berufen.

Den 29. Oktober schrieb Cavour an seinen Oheim in Genf: „Die savoyischen Pfarrer werden sehr vergnügt darüber sein. Ich fürchte nur, daß ihre Freude kurz sein wird, denn man hat die antiklerikale Anregung höher gesteigert. Ich bin der Loyalität des Königs sicher; nur die Schlauheit der Priester hat ihn in Irrthum geführt, und so mißkennt er den Zustand des Staats. Aber sobald er durch die Thatsachen enttäuscht ist, wird er die klerikale Partei zum Teufel schicken." (De Rive p. 129.) Balbo, obgleich er beinahe nicht mehr lesen konnte, übernahm den 26. Oktober den Auftrag unter der Bedingung, daß Graf Revel, dem er das Präsidium und das Aeußere zudachte, annehme. Auch wollte Balbo zuvor sich eines Unterpfandes der freundlichen Gesinnung des Pabsts dadurch versichern, daß die Kurie für den abwesenden Erzbischof von Turin einen apostolischen Administrator setze, wodurch die Kirchlichen und die für die Rechte des Staats Eifersüchtigen beruhigt

würden. Sambuy beauftragte seinen in Rom zurückgelassenen Stellver=
treter, rem Pabst dieses Mittel der Versöhnung nahe zu legen. Charvaz
hatte zuvor schon richtig erklärt: Rom sei durchaus nicht geneigt über
ren Fond rer Frage zu unterhandeln; eine Ministerveränderung würde
durchaus nichts helfen, wenn sie nicht von der Zurückziehung der Gesetzes=
vorlagen über Kirchenverhältnisse begleitet wäre. Jedoch könnten die be=
reits eingeleiteten Unterhandlungen durch ein Ministerium Balbo sicher
zum Abschluß gebracht werden.

Da Balbo auch der Unterstützung der bisherigen Majorität sich zu=
vor versichern wollte, so fragte er den 30. Oktbr. bei Cavour, welcher sich
auf sein großes Gut ob Vercelli begeben hatte, an, ob er wirklich geson=
nen sei, sein Ministerium zu unterstützen. Cavour antwortete: „Wenn Sie,
wie ich glauben will, den Buchstaben und den Geist der Verfassung ge=
treulich achten, wenn Sie auf Geschehenes (wohl die Siccardischen Gesetze)
nicht zurückkommen (es nicht zum Theil aufgeben), wenn Sie überhaupt
nicht rückwärtsgehen, kurz, wenn Sie sich blos darauf beschränken einen
politischen Halt zu machen, so werden Sie an mir nicht blos einen Mann
Ihrer Partei, sondern eine Stütze gegen Jedermann haben, der Sie am
Regieren verhindern wollte." Er weigerte sich aber mit richtigem Takt,
nach Turin zu kommen, wo Revel 31. Oktbr. aus Savoyen anlangte.
Balbo wollte auf den Wunsch des Königs von d'Azeglio's Ministerium
Lamarmora, Paleocapa und Dabormida beibehalten. Aber Revel, an der
nöthigen Unterstützung der Kammer sehr zweifelnd, lehnte ab. Damit
war der Plan Balbo's gescheitert. Da die öffentliche Meinung über die
lange Krise ungeduldig und mißtrauisch wurde, berief der König sogleich
Cavour herbei, weßhalb Balbo mit einem neuen Vorschlag zu spät kam.*)

Cavour behielt außer den drei genannten auch Boncompagni bei; San
Martino erhielt das Innere, Cavour als Ministerpräsident übernahm die
Finanzen, während Cibrario den für ihn viel passenderen Unterricht antrat.
Dieses Ministerium „brach die Kette der Regierung nicht ab". Cavour
war noch zufrieden, das Haupt von Männern zu sein, deren persönliches
Gewicht sie zu freiwilligen und darum einflußreichen Genossen machte. Nach
wenigen Jahren wollte er Meister an der Spitze von Gehilfen sein. Der
Geist des connubio beseelte das Kabinet; d'Azeglio's Stütze war die ge=
mäßigte Rechte gewesen, das Ministerium Cavour stützte sich je länger je
mehr auf das linke Centrum. Vorerst fand er es noch unthunlich Rattazzi
einzuführen. Dieses Ministerium vom 4. Nov. 1852 währte mit Per=

---

*) Kurz vor seinem Tode sprach Balbo von diesem Versuche mit einem namhaften
Freunde, welcher ihm bemerkte, er hätte doch sehen können, welche Macht Cavour be=
reits im Parlament bilde. Ja, erwiederte Balbo, aber wenn man glaubt seinem Va=
terland irgend nützlich sein zu können, so muß man es darauf ankommen lassen, für
einen coglione (Einfaltspinsel) gehalten zu werden.

sonenwechsel in jeder Abtheilung bis zum Frieden von Villafranca. D'Azeglio trat nicht ganz ohne den allgemein menschlichen Mißmuth gegen den Nachfolger ab; er schrieb in diesen Tagen an Reubü: „cet autre, que vous connaissez, est d'une activité diabolique, et fort dispos de corps comme d'esprit; et puis cela lui fait tant de plaisir." Der 54jährige Marchese lehnte schöne Sinecuren ab, welche ihm der König aufdringen wollte und erwarb sich wieder trotz seiner geschwächten Augen, sein Brod mit dem Pinsel. Orden glaubte er dazu übrig genug zu haben. Den 7. November 1852 veranlaßte ein Telegramm aus Genua, welches die Durchreise eines wichtigen Schreibens aus Rom ankündigte, das neue Ministerium sich in Permanenz zu halten. Der König verzögerte seine Abreise auf das Land. Das Schreiben war an Sambuy gerichtet, er während mehrerer Stunden nicht zu finden war. Sein Stellvertreter hatte dem Pabst jenen Aussöhnungsplan Balbo's unterbreitet, von dessen Annahme durch den Pabst die Einsetzung eines Ministeriums Balbo abhänge. Der Pabst sprach lange über die constitutionelle Regierung in Europa und insbesondere in Italien, wo nur das piemontesische Volk durch dasselbe regiert werden könne. Pius erklärte, daß er bei allem Zutrauen zu Balbo vor Allem für die Interessen der Religion und der Gläubigen zu sorgen habe; er theile zwar in Beziehung auf die apostolische Administration in Turin die Wünsche des Königs und der Minister, es thue ihm wehe, daß es ihm unmöglich sei sie zu erfüllen. Offenbar war er durch Versprechungen gebunden, welche die kirchlichen Ultras ihm entlockt hatten. Antonelli war bereit, über die gereiften Punkte der Zehentunterhandlungen einen Vertrag abzuschließen. Er erkannte offenbar, daß in Folge dieses non possumus ein gefährlicher Bruch drohe. Das neue Ministerium hatte nun wenigstens den Trost, daß durch seine Bildung keine mögliche Verständigung mit Rom verhindert werde, und Balbo, welcher auch darauf aus nicht gemeint war, den Rechten des Staats etwas zu vergeben, waren vergebliche Bemühungen erspart.*)

Als Cavour im Novbr. 1852 die Zügel des Ministeriums in seine Hand nahm, zeigte sich am ganzen europäischen Horizont kein Vorzeichen einer kriegerischen oder freiheitlichen Bewegung. Die Ordnung herrschte, wie einst in Warschau. Napoleon III. schien auf lange im Innern beschäftigt. Kaiser Nikolaus stützte das östreichische System auch in Italien, in der Meinung, sich dadurch des Dankes der Habsburger zu versichern. Dieser starke Rückhalt und der Groll Oestreichs, daß, während ihm die sämmtlichen italienischen Höfe und Lande unterthan oder solidarisch mit ihm verbunden waren, allein das zweimal besiegte Piemont sich seinem Einfluß

***

*) (S. Ricotti vita di Balbo. Lebensbilder zur Zeitgeschichte. I. L. Balbo v. Reuchlin S. 60. Chiala p. 250.) Balbo beschäftigte sich seit jener Ministerkrise mit historischen Arbeiten, um stets Italien sich nützlich zu machen.

verschloß, riß den Wiener Hof zu jenem leidenschaftlichen Racheakt hin, als eine Rotte mazzinistischer Werkzeuge den 6. Februar 1853 in Mailand den eben so unsinnigen als frevelhaften Versuch machte. (S. S. 144.) Nicht blos das erschreckte Mailand und die widerspenstigen lombardo-venetianischen Provinzen, nicht blos die Emigration aus denselben in Piemont, sondern dieses selbst sollte bei dieser Gelegenheit als mit Mazzini verschworen vor Europa an den Pranger gestellt; die äußersten Repressivmaßregeln des Gütersequesters sollten gerechtfertigt und eingeleitet werden.

So bekam Cavour, wohl früher als er wünschte, einen Luftzug in die schlaffen Segel der äußeren und seiner italienischen Politik, und er wußte ihn zu benutzen, um den Italienern zu beweisen, daß sie noch einen Kriegsvogt gegen Mißhandlungen hätten, daß sie aus Verzweiflung sich weder in sinnliche Genüsse, noch in Verschwörungen zu stürzen brauchten. War doch der tolle Plan Mazzini's eben sowohl gegen das königliche Piemont, wie gegen den östreichischen Absolutismus und gegen die Fremdherrschaft gerichtet. An den östreichischen Anklagen gegen die lombardische Emigration in Piemont war nur das wahr, daß, während die Piemontesen in der Regel gegen die Privilegien des Klerus schrieben (am stärksten in der sehr verbreiteten gazetta del popolo in Turin, dem Lieblingsblatt des Kleinbürgers), die Angriffe gegen Oestreich in der piemontesischen Presse von den Lombarden ausgingen. Oestreich hatte die Emigrantenfrage dadurch offen erhalten, daß es denen, welche den Termin der Rückkehr versäumt hatten, seine Gränzen durchaus verschloß. Wie hatte es da ein Recht, Piemont ein Verbrechen daraus zu machen, daß es ihnen auf Wohlverhalten bei sich den Aufenthalt erlaubte?

Das k. k. Dekret, welches das Sequester der Güter, selbst Unmündiger, welche in Piemont lebten, befahl, war den 13. Februar erlassen. Den 1. März erbat sich der piemontesische Gesandte in Wien nähere Erklärung darüber, wessen Güter dadurch betroffen würden. Er erhielt den Bescheid: die Güter aller Emigrirten ohne Unterschied, bis ein solcher sich durch die Untersuchung etwa herausstellen sollte. Die halbjährige Untersuchung stellte aber gar keinen Zusammenhang des mailänder Attentats mit der Emigration in Piemont heraus. Dennoch blieb das Sequester in Kraft. „Eine solche Maßregel fand ihresgleichen nur in den barbarischen Zeiten oder in den bösen Tagen der französischen Schreckensherrschaft. Ein Theil dieser Emigration hatte überdieß die Naturalisation in den sardinischen Staaten erlangt, nachdem die Betreffenden in aller Form ihrer Verpflichtungen gegen das kaiserliche Gouvernement entbunden worden waren. Es handelte sich also hier um sardinische Unterthanen, die gegen alle Grundsätze des Rechts durch einen unmittelbar von der k. k. Regierung ausgehenden Akt der Willkür in ihrem Eigenthum schwer verletzt waren. Das turiner Kabinet richtete hierauf eine Denkschrift an die Großmächte, und veröffentlichte sie. Während sie in ganz Europa Aufsehen erregte, lauschte

Italien diesen Bewegungen. Man glaubte hier wahrzunehmen, daß doch nicht alles geendet sei, daß alles wieder von neuem anfangen könne."*) Graf Arese lehnte die Verwendung seines Gastfreunds Napoleon für die Güter seiner unmündigen Tochter ab. Cavour benützte diese Vorgänge, die Vertragstreue, welche Piemont damals noch Oestreich gegenüber äußerlich beobachtete, auf dem Hintergrunde der östreichischen Willkür und Barschheit recht vortheilhaft in das Licht zu stellen. War er doch jener Unterstützung des tollköpfigen Attentats von piemontesischem Boden aus zuvorgekommen. Er that alles Mögliche, um der civilisirten Welt zu beweisen, daß sich Oestreich nicht in der Lage der Nothwehr zur Vertheidigung seiner Existenz und seines Besitzes befinde.

Nicht blos die englische Presse ergriff die Gelegenheit, den östreichischen Absolutismus' zu brandmarken; Clarendon erklärte die Sache Piemonts für so sehr gekränkt, daß es das Recht hätte sich mit Waffen Genugthuung zu verschaffen. Natürlich konnte Cavour daran nicht denken. Auch die möglichen Repressalien hätten größerntheils die Lombarden treffen und sie Piemont entfremden müssen. Er gewann aber ihr Vertrauen, indem er ihr und Piemonts Recht wahrte und den Grafen Revel, seinen Gesandten, von Wien abberief, wodurch Oestreich offenbar verblüfft wurde.

So kalt Kaiser Napoleon die persönliche Auseinandersetzung über die piemontesische Politik durch Cavour 1852 aufgenommen hatte, so fühlte er doch, daß die russisch-österreichische Freundschaft eine auch gegen ihn gerichtete Spitze hatte. Dieses zeigte sich bald nach dem in Gefolg des Sequesters von Oestreich gegen den Gränznachbar Frankreichs gerichteten Angriff. Der neapolitanische Gesandte in Turin Canofari berichtet seinem Hofe unter dem 26. Oktober 1853: „Der östreichische Gesandte in Paris hat auf Befehl seiner Regierung die Gesinnung des französischen Kabinets gegen Piemont sondirt; er deckte die demokratischen Tendenzen dieses Landes auf und fragte, was Frankreich in Gemeinschaft mit den andern Mächten zu thun gedenke, um denselben einen Damm entgegenzusetzen. Drouin de Lhuys ging auf die Erörterung ein, bezeichnete aber die Mittheilungen des östreichischen Gesandten als Uebertreibungen. Obgleich dessen Schritte ohne Folge blieben, so erhielt England doch Kenntniß davon. Lord Clarendon forderte Hudson, seinen Gesandten in Turin, zum Bericht darüber auf. Dieser, ein Freund aller freisinnigen Notabilitäten Turins und aller Häupter der lombardischen

---

*) Diese ganze thatsächliche Darstellung entnehmen wir dem klassischen Artikel „die italienische Frage seit 1815" im dritten Bande, 35. Heft „Unserer Zeit". Der unterzeichnete, piemontesische Publicist", welcher ihn schrieb, war Carutti, der unermüdliche Direktor des Ministeriums des Auswärtigen unter Cavour, ein auch sonst ausgezeichneter Historiker über Piemont.

und der neapolitanischen Emigration, antwortete: das piemontesische Repräsentativsystem ruhe auf Grundlagen der Ordnung und der Mäßigung, die Verhaftungen, Austreibungen und gerichtlichen Verfolgungen in Piemont gegen das letzte mazzinistische Complott seien Bürgschaften des aufrichtigen Willens und der Kraft der Regierung. Den 16. November bestimmte er die Antwort Drouins noch näher dahin: Es sei die entschiedene Politik Frankreichs, Piemont eine unabhängige Stellung zu sichern, zugleich aber auch streng darüber zu wachen, daß die piemontesische Regierung keine der Rücksichten vergesse, welche es seinen großen Nachbarn schulde." Die Einmischung Oestreichs in die inneren Angelegenheiten Piemonts, seine Denunciationen in diesem Punkte waren also von den Westmächten zurückgewiesen; Cavour hielt bereits den Anfang des Fadens, welcher Piemont über die Krim und Plombieres nach Solferino führte. Oestreichs Leidenschaft hatte ihm denselben in die Hand gespielt.

Den dritten Juni 1853 starb der halb erblindete, aber stets schlagfertige welfische (kirchlich-nationale) Geschichtsschreiber Italiens, im Frühjahr 1848 Ministerpräsident Graf Cäsar Balbo (Lebensbilder zur Zeitgeschichte. I. Graf Cäsar Balbo von G. Reuchlin. Nördlingen 1861.) Er charakterisirt sich durch eine dem radikalen Rebehelden Brofferio gegebene Antwort. Dieser hatte sich in der Kammer auf seine historische Schriften berufen. Balbo erwiederte: ich kenne keine Geschichte ohne Idee und ohne Dokumente. Sein Hauptverdienst war, daß er vor 1848 den Italienern die sittlichen Bedingungen ihrer politischen Erhebung vor die Seele gestellt hatte. Seine großartig einfache Beerdigung in Turin geschah auf Kosten des dankbaren Vaterlandes. An seiner Statt wählte Turin zum Abgeordneten den lombardischen Emigranten Marchese Georg Pallavicino-Trivulzio „von Spielberg". Auf die Bitte der edeln Theresa Confalonieri (Unsere Gesch. Theil I, S. 202) hatte er sich im Frühjahr 1821 zu einer Besprechung mit den piemontesischen Insurgenten nach Piemont begeben und dieß mit sechszehnjährigem strengstem Kerker in Eisen in Oestreich gebüßt. Seine Wahl war eine Warnung an Oestreich, da auch seine großen Güter mit Sequester belegt waren. Der ganze Sequesterstreit hatte auch die Folge, daß sich die viele geistige Kräfte besitzende Emigration fester an Piemont anschloß. Die Lockungen der Heimatlosigkeit schwanden. „Wer viel verloren und gelitten hat, sagte uns ein Emigrant, der wird gemäßigt und mild." Für die Hitzköpfe war Turin der beste Ort zur Abkühlung. Der Ruf: es lebe die Republik! wurde hier ausgepfiffen. Massari, welcher sehr jung aus Neapel verbannt in Paris unter der Leitung des weisen Orientalisten Julius Mohl gründliche Studien gemacht hatte, schrieb die offizielle Zeitung. Der König trug ihm auf, den Emigranten zu sagen, sie könnten reden und schreiben was sie wollten; wenn sie aber in die Straße herabstiegen, so

laſſe er trommeln und ſchießen. Und man wußte, daß er der Mann
war Wort zu halten. Und Cavour, als an ſeiner Tafel Broſſerio 18..
beim Champagner ſehr revolutionär renommirte, ſagte ihm: „Wenn i..
wieder Miniſter werde, ſo hüten Sie ſich wohl davor, auf öffentliche
Platz Tumult zu machen, denn ich verſpreche Ihnen, daß Ihr Kopf ..
alle bezahlen würde."

Der national-liberalen Politik Piemonts und den Siccardiſch..
Geſetzen gegenüber nahm auch Oeſtreich jetzt eine noch beſtimmtere Stellu..
ein. Namentlich in Italien glaubte man ſich der Unterſtützung ..
Klerikalen gegen Piemont durch Opfer, durch Verſieglung der Solidari..
Oeſtreichs mit dem Ultramontanismus verſichern zu müſſen. Die Unt..
handlungen wegen des Konkordats wurden kurz nach dem Sequeſ..
eröffnet. „Dieſe Wendung, ſagt Carutti, ſah ziemlich geſchickt aus, d..
der Augenblick war ſchlecht gewählt, wenigſtens in Italien. Die liber..
katholiſche Partei (beſonders in der Lombardei, die Nachzügler d..
Joſefinismus von der Univerſität Pavia und kirchlicher Frommen a..
dem Kreis Rosminis, welche eine Wiedergeburt der Kirche durch n..
Episkopat und durch Provinzialſynoden anſtrebten) wußte dem ..ne..
Kabinet wenig Dank für eine Conceſſion, die ihrer rechtlichen Seite na..
über das Ziel hinausſchoß. Diejenigen Katholiken, welche ſich mit p..
tiſchen Fragen nicht beſchäftigten, wurden durch die Art verletzt, ..
welcher das Konkordat thatſächlich zur Ausführung gebracht wurde. ..
der That, was die Gewalt mit der einen Hand bewilligte, nahm ſie ..
der andern und ſie reſpektirte die Unabhängigkeit der Kirche nur
ſoweit, als ihre Glieder ſich unbedingt dazu hergaben, der k. k. Poli..
blindlings nachzukommen." Oeſtreich und die Kurie rächten ſich ..
die nationalen Schritte Piemonts namentlich auch dadurch, daß ſie ..
ultramontane („klerikale") Partei in Piemont, ihre alte Bundesgenoſſ..
in ihrem Widerſtand gegen die freiſinnigen Geſetze, welche alle Privile..
durch Rechtsgleichheit aufhoben, ermuthigten und unterſtützten. ..
national und politiſch liberal geſinnten Altkatholiken in Piemont, name..
lich in den beiden geſetzgebenden Körpern, kamen dadurch in eine p..
liche Lage. Die Inſel Sardinien war durch die ſchweren Kirchenzehn..
vom Ackerbau, von der Kultur ihres trefflichen Hanfs in ihrem wil..
Hirtenleben zurückgehalten worden, da den Feldbauern nur der fün..
Theil des Ertrags blieb. Auch der Klerus, zumal die zahlreichen Klö..
lebten in Unwiſſenheit und in rohem Sittenverderben; Mordverdacht ru..
auf ihnen. Auf 550,000 Seelen kamen 4,270 Geiſtliche und Mönche. ..
gegen oder vielmehr deßhalb war auf der Inſel keine öffentliche Mädchenſchu..
Nie hatte eine binnenländiſche Revolution das altſpaniſche Herkomm..
erſchüttert. Der Erzbiſchof von Cagliari verweigerte die Herausgabe ..
zur Ablöſung der Grundzehnten nöthigen Dokumente. Die Gerich..
behörden mußten mit Entſchiedenheit, dem Bann trotzend auftreten; H..

würden wurden kraft Gerichtsspruchs nach Rom gebracht. Die Kammer warf über zwei Millionen Lire als Anlehen zur vorläufigen Entschädigung des Klerus aus. Wir fügen bei, daß während der Staat damals jährlich anderthalb Millionen aus der Insel bezog, er manches Jahr allein auf ihre Straßen eine Million verwandte. Dieses hielt den Sicilianer Ferrara nicht ab, zu behaupten, Sardinien sieche in Folge der piemontesischen Centralisation. Als aber der Vorschlag gemacht wurde, die Verwaltung und die Finanzen der Insel von denen Piemonts zu trennen, so erhob sich auf derselben ein starker Rumor dagegen. Der Vorschlag der Linken in der Kammer, daß auch die klerikalen Seminaristen der Conscription unterstellt werden sollten, erschien als ein Racheakt gegen das auf seinem Gebiet schwer anzugreifende Rom. Allein er war auch theils ein Protest gegen die übermäßige Zahl von Klerikern, theils war er motivirt durch einen an der genuesischen Küste herkömmlichen Betrug. Diese Bevölkerung von Seeleuten hatte unter der gegen ihre Unterthanen mißtrauischen Republik Genua nur im Nothfall eine Art von Landsturm gebildet und war dem Dienst im Landheere äußerst abgeneigt. Viele Militärpflichtige entzogen sich dieser Pflicht durch die Flucht auf andere Marinen oder nach Südamerika; nicht wenige wurden von den zahlreichen kleinen Bischöfen durch Ertheilung niederer kirchlicher Weihen Jahre lang der Conscription entzogen. Die andern Provinzen hatten diesen Ausfall an Mannschaft zu decken. Doch hielt die erste Kammer eines Gesetz der Conscriptionspflichtigkeit der jungen Kleriker bis zum Jahre 1869 hin. In Belgien kam auf 600, in Oestreich auf 610, in Piemont auf 214 Seelen ein Geistlicher. Die Bischöfe behaupteten dennoch, der Pfarrgeistlichkeit fehle es bereits an Nachwuchs, da die jungen Leute sich jetzt mit Vorliebe dem Kriegsdienst, wie früher der civilischen Laufbahn widmen. Savoyen bestürmte den Senat mit Bittschriften, die den Volksunterricht besorgenden Bruderschaften von der Conscription zu befreien. Aber den Liberalen mußte es als entscheidend sich darstellen, daß das Volk dem bigoten Einfluß entzogen werde. Ihre Exemtion wurde daher aufgehoben. Die Stadt Genua, welche in ihren Kirchen mehr das Gold, als religiöse Kunstwerke anzubeten scheint, war und ist in den niederen Klassen bigot, der Mittelstand ist radikal, alle sind maßlos auf den Nutzen, auf die Vorrechte ihrer Stadt erpicht. Während die Genuesen die größten Ansprüche an den Staat für Bauten stellen, verweigerten ihre Abgeordneten die Mittel, weil für Genua nicht genug geschehe. Kirchlich und politisch war es und ist es ein Glück, daß der fromme Piemontese Charvaz Erzbischof von Genua ist.*)

---

*) Es fiel mir 1856 auf, daß der waldensische Geistliche und der wackere Prediger der freikirchlichen italienischen Flüchtlingsgemeinde in Genua, Mazzarella auf der Straße von vielen Bürgern begrüßt wurden, nicht minder, daß diese geistlichen Herren

Die Schwefelfäden des verbannten Erzbischofs von Turin liefen von Lyon nach Piemont. Er benützte 1853 die vierte Säcularfeier eines in Turin geschehenen Wunders — eine geraubte Hostie war auf ihren Altar zurückgeflogen — um jene Aergernisse der befreiten Ketzerei und des heidnischen, religionslosen Staats anzugreifen. Mit mehr Vernunft und Anstand kämpften dagegen die Marchesen Birago, Herausgeber und Protektor der Armonia, und Beauregard aus Savoyen. Sie bedienten sich der durch die Verfassung gebotenen Rechte allerdings gegen Grundgesetze derselben. Nirgends ist die Unzertrennlichkeit der Gewissensfreiheit und der Preßfreiheit so handgreiflich wie in Italien. Das Pabstthum und Oestreich bekämpften beide mit vereinten Kräften. Die Betrauung der Gemeinden mit ihren eigenen Angelegenheiten hatte namentlich die Folge, daß die bis-

---

stattliche Schnurr = und Knebelbärte trugen. Sie versicherten mir, daß dieselben, als Unterpfänder dafür, daß sie keine von den Laien sich abscheidende Kaste sein wollen, bei den Liberalen einen sehr guten Eindruck machten. Mazzarella, aus Tarent gebürtig, Advolat, war neapolitanischer Abgeordneter, focht 1849 in Rom, nach dessen Fall er nach Genua ging. Obgleich in Folge von Ueberarbeitung sehr nervenleidend, erfüllte er zugleich die Pflichten des Abgeordneten und des Predigers. Ernstreligiöse Abendvorträge für alle, besonders für die arbeitenden Klassen über die Propheten hielt damals in Turin der frühere römische Priester de Sanctis, Bruder des späteren Unterrichtsministers. Die Rechte der Nichtkatholiken in Piemont auf Kultus und bürgerliche Gleichberechtigung wurden, trotz des zu Ende von 1847 von den Bischöfen eingereichten Protestes, durch die Verfassung verbürgt. Die freisinnige Praxis eilte indeß der Reform der Gesetzbücher weit voraus. Noch war 1856 das altpiemontesische Gesetz nicht abgeschafft, kraft dessen das Bibellesen dem Laien bei Gefängnißstrafe von Jahr und Tag verboten war. Und doch waren seit 1850 Bibelgesellschaften in Piemont thätig, die mit englischer Unterstützung in englischem Styl im Corso bei re in Turin erbaute Kirche oder „Tempel“ versammelte nicht blos die waldensische Gemeinde in der nicht besonders geschmackvollen alten Thaltracht. Es war lange ein Kampf unter den Waldensern, ob die Predigt in der alten heiligen Sprache ihrer Märtyrer, in der französischen oder italienischen gehalten werden sollte, um den Italienern das Evangelium nahe zu bringen. Es geschieht beides, ohne daß sich die evangelische Gemeinde sehr vermehrte. Derbysten und amerikanische Sekten führten Zerwürfnisse herbei. In kleineren Städten mußte der Staat die jungen Gemeinden schützen. Die Bresche in die Glaubenseinheit erregte natürlich die Leidenschaften der klerikalen Partei. Die in Rom erscheinende Civiltà cattolica bewies aus der von der protestantischen Zeitung Buona novella ausgesprochenen Behauptung, „das Gesetz, im Gegensatz zum Evangelium, sei ein Wort der Unruhe und der Verzweiflung“, daß der Protestantismus die Springfeder der Revolution sei. Sie beschuldigt besonders die Laienlehrer der Bibelverbreitung. Später verkauften die aus der Krim zurückgekehrten Soldaten die ihnen dort geschenkten italienischen Bibelübersetzungen von Diodati billig. (Näheres besonders über die evangelische Gemeinde in Florenz: Das Evangelium in Italien von Leopold Witte. Gotha 1861, und: Die evangelische Bewegung in Italien von Nitzsch. Berlin 1863.) Die Bibelverbreitung hatte einen wesentlich polemischen Charakter; wir sahen die französische Uebersetzung des Neuen Testaments von De Sacy, in welcher die antipäbstlichen Stellen roth unterstrichen und polemische Auslegungen eingelebt waren.

herigen geistlichen Lehrer, besonders in den größeren Gemeinden, durch Laien ersetzt wurden. Man war sich bewußt, das Asyl der Freiheit weithin zu sein. Die Kammer arbeitete, da Cavour es nie an Vorlagen fehlen ließ, wie eine stark geheizte Gesetzgebungsmaschine. In der Diät 1853 erledigte sie 42 Gesetzesvorlagen. Aber eben die ununterbrochene Präsenz und die Diätenlosigkeit nöthigten die Geschäftsleute und die Advokaten zu zeitweiser Abwesenheit. Die Portofreiheit der Abgeordneten war eine Last für sie. Da der Italiener auf kleine Ersparnisse noch mehr abzielt als auf Gewinn, so wurden die Abgeordneten von ihren Wählern mit Zusendungen über= häuft, welche sie in Turin an die Adressen abgeben sollten. Viele Steuern scheitern an jenem italienischen Charakterzug. Das Bündniß des Mini= steriums mit dem linken Centrum war befestigt den 27. Oktober 1853 durch die Erhebung Rattazzi's zur Kammerpräsidentschaft, durch die zum Justizministerium und den 31. Mai 1855 zu dem des Innern. So war die Majorität gesichert. Eine solche Erhöhung eines Bürgerlichen, eines Advokaten erschien dem Altpiemontesen revolutionär. Seit der Reaktion von 1821 waren nicht blos beinahe alle Hauptmannsstellen, sondern auch die höheren Stellen in den Gerichten dem Adel vorbehalten. Wer zum Gerichtspräsidenten ernannt wurde, mußte zugleich zum Grafen gemacht werden. Der kirchlich und politisch conservativere Senat verwarf einige Gesetze und da dieses auch für das Conscriptionsgesetz befürchtet wurde, so löste das auf constitutionelle Korrektheit festhaltende Ministerium die zweite Kammer auf, um durch den Urtheilsspruch des Volkes dem Senat zu imponiren.

Die Finanzen waren bereits der hinkende Fuß des Zukunftsitaliens.*) Das Deficit und die Steuerrückstände konnten nicht durch die langsame Berrechnung erklärt werden. Die Zollerträgnisse hoben sich bald nach den starken Zollermäßigungen wieder auf die alte Höhe. Aber sehr erschraken nicht blos die Conservativen darüber, daß der Werth der Einfuhr, welcher 1850 vor der Tarifherabsetzung achtzehn Millionen betragen hatte, im Jahre 1853 bis zu 93 Millionen stieg. Nur nach der Lombardei wurde noch mehr, besonders Wein, ausgeführt als von da eingeführt. Dagegen konnte man darauf hinweisen, daß Piemont am Ende des Jahres 1848 nur achtzehn Kilometer (Turin=Moncalieri) Eisenbahn besessen hatte, wäh= rend im Jahre 1854 deren 420 eröffnet waren. Die Nährmutter aller, die Bahn von Turin nach Genua unter dem Apennin hindurch mit 5900

---

*) Wir gehen nicht auf die einzelnen, meist Finanzen und Handelsverträge und deren Folgen betreffenden Gesetze ein, welche von der aufgelösten Kammer verabschiedet wurden. Wir verweisen hierfür auf unsern Aufsatz: „Innere und äußere Geschichte Piemonts vom März 1849 bis Juli 1859" in „Unsere Zeit, Band VII. Heft 78. (beson= ders S. 353), indem wir uns hauptsächlich der nationalen und der kirchlichen Frage widmen.

Metern in fünf Tunneln wurde im December 1853 eröffnet. Wenn au
nicht mit gleicher Raschheit hob sich der Volksunterricht. Es that ab
auch sehr Noth, denn trotz aller Gesetze seit 1840 hatten im Jahre 185
noch 421 Gemeinden keine Schule, 2258 hatten keine Mädchenschul
Unterricht erhielten 142,000 Knaben und 50,000 Mädchen, ohne Unte
richt blieben 745,500 Kinder. Drei Fünftheile der Lehrer waren Geist
liche und Mönche. Nur 681 Lehrer hatten 500 Lire Besoldung. (
that Cavour wehe, daß er den Staatsbeitrag herabsetzen mußte, währe
viele Gemeinden das Aeußerste für ihre Schule thaten. Das Militär u
die Abendschulen für Erwachsene lehrten viele lesen und schreiben. Ba
kannte man das alte Turin, dessen Bürgerstand die spanische Feierlichk
der Hofetikette nachgeahmt hatte, und Piemont nicht mehr. Früher w
die Thätigkeit beinahe ausschließlich auf Acker- und Weinbau gerichtet g
wesen. Jetzt hoben sich der Handel und die Industrie auch im alten K
mont, obgleich die frühere Raubwirthschaft in den Waldungen und c
theure fremde Steinkohle die Dampfkraft hemmte. Fabrikanten in n
nach der See mündenden Apenninthälern sagten uns, sie bezahlen jetz
früher wohl die zehnfache Steuer, jedoch gehe das Geschäft viel schwung
hafter. Die Papierindustrie litt besonders unter der freien Ausfuhr ihres
Rohstoffs. Bald darauf wurde durch Katastrirung des Landes nicht blo
die Grundsteuer gerechter vertheilt und einkommlicher gemacht, sondern au
der Kredit gehoben. Hatte vor 1848 Piemont einem Kloster geglich
so wurden jetzt alle Kräfte entfesselt und zu äußerster Thätigkeit gespor
Jener Kampf um das Dasein und um Geltung, welchen freie Völker tä
lich ausfechten, hatte auch Piemont in seine Wirbel gezogen. Und d
allen Gebildeten bewußte Ziel war die Selbstständigkeit Piemonts, wel
nur in der Befreiung Italiens von der Fremdherrschaft ihre Erfüllu
finden konnte. Darum war auch die ganze Staatsmaschine, Heer, äuße
Politik, Finanzen schon auf den Fuß eines viel größeren Staats gestell
Zum Glück waren die Piemontesen seit Jahrhunderten gewöhnt, für i
Unabhängigkeit ihres Staats, für ihre Dynastie ausdauernd alle Op
zu bringen. Es war nicht blos müssige juristische Fiktion gewesen, c
der König Eigenthümer aller Güter sei. Auf diesen hartgewöhnt
Stamm wurden nun die edeln Reiser der nationalen Zukunft ein
impft. Ungemein wurde die Herkulesarbeit, welche Cavour sich vorset
dadurch erschwert, daß die beiden bedeutendsten Produkte und Ausfu
artikel Piemonts, Wein und Seidencocons diese allein bisher jährl
mit einem Erlös von 32 Millionen) für mehrere Jahre mit zerstörend
Krankheit geschlagen waren. Daher kamen auch die vermehrten Verge
gegen Eigenthum und Personen, welche die römischen und die östreichisch
Blätter Piemont vorwarfen, ein Vorwurf, welcher aber reichlich zurü
gegeben werden konnte. Auch die Schifffahrt, welche sich von Genua a
besonders nach Südamerika, wo Tausende italienischer Flüchtlinge wei

en, belebte, gewann einen ganz nationalen Charakter. Jede weite Fahrt wurde wie eine Entdeckungsreise von den Zeitungen, auch von mailännischen, verbreitet, z. B. als 1856 ein genuesisches Schiff durch die Magalaensstraße fuhr.

Die Wahl der Abgeordneten am 8. December 1854 gab dem Ministerium eine starke Majorität; die äußerste Linke erhielt noch etwas mehr Stimmen als die Rechte. Nicht blos die Kammer, das Land rief Beifall en Worten Viktor Emmanuels: „Habt zu mir Vertrauen, so werden wir ng verbunden das große Gebäude krönen, welches die Hand meines Vaters errichtet hat und die meinige zu vertheidigen und zu erhalten wissen wird." Allein die sich jetzt der Erledigung entgegendrängenden Fragen stellten an den König und an das Volk Ansinnen, welche mit den Ueberlieferungen des Landes und der Familie in schroffstem Widerstand standen. Zunächst konnten in dem neuen Ameisenstaat die theils der Beschaulichkeit, theils der Unterbringung nachgeborner Söhne und namentlich der Töchter des zahlreichen, minder begüterten Adels bestimmten Klöster nicht mehr bestehen. Die Bearbeitung des Landvolks gegen die Verfassung hatte an diesen Klöstern ihre Hauptstütze.

Schon die beabsichtigte Reform der Ehegesetzgebung hatte principiell und praktisch tiefgreifende Kämpfe entzündet. Der Professor der Dekretalen an der turiner Universität, Nuytz, hatte nach dem Grundsatz des seit dem Anfang des Jahrhunderts mit Zulassung des Pabstes in Frankreich herrschenden Rechts gelehrt, bei der Ehe sei der Vertrag von dem Sakrament zu trennen. Diese Behauptung wurde schon 1851 von der Kurie um so mehr verurtheilt, als Nuytz auch die Disciplinargewalt der Kirche beschränkte, das Nationalconcil über die Kurie stellte und die Obergewalt der Kirche für nicht an Rom gebunden erklärte. Um weiteren Zerwürfnissen mit der Kurie vorzubeugen, wurde Nuytz zum Professor des römischen Rechts ernannt.*) Nicht sobald war die Reform der Ehegesetzgebung durch eine Stimme mehr im Senat abgelehnt, als massenhafte Petitionen um Aufhebung der Klöster, um Verminderung der Zahl der Bisthümer und um Einziehung der Kirchengüter bei der Kammer einliefen. Cavour hatte sich über die beste Methode des Vorgehens bei solchen Fragen im Senat schon den 16. December 1852 dahin geäußert: „Wir werden den zu gewissen Reformen nöthigen Beistand der Kurie nur dann erhalten, wann wir die von uns allein abhängenden Reformen vollzogen haben

---

*) Wir verweisen in Betreff der hier einschlagenden dogmatischen, kanonischen, nationalökonomischen Fragen von größtem Gewicht, welche ein Gewebe von widerstreitenden Interessen bildeten, auf unsere Aufsätze: „Die freie Kirche im freien Staate, Genesis dieser Tendenz auf italienischem Boden und speciell in Piemont", in den Protestantischen Monatsblättern, 1865. August- und Septemberhefte, und daselbst 1866 Novemberheft: „Die Reformpläne für die italienischen Bisthümer und Pfarreien". Daselbst findet sich auch die italienische Literatur.

werden. Bis dahin wird das Land nicht geneigt sein, diejenige Autorität anzuerkennen, welche wir der Kirche so gerne bezeigen. Dieses Ansehen der Kirche nimmt nur in Italien nicht zu, während es in allen Ländern zunimmt, in welchen Staat und Kirche mehr oder weniger geschieden sind." Cavour bedauerte, daß die unter Siccardi einmal im Zug befindlichen kirchlichen Reformen sobald abgebrochen worden waren; er fürchtete durch Wiederaufnahme derselben eine neue klerikale Agitation zu erwecken, durch welche die Einigkeit Piemonts gestört würde. Aber die Linke stellte fort und fort Interpellationen, ob er mit dem Princip, mit der Nothwendigkeit der kirchlichen Reformen nicht einverstanden sei, oder ob er und auf welche größere Opportunität er noch warte? Cavour war bereit, auf das bisher rigorose Placet des Staats für päbstliche Erlasse, obgleich die Bureaukratie es für eine starke, die Macht der kirchlichen Hierarchie hemmende Fessel hielt, zu verzichten, zumal seit dasselbe durch die auch der Kirche zustehende Preßfreiheit an Bedeutung verloren hatte. Cavours Plan zielte auf die sittliche und materielle Hebung der Pfarrgeistlichkeit und des Landvolks als auf ein unzertrennliches Werk. Die freie Arbeit sollte die Kirche befreien. Wenn erst einmal das Volk durch intelligentere Arbeit wohlhabender geworden sei, so würde es durch seine freien Beiträge zu dem Ertrag des Pfarrguts den Pfarrer auch vom Staate unabhängiger machen. Denn ein vom Staat besoldeter Klerus würde als Organ der Regierung die Freiheit des Volkes gefährden. Vorerst aber bedürfe die Pfarrgeistlichkeit der Hilfe des Staats, da sie sich aus der Herrschaft der Bischöfe nicht selbst befreien könne.

Außer den Klöstern wurde von den Liberalen die übermäßige Zahl und der höchst ungleiche Umfang der Bisthümer, die schreiende Ungleichheit der Besoldungen der Geistlichen angegriffen. Da aber die Bischöfe den Reformen des Staats in ihren Angelegenheiten den hartnäckigsten Widerstand entgegensetzten, da die bischöflichen Diöcesen nur mit Hilfe des Pabstes, welche nicht zu hoffen war, anders umschrieben werden konnten, so mußte auch Cavour der hauptsächlich gegen die Klöster gerichteten liberalen Strömung folgen. Die liegenden Güter todter Hand paßten nicht mehr in das neue Güterleben. Wenn man einwarf, daß die Klöster nur das allgemeine Associationsrecht üben, so vertheidigte Cavour gegen sie die Freiheit des persönlichen Bestimmungsrechts, auf welches niemand durch einen Akt, durch ein Gelübde für immer verzichten könne. Cavour hat einmal in der Kammer gesagt: „Es ist immer eine ernste Sache, Dinge zu berühren, welche einige Beziehung zu der Religion haben; thut man es aber, so ist es stets das gerathenste, Reformen dieser Art nicht in die Länge zu ziehen." Dieses Wort wurde ihm jetzt wie ein Sporn eingerieben. Und Cavour wollte Italien, dessen national-liberal gesinnte Bevölkerung das Klosterwesen als ein am Körper der Nation haftendes Ungeziefer haßte, diese Genugthuung geben, er wollte dieses um so mehr, als er gleichzeitig in die orientalische Verwicklung eintrat, um dieselbe Bevölkerung für seine Ideen zu gewinnen. Was Balbo und seine welfischen Freunde nicht eingesehen hatten, die Solidarität Roms und Oestreichs in Italien, war nun nicht nur Cavour, sondern allen gebildeten Italienern klar. Indem Cavour die Citadellen Roms in Piemont schleifte, gab er jenen ein Unterpfand, daß er auch den Kampf mit Oestreich nicht scheuen werde.

Sämmtliche Klosterinsassen mit Corporationsvermögen, die Bettelmönche, deren auf den Bettel und den Müssiggang einen Heiligenschein werfende Lebensweise sich nicht mehr mit der Anspornung zur Arbeit vertrug, und die lehrenden Ignorantelli auf dem Festland und auf der Insel schlägt Cavour „auf eine Arme von achtzehntausend Köpfen" an. Im Februar 1855 focht Cavour den parlamentarischen Kampf durch für Aufhebung aller geistlichen Anstalten sowohl der vornehm faulen Domkapitel und der Pfründen ohne Seelsorge, als die der Klöster, welche sich weder der Predigt, noch dem Unterricht, noch der Krankenpflege widmeten. Es sollte ihnen das vom Staat ertheilte, zum Besitz berechtigende Corporationsrecht entzogen werden. Die Statistik weise unter allen Breitegraden nach, daß die Zahl der Mönche und der Volkswohlstand mathematisch genau im umgekehrten Verhältnisse stehen. Die Religion könne bei ihrer Abschaffung nur gewinnen. In Savoyen, welches seit seiner französischen Zeit wenige Klöster habe, sei der Einfluß der Pfarrgeistlichkeit am stärksten. Das bisherige Einkommen derselben sollte dazu verwendet werden, jedem der bisherigen Klosterleute, so lange sie zusammenlebten, 500, später 800 Francs zu bezahlen; die Kunstwerke in den Klöstern sollten damit erhalten werden, der Ueberschuß sollte dazu dienen, die Pfarreien, welche unter tausend Francs Einkommen besäßen, dahin aufzubessern, damit zugleich der Staat von dieser Verpflichtung entbunden würde. Der Einziehung der Kirchen- und Klostergüter für den Staat trat Cavour entschieden entgegen. Vielmehr wurde eine besondere „geistliche Kasse" gegründet, deren Verwaltung unter der Aufsicht einer Commission stand, die aus Mitgliedern der ersten und der zweiten Kammer gewählt war. Er hoffte, im Element der Freiheit würden sich besondere für Krankenpflege nützliche Vereine bilden. Den Orden der Barmherzigen Schwestern erhielt er „als eine Ehre der Religion und des Katholicismus", da diese keine Zeit zu Intriguen hätten. Allerdings blieben aristokratische, den Jesuiten affiliirte Schwesterncorporationen, welche, indem sie die Töchter unterrichteten, ihre Spionage bis in das Innerste der Familien trieben. Weder das Drohen mit Excommunication noch mit einer Intervention der Mächte schreckte Cavour. Als aber die Bischöfe sich erboten, selbst jährlich gegen eine Million zur Aufbesserung der Pfarrbesoldungen aufzubringen, wenn die Gesetzesvorlage vertagt würde, glaubte Cavour darin den Anfang einer versöhnlichen Herbeilassung der Kurie, der Klöster und vielleicht der Kirche zu sehen und zeigte sich bereit, die Regierung einer der Kurie angenehmeren Persönlichkeit zu übergeben. Der König versuchte die Bildung eines Ministeriums aus conservativeren Elementen. Als aber die Hierarchie die Absicht verrieth, dadurch vielmehr die Klosterreform zu hintertreiben, so rieth d'Azeglie dem König, Cavour als einzig möglichen zu behalten; und da das von der Universität ausgehende Losungswort: „das Gesetz ist nicht zu verkaufen" allgemein Beifall fand, so stellte sich Cavour wieder fest an das Steuerruder. Dieß war gerade jetzt sehr nöthig. Denn ein tragisches Zusammentreffen im Königsschloß erschütterte Viktor Emanuel tief: den 12. Jan. 1855 starb seine Mutter, eine Erzherzogin von Toscana, den 20. Jan. starb seine Gattin, Tochter des Erzherzogs Rainer, den 10. Febr. starb sein tapferer 33jähriger Bruder und Waffengenosse, der Herzog von Genua. „Der König brachte die Nächte am Bette seiner Mutter und seiner Gattin zu, schreibt d'Azeglio an die seinige. Er ist um fünfzehn Jahre älter und viel schmaler geworden. Aber nach einigen Tagen besorgte er wieder die Geschäfte, unterzeichnete das Gesetz und sprach zu mir das große Wort: Ich bin König und es ist meine Pflicht." War aber dieß und die im Krimheere wüthende Cholera nicht der warnend erhobene Finger Gottes? Der Pabst selbst schrieb in diesem Sinne an den in düsterer Frömmigkeit erzogenen, von Zeit zu Zeit von Gewissensbissen geplagten Monarchen. Dennoch gab dieser nach hartem inneren Kampfe den 29. Mai 1855 dem Gesetze seine Sanktion. Cavour hatte sich nicht getäuscht, indem er in seiner Hauptrede vom 17. Februar sagte: „Auch die politische Situation Europas ist dazu angethan, uns in unsern Entschlüssen zu bestärken. Gerade die maßlosen Absichten der ultramontanen Partei machen die meisten Staatsmänner und die öffentliche Meinung Europas Jedem günstig gestimmt, welcher mit Festigkeit und mit Mäßigung den Grundsatz der Unabhängigkeit der bürgerlichen Gewalt aufrecht erhält." Die französischen und die englischen Blätter riefen dem Krimverbündeten Beifall zu; er bemerkt, daß jetzt selbst aus einem Theil Deutschlands sich solche Stimmen vernehmen ließen. Der Pabst aber klagte im Kardinalsconsistorium über dieses „Gesetz Rattazzi", über die frühere Aufhebung der geistlichen Ausnahmsgerichtshöfe, des Asylrechts, der Zehnten, indem er sie alle für null und nichtig erklärte, wie über die protestantischen Tempel, als über „unglaubliche, höchst grausame Akte gegen die Kirche, gegen ihre ehrwürdigen Rechte und gegen die höchste unverletzliche Autorität des h. Stuhles." Es wurden durch dieses Gesetz 334 Ordenshäuser aufgehoben mit 4280 Männern und 1198 Jungfrauen; es blieben aber immer noch 22 geistliche Orden mit 264 Häusern mit viertausend Köpfen und zwar nach römischer Rechnung (Coppi, annali A. 1855. p. 13). Der Pabst hatte schon den 22. Januar über die Urheber und Vollstrecker desselben, ohne sie jedoch namentlich zu nennen, die Excommunikation ausgesprochen. Der unmittelbare Erlös der verkauften Klostergüter blieb unter dem Voranschlag, aber der Ertrag derselben steigerte sich unter den fleißigen Laienhänden

und von den Geistern war ein Bann genommen. Und der König, nach=
dem er die furchtbare Krise überwunden hatte, schaute jetzt nur noch vor=
wärts, darauf, Italien zu machen.

Die Linke bezeigte ihr Mißvergnügen über die „halben Schritte"
Cavours. Schon 1851 hatte er sich dem seltsamen Ansinnen Brofferio's
widersetzt, der Staat solle, da er Professoren in den bischöflichen Semi=
naren bezahle, auch ihre Lehre überwachen. Cavour wies die Zumuthung
der hierzu nöthigen Spionage zurück. So wenig er dulde, daß die Bischöfe
sich in die Angelegenheiten des Staats mischten, ebensowenig dürfe dieser
den unausführbaren Versuch machen, sich in die der Bischöfe und der kirch=
lichen Lehre einzudrängen. Der Klerus habe durch die Verfassung viele
Vorrechte verloren, welche ihm der Absolutismus ertheilt hatte, man würde
es ihm unmöglich machen, sich mit der Verfassung zu versöhnen, wenn
man nur ihm die Freiheitsrechte derselben entzöge und gegen ihn allein
die Zwangsmaßregeln des Absolutismus anzuwenden versuchen wollte.
„Darum fordere ich die Kammer auf, die klerikale Intoleranz nur dadurch
zu dämpfen, daß sie auch dem Klerus die Freiheit gibt." Cavour ver=
gleicht den gewaltthätigen „Fortschritt" des Brofferio mit dem Absolutis=
mus Ludwigs XIV., mit dem Liberalismus, zu welchem sich zur Zeit Lud=
wigs XV. gewisse Encyclopädisten in den Boudoirs der Mademoiselle de
Pompadour bekannten. In diesen Radikalen lebten besonders der Kirche
gegenüber die alten Conventsgelüste fort, während Cavour die Vergleichung
mit dem Polizeistaat Josefs II. von sich zurück und auf sein Grundprincip
der Freiheit des Gewissens und des Bürgers hinweisen durfte.*)

Die Ausführung des Gesetzes brachte noch manche Weiterungen, zu=
mal einige Schwesterorden sich zu sehr auf den Schutz der Kaiserin
Eugenie verließen. Die A. Allg. Zeitung berichtet aus Turin vom
26. November 1856: Die in Piemont=Ligurien verbreiteten suore fedeli
li Gesù und die besonders im aristokratischen Savoyen herrschenden
Dames du sacré coeur sollten als Lehrerinnen der Töchter fortbestehen,
der unter der Bedingung, daß sie sich den gesetzlich vorgeschriebenen

---

*) Ueber das Gesetz der Klosterreform, über die nur theilweise Aufhebung der
Klöster spricht sich Brofferio in der radikalen brillfeler libre recherche Oct. 1855.
folgendermaßen aus: „Alles bisher Gethane ist ein leeres Geräusch, ein Parteifallstrick,
in Zeitvertreib für das Volk. Das Ministerium D'Azeglio machte, um der öffent=
lichen Meinung ein Sühnopfer zu bringen, den ihm bisher hilfreichen Klerus zu einem
solchen Opfer. Um das Volk mit den harten Steuern, mit den gegen den Radikalis=
mus gerichteten reaktionären Gesetzen zu versöhnen, wird die geistliche Gerichtsbarkeit
scheinbar abgeschafft, aber jetzt noch werden Aussprüche derselben vollstreckt. Gerade
diese halbe Maßregel rief den stärksten Widerstand der Priester hervor. Die Städte
verlangen die Einziehung des Kircheguts und die völlige Aufhebung der Klöster.
Endlich wird, um den Krimfeldzug verschlucken zu machen, eine Anzahl von Klöstern
scheinbar aufgehoben, aber dieses Gesetz durch den Senat vollends zum Schatten ge=
macht." Auch diese Herrn haben einen character indelebilis.

Prüfungen und den gesetzlich überall eingeführten Schulinspektionen durch Laien unterzögen. Sie weigerten sich dessen, die dames du sacré coeur erklärten, lieber Savoyen zu verlassen. Ihre aristokratisch-klerikalen Rathgeber meinten, die Regierung werde es nicht wagen, es dahin kommen zu lassen. Allein diese beharrte auf ihrer Forderung. Und nun unterzogen sich beide Körperschaften den gesetzlichen Vorschriften und freuten sich ihrer wohlbestandenen Prüfungen. — Cavour betrachtete die vollkommene, den Staat einer schweren Pflicht entbindende Unterrichtsfreiheit als diejenige, welche principiell richtig sei, aber erst nach allen andern Freiheiten praktisch ausführbar sein werde.

Da die ultramontane Partei über Kleines, Aeußeres beinahe dasselbe Geschrei gegen Tempelschändung an den Himmel und an die ungebildeten Klassen des Volks richtet, wie gegen Tiefeinschneidendes, so hätte Cavour am liebsten auch seine Reform der Bisthümer und der Pfarreien jetzt weiter und zum Ziel geführt. Aber der Episcopat war dermaßen von der ultramontanen Partei beherrscht, daß er die ihm gebotenen sibyllinischen Blätter zurückwies. Balbo hatte es beklagt, daß niemand zwei große Dinge zugleich durchführen könne. Und Cavour war jetzt durch die äußere Politik sehr in Anspruch genommen. Die orientalische Frage bot ihm die Gelegenheit nicht sowohl zur Ausführung des schon 1783 in Turin gehegten Plans, die Lombardei zu bekommen (s. Wurm, diplomatische Geschichte der orientalischen Frage S. 119), sondern auch zu größeren Zwecken das Vertrauen der Italiener und das der fortgeschrittenen Nationen und ein Bündniß mit den Westmächten zu verdienen. Wenn Rußland in den Besitz der europäischen Türkei kam, so blieb es nicht mehr die Piemont befreundete entfernte Macht: Italien war durch eine solche Nachbarschaft stärker bedroht, als einst durch die türkische Macht. Der Absolutismus in Italien, zunächst der in Neapel hätte an Rußland einen nahen mächtigen Beschützer gefunden, die Küsten des Mittelmeers wären der Schauplatz furchtbarer Kriege geworden. Jetzt konnte der Bund der Nordmächte gesprengt werden. Wir streiten nicht mit Mauri, wenn er die Initiative dieser Idee für Farini in Anspruch nimmt. Auf einer Jagdpartie von der ausgebrochenen Krise unterrichtet, habe dieser ausgerufen: dieß ist die Gelegenheit für Piemont, ins Leben zu treten und Europa zu überzeugen, daß es Italien vertritt. Er habe seine Idee Castelli mitgetheilt und mit diesem vereint sie Cavour vorgetragen. Carutti behauptet, man habe Cavour die Initiative dieser Politik zu danken. Der Gedanke und seine Ausführung war genial, sieht daher Cavour am ähnlichsten. Er mag sich also gleichzeitig mehreren ausgewählten Geistern aufgedrängt haben.

Die innere und die äußere Lage Piemonts boten große Schwierigkeiten. Die schwerste war das fortwährende Deficit. Die von Balbo fertig gesponnene Tradition der piemontesischen Politik ging darauf, Oestreich „durch Orientalisirung zu desitalianisiren", ihm bei der Zerstücklung der Türkei für Lombardo-Venetien die Wallachei und Serbien zu geben, was Oestreich jedoch nie wollte. Jetzt handelte es sich umgekehrt darum, den Bestand der Türkei mit den Waffen zu verbürgen. Zu Anfang des Kriegs zielten Frankreich und England vor allem darauf, Oestreich und Preußen für sich zu gewinnen und sie wollten sich dieses nicht erschweren, indem sie Piemont betheiligten. Die französische Presse sagte, erst nachdem Preußen sich unfähig gezeigt habe seinen Beruf anzutreten, habe sich Piemont an seine Stelle gestellt und sei angenommen worden. Das enge Bündniß Oestreichs mit der Kurie nöthigte Piemont zum Schutz gegen ihre Zettlungen im Innern Piemonts sich eine starke äußere Anlehnung zu schaffen und zu verhindern, daß Oestreich durch Anschluß an die Westmächte diese für sich gewann, um mit ihrer Hilfe Piemont, wenn auch nur moralisch und politisch zu erdrücken. Daß die Politik der Betheiligung am Krimkrieg ihre Spitze wesentlich gegen Rom-Oestreich richtete, erhellt auch daraus, daß gleichzeitig mit jener Politik die Aufhebung der unfruchtbaren geistlichen Körperschaften in den Kammern durchgefochten wurde. Wenn Preußen, eine halbe Großmacht, in seiner langgestreckten Stellung sich hüten mußte sich mit Rußland zu verfeinden, dem Frankreich bald wieder wie 1830 die Hand über Preußen weg bieten konnte, so war Piemonts östlicher Nachbar sein unversöhnlicher Feind, und es galt, seinen westlichen Nachbar, trotz der gründlichen Verschiedenheit seiner inneren Politik von der Piemonts, sich zum Freund zu machen. Aber der Muth des Genius gehörte dazu.*)

Ueber den Vertrag mit den Westmächten schreibt d'Azeglio an seine Gattin: „Ich habe mein Möglichstes gethan ihn zu Stande zu bringen, und dem einfachen Grund, weil es bei Sturmwetter angenehmer ist auf einer Fregatte zu sein, als auf einem Nachen, mit welchem die Wellen Ball spielen, oder weil es am Tage der Liquidation besser ist im Saal mit denen zu sein, welche sie machen, als außerhalb der Thüre. Endlich hat das Haus Savoyen seit Jahrhunderten sich an allen großen Kriegen betheiligt, und diese überlieferte Politik hat sich nicht so übel erprobt, daß man sie aufzugeben hätte."

*) Carutti zeichnet mit wenigen Strichen die treffliche Situation, in welcher sich Oestreich befand, und die Ungunst der Lage Piemonts beim Ausbruch der orientalischen Krise: „Oestreichs Stellung war 1853 und 1854 ausgezeichnet, wie diejenige, welche es im Frühjahr 1813 einnahm, kurz vor seinem Beitritt zur letzten Coalition gegen Frankreich. Das Wiener Kabinet war gesucht und gehätschelt einerseits von Rußland, andererseits von England und Frankreich. Es hielt die Wage in seinen Händen und wollte sie auf die eine oder die andere Seite erst dann sinken lassen, wenn seine Zeit und Stunde gekommen sein würde und je nachdem es ihm sein Interesse riethe. Das war eine geschickte Taktik, die ihm aber doch gefährlich werden konnte, wenn beide Gegner einer solchen Politik mit doppeltem Gesicht überdrüssig wurden. Jedenfalls aber mußte ein solches Verhalten Rußland aufs tiefste verletzen, das durch seine Oestreich 1849 in Ungarn geleistete Dienste Anspruch auf dessen entschiedenen Beistand zu haben glaubte.

Sämmtliche Geschichtschreiber der cavourschen Politik betrachten diesen Moment als den großen Wendepunkt, als den ersten kühnen Schritt seiner äußeren Politik und sie charakterisiren sich dabei selbst. Damit unsere Leser auch mit ihnen bekannt werden, lassen wir sie der Reihe nach zum Worte kommen. Bonghi, welcher in seinem kurzen, trefflichen Camillo Benso di Cavour (Torino 1861) mehr die innern Angelegenheiten behandelt, spricht nur kurz von diesem äußeren Akt. De la Rive (le comte de Cavour, Paris 1863) interessirt uns zumeist durch intime Mittheilungen über den Gedankenaustausch Cavours mit den Verwandten seiner Mutter, wenn er bei Genf sich erholte, das heißt bei ihm, wenn er über großen Planen brütete. Zu einer solchen Reise hatte aber der Minister jetzt nicht die Muße. Im November 1854, erzählt de la Rive, als die Westmächte ihre Truppen in der Krim auftreten ließen, fragte ihn seine vertraute Nichte, die Gräfin Alfieri in Turin, als Cavour sinnend am Kamin ihres Salons stand: Nun, mein Oheim, gehen wir nach der Krim ab? — „Wer weiß? erwiederte Cavour, England drängt mich, mit ihm einen Vertrag zu schließen, welcher unsern Truppen erlauben würde dahin zu gehen und die Scharte von Novara auszuwetzen. Aber, was wollt Ihr? Mein ganzes Kabinet ist dem Plan feindlich. Selbst Rattazzi und mein trefflicherer Freund Lamarmora sprechen davon zurückzutreten. Nur der König ist für mich und wir beide werden es gewinnen." — England fühlte bitter, daß die Schwäche seiner Landmacht ihm nicht erlaubte bei der Belagerung von Sebastopol neben Frankreich eine einigermaßen ebenbürtige Rolle zu spielen. Es suchte daher durch Subsidien die piemontesischen Truppen an seine Seite zu ziehen. Englands Gesandter Hudson schloß damals sein intimes Verhältniß mit Cavour. Massari in seiner commemorazione di Massimo d'Azeglio (Bari 1866) schreibt: der Plan Cavours, ein Genieblitz, wurde anfangs nicht begriffen, er schien mehr als Keckheit, mehr als Verwegenheit, mehr als Tollheit zu sein. Es drohte eine Ministerkrise. D'Azeglio, anfangs dagegen, überzeugte sich vom Gegentheil. Als Cavour dieß erfuhr, begab er sich zu d'Azeglio und bat ihn ein neues Ministerium zu bilden, indem er sagte: „Du bist Ministerpräsident unter der Bedingung, daß du den Vertrag mit England unter-

---

Dagegen stand Piemont seit 1848 in Europa vereinzelt. Es war Mode, Piemont als einen halbrevolutionären Staat anzusehen und man hielt sich von ihm in gehöriger Entfernung. England allein war ihm treu geblieben, sei es der ehemaligen Verhältnisse halber, sei es aus Sympathie für die constitutionelle Regierungsform. Dieß aber entfremdete Piemont den Kaiser Napoleon. Die Allianz mußte dieß ändern, sie mußte Piemont alsbald nach außen stärken. Die Niederlage bei Novara war eine bittere Erinnerung für einen Staat, der eine Zukunft vor sich hatte und nicht ohne Ehrgeiz ist. Man mußte es vergessen machen, daß die italienische Tricolore vor den siegreichen österreichischen Truppen zurückgewichen, und dem Heer und dem Lande das Vertrauen wieder verschaffen, welches der Erfolg einflößt."

zeichnest. Ich werde unter deiner Leitung dienen; willst du aber dieß nicht, so bleibe ich außerhalb des Ministeriums und werde dich so unterstützen." D'Azeglio lehnte dieß ab und unterstützte den Plan Cavours, namentlich durch eine Rede im Senat. Alfons Lamarmora aber, der Kriegsminister, der männlich schöne Soldat mit dem hohen Knochengerüste und mit der auffallend engen Stirne bewies dießmal, daß ihm große, in weitem Bogen zum Ziel führende Wege nicht eingingen, weil er sich von seiner Operationsbasis abgeschnitten glaubte. Er sah für Piemont keinen unmittelbaren, handgreiflichen Nutzen von diesem entfernten Gebrauch des von ihm mit äußerster Mühe wieder organisirten Heeres, während Cavour von der Hebung seines Selbstbewußtseins, von seiner Italianisirung sich Großes versprach. Die feinen Manieren und der Ruhm der Loyalität gaben Alfons bei den Diplomaten und bei den Damen großen Einfluß. Hudson ging ihm, wie der Jäger der Spur eines Wildes, auf allen Schritten nach, schließlich bis nach Genua, um sich zu überzeugen, daß er sich wirklich nach der Krim einschiffe.

Aber nur General Dabormida trieb seinen Widerstand bis zum Austritt aus seinem Ministerium des Aeußeren. Den zehnten Januar 1855 trat Cavour in dasselbe ein. „Der Krieg, schreibt Carutti im Geiste Cavours, konnte sich zu einem allgemeinen gestalten. Man würde aber dann für seinen schließlichen und gezwungenen Beitritt Piemont keinen Dank gewußt haben, während man seine Hilfe zu Anfang der Aktion besser schätzen und ihm dafür Rechnung tragen mußte." Bereits ging das Gerücht, die Westmächte übten eine starke, nöthigende Pression auf Piemont. Um sich noch den Ruhm der Freiwilligkeit zu sichern, that Cavour rasch einen entscheidenden Schritt vorwärts. Wohl hatte Oestreich in den Kriegen der Coalition von 1792 bis 1814 von England ungeheure Subsidien bezogen. Allein ein Mittelstaat wäre durch diese Form der Söldner Englands geworden. Deßhalb bedang sich Cavour von England nur ein Anlehen von einer Million Pfund zu drei Procent, das er nicht wohl entbehren konnte, aus. England hatte auch die Kosten der Ueberfahrt der piemontesischen Truppen nach der Krim zu bezahlen. Den 26. Januar 1855 trat Piemont dem anglo-französischen Vertrag zur Erhaltung der Türkei bei und verpflichtete sich in einer Militärconvention zur Stellung und Erhaltung von fünfzehntausend Mann in der Krim.

Rußland war ein alter Verbündeter Piemonts. Kaiser Paul hatte im Feldzug Suwaroffs in Italien 1799 und Kaiser Alexander hatte noch nach dem wiener Congreß Piemont gegen die Lüsternheit Oestreichs geschützt. (Siehe Preußische Jahrbücher, Bd. I, Heft 6, u. Bd. II, Heft 2: die Oestreicher in Italien und die italienische Politik Rußlands von Reuchlin.) Aber Kaiser Nicolaus hatte seit 1848 als Schutzherr der Legitimität die diplomatische Verbindung mit Piemont abgebrochen und noch 1853 in der Sequesterfrage sich als Partei entschieden auf die

Seite Oestreichs gestellt, wohl auch um sich ja besten Dankbarkeit be Realisirung seiner orientalischen Pläne zu versichern. Es ist unbegründet wenn der treffliche Wurm sagt, daß Piemont bei Abschluß des Vertrag von Frankreich hinter das Licht geführt worden sei, da ihm unbekannt geblieben sei, daß Frankreich schon den zwölften December 1854 Oestreich seine italienischen Besitzungen für den Fall verbürgte, daß Oestreich seine Truppen aus Italien ziehen würde, um sie gegen Rußland aufzustellen. Man wußte dieß in Turin; dagegen hatte Cavour in geheimen Artikeln von England Piemont die constitutionelle Monarchie und die Integrität verbürgen lassen. Die Bemühungen Oestreichs, den Traktat zu verhindern, erlaubten Cavour nicht, mehr zu erzielen.

Wenn Feinde die scharfsehenden Richter unsres Thuns und Lassens sind, so durfte Piemont seinen Schritt als trefflich geleitet betrachten. Oestreich war schon darüber erbittert, daß Piemont sein inneres System auf den Fuß eines großen Staats gestellt hatte, also Ansprüche und Hoffnung aussprach, ein solcher zu werden. Dasselbe wagte Piemont jetzt in seiner äußeren Politik. Es war nicht mehr die Politik des steten Wechsels der Allianzen mit Spanien, Frankreich, Oestreich, welche Piemont in den letzten Jahrhunderten Bedeutung gegeben hatte. Piemont trat entschlossen und selbstständig im Namen des von Oestreich beherrschten Italiens in ein zukunftvolles Bündniß mit Großmächten ein, welche seine Hilfe nachsuchten. Es übernahm eine Rolle, welche das durch seine Lage freilich gefährdetere Oestreich zu übernehmen nicht wagte. Nicomed Bianchi erzählt in seinem conte C. di Cavour (Torino 1863), einer der angesehensten östreichischen Staatsmänner habe auf die Nachricht von dem Abschluß des Traktats ausgerufen: „Dieß ist ein auf Schußweite gegen die Ohren Oestreichs abgebrannter Pistolenschuß." Da das neue Kabinet Piemont keinen realeren Schaden anthun konnte, so gab es den von den Mazzinisten ausgestreuten Verläumdungen, wodurch Piemonts Kredit untergraben werden sollte, nachdrückliche Verbreitung, als hätte Viktor Emanuel durch diesen Schritt seine seit dem Jahre 1849 befolgte Politik aufgegeben und auf die italienische Hegemonie verzichtet." Die Entschlossenheit Piemonts war Oestreich um so ärgerlicher, als sie eine Antwort auf die bei den Westmächten von Oestreich vorgebrachte Ausrede war, es könne sich ihnen nicht aktiv anschließen, da sonst Piemont in seinem Rücken Italien in Brand setzen würde. Cavour genoß die Schadenfreude, die Verlegenheiten des unentschlossnen Oestreichs zu vermehren, es von den richtigen Entschlüssen abzudrängen. Oestreich machte seinen Grimm fühlbar, indem es den Sequester härter geltend machte. Die meisten deutschen Blätter spotteten über den Frosch, der sich zum Ochsen aufblase, aber platzen werde.

Es ist merkwürdig, daß in diesem Moment, in welchem der nationale Beruf Piemonts zur That wurde und eine reale Gestalt annahm nicht blos die ultramontane, sondern auch die demokratische, radikale Partei derselben feindlich entgegentrat und daß sie beide Oestreichs Handlanger wurden. Sie verschrieen das Bündniß als den Anfang des Sturzes der Verfassung. Während die Conservativen behaupteten, Tradition und Pietät erlauben Piemont nicht die Waffen gegen Rußland zu erheben, verlangte Brofferio, Piemont solle sich mit — Rußland verbünden! Eine größere Freude hätte man der wiener Hofburg nicht bereiten können; Piemont wäre von Oestreich und von Frankreich sofort erdrückt worden. Jenen antwortete Cavour, seit Jahrhunderten habe Piemont durch die Kühnheit in der Wahl der Allianzen in der europäischen Wagschale mehr Gewicht gehabt, als wozu es materiell berechtigt war. Es sei jetzt eine Nothwendigkeit, an diese Ueberlieferung wieder anzuknüpfen, nicht ihren Buchstaben, sondern ihren Geist wieder aufzunehmen. Der Moment sei gekommen, wo das Scherflein der Wittwe mehr gelte als unter andern Weltverhältnissen die prahlerische Gabe des Reichen.

Die radikalen Abgeordneten wußten eine Petition und Erklärung von genuesischen Kaufleuten beizubringen, daß dadurch ihr Haupthandel, der mit südrussischem Getreide in Odessa, zerstört würde; als ob England dieses nicht jedenfalls blokirte. Seit das Heer darüber beruhigt war, daß es nicht als englische Söldnerbande auftreten würde, war es kriegslustig. Aber die radikale Linke betrat ihren Lieblingsweg, sie agitirte unter den Unteroffizieren und brachte eine Anzahl Unterschriften derselben für einen Protest bei, worin es hieß: „Keine Regierung hat das Recht über Bürger, über italienische Soldaten zu verfügen, um einen antinationalen Krieg zu führen, in welchen Oestreich durch den Vertrag vom zweiten December 1854 mit eingetreten ist, dessen Bedingungen ihm eine Vorherrschaft in Italien verbürgen. Erheben wir uns, schwören wir, nur für die Einheit Italiens und für die Völker zu kämpfen, welche ihre Nationalität wieder erringen wollen!" Sofern damit die Ungarn und die Polen gemeint waren, so hatte dieß Cavour für den Fall, daß Oestreich sich jetzt an Rußland anlehnte, schon in Aussicht genommen. In der Kammer, in welcher der Kampf den dritten Februar begann, wandten Brofferio und Genossen ein, der Eintritt in das europäische Concert bringe Piemont keinen Nutzen, so lange Oestreich der Concertmeister bleibe; jede auch indirekte Annäherung an Oestreich sei für Italien unheilvoll. Durch diese Allianz bringe Piemont, wenn auch nicht sein Gebiet, so doch seine Institutionen in Gefahr, da der Liberalismus Frankreichs, selbst der von England seit 1848 nicht geglänzt habe. Wie die Jesuiten sind diese Leute überall dieselben.

Diese gewöhnliche Kurzsichtigkeit der radikalen Partei mußte die vorsichtigen Politiker für sich haben. General Durando bewies dagegen, daß die Neutralität, welche den andern befriedigten Mittelstaaten, z. B.

Belgien zukomme, für Piemont gefährlich, bei den Wechselfällen des Kriegs unmöglich durchzuführen, gegen die Interessen Italiens, wie gegen die dynastische Politik des Hauses Savoyen sei. Italien müßte aus der Neubildung der Allianzen kühn Nutzen zu ziehen wissen. „Wenn ihr euch, rief er, in eine feige Neutralität einspinnt, wenn ihr Europa eure erbetene Hand verweigert, so werdet ihr vielleicht euer Leben fristen, aber eure Söhne und eure Enkel werden ehrlos, vergessen am Fuß der Alpen sterben, sie werden mit euch die Hoffnungen Italiens begraben."

Der Führer der Rechten Revel meinte, die Westmächte wollten Piemont binden, damit es Oestreich nicht in den Rücken falle; er wollte daß man die Anerbieten Englands, Subsidien zu bezahlen, abwarte und sie annehme. Menabrea, wenn auch im Einzelnen mit dem Vertrag nicht einverstanden, sprach dafür. Farini zeigte, der Krieg zerstöre die Substanz der Verträge von 1815, auf welchen die Herrschaft Oestreichs in Italien ruhe; die drohende Erneuerung der H. Allianz werde durch denselben eine Unmöglichkeit. Großen Eindruck machte der beinahe radikale Lombarde Correnti, in welchem die nationale Gesinnung die Enge des Parteihorizonts zerriß; Correnti hoffte nur auf den kühnen Bahnen Cavours die Befreiung seiner Brüder zu erreichen. Ihm schlossen sich andere Linke an.

Zum ersten mal trat Cavour in einer großen europäischen Frage öffentlich in die Schranken. Den 26. Januar sprach er:

„Neutralität ist besonders für einen kleineren Staat gleich Vereinzelung. Er macht sich dadurch zur Zielscheibe des Mißtrauens beider kriegführenden Parteien. Piemont, durch die Großherzigkeit seiner Fürsten an eine entschlossene Politik gewöhnt, wurde zwar vorübergehend die Beute der Wuth der Ereignisse, aber so oft es fiel, hat es sich auch immer wieder erhoben, immer fand es seine Rettung im Vertrauen und in der Achtung, welche es einzuflößen gewußt hatte. Ein Zeugniß davon giebt auch das ihm von den beiden Großmächten angebotene Bündniß. Die wahre Klugheit ist von Kühnheit und Edelmuth beseelt. Sie, die Vertreter eines Volks, dessen Herz mit dem seiner Fürsten immer Eins war, so oft es galt ihnen auf dem Wege der Opfer oder der Ehre zu folgen, können keinen andern Sinn haben als dieses Volk." — So sprach Cavour als der Minister eines Staats von nur fünf Millionen. Wann hat im Norden wie im Süden der Alpen der Minister eines Mittelstaats so gesprochen und so gehandelt? — Vielleicht antwortet uns eine nahe Zukunft!

In seiner Rede vom sechsten Februar bewies Cavour mit ebenso staatsmännischer Objektivität als mit hinreißendem patriotischen Feuer, daß die materiellen und die politischen Interessen Piemonts bei der Lösung der orientalischen Frage in eminenter Weise betheiligt seien. „Obgleich Piemont, sprach er, unter den europäischen Nationen durch die Zahl der das Schwarze Meer befahrenden Schiffe nur die dritte

t, so ist es doch am meisten dabei betheiligt, weil dieses
ptschauplatz seiner Schifffahrt ist. Bekäme das siegreiche
Schlüssel des Bosporus in seine Hand, so wäre das
nur eine riesenhaft erweiterte Rhede von Sebastopol,
die fremden Schiffe willkürlich ausschließen könnte. Auch
bekäme einen dritten Mitbeherrscher; dieser zu werden,
Ein schlechter Trost ist der, daß Frankreich und England
i Eindringling in das Mittelmeer in Schranken gehalten
it Italien keinen Segen gebracht, daß es durch die Ver-
l zu den alten noch neue Fremdherrscher bekam. Dem
ück Italiens hat der größte Lyriker der Neuzeit (Manzoni)
ben in den Worten:

uovo signore s'aggiunge all' antico,
popolo e l'altro sul collo ci sta.

nnigsten Kaiser von Rußland, wie Alexander, wurden
ismus der inneren für die Freiheit nicht empfänglichen
ßlands auch in Deutschland und in Italien Propagan-
lutismus. So lange dieser in Piemont herrschte, war
Freund. Wenn das große deutsche Volk seit 1814 das
tionalität nicht zur Geltung bringen konnte, so war dieß
Folge des von Rußland in Deutschland stets geübten
her mußte ein von Natur edler Geist, Kaiser Nicolaus,
a gegen die Freiheit einen furchtbaren Krieg führen.
em Gastfreunde Karl Albert, als er in Oporto sterbend
t der Sympathie. Dieselbe Nothwendigkeit hat ihn seine
dessen loyalen Sohn vergessen machen, und zwar allein
er seinen Verpflichtungen getreu unsere Freiheit beschirmt
errschaft des Czaren im Rathe Europas wäre für unsere
unsere Nationalität eine Lebensgefahr."
er hatten die Frage aufgeworfen, weßhalb denn unter
iten allein Piemont von seinem Recht der Neutralität
machen wolle? Cavour wies auf die Verschiedenheit der
Verhältnisse hin. „Wir können nicht neutral, natürlich
Neutralität beharren, ohne unwillkürlich die Operationen
zu hemmen, ohne dadurch die Geschäfte Rußlands zu
Wahrheit dieser Behauptung bestätigt sich durch die That-
Redner für die Neutralität russenfreundliche Sympathien
gen: haltet euch in bewaffneter Neutralität, um den
nblick nicht gegen Rußland, sondern gegen seine Feinde
dieser Gedankengang ist durchaus logisch. Eben so natür-
auch, daß wir dadurch die Sympathieen der Westmächte
n. Was aber unser Recht neutral zu bleiben betrifft, so
Politik nicht immer nach dem strengen Recht. Venedig

machte 1796 auch von seinem Neutralitätsrecht Gebrauch und dieß führ
dahin, daß beide kriegführende Mächte es unter sich theilten."

„Eine der größten Errungenschaften der modernen Civilisation, fu
Cavour fort, ist die Macht der öffentlichen Meinung. Da selbst Mäch
welche Verachtung gegen dieselbe affektiren, der Kaiser von Rußland je
an dieses Tribunal appellirt, der Papst seine Streitigkeiten mit Piemo
vor Europa auseinandersetzt, so werden auch unsere Abgeordneten v
der Linken jene Macht nicht läugnen. Nun billigt aber das gar
liberale Europa diesen Krieg lebhaft. Die den Ideen von 1848 getreu
preußischen Abgeordneten sprechen sich warm dafür aus. Alle Klassen
Frankreich wetteifern in Verwilligung der Kriegsmittel und ein Verwil
gen von Geld ist immer bezeichnender als ein Zustimmen mit Wert
(Nach Aeußerungen Cavours schien er den Verdacht zu haben, daß d
Deutschen mit Worten und Gesängen opferwilliger seien als mit Get
Selbst in den vom Frieden lebenden Industriebezirken Englands üb
wiegt der kriegerische Entschluß weitaus. Lord Clarendon, in Begr
das Ministerium des Aeußern in die Hände Lord Derby's zu übergeb
schreibt mir den 31. Januar: In England herrscht besonders sei der
Hoffnung eines Bündnisses mit Piemont eine solche Bewunderung für
die Weisheit und für den Muth, welchen dieses in seinen schwierige
Verhältnissen erprobt, eine solche Sympathie für die glücklichen Erfol
der Gründung seiner vernünftigen Freiheit, daß jedes Band, welches t
beiden Länder enger zu verbinden strebt, mit einem an Enthusiasm
gränzenden Gefühl begrüßt wird. Wenn wir, fährt Cavour fort, unser
Interessen zum Trotz die freundschaftliche Einladung zum Bündniß t
verweigern würden, so müßten wir die Achtung, welche die aufgeklärt
Männer Europas für uns haben, sofort sinken sehen. Dieß wäre e
großes Unglück; denn wenn Piemont in Europa einen höheren Rb
einnimmt, als der ist, welcher ihm kraft seines engen Gebiets zusteh, i
verdankt es ihn der ihm günstigen öffentlichen Meinung, und der Verl
derselben könnte für uns die Ursache trauriger Ereignisse werden
(Wir sehen, daß Cavour in dieser Zeit mehr Werth auf das Verhältn
zu England, als auf das zu Frankreich legt.) „Da sonach die Allia
unvermeidlich ist, so haben Staatsmänner die möglicher Weise dara
fließenden Inconvenienzen nur in Betracht zu ziehen, um sie zu schwäch
Cavour beleuchtet sofort die finanziellen, militärischen und die politisch
Folgen des Waffenbündnisses.

Auf den Einwurf der Demokratie gegen das Bündniß, daß durch t
mit Frankreich das constitutionelle, durch die Gemeinschaft mit Oestre
das nationale Princip Piemonts bedroht werde, eine offene Antwort
geben, war offenbar eine schwierige Aufgabe. Cavour erklärte: „Wenn fi
Oestreich den Westmächten nähert und sich gegen den der Civilisati
feindlichen Koloß wendet, so ändert es damit seine bisherigen Grundsät

nicht wir thun es. Wir treten in das Bündniß ein, ohne eines unserer Gefühle, ohne eine Handlung unserer Vergangenheit zu verläugnen, unser entfaltetes Banner hochtragend. Wir bringen damit das constitutionelle System im europäischen System zur Anerkennung, wir geben der über diesem Gebäude wehenden dreifarbigen Fahne eine neue ruhmvolle Bluttaufe und die Kraft, ebensowohl den Stürmen der Revolution als denen der Reaktion Widerstand zu leisten." Revel erhob gegen Cavour wieder die Anklage der Inconsequenz, weil dieser, der alte Kampfgenosse der Conservativen, Rattazzi in das Ministerium genommen habe. Dieß habe das Mißtrauen von ganz Europa gegen Piemont erweckt und deßhalb sehe ich Piemont jetzt in der Nothwendigkeit, der Allianz beizutreten. Cavour erwiedert darauf: „Unter allen Vorwürfen, die man einem politischen Mann machen kann, ist in meinen Augen der schwerste der, er habe die Grundsätze aufgegeben, zu welchen er in seinem ganzen Leben sich bekannte. Nichts kann dem Gang des constitutionellen Systems mehr schaden, als eine solche Beweglichkeit, als die Instabilität der politischen Männer in ihren Grundsätzen, weil dadurch an die Stelle der großen Politik der allgemeinen Rechte und Interessen die Politik der Intrigue und der Privatinteressen gesetzt wird." Erst in Folge des napoleonischen Staatsstreichs habe die Partei Revel die Entwicklung der piemontesischen Verfassung bedroht, deßhalb habe er, Cavour, von untergeordneten Differenzen absehend, damals sich an Männer des freiheitlichen Fortschritts angeschlossen. Zum Schluß betrachtet Cavour die Allianzfrage von dem höchsten Gesichtspunkte aus: ist sie Italien nützlich oder schädlich? — „Sie nützt Italien auf die gegenwärtig allein mögliche Weise. Die schlimmste Folge der fortgesetzten Verschwörungen und ungeordneten Bewegungen in Italien war, daß sie die Achtung, die Sympathie verminderten, welche die Völker Europas für Italien haben konnten. Die Hauptaufgabe ist daher jetzt die, diese Achtung wieder zu verdienen. Dazu ist nöthig, erstens, daß Italien zeige, daß es genug bürgerliche Weisheit hat sich frei zu regieren, und zweitens, daß die Italiener beweisen, daß sie noch so tapfer sind wie ihre Vorfahren. Das Erste hat Piemont seit sieben Jahren erprobt, die Gelegenheit, das Zweite zu erproben, eröffnet sich uns jetzt. Zur Wiederaufrichtung des guten Namens und der Zukunft Italiens wird der Ruhm, welchen unsere Soldaten im Orient erkämpfen, mehr leisten, als alle möglichen Deklamationen."

Cavour sah sich durch den alten Reaktionsmarschall Latour (von 1821) veranlaßt, die diplomatischen Beziehungen Rußlands zu Piemont oder vielmehr deren seit 1848 fortgesetzten Abbruch zu erzählen. „Bei der Thronbesteigung Viktor Emanuels wurde der piemontesische Gesandte in Berlin, Graf Rossi, beauftragt, den dortigen russischen Gesandten zu fragen, ob Rußland die Anzeige der Thronbesteigung annehmen würde. Die offizielle Antwort war, Rußland als Alliirter Oestreichs könne dieß nicht thun,

so lange Piemont nicht Frieden mit Oestreich abgeschlossen habe. Groß-
fürst Michael sagte dem ihm bekannten piemontesischen Minister des Aeußern, die Schwierigkeit komme daher, daß Piemont Polen als Offiziere
angestellt habe. Da diese eingetreten waren, um sich am Kriege von 1849
zu betheiligen, so wollte Piemont sie nicht ausstoßen. Nachdem sie jetzt
bis auf einige untergeordnete ihre Entlassung genommen hatten, so fragte
der piemontesische Gesandte in Wien um 1852 bei dem dortigen russischen
Gesandten abermals an, ob Rußland jetzt geneigt wäre, die diplomatischen
Beziehungen mit Piemont wieder anzuknüpfen. Derselbe gab nach em-
pfangener Instruktion verneinende Antwort, nicht mehr wegen der Polen,
sondern weil der Gang unserer Politik dem Czar nicht gefalle." — Somit
war auch die formale Berechtigung zum Krieg nachgewiesen. Den 10
Februar 1855 nahm das Abgeordnetenhaus mit 95 gegen 64, den ersten
März der Senat mit 63 gegen 27 Stimmen den Allianzvertrag an.

Wir haben nach an Ort und Stelle selbst eingezogenen Nachrichten
den Schrecken geschildert, welchen die widerwillig in den Krieg geführten
durch die Niederlage demoralisirten Soldaten in der Nacht des 23. März
1849 in Novara verbreiteten. (Unsere Geschichte, Theil II, zweite Hälfte
S. 215.) Dieß geschah sogar unter dem Rufe: es lebe Karl Albert, in
den Italienern! und dieß zwar zumeist von Savoyarden, welche dynastisch
gesinnt, aber sehr abgeneigt waren, ihr Geld und ihr Blut der ihnen
fremden italienischen, antipäbstlichen Sache zu opfern, und von den all-
durch die Verfassung von 1848 zur Conscription beigezogenen, schwer dis-
ciplinirbaren Inselsarden (nicht von lombardischen Freiwilligen, wie der
belgische Kriegsminister behauptete). „Italiener" nannte der piemontesische
Bürger und Soldat noch 1855 die Flüchtlinge, auch wenn sie seine Offiziere waren. Nicht blos die Provinzen Piemonts sollten durch die Auflösung der bisherigen Provinzialregimenter in Eins verschmolzen werden,
es wurden viele von den dreihundert Offizieren, welche aus dem übrigen
Italien eingereiht waren, in dem Expeditionsheer angestellt. Ein Viertel
der Kadetten bestand aus Söhnen des übrigen Italiens, besonders Ro-
mas. Gallenga schreibt: Cialdini, Cucchiari und Fanti, lauter Modenesen,
führten unsere Truppen in der Krim, während die Kirchenstaatler Fanti
und Mamiani, der Mailänder Correnti, Tecchio als Abgeordnete als
als Vertheidiger der Kriegspolitik hervorthaten, der greise Paleocapa, obgleich blind, in Entwerfung der Pläne noch dieselbe Genialität und Zu-
verläßigkeit erprobte, mit welcher er die Felsendämme zum Schutz seiner
Vaterstadt Venedig gegen das Meer ausgeführt hatte. — Ein neues, das
Verdienst, nicht mehr blos das Dienstalter und die Ahnen berücksichtigendes
Gesetz für Beförderung belebte den Wetteifer der Offiziere. Nicht nur
die Kampfbereiten, auch die Verwaltung, welche im Feldzug 1848 so viel
Unheil durch ihre Unordnung verschuldet hatte, wurde gehoben. Der Ab-
bat kostete aber wegen der weiten Entfernung und um ihn gegen die

umpfige Klima und gegen Epidemien durch kräftige Nahrung und Klei=
ung zu schützen, täglich sechszehn Lire. Selbst das Heu für die 3600
Pferde kam aus Piemont und Toscana. Das Verpflegungspersonal zählte
erhältnißmäßig an meisten Todte.

Die um den Anfang des Mai 1855 in Genua Eingeschifften lan=
eten bei Balaklava. Die französischen und die englischen Soldaten be=
andelten das schmucke Hilfscorps als das jüngste Kind der Familie, als
en Leibfuchsen, welcher auf die Mensur tritt. Ihre geographische Unkenntniß
var ein Glück. Denn wer sich als Ligurer, als Lomelliner gab, wurde von
en Engländern und Franzosen ausgelacht, es wurde ihm gesagt, er sei
Italiener. Die piemontesischen Offiziere, welche unter sich ihr Patois
prachen und behauptet hatten, das Italienische, mit seinem vorherrschend
auf der vorletzten Silbe ruhenden Accent, tauge nicht zum Kommando,
mußten es jetzt lernen. Deßhalb mußte hernach selbst Alfons Lamarmora
sagen: die piemontesischen Truppen seien 1848 aus der Lombardei als
ärgere Kroaten (antiitalienischer, roher) zurückgekommen, denn die Kroaten
selbst es gewesen; aus der Krim seien sie als Italiener heimgekehrt.

Das piemontesische Corps mit seinen 48 Geschützen war immer zahl=
reicher als versprochen worden war. Es stand an der Tschernaia, um den
Rücken des Belagerungsheers gegen die Angriffe der Russen zu decken.
In der Nacht nach dem Napoleonsfeste (16. August 1865), als die Russen
das Lager der nicht blos schlaftrunkenen Franzosen überfielen, rückten die
Piemontesen flink zu ihrer Seitendeckung vor. Sie ließen nur zwölf Todte
auf der Wahlstatt, darunter der Romagnole Montevecchio. Ihr Gesammt=
verlust in dem einjährigen Feldlager stieg indeß auf 2,182 Mann, theils
in Wunden, weit die Meisten, namentlich der treffliche Genieoffizier
Alexander Lamarmora, an der Cholera gestorben. In solchen Prüfungen
igt der italienische Soldat eine überraschende Unerschrockenheit. Nachdem
as ganze reaktionäre Europa das Unterliegen der nationalen Bestrebungen
Italiens im Jahre 1849 verhöhnt hatte, war es dem italienischen Ehrgefühl
zu gönnen, wenn es seine Betheiligung am Krimkrieg und die Größe der
Generale, „welche unsere Truppen zum Sieg führten", überschätzte.*)

---

*) Eine neuere Parteischrift führt diese Betheiligung auf das richtige Maaß zurück:
Die risposta all' opuscolo: il generale Lamarmora e la campagna di 1866 be=
auert, daß die Krim weder den piemontesischen Truppen, noch ihren Generalen Ge=
genheit bot, größere Proben ihrer Tüchtigkeit zu geben. „Alfons Lamarmora, schreibt
ieser Waffenbruder, glänzte in der Krim durch seine unermüdliche Thätigkeit, durch
inen schrankenlosen Eifer, für die Bedürfnisse der Truppen zu sorgen, durch seine
stete Beharrlichkeit während der Choleraepidemie und durch seinen seltenen Takt in
inen Beziehungen zu den verbündeten Generalen, durch welchen er unserem kleinen
iemontesischen Corps eine unabhängig sichere Stellung sicherte. Unser Krimcorps über=
schritt nie die Stärke einer Division, es blieb, ohne an großen Bewegungen Theil zu
ehmen, in den Stellungen von Kamara und dem Berge Asford. Die Recognoscirung
n Suliuthal hatte keine blutigen Folgen und die Brigade Cialdini kehrte aus den

Millionen englischer und piemontesischer Goldstücke rollten größten theils in die bereiten Hände der Genuesen. Von ihnen mußten die Eng länder bei dem ungeheuren Bedarf von Transportschiffen Hunderte zu unerhört hohe Preise miethen. In Folge davon warf sich das genuesische Kapital, das altadelige war trotz großer Verluste nicht blos bis 1848 großentheils in Wien und in Spanien angelegt, auf den Schiffsbau, wel cher seitdem auf beiden Küsten von Genua weithin sich ausbreitet. Der Reichthum Genuas hob sich rasch und Cavour rieb sich die Hände in der Ueberzeugung, die Genuesen würden ihm mit ihren politischen Extremen ganzen keine Verlegenheiten mehr bereiten. Zufrieden waren und sind sie zwar nie, aber Unordnungen wurden nur von einigen Abvokaten und von Fremden angezettelt, welche die Bevölkerung überraschten.

Beinahe genöthigt durch die Sympathieen der Pariser und der Eng länder begab sich Viktor Emanuel im Novbr. 1855 nach Paris und Lon don. Es wurden dadurch persönliche Beziehungen mit den leitenden Män nern eingeleitet. Napoleon schloß eine Besprechung mit der wohl im skeptischen Sinne Montaigne's ausgesprochenen Frage (que sais-je?: was kann man für Italien thun? Die italienische Phantasie erlabte sich dran baran. Cavour hielt es für verfrüht den König zu begleiten; „dieß, schrieb er, würde der Reise ein zu politisches Ansehen geben. Hätte es, was ich wahrscheinlich ist, keinen Erfolg, so würde das Ministerium äußerst dis kreditirt. Es wäre verfrüht, wollte man schon anfangen den Boden für den künftigen Frieden vorzubereiten.“ Endlich ließ er sich doch dazu be wegen, unter der Bedingung, daß b'Azeglio ihn begleite; denn, sagte Cavour seine Gegenwart ist nöthig, um Europa zu überzeugen, daß wir nicht von der revolutionären Seuche behaftet sind. Cavour sprach in den entschei denden Kreisen nicht viel Gutes von der Regierung Oestreichs und von seinen Schutzfürsten in Italien. Daß die Königin von England bei b'Azeglio ein Gemälde bestellte, machte selbst auf den gebildeteren Theil des piemontesischen Adels, dem andern Extrem des genuesischen Wesens, den Eindruck einer Entwürdigung des Standes, ja Piemonts; auch diese Junker finden die ihnen zufließenden Staatsgelder ungleich reiner als das durch Arbeit verdiente Geld.*) Er nannte die Reise eine Ausstellung des Königs

---

vorgeschobenen Tranchéen zurück, ohne daß sie einen Schuß gethan hätte. An der Schlacht von Traktir oder an der Tschernaia nahmen nur einige unserer 200 M. starken Bataillone und zwei Batterien Theil, indem sie sehr zur Zeit und mit Erfolg auf der Rechten der Franzosen kämpften.“

*) War doch b'Azeglio selbst als junger Marchese sehr in Verlegenheit gewesen als er das erstemal für ein Gemälde Geld bekam. Trotz seiner schwachen Finanzen glaubte er dieses Geld dadurch ehrlich machen zu müssen, daß er sich dafür ein Pferd kaufte. Cavour wurde es von Vielen übel genommen, daß er durch seine äußere Geistesanstrengung in Ackerbau und Industrie sein Vermögen vermehrte. Brofferio der Advokat, meinte, deßhalb habe seine politische Gewandtheit wesentlich den Charakter kaufmännischer Schlauheit. Er selbst hatte vom Staat eine literarische Sinecur.

Sehr überrascht und enttäuscht war man in Turin darüber, daß schon zu Anfang des Jahres 1856 der Friede gesichert war, ohne daß die Hoffnungen auf Zerreißung der Verträge von 1815, auf Erlösung der durch dieselben rechtlos gemachten Nationalitäten sich erfüllt hatten. Cavour hatte, indem er die Idee des Kriegs faßte, auf das imprévu in seinen Schooß gehofft; dieses war nicht hervorgetreten. Besonders niederschlagend war es, daß Oestreich durch sein Rußland gestelltes Ultimatum den Frieden herbeiführte, wodurch Oestreich den Westmächten, welche seit dem Fall Sebastopols kein wichtiges Angriffsobjekt mehr vor sich hatten, aus einer großen Verlegenheit half. Oestreich schien daher auf dem Friedenscongreß, wie einst auf dem wiener, die Hauptrolle spielen zu müssen. Cavour sagte : wozu sollen wir auf den Congreß gehen? etwa um uns wie Kinder behandeln zu lassen? D'Azeglio entzog sich dieser schon übernommenen Pflicht wieder. Den 16. Februar 1856 schrieb Cavour an den Marchese Villamarina, den piemontesischen Gesandten in Paris: „Trotz den unzähligen Geschäften, welche meine Gegenwart in Turin verlangen, trotz meiner unmäßigen Abneigung, den Diplomaten zu machen, habe ich mich doch zur Abreise auf den Congreß bereit gezeigt, indem ich den König bat, mir Sie bei dieser undankbaren Mission zur Seite zu geben." Als ihre Aufgabe bezeichnet ihm Cavour, um jeden Preis die Würde der Nation aufrecht zu erhalten. An mehr durfte man nicht denken, da Piemont, „überzeugt daß der Einfluß auch der Nationen viel mehr von ihrer Haltung, von der Achtung, welche sie sich erwarben, als von diplomatischen Stipulationen abhängt," ohne sich Vortheile auszubedingen in das Bündniß eingetreten war; auch dem König war in London erklärt worden, Piemont habe keine Aussicht beim Frieden sein Gebiet zu vergrößern.

Oestreich, welches wohl auch durch Eifersucht gegen die kühne Entschiedenheit Piemonts schließlich gegen Rußland eine so entschiedene Sprache führte, machte es sich zu einer Hauptaufgabe, auf dem Congreß Piemont unter dem Tisch zu halten. Es behauptete, auf einem Congreß hätten nur die Großmächte Sitz und Stimme, da nur sie die Macht hätten, derselben in den Angelegenheiten Europas Geltung zu verschaffen. Allein Lord Clarendon, von Frankreich unterstützt, antwortete dem Grafen Buol, die Unterscheidung von großen und kleinen Mächten sei nicht am Orte auf einem Congresse, auf welchem es sich um einen Friedensschluß kriegführender Staaten handle. Gerade der Widerspruch Oestreichs erhöhte das Gewicht dieses Siegs.

Cavour benutzte die eroberte Stellung zunächst dazu, moralische Eroberungen zu machen. Er unterstützte Frankreichs Antrag, die Vereinigung der stammverwandten Donaufürstenthümer zuzulassen. Am liebsten hätte er die Herzoge von Parma und von Modena dahin verpflanzt und Piemont an ihre Stelle gesetzt. Allein auch England fand die Schwierigkeiten viel zu groß. Schon den 20. Februar hatte Cavour nach

Hause geschrieben: „Ich kann versichern, daß der Kaiser gern etwas für uns thun möchte. Wenn wir ihm nur die Unterstützung Rußlands verbürgen könnten, so würden wir schon im Stande sein, etwas durchzusetzen; wo nicht, so werden wir uns mit einer Furie von Freundschaftsbezeugungen und mit derben Worten begnügen müssen." Er stellte sich, wie mit den türkischen, so auch mit den russischen Bevollmächtigten, namentlich mit dem Grafen Orloff vortrefflich. Dieser drückte sein Bedauern darüber aus, daß durch die Confessionsverschiedenheit die vor 1848 beabsichtigte Heirath des Herzogs von Genua mit einer Prinzessin des kaiserlichen Hauses verhindert worden sei. Rußland sei nicht sehr zufrieden mit den Folgen der Oestreich zu Liebe unterlassenen Anerkennung des constitutionellen Königs von Piemont. „Mit dem Nuntius, schreibt Cavour, hab ich über die Sache der Mönche eine Erörterung gehabt. Er appellirt an meine freisinnigen Grundsätze. Ich antwortete ihm mit Theorien des kanonischen Rechts. Sie sehen, wir beide haben unvernünftiges Zeug geschwatzt." Tag und Nacht, bei Diners, auf Bällen, bei Privatunterredungen mit Staatsmännern, mit dem Italien besonders günstigen König Hieronymus von Westphalen und seinem Sohn dem Prinzen Napoleon betrieb er die Sache Italiens unverwandt und unermüdet. Durch solche Zustimmungen ermuthigt, äußerte Cavour schon im März, er hoffe „den guten Krieg schon binnen dreier Jahre ausbrechen zu sehen". Darüber verlor er die in den Turiner Kammern verhandelten Fragen nicht aus den Augen; „per Bacco! schreibt er nach Hause, die Kammern wollen beständig den Kreis ihrer Zuständigkeiten erweitern und wenn es sich dann darum handelt, von ihrer Gewalt Gebrauch zu machen, so bleiben sie unthätig." Rattazzi konnte ihm nicht genug von Haus berichten, weßhalb Cavour ihm droht, ihn bei dem (klerikalen Blatt) Campanone zu denunciren, daß die Unverträglichkeit seines Humors in der durch das connubio gestifteten Haushaltung nicht mehr zu ertragen sei. In dieser aufreibenden Vielthätigkeit war Cavour in seinem Elemente und schien stets besten Humors.

Dessen bedurfte er auch; er fühlte einen tiefen Schmerz darüber, daß die Opfer, welche Piemont sauer geworden waren und es noch lange drücken würden, nicht wenigstens den Erfolg haben sollten, daß er vor den Vertretern der europäischen Großmächte die traurige Lage Italiens aufdecken durfte, nachdem er sie doch schon in einer dem Kaiser der Franzosen im Januar überreichten Denkschrift auseinander gesetzt hatte. Er stellte diesem vor, wie brennend das Interesse Frankreichs verlange, daß Piemont Oestreich gegenüber eine unabhängige Stellung behaupten könne. Dieß werde aber Piemont in die Länge unmöglich, wenn Oestreich das anstoßende Parma durch den Belagerungszustand beherrsche. Wenn der Congreß über die östreichischen Occupationen in den „unabhängigen" Staaten Italiens und über den Sequester schweige, obgleich dieser ein bruch des östreichisch-piemontesischen Friedenstraktats von 1849, die starke Befestigung Piacenzas und Ferraras, dieser Brückenköpfe Oestreichs am so zur Beherrschung der Halbinsel, ein Bruch des Wiener Friedens von 815 sei, so könne und werde Oestreich dieses Schweigen als eine Art en Zustimmung betrachten. Das diskreditirte Piemont könne dem Einfluß Mazzini's nicht mehr Schranken setzen. Andererseits warnte Oestreich davor, auf dem Friedenscongreß eine neue Kriegssaat auszustreuen. Die Westmächte fürchteten Oestreich auf die Seite Rußlands zu drängen. Und so mußte Cavour mit bitterem Herzen den 30. März das Friedensprotokoll unterzeichnen, ohne daß der Name Italiens auf dem Congreß genannt worden wäre.

Cavour verdoppelte seine Thätigkeit beim Herannahen des Schlusses des Congresses. Die Westmächte waren auf einem so gespannten Fuße Neapel gegenüber, daß sie selbst wünschten, diesem eine Verwarnung zu geben. Weit wichtiger wäre es gewesen, der Solidarität Oestreichs und Roms, welche in der Occupation des adriatischen Kirchenstaats von Ferrara bis Ancona sich darstellte, eine Rüge zuzuziehen. Allein die Stellung der beiden Westmächte dieser Frage gegenüber, war eine sehr verschiedene. Die öffentliche Meinung Englands verlangte den Abzug der Oestreicher aus diesen päbstlichen Provinzen, damit diese sich von Rom losreißen könnten. Dagegen war das Verhältniß des Kaisers der Franzosen zu dem Pabste seit der Geburt des kaiserlichen Prinzen, dessen Taufpathe Pius war, ein intimeres geworden; und der Abzug der Oestreicher schien den von England ersehnten Abzug der Franzosen aus dem Kirchenstaat früher oder später zur Folge haben zu müssen. Cavour erhielt über den traurigen, rechtlosen Zustand dieser Provinzen fortwährend Mittheilungen von Farini und Minghetti, den Söhnen der Romagna; in seiner Rede vom 25. März 1861 erklärt Cavour, daß das Verdienst, ihn darein tief eingeweiht zu haben, Minghetti zukomme.

Aber wie sollte jenen päbstlichen Provinzen nach dem Abzug der Oestreicher geholfen werden? Die aufgeklärten, auch gut katholischen Franzosen von sehr hoher Stellung, Bekenner der Grundsätze von 1789 wiederholten die nach dem Aufstand von 1831 dem Pabst von den Mächten angerathenen Reformrathschläge der Laienverwaltung. (Unsere Geschichte Band I, S. 235.) In jener berühmten Rede erklärt Cavour darüber: Ich sagte ihnen, alle ihre Bemühungen würden an dem Grundwesen der weltlichen Regierung scheitern. Ich kann die Schuld der Leiden dieser Provinzen nicht den sie verwaltenden Persönlichkeiten aufbürden; wenn man sie alle zumal durch die aufgeklärtesten, freisinnigsten Männer ersetzen würde, so würden die Sachen binnen kurzem auf Dasselbe hinauskommen. Sobald die beiden Gewalten vereinigt sind (und die weltliche ganz der geistlichen unterstellt ist), so ist die schlechte Regierung des Landes unvermeidlich. Ich erklärte daher bestimmt, das einzige Mittel, die Ro=

magna und die Marken auf eine normale Bahn zu bringen und sie ohne fremde Occupation regierbar zu machen, sei die völlige Trennung ihrer Verwaltung von der Verwaltung Roms, indem sie bürgerlich, finanziell und in ihrer Verwaltung unabhängig gemacht würden."

Der toscanische Gesandte in Paris, Nerli, berichtet in einem Reservatissimo vom 15. April an seinen Hof (C. di Cavour, per N. Bianchi, erste Ausgabe p. 38), daß es den piemontesischen Bevollmächtigten der Achten gelungen sei, vor dem Congreß ein sehr häßliches Bild der italienischen Zustände zu entrollen. Cavour habe gezeigt, daß indeß in den Herzogthümern, wie in den päbstlichen Staaten eigene Kräfte (Elemente) zu Aufrechthaltung der Ordnung seien, wobei er die treffliche Organisation der toscanischen Truppe als Muster gerühmt habe. Von dem Königreich beider Sicilien und von den Zuständen in Lombardo-Venetien habe Cavour in starken Ausdrücken gesprochen und Zugeständnisse für unumgänglich nöthig erklärt. Darin sei er energisch und vor allen von dem Clarendon und von Cowley unterstützt worden. Von Clarendon über die Absichten Oestreichs gegen Italien interpellirt, antwortete Graf Buol auch lebhaft; er benahm ihm jede Hoffnung, daß Oestreich einen andern Weg einschlagen werde. „Die Erörterung nahm jetzt eine sehr ernste Gestalt an. Clarendon, von der nakten, peremtorischen Antwort Buols gestachelt, sagte wörtlich: „Si votre intention est réellement de ne faire aucune promesse, de ne prendre aucun engagement à l'égard de l'Italie, ce serait jeter le gant à l'Europe libérale qui pourrait plus tard le relever. Cette question serait alors décidée par des moyens plus énergiques et plus vigoureux. C'est une grande erreur de croire que nos forces soient épuisées." Clarendon nannte die päbstliche Regierung eine Schmach für Europa. Diesem Zornausbruch Clarendons erwiederte Buol auch heftig und erklärte bei dem Mangel an Vollmachten alles für bloßes Gerede. Walewski sprach besonders gegen die neapolitanische Regierung. Auch Preußen zeige einige Sympathie für Italien." Allein in dieser Sitzung wurde noch von den verschiedensten Anliegen gehandelt. Cavour sah sich genöthigt, den Klagen Frankreichs gegen die Maßlosigkeiten der demokratischen Presse beizustimmen; galten sie zwar zunächst der belgischen, so trafen sie doch mittelbar auch die piemontesische Presse. Walewsky war sehr beflissen, daß alle scharfen, beleidigenden Worte (Kanten und Ecken, schreibt Nerli) aus dem Protokoll weggelassen würden und dieses wurde in der Sitzung vom 14. von den Bevollmächtigten noch milder „rektificirt". Man sagte sich, dem piemontesischen Ministerium sei nun die Rechtfertigung seiner Rolle vor den Kammern erleichtert. Carutti urtheilt: „In Wahrheit war die ziemlich vage Conversation der Congreßmitglieder keine Sache von großer Bedeutung." Offenbar war Cavour durch diesen Auftritt insofern irregeleitet, als er hinter dem englischen Geschrei mehr Wolle vermuthete. D'Azeglio tadelte, daß er diese Frage über Tod und Leben Italiens so

sanguinisch betreibe. Cavour sagte schon beim Herausgehen aus der
Sitzung vom Achten zu Lord Clarendon (N. Bianchi): „Mylord, Sie sehen,
daß von der Diplomatie nichts zu hoffen ist; deßhalb wäre es Zeit, andere
Mittel ins Werk zu setzen, wenigstens gegen Neapel." — „Gewiß, erwiederte
Clarendon, man muß sich mit Neapel beschäftigen." — Am Vormittag des
Eilften begab sich Cavour zu Clarendon, um dieß weiter zu verfolgen.
„Mylord, sprach er, die Vorgänge auf dem Congreß beweisen, erstens, daß
Oestreich entschlossen ist, auf seinem System der gewaltsamen Unterdrückung Italien gegenüber zu beharren, zweitens, daß die Bemühungen
der Diplomatie machtlos sind, sein System zu modificiren. Daraus erwachsen für Piemont äußerst unheilschwere Folgen. Angesichts der Aufreizung der Parteien einer- und andererseits der Anmaßung Oestreichs
bleibt nur die Wahl zwischen zwei Wegen: nemlich uns mit Oestreich
und mit dem Pabst zu versöhnen, oder uns vorzubereiten, dem wiener Hof
binnen einer nicht entfernten Zukunft den Krieg zu erklären. Wenn die
Ergreifung der ersten Partei den Vorzug verdient, so müßte ich bei meiner Rückkehr nach Turin den König bitten, Freunde Oestreichs und des
Pabsts in die Gewalt zu berufen. Sollte aber die zweite Hypothese die
bessere sein, so haben meine Freunde und ich nicht die geringste Furcht
davor, uns auf einen schrecklichen Krieg vorzubereiten, einen Krieg aufs
Messer." Ohne ein Zeichen von Ueberraschung oder von Mißbilligung zu
zu geben, antwortete Clarendon: „Auch ich glaube, daß Ihre Verhältnisse
auf dem Punkte sind, sehr schwierig zu werden; ich begreife, daß ein
Bruch unvermeidlich wird; nur glaube ich nicht, daß der Augenblick gekommen ist laut davon zu sprechen." Cavour: „Mylord, ich glaube Beweise meiner Mäßigung gegeben zu haben, und bin der Ueberzeugung,
daß man in der Politik in Worten äußerst zurückhaltend, in den Handlungen aber äußerst entschieden sein muß! Es gibt Lagen, wo die Kühnheit des Entschlusses weniger Gefahr bringt als Ueberklugheit. Ich bin
mit Lamarmora überzeugt, daß wir im Stande sind den Krieg anzufangen
und daß, so kurz er währe, Sie sich genöthigt sehen werden uns zu unterstützen." Auf dieses sondirende, etwas satyrische Ansinnen antwortete
Clarendon lebhaft: „Gewiß, ja; wenn Sie Angesichts ernster Verwicklungen
stehen, können Sie auf uns rechnen und Sie werden sehen, mit welcher
Energie wir Ihnen zu Hilfe kommen werden." — Zu einem solchen Versprechen, zumal auf den Fall eines östreichischen Angriffs, ließ sich Clarendon durch verletztes Gerechtigkeitsgefühl, durch Sympathie und durch
die neue Dankesschuld gegen Piemont hinreißen. Auch England war
durch den Waffenstillstand überrascht worden, als es nach seiner Gewohnheit in den zwei ersten Feldzügen eine untergeordnete Rolle gespielt hatte,
jetzt aber gewaltig gerüstet dastand. Das sollte Europa kund werden.

Zwei Tage darauf versicherten der Prinz Napoleon und Clarendon,
Sie hätten Tags zuvor in einer langen Unterredung mit dem Kaiser die-

ſem erklärt, Oeſtreiche verſetze durch ſeine Haltung Piemont in eine ſo
ſchwierige Lage, daß es eine Nothwendigkeit ſei ihm daraus zu helfen.
Clarendon ſetzte bei, er habe ganz offen hinzugefügt, Piemont könne zu
einer Kriegserklärung gegen Oeſtreich hingeriſſen werden, und dann würde
man ſich in der Nothwendigkeit befinden ſeine Partei zu ergreifen. Der
Kaiſer, durch dieſe Erklärung betroffen, ſei einige Zeit ſinnend geblieben
und habe dann ſeine Abſicht ausgeſprochen, ſich mit Cavour darüber zu
beſprechen.   Dieſer machte über dieſe Conferenz ſeinem Miniſtercollegen
Rattazzi folgende Mittheilung: „Ich habe den Kaiſer geſehen und mich
derſelben Sprache, nur mit etwas weniger Schwung bedient wie bei Clarendon.   Er nahm es ſehr gut auf, fügte aber bei, er hoffe Oeſtreich zu
milderen Entſchlüſſen zu bewegen. Er erzählte mir, er habe beim Sonn-
tagsdiner zum Grafen Buol geſagt, er bedaure, ſich in direktem Widerſpruch mit dem Kaiſer von Oeſtreich über die italieniſche Frage zu finden
(vergleiche die Anſprache Napoleons an den öſtreichiſchen Geſandten am
erſten Januar 1859). In Folge dieſer Erklärung war Buol zu Walewski gegangen, um zu betheuern, Oeſtreich wünſche dem Kaiſer in allem
zu Gefallen zu ſein, indem er beifügte, Oeſtreich habe ja keinen andern
Verbündeten als Frankreich, und deßhalb ſei es eine Nothwendigkeit für
Oeſtreich, ſeine Politik nach den Wünſchen des Kaiſers der Franzoſen zu
richten (conformare).   Der Kaiſer ſchien mir über dieſe Freundſchafts-
betheurung befriedigt und verſicherte, er werde ſich alsbald bemühen, von
Oeſtreich Zugeſtändniſſe zu erlangen.   Ich zeigte mich indeß ungläubig
und beharrte auf der Nothwendigkeit, eine entſchiedene Haltung anzunehmen und, um ſofort einen Anfang damit zu machen, ſagte ich ihm, ich
habe einen Proteſt fertig, welchen ich Walewski folgenden Tags übergeben
werde.   Der Kaiſer ſchien ſehr unentſchloſſen zu ſein, ſagte aber zum
Schluß: gehen Sie nach London, verſtändigen Sie ſich mit Palmerſton
und beſuchen Sie mich auf der Rückreiſe.“ Aus den Aeußerungen Buols
erkennen wir ein Hauptmotiv der Reiſe des öſtreichiſchen Kaiſerpaars im
Herbſt des Jahres, um ſich die Herzen des lombardo-venetianiſchen Königreichs perſönlich zu gewinnen.

Die Doppelnote Cavours an Clarendon und an Walewski (wörtlich
in oeuvre parlémentaire de Cavour par Artom et Blanc. p. 327—31)
faßt Carutti alſo kurz zuſammen: „Die erſte Note beſchränkte ſich darauf,
die römiſche Frage zu entwickeln, indem Cavour die Maßregeln aufſtellte,
welche nach ſeiner Anſicht unumgänglich wären, um die Occupationstruppen aus dem Kirchenſtaat zurückziehen zu können, ohne die Ruhe des
Landes zu gefährden.   Die Vorſchläge, welche die Note machte, lauteten
dahin: 1) die Provinzen des Kirchenſtaats, welche zwiſchen dem Po, der
Adria und den Appenninen (von der Provinz Ancona bis zur Provinz
Ferrara) liegen, bleiben zwar der Obergewalt des Heiligen Stuhls unterworfen, ſollen aber vollſtändig ſeculariſirt und in Verwaltung, Rechts-

pflege, in den Finanzen und im Militärwesen in der Weise organisirt werden, daß sie ganz getrennt und unabhängig von dem übrigen Theile des römischen Staats dastehen. Nur die diplomatischen und die kirchlichen Angelegenheiten werden dem römischen Hofe ausschließlich unterworfen bleiben. 2) Ein Laie als päbstlicher Vicar soll diese Provinzen mit Ministern und einem Staatsrathe regieren. Die Stellung dieses Vicars, den der Pabst ernennt, soll garantirt sein für die Dauer seines Amts, die sich wenigstens auf zehn Jahre belaufen muß. Die Minister, Staatsräthe und alle Beamte ohne Unterschied sollen von dem päbstlichen Vicar ernannt werden. 3) Diese Provinzen sollen einen angemessenen Theil zur Unterhaltung des römischen Hofs, sowie auch zur Verwaltung der öffentlichen Schuld, wie sie jetzt besteht, beitragen. 4) Es soll sofort eine Nationaltruppe vermittelst der Militärconscription organisirt werden. 5) Außer den Gemeinde- und den Provinzialräthen soll noch ein Generalrath bestehen, dem die Prüfung des Budgets unterliegt."

Die zweite Note stellte die Lage dar, wie sie durch den Antagonismus Oestreichs und Sardiniens geworden war. Das Schriftstück sprach das letzte Wort nicht aus, aber ließ es trotz aller diplomatischen Zurückhaltung errathen. Der sardinische Bevollmächtigte besprach das heftige Reaktionssystem, das seit 1849 in Wirksamkeit getreten, und die in den kleinen Staaten geübte Intervention, welche ganz Italien in die Hand Oestreichs gegeben und Piemont von allen Seiten umschlossen hätte. Nachdem er den Fortschritt des revolutionären Geistes, dieser natürlichen Folge jenes Systems, und die Vortheile angedeutet, welche Oestreich im Orientkriege erlangt, an dem es doch keinen Theil genommen, schließt Graf Cavour folgendermaßen: „Sardinien ist der einzige Staat in Italien, der dem revolutionären Geiste einen wirksamen Damm entgegengestellt hat und zu gleicher Zeit unabhängig von Oestreich geblieben ist; es ist das einzige Gegengewicht wider dessen alles unterwerfenden Einfluß. Wenn Sardinien unterläge, wenn es ebenfalls gezwungen würde, sich unter die Herrschaft Oestreichs zu beugen, dann wäre die Eroberung der Halbinsel durch diese Macht vollendet. Und Oestreich, nachdem es ohne Darbringung auch des geringsten Opfers den unermeßlichen Vortheil der freien Donauschifffahrt und die Neutralisation des Schwarzen Meeres erhalten, würde durch die völlige Unterjochung Italiens einen präponderirenden Einfluß im Occident erlangen. Das aber können Frankreich und England nicht wollen, das werden sie niemals zugeben."

Die halbverborgene praktische Spitze war, daß, um der äußerst bedrohten Ordnung eine Stütze zu geben, um das gestörte Gleichgewicht wieder einigermaßen herzustellen, das Vicariat im adriatischen Kirchenstaat dem König von Sardinien anvertraut werden sollte. Zunächst war dieses Programm auf die öffentliche Meinung in Italien berechnet.

Kaiser Napoleon ermächtigte Clarendon zu der Erklärung im Parlament, Frankreich werde seine Truppen aus Rom zurückziehen, um Oestreich zu nöthigen, auch die seinigen aus dem Kirchenstaat zu ziehen. Buol, welcher Wind von diesen Besprechungen erhielt, drückte zum Schluß gegen Cavour seine Hoffnung aus, sie würden nicht immer politische Gegner bleiben. Cavour aber rief: wir sitzen im Sattel! Wenn er auch die andern englischen Staatsmänner am Ruder entschlossen fände, wollte er so heimlich wie möglich ein Anlehen von dreißig Millionen machen und sobald die piemontesischen Truppen aus der Krim zurück wären, Oestreich ein unannehmbares Ultimatum stellen, damit es den Krieg erkläre. „Der Kaiser, schrieb er, kann dem Krieg nicht abgeneigt sein, er wird uns gewiß unterstützen, sobald er England in die Schranken treten sieht."

Aber in London wurden, trotz der sympathischen Aufnahme, besonders auch von Seiten der antipäbstlichen Torys, die Hoffnungen Cavour's äußerst abgekühlt. Die Friedensströmung war überwältigend. Die Abrüstung war im Gang. Die Staatsmänner Englands wußten, daß die französische Regierung, wie die Sympathien des französischen Heeres und des Volks sich Rußland genähert hatten; die Erkältung zwischen den Kriegsmächten, welche schon während des Kriegs begonnen hatte, steigere sich deßhalb. England und Oestreich, welche sich dadurch isolirt sahen, näherten sich entschieden. Cavour klagte, daß alle seine Bemühungen vergeblich seien, die Vorstellungen Frankreichs bei Oestreich in Betreff seiner italienischen Unterthanen haben nichts genützt. Es stand aber noch schlimmer für Piemont: aus Rücksicht auf England und besonders auf Frankreich war Oestreich zu Zugeständnissen entschlossen. Der neapolitanische Gesandte in Wien berichtet schon den 16. Mai 1856 an seine Regierung: „Oestreich thut alles, um mit Frankreich gut zu stehen und glaubt sich in der Nothwendigkeit zu befinden, selbst den Weg der vernünftigen Verbesserungen zu betreten und ihn den andern italienischen Regierungen anzurathen", was auch sofort geschah. Es mußte für Cavour sehr schmerzlich sein, sich in seinem Ideal England getäuscht zu sehen. Und die Abneigung Englands, etwas für Piemont und Italien zu wagen, mußte auch die bisherige Geneigtheit Napoleons lähmen. Wie der toscanische Gesandte berichtet hatte sich die Aufregung, in welche Cavour durch seine tägliche Anbringung der Lage Italiens auch den Kaiser versetzt hatte, seit seiner Abreise von Paris abgekühlt; Walewski sagte jetzt: „M. de Cavour a fait beaucoup d'embarras, beaucoup trop." „Indeß, berichtet Nerli, sucht das wiener Kabinet jede Gelegenheit sich wieder in die Gnade des Kaisers zu setzen (rientrare in grazia). Cavour selbst schreibt jetzt an Castelli, der Kaiser könne vorerst nicht gegen Oestreich sein, welches ihm den von den Franzosen verlangten Frieden mit Rußland vermittelt habe. Auch sagte ihm jetzt Napoleon, er wüßte nicht, was im Falle eines italienischen Kriegs mit dem Pabst anzufangen wäre. Cavour schied jedoch nicht aus Paris, ohne manches fruchtbare Saatkorn zumal in dem Geiste des Kaisers zu hinterlassen. Nach wenigen Monaten las man zu beiden Seiten der Alpen die von einem in die Ereignisse von 1848 und 1849 tief Eingeweihten geschriebene Schrift: Italia e Francia. Die Summe derselben ist: Piemont hat an Frankreich Savoyen und Nizza „zurückgegeben", wenn Frankreich Piemont zum Besitz der italienischen Provinzen Oestreichs verhilft.*)

So reiste denn Cavour „ohne das kleinste Herzogthum in der Tasche" nach Turin zurück, um seine Politik vor den Kammern zu vertheidigen. Er hatte an Castelli geschrieben, Napoleon habe im März drei, vier Plane vorgelegt, um Piemont eine materielle Entschädigung zu geben, allein man habe eingesehen, daß keiner ohne Krieg zu realisiren sei. Schon den 17. März hatte er an denselben geschrieben: „Wenn ich trotz aller Mühe nichts herausschlage, so werde ich von allen Parteien verurtheilt werden. Ich bin zum voraus resignirt das Ministerium niederlegen zu müssen. Deßhalb beunruhige dich aber nicht, wenn bei meiner Rückkehr eine von der Kammer mir gemachte Verrenkung mich dazu nöthigt. Die drei Jahre als Journalist, die fünf und ein halbes Jahr als Minister und zuletzt die Mühseligkeiten der großen Welt haben mich wunderbar prädisponirt, die Süßigkeit des Landlebens zu schmecken." Der König hatte, seit er die Hoffnung, seine Truppen im Feld selbst zu führen, als unthunlich hatte aufgeben müssen, weder am Krieg, noch am Frieden ein rechtes Interesse mehr. Es galt jetzt, das Scheitern der Hoffnung nicht zu verrathen. Cavour erkannte, daß die Sachen so stehen würden, wie er sie dem

---

*) Offenbar hätte Cavour einer Kriegshilfe Englands den Vorzug gegeben, weil er diesen parlamentarischen Staat liebte und demselben keine Gebietsabtretungen zu machen gewesen wären. Nachdem er sich aber in der Kriegswilligkeit Englands getäuscht hatte, war er bereit Frankreich auch dieses Opfer zu bringen. Es wird vielleicht immer ein Dunkel darüber ruhen, was der Kaiser und Cavour schließlich verabredeten. Der tief eingeweihte Carutti schreibt: „Europa schenkte im Frühjahr 1856 den italienischen Angelegenheiten einige Aufmerksamkeit. Allein bald waren die Besprechungen über Italien auf dem pariser Congresse und die Reklamationen des turiner Kabinets vergessen. Die oberflächlichen Beurtheiler blieben überzeugt, daß es hier viel Lärm um nicht gegeben, die ernsten Männer glaubten, daß sich Graf Cavour in einem Traume gewiegt habe. Dennoch täuschten sich die einen wie die andern. Denn auf dem Congresse wurde der Grund zu dem Bündnisse zwischen Piemont und Frankreich gegen Oestreich gelegt. Cavour wußte wohl, welche Tragweite seinen Worten beizumessen sei; die andern kannten das Geheimniß nicht." Indeß ist zu glauben, daß die Worte wie die Plane des Kaisers noch keine bestimmten Umrisse hatten. Er wollte seine Stellung in Frankreich befestigen, indem er kraft der alten Rivalität Frankreichs die Oberherrschaft Oestreichs in Italien zu stürzen suchte. Als Mittel dazu nahm er wohl ebensowohl einen Murat in Neapel, als die Bundesgenossenschaft des zu vergrößernten Piemonts in Aussicht. Dieses war der Plan Heinrichs IV., als dessen Opfer dieser starb, auf dessen Basis die Hegemonie Frankreichs über Europa aufgeführt werden sollte. Siehe die interessante Schrift: La tradition française von Berger de Xivrey. 1860.

seiner Worte harrenden Italien darstellen würde. Er mischte, wie immer, Kühnheit und List. In der Kammersitzung am 6. Mai 1856 ließ er sich keine Entmuthigung, noch idyllische Stimmung anfühlen. Buffa interpellirte ihn, mit seiner Zustimmung, über die Erfolge Italiens auf dem Congreß und über die stete Bedrohung Piemonts dadurch, daß Oestreich, allen Verträgen zum Trotz, sich in Piacenza eine starke Festung als Angriffsbasis gegen Piemont schaffe. Die Reaktionäre, durch Margarita, und die Radikalen, durch Brofferio vertreten, klagten Cavour an, Gut und Blut Piemonts ohne irgend einen Erfolg verschwendet zu haben. Cavour gab sich ein geheimnißvolles Ansehen, indem er seine Zurückhaltung damit motivirte, daß viele Fragen noch in Unterhandlung seien. Die Freundschaftsbande mit Rußland seien wieder fest geknüpft. Noch interessanter mußte es für den anwesenden östreichischen Geschäftsträger sein, daß Cavour aussprach, er habe in Paris nachgewiesen, daß die Verträge in Italien verletzt, daß das Gleichgewicht dadurch gestört sei. England und principiell auch Frankreich haben dieß anerkannt. „Aber große Resultate erzielt man nicht mit der Feder. Wir müssen gestehen, daß die Bevollmächtigten von Piemont und von Oestreich sich mit der festen Ueberzeugung getrennt haben, daß die Politik der beiden Staaten von einer Verständigung entfernter ist als je, daß die von ihnen verfochtenen Grundsätze unversöhnlich sind. Diese Thatsache kann Gefahren erwecken, sie sind die unvermeidliche Folge des loyalen, freisinnigen entschiedenen Systems Viktor Emanuels, für welches Sie stets eine feste Stütze waren. Ich glaube nicht, daß die Regierung in Anbetracht dieser Gefahren zu einer Abänderung der Politik zu rathen hat. Italien hat einen starken Schritt vorwärts gemacht. Die großen Nationen haben ihm laut ihre Sympathie erklärt. Die öffentliche Meinung aber ist, nach dem Ausspruch des Kaisers der Franzosen, das höchste Tribunal, welchem es zusteht, den Entscheidungsspruch zu thun, die Siegespalme zu ertheilen."

Dießmal konnte man Cavour nicht vorwerfen, er spreche aus Vorsicht blos als piemontesischer Minister, er handelte bereits als italienischer. Diese kühnen patriotischen Worte rissen auch die Gegner widerstandslos mit fort, wie Kriegsruf erschollen die Beifallssalven, beinahe einstimmig wurde die nationale Politik der Regierung von der sich erhebenden Kammer genehmigt. Auf den Antrag Massimo d'Azeglio's billigte die Kammer der Senatoren, auch solche, welche gegen Betheiligung am Krimkrieg gekämpft hatten, einstimmig die Politik Cavours. Er hatte Oestreich den Handschuh zu unversöhnlichem Krieg hingeworfen, um ihm eine Versöhnungspolitik gegen Italien unmöglich oder sie doch erfolglos zu machen.

---

*) Discussioni alla camera dei deputati sul trattato di pace, stipulato in Parigi il 30 Marzo 1556 ed in occasione del voto di ringraziamento al corpo piemontese di spedizione in Crimea, Torino 1556.

Er hatte gesucht, zwischen Oestreich einer= und Frankreich und Rußland andererseits Mißtrauen zu säen, er hatte gewagt, diese einigermaßen zu compromittiren. Buffa erklärte, durch die absolute Unfähigkeit Oestreichs zu einer civilisirten Regierung sei für Piemont der Kampf auf Tod und Leben eine Nothwendigkeit. Das Heer dürfe nicht um einen Mann vermindert werden. Die Hauptsache war, daß nicht blos die unleidlichen Mißstände Italiens von den das fortschreitende Europa vertretenden Westmächten, sondern daß auch Piemont als der Vertreter, als der Anwalt und als der wahrscheinliche Retter Italiens von denselben anerkannt wurde.

Allerdings hatte auch der Tadel der Politik Cavours sich in der Kammer laut gemacht. Das Haus Savoyen sei gewöhnt gewesen realere Vortheile aus seinen Allianzen zu ziehen, sagte Margarita. Piemont berechtige durch seine Einmischung in die inneren Angelegenheiten unabhängiger italienischer Staaten, durch Anfachung der Agitation, Oestreich, auch in Piemont zu interveniren. Als in der Umgebung des Königs bedauert wurde, daß Margarita in der Kammer sei und so österreichische Reden halte, drückte Viktor Emanuel sein Bedauern aus, daß Rücksichten auf Frankreich verhindern, Mazzini in die Kammer zu lassen, wo er sich gewiß bald abnutzen würde. Die ganze ultramontane Partei war durch die Bloslegung der Mißregierung im Kirchenstaat auf dem Congreß gegen Cavour äußerst erbittert. Cavour sagte, die gebildetsten einflußreichen Männer in Frankreich und in England, welche ihm früher zum Entgegenkommen gegen die Wünsche Roms gerathen hätten, stimmten jetzt mit der öffentlichen Meinung in Piemont überein, daß dieß bei der gegenwärtig durch das österreichische Konkordat gesteigerten Selbstüberhebung der Kurie und ihrer Partisanen durchaus nicht zeitgemäß wäre. Eben so unzufrieden mit der äußeren und mit der inneren Politik hatte sich Brofferio ausgesprochen, weil sie ebenso theuer als erfolglos sei. Er sah den Staatsbankerott im Hintergrund. *)

---

*) Eine scharfe Kritik der piemontesischen Zustände übte damals in der Presse und mit lebendigem Worte, z. B. auf dem Katheder, der geist= und kenntnißreiche, der unerreichbare sicilianische Flüchtling, der Nationalökonom Ferrara, ob er gleich eine schöne Stellung in Piemont erlangt hatte. Dem Südländer war das piemontesische Volk zu nüchtern, verschlossen, hinterhaltig (dissimulé, dieß wirft beinahe jede italienische Provinz ihren Nachbarprovinzen, die Neapolitaner den Sicilianern, neuerdings die Piemontesen den Toscanern vor). Die Verwaltung, schrieb Ferrara, die Gemeindeverfassung werden durch die Centralisation gebunden, die Kriminal= und Civilgesetze sind klonisch, noch sehr weit zurück, zum Theil hinter den neapolitanischen; nur daß sie in Piemont gehalten werden, in Neapel nicht. Piemont gebe sich mehr Mühe, vor Italien als Musterstaat zu erscheinen, als darum, es wirklich zu werden. Die Steuerlast überte Ferrara als so schwer, daß der päpstliche Legat in Bologna seinen Aufsatz drucken und verbreiten ließ. Das piemontesische Volk findet Ferrara sehr zusammengiert, so daß es in der Regel seine Abgeordneten je nach dem Wunsche des jeweiligen Ministeriums wähle. Der piemontesische Adel entbehrt seiner Bildung, welche noch

Nicht minder ſcharf war die Antwort auf die Kammerrede Cavours vom 6. Mai, welche Graf Buol ſofort in Geſtalt einer Note an die Geſandten Oeſtreichs in Rom, Neapel, Florenz und Modena ſchickte. Er beſtätigt die Erklärung Cavours, daß die Politik beider Staaten nie einander principiell ſchärfer entgegenſtand. „Der ſardiniſche Hof hat durchaus nicht die Miſſion, ſeine Stimme im Namen Italiens zu erheben. Italien beſteht aus unabhängigen Staaten, welche von Oeſtreich als ſolche reſpektirt werden, während ſich Sardinien ein Protektorat über ſie anmaßt. Nicht durch die öſtreichiſchen Occupationstruppen, ſondern durch die im turiner Parlament gehaltenen Brandreden werden die politiſchen Leidenſchaften in der Romagna und anderwärts angefacht. Aus angeblichem Eifer für die Unabhängigkeit der andern Regierungen ſpricht Sardinien dieſen das Recht ab, in Gefahr eine andere Macht um ihre bewaffnete Intervention anzurufen. Bekanntlich hat Oeſtreich andere Grundſätze. Oeſtreich hat, wenn gerufen, dieſe Hilfe uneigennützig (?) geleiſtet und ſobald die Regierungen ſich für ſtark genug erklärten, ſelbſt die Ordnung zu erhalten, ſofort ſeine Truppen zurückgezogen. (?) Oeſtreich wird von dieſem Interventionsrecht auch ferner Gebrauch machen und die Regierungen der italieniſchen Staaten gegen Angriffe ſchützen, dieſe mögen kommen woher ſie wollen. Wir rathen dieſen Regierungen vernünftige, den Wohlſtand fördernde Reformen an, ſofern alle ſchuldige Rückſicht auf die Würde und auf die Unabhängigkeit der Staaten genommen wird. In Betreff dieſer Reformen erkennen wir aber dem turiner Kabinet nicht das Recht zu, ſich als privilegirten Cenſor aufzuwerfen. Andererſeits ſind wir überzeugt, daß Unruheſtifter nicht aufhören werden ihre Kriegsmaſchinen gegen die Exiſtenz der loyalen Regierungen in Italien zu richten, ſo lange es Länder gibt, welche ihnen eine Stütze und Schutz bieten, ſo lange es Staatsmänner gibt, welche ſich nicht ſcheuen, an die Leidenſchaften und an die Mächte der Zerſtörung zu appelliren. Wir erwarten feſten Fußes die Ereigniſſe, überzeugt, daß die wie wir vom Grafen Cavour angezeigten Regierungen dieſelbe Haltung mit uns einnehmen werden." Dieſe nicht blos an Piemont gerichtete Warnung wurde in der Wiener Zeitung und im monitore toscano vom eilften Juni 1856 veröffentlicht.

Um dieſe Zeit der erſten nähern Verſtändigung Cavours mit Napoleon ſtarb ein Flüchtling, welcher derſelben längſt bei Napoleon vorgearbeitet hatte. Dieß war Livio Mariani. Er ſoll im Sommer 1848 bei

---

eher in dem nicht klerikalen (kleinen) Theil des ſavoyiſchen Adels zu finden iſt; alle Bildung, beſonders dieſes Adels, iſt franzöſiſch. Piemont iſt ein wahres egyptiſches Muſeum, es herrſcht die ſtrengſte Kaſtentrennung, nie ſchließen Jünglinge vom hohen Adel und ſolche vom guten Bürgerſtand Freundſchaft. Der Sohn des Handwerkers iſt thatſächlich von den höheren Aemtern ausgeſchloſſen, obgleich ſie geſetzlich alle gleich ſind. — Aehnliches klagten die Sicilianer als die Piemonteſen nach Garibaldi zu ihnen kamen.

ſi zum Eintritt in ſein Miniſterium aufgefordert worden ſein. Im
hjahr 1849 war er Triumvir der römiſchen Republik. Er, der jeden
ntag die Meſſe beſuchte, wollte das Inquiſitionsgebäude bis auf den
nd ſchleifen. Mazzini betrachtete er als blos theoretiſchen Revolutionär.
war wohl der Einzige der von dem erſtürmten Rom Ausziehenden, wel-
damals ſchon Napoleon als den allein möglichen Retter Italiens an-
eine italieniſche liberale Dynaſtie ſchien ihm hierzu weſentlich. Er
eb vom Herbſt 1849 an wiederholt in dieſem Sinn an Napoleon.
rſt glaubte er, ein Mürat könnte am eheſten dazu dienen; allein
er Cavours kühne Pläne im Krimkrieg durchſchaute, wandte er ſich
nont zu. Alle anderen Zettlungen der Emigration erklärte er für
ſiche Kraftvergeudungen. Er ſtarb 1856 in Athen. Kein katho-
er Prieſter wollte den in dieſen nationalen Hoffnungen Geſtorbenen
Grabe geleiten.

Seit dem bitteren Schiffbruch der hochfliegenden Hoffnungen von
48 ſahen die meiſten Führer derſelben ſehr ſchwarz und peſſimiſtiſch;
hatten ſich grollend vorgeſetzt, keiner Täuſchung mehr das Ohr zu
en, um nicht abermals bitter enttäuſcht zu werden. Aber jetzt ſtand
: Thatſache unläugbar vor Augen: Piemont hatte ſechzig Millionen
pfert, ohne einen realen Vortheil für ſich anzuſprechen, oder doch
e einen erhalten zu haben. Es hatte ohne Entgeld den Fürſpruch
r edlen, ihres Rechts beraubten Wittwe, Italiens gemacht. Das
cetene Ehrgefühl Italiens empfand wieder einige Genugthuung, daß die
ienale Fahne im Kampfe vor dem neuen Ilion geweht hatte. Jener
ch die Phantaſie geſteigerte Scharfſinn des Italieners, die Senſivität,
e ihn bei unvorhergeſehenem Unglück in paniſchen Schrecken ſich
en läßt, gaben jetzt dem Optimismus wieder ſeine Elaſticität. Wir
t ſanden damals kraft dieſer Stimmung in allen Provinzen der oberen
te Italiens einen geiſtigen Frühling erblühen. Angeſehene Verbannte
lten aus ihrer Heimath Betheuerungen derſelben. Die Beſonnenen
eilten: Das Entſcheidende iſt, daß die Erörterungen über die Miß-
ältniſſe in Italien ſelbſt offiziell veröffentlicht wurden. Dadurch ward
ter Diplomatie, welche bisher Italien nur als geographiſchen Begriff
nnt hatte, „die italieniſche Frage" geſchaffen, anerkannt und prokla-
. Es war dieß um ſo auffallender von einem Friedenscongreß,
ter nach einem blutigen Kriege Europa Bürgſchaften des allgemeinen
nden Friedens zu geben hatte. Dadurch ſind jetzt die Regungen
Unzufriedenheit der Völker Italiens, ihre Verſuche, ihre Mißregierun-
auf irgend eine Weiſe abzuſchütteln, von den Weſtmächten legitimirt
nicht blos auf vertraute geheime Vorſtellungen vertröſtet; Rath-
ge von Kabinet zu Kabinet ſind als fruchtlos bezeichnet. Ohne ſich
ihre Ehre zu compromittiren, können die Weſtmächte kaum mehr ſich
die Stellung des blos thatlos ſympathiſirenden Beobachters zurück

ziehen. Namentlich haben sie jetzt Piemont als den berufenen Vertreter Italiens anerkannt. Es kommt nur noch darauf an, welche von diesen Mächten die logischen Folgen praktisch ziehen wird." — (Vorerst handelten die Westmächte noch übereinstimmend, indem sie einer während des Congresses getroffenen Verabredung gemäß ihre Gesandten von Neapel abberiefen, worin allerdings noch eine gewisse Schonung für Oestreich und für den H. Stuhl lag.) Den 29. April schrieb Lafarina an Ratesi: „Der pariser Congreß hat den italienischen Regierungen den moralischen Todesstoß gegeben: es ist das erstemal, daß eine Diplomatenversammlung öffentlich erklärt, daß die Fürsten Unrecht, die Völker Recht haben. Diese Thatsache schließt den Samen einer Revolution in sich. Daher muß man sich bereit halten, um jede günstige Gelegenheit sofort zu benützen." Minghetti macht in einem Briefe aus Bologna auf ein neues, treffliches Symptom aufmerksam, auf die Mäßigung der Stimmung, der Hoffnung, als auf ein Unterpfand, daß der nationale Geist gereift war. Er schreibt: „Ich freue mich, im ganzen gemäßigte, verständige Urtheile über den Congreß zu hören, das heißt: eine allgemeine Befriedigung über die (auch die Romagna unmittelbar betreffenden) Erörterungen wahrzunehmen, ohne daß man sich übertriebenen Hoffnungen, Illusionen hingäbe. Ich bekenne, daß das Land darin meine Erwartungen übertroffen hat; denn wenn man so übel daran ist wie wir, so macht man sich leicht eitle Hoffnungen wie übertriebene Sorgen." Man war nicht mehr so kindisch, „entweder alles, und zwar unter einer bestimmten Form, oder nichts" zu wollen.

Damit diese der Sache der nationalen Unabhängigkeit so günstige Stimmung nicht nutzlos sich verflüchtige, damit Piemont einen Zweck und eine Stütze seines nationalen Berufs gegeben werde, galt es dieser Stimmung eine Gestalt zu geben, ihr eine Thätigkeit zu eröffnen. Charakteristisch ist, daß der Anstoß dazu nicht von Piemontesen, sondern von Verbannten aus den verschiedensten Provinzen ausging. Der Vater dieser Idee, ihres Programms war der Exdiktator von Venedig Daniel Manin. Wir haben seine Politik gegenüber Italien, gegenüber Karl Albert, seine Bemühungen um die Hilfe der Westmächte in den Kapiteln XVII, XXII und XXIII unserer Geschichte geschildert. Sie wurzelte auf insularem, municipalem Boden, in Erinnerungen einer großen unwiederbringlichen Vergangenheit. Nicht ganz ohne Grund mißtraute er Karl Albert, seit dem Juni 1848 vom übrigen Italien im Stich gelassen, zu schwach, Venetien zu behaupten, werde er dasselbe, mit einigen Bürgschaften für seine eigene Verwaltung, an Oestreich überlassen, um sich die Lombardei zu sichern. Deßhalb schloß sich Manin den demokratischen, zum Theil republikanischen Partikularisten Mittelitaliens, dem Plane der föderalen Verfassung Italiens an. Jene ließen ihn aber ganz ohne Hilfe. Um so mehr suchte er Hilfe bei Frankreich, welches

German

zu den Partikularismus der Mittelstaaten begünstigte, und bei England. Trotz seines selbstlosen Charakters, trotz seiner trefflichen Agenten Pasini und Tommaseo widert uns doch dieses Anpochen und Herumhorchen an, zumal wenn wir es mit der tapferen Selbsthilfe des aus vielen Wunden blutenden Piemonts vergleichen. Die Geschichte der beinahe anderthalbjährigen Blokade und des schließlichen Bombardements unter Hunger und Cholera zeigt uns viele rührende Züge vertrauensfester Anhänglichkeit des venetianischen Volks an ihn, zarten weiblichen Aus= harrens in der Noth. Aber der Heroismus des zur Winkelrepublik gewordenen Venedigs war ein orientalisch passiver; er griff wenig ein in den Kampf Italiens um seine Unabhängigkeit; Neapolitaner und Schweizer thaten sich bei den Ausfällen, bei der Vertheidigung der aus= gesetztesten Forts am meisten hervor. Wir konnten daher in unserer Geschichte Italiens der Lokalgeschichte Venedigs wenig Raum geben. Wir nehmen mehr gemüthlichen als politischen Antheil an den Leiden Venedigs, bis es nach der Niederlage Piemonts, nach dem Fall Roms und Ungarns, wenige Tage ehe der letzte Brodvorrath zu Ende war, den 24. August 1849 die Oestreicher einziehen ließ.*)

Der Exdiktator lebte schwere Jahre des Exils als Sprachlehrer in Paris, zwischen den Krankenbetten und Särgen seiner Lieben, selbst von Asthma gepeinigt. Im Verkehr mit den edelsten Männern nicht blos aus allen Provinzen Italiens läuterte, erweiterte, nationalisirte sich sein Patriotismus. Die kühne, rastlose Politik Piemonts besiegte seine tief= gewurzelte Abneigung gegen den Militärstaat. Entrüstet über John Russels wohlgemeinte Rathschläge an die Italiener, sich fein ruhig zu verhalten, erklärte Manin den 15. September 1855 im Siecle: „Meiner Fahne: Unabhängigkeit und Unification getreu, weise ich alles ab, was sich davon entfernt. Wenn das wiedergeborene Italien einen König haben muß, so soll es nur Einer sein, und dieser Eine kann nur der König von Piemont sein." Daß Italien, von der Fremdherr= schaft befreit, werde, ist ihm das Eine Ziel. Die Form seines Seins steht ihm in zweiter Linie. Er ruft dem Haus Savoyen zu: macht Italien, so bin ich, so sind alle patriotischen Republikaner für und mit euch, wo nicht, nicht! — (si no, no!) Eine dauernde Diktatur bietet er dem kriegerischen Hause unter dieser Bedingung an. Aber Victor= manuel muß an die Erringung der Krone Italiens seine piemonte= sche Krone setzen. Alle andern Dynastien hält er entschieden für ebenso unheilbar wie Oestreich, auch den berechtigten Partikularismus

---

*) Wir haben diese Schicksale Venedigs erzählt in der Monographie: „Daniel Manin als Führer des moralischen Widerstands gegen Metternich, als Lenker der ve= tianischen Revolution und Diktator während der Belagerung und als Stifter des ...ienischen Nationalvereins." Raumers historisches Taschenbuch, vierte Folge, zweiter ...hrgang 1861.

für ein Unheil, weil er die Unabhängigkeit Italiens nicht erringen
sondern nur verhindern kann. Der Municipalismus (Provinzialismus
ist, eben weil er in Italien so tiefe Wurzeln hat, innerlich zu überwin
den, um des einen, großen Nothzieles willen. Seine letzten Lebenskräft
verzehrt Manin in der aufreibendsten Verkündigung dieses seines bitte
erkämpften Glaubens an die Erlösung Italiens, an diesen einzigen Heilsweg
Auffallend ist, daß Manin mit Cavour während seines pariser Congreß
aufenthalts nicht verkehrt zu haben scheint.

Der erste Gläubige von Gewicht, welcher mit Manin war, war de
ehrwürdige lombardische Marchese Pallavicino-Trivulzio „von Spielberg"
der Abgeordnete von Turin. Dieser wandte sich an Garibaldi, welche
„die Ehre mit ihnen zu sein" freudig annahm. Er wollte jedoch ni
in ihrem Rathe sitzen, sondern schrieb: „Ich verlange, daß ihr mir b
jedem Fall eure Befehle ertheilt." Eine noch ungebrochene Kraft, v
feuriger Thätigkeit und seltner politischer Feinheit gewannen sie in
Herbst 1856 an dem uns schon bekannten Sicilianer Joseph Lafarina.
Der Grütlibund war jetzt geschlossen.[*]

Dieser nationalen Realpolitik stellten sich sogleich gewaltige Vortheile und persönliche Interessen entgegen: Piemont werde die Parteien
für seinen Partikularismus ausbeuten, um einen desto vortheilhafteren
Frieden mit Rom und mit Oestreich zu schließen. Die Freiheit werde
der Monarchie, dem Militarismus geopfert. Lafarina erhält bald Nach
richt, daß Mazzini, welcher sich in seinem Privilegium des Conspirirens
verletzt fühlte, die Verbreitung dieser Ideen zu stören, ja zu denunciren such
(Epistolario di Lafarina Vol. II. p. 17. 18. 74.) Den 17. Februar 1857
schreibt dagegen Lafarina: „Ich glaube, jede Frage der Form der großen Frage
der nationalen Einheit und Unabhängigkeit unterordnen zu müssen. Ich
bin für Piemont, so lange Piemont für Italien sein wird. Ich erach
Piemont höchst wichtig für Italien und Italien nothwendig für Piemont.
Endlich glaube ich, daß um die Oestreicher definitiv aus Italien zu
jagen, man gut geschulte Truppen, nicht faules Geschwätz braucht. An
die mazzinistische Nationaljunta „der That", welche mit den Waffen der
Revolution renommirte, schrieb Pallavicino trefflich schon 1854: „Eure
100,000 Soldaten der Zukunft sind eitel Dunst. Um die Heere der
Fremdherrschaft zu schlagen braucht es leibhaftige Heere; deßhalb bin ich
piemontesisch. Piemont ist monarchisch, aber die dreifarbige Fahne weht
auf den Thürmen seines Königspalastes; deßhalb bin ich nicht republi
kanisch. Wohl ist das piemontesische Heer allein zu schwach zur Befrei
ung, aber noch schwächer ist die bloße italienische Meinung und Ini

---

[*] Das Nähere in jener Monographie über Manin, in unserem Artikel „
Geschichte des italienischen Nationalvereins" in den Preußischen Jahrbüchern, Band
Heft 4. und ebendaselbst Band XXIII. Heft 6: „Lafarina und der italienische Nation
verein" von Wilhelm Lang, nach Lafarina's epistolario.

ektion. Darum müſſen ſich dieſe mit jenem Heere verbinden, ſtatt
urch Aufpflanzung der republikaniſchen Fahne die Kräfte Italiens zu
rennen und Piemont zu ſchwächen.“ Er zeigt, daß die Intereſſen des
Hauſes Savoyen, und zwar nur die dieſes Hauſes, mit denen Italiens
ſolitariſch ſeien; daß die republikaniſchen Verſchwörungen ſtets die Fremd-
errſchaft befeſtigt haben. Man müſſe aber ein ehrliches, ein dauerndes
Bündniß mit Piemont ſchließen. Manin ſchreibt: „So lange man die
Abſicht verräth, Piemont nach dem nationalen Befreiungskampfe in den
Rücken zu fallen, ja ſo lange die Idee der nationalen Realpolitik nicht
vielſeitig angenommen iſt, bleibt das Zögern der piemonteſiſchen Regierung natürlich.“ — Dennoch blieben die Verbiſſenen, die ehrgeizigen
Charlatane verſtockt. Auch in Turin waren viele „Municipaliſten“,
welche die Piemont zugedachte Rolle für zu gefährlich erachteten. Manche
Abgeordnete fürchteten durch ihre Zuſtimmung zu dieſem Programm
ihre Wiederwahl zu gefährden. Die Ultramontanen blieben natürlich
antinational.

Wie in den Zielen, ſo war der Unterſchied der Nationalpartei und
Mazzini's in den Mitteln ein tiefer. Manin, ſtets ein eifriger Bekämpfer
der Lehre des Fanatismus, daß der Zweck die Mittel heilige, wollte vor
allem den ehrlichen Namen der Italiener bei den andern Nationen wieder
herſtellen. Er verdammte den von den Mazziniſten eben wieder betriebenen
Meuchelmord unter allen Umſtänden, welche Motive er auch haben möge.
Die Prieſterherrſchaft habe die Gewiſſen der beſſeren Italiener tief verletzt, ſie habe die Autorität der Kirche tief erſchüttert, indem ſie ſich ſitt-
lich ſchlechter Mittel bediente. „Die aufopfernde Liebe zu unſerem Vaterland iſt auch Religion, auch ſie müßte ihre Autorität verlieren, ſobald
ſie in der Theorie oder durch die Praxis ſich vom ſittlichen Gefühl entfernen würde.“ Er war wegen der entſittlichenden Wirkungen der Verſchwörungen ſogar dagegen, daß von ſeinen Geſinnungsgenoſſen ein förm-
licher Verein geſtiftet werde. Daher erfolgte erſt im Auguſt 1857 die
förmliche Conſtituirung des italieniſchen Nationalvereins. Den 22. September ſtarb Manin in Paris. Der Vorſitz ging auf den Marcheſe
Pallavicino über, Garibaldi hieß Vicepräſident, Lafarina war der eine
Maſſe von Geſchäften beſorgende Schriftführer. Seine Wochenſchrift
piccolo corriere wurde das Vereinsorgan. Die Zahl der Mitglieder
mehrte ſich raſch und zwar durch die reinſten, gebildetſten Männer in der
oberen Hälfte Italiens und in Lafarina's Vaterland Sicilien, wo ſich das
mazziniſtiſche Committe auflöſte. Er inſtruirt einen Freund: „Suchen
Sie in Piemont alles fern zu halten, was den Anſchein einer geheimen
Geſellſchaft haben kann; denn was uns jenſeits ſeiner Gränzen nützt,
kann uns innerhalb derſelben ſchaden. Hier ſind wir eine legale Geſellſchaft und thun alles offen, im Licht der Sonne. Das Geheimniß beginnt
erſt da, wo das dreifarbige Banner nicht weht.“ Der Eifer, das reine

Selbstvertrauen der Mitglieder erstarkte auch daran, daß man hoffte, daß
Piemont und die durch den Verein geweckten und organisirten Kräfte
des übrigen Italiens, zumal wenn sie durch eine europäische Constellation
durch einen Aufstand in Ungarn begünstigt würden, zur Selbstbefreiung
Italiens genügen würden. Es unterliegt für uns keinem Zweifel, daß
Cavour, mit welchem Lafarina in immer vertrautere Verbindung trat, es
gegen diesen nicht an Andeutungen fehlen ließ, daß er auch auf die Er
fenhilfe Frankreichs rechne. Im September 1858 schreibt Lafarina: „Ich
bin fest überzeugt, daß im nächsten Frühjahr der Knoten durchschnitten
werden wird; diese meine Ueberzeugung stützt sich auf Thatsachen, welche
zu enthüllen die größte Unklugheit, ja Verbrechen wäre." Namentlich
Garibaldi, welcher die Franzosen von Rom her haßte, hätte sich wol
durch die mazzinistischen Zettlungen vom Vereine loslösen lassen, wenn
er längere Zeit vor der That die Allianz mit Frankreich, denn Opfer
Nizza werden mußte, gewußt hätte. Dagegen zielten die Führer des Nationalvereins weiter als Cavour, über Oberitalien hinaus auf ganz Italien. „Man muß, indem man dem Minister dient, ihn weiter ziehen
und compromittiren," sagte uns Lafarina schlau lächelnd.

Eines hatten die Führer des Nationalvereins und Mazzini gemeinsam, das höchste Postulat des nationalen Einheitsstaats; sie wollten die
Unification, nicht blos die Union, wie auch ein Staatenbund genannt
werden konnte. Die romanische Nationalität der Italiener drängte dahin.
Alle Erhebungen einzelner Staaten von 1820 hatten, dieß sahen beinah
alle jetzt ein, nur die Fremdherrschaft verstärkt. Diese nachhaltig zu hal
zen war der Hauptzweck. Sie konnte nur durch die dauernde Unification
der Kräfte Italiens für immer abgewehrt werden. Der Unterschied war
nur, ob die nothwendige bleibende Diktatur eine monarchische oder eine
persönliche, durch die republikanische Partei Italien auferlegte sein soll.
Die Mazzinisten rühmten sich, daß nur sie zugleich die volle Freiheit er
zielen wollten. Allein sie hätten die Einheitsrepublik nur durch den
schärfsten Terrorismus aufrecht erhalten können, weil selbst im Fall der
Annahme der republikanischen Idee durch das Volk und ihres Sieg
Boden = und Volkscharakter und Geschichte zu Municipalrepubliken mit
umliegendem Gebiet gedrängt hätten. Alle italienische Staaten von der
Nordgränze Neapels an waren aus solchen erwachsen, sie waren an den
Kern großer Municipalitäten angebackene Conglomerate. Merkwürdig
ist, daß die meisten Träger der Unificationsidee Söhne der auf ihre
„Selbstständigkeit" stolzesten und zugleich Italien gegenüber centrifugalen
Municipalitäten waren, Manin von Venedig, das einst mehr im Orient
wurzelte, Mazzini von Genua, das nie im italienischen Festland wurzelte
Lafarina von dem ganz städtischen Sicilien, das seit einem halben Jahrtau-
send in Versuchen, vom Festland Italiens sich zu emancipiren, sich verblute
Mailand, Pallavicino's Vaterstadt, war in Folge seiner Lage oft der

Beute der Deutschen, der Spanier, der Franzosen gewesen. Grade dieser ihr Stolz und die bitteren Erfahrungen älterer und der neuen Zeiten drängte nun die durch Charakter, politischen Geist und persönliche Erfahrung berufensten Söhne dieser Städte, den Anker ihrer Hoffnung in die Tiefe des nationalen Einheitsstaats zu werfen. Sowenig Sicilien neapolitanisch bleiben wollte, so bitter Genua, trotz des glänzenden Verbrüderungsfests mit den aus der Krim zurückgekehrten piemontesischen Truppen, im tiefsten Herzen noch darüber grollte, daß es von dem wiener Congreß mit Piemont vereinigt worden war, ebenso wenig wollten Mailand und Venedig sich damit begnügen, etwa durch Verdoppelung Piemonts einen langgestreckten subalpinischen Gränzstaat zu gründen. Das mochte eine vorübergehende Stufe, eine Kohlenstation bilden, nur das Ganze konnte das Ganze schützen. Das vorherrschende Motiv der Einheitsbestrebungen, die Nothwehr gegen Fremdherrschaft, ließ die Erwägung der inneren Erfordernisse zurücktreten.*)

Wie verhielten sich Viktor Emanuel und Cavour zu der Unificationsidee? — Viktor Emanuel witterte den vielen Pulverdampf, welche ihre Ausführung entwickeln würde. Der Enkel des Grünen Grafen freute sich fürstlich auf die große Aventüre, Italien zu machen. Er war bereit sein und seiner Söhne Leben und Krone daran zu wagen. Aber mit

---

*) Im Herbst 1856 verfochten wir im Gespräche mit Lafarina lebhaft die Dreitheilung Italiens: das zur Vertheidigung der Unabhängigkeit gegen die Militärstaaten des Festlandes bestimmte oberitalienische Königreich sollte das stärkste sein, der Magrabach (unweit Spezia ins Meer mündend), die Kette des Apennin bis zum Engpaß von Cattolica (südlich von Rimini) schlossen es fast ab. Toscana und der übrige Kirchenstaat mit Ausnahme einer schönen Weide (verte) weit um Rom herum für den Hirten der Seelen, wäre ein friedliches Kulturland gewesen. Allein wie die bourbonische Dynastie in Neapel, hatte sich die lothringen-habsburgische in Florenz seit 1849 vollends als antinational entpuppt. Die an Sicilien gestellte Zumuthung, bei Neapel zu bleiben, drohte das Gespräch abzubrechen. Als die größte politische Conception, welche Italien binnen eines Jahrtausends hatte über sich aufgehen sehen, erschien mir die in der Mitte des 15. Jahrhunderts, welche die Sforza in der Lombardei, die Medici, die aragonische Linie in Neapel zu einer dynastischen Solidarität gegen das Ausland vereinigte. — Ja, konnte Lafarina einwenden, aber Neapel und Mailand entzweiten sich bald und dieß war die Ursache der französischen und der spanischen Invasion, welcher so viele andere folgten. Was nun die langgestreckte Halbinsel, die Verschiedenheit der Volkscharaktere, der Sprache, der Sitten, der Bildung der Nord- und der Südistaliener anbelangte, so behauptete Lafarina, daß die durch den Apennin getrennten Ost- und Westitaliener sich nicht minder von einander unterscheiden. In Neapel und im Kirchenstaat sind sie dennoch seit Jahrhunderten durch denselben Staat zusammengefaßt. Ein nationaler Einheitsstaat, aber auch nur er, könnte sie alle ründlich vereinigen. Die Propaganda, welche der Nationalverein mit seiner Idee machte, der Erfolg derselben bis weit in den Kirchenstaat hinein sprach für die Richtigkeit derselben und nicht in ihr lag für ein romanisches Volk der Fehler. Diese Idee mußte aber mit Schonung der berechtigten Provinzialeigenthümlichkeiten ins Leben eingeführt werden.

vielen Berathungen darüber wollte er verschont bleiben. Wenn die Stunde gekommen wäre, war er bereit seine Gemsjagden zu verlassen, sich auf das Pferd zu setzen und dahin zu reiten, wo die feindlichen Kanonen blitzten. Dann erst galt es ja, seinen Vater und die Waffen Piemonts zu rächen.

Die einstweilige Mühewaltung übernahm Cavour. Ihm war kein Ziel zu hoch und zu kühn, aber als Minister hatte er eine ganz andere Verantwortlichkeit als die auf eigene Hand agitirenden Patrioten. Daß der Knoten nur durch das Schwert zerhauen werden konnte, darüber hatte er keinen Zweifel. Aber er mußte die Freunde und die Feinde zählen und wägen. So viel er auf die mit dem Kredit zusammenhängende öffentliche Meinung hielt, so wenig hielt er von Aufständen, von Nationalgarden für die Stunde der Entscheidung. Lafarina legte ihm die Unification nahe. Cavour erkannte sie entschieden als das höchste, letzte Ziel an; allein es sei nicht zu berechnen, ob Italien binnen mehrerer Jahrzehnt oder binnen einiger Jahre dahin gelange. Um das seit d'Aglie, seit 1514 (s. d'Aglie's klassische Denkschrift, Erster Theil unserer Geschichte, S. 61), ja seit Heinrich IV. angestrebte subalpinische Königreich zunächst zu gründen war Cavour bereit sich selbst mit Ferdinand von Neapel, mit den Lothringern in Toscana zu verbinden. Zuerst beburfte es hiezu einer Versöhnung; denn seit dem pariser Congreß, seit Cavours Auftreten in der turiner Kammer am sechsten Mai 1856 schrieb nicht blos der Herzog Franz von Modena an den Kaiser von Oestreich, die gemeinsame Würde wie Interesse verlange, daß der piemontesischen Insolenz rasch ein Zügel angelegt werde. (Cavour di N. Bianchi, p. 44.) Leopold von Toscana schrieb an seinen Minister des Aeußeren, man müsse die Weise finden, das von Cavour erhobene Aergerniß (scandalo) zu züchtigen. Baldasseroni, Ministerpräsident in Florenz, „fühlte über solche freche Drohungen (bravate), welche eine alle Fürsten bedrohende Territorialfrage aufwürfen, sich das Blut in den Adern gerinnen." In Paris, in London, in Petersburg und mit dem meisten Erfolg in Wien erhoben sie einen Chor von Anklagen. Palmerston erklärte in Turin, er werde die bisherige erleuchtete Politik Piemonts unterstützen; sollte aber dieses wider Erwarten Angriffspläne gegen Oestreich hegen, so würde er allen seinen Einfluß anwenden, um Piemont davon abzuhalten. Dasselbe erklärte Walewski in Wien unter Mißbilligung des Auftretens, welches sich Cavour den sechsten Mai erlaubte. Carini berichtete den 13. Mai aus London an das neapolitanische Ministerium: „Ich will Walewski nicht entschuldigen, aber er ist nicht so schlimm, wie die zahllose Canaille, aus welcher der Hof und die Regierung des Kaisers zusammengesetzt ist, von dessen verschlossenem Geist die Politik und alles in Frankreich bis ins Detail abhängt."

Diese Dokumente sind zwar erst bei der Annexion von den Piemon tesen in den Archiven von Neapel und Florenz gefunden worden, allein Cavour kannte die Stimmung und die Schritte dieser Kabinette vollkommen. Dieses hielt ihn nicht ab, sich längere Zeit von den Repressalien Englands und Frankreichs gegen Ferdinand von Neapel fern zu halten. Cavour wünschte nichts weniger, als Lucian Mürat unter Frankreichs Schutz in Neapel herrschen zu sehen. Während ein Theil der Flüchtlinge diesem Prätendenten seine Hilfe anbot, wünschte Cavour Ferdinand dagegen eher zu stützen. Der neapolitanische Geschäftsträger in Turin, Canofari, berichtet den 24. November 1856 in einem Reservatissimo an seinen Minister: „Vor einigen Tagen sagte Graf Cavour zu mir: Ihr Souverän hat (bei seinem Widerstand gegen die Ansinnen der Westmächte) eine ganz brillante Figur gemacht; indem er die Umstände gut benützte, hat er den sehr verwickelten Knoten zu seinem Nutzen gelöst. Es wäre jetzt Zeit, daß er sich an den Westmächten, welche ihm Unlust gemacht haben, und an denen, welche ihm nur schwach beigestanden sind (Oestreich) rächte, indem er sich Piemont näherte. Ich sage Ihnen dieß als Privatmann. Es ist nicht der Minister des Aeußeren, welcher ihnen sagt: Neapel und Piemont fest vereinigt, würden Italien das Gesetz vorschreiben. — Darauf antwortete ich, wie vor einigen Jahren dem d'Azeglio und einmal auch Dabormida, Seine Majestät sei nicht von Piemont entfernt, sondern Piemont von Seiner Majestät; die Gebiete Derselben seien nicht der Sitz irgend eines Feindes des Souveräns von Sardinien, in Neapel seien keine trotz aller Heimlichkeit bekannte Werkstätten systematischer Verläumdungen und Revolutionszettelungen gegen die Staaten der sardinischen Majestät. Ich legte den Nachdruck auf diese Ausdrücke; dann fügte ich bei, die Langmuth unseres Königs, sein würdevolles, beharrliches Schweigen, die Art, wie er die internationalen und die Handelsbeziehungen mit Sardinien aufrecht erhalten habe, beweisen seine freundschaftlichen Gesinnungen. Cavour hatte nichts besonders passendes zu erwiedern. Piemont ist gegenwärtig zu sehr von Parteien, von den Anmaßungen der Mächte, von allen möglichen Einflüssen, vom Haß Oestreichs, von Schulden, von übermäßigen Steuern hin und her gezerrt, als daß die Worte Cavours irgend eine ernstliche Aufmerksamkeit verdienten." Auch Lamarmora sprach in diesen Tagen dieselben Wünsche einer Annäherung Piemonts und Neapels aus. Dazu wäre nöthig gewesen, daß Neapel die Verfassung wieder herstellte. Noch wenigeres verweigerte es aber soeben den Westmächten. Den neunten December 1856 ließ Ferdinand an Canofari die Antwort ergehen: „Die königliche Regierung wünscht sich keiner Macht zu nähern; sie denkt auf jedes Mittel, mit allen gut zu stehen, aber unter der Bedingung, daß sich keine in Neapels inneren Angelegenheiten mische." Ferdinand wollte keine Gemeinschaft mit einer Regierung, „welche sich mit kirchlichen und mit politischen Ketzereien beflecke". Cavour wies die Ansinnen Brofferio's, Piemont solle die Aufstandsversuche auf Sicilien unterstützen, entschieden zurück, zumal weil sie „unreif" seien. Aehnliche Versuche, sich Toscana zu nähern, verwandelten sich in Anklagen Piemonts darüber, daß Toscana seine Politik an den europäischen Höfen zu verläumden suche.

Theilweis günstiger gestalteten sich die Beziehungen Piemonts zu den Großmächten. Den 15. April 1856 hatten England, Frankreich und Oestreich einen besonderen Vertrag geschlossen, um Rußland in die Schranken des Friedens vom 30. März zurückzuweisen, sofern es dieselben überschreiten wollte. Es wurde eine Commission in die Gegenden nördlich von den Donaumündungen geschickt um die Gränzen zu reguliren. Der Friedenstraktat wurde als zu unbestimmt gefunden. Oestreich und England hielten die Rußland ungünstigeren Auslegungen sehr fest; Frankreich spielte die Rußland günstige Vermittlerrolle. Jene lehnten den Antrag ab, daß die Congreßmächte durch Stimmenmehrheit entscheiden sollten, weil Piemont als fünfte seine Stimme für den Vorschlag Frankreichs abgegeben haben würde. In dem Streit über die Moldo-Walachei, ob sie durch Vereinigung sich stärken dürfte, traten Frankreich und Piemont vereint für diese Romanen gegen Oestreich und dießmal auch gegen die Türkei auf. Rußland gab Piemont die augenfälligsten Zeichen seiner vollständigen Versöhnung. Schon während des Krimkriegs hatte der slavische Prophet Jagobin gezeigt, daß, während Oestreich und Frankreich die Italiener verhindern in Italien selbst zu regieren, es Rußland nahe liege, dieses zu befördern und sich so die Sympathie der Italiener zu erwerben. Während Rußland seit Katharina und besonders unter Nikolaus zuerst Neapel, in zweiter Linie Piemont begünstigt hatte, so verwandte sich der junge Kaiser Alexander II. jetzt nur mäßig für Neapel. Die Kaiserin Mutter brachte den Winter nicht mehr auf Sicilien, sondern in Nizza zu. Sämmtliche Großfürsten erwiederten in Turin den Besuch, welchen Viktor Emanuel ihrer kaiserlichen Mutter gemacht hatte, aber keiner betrat Mailand, wo der Kaiser von Oestreich weilte. Nachdem der Undank Habsburgs das Herz des gewaltigen Kaisers Nikolaus, ihres Vaters, gebrochen hatte, waren für sie durch die sittliche Würde wie durch die Politik die Tessinbrücken abgebrochen. Einen übermäßigen Lärm schlugen die westmächtliche und die östreichische Presse an, als sich Rußland von Piemont einiges Land zu einem Kohlendepot bei Villafranca, unweit Nizza, pachtweise abtreten ließ. Der treffliche tiefgründige Felsenhafen mochte allerdings Rußlands Zukunftspläne locken, einmal einen Winterhafen für Kriegsschiffe hier anzulegen. Bei dieser Gelegenheit zeigte es sich, daß trotz der zwei schönen Briefe, welche Farini an Gladstone über die schlimmen Folgen der englisch-östreichischen Allianz richtete, Piemont von England und namentlich von den Whigs nichts zu hoffen habe. Da seit Anfang des Jahres 1858 die Torys am Ruder waren, so suchten ihnen die Whigs darüber den Prozeß zu machen, daß sie sich dem Villafrancahandel nicht energischer widersetzt hätten. „Haben Sie bemerkt, schrieb Cavour, welch schlimmen Streich uns Lord

Palmerston spielen wollte? Er versuchte, auf unsere Kosten durch Aus-
beutung der Villafrancaangelegenheit Popularität zu erlangen." Cavour
befürchtete namentlich den Einfluß, welchen diese Erkältung Englands gegen
Piemont auf den Kaiser der Franzosen haben könnte. Italien konnte nur
auf die Freundschaft John Russels stets sicher rechnen, aber dieser war
jetzt nicht in der Gewalt.

Im vertrauten Kreise seiner Nichte Alfieri sprach Cavour noch offe-
ner von dem unumgänglich nöthigen Kriege als von einem nahen.
„Er verkündete, schreibt de la Rive, den Krieg, um ihn herbeizuführen;
er disponirte das Land, daß es ihn wollte und führen könnte; er ver-
waltete, beschwichtigte, disciplinirte die Nation durch die Aussicht naher
Kämpfe und einer sicheren Befreiung. Diese Aussicht war die Grundlage
einer Diktatur, beseelte seine durchaus nationale Politik. Er hatte nur
diesen einen Zweck, dem alles im Aus- wie im Inland untergeordnet war,
nur diese eine Triebfeder, vor welcher alle bisher mitspielenden Ansichten
und Grundsätze verschwanden. Als Minister des Aeußeren zielt er jetzt
nur auf Isolirung Oestreichs. Deßhalb sucht er England wieder auf einen
freundlicheren Standpunkt zurückzuführen, Preußen zu versöhnen, es ge-
lingt ihm Rußland zu gewinnen. Ferner nimmt er die Rumänen, die
Ungarn, lauter Feinde seines Feindes, ohne Geheimniß auf. Als Minister
des Innern hält er alle Fäden der Verwaltung gespannt in der Hand,
bereit um beim ersten Zeichen zu spielen. Am andern Ende dieser Fäden
sind Toscaner, Lombarden, Romagnolen, welche in Aemtern stehen, Missionen besorgen, die Universität und die Kammer bevölkern. Turin, obgleich noch nicht die Hauptstadt Italiens, ist bereits die der Italiener.
In demselben Augenblick, wo Piemont den Italienern Piemont als ihr
Vaterland für heute zeigt, weist er die Piemontesen auf Italien hin, welches morgen ihr Vaterland sein werde. Er sucht die Beziehungen zum
Klerus zu mildern, er schont die Rechte, nimmt aus ihr seine Räthe und
Gesandte, läßt die Briefe Josefs de Maistre (des Propheten der Restauration von 1815) veröffentlichen, welche Haß gegen Oestreich athmen, welche
für die Unabhängigkeit Italiens glühn; dadurch schmeichelt er dem Selbstbewußtsein oder zerbricht er wenigstens den Dolch einer leidenschaftlich
feindlichen Partei. So ruft er zugleich die Revolution, das Herkommen,
das freisinnige Gefühl, das der Nationalität, das des Monarchismus auf,
er schmelzt sie zusammen zur Vertheidigung einer ihnen allen theuren
Sache. Als Finanzminister wirft er das Geld mit vollen Händen aus:
das Heer, die Flotte, die großen Arbeiten erhalten eine mit den Hilfsmitteln, wie mit den wirklichen Bedürfnissen Piemonts in keinem Verhältniß stehende Entwickelung. Millionen über Millionen läßt er sich
verwilligen zum Bau von Schiffen, zur Vermehrung der Artillerie, zur
Verstärkung der Regimenter, zur Befestigung der Waffenplätze, zur Durch-
bohrung des Mont Cenis. Bei dieser Gangart war der Krieg und zwar

unbedingt und sehr schnell eine Nothwendigkeit. Alle gelangten dahin ihn lebhaft zu wünschen, diejenigen, welchen die Begeisterung fehlte, wünschten ihn aus Ueberdruß. Der König, die Hand am Schwert, brannte vor Verlangen ins Feuer zu gehen und fragte, ob die Stunde noch nicht geschlagen habe. Der Adel schloß sich ihm an. Nie strahlte der Stern Cavours so hell an so klarem Himmel. Es war ein Morgenroth, wie auch im glorreichsten Leben kein zweites leuchtet."

Jetzt aber trat um Anfang des Jahres 1857 eine Krise ein. Die Erfahrungen, welche Oestreich auf dem pariser Friedenscongreß gemacht hatte, die Piemont günstige nationale Erhebung der Geister, die Rathschläge des befreundeten Englands, ein Bangen vor Frankreich veranlaßten den Kaiser Franz Josef, persönliche Schritte zu thun, um sich mit seinen italienischen Unterthanen zu versöhnen. Ein entscheidender Kampf um Gewinnung der Geister entspann sich. Vornehme Lombarden erklärten Cavour (laut eines Dokuments von Cavours Hand, von welchem Bianchi in der ersten Ausgabe seines Cavour berichtet, welches aber in den späteren unterdrückt ist), ihr Land würde mit Maximilian als unabhängigem Vicekönig oder als König sich begnügen. Doch war diese Stimmung nicht die herrschende, besonders nicht in den höheren Klassen Mailands.

Kaiser Franz Josef war sehr entrüstet darüber, daß ihn der ihm verschwägerte Viktor Emanuel in Mailand nicht durch einen Bevollmächtigten nachbarlich begrüßen ließ. Allein nachdem schon Karl Albert durch eine persönliche Begrüßung des Kaisers Ferdinand die bittersten Vorwürfe der Italiener verdient hatte, konnte Viktor Emanuel den gegen seine Politik gerichteten Nachbarschaftsbesuch nur ignoriren. Hatte doch Franz Josef die ihm vom König im Januar 1855 gemachte Anzeige, daß seine Mutter und seine Frau, beides Erzherzoginnen, binnen acht Tagen gestorben seien, nicht mit einem Worte erwiedert. Um so weniger durfte der Kaiser sich empfindlich über diese Ignorirung, über Worte im Parlament und über die Bekämpfung der östreichischen Herrschaft in der offiziösen Opinione und in unabhängigen Zeitungen zeigen. Selbst offizielle Zeitungen in Mailand griffen nicht blos die piemontesischen Minister als eine robespierrische Bande, sondern auch den König und piemontesische Prinzessinnen an. Im Februar 1857 wechselten Buol und Cavour die schärfsten Noten. Dieser veröffentlichte die seinige und legte den Nachdruck darauf, daß, während in Piemont unabhängige Blätter, welche in der Lombardei verboten seien, Oestreich und die Verträge angriffen, Piemont den angreifenden k. k. Blättern offen stehe. Wenn durch diese die piemontesische Regierung sich durchaus nicht gefährdet fühle, so könne doch durch jene die so laut gerühmte Treue der Lombarden nicht untergraben werden. Die östreichische Presse wiederholte die alberne Behauptung, Piemont baue Mazzini Stufen. Cavour konnte darauf hinweisen, daß in Folge seiner nationalen Haltung soeben die mazzinistische Zeitung us Mangel an Abonnenten eingegangen war. Buol berief den 16. März 1857 seinen Geschäftsträger von Turin, Cavour den seinigen von Wien ab, obgleich Oestreich ihn zum Bleiben einlud. Der preußischen Gesandtschaft in Turin blieb die schwierige Aufgabe, die östreichischen Interessen zu vertreten. Ihre Geduld wurde durch die mittelbar auch sie treffenden Nadelstiche Piemonts nicht wenig auf die Probe gestellt. Dasselbe war auch noch 1861 der Fall.

Viktor Emanuel persönlich und Cavour hielten in dem gleichzeitig eröffneten Parlamente die nationale Fahne herausfordernd hoch. Cavour verlangte die Mittel, um die Befestigung der Stadt Alessandria selbst, welche von den Oestreichern während ihrer Occupation 1814 niedergerissen worden war, wieder aufzuführen. Die früher östreichische, jetzt klerikale Partei bekämpfte dieses Ansinnen, weil es eine Herausforderung gegen Oestreich und weil diese Befestigung unnütz sei. Cavour antwortete, wenn sie dieß wäre, so würde sie von dem conservativen Oestreich nicht niedergerissen worden sein. Alessandria sei nur ein Bollwerk gegen die starke Festung, wozu Oestreich das ihm nicht gehörige Piacenza mache. Manin gab den Anstoß zu einer Sammlung, um Piemont das nationale Geschenk von hundert Kanonen zur Armirung Alessandrias zu geben. Die Sammlung wurde in der Nordhälfte Italiens betrieben, doch thaten die piemontesischen Gemeinden die Hauptsache und nur so war ihr Erfolg ein nahezu ausreichender. Mazzini in seiner Eifersucht brachte eine Sammlung für Anschaffung von zehntausend Gewehren behufs Insurgirung der Halbinsel in Gang. Garibaldi unterzeichnete für beide. Daraus entstand die jammervolle Expedition Pisacane's an die neapolitanische Küste. Mazzini hatte die Flüchtlinge in England und in Frankreich zur Heerfolge aufgeboten. Den 27. Juni landete die Südexpedition auf Ponza, unweit Terracina. Den 30. brach die Verschwörung in Livorno und in Genua aus. Mazzini hatte versprochen, hier würden die Truppen die Castelle ohne Kampf räumen; dann wollte er Piemont zum Krieg gegen Oestreich zwingen. Die Verschworenen Mazzini's in Genua berauschten einen Posten von eilf Mann und schlossen ihn dann ein, ermordeten einen Unteroffizier auf der Bastion Diamante, riefen Hochs auf die Republik und liefen davon. Ein Schulmeister und ein Konditor waren Haupthelden dieses Melodrams. Der jetzt wieder entwichene Mazzini wurde in contumaciam zum Tod verurtheilt. Im Juni 1857 wurden auch einige Agenten Mazzini's in Paris verhaftet (Tibaldi), welche sich vermittelst der Post übergebener Briefe zur Ermordung Napoleons zu verständigen suchten.

Wenn Cavour am Schluß des Jahres 1857 die Früchte seiner mit der Betheiligung am Krimfeldzug offen hervorgetretenen äußeren Politik überschaute, so konnte er sich nicht verbergen, daß die Satyren Brofferio's, er gehe ohne Erfolg auf Freiersfüßen nach der gefährlichen Allianz einer

Großmacht, vorerst nicht ohne Wahrheit waren. Wohl hatte er Oestreich dazu gebracht, daß es zuerst die diplomatischen Beziehungen abbrach,
er hatte dessen Versuch, die Lombarden zu gewinnen, halb scheitern gemacht. Wie die andern Mächte, war Oestreich ohne zuverlässigen Verbündeten, aber Piemont auch. England war sehr zufrieden, daß es in
Piemont achtmal mehr einführte, als dieses nach England. Es wünschte
dieses Verhältniß durch den Frieden fortzuerhalten; und da Oestreich
im Grund doch der herausgeforderte Theil war, so erhielt seine Politik
mehr Lob von London aus als Piemont. Für den Kriegsfall konnte
kein Theil von England reale Hilfe erwarten. Mit Frankreich waren
die Beziehungen Piemonts lebhafter. Der Montcenistunnel war von
Piemont mit französischen Beiträgen begonnen. Aber Frankreich nahm
viele Rücksicht auf England und wollte die nachbarliche Fühlung mit
England nicht aufgeben. Piemont hatte die Augen des friedensfertigen
Europas auf sich gezogen, aber sie hafteten mit Mißtrauen und mit
Zweifel auf ihm. Wenn die liberale Presse Englands und Frankreichs
der schwierigen Lage Piemonts und seinen Anstrengungen Theilnahme
schenkte, so wollte doch auch sie den Frieden. Die starken ultramontanen Einflüsse Frankreichs boten alle Mittel auf, um das mit der
Kurie verfeindete Piemont der Störung des inneren, der Gefährdung
des äußeren Friedens täglich anzuklagen. Rußland sammelte sich. Das
Schlimmste war, daß Piemont seinen weit über seine Kräfte gehenden
kriegerischen Friedensstand nicht lange aushalten konnte. Sollte es auf
eigene Faust, etwa im Vertrauen auf die Sympathieen der National-
liberalen der Nordhälfte Italiens und etwa auf das Aufgebot Mazzini's, den
entscheidenden Gang gegen Oestreich, den vereinigten königlichen und
Volkskrieg wagen?

Da hallte durch Europa die Kunde von der blutigen That eines zu
keiner der italienischen Parteien gehörigen Mannes. Es war das Attentat
Orsini. Felix Orsini und seine Familie personficiren das verzweifelte
Schicksal von tausend italienischen Familien. Sein Vater Andreas
machte als Hauptmann in dem italienisch-französischen Heere den russischen Feldzug mit. Louis Napoleon, als er im Frühjahr 1831 sich den
romagnolischen Schaaren anschloß, welche die weltliche Priesterherrschaft
zu stürzen hofften, lernte in ihrem Lager den Andreas kennen. Als
Kaiser ertheilte er ihm die St. Helenamedaille. Weiteres ist Mythe.
Felix war im December 1819 in Meldola bei Imola geboren. Als
Student in Bologna schloß er sich den Verschworenen des Jungen
Italiens an und folgte ihnen 1843 zum sogenannten „Banditen"-Krieg
in den Apennin unter Oberst Ribotti. In der Nacht des ersten Mai
1844 wurden Vater und Sohn verhaftet. Der Untersuchungsrichter
theilte diesem mit, daß 22 seiner Genossen hingerichtet würden; er sei
der nächste nach ihnen. Er wurde von einem päpstlichen Kerkerloch ge-

ßelt ins andere geschleppt; immer war eines enger, stinkender als das
andere. In einem derselben begegnete er seinem durch schwere Leiden
inahe unkenntlich gewordenen Vater wieder. Endlich wurden sie zum
Schlußverfahren vor der geistlichen sacra consulta nach Rom geführt.
Auf dem Wege dahin zwischen Diebe und Räuber gesetzt, trug Felix sein
Haupt hoch vor dem starren Volke. Vor Rom wurden, der Fremden
wegen, ihre Ketten erleichtert, aber sofort im Kerkerloch von St. Matthias
marter ihrer der bitterste Mangel selbst der ekelhaften Speise. Durch
das Gitter sah er im Hofe die Guillotine hin und her tragen; von der
aloria über seinem Haupte hörte er die Hymnen, womit die zum
Tode zu Führenden vorbereitet wurden. Endlich wurde ihm das Urtheil
lebenslänglicher Galeerenstrafe verlesen. In der Burg von Civita
astellana fanden sich 120 politisch Verurtheilte zusammen, Leute von den
entgegengesetzten Stufen der Bildung und der Rohheit. Im Juni 1846
stimmten sie eine Jubelhymne an, denn Gregor XVI. war gestorben.
Pius IX. gab seine Amnestie. Sie wurden nach und nach entlassen.

Orsini konnte sein trotziges, kühnes Temperament, seinen Haß gegen
die Tyrannei von Gottes Gnaden nicht verläugnen. Er wirkte als
Agent Mazzini's in Toscana. Als 1848 der Krieg gegen Oestreich
ausbrach, kämpfte er als Hauptmann der kirchenstaatlichen Freischaaren
bis zur Capitulation von Vicenza. Nach der Flucht des Pabstes aus
Rom wählte ihn Forli zum Abgeordneten in der constituirenden Ver=
sammlung in Rom. Als in den Provinzen alle Autorität verschwand,
Mord und Raub herrschte, schickte ihn Mazzini in die Marken, wo er
mit Unerschrockenheit ohne Blutvergießen einige Ordnung schaffte. Von
den Oestreichern vertrieben, betheiligte er sich an der Vertheidigung
Roms gegen die Franzosen. Nach dem Fall Roms zog er sich nach
Genua zurück und betheiligte sich, wie wir schon sahen, seit 1853 uner=
müden an den Revolutionsversuchen Mazzini's. „Wie viele Mühe
geben wir uns um zum Galgen zu gelangen!" sagte einer seiner Be=
gleiter. Und sie waren zum Theil desselben würdig. Orsini und sein
Biograf, der wahrheitskühne Heinrich Montazio, geben schlagende Beweise
dafür.[*]) Mazzini nahm jeden Italiener, welcher sich als sein blind gehor=
sames Werkzeug bewährte, in seinen Schutz, oft in seinen knappen Sold.
Streit um diesen und um die Gunst des Alten vom Berge, erbärmliche

---

[*]) Orsini gab den Stoff zu Austrian dungeons in Italy, welche die vielgenannte
Miß Meriton White, später Gattin Mario's, verfaßte. „Die Hetzereien darin sind das
Verdienst der wunderlichen, fahlen Jungfer." Orsini's Memoiren wurden 1857 englisch
und italienisch veröffentlicht. Im Jahre 1852 hatte er in Turin eine Militärgeographie
der italienischen Halbinsel herausgegeben. Eine der besten unter den äußerst ungleichen
Biographien in i contemporanei italiani, galleria nazionale del XIX secolo ist:
Felice Orsini per Enrico Montazio, Torino 1862. Ich kenne die Verdächtigungen
gegen diesen.

Splitterrichterei und Spionage machte die Existenz in diesem Kreise für
einen irgend noch ehrenhaften Menschen zur Hölle. Daher war Orsini
auch 1854 bereit, die von Garibaldi und von Medici abgelehnte Führung
der miserabeln Expedition in die Lunigiana zu übernehmen, während
welcher Mazzini sich in Genf verborgen hielt. Orsini's Leben war auch
durch den Messervirtuosen (accoltellatore), den Romagnolen Anto
Foschini bedroht. Als dieser Unmensch, nur um seine Bravour zu
zeigen, in einer belebten Straße Londons jeden Begegnenden verwundete,
ja als er wegen Spielhändel vier italienische Flüchtlinge tödtete, ver
schaffte ihm Mazzini durch sein Gebot bei Freunden sicheres Asyl, und
als das englische Gericht einen Preis auf ihn aussetzte, einen falschen
Paß. (Montazio's Orsini S. 38. 39.)

Die weiteren tollen Aufstandsversuche, welche Orsini auf Befehl
Mazzini's machte, seine einjährige Gefangenschaft in Mantua kennen wir
schon. Im Mai 1856 kam er aus dieser wieder nach London. Hier
lernte ihn Montazio kennen. Orsini war jetzt 37 Jahre alt, trotz seiner
Strapazen beleibt, von anziehendem, interessantem Gesicht, mit hoher,
zurückgebogener Stirne, ein vollendeter Gentleman. Er hatte öfters An
wandlungen von Spleen und von Hallucinationen. Mazzini besuch e
nur aus Gewohnheit. Er hielt ihn jetzt für einen unpraktischen Phan
tasten. Als Mazzini bald darauf abreiste, um in Genua, an der
Thyrrhenischen Küste, in Neapel seine Feuerteufel abzubrennen, hinter
er an Orsini noch ein: „Ich rechne auf dich!" Umsonst! Der Restaura
James Wylb hatte wohl auch aus Spekulation bei sich theils gemein
same, theils nationale Klubs von Radikalen und von Flüchtlingen gebildet
Die Italiener allein gingen sogleich wieder auseinander, weil sie ein
einander haßten. Die französischen Klubisten, mit denen Orsini und
Bernard bekannt geworden war, versicherten Orsini, daß der Tod Napo
leons die demokratisch-sociale Republik in Frankreich sicher zur unmittelbaren
Folge haben würde. Indeß verfaßte er Vorträge, worin er den Zustand
Italiens drastisch und die Nothwendigkeit der Räumung Roms durch die
Franzosen schilderte; er lernte diese Vorträge in englischer Sprache aus
wendig und trat in London und in den benachbarten Städten mit diesen
als „Lekturer" auf. Die Veröffentlichung der Geschichte seiner Leiden in
den Kerkern von Mantua hatte schon Interesse für ihn geweckt. Man
cher Orten wurden in Folge seiner Vorträge Petitionen an das Parla
ment um Räumung Roms unterzeichnet.

Mazzini hatte, wie immer, um sich ein halb Dutzend fähiger Kerle,
welche ihm blindlings ergeben waren, und einen Haufen Tröpfe, welche
wie Chorknaben ihn beräucherten. Bei diesen wurde ruchbar, daß Orsini
nach dem erbärmlichen Ausgang der Expeditionen von 1857 sich erkühnt
hatte, spottend seine Zweifel über das Apostolat und die Unfehlbarkeit
Mazzini's auszusprechen. Um ihn auf die Probe zu stellen, ob er nur

thodox gehorsam oder Apostat sei, wurde an ihn das Ansinnen gestellt,
ie schon Andere gethan, die Hälfte des Ertrags seiner Vorträge an die
azzinistische Kasse zu liefern, aus welcher die Expeditionen bestritten
urden. Orsini weigerte sich dessen entschieden. Mazzini schrieb ihm
rauf: „So bleibe Du denn rein. Glaube aber trotz alles Klatschs, daß
in Italien ohne uns keine nationale Initiative gibt. Ich stehe im
ittelpunkt der Elemente; die Männer der That, das Volk kennen, sei
mit Recht oder mit Unrecht, nur mich. Laß Dir dieß gesagt sein."
rsini antwortete in Versen. Stansfeld las diese in dem Konventikel
a gläubigen Anbeterinnen Mazzini's vor, unter welchen Emilia Ashurst
thes, welche Mazzini in den verschiedensten Stellungen portraitirt
tte, die Gattin Saffi's und die des Abgeordneten (späteren Ministers)
bson und Hauptaktionärs des Morning Star sich hervorthaten. Dieses
eibliche Concil verdammte Orsini. Die Chorknaben Mazzini's streuten
us, Orsini sei durch das ihm geöffnete Thor von Mantua ausgezogen,
durch der Verdacht, als sei er östreichischer Spion, auf ihn fiel.
Mazzini rügte Orsini nur darüber, daß er über die Damen sich respekts-
idrig geäußert habe. Orsini mußte später wieder einmal Mazzini besuchen.
nahm dabei Bernard mit, welcher viel Einfluß über ihn gewonnen hatte.
ieser, aus Carcassonne gebürtig, war französischer Marinearzt gewesen;
t 1848 hieß er der „Klubist" der äußersten Linken. Auch ihn ekelte
e Servilität der Adepten Mazzini's und ihre Intoleranz an und er
izerte die Scham Orsini's darüber, daß er so lange das blinde Werkzeug
sselben gewesen. Seitdem sahen sich Orsini und Mazzini nie wieder.
er Bruch wurde offenkundig durch die im Mai 1857 erfolgte Veröffent-
hung der memoirs and adventures Orsini's. Dieser bekämpfte darin
t warmer Ueberzeugung den politischen Meuchelmord. Mazzini ließ
se Memoiren in seiner Zeitschrift pensiero ed azione durch seine beste,
hrische Feder, Campanella, „vernichten".

Das war die Bande, durch welche sich Oestreich seit Jahren zu immer
rteren Maßregeln gegen seine italienischen Unterthanen reizen ließ, bis
i diesen die Empfänglichkeit für versöhnliches Entgegenkommen abgestor-
m war. Cavour erntete allerdings die Früchte jener Frevel und dieser
ehler seiner Feinde, aber nicht als träger Erbe.

Orsini kam von jetzt an beinahe mit keinem Italiener, nur mit eini-
n englischen Radikalen und mit französischen Flüchtlingen zusammen.
bensüberdruß und die Begierde, selbstständig einen großen Schlag für sein
aterland zu führen, verfolgten ihn. In Kaffeehäusern wurde zwischen Schach-
ielen das Complott von ihnen gereift. Nachdem Bernard in Orsini
n Hauptwerkzeug gefunden und fertig gemacht hatte, galt es, die unter-
rdneten zu schaffen. Als Projektenmacher voller „Ideen", welche nie
m Ziele kamen, stand Bernard mit italienischen Mechanikern in Ver-
ndung. Er versprach ihnen die Intensität des Gaslichts äußerst zu

18*

steigern. Eine von ihm gemiethete Hütte bei London flog kraft des Leucht
gases in die Luft. So wurden die Orsinibomben, eigentlich Chlinder aus
Gußeisen, entdeckt, erprobt und über Belgien als Leuchtapparate nach Paris
geschafft. In England wurden drei italienische Flüchtlinge, worunter ein
hungernder Sprachlehrer und ein ganz verworfenes Subjekt, eine Art von
blondem Neger, gedungen und mit falschen Pässen nach Paris geschickt.
Hier lebte Orsini auf dem Fuß eines Gentlemans; er folgte dem Kaiser
zu Pferd in den Elysäischen Feldern und in die Große Oper. Dieser sollte
den 12. Januar 1858 sein Opfer werden. Bernard hatte die freche Güte
keit, an diesem Abende in London eine öffentliche Vorlesung über den les
les rois s'en vont zu halten. Die französischen Spione verstanden die
sehr leichtfertigen Andeutungen nicht. Den 14. Januar war eine
außerordentliche Vorstellung in der Großen Oper. Die Verschworenen
wurden von ihren Plätzen in der Vorhalle, wo der Kaiser durchgehen mußte,
von der Polizei verdrängt, einer, Pieri, erkannt und verhaftet. Die vier
übrigen stellten sich auf Stufen an der Ecke der Straßen Le Pelletier und
Rossini, als der Kaiser um halb neun Uhr angefahren kam. Auf Orsini's
Kommando warfen Gomez und dann Rubio je eine große, dritte eine
kleinere Bombe. Ein Splitter verwundete ihn so im Gesicht, daß das
Blut ihm über die Augen lief. Den kaiserlichen Wagen hatten 76 Bom
bensplitter getroffen, der Kaiser und die Kaiserin waren unversehrt und
konnten der Oper anwohnen, aber 156 Gardeulanen und Zuschauer blu
teten aus 511 Wunden. Orsini warf eine Bombe und seinen sechs
figen Revolver in einen Winkel und fuhr nach Hause. Die beiden Hel
fershelfer wurden verhaftet, ihre Geständnisse führten auf die Spur und
zur Verhaftung Orsini's. Nachdem ihm jene vorgehalten waren, gestand
auch er, jedoch ohne Jemanden weiter zu compromittiren.

Orsini wählte Jules Favre zu seinem Vertheidiger, mit dem Auftrag
nicht sein Leben, sondern seine Ehre durch den Beweis zu retten, er sei
nicht ein gemeiner Meuchelmörder, sondern er habe in Frankreich eine
Revolution veranlassen wollen, damit es Italien die Hand biete, sich zu
erheben und seine Unabhängigkeit zu erkämpfen. Den eilften Februar
schrieb Orsini von dem Gefängniß Mazas aus an den Kaiser: „Meine
Geständnisse genügen mich in den Tod zu schicken und ich werde ihn er
leiden ohne um Gnade zu bitten, sowohl weil ich mich vor dem Mann,
welcher die Freiheit meines Vaterlandes in ihrem Entstehen tödtete, nicht
erniedrigen werde, als weil der Tod für mich in meiner Lage eine Wohl
that ist. Aber am Ende meiner Laufbahn will ich doch noch einmal mich
aufraffen, um Italien zu Hilfe zu kommen, für dessen Unabhängigkeit
ich allen Gefahren und Opfern entgegengegangen bin. Sie war der be
ständige Gegenstand meiner ganzen Liebe und diesen letzten Gedanken
will ich in die letzten Worte legen, welche ich an Ihre Majestät richte.

„Zur Aufrechthaltung des europäischen Gleichgewichts ist die Fur

ng der Unabhängigkeit Italiens oder die Brechung der Ketten nöthig,
rch es von Oestreich in der Sklaverei erhalten wird. Fordere ich,
für die Befreiung der Italiener das Blut der Franzosen vergossen
:? Nein, so weit gehe ich nicht! Italien verlangt nur, daß Frankreich
gegen Italien intervenire, daß Frankreich Deutschland nicht erlaube
eich in den Kämpfen zu unterstützen, welche bald ausbrechen können.
ist es, was Ihre Majestät thun kann, wenn Sie nur will. Von
Wollen aber hängt das Glück oder das Unglück meines Vater-
s ab, das Leben und der Tod einer Nation, welcher Europa einen
n Theil seiner Civilisation verdankt. Diese Bitte wage ich von
m Gefängniß aus an Ihre Majestät zu richten und ich verzweifle
an der Erhörung meiner schwachen Stimme. Ich beschwöre Ihre
stät, Italien die Freiheit wieder zu geben, welche seine Söhne im
e 1849 durch die Schuld der Franzosen verloren haben. Möge doch
Majestät Sich erinnern, daß die Italiener, mein Vater in ihren
en, mit Freuden ihr Blut für Napoleon den Großen vergossen,
all, wohin er sie führen mochte; erinnern Sie Sich, daß sie ihm
zum Fall getreu waren. Vergessen Sie nicht, daß die Ruhe
pas und die Ihrige so lange nur eine Chimäre sein wird, so lange
en nicht unabhängig ist. Möge Ihre Majestät den letzten Wunsch
auf den Stufen des Schaffots stehenden Patrioten nicht zurückweisen,
rn mein Vaterland befreien und die Segnungen von 25 Millionen
ern werden Ihnen in die Nachwelt folgen."
Der Brief wurde von Favre im Verlauf seiner Vertheidigung ver-
Seine Veröffentlichung im Moniteur vom 25. Februar erregte ge-
s Aufsehen. Die zwei Verschworenen, welche die Chlinder geworfen hatten,
n zu Gefängniß begnadigt. Orsini brachte die ganze Zeit in ruhiger,
mmer Sammlung zu. Wie er sein Todesurtheil mit männlichem
muth vernommen hatte, so ging er auch am Morgen des 13. März
Tod, als Parricide barfuß, in langem weißem Hembe, das Haupt
en schwarzen Schleier gehüllt. Seinem Genossen Pieri, welcher
diese Toilette spottete und ihm zurief: eh bien, mon vieux? ant-
e Orsini nur: calma! calma! (Ruhe!) Pieri sang im Gehen:
ir pour la patrie, im Singen traf ihn das Fallbeil. Orsini rief:
l'Italia! viva la Francia! legte sich unter das Beil und starb.
schi versicherte, Orsini sei im festen Glauben gestorben, daß Napoleon
n zu seiner Befreiung von Oestreich die starke Hand bieten werde. Ob
iter Brief vom 11. März, welcher bestimmtes Vertrauen in Napoleon
lickt, ächt ist, wie z. B. Coppi glaubt, oder vom Kaiser und Cavour verab-
und nach seinem Tode veröffentlicht, wissen selbst tief eingeweihte Männer
Er hatte gewünscht, in England neben dem verbannten Dichter Hugo
o beerdigt zu werden, aber sein Leichnam wurde auf dem Gottes-
Mont Parnasse bei Paris beerdigt.

Es war binnen weniger Jahre das dritte Attentat auf das Leben des Kaisers der Franzosen. Dieses letzte machte weitaus den tiefsten Eindruck auf ihn. Es war nicht blos die äußerste Lebensgefahr, in welcher auch die Kaiserin gestanden hatte, es war die Persönlichkeit, die Charakterstärke des Thäters, sein Zweck, die Wahrheiten, welche er im Angesicht des Todes aussprach, die edle Form, in welcher er es that. Es war als ob Napoleons Jugendideen gereift, Sühne für ihre Verläugnung und für das unter den Mauern Roms vergossene französische und italienische Blut fordernd, sich vor ihm erhöben, vielleicht das letzte Blatt der Jdylle ihm darreichend. Auch menschlicher Todesschauer mag ihn durchrieselt haben. So leise der Gedanke, daß der Kaiser keine Ruhe finden werde, bis ●Italien befreit sei, angedeutet war, es war klar, ein so bereiter Tod mußte kühne Patrioten zu gleichem „ruhmvollen“ Wagniß mahnen. Die Kaiserin, scheint es, war mehr vom Gedanken der Rache erfüllt. Der Kaiser war zu tief getroffen, als daß er sich damit hätte abfinden können. Wie ein Riesenschatten stand vor ihm die Frage der Zukunft Frankreichs und seiner Familie, wenn das nächste Attentat gelang.

Das Nächstliegende allerdings war, durch Bestrafung der thatsächlichen Anstifter und durch Einschüchterung der geistigen Aufreizer zum Tyrannenmord in der Presse die Wiederholung unwahrscheinlicher zu machen. Bernards Verhaftung in England wurde erzielt, nicht aber seine Auslieferung. Die englischen Geschworenen sprachen den entschlossenen Assassisten frei. Das Volk trug ihn im Triumph nach Hause, schwärmte für Italien, für Orsini. Palmerston, welcher das internationale Recht zum Schutz des Kaisers beobachten und durch ein Gesetz sicher stellen wollte, mußte vom Ministerium zurücktreten. In seine Stelle im Ministerium traten die Torh. Ueber die mittelbaren, nachhaltigen Wirkungen des Attentats später Eingehenderes. Fatal für Cavours Pläne war, daß in Frankreich durch das Attentat die Schrecken vor dem Communismus wieder aufstiegen und die schärfsten Maßregeln zum Schutz für das Leben des Retters der Gesellschaft von Millionen leidenschaftlich geheischt wurden. In den Augen dieser Massen war dem italienischen Charakter ein Kainszeichen aufgedrückt. Und doch beschleunigte das Verbrechen Orsini's die Geschicke Italiens.

Das Attentat ging von England aus, aber alle vier Thäter waren Italiener. Deßhalb war es natürlich, daß sich die kaiserliche Regierung außer an Belgien und an die Schweiz, namentlich an Italien, an Piemont, obgleich diesem keiner der Verschworenen entstammte, mit der Forderung wandte, die zum Thrannenmord aufrufende Presse und die Flüchtlinge strenger zu überwachen. Cavour bezeichnete diese Krise als die gefährlichste, die er auf dem Weg zu der Entscheidung von 1859 zu beschiffen hatte. Schon den 26. Januar 1858 schreibt er an Rattazzi, die Schwierigkeiten seien dadurch vermehrt. Aufgeregt durch Orsini's That rühmte die Turiner Zeitung Ragione, auch gegen Viktor Emanuel den nenmord. Sie wurde vom Geschworenengerichte freigesprochen.

sische Gesandte in Wien sagte zu Buol, wenn Piemont den
n Frankreichs nicht nachkäme, so würde dieses die Sache aufs
treiben, und Buol bezeigte zum Voraus seine Freude über die
elche Frankreich Piemont geben würde. (Diese Notiz fand sich
rentiner Statsarchiv in einem Berichte des toscanischen Gesandten
Oestreich fühlte sich dadurch ermuthigt, seine versöhnliche italie-
ik aufzugeben. So fest Cavour entschlossen war, den gerechten An-
ntsprechen, ebenso fest aber auch, es nur kraft verfassungsmäßiger
thun. Es handelte sich darum, ob die Presse, wenn sie an-
rde den Fürstenmord geprediigt zu haben, nicht mehr von den
en, sondern durch die ordentlichen Gerichte gerichtet werden
allein Bürgschaften bot. Die radikale Partei ereiferte sich
en dieses „Attentat gegen die Freiheit der Presse“. De Fo-
r Cavours Justizminister, setzte jedoch seinen Gesetzesvorschlag.
gleich bestimmte, daß die Verschwörung gegen das Leben eines
rsten, wenn sie durch vorbereitende Handlungen manifestirt sei,
gniß gestraft werden solle, bei der neugewählten Kammer
Klerikalen, welche so lange gegen die königsmörderische Presse
hatten, mußten zustimmen; nur 29 Radikale stimmten dagegen,
derselben aber „brachte, um dem Vaterlande nicht zu schaden,
ihrer Zustimmung den unterirdischen Göttern“. Cavour
sich gefallen lassen, daß er als Tell dargestellt wurde, welcher
des Kaisers seine Reverenz macht, denn Piemont war durch
merbeschluß bei den Kabineten, namentlich bei dem pariser,

Das was diese am meisten bei den parlamentarischen Ver-
interessirte, war die beinahe spöttische Art, wie Cavour und
ber der bloßen Phrasen erwähnten, womit die französische Republik
ien unterstützte, während Cavour die Zuversicht auf die reale
Kaisers aussprach.

r ging aber gleichzeitig von dem Attentat als Basis zum An-
Anklage über. Er instruirte seine Gesandten, den Mächten vor-
aß, wie Cavour ja schon auf dem pariser Congreß bewiesen habe,
ein tiefes Motiv des Mißvergnügens wirke; ganz Europa sei
nteressirt, daß dasselbe entfernt werde. Dieses Motiv sei die
chaft, der beherrschende Einfluß Oestreichs, die schlechte Regie-
en Staaten des Pabsts und in Neapel. Da Orsini Kirchen-
ar, beauftragte Cavour seinen Gesandten am päbstlichen Hofe,
inalstaatssekretär vorzustellen: „das System der Ausstoßung,
n der päbstlichen Regierung auf einer so breiten Basis geübt
n Piemont waren allein mehrere Hundert vertriebener Kirchen-
- muß üble Folgen haben. Der vielleicht nur aus Verdacht
wegen minder guter Aufführung in die Verbannung Gestoßene

ist nicht immer ein verdorbener Mensch oder unlösbar an die revolutio=
nären Sekten gebunden. Bliebe er in seinem Vaterlande überwacht un=
würde er hier, sofern es Noth thäte, bestraft, so würde er wenigstens ni=
ein ganz gefährlicher Mensch. In die Verbannung gestoßen, gereizt bu
gesetzeswidrige Maßregeln, genöthigt, außerhalb der anständigen Gesellsch=
oft ohne Existenzmittel zu leben, setzt er sich mit Revolutionären in B
bindung und wird von ihnen leicht in ihre Verschwörungen eingezo=
Daher kann man mit Grund behaupten, daß das von der päbstlich
Regierung befolgte System den Reihen der Revolutionäre beständig ?
truten zuführte. So lange dieses dauert, werden alle Anstrengungen d
Regierungen, die Sekten zu vernichten, erfolglos bleiben; denn währ=
die einen sich von den gefährlichen Mittelpunkten entfernen, treffen and
von ihren eigenen Regierungen, namentlich von der päbstlichen, geis=
daselbst zusammen. Daher die außerordentliche Lebensfähigkeit der Maz=
nistenpartei." Und dieß war, namentlich in Betreff der entsittlichen=
Wirkung der Verbannung, richtig. Dieselbe zeigte sich auch in Turi=
obgleich hier viele gemäßigte, sich in guten Verhältnissen befind=
Flüchtlinge lebten. Es war ein großes Verdienst Piemonts, daß es=
italienischen Flüchtlingen auf italienischem Boden, in einer constitution=
Monarchie Aufenthalt, zum Theil lohnende Arbeit bot. So wu=
diese ihrem Vaterlande nicht so sehr entfremdet, nicht mit unreifen repu=
kanischen und überhaupt nicht so sehr mit Anschauungen erfüllt, welch=
vielleicht für andere Länder, aber entfernt nicht für Italien paßten.

Wir müssen nunmehr auch einen Blick auf die inneren Zustän=
Piemonts werfen,*) um so mehr als Cavour stets und mit Recht die
Solidarität seiner liberalen inneren und die der Nationalität seiner äu=
ßeren Politik behauptete. Gegen Ende des Jahres 1857 wurde die Be=
völkerungsaufnahme des Königreichs vollzogen. Die Bevölkerung sämmt=
licher Provinzen, die Insel und Savoyen eingerechnet, bezifferte sich auf
5,041,883 Seelen.**) Im Juli 1857 war die Volkskammer nach ein=

---

*) Eingehender, wenn auch gedrängt, haben wir die innere Politik Piemonts dar=
gestellt in „Unserer Zeit" Band VII. Heft 7s. Wir erlauben uns im Folgen=
manchen Satz wörtlich daraus zu entnehmen, da es den besten Quellen unmittel=
entnommen ist.

**) Das beinahe gleichzeitig erschienene Dizionario generale dei communi d'Ita=
per G. Marzoratti berechnet die Bevölkerung der sardinischen Festlandsstaaten, näm=
lich Savoyen mit inbegriffen, auf 4,368,992, die der Insel auf 547,112, also Summ=
4,916,054 Seelen. Derselbe gibt der Lombardei 2,606,694, Venetien 2,305,653 Seelen,
also beide zusammen 4,916,347, mithin ein wenig mehr als Sardinien-Piemont.
Dazu kommen 495,294 Seelen für das k. k. italienische Tyrol. So besaß Oe=
Oestreich gegen eine Million mehr Italiener als Sardinien-Piemont. Parma zäh=
511,969, Modena 606,139 Seelen, Toscana 1,817,466, der Kirchenstaat (ungefähr)
2,940,000. Das festländische Königreich Neapel berechnet sich auf 6,475,075, Sicilien

hriger, an Gesetzen sehr fruchtbarer Thätigkeit eines natürlichen Todes
storben. Ihre Majorität hatte Cavours Politik getreulich unterstützt,
cht selten auf die Gefahr hin, die Gunst ihrer Wähler zu verlieren.
 essen sich freuend und ermuthigt durch die ihr auf dem Lande, in den
zineren Städten, in Genua, wo Klerikale und Radikale gegen Piemont
sammenhielten, günstigen Municipalwahlen, beschloß die klerikal-reaktio-
ire Partei alle Mittel aufzubieten, um die Kammermehrheit zu erringen.
ie zerstörenden Naturereignisse, also der Himmel stritten für sie. Be-
nders die klerikale Riviera war seit einigen Jahren durch die Trauben-
ankheit verheert, während Piemont allein im Jahre 1857 durch die
rankheit der Seidenraupen einen Ausfall von zwanzig Millionen Lire
atte. Die schrecklichen Wasserverheerungen im September 1857 waren
och unläugbare drohende Zuchtruthen des göttlichen Zorns. Die sich
um diese Zeit plötzlich aus ihrer bisher verwickelt symbolischen Manier
entpuppende illustrirte Satyrenpresse der Liberalen stellt dafür den seine
Exemtionen zurückwünschenden Klerus und die „Zöpfe" (codini) als die
Pflanzen vergiftenden Schweifsterne, auch in Gestalt eines Bachuszugs,
den Beichtstuhl als Blasebalg dar. Die mit Karikaturen ihren Text
illustrirenden Blätter wirkten stark auf eine des Lesens zum Theil un-
kundige, aber jede sinnliche Andeutung mit Scharfblick verstehende Bevölkerung. Die Diplomaten pflegten daher ihren Berichten den Fischietto
beizulegen. Jene Satyren steigerten jetzt die Erbitterung. Die Klerikal-
reaktionären forderten das durch die Aufhebung des Getreidezolls und
kaßt der auf seine Hafenbauten verwandten ungeheuren Staatsgelder
blühende Genua auf, für die ihm bei der Annexion von 1815 verbürgte,
aber 1848 aufgehobene Befreiung von der Grundsteuer, Savoyen für
die 1848 auch ihm auferlegte Consumsteuer Rache zu nehmen.

Der langjährige leitende Minister vor 1848, Solaro della Margarita, welcher an den Ausgaben für Hebung der Landeskultur geknausert
hatte, um der Kirche jährlich ein Paar Millionen mehr zuzuschießen als
die Bischöfe verlangten, verargte es Cavour, daß er die Ausgaben für das
Heer als politisch produktive darstellte. Indem er sich jetzt an die Spitze
der Parteiagitation stellte, charakterisirte er seine bisherigen Collegen der
Kammermajorität als „geringe Minderheit unwissender Schwätzer, als
Lumpe, welche die von ihnen verwilligten Steuern nicht bezahlen, welchen man keine hundert Lire leihen würde, als Narren, welche in Diebe
und in Meuchelmörder verliebt seien und ihnen ein Asyl bieten, nachdem
sie das Asylrecht der Kirche umgestoßen haben." Daher galt es jetzt zum
zeitlichen und ewigen Heil von Weib und Kind nur pabstgetreue Männer

---

auf 2,141,817, Summa beider 5,616,920 Seelen. Sardinien-Piemont war also der
dritte Staat in Italien nach der Zahl der italienischen Bevölkerung, da es gegen
600,000 Nichtitaliener hatte. Piemont war das italienische Bayern.

zu wählen. Ein großer Theil des Landadels schloß sich diesen „Patricien" an. Das Land bedeckte sich mit Vereinen (Cavour schreibt: more Mazzini) unter strenger einheitlicher Oberleitung. Von den Kanzeln erschollen bischöfliche Hirtenbriefe, kraft welcher, wie Betheiligung an den Wahlen bisher Sünde gewesen war, so jetzt die Enthaltung davon für Sünde erklärt wurde. Diese vieler Orten des Verständnisses halber in den piemontesischen Volksdialekt übersetzten Hirtenbriefe wurden in festlich beleuchteten Kirchen verlesen, breitägige Gebete um ein dem Vaterland und der Kirche günstiges Wahlresultat wurden angeordnet; sie wurden an jedem dieser Tage mit dem veni creator spiritus, wie bei der Pabstwahl, und mit den Litaneien der unbefleckten Gottesmutter eröffnet und dann wurde dem Volke mit dem H. Sacrament der Segen ertheilt. Der Klerus war überzeugt, daß liberale Wahlen unmittelbar zur Einziehung des Kirchenguts führen würden. Pfarrer erklärten das Nichtstimmen für den klerikalen Kandidaten, wie das Stimmen für einen „Excommunicirten" für Todsünde, wovon sie nicht absolviren könnten, wegen welcher sie das Begräbniß in geweihter Erde verweigern müßten. Der Pfarrer von Rapallo (Ostriviera) hielt das Kirchengebet pro imperatore nostro Francisco Josefo. Weiber und Kinder wurden im Beichtstuhl für das Seelenheil der Hausväter in Todesangst gesetzt. „Rom, schreibt Cavour an de la Rive, hat den Priestern einen unbegränzten Kredit auf den Himmel und auf die Hölle eröffnet." Das war der Dank dafür, daß Cavour in der Kammer das Recht der Pfarrer vertheidigt hatte, jeden Pfarrhof zum Sitz der Wahlagitation zu machen. Und doch weigerte er sich auch nachher zur Strafe für diesen Mißbrauch des Gotteshauses die Güter des Klerus zu secularisiren. Keine politische Partei kennt die Dankbarkeit weniger als die alle Tugenden predigende klerikale. Da indeß die Klerikalreaktionäre Partei nur wenig Kandidaten namhaft machte, so fuhren Ministerielle und Radikale, ja selbst Gesinnungsverwandte fort, sich in den Wahlkreisen zu bekämpfen. Erst zwei Tage vor dem ersten Wahltag veröffentlichte das klerikalreaktionäre Wahlcommitte seinen Kandidaten für jeden Wahlbezirk. Jetzt vereinigten sich, von Grimm und von der Angst der Selbsterhaltung überwältigt, die Ministeriellen und die Radikalen. Das städtereiche Pothal hielt fest zu ihnen; aber eine Karte über die Wahlen zeigt von Spezia an nordwestlich, der ganzen Küste, den Alpen entlang bis an den oberen Po einen schwarzen Halbkreis. Auf der Insel Sardinien, wo achtzig Procent der Bevölkerung „analfabeten" sind, und in Savoyen kam es den Klerikalen sehr zu gute, daß sich der Wähler den Wahlzettel schreiben lassen darf. Die gemäßigten Kandidaten fielen meistens durch, der Adel zählte 41 statt der bisherigen 17 Vertreter; obgleich durch das Wahlresultat überrascht, begrüßte Cavour dieß als einen Masseneintritt des Adels in das Verfassungsleben. Sehr viele unbekannte Neulinge wurden gewählt. Im Siegestaumel forderten die Klerikalen „den Sohn des Teufels" Cavour auf zum Kreuze zu kriechen, sonst würden sie ohne ihn das Land regieren.*) Aber die Führer ihrer Partei sahen bald ein, daß sie nicht das Zeug, noch die Macht dazu hatten. Sie hatten sich in einem Theil ihrer Kreaturen getäuscht. Cavour sah richtig voraus, daß viele, welche als Klerikale hineingingen, als parlamentarische Conservative herauskommen würden.

In der Thronrede am 14. December 1857 wurde die bisherige national=liberale Politik als feststehend verkündet. Sofort wurde die Frage aufgewor=fen, ob die durch erwiesenen Mißbrauch der geistlichen Gewalt Gewählten zu=zulassen seien? Am 30. December 1857 wurde in der Kammer Bericht über die wegen unerlaubter Anwendung geistlicher Mittel angefochtenen Wahlen erstattet. Cavour erklärte, nach seiner Ueberzeugung sei der Bischof berech=tigt, auch in solchen Fällen Pastoralbriefe an die Pfarrer zu schicken. Allein er wollte, daß nur mit gleichen legalen Waffen gekämpft werde. Dieß wäre nicht der Fall, wenn der Pfarrer in Wahlversammlungen seine politischen Gegner, die Minister oder die Kandidaten, für Todfeinde der Kirche erklären dürfte, welche die Blitze Gottes und der Kirche ver=dienen, weil sie vielleicht über die Kirchengüter dem Klerus mißfällige Ansichten hegten. Wenn dem Klerus ein solcher Gebrauch der zu ganz andern Zwecken ihm ertheilten geistlichen Gewalt gestattet würde, so könnte es zu blutigem Bürgerkriege führen. Selbst Costa de Beauregard von der Rechten erklärte, daß eine durch jenen Mißbrauch herbeigeführte Wahl für ungiltig zu erklären wäre. Die Rechte sah ein, daß die Vor=züge, welche die katholische Kirche als die Kirche der Majorität von Sei=ten des Staats genoß, von Seiten des Klerus nur durch Einhaltung gewisser Schranken zu erhalten seien. (Kritik dieser Kammerverhandlung in Chiala, une page d'histoire du gouvernement représentatif en Piémont. Avantpropos.) Aber wie sollte vom Staat die Einwirkung im Beicht=stuhl überwacht und bestraft werden? Indem die Mehrheit der Kammer jede Absicht eines Geistlichen, bei einer Wahl eine geistige Pression auszuüben, für gesetzwidrig, jeden Gebrauch der geistlichen Mittel für einen Miß=brauch erklärte, verzichtete sie eigentlich auf Ausführung dieses Gesetzes.

Die Klerikalen hatten 40, die Ministeriellen 58, die sich nun in der Regel ihnen anschließenden Radikalen 26 Stimmen. Siebzehn Wahlen, namentlich die der Redakteure der klerikalen Armonia, aber auch einige liberale Wahlen wurden umgestoßen und sie meistens durch Ministerielle ersetzt. Der Fischietto durfte jetzt ohne Gefahr die meisten Kammermitglie=der darstellen, wie sie ohne Unterschied der Größe in gleichgroße Bedien=tenlivreen Cavours gesteckt wurden. In Wahrheit aber hatte sich Cavour

---

*) Charakteristisch für diesen Wahlkampf, für seine Tendenz und Waffen ist eine Doppelkarikatur: im „Spiegel der Täuschung" hält der Pfaffe den Teufel, im „Spiegel der Wahrheit" hält der Teufel den Pfaffen aufrecht.

mit Recht darauf verlassen, daß der Eid in Piemont, namentlich auch bei der Rechten, noch Kraft hatte. Im italienischen Parlament konnte und kann man auf diesen Grundpfeiler nicht mehr so durchweg rechnen.

Die schwache Seite waren wie immer die Finanzen. Cavour selbst mußte gestehen, daß er sich in diesem Punkte vielleicht öfters geirrt habe. Unter dem spöttischen Lächeln der Gegner sprach er seit Jahren von den „beinahe hergestellten Finanzen“. Im Mai 1858 erklärte er, die Staatsschuld belaufe sich auf 700 Millionen. Er mußte sich, namentlich für den Montcenis-Tunnel, Vollmacht zu einem neuen Anlehen von vierzig Millionen geben lassen. Es ehrte beide Männer, daß Cavour das Aufbringen desselben in England dem conservativen Grafen Revel, welcher gegen das Anlehen gesprochen hatte, auftrug und daß dieser es übernahm. Gleichzeitig beantragte Cavour, daß der Staat der cassa ecclesiastica, aus welcher die Insassen aufgelöster Klöster und Pfarrer, welche durch die Zehntablösung unter 500 Lire heruntergekommen waren, unterstützt wurden, ein Anlehen von 751,000 Lire gewähre, während die meisten Bischöfe noch sehr reiche Einkünfte hatten. Nichts desto weniger fuhren im Chor mit den östreichischen die klerikalen Blätter fort täglich zu verkündigen, Piemont gehe seinem sittlichen und materiellen Zerfall unaufhaltsam entgegen. Brofferio stimmte mit ihnen schadenfroh in der Behauptung überein, das Ansehen Piemonts im Ausland habe sich nicht gehoben. Cavour erklärte dagegen, früher haben selbst die Italien günstigsten Geister des Auslands, ein Byron, ein Macaulay Italien für eine schöne Unglückliche angesehen, welche an einen brutalen Thrannen verheirathet sei, sie haben ihr eheliches Glück wohl gewünscht, aber sie nicht für fähig gehalten, ihre Familie mit Unabhängigkeit und Freiheit zu regieren. Jetzt nenne der Piemontese seinen Namen im Auslande mit Selbstbewußtsein und alle edlen Geister schlagen ihm entgegen. Das Athen Nordamerikas, Boston, habe eine Kanone für Alessandria gestiftet. Dem Solaro della Margarita hielt Cavour vor, daß sein Verwandter, der Seeoffizier de Fürri am Ganges, in Birma den kühnen Patriotismus seines Königs habe rühmen hören und fragte ihn, ob dergleichen auch vor 1848 (unter Solaro's Ministerium) vorgekommen sei? Ganz besondere Genugthuung gewährte Cavour eine Industrieausstellung, indem dieselbe darthat, daß sich in der Periode des niederen Zolls die Industrie Piemonts bedeutend gehoben hatte und daß, während der Arbeitslohn gestiegen war, die Kleidungsstoffe, das Salz, das Brod billiger geworden waren. Er berechnete, daß in Folge des freieren Verkehrs eine mittlere Arbeiterfamilie auf der genuesischen Küste jetzt am Brod allein jährlich 48 Lire erspare. Nichts desto weniger wurde Cavour als Blutegel, wegen der Steuergesetze und des Preßgesetzes als Wöchnerin mit einem bösen Balg abgebildet. Er sagte darüber lächelnd, solche Angriffe dienten auch dazu, daß man ihn nicht vergesse. Den Radikalen natürlich galt er für einen schwankenden Zauberer. Die

Kammer erhob bis zum 14. Juli 1858, dem Tage ihrer Vertagung, 47 zum Theil wichtige Gesetzesvorlagen zu Gesetzen.

Räthselhaft bleibt, daß Rattazzi von Cavour den 15. Januar 1858 vom Ministerium des Innern enthoben wurde, ohne daß die Kammer es verlangte. Man sagte, es geschehe, weil Rattazzi bei den Wahlen zu wenig Energie gezeigt habe. Männer, welche tiefer eingeweiht zu sein pflegen, behaupten, Cavour habe in jener kritischen Zeit dem Plane Viktor Emanuels, die schöne Rosine zu heirathen, ein für allemal ein Ende zu machen beabsichtigt, um die Würde der Krone zu wahren. Zu dem Ende habe er den König zum Zeugen einer Scene machen wollen. Cavour habe seinen Plan Rattazzi anvertraut, und dieser weiter der gefährdeten Rosine. So sei Cavour als Verläumder dagestanden. Einige hofften, auch Cavour werde aus dem Ministerium treten. Eine Karikatur aber hatte Recht; sie stellt Rattazzi als äußerst hagere Julia, mit seinem charakteristischen Klemmaugengläschen scheintodt in der Gruft liegend, dar. Allein der ungetreue Romeo-Cavour denkt nicht daran sich zu erstechen, sondern schreitet aufrecht von dannen. Von jetzt an war die 1853 geschlossene Ehe gelöst. Obgleich Cavour bald darauf Rattazzi wieder in die Geschäfte zu ziehen suchte, herrschte seitdem ein tiefes Mißtrauen zwischen beiden. Zur Entlastung Rattazzi's dient, daß an demselben 15. Januar auch der gelehrte Ehrenmann Cibrario das Portefeuille des Aeußeren in Cavours Hände legte. Obgleich Lanza gleichzeitig die Finanzen anstatt Cavours übernahm, so übte doch Cavour, zugleich Minister der Industrie und des Handels, eine thatsächliche Diktatur. Seine ungeheure Arbeitskraft hielt diese mannigfaltigsten Fäden fest in der Hand und alles in Ordnung. Der wackere Advokat Caborna erleichterte Lanza im Oktober 1858 durch Uebernahme des Unterrichts, indem zugleich die Linke dadurch gewonnen wurde. (Caborna war zu Anfang des Jahres 1849 bis zur Niederlage von Novara mit Rattazzi Mitglied des radikalen Ministeriums, im letzten Jahre Kammerpräsident gewesen.) Alfons Lamarmora, seit dem Juni 1856 Kriegsminister, theilte im Jahre 1858 der Kammer mit, er habe es durch die äußersten Bemühungen in den Regimentsschulen dahin gebracht, daß unter 48,000 Mann nur noch 9000 des Lesens unkundig seien. Es war eine große Erleichterung für den Pflichtigen, daß er zwar auf einmal einige Jahre bleiben mußte, aber später ziemlich frei und daß die Kapitulationszeit kürzer war. Die Nationalgarde war bis zu der den Wein sehr vertheuernden Traubenkrankheit für die Gebildeten sehr unangenehm gewesen. Nur in größeren Städten bestand sie wirklich, aber sie ist sogar in Turin und in Genua nur zu Theil uniformirt. Bei Tumulten wirkte sie begütigend. Die Bauern wollten so wenig davon, daß sie sich sogar des Wachdiensts weigerten, als der König bei einem Landaufenthalt ihnen allein seine persönliche Sicherheit anvertrauen wollte.

Die inneren Verhältnisse waren also jetzt so gestaltet, daß sie der Entwickelung, der Entfesselung, der äußeren, der Kriegspolitik Cavours keine großen Hindernisse mehr bereiteten. Der Grundsatz Cavours war, daß sich keine große Revolution mit dem Schwert ausführen lasse, ehe sie in den Geistern zuvor gereift sei. Das Mögliche war in dieser Beziehung geschehen, trotz der äußersten Gegenanstrengungen der Oestreich dienenden ultramontanen, legitimistischen, partikularistischen Kräfte. Allein ein hervorragendes Mitglied des piemontesischen Senats, einst Balbo's Genosse in dessen Ministerum, sagte achselzuckend zu uns: Die bloße Sympathie der Völker ist noch wenig. Auch Cavour huldigte immer mehr dem Glauben an die gros bataillons. Daher nützte er wohl die Sympathieen des englischen Kapitals bei seinem Anlehen aus; allein er wußte, daß er von den eben regierenden Torys gegen ihren alten Bundesgenossen Oestreich keine Hilfe hoffen durfte. Herrschte doch der Verdacht, daß die Torys geneigt seien, Oestreich seine italienischen Besitzungen zu verbürgen, um Oestreich in den sich fortspinnenden Fragen der unteren Donau und behufs der Erhaltung der Türkei fest an ihrer Seite zu halten. Die öffentliche Meinung in Piemont, besonders die genuesischen Schiffseigenthümer waren durch diese Befürchtung über die Maßen erschreckt. Im März 1859 wollten sie aus Angst vor den englischen Kriegsschiffen keine Fahrt mehr weiter als bis Marseille wagen. Den friedlichen Grundton der englischen Stimmung und die Scheu vor der verwegenen ruhelosen Politik Cavours theilten auch erprobte alte Patrioten, namentlich piemontesische Minister von 1848, nur daß bei ihnen auch die kirchliche Ueberzeugung mitwirkte.*)

Cavour ließ sich weder durch die Rücksicht auf England, noch durch die hindostanische Resignation der Veteranen Piemonts abhalten, die östreichische Politik auf allen Wegen zu kreuzen und zu reizen. Er hoffte im Nothfall auch aus der Asche noch Funken aufzublasen. Er trachtete nur darnach, in erster Linie sich mit Frankreich, er suchte den Kaiser der

---

*) D'Azeglio, jetzt 59 Jahre alt, schreibt den 3. April 1857 an seinen Freund Doubet in Paris: „Erlauben Sie mir Ihnen zu sagen, daß Ihre hochgestellte Persönlichkeit (Napoleon) mit ihrer Frage: was muß man für Italien thun? — mir denselben Eindruck macht wie Pilatus mit seiner Frage: was ist Wahrheit? Hat je Europa aufrichtig diese Frage gestellt? Hat es die Antwort abgewartet? Wollte es nicht immer unsere Angelegenheiten bei uns und ohne uns machen? Jedenfalls glaube ich nicht, daß sich das alles schnell ins Reine bringen lasse; denn nicht Italien allein erwartet eine Lösung, sondern die ganze Welt. Das alte Princip ist dahin, das neue ist noch nicht, oder doch nur in der Theorie da. Zum Glück für Sie ist hier mein Papier zu Ende." Und den 21. Juni 1858, während Cavour schon nahe daran war, seine Hand in die Napoleons zu legen, schreibt d'Azeglio an seinen Vertrauten Eugen Rendü in Paris: „Was die Politik betrifft, so habe auch ich mich um einige Jahrhunderte zurückgestellt und tröste mich über die gegenwärtige Welt, indem ich sehe, daß die Geschichte nur ein Gewebe von mehr oder weniger hinkenden Transaktionen ist, welche die arme Nachkommenschaft Adams stets nach verschiedenen Richtungen hin

Franzosen mit dem von Rußland zu versöhnen.*) Aber dieß war nicht mehr so leicht, wie unmittelbar nach dem Krimkriege. Rußland, welches mit Piemont „den unsterblichen Haß gegen Oestreich" theilte, wäre als entfernte Macht für Piemont der ungefährlichste Bundesgenosse gewesen. Allein Rußland mußte seine Kräfte noch längere Zeit sammeln. So lange konnte Cavour nicht Gewehr bei Fuß ausharren. Die Finanzen und die Ungeduld der erregten Geister in Italien gestatteten es nicht. Diese hätten sich bald von dem Zögernden ab, das heißt gegen ihn zu Mazzini gewendet. — Aus demselben Grunde konnte auch nicht darauf gewartet werden, daß Napoleon, seine Pläne bei sich hin= und herwälzend, zu einem Entschlusse kam, welcher ihn nöthigte, Piemont aufzusuchen und ihm wohlfeile Bedingungen zu stellen. Wohl klagte nach Villafranca ein vielgenannter italienischer Patriot bei uns, „Cavour sei zu ungeduldig für seine hohe politische Aufgabe gewesen. Denn wenn er Napoleon nicht 1859 in den Krieg hineingerissen hätte, so würde der Kaiser wohl bald das in seiner Getheiltheit schwache Deutschland angegriffen haben, um ihm die Linksrheinlande zu entreißen. Dazu hätte er die Bundesgenossenschaft Piemonts und der italienischen Liberalen nöthig gehabt und um sie an= suchen müssen. Das hätte Italien eine ganz andere Stelle Frankreich gegenüber gesichert." Allein in diesem Falle hätte sich Oestreich wohl sehr wenig um den Rhein gekümmert, es hätte seine Hauptmacht nach Italien geworfen. Konnte dann Frankreich diesem im Kriege starke Hilfe schicken? war nicht zu befürchten, daß Frankreich, um die Rheingränze zu behalten, Italien an Oestreich überließe? Hätte nicht Oestreich, damit befriedigt, Deutschland seinem Schicksal überlassen? Welches war dann die Lage Pie= monts? Wir Deutsche müssen jedenfalls bei einiger vernünftiger Ueber= legung gestehen, daß es für Deutschland ein großes Glück war, daß Cavour Napoleon nach Italien lockte, daß er den Krieg in Italien localisirte.

Der Kaiser der Franzosen hatte in dieser Richtung schon über eigenen Planen gebrütet, welche sehr dynastischer Natur, dem französischen Ehrgeiz schmeicheln mußten. Bei der Zusammenkunft in Stuttgart im September 1857 soll ihm der Kaiser von Rußland zu verstehen gegeben haben, daß

---

genekt haben, ohne ihr je die Erreichung ihres Ziels zu gestatten. Ariman und Ormuz scheinen mir dazu noch eben so geneigt wie zu den Zeiten der alten Magier. Ich hatte die Seele erfüllt von der Unabhängigkeit meiner Race. Aber Gott hat es nicht ge= wollt. Der Zweck meines Lebens ist verfehlt. Mit mir ist es zu spät für Portefeuille= gedanken geworden. Und doch, wenn der Unmöglichkeit zum Trotz der Fall einträte, meine alten Knochen würden nicht beim Train (aux équipages) bleiben."

*) Namentlich die Kölnische Zeitung hat von 1858 bis 1860 interessante Ent= hüllungen über diese Plane Cavours gegeben. Dazu kommen ihre Turiner Briefe über die geheime Geschichte der jüngsten Zeit, welche vom 28. September 1861 bis in den März 1862 fortlaufend, vieles Wichtige enthüllen, ohne es natürlich immer beweisen zu können.

er einer Schwächung des undankbaren Oestreich in Italien sich nicht widersetzen würde. Auch ohne Farini's Erinnerung hatte man in Petersburg wohl im Gedächtniß behalten, daß durch die Ueberlassung Italiens im Jahre 1821 an Oestreich sich dieses nicht hatte bestimmen lassen, dafür die Donaufürstenthümer an Rußland zu überlassen. Vielleicht war die napoleonische Dynastie dankbarer. Im Sommer 1858 soll der Pabst dem französischen Gesandten die aufgefangene Correspondenz französischer Agenten mit päbstlichen Unterthanen vorgelegt haben. Darin wurde der Plan besprochen, das napoleonische Königreich Italien (von 1805 bis 1815) aus der Lombardei, Venetien, wohl auch der Romagna wieder aufzurichten, und Ancona mit den Marken an Neapel zu geben. Beide Kronen sollten dann durch Volkswahl an Napoleoniden kommen; Piemont sollte mit Parma und Modena abgefunden werden. Obgleich in dem so vorbereiteten italienischen Staatenbunde dem Pabst der Ehrenvorsitz bestimmt war, so konnte Pius doch dem Gesandten mit Recht sagen: nichts ist klarer, als daß man mich mit der geistlichen Gewalt abfinden wollte! und wäre auch nur diese gesichert gewesen? Die reale Obermacht in Italien wäre dann Frankreich gewesen, welches in der Person seiner Kreaturen zwei Drittheile des Landes besessen hätte. Die nationale Unabhängigkeit Italiens, die Freiheit vom Ausland, welche alle Patrioten mit Recht als den Fruchtboden der politischen Freiheit anstrebten, war dann auf lange dahin; Piemont von den Napoleonen umklammert, desgleichen Oestreich und Deutschland in ihrer linken Flanke. Dann, schien es, behielt Mazzini Recht: nur die Revolution konnte Italien befreien. Aber konnte sie mit Frankreich und seinen Vasallen eher fertig werden, als mit Oestreich und seinen Vasallen?

Um Italien vor diesem äußersten Unglück zu erretten, wandte sich Cavour an Ferdinand von Neapel, er sondirte Toscana. Er hätte mit dem Pabst sich zu verbinden gesucht, aber dieser war mit Oestreich solidarisch. Er mußte aber äußerst vorsichtig sein, weil jede positive, wenn auch noch so intime Mittheilung an einen dieser Höfe behufs der Abwehr selbst napoleonischer Pläne sicher Napoleon verrathen worden wäre. Es gab kein sicheres Mittel, die Italien vernichtenden dynastischen Pläne Napoleons zu durchkreuzen, als sich ihm als Associé zu einem für beide Theile nützlichen Geschäfte anzubieten. Zu diesem Zwecke waren die im Mai 1856 nach dem pariser Congreß und nach der vergeblichen Reise nach London von Cavour bei dem Kaiser angesponnenen Fäden zu befestigen. Die französische und die piemontesische Presse hatten die Geister an den Preis, welcher für Lombardo-Venetien zu geben war, Savoyen, gewöhnt. Frankreich hätte sich damit doch nicht im Herzen Italiens eingenistet. Die Italiener hatten seit dem Ende des fünfzehnten Jahrhunderts sich daran gewöhnt Fremde ins Land zu rufen, sie gegeneinander zu gebrauchen, in der Hoffnung, dann beide betrogen heimzuschicken. Aber die Italiener waren, da ihre kraftlose List sie betrog, dadurch selbst die Beute der fremden geworden. War dieß nicht abermals zu befürchten?*)

Zunächst war Cavour verantwortlich gegen sein ihm anvertrautes Heimathland und dessen Dynastie, welche in jeder Beziehung die größten Opfer zu bringen, ein großes Wagniß zu übernehmen hatten. „Die ernsten und bedachten Männer, schreibt Carutti, konnten sich der Besorgniß über das Bündniß mit einer so furchtbaren Macht nicht erwehren. Im Jahre 1848 hatte man in Turin die Hilfe der französischen Republik nicht gewollt, und es war natürlich. Ihre Intervention würde zum Vortheile der Demagogen und Republikaner ausgeschlagen sein. Gegenwärtig hatte das monarchische Princip von Napoleon nichts zu befürchten. Aber andererseits konnte der Verbündete von heute sich wohl nächsten Tags in den Meister verwandeln. Frankreich, indem es in den Krieg eintrat, mußte die ausschließliche Leitung übernehmen; diese Leitung — fragte man sich — wird sie stets den Interessen Italiens und denen des Hauses Savoyen entsprechen? Im Falle der Nichtübereinstimmung — mußte da der König Viktor Emanuel sich nicht nothwendig dem Willen eines Bundesgenossen fügen, welcher der stärkere und der weniger scrupulöse war? — Diese Zweifel verdienten in Betracht gezogen zu werden. Allein Graf Cavour hatte das Recht zu antworten, „daß alle großen Unternehmungen mehr oder weniger dem Unfalle unterworfen sind, daß das Haus Savoyen immer durch verhängnißreiche Wagnisse hindurchgegangen und daß es sich durch die Gefahren der Situation von dem großen Ziel nicht zurückschrecken lassen dürfe."

Aus zuverlässigster Quelle wissen wir, daß Cavour im Frühjahr 1856 sich optimistisch in der Hoffnung gewiegt hatte, Oestreich werde sich durch starke Vorstellungen Frankreichs und Englands bestimmen lassen, es ihm ja nur fatale Lombardo-Venetien gegen schwere Geldentschädigung Piemont abzutreten. So wäre diesem eine Gebietsabtretung erspart worden. „Aber Clarendon wollte nicht." Jetzt galt es Frankreich durch die Gebietsabtretung zu gewinnen. Den König mußte das Opfer der Provinz Savoyen hart ankommen. Er ist sich sehr bewußt, daß sein Haus, das der Grafen von Savoyen, eines der ältesten in Europa ist. Savoyen

---

*) Ich stand damals mit dem Marchese P. P. in Briefwechsel, welcher sich durch seine Unbefangenheit des Urtheils hervorthat. Er hielt die Hilfe Frankreichs für entbehrlich, weil er Oestreich kannte. Ich schrieb ihm: ihr werdet wieder eine Fremdherrschaft mit einer andern vertauschen. Er antwortete: „Es ist für einen Kranken eine Erleichterung, nach schmerzhaften Wochen von der einen Seite auf die andere, leicht eben so schmerzhafte gelegt zu werden. Dem, welcher von einem auf ihm liegenden Bären erwürgt wird, muß das rasche Zerfleischtwerden durch den Tiger als das kleinere Uebel erscheinen. Indeß sind die Franzosen oft siegreich und Herren in Italien gewesen, aber nie so lange wie die Oestreicher. Die Franzosen ruhten nie, bis sie wieder hinausgetrieben wurden."

war die „Wiege" desselben; dort im Cisterzienserkloster Haute-Combe, hoch über dem Lac du Bourget (nördlich von Annecy) ruhen, zum Theil unter prächtigen Monumenten, die Gebeine der alten Grafen und Herzoge von Savoyen, bis 1731 die Superga bei Turin zur Familiengruft bestimmt wurde. Der letzte Fürst aus der alten Linie, Karl Felix, hatte 1824 jenes Kloster aus den Trümmern der Revolution wieder aufgerichtet. Savoyen hatte die zähesten, gewandtesten disciplinirbarsten Soldaten, in neuerer Zeit besonders zu den Versaglieri gestellt, es hatte seit Jahrhunderten sein Blut für das Haus Savoyen in Strömen vergossen. Der Adel als Milchbruder des Königs besetzte bis Karl Albert die meisten Hofämter und wie de Maistre, d'Aglié die wichtigsten Gesandtschaftsposten. Er grollte aber jetzt, weil Viktor Emanuel keinen Hof hatte; das französisch redende, klerikale Savoyen wurde schon 1848 satt für die antipäbstliche italienische Idee sein gutes Blut und sein weniges Geld darzugeben. Seitdem sah er sich aus Aemtern in Turin, die er für sein Erbe ansah, durch „Ausländer", durch italienische Flüchtlinge verdrängt. Nichtsdesto- weniger war es ein Opfer Abrahams für Karl Albert, diese Stammprovinz abzutreten. Und er überwand sich des hohen Ziels halber und kein Anderer auch Cavour nicht, konnte es verhindern. Denn ohne einen starken Bundesgenossen konnte Piemont Oestreich unmöglich aus Italien hinaus- werfen. Und Frankreich, der einzig mögliche, begnügte sich nicht mit Herstellung „des europäischen „Gleichgewichts". Weniger ist es unsre Aufgabe, die Motive des Kaisers Napoleon zu einem Waffenbündniß mit Piemont gegen Oestreich zu erörtern. In Oestreich personificirte sich die nur ihm günstige Ordnung Mitteleuropas, namentlich Italiens, wie sie in den Jahren 1814 und 1815 durch die pariser Friedensschlüsse und durch die wiener Congreßakten bestimmt war. Die dabei meist begünstigten Staaten Frankreich und Piemont hatten eben deßhalb das gemeinsame Interesse, diese Basis zu zerbröckeln. Seit 360 Jahren hatte Frankreich immer und immer wieder mit Habsburg um die Stellung, um die Oberherrschaft in Italien gerungen. Die Bonaparte sind von Haus aus Italiener und haben nicht unrühmliche italienische Erinnerungen. 1796 hatte General Bonaparte durch seine genialen Waffenthaten in Oberitalien die Grundlage zu seiner Herrschaft gelegt. Schon er hatte Italien zwar nicht mit mehr Achtung, jedoch mehr zum Nutzen des Lan- des behandelt als andere besiegte Länder. Seine Neffen, welche hier ein Asyl gefunden hatten, hatten 1831 sich persönlich dem Kampf für die italienische Sache, vielleicht Verschwörungen angeschlossen und weiland Louis Napoleon hatte viele persönliche Beziehungen zu italienischen Patrioten fortgesponnen. Trotz der Unterjochung Roms 1849 hegte er doch für das Schicksal Italiens eine gewisse Sympathie, welche durch Aussicht auf reale Vortheile verstärkt wurde. Carutti beantwortet die Frage nach den Beweggründen Napoleons III. zu einer bewaffneten Intervention in

..en wieder mit Fragen: „Wollte er sich für seine Person (gerade in
Gefilden von 1796) einen militärischen Glanz erringen? Hegte er
sich einen edeln, großmüthigen Ehrgeiz, der ihn trieb, die Freiheit
Unabhängigkeit einer Nation herzustellen, die zweimal der Brenn=
..t der Civilisation gewesen war? Wollte er die Elemente der Revo=
..n austilgen, die früher oder später sich auch Frankreich mittheilen
..ten? Wollte er an den Thoren Frankreichs einen starken, mächtigen
..t errichten, der sowohl aus Erkenntlichkeit, wie im Interesse seiner
..en Sicherheit sein Verbündeter werden mußte? Trachtete er dahin,
französischen Einfluß in der Halbinsel zu stärken, indem er den Oest=
..s ausschloß? Oder suchte er einen Thron für einen Verwandten?"
: fragen: war sich wohl Napoleon klar bewußt, welches dieser Motive,
..sich wohl in verschiedenen Stunden verschieden gruppirten, das bei
..vorherrschende war? Selbstbefestigung durch Vergrößerung Frankreichs.

Diese Fragen wurden in der Folge durch die Thatsachen zum Theil
..antwortet. Daß ein Napoleon blos um einer schönen großen Idee
..llen und wegen der Glorie des Ritterthums für dieselbe das Wagniß
..ternahm, könnten nur politische Kinder glauben. Die Italiener aber
..ren so klug, sich zu stellen, als glaubten sie es, indem sie sich dadurch
..enseitig zu Annahme dieses einzig möglichen, gefährlichen Mittel er=
..unterten, in der Absicht, dadurch Napoleon vielleicht hernach den nur
..geheim ausbedungenen Lohn vorzuenthalten. Napoleon hatte seine
..nlich festen Ziele. Ein berühmter Staatsmann hat uns versichert, daß
..damals die Erweiterung der Gränzen Frankreichs und (wie bei Na=
..ken I.) die Vernichtung der Throne seiner Todtenwärter, der Bour=
..en waren. Der Erwerb Savoyens, welches Ludwig XIV., die Revo=
..ion, das erste Kaiserreich besessen hatte, welches erst durch Waterloo
..Frankreich ganz verloren ging, war eine Sühne und kein veräht=
..er Gewinn. Napoleon, welcher die Eifersucht der Städte und Staaten
..liens gegeneinander kannte, hielt einen Staatenbund, ähnlich dem
..tischen, für die zugleich den Interessen Frankreichs am meisten ent=
..rechende Verfassung Italiens. Sie sicherte dem Pabste ein Gebiet und
..e politische Ehrenstellung. Dieselbe Eifersucht machte, zumal weil es
..:Napoleon wünschenswerth war, ihm auch wahrscheinlich, daß auch den
..wohnern der Halbinsel ein starkes müratisches Neapel statt des bour=
..nischen als ein Gegengewicht gegen das mächtige subalpinische König=
..ch willkommen erscheinen würde. Somit wären durch einen siegreichen
..ieg in Italien jene beiden Hauptziele des Kaisers einigermaßen erreicht
..rden. Die Ansprüche der Leuchtenberg oder anderer Napoleoniden auf
.. Niederkönigreich waren allerdings damit aufgegeben. Allein Napo=
..on III. hatte noch eine gewisse Mäßigung in seinen Planen der Gränz=
..weiterung Frankreichs erwiesen und ein Länderbesitz in Oberitalien,
..elcher Oestreich, den Pabst, Piemont, Deutschland, ja um des adriatischen

19*

Meers willen England zu Feinden Frankreichs gemacht hätte, wäre ein unsicherer, Frankreich selbst gefährdender gewesen. Napoleon I. hat auf St. Helena Italien eine große maritime Zukunft prophezeit. Es ist der Molo des Mittelmeeres, Sicilien sein Leuchtthurm. Die Pläne Frankreichs auf das Mittelmeer und auf die Hegemonie der lateinischen Race heischten einen ihm befreundeten italienischen Staatenbund. Um so kühler wurde England dagegen, um so feindseliger gegen französische Plane auf Landerwerb in Italien.

Diese Verstandesmotive wurden vermehrt und persönlich, instinktiv verstärkt durch die Orsinikrise. Die Jesuitenpartei, welche zu Zeiten auch an den Dolch glaubte, hat dem Schrecken vor dem gegen den Kaiser gezückten Dolche einen großen Einfluß auf seine Entschlüsse zugeschrieben. „Oder aus welchem anderen Grunde, fragt Bottolla, ließ die französische Regierung in Frankreich die Nummer der turiner Union frei circuliren, welche ohne Umschweife im Namen der mazzinischen Sekte verkündete, Kaiser Napoleon müßte als Vollstrecker des letzten Willens Orsini's seine alten Eide halten oder, wenn er zögerte es zu thun, so würden Bomben und Dolche ihre Mission erfüllen?" — Diese Auffassung ist eine zu rohe. Der Kaiser der Franzosen wurde nicht wie ein müder, verzweifelter Gladiator durch die glühenden Eisen Mazzini's in die italienische Arena getrieben. Diese Auffassung ist wieder eine der Selbstüberhebungen der Mazzinisten und charakterisirt die ihnen vielfach ähnlichen Jesuiten.

Der schon erwähnte angebliche zweite Brief Orsini's vom 19. März 1858 nennt sein Attentat eine Geistesverirrung, da er den politischen Meuchelmord stets bekämpft habe, er setzt seine Hoffnung der Befreiung Italiens auf die bereits begonnene sittliche Hebung und auf die Vereinigung seiner Söhne und zuversichtlich auf die Hilfe Napoleons. Dieses alles ist gar zu sehr im Geiste Cavours. Er ließ diesen Brief nach der Hinrichtung in der Piemontesischen Zeitung Nummer 77 veröffentlichen.*)

---

*) Die gewöhnlichen Handlanger Oestreichs in der Presse behaupteten, das Zeugniß der Veröffentlichung dieses Briefs habe Cavour einen empfindlichen Verweis Napoleons zugezogen. Allein gleichzeitig gaben bei uns die Kölnische und die A. Allg. Zeitung Winke über den wahren Sinn dieser Schritte. Von Bedeutung ist eine Correspondenz aus Paris in der A. A. Z. vom 10. Mai 1858, welche gegen die für Oestreich nur gut Wetter prophezeienden sehr absticht. Veranlaßt ist sie zunächst durch eine offiziöse östreichische Correspondenz, welche behauptet, „der zweite Brief Orsini's könne nur auf schiefem Wege in die Hände Cavours gekommen sein und seine Veröffentlichung, vollends mit der Insinuation, sie sei mit Zustimmung der französischen Regierung erfolgt, müsse als ein durchaus unloyaler Akt bezeichnet werden, worüber der Hof der Tuilerien, wenn er überhaupt Notiz davon nähme, das Kabinet von Turin zu schwerer Verantwortung zu ziehen gezwungen sei." Das war ja die gewöhnliche Manier, womit man von Wien aus der öffentlichen Meinung Sand in die Augen zu streuen wußte. Dagegen behauptet der tiefblickende Correspondent des

Wir sind versucht, diesen „zweiten Brief Orsini's", wenigstens in dieser Form, auf eine Verabredung Napoleons und Cavours zurückzuführen, mit dem Zweck, durch die Autorität dieses charaktervollen Patrioten und durch Eröffnung von Hoffnungen auf Befreiung Italiens durch Frankreich

---

10. Mai, es habe damit keine Gefahr für Cavour, es sei gar kein Zweifel, daß zwischen dem Kabinet der Tuilerien und dem von Piemont das beste Einvernehmen bestehe. Graf Cavour thue wohl nichts Wichtiges oder unterlasse nichts, ohne sich darüber zuvor mit Paris verständigt zu haben. Schon die Denkschrift über die Lage Italiens, zumal über die des Kirchenstaats, welche Cavour 1856 während der Conferenzen des pariser Friedenscongresses eingereicht habe, sei vorher in den Händen der entscheidenden Persönlichkeit gewesen, von ihr durchgesehen, redigirt und supplirt worden. Die entscheidenden Kreise Europas seien von dieser Thatsache seit lange auf das genaueste unterrichtet. In löblicher Absicht habe Baron Rayneval bald darauf eine Gegendenkschrift über die Verwaltung des Kirchenstaats gegeben, aber Zeit und Ort seien so übel gewählt gewesen, daß sie ihn den lange und trefflich verwalteten Gesandtschaftsposten in Rom gekostet habe. „Die neueste Rede Cavours bei Gelegenheit der Debatten über das Gesetz Deforesta, fährt der Correspondent fort, ist nicht ohne Wissen und Zustimmung der Tuilerien gehalten; ihr Inhalt entspricht den dortigen Anschauungen. Es ist eine feste, bestimmte, wohlerwogene Erklärung und ihr Kern: das Aufgeben jeder andern Hoffnung als auf Louis Napoleon, der indirekte Abbruch einer Allianz mit England oder mit einem republikanischen Frankreich. Daß das piemontesische Kabinet, in demselben Augenblick, wo es den Tuilerien auf jede Gefahr hin die Hand reicht, der Regierung des republikanischen Frankreichs von 1848 ins Gesicht schlägt, den so populären Lamartine mit seinen damaligen hohlen Sympathiephrasen, womit er Italien 1848 abspeiste, lächerlich macht, mußte das piemontesische Kabinet schwer ankommen, es ist jedenfalls ein kühnes Spiel, aber es wird ihm in den Tuilerien sehr gedankt und nicht vergessen werden. Der zweite Brief Orsini's aber, ist er nicht eine Ausgleichung zwischen dem ersten Briefe, und den Zielen welche Sardinien im Bündniß mit Frankreich zu erstreben trachtet?" Der Correspondent eröffnet uns eine interessante weitere Perspektive, indem er fortfährt: „Das Attentat vom 14. Januar ist ein Wendepunkt in der Stellung der Tuilerien zu Europa geworden. Es war ein bedeutungsvoller Moment, der den Tuilerien unermeßlichen Gewinn bringen konnte. Unmittelbar nach dem Attentat war der Kaiser populärer als je; seine Haltung, das angenehme Gefühl, die Gesellschaft einer großen Gefahr entronnen zu sehen, hatte ihm fast alle Herzen, selbst die vieler seiner erbittertsten Gegner zugewendet. Sehr mäßige Gewährungen in Bezug auf Preßfreiheit und Volksvertretung hätten genügt, um die äußersten Sympathieen vielleicht bis zum Enthusiasmus zu steigern. Statt dessen erklärte die Regierung durch das französische Sicherheitsgesetz Frankreich für zum mindesten moralisch mitschuldig an einem von Ausländern begangenen Verbrechen, das es noch verabscheute. Daß ihm dieses aufoktroyirt wird, hat Frankreich bitter empfunden. Die Folgen des Sicherheitsgesetzes sind aber nicht blos nach innen bedeutungsvoll. Das Gesetz (und der Versuch Palmerstons, ein ähnliches Gesetz in England durchzudrücken) kostet den Tuilerien einen außerordentlichen Preis — die Allianz Englands. Der Bruch gipfelt in der Freisprechung Bernards und noch mehr in dem Jubel, womit diese von den Engländern begrüßt wurde. Dieß ist eine Kluft zwischen den Tuilerien und England, breiter und unausfüllbarer als der Kanal. Kein Ministerium Englands kann gegen die öffentliche Meinung handeln und die öffentliche Meinung hat das Bündniß Englands mit den Tuilerien zerrissen. Das englisch-französische Bündniß war für die Tuilerien all das Blut und all das Geld werth, was es ge-

Attentate auf den Kaiser abzuwehren und die beiden Nationen sich nahe zu bringen. Er wäre demnach der erste schriftliche Pakt zwischen beiden. Montazio, der wohlunterrichtete Biograph Mazzini's, hält den Brief für apokryph.

Manches im Thun und Lassen des Kaisers und Cavours von dieser Zeit an erklärt sich am leichtesten aus der Voraussetzung, daß durch das Attentat und besonders durch die Behandlung desselben von Seiten Cavours die Annäherung beider beschleunigt wurde. Sowohl um dem Kaiser der Franzosen nicht durch neue Aufreizung der katholischen Massen in Frankreich sein Einschreiten in Italien zu erschweren, als um alle Kräfte Piemonts für den Kampf bereit zu halten, begnügte sich Cavour, unterstützt von der Kammermajorität, mit Zurückweisung aller in Kirchensachen weiter greifender Ansinnen der Linken, blos die Gesetze durchzuführen, welche schon vor vier Jahren rechtskräftig geworden waren (s. eine wohlunterrichtete Correspondenz aus Turin vom 15. Juli 1858

kostet. Das Nichtbestehen der Allianz mit England hat für die Tuilerien nur eine untergeordnete Bedeutung gegen die — sie verloren zu haben. Nach sechsjährigem Ringen und Kämpfen stehen die Tuilerien ziemlich so isolirt wie nach dem Staatsstreich. Wer wird der neue Alliirte derselben sein? — Louis Napoleon sucht und bedarf nicht blos des Bündnisses mit Staaten, sondern mit Nationen; dieß liegt in seiner Stellung wie in seinem Regime. Die Wahl kann nicht zweifelhaft sein. Sie wird auf Italien und Piemont fallen. Diese Wahl ist, abgesehen davon, daß sie nicht freie Wahl ist, in Frankreich die populärste, vielleicht die einzige wahrhaft populäre. Auch herrscht zwischen dem Kaiser Napoleon und Cavour persönliche Sympathie, nicht blos ein politischer Verkehr. Der Kaiser liebt persönlich den Charakter der Sardinier, er betrachtet ihn als eine persönliche Vereinigung des französischen mit dem italienischen und Graf Cavour ist ihm die Personification dieses Sardenthums. Der französische Kaiser findet dagegen auch seinerseits in Piemont die größte Anerkennung, selbst die gemäßigte Partei blickt auf ihn und hofft auf ihn. Die Ultramontanen hängen ihm nicht weniger an. Die Innigkeit, die Zuverlässigkeit und Haltbarkeit der Bündnisse beruht nicht blos auf den Interessen, aber alle haltbaren politischen Bündnisse müssen auf der Basis der Interessen beruhen. Diese weisen jetzt Frankreich und Piemont ausschließlich auf einander an. „Weiter heißt es, in die Länge seien auch die Massen in Frankreich nicht blos mit Arbeit und mit Ruhm abzufinden. Da Napoleon im richtigen Augenblick Frankreich nicht die Freiheit gegeben hatte, da das piemontesische Bündniß für Frankreich an sich nicht besonders ehrenvoll und stärkend war, so mußte es ihm realen Nutzen, Vergrößerung bringen, zumal da der politische Nutzen des Krimkriegs sich bereits großentheils verflüchtigt hatte und für Deutschland jetzt weit größer war als für Frankreich. Das einzige Mittel zu diesem Zwecke ist der Krieg; durch ihn allein kann auch der starke Kitt, welcher Frankreich und das verstärkte Piemont auf lange verbinden soll, geschaffen werden. Vor den scharfen Augen der beiden großen Politiker liegen aber auch die Verschiedenheiten der Interessen, der Absichten offen: der Kaiser der Franzosen gürtet sich zum Krieg, um den Franzosen die Freiheit nicht geben zu müssen, Cavour, für sie begeistert, bedarf ihrer auch ferner als zweiter Bundesgenossin. Napoleon muß schon aus Rücksicht auf die ultramontane Mehrzahl seiner Wähler die Umgestaltung Italiens zunächst auf die Polande zu beschränken suchen, während Cavour voraussieht, daß er genöthigt sein könnte weiter zu greifen."

.m Schwäbischen Merkur). Auf einige zweideutige Klauseln dieser Gesetze
gestützt, hatten sie als der Gesellschaft unnütz aufgelösten geistlichen Corporationen durch Appellationen und Prozesse gegen den Fiscus diese Gesetze unwirksam zu machen gesucht. Durch endlichen Spruch des Kassa-
tionshofs wurde aber die von der Regierung aufgestellte Liste der aufzu-
hebenden Klöster für unumstößlich erklärt und die Aufhebung vollzogen.
Rom wahrte zwar das Recht der Kirche; allein nachdem seine Hoffnung
auf die Abgeordnetenwahlen gescheitert war, wurde seine Einmischung in
die inneren Verhältnisse Piemonts nicht mehr sehr fühlbar. Rom scheute
sich wohl, durch Aufreizung piemontesischer Unterthanen diese Regierung
zur gleichen Arbeit im Kirchenstaat zu reizen. Dieß besorgte indeß der
Nationalverein. Die Friedliebenden, welche zugleich gute Katholiken und
gute Piemontesen waren, beklagten es bitter, daß sich der Pabst zu keinen
Reformen herbeiließ. Sie schoben die Schuld besonders auf Oestreich,
indem sie sagten: wenn das übrige Italien vernünftig verwaltet und national organisirt wäre, so könnte Oestreich die Lombardei weder im Frieden, noch im Kriege lange behaupten. Daher hat Oestreich das größte
Interesse, in allen von ihm beeinflußten Staaten, namentlich im Kirchenstaat wirkliche Reformen zu hintertreiben. Für Italien ist Oestreich gegenüber die Sache der Nationalität zugleich die Sache seiner eigenthümlichen Civilisation, während die Ungarn und die Slaven nur einen Ab-
klatsch deutscher Bildung haben. Aber auch Piemont war mit seinen
alten Gesetzen und seinen vielleicht ehrlichen, aber mechanischen Beamten
des alten Systems nichts weniger als ein Musterstaat. Cavour sagte
einem Vertrauten, er wage es nicht viele Reformen in die Verwaltung
einzuführen, um nicht die Mehrzahl der Beamten zu Feinden seiner Person und seiner Pläne zu machen. Daher konnte er sich nicht so sehr
auf die moralischen Eroberungen Piemonts verlassen, er mußte Italien
jedenfalls durch den Krieg befreien. Auch konnte er nur für diese Methode auf die Hilfe des Adels rechnen, welcher namentlich seit der Reaktion
von 1821 beinahe alle höheren Aemter und Einflüsse inne gehabt hatte.

Um den Eifer des Nationalvereins zu beleben, ließ er ihm die Hoffnung, daß die baldige Vereinigung ganz Italiens zu einem Nationalstaate
vielleicht in kurzen möglich werde. Als Politiker aber faßte Cavour das
nächste Ziel zuerst fest ins Auge, und dieß war ein starkes, vom Mont
Cenis und vom Monte Viso bis an den Isonzo reichendes subalpinisches
Königreich, welches im Stande wäre Italien gegen die Vergewaltigung,
gegen die Einmischung des Auslands sicher zu stellen. Dieses war der
Preis, an welchem sich Cavour nicht das Geringste abmarkten ließ, auch
nicht von Napoleon. Pincherle schreibt 30. Januar 1860 an den ver-
mittlungssüchtigen Cobben (la vita e i tempi di V. Pasini per Bonghi.
Firenze 1867, p. 774): „Cavour fürchtete schon vor dem Krieg von 1859
ein zweites Campoformio (die Minciogränze von 1797, also blos Gewinn-

nung der Lombardei für Piemont). Er erklärte mir aber, es handle sich nicht blos um einen dynastischen Krieg, sondern um einen Krieg der Unabhängigkeit, folglich müsse man alles (ganz Oberitalien) oder nichts haben. Wenn man ihm nur die Lombardei gäbe, unter der Bedingung, daß er das angebliche Recht Oestreichs auf Venetien anerkennen sollte, so wollte er lieber nichts." (Denn damit wäre ja die Unabhängigkeit Italiens vom Ausland nicht hergestellt gewesen. Deßhalb nahm Cavour die Bedingungen von Villafranca nicht an.)

Die Unitarier hielten Cavour entgegen, daß eine Conföderation von Dynastieen nur ein Bund der Fürsten gegen die Völker, ein Unding sei, dieß zeige die Miserabilität des „deutschen Bundes". Deßhalb verlangte Cavour unerschütterlich, Piemont müsse nicht blos der innerlich, sondern auch der materiell stärkste italienische Staat werden, damit es im Stande sei, eine zwingende Hegemonie den partikularistischen und dynastischen Abneigungen gegenüber durchzusetzen. Sollten diese störrisch in ihrem alten antinationalen System fortfahren, so mußte der Einheitsstaat erzwungen werden. Dessen natürliches Haupt wäre dann der durch Abtretung Savoyens ganz italianisirte König Oberitaliens. Um diese Eventualität sich offen zu halten, durfte kein die italienische Halbinsel gegen das italienische Festland (Oberitalien) absperrender mittelitalienischer Staat sich bilden. Hier war der Punkt, wo Cavours und Napoleons Politik gegen einander stießen. Denn der Kaiser der Franzosen wollte auch in Italien einen „deutschen Bund" von gegenseitig sich balancirenden, dadurch Italien schwächenden, französischen Einflüssen offen liegenden, Frankreichs Hilfe suchenden Dynastieen und Staaten. Deßhalb wollte Cavour die Romagna lieber vorerst noch beim Kirchenstaat belassen, als durch ihre Vereinigung mit Toscana sich ein Königreich Mittelitalien bilden lassen. Auch Napoleon wollte den Kirchenstaat geschont wissen, ob er gleich Toscana gern vergrößert hätte. Also war ausschließlich über Oberitalien zu unterhandeln.

Dieß war das einen festen Vordergrund und eine weite Perspektive bildende Programm Cavours, als er im Sommer 1858 von Napoleon die Einladung erhielt, mit ihm zu einer entscheidenden Besprechung in Plombieres zusammen zu treffen, einem romantisch im Departement der Vogesen, unweit der Moselquellen gelegenen Lieblingsbade des Kaisers. Sie waren hier volle zweimal 24 Stunden zusammen. Cavour erzählte seinen Freunden, daß sie hier einige Tage nicht blos in Besprechung der italienischen Frage verkehrten, sondern über alles was solche Geister interessiren mag, ihre Gedanken intim austauschten. Ihre persönliche Sympathie reifte hier. Den 21. Juli hatten sie eine entscheidende achtstündige Unterredung. Es wurde blos mündlich unterhandelt, die Ministerialbeamten erfuhren nichts; nur der König und der piemontesische Gesandte in Paris, Marchese Villamarina, wurden mit Zustimmung Napoleons in das Geheimniß eingeweiht. Ueber die hier erzielten politischen Verabredungen ist nur soviel bekannt, daß Cavour das Verlangen der Franzosen nach ihrer Alpengränze, wie sie schon 1796 von dem besiegten Piemont anerkannt worden war, als vollkommen berechtigt anerkannte. Dagegen verbürgte der Kaiser ihm im Falle des gemeinsamen Siegs ein Königreich Oberitalien von eilf Millionen, also eine starke Verdopplung. Rechnen wir den Verlust Piemonts an Bevölkerung in Savoyen-Nizza ab, so wäre außer Lombardo-Venetien auch Parma und Modena Piemont zugesagt gewesen, also beide Ufer des Po bis unweit Ferrara; von hier ab hätte sein Thalweg die Gränze zwischen dem Königreich Oberitalien und dem Kirchenstaat gebildet. Damit stimmt dann allerdings eine persönliche Mittheilung von Cavours vertrautem Freunde Castelli nicht, Napoleon habe in Plombières einen Staat von vierzehn Millionen versprochen, welcher Ancona mit eingeschlossen hätte. Auch über die Stellung zu Rom seien sie ganz einverstanden gewesen. Ein Hauptbedenken mußte die Besorgniß sein, daß die deutschen Dynastieen im Interesse der Legitimität und des status quo dem angeblichen Vorkämpfer derselben, Oestreich, Hilfe zu leisten geneigt wären, daß der Ultramontanismus und patriotische Befürchtungen für die Integrität Deutschlands sie dazu treiben würden. Deßhalb reiste Cavour auf dem Rückwege über Baden-Baden und stellte dem Prinzen von Preußen, welcher früher sich auch dazu bekannt hatte, daß der Rhein am Po zu vertheidigen sei, die Nothlage Piemonts und Italiens dar. An Villamarina schreibt Cavour: „Die sympathischen Manifestationen von Seiten der Preußen haben mich aufs angenehmste überrascht. Gott sei Dank, daß Oestreich durch seine Treulosigkeit (mauvaise foi) es dahin gebracht hat, den ganzen Continent gegen sich aufzubringen."*)

„Nach Plombières, schreibt de la Rive, reiste Cavour heimlich, incognito, mit einem Paß ohne seinen Namen. Auf seiner Rückreise kündigte er überall den Krieg an", offenbar um ihn bald herbeizuführen, obgleich der Zeitpunkt seines Ausbruchs noch nicht bestimmt war. Ganz sicher ist, daß der Kaiser Piemont seine Hilfe nur unter der Form zusicherte, wenn Piemont als durch Oestreich angegriffen erschiene. Daß Cavour schon jetzt auch Garibaldi's Hilfe mit in Rechnung brachte, erhellt aus seiner Anfrage bei seinen Genfer Verwandten, ob wohl die Schweiz eine Ueberschreitung ihrer Gränze durch Garibaldi als Kriegsfall betrachten würde. Es ist zu verwundern, daß Cavour die Schweizer so wenig

---

*) Charakteristisch für Cavour ist, daß während er so den Geschicken Europas eine neue Bahn bereitete, sein wissensdürstiger Geist auf dieser Reise und in Turin den starken ersten Band von Buckle's Geschichte der Civilisation mit großem Interesse verschlang und nur bedauerte, daß seine Ministerarbeiten ihn verhinderten, einen eingehenden Artikel darüber zu schreiben. Cavour urtheilt: Trotz seines Mangels an Ordnung und an Klarheit, trotz seiner Länge verdient dieses Buch gelesen zu werden, denn es bezeichnet nach meiner Ueberzeugung eine Evolution im Geiste Englands, welche nothwendig sehr merkwürdige Folgen haben muß.

kannte und, getäuscht durch die Bezeigung ihrer Sympathie, daran dachte, sie für Italien Oestreich gegenüber zu compromittiren. Der Gedanke, das durch den Wiener Congreß für neutral erklärte Nordsavoyen an die Schweiz zu geben und dafür den Kanton Tessin für Italien zu gewinnen, flog Cavour wohl erst später an.

Unklar bleibt, was in Plombieres über Toscana gesprochen, ob etwas darüber verabredet wurde. Beide wünschten, wenn auch in verschiedenem Maaße, den Großherzog für ihre Allianz zu gewinnen. Es ist auch sehr wohl möglich, daß ihm auf diesen Fall eine Vergrößerung auf Kosten des Pabstes in Aussicht gestellt werden sollte. Von einer Annexion Toscanas durch Piemont war sicher nicht die Rede. Cavour hegte den Plan, die piemontesische Prinzessin Pia an den Erbprinzen von Toscana zu verheirathen. Dieß ist uns aus zuverlässiger Quelle mitgetheilt und ein Sigel auf seinen bis in das Frühjahr 1859, bis zur Abreise des Großherzogs gehegten trinitarischen Föderalismus. (So zuverlässig unsere Quelle ist, so muß bemerkt werden, daß die Gattin des Erbgroßherzogs, eine sächsische Prinzessin, im Februar 1859 starb. Dieser Gedanke Cavours war also nur ein vorübergehender.) Erst als Napoleon seine Bemühungen in Florenz fruchtlos sah, so kam er auf den Gedanken, hier seinem Cousin eine Krone zu erlangen. Da dieß eher zu erhoffen war, wenn derselbe Schwiegersohn des Königs von Oberitalien wäre, so war dieß vielleicht auch ein Motiv zu seiner Heirath mit der piemontesischen Prinzessin. (Poggi memorie. Vol. I, p. 68.) Dabei mußte Cavour sich stellen, als merkte er es nicht. Da er dem Plane des Kaisers nicht entgegentreten durfte, flößte Cavour ihm die Befürchtung ein, die neutralen Mächte würden einer solchen Festsetzung Frankreichs in Italien entgegentreten, während er jedes Anzeichen, als ob Piemont Gelüste darnach trüge, sorgfältig vermied. Es lag ja alles daran, daß der mißtrauische, zum Zaudern geneigte mächtige Bundesgenosse nicht in Versuchung käme, seine Hand von dem kühnen Wagnisse zurückzuziehen. War aber einmal durch den ersten Kanonenschuß die Ehre Frankreichs verpfändet vorwärts zu gehen, so konnte je nach Umständen schon etwas gewagt werden.

Seit der Rückkehr Cavours nach Turin arbeiteten die Ministerien, besonders die des Aeußeren, des Kriegs, der Marine, der Finanzen, des Innern, wie mit Dampf. Hemmende Zwischenfälle wurden in dieser Gluthitze zum Heizmaterial. Die offiziöse Presse stieß mit vollen Backen in die Posaune der Auferstehung und des Nationalkriegs, der Fischietto (der Pfeifer) blies scharf in seinen altfränkischen Schlüssel. Wenn die A. Allgemeine Zeitung schon den 14. November 1854 sagt: „Die italienischen Karikaturen kommen an geistreichen Vergleichen und an satyrischen Anspielungen nicht selten den besten englischen Spottbildern gleich und übertreffen sie sogar manchmal", so galt dieß noch viel mehr in

der Epoche seit Plombières. Später hat die Karikatur durch ihr nega=
tives Naturel und durch ihre Verwilderung sehr viel zur Verhetzung der
öffentlichen Meinung beigetragen und Risse in das Staatsgebäude ge=
macht. Aber von jetzt an einige Jahre lang war sie eine durch Cavour
und durch die Ereignisse gehobene werthvolle verbündete Funkenver=
sprüherin. Namentlich die Redakteure des turiner Fischietto waren gut
unterrichtet und verbreiteten in den Massen eine, allerdings zu opti=
mistische übermüthige Kenntniß der europäischen Verhältnisse, welche seit
1821 und 1831 von vielen erbitterten Patrioten in ihren Schriften
absichtlich ganz ignorirt worden waren. England hatte 1858 seinen
Schützling Portugal einer Züchtigung Napoleons preisgegeben. Die
Karikatur lehrte nun die Gemäßigten, daß von England nichts zu er=
warten sei, indem sie das Horn des Einhorns im englischen Wappen,
das Sinnbild der Kraft, in eine lange Nase der Britannia verwandelte,
welche Napoleon festhielt. Dieselbe strickt, ohne die auf ihrem Rücken
brennende Lunte zu bemerken. Napoleon und Cavour tauschen in Pom=
bières ihre Köpfe, wie Pabst und Oestreich ihre Uniformen aus. Auf
Riesenstelzen rennt der Zwerg Cavour durch Europa. Den Papierhut
auf dem großen Kopf, lernt er von dem hochgliedrigen Lamarmora das
Fechten. Im November 1858 stießen die offiziösen französischen Blätter
gewaltig in die Kriegsposaune gegen Oestreich, „welches auf einem Hau=
fen von papiereneu Friedenstraktaten schläft". Alle piemontesischen
Damen werden jetzt nach dem Fischietto barmherzige Schwestern, die
Mönche werden vor die Kanonen gespannt, auch die letzte Bombe, König
Bomba von Neapel, wird in ein Geschütz geladen. Cavour wendet sich
mit heroischen Arien der beliebtesten Opern an seine Dame Frankreich.
Gewiß wird im Frühjahr der Schneemann Oestreich schmelzen, zumal
Gianduja (Piemont) Holz beischleppt, Meneghini (der Lombarde) sich kaum
noch zurückhalten läßt den Schwefel darunter anzuzünden. Der Moni=
teur vom vierten December erklärte aber, es sei noch keine Ursache zum
Kriege mit Oestreich vorhanden. Der Fischietto nimmt jetzt die Hirn=
schale Napoleons ab und stellt die sich in seinem Gehirn bekämpfenden
Gedanken dar: „könnte nicht eine Bombe (die Revolution des verlassenen
Italiens) die andere (Frankreich) anzünden? — Allein das Wagniß ist
groß! — Wenn ich's aber nicht wage, so ertrinke ich noch in einem
Wasserglas, der Schatten Louis Philipps begegnet mir noch höhnisch!"
Diese Kühnheit war um so kecker, als die Redaktion wußte, daß Napoleon
den Fischietto las. Am Jahresschluß erscheint Napoleon in einem Kleide von
vielfarbigen Lappen, verspricht aber bald nur in zweifarbigem Tuch zu kommen.

Ueber die diplomatische Vielgeschäftigkeit Cavours seit Plombières
geben uns die Italiener soviel wie nichts; Carutti, einer der meistbethei=
ligten, schweigt ganz darüber. Die Italiener wollen den Tod des Kaisers
Napoleon oder den Sturz seiner Dynastie zuvor abwarten, ehe sie nach=

weisen, daß sie ebensowohl Diesen, als Oestreich zum Krieg mit allen Mitteln stachelten. Wir können dieß recht wohl abwarten. Wir wissen aus dem Munde preußischer Diplomaten, daß die Galle der Oestreich in Turin vertretenden preußischen Gesandschaft durch die nicht immer feinen Künste Cavours und seiner Agenten jetzt noch mehr erregt wurde. Wir finden es natürlich, ja unvermeidlich, daß auch einmal für die Völkerfreiheit die diplomatischen Künste spielten. Cavour mußte auf den pariser Tugendpreis verzichten. Nicht blos der der Jesuiten, jeder, auch der patriotische Fanatismus absolvirt sich leicht mit dem Worte: der Zweck heiligt die Mittel. Die gerühmte Biederkeit der östreichischen Politik wurde wieder mit ihrer eigenen Münze bezahlt; es half ihr nichts, daß sie auf dem ihr günstigen Rechtsboden stehend, jetzt in der Noth tugendhaft wurde. Hier genüge, was Nicomede Bianchi in seinem Cavour sagt: „Die Abneigung der öffentlichen Meinung Europas gegen die k. k. Herrschaft immer mehr schüren, das stolze Haus Habsburg in politische Isolirung stürzen, Oestreich mit Dornen krönen, es dermaßen aufreizen, daß es zu desperaten Schritten gestoßen wurde, welche, indem sie den Krieg unvermeidlich machten, die Schuld dafür auf Oestreich fallen ließen und so das ihm von Napoleon in Plombieres aufgegebene Problem glücklich lösen, dieß waren die Hauptideen der aktiven Politik Cavours." Wir dürfen dabei die kalte Grausamkeit nicht vergessen, mit welcher „die gute Seele", Kaiser Franz II. der frivole Metternich, der herzlose Aristokrat Fürst Schwarzenberg, Haynau und Gesellen, welche nicht den Menschen, nur den Soldaten oder vielmehr nur den Offizier achteten, Italien gefoltert, es auch in seinen edelsten Herzfasern vergiftet haben. Aber wir können auch nicht umhin, den 1859er Trägern dieses gealterten k. k. Systems jetzt eine gewisse Theilnahme zu zollen, und wäre es auch nur diejenige, welche wir auch dem Streitstier in der Arena nicht versagen, wenn der abgemattete gereizt wird, um dem sicheren Todesstoß entgegenzurennen. Diese Theilnahme weicht aber dem Groll über das Schicksal, welches die meisten jener Tückbigsten als Sieger, in Ehren sterben ließ, während es die Sühne schrecklich über Tausende von braven Soldaten, von ehrlichen Beamten und über ihre Familien ergoß, die großentheils selbst mit den Italienern unter der Härte des Systems bitter gelitten hatten. Fürwahr, das Weltgericht, die Geschichte über die Menschheit ist ein sehr seltsames!

Mag auch Cavour die edle Aufrichtigkeit seines Privatcharakters in diesen Zettlungen oft und viel verläugnet und in dieser Verläugnung eine Virtuosität erlangt haben, er wußte keinen andern Weg zu finden, um Italien mit seiner politischen Befreiung die Möglichkeit zu geben, auch seine sittlichen Kräfte zu entfalten. Und an sie wandte er sich, sie sollten ihm kämpfen helfen und im Kampfe um diese höchsten Ziele Kraft gewinnen. In den glücklichen Ländern des öffentlichen bürgerlichen Lebens und, wir müssen es aussprechen, namentlich in zugleich protestantitischen Ländern hat man keinen Begriff von der allgegenwärtigen Gewalt der vereinten weltlichen und klerikalen Despotie. Vor ihren Todtschlägern mußten sich außer Piemont, wie die ersten Christen neben Verbrechern in die Katakomben, auch die edleren Patrioten in geheime Gesellschaften, in Verschwörungen sammeln. Dieses Mysterium war ein sehr zweischneidiges Herkommen, ein Reiz geworden. Es mußte daher schon darum gepflegt werden, um diese Lockung nicht den Mazzinisten zu überlassen. Cavour begegnete bei den oft enttäuschten Patrioten des Nationalvereins oft tiefem Mißtrauen. Der Präsident des Vereins, Marchese Pallavicino,*) sympathisirte

---

*) Der Marchese Georg Pallavicino-Trivulzio ist 1796 in Mailand geboren. Seine Familie ist eine der altberühmtesten und der reichsten in der Lombardei. Als im März 1821 der national-constitutionelle Aufstand in Piemont ausbrach, ging er auf die Bitte einer der edelsten Frauen Italiens, der schönen Gattin Friedrich Confalonieri's, geb. Casati, mit Castillia nach Novara, um mit dem piemontesischen Reiterobersten San-Marzano Rücksprache über gemeinsame Schilderhebung zu nehmen. Aber die Oestreicher sprengten die piemontesischen Insurgenten auseinander. Confalonieri und seine Mitverschwornen, im December auch Pallavicino wurden verhaftet und prozessirt (s. unsere Geschichte It., Band I, S. 202, u. III, 223). Nach den Foltern des Prozesses wurde ihnen auf dem Marcusplatz das Todesurtheil verlesen und sie dann zu schwerem Gefängniß in Ketten, zum Theil zu lebenslänglichem, verurtheilt. Sie erstanden dasselbe auf dem Spielberg in Mähren (s. Spielbergo e Gradisca, scene del carcere duro in Austria estratte dalle memorie di G. Pallavicino. Torino 1856). Alles war auf geistige und körperliche Folterung und Aushungerung abgesehen. Der weiche Silvio Pellico rührte durch seine Schilderung die Menschheit. Nach fünfzehnjährigem Leiden wurden sie durch den Tod des Wüthrichs Kaiser Franz amnestirt. Nach Mailand zurückgekehrt wirkte Pallavicino 1848 für den Anschluß an Piemont. Da er nach dem Siege Radetzky's sich in Turin aufhielt, wurde auf seine Güter Sequester gelegt, ob er gleich stets Mazzini auf allen seinen Schleichwegen bekämpfte. Seit 1853 suchte Pallavicino Manin von der republikanischen Partei abzuziehen (s. seine Briefe vom November 1854) und für die national-constitutionelle mit der Basis Piemont zu gewinnen, wie bald darauf mit Erfolg den Garibaldi. Dieser und Pallavicino erkannten sich in ihrer Selbstlosigkeit und vertrauten sich stets ohne Rückhalt. Pallavicino wollte, daß Italien „eine politische Person" werde; er erkannte, daß dieß eine „Frage der Gewalt" sei und wollte daher, daß Viktor Emanuel vom Parlament zum Diktator ausgerufen werde. Der König müsse dem Volke die Personification der Unification Italiens werden. „Auch der König, schreibt Pallavicino 15. Okt. 1856 an Mazzini, wird den Revolutionskrieg wollen, wenn man ihn überzeugt, daß für die Dynastie nützlich, nothwendig, unvermeidlich ist." Cavour sei sehr empfänglich für die öffentliche Meinung, deßhalb schon müsse man diese gewinnen. Er behielt sich es vor, den Nationalverein im Nothfall den Mächten gegenüber zu verläugnen; Pallavicino und Lafarina erklärten sich gegen ihn bereit, sich von ihm verläugnen und verbannen zu lassen. Ein Hauptverdienst Pallavicino's in dieser Zeit war, daß er die Unterlist des mazzinischen „Neutralitätsbanners" aufdeckte, welches besonders Garibaldi den sollte. Mazzini bot sich an, als Bundesgenosse des Königs die Revolution zu entfesseln, um nach dem Siege durch Volksabstimmung die italienische Republik zu oktamiren. S. Lettere di Manin a G. Pallavicino, Torino 1860. D. Salazaro, anni sulla rivoluzione italiana del 1860. Daniel Manin, in Raumers Taschenbuch, Jahrgang 1861. Geschichte des it. Nationalvereins, in Preuß. Jahrbüchern Band VI. Heft IV. Manin starb in Paris den 22. September 1857.

wenig mit dem „Diplomaten" Cavour. Opferte der Marchese seinen Reichthum, so brachte der arme Lafarina sein alles, seine Zeit, beide ihre Kräfte der Hoffnung, ein ganzes, unabhängiges Italien zu machen, voll dar.

Kurz nach Plombieres, im September 1858, theilt Lafarina seinen Vertrauten mit, daß „der Knoten im nächsten Frühjahr zerschnitten werde. Diese meine Ueberzeugung stützt sich auf Thatsachen, die zu enthüllen die größte Unklugheit, ja Verbrechen wäre."*) Mit Freudenthränen sah er die im turiner Arsenal aufgehäuften ungeheuren Kriegsvorräthe. Die Patrioten zunächst der oberen Hälfte Italiens wurden durch das mehrdeutige Motiv: „wir müssen alles, das Aeußerste thun, damit der König nicht die Beute Napoleons werde", gestachelt. Cavour erkannte, daß er der äußersten Anstrengungen der Italiener bedürfe, damit Piemont nicht von der französischen Bundesgenossen unterjocht werde, sondern damit es sich einigermaßen in der Stellung eines ebenbürtigen Verbündeten Frankreichs behaupten könnte. Er war, trotz der persönlichen und principiellen Abneigung Napoleons und Lamarmora's, fest entschlossen, Garibaldi, welchen bei der nationalen Fahne zu halten hauptsächlich Pallavicino's Verdienst war, an die Spitze der freiwilligen Streiter zu stellen. Vorerst mußte aber Cavour dieß vor Napoleon, den Preis der Bundesgenossenschaft Napoleons vor Garibaldi verschweigen, da sich sonst leicht alles zerschlagen, da sich ihm sonst beide entziehen konnten. Am 19. October 1858 bestätigte Cavour den ihm von den Führern des Nationalvereins vorgelegten Plan zur Insurgirung Italiens. Das Signal des Ausbruchs sollte den ersten Mai 1859 von Massa-Carrara aus gegeben werden; das Zusammenwirken der Volkskräfte und des piemontesischen Heeres wurde im Einzelnen bestimmt, die Franzosen wurden nicht in die Berechnung gezogen. Cavour konnte sich dieser Täuschung der Patrioten nicht entziehen. In der nächtlichen Frühe eines Decembermorgens meldete der Bediente an Cavour, ein seltsamer Mann mit einem großen Stock, welcher ihn sprechen wolle, stehe vor der Thüre. Er wolle seinen Namen nicht nennen, er behaupte bestellt zu sein. Cavour befahl ihn hereinzuführen. Es war Garibaldi, welchen er im tiefsten Geheimniß von Caprera zu sich gerufen hatte. Er ließ sich überzeugen, daß lokale unzeitige Aufstände nur Schaden stiften könnten, daß die Volkskräfte nur organisirt, unter streng einheitlicher Leitung und Disciplin, als rechter Flügel des königlichen Heeres, durch ein Auftreten im Apennin zwischen Parma und Toscana wirklich etwas leisten könnten. Der erste wichtige Zweck dieses Marsches sollte sein, Oestreich dadurch zum Angriff gegen Piemont als den Anstifter dieses Zugs zu reizen. Dann war Napoleon zur Waffenhilfe ver-

---

*) Außer dem epistolario di G. Lafarina da A. Franchi. Milano 1869, zweiter Band, siehe den trefflichen Aufsatz von Dr. Wilhelm Lang: Lafarina und der italienische Nationalverein II, im Juniheft 1869 der Preußischen Jahrbücher (Band XXIII. Heft 6.

pflichtet. Von diesem Ziele seines Auftretens durfte aber Garibaldi vorerst keine Ahnung haben. Der Todesfreudige glaubt an Wunder. Wenn
nur Napoleon das „große Deutschland" von einer Einmischung in Italien abhielte, so würde dieses Oestreich mit Hilfe einer ungarischen Revolution über die Alpen zurückwerfen. Garibaldi's jungfräulich lenksame Cha-
rakterseite, welche später durch radikale Schmeichler so sehr mißbraucht
wurde, war jetzt in den besten Händen. Zugleich sprühte der Held von
rastloser patriotischer Thätigkeit in jenem Sinne. Medici war seine rechte
Hand in Rüstung des Menschenmaterials. Cavours Gedanke, daß die
lombardischen Militärpflichtigen des Jahrgangs den piemontesischen Truppen einverleibt werden sollten, begeisterte ihn. Selbst aus dem Venetianischen brachte ein Pfarrer ein Häuschen nach Ueberwindung großer Gefahren. Der Studenten war man sicher. Garibaldi suchte Cavour völlig
zu überzeugen, daß alle revolutionären Elemente jetzt „für uns sind".
Garibaldi, auf der Rückreise nach Caprera, schreibt aus Genua den 21.
Dezember an Lafarina: „Die Nachrichten, welche ich aus den verschiedenen
Provinzen erhalte, sind wunderbar. Alles will die Militärdiktatur. Sie
können unsern Freund (Cavour) versichern, daß er allmächtig ist, daß er mit
der Gewißheit allgemeiner Zustimmung eine außerordentliche Anordnung
treffen muß." Und bereits den einen Fuß auf dem Dampfschiff, schreibt
Garibaldi den folgenden Tag, wohl schon unterrichtet von dem ungeheuren
Klatsch, den die Ausschwatzung seines turiner Aufenthalts erregt hatte:
„Ich halte es für nothwendig, daß der König an der Spitze des Heeres
sei und daß man diejenigen, welche ihn für unfähig halten, eben reden
lasse. Das wird den Eifersüchteleien und Schwätzereien, welche leider zu
den Eigenschaften von uns Italienern gehören, schon ein Ende machen.
Er weiß jetzt, mit wem er sich umgeben muß. Die Militärdiktatur ist
der Wille aller; dann sei sie aber auch bei Gott ohne Schranken!"
Die sich an Garibaldi drängenden Einflüsterungen, Warnungen und
Lockungen halber Garibaldiner, alter Freunde wie Bertani, waren um so
gefährlicher, als sie ihn durch Beweise eines französisch-piemontesischen
Bündnisses irre zu machen, zu reizen, abzusprengen suchten. Ein Witzblatt fingirte einen Brief Mazzini's an Garibaldi, worin er diesen ermahnt: „vergiß nicht, daß ich allein die Einheit, daß ihr alle nur Nullen
hinter mir seid." Besonders ließ ihn Cavour vor Kossuth warnen, dessen
Besuch in Caprera er befürchtete. Garibaldi beruhigt den Lafarina am
30. Januar 1859: „Seien Sie deßhalb unbesorgt. Ich bin fest im Geist
unseres heiligen Programms; ich, ich fürchte nicht davon zurückzuweichen,
ich werde weder vor Menschen, noch vor Erwägungen zurückweichen. Ich
will weder dem Grafen, noch Ihnen Rathschläge geben, denn Sie brauchen sie ja nicht; aber halten Sie ihn aufrecht und treiben Sie ihn auf
dem vorgezeichneten Wege vorwärts! Weinend werde ich die Hand küssen,
die uns aus der Erniedrigung und aus dem Elend aufrichtet." Dem ge-

mäß gab Garibaldi allen seinen Vertrauensmännern bis Toscana herab Befehl, nichts ohne Cavour und Lafarina zu thun. Garibaldi's Edelmuth gipfelte in der Zustimmung dazu, die tüchtigeren Freiwilligen dem piemontesischen Heere zu überlassen. Es scheint, daß Mazzini im Tessin mit einigen Griechen und bei Carrara einen Putsch vorbereitete. Auch Lafarina suchte, wohl hinter dem Rücken Cavours, schon in seinem Sicilien einen Aufstand vorzubereiten. Im Februar 1859 schickte Guerrazzi an Cavour einen Brief voll unreifer Projekte. Cavour übermachte denselben an Lafarina mit dem Beisatz: „Ich kann und will nicht darauf antworten, aber ich wünsche, daß man ihm antworte, daß es nicht an dem ist, an ungeregelte Bewegungen, an provisorische Regierungen und an andere Dummheiten nach dem Geschmacke von 48 zu denken." —

Eilen wir mit den fliegenden Blättern, mit den Karikaturen den Ereignissen voraus. Sie spotten nicht blos Oestreichs und seiner Anhänger jenseits und diesseits des Tessin, sondern auch der Diplomatie, mit der prägnanten Nase einer alten Engländerin, welche das sich in der Wiege reckende Kindchen Piemont wieder einzuschläfern sucht. Im Congreßmörser bereitet sie ein Cataplasma, um den in der Brust der Italiener steckenden Pfeil zu heilen; aber Cavour zieht ihn mit scharfer Beißzange aus. Der Oestreicher ist wüthend, sein zwangsweise geheirathetes Weib, die Italia, in den Armen Cavours zu sehen; die Friedensboten halten ihn aber ab, mit dem Prügel über sie herzufallen. Der Oestreicher ist sehr verwundert, daß der ihm gebotene Oelzweig so viele Dornen hat. Die Nationalität erscheint als die Religion der auferstehenden Italia. Diese, den kleinen Cavour auf dem Arme, ist die „Immaculata der Neugläubigen". Cavour und seine kritische Stellung wird bald komisch behandelt, z. B. nach dem Motiv der Versuchung des h. Antonius, bald wird er mit bitterem Ernste gemahnt, daß er für die ungeheuern dem Volke abgepreßten Geldopfer durch eine große That sich Absolution zu erringen habe. Ihm bleibt nur die Wahl zwischen zwei Monumenten: das eine zeigt ihn in kühn aufrechter Stellung mit der Unterschrift: „Dem Wohlverdienten, welcher das Italien der Freiheit schuf, das dankbare Italien", das andere Monument bildet ihn ab mit gebundenen Händen auf dem Rücken liegend, mit gen Himmel ragendem Wanst, und mit der Unterschrift: „Dem gefallnen Beutelleerer, dem nur mit der Zunge Starken, Gianduja (Piemont)." Am Tage der Kammereröffnung reicht ihm der Riesenschatten Karl Alberts das Schwert Italiens. Der Fischietto hatte noch den Neujahrswunsch ausgesprochen, fremde Freundeshilfe nur im äußersten Nothfall anzunehmen, aber bald versöhnt er sich und die öffentliche Meinung mit diesen Gedanken: Rosine Lombardia ist von ihrem grausamen Vormünd Oestreich hinter Eisengitter gesetzt, Graf Almaviva Gianduja schmachtet nach ihr, Napoleon als Figaro paßt hinter der Ecke dem Vormund mit dem Prügel auf.

Dreiunddreißigster Abschnitt.

Oberitalien vom 1. Januar 1859 bis zum Frieden von Villafranca.

Der erste Januar 1859 bildet eine Epoche, thatsächlich wie für unsere Erzählung. Von diesem Moment an wandten sich die bisher nach dem kranken Mann am Goldnen Horn gerichteten Blicke der europäischen Politiker und Spekulanten Italien und Paris zu. Den älteren unter unseren Lesern ist von hier ab der äußere Verlauf der Ereignisse ungleich besser bekannt, sie erinnern sich, wie sehr durch das plötzliche Fallen der östreichischen Papiere die Stimmung gegen Cavour und gegen Napoleon verbittert wurde. Wir fassen uns daher etwas kürzer in Erzählung der damals vor aller Welt sich entwickelnden Ereignisse, zumal sofern sie mehr der allgemein europäischen Politik angehören. Dafür beobachten wir genauer die damals zum Theil verborgenen Fäden, wodurch die äußeren Ereignisse geleitet wurden.

Bekannt ist, daß am ersten Januar 1859, als das diplomatische Corps den Kaiser der Franzosen beglückwünschte, dieser sich an den östreichischen Gesandten Baron Hübner mit den Worten wandte: „Ich bedaure sehr, daß unsere Beziehungen zu Ihrer Regierung nicht mehr so gut sind wie bisher; ich bitte Sie aber dem Kaiser zu sagen, daß meine persönlichen Gefühle für ihn immer dieselben sind." Durch dieses motu proprio, welches den Janustempel aufschloß, soll keines der übrigen Kabinete so überrascht worden sein, als der von seinem Gesandten schlecht berichtete Minister des Aeußeren in Wien, Graf von Buol. Napoleon war vielleicht selbst überrascht über die nach wenigen Tagen alle Börsen beherrschende Ueberzeugung, daß bereits ein schweres Kriegsgewitter über Oberitalien aufsteige. Den zehnten Januar eröffnete Viktor Emanuel die Kammern und erklärte, der politische Horizont sei nicht wolkenlos.

„Piemont, die Vertreterin einer großen Idee, befindet sich in einer nicht gefahrlosen Lage. Es ist nicht unempfindlich für den Schmer-

Reuchlin, Gesch. Italiens. III.   20

zensschrei, welcher sich von vielen Theilen Italiens gegen uns erhebt." Dieser seitdem sprüchwörtlich gewordene Ausdruck wurde von der conservativen Presse mit Hohnlachen erwiedert. Aber die Lacher waren nicht besonders heiter. Oestreich nahm den ihm hingeworfenen Handschuh mit martialischer Würde auf. Sogleich warf es dreißigtausend Mann in seine italienischen Provinzen. Mit Sang und Klang rückten die schlagfertigen Schaaren in Mailand ein und an die äußerste Minciogränze vor, hauptsächlich auch um das Entweichen der Conscriptionspflichtigen aus der Lombardei nach Piemont zu verhindern. Die maximilianische Verwaltung mußte jetzt ganz der militärischen weichen, die Vermittlungsanträge des Erzherzogs wurden mit gutem Grunde als unfruchtbar zurückgewiesen. Obgleich Cavours Weisungen jeden Aufstand verbeten, rüstete sich doch Oestreich, durch die piemontesische Presse irregeleitet, einen solchen niederzuschlagen. Die Schilderhäuser wurden durch Gitter gegen mazzinistische Dolchmesser geschützt. Die Universitäten wurden geschlossen. Das Klügste war, daß man den Postdienst in möglichst zuverlässige Hände gab; der Telegraph wurde nur von nichtitalienischen Oestreichern besorgt und 103 Eisenbahnbeamte durch solche ersetzt. Piacenza wurde in Eile mit einem Kreis neuer starker Citadellen umgeben. Die kraftlosen Kaffeehausdemonstrationen der Lombarden steigerten nur das stolze Selbstbewußtsein der Offiziere. Patriotische Damen der guten Gesellschaft gaben auf ihren Gütern den Befehl, die armen östreichischen Soldaten gut zu halten, „um dadurch den lieben Gott für die Sache Italiens zu gewinnen".

Das Haus Savoyen hatte die erstgeborne Tochter des Königs als Opfer zur Besieglung des Bundes der beiden Staaten zu bringen. Clotilde, geboren den 2. März 1843, war selbst noch kindlichen Sinnes und lebte ganz ihren jüngeren Geschwistern. Aber der Freund Karl Alberts, der gelehrte Cavaliere Promis und einige Herren aus dem Freundeskreise des Cäsar Balbo hatten sie schon durch die Geschichte ihres Hauses und Vaterlandes mit dem Gedanken erfüllt, daß eine jede Tochter desselben bereit sein müsse, ihre Person demselben für seine Ziele darzubringen. Nach der ersten Ueberraschung soll sie sich so begeistert für diese Pflicht ausgesprochen haben, daß sie Cavour, welcher daran noch Bedingungen knüpfen wollte, gegenüber den französischen Unterhändlern, nebst dem französischen Gesandten de la Tour d'Auvergne, General Niel, in einige Verlegenheit brachte. Das alte Haus Savoyen sah die Vermählung mit dem kaiserlichen Parvenü, dem Prinzen Napoleon nicht eben für eine hohe Ehre an, während der Kaiser den Werth derselben für seine Stellung im alten Europa zu schätzen wußte. Dieß wußte Cavour zu verwerthen. Die Verabredungen von Plombières wurden jetzt Verträge, und Cavour bestand darauf, daß sie von Napoleon selbst unterzeichnet wurden: Lombardo-Venetien für Savoyen, Parma-Modena für Nizza. Die wohl schon in Plombieres beſprochene Heirath wurde den 23. Januar definitiv feſtgeſtellt, ſchon den folgenden Tag von den offiziellen Organen Frankreichs und Piemonts angekündigt, den 31. vollzogen.

Oeſtreich hatte durch ſeine martialiſche Aufſtellung Cavour den erwünſchten Vorwand gegeben, Piemont in „Vertheidigungsſtand" zu ſetzen. Während die entfernteren Garniſonen, beſonders die von Savoyen gegen die Teſſingränze herangezogen, aber nur bis auf zehn Stunden davon, um Oeſtreich als den bedrohenden Theil darzuſtellen, während Aleſſandria mit ſeinen Brückenköpfen am Po armirt wurde, verlangte Cavour am 9. Februar von den Kammern die Vollmacht, ein Anlehen von fünfzig Millionen zu machen. Solaro della Margarita erklärte, Oeſtreich ſei der durch die revolutionäre Politik Piemonts herausgeforderte Theil, Graf Camburzano, Piemont, der franzöſiſchen Hilfe nicht ſicher, könne Oeſtreich nicht widerſtehen. Die heikelſte Seite berührten die Vertreter der über die neue Störung der Friedensarbeiten, der jungen Induſtrie in Savoyen erregten Erbitterung, Coſta de Beauregard und Deviry, welcher ſich ſogar zu der Drohung hinreißen ließ, Savoyen werde eher ſich von Piemont losreißen, als ihm folgen. Cavour war in der fatalen, nicht eben ehrenhaften Lage, von Savoyen Blutopfer zu verlangen, während er es ſchon an Frankreich ſo gut als abgetreten hatte. Dieſen ſittlichen Widerſpruch hielt ihm Beauregard vor. Cavour erklärte ſich durch das Hereinwerfen einer ſo traurigen, ſo aufregenden Frage in dieſer ohnebieß ſchwierigen Sachlage mit Schmerz erfüllt. „Welches auch die Politik des Miniſteriums ſein möge, ſprach er mit qualvoller halber Offenheit, wäre ſie auch betrügeriſch, wie Beauregard glaubt, ſollte ſie auch das Land ins Verderben führen, iſt jetzt, wo die Stunde des Kampfs ſchlagen will, der paſſende Augenblick, um Fragen zu erheben, die geeignet ſind die Geiſter zu trennen und den gemeinſamen Widerſtand weniger wirkſam zu machen?" Cavour vergaß ſich ſo weit, dieſe Gegner verantwortlich zu machen für den Fall, daß die ſavoyiſchen Soldaten ſich im Kampfe ihres alten Namens weniger würdig machen ſollten. Als Beauregard ſich dagegen proteſtirend erhob, ſo betheuerte Cavour feurig, ſich ſelbſt in franzöſiſcher Sprache berichtigend, der Savoyarde, vor den Feind geſtellt, werde nur ſeiner Pflicht und ſeines alten Waffenruhms gedenken. — Die Diktatur in ſo peinlich widerſpruchsvoller Stellung, einer Kammer gegenüber durchführen, war bereits eine beinahe übermenſchliche Arbeit.

Die edelſte Stellung nahm in dieſen Tagen des bitterſten parlamentariſchen Kampfs wieder Graf Revel ein; er trennte ſich von ſeinen Freunden auf der Rechten mit der Erklärung, er ſtimme für die Geſetzesvorlage der Regierung, weil er überzeugt ſei, dieſelbe ſei nothwendig für die Vertheidigung des Landes und für den Schutz der nationalen Würde. Broſſerio glaubte endlich an den bitteren Ernſt Cavours, entſchloſſen vorzugehen, und ſprach, um ſo mehr da die Majorität, der Linken zu gefallen,

Rattazzi zum Kammerpräſidenten wählte, für das Anlehen. Das Haus
der Abgeordneten nahm es mit 116 gegen 35 Stimmen, der Senat den
17. Februar auch nach lebhaftem Widerſpruch mit 59 gegen 7 Stimmen an. Einige ſavoyiſche Abgeordneten traten aus der Kammer. Die
Kammer zeigte eine bewundernswürdige Selbſtbeherrſchung, indem ſie
während der tief erregten zehn nächſten Wochen Cavour durch keine Inter-
pellation über die äußeren Unterhandlungen eine Verlegenheit bereitete.

Dem muthigen Patrioten gehört in der Stunde der Entſcheidung
vor allem das Herz des gekränkten edlen Patrioten. An einem Februar-
morgen erhielt Cavour einen Brief aus Genua; er erkannte an der
Adreſſe die Hand Maſſimo d'Azeglio's. Mit der Aufregung der unge-
wiſſen Erwartung öffnete er raſch und las. Seine Augen füllten ſich
mit Thränen. Mit kurzen Worten erinnerte ihn d'Azeglio an ihre politiſchen Differenzen und ſchloß: „aber jetzt iſt es nicht Zeit Deine Politik
zu erörtern, jetzt gilt es, ſie zum Siege zu führen." Mit ſolcher Selbſt-
überwindung, ſetzt Maſſari bei, macht man Nationen.*) D'Azeglio riß
ſich aus ſeiner künſtleriſchen Behaglichkeit und war in den nächſten Monaten auf Miſſionen in Rom, Mitte April in Paris und in London.
wie er verſichert, indem er ſich „der ſtrengſten Diſciplin gegen die Beſehle
des Rivalen unterzog". In Florenz warnte er in deſſen Auftrag Ricaſoli ab, es nicht zu einer Volksbewegung zu treiben. In Rom ſuchte er
zu verhindern, daß man von dort aus Napoleon, von dem er jetzt hoffte
er werde ſich ſeiner großen Aufgabe gewachſen zeigen und nicht wie bisher
alle anderen „Befreier" an Italien handeln, Prügel in die Räder ſchiebe.
— Den 30. März ſchreibt d'Azeglio von Genzano aus: „Die hohen
Kreiſe Roms habe ich unverändert gefunden; wie ſollten ſie ſich auch ändern? In den mittleren iſt es etwas anderes. Ich kann mich von meiner
Ueberraſchung nicht ſammeln. Die alten Carbonari und Mazziniſten begreifen jetzt die Nothwendigkeit, in Einheit und mit Vernunft vorzugehen. Sie begreifen, ſoweit es irgend wünſchenswerth iſt, das Miſſion
und begehren nur geführt zu werden. Sie ſagen: „wenn man nur der
Nation gerecht wird! Wenn wir auch für Rom noch nicht Gerechtigkeit
erlangen; wir werden warten. Ich verſichere Sie, daß wenn man nur
etwas Reelles erreichen kann, z. B. die Befreiung des rechten (?) Poufers,
ſo wird man ſich zufrieden geben und ohne Murren das Weitere abwarten. Nur darf man ſich nicht einbilden, daß man ſich vermittelſt einer
Täuſchung aus der Sache ziehen könne. Dann könnte ich für nichts mehr
ſtehen. Die untere Klaſſe freilich beißt in den Zügel, man muß ſie un-
abläſſig im Zaume halten, allein man hält ſie darin."

---

*) Commemorazione di Massimo d'Azeglio, discorso del commendatore
G. Massari, gehalten bei der Leichenfeier d'Azeglio's, 29. Febr. 1866 in Barletta. Gedruckt Bari 1866.

Piemont wurde also durch die Knappheit seiner Finanzen, durch die
fahr, die günstige europäische Situation und die Stimmung Napoleons
versäumen, durch die Ungeduld seiner italienischen Freunde zu rascher
zündung des Kriegs gestachelt. Die Schuld Oestreichs, das: zu spät!
lte Cavour nicht auf sich wälzen. Allein das Zauberertemperament
poleons fand allerlei Rechtfertigungen: die gezogenen Kanonen sollten erst
gestellt werden. Die Mittheilung des Kaisers an Cavour, Frankreich könne
: im Juni, Rußland (?) erst im Herbst ins Feld rücken, preßte Cavour
tänen aus. Ein allerdings durch den Verlust seiner hohen Vertrauens-
lung mißstimmter Piemontese vertraute uns an, so wenig Napoleon
e Revolution in dem benachbarten Italien, selbst nicht als Verbündete
nschte, so gerne hätte er eine in Ungarn gesehen, Klapka und Kossuth
en durch Pietri versöhnt worden; in Fiume hätten östreichische Deser=
ure und Geld ausgeschifft werden sollen. Einige Thatsachen, namentlich
e Haltung der französischen Diplomatie gegenüber den belgrader Wirren
a Jahr 1858, könnten diese Angabe bestärken. Das waren indeß nur
astungen für künftige Möglichkeiten, ja es konnte zum Vorwand für
tragung dienen. Die Verbindungen mit Kroatien und mit Ungarn
ren auch von Turin aus nie ganz abgebrochen worden. Die Phrase
Kaisers bei Eröffnung der Legislativen am 7. Februar, Frankreich
überall interessirt wo die Gerechtigkeit und die Civilisation in Frage
en, war gar zu abgebrochen. Die gleichzeitig von einer offiziösen
der veröffentlichte Brochüre: Napoleon III et l'Italie schien ungleich
hr die noch dem Krieg widerstrebende Stimmung Frankreichs auf den
eg vorbereiten zu wollen. Sie gab wohl die Gedanken des Kaisers:
e Herrschaft Oestreichs in Italien ist mit der Reorganisation Italiens
Sinne der Freiheit unverträglich, Piemont kann die Last seines fried=
en Widerstands gegen diese Herrschaft nicht länger tragen. Frankreich
n sich nicht der Gefahr aussetzen, daß in Folge seiner Neutralität im
ege seine Alpengränze in die Hände Oestreichs falle. Sein Interesse
n sowohl als seine Ehre verlangen daher die Befreiung Italiens. Wenn
Pabst an die Spitze einer italienischen Conföderation gestellt werde,
könne er im Kirchenstaat die Bande seiner weltlichen Herrschaft milbern.
e fatalen Verträge von 1815, auf welchen die östreichische Herrschaft
Italien beruhe, haben ihre sittliche Kraft verloren. „Europa hat daher
Oestreich seinen ganzen Druck auszuüben, seine Diplomatie hat vor
em drohenden Krieg das zu erfüllen, was sie nach einem Siege thun
rde." Das hieß Oestreich, wenn es sich weigerte, in Folge diploma=
ben Drucks seine Stellung in Italien aufzugeben, wegen seiner egoisti=
n Hartnäckigkeit vor Europa in den Anklagestand versetzen. Damit
r ein Theil der Gedanken des Kaisers ausgedrückt. Dieser Ausdruck
r zugleich ein Fühler.

Die bundesstaatliche Idee war auch für viele gesunde italienische Patrioten eine Brücke zur Cavour'schen Idee und schließlich, nachdem sich jene als unpraktisch erwiesen hatte, zum Einheitsstaat. So war es auch mit b'Azeglio, welcher den 9. Februar 1859 unter dem Eindruck jener Brochüre an Renbü schreibt: „Ich adoptire pour le fond alle Ideen derselben. Ich gestehe zu, daß die Conföderation die am meisten praktische Lösung ist, vorausgesetzt, daß man das Geheimniß besitze, Oestreich zu überzeugen. Ich gestehe zu, daß der Bundestag unter dem Vorsitz des Pabstes seinen Sitz in Rom habe. Aber wenn man nicht umsonst arbeiten will, so muß man die reale Lage in Erwägung ziehen. Ich bin weniger ungläubig als die Mehrzahl der Italiener. Der Pabst der Italiener aber ist einmal nicht der Pabst der übrigen katholischen Welt. Man sagt wohl, wir Italiener seien die Minorität. Da man aber einmal für Italien etwas thun will, so muß man es nehmen wie es ist! Für die Nichtitaliener verschwindet der Souverän vor dem Statthalter Christi, Pius ist für sie der Pabst der Amnestie, der Verzeihung. Für die Italiener dagegen ist der Oberpriester durch den Souverän verdeckt. Sie sehen in ihm nicht den Statthalter Christi, sondern den des „Reichs", dieses permanenten Hemmnisses, gegen welches sich die Anstrengungen von Generationen im Kampfe für Unabhängigkeit und für Freiheit gebrochen haben. Und was hat die römische Regierung aus den drei Millionen Christen gemacht, welche die Vorsehung ihr gegeben hat? Wie sind sie nach einer Erfahrung von fünf Jahrhunderten daran? Sie sind die am wenigsten religiösen, die am meisten skeptischen Christen und diese Regierung hält sich nur durch die Gegenwart zweier fremder Heere. Es hat sich wohl ein Christ, ein überzeugter Katholike (Graf Montalembert) gefunden, welcher es über sich brachte zu den Unterthanen des Pabstes zu sagen: „eure Knechtschaft ist für den katholischen Glauben unentbehrlich." Glaubt man etwa, daß diese Beweisführung die innere Anhänglichkeit der Italiener an den Glauben ihrer Väter befestige? Wer will diese Last auf sich selbst nehmen? (Ev. Matth. 23, 4.) Das daraus folgende Mißtrauen der Italiener gegen die weltliche Pabstmacht, gegen seine Auffassung der großen Nationalinteressen ist eine Thatsache, welche zu annulliren in niemands Macht steht, welche bei jedem Plan eines lebensfähigen Vergleichs in Rechnung zu ziehen ist. Daher kann das Präsidium des Pabstes wohl durch den fremden Katholicismus zugelassen werden, ohne daß dadurch ein starker Einfluß auf die italienischen Bevölkerungen geübt würde und die wirkliche Gründung einer solchen Gewalt erleichtert wäre."

Es liegt nicht in unserer Aufgabe, die Schritte näher zu bezeichnen, welche Oestreich that, um sich Bundesgenossen zu werben, und vielleicht den Krieg noch ohne empfindliche Opfer abzuwenden. In Berlin verlangte ein Erzherzog gar zu trocken Lehensfolge. Offenbar wollte Oestreich sich lieber dem Aeußersten aussetzen, als Preußen den Oberbefehl über die deutschen Bundestruppen bei einer Aufstellung derselben am Rhein

Gunsten Oestreichs überlassen. Preußen sollte zum Krieg gegen Frankreich gezwungen werden, indem man Südwestdeutschland gegen Frankreich aufhetzte. Wenn Frankreich jenes für seine unmächtigen Drohungen nöthigte, so war ja Preußen durch seine Bundespflichten genöthigt dasselbe beschützen. Die Aufregung in Südwestdeutschland hatte wohl einen gesunden Kern, den Gedanken: Frankreich wird nach Schwächung Oestreichs, nach Gewinnung einer Stellung in der linken Flanke Deutschlands, verstärkt durch oberitalienische Truppen, bald den Rhein angreifen; man verschwieg die Gefahr, daß Oestreich dann Deutschland wohl seinem Schicksal überlassen würde. Im Volke selbst regte sich viel wirklicher nationaler Patriotismus. Aecht und ehrend war die Theilnahme mit den unglücklichen deutschen Soldaten unter Oestreichs Fahne. Aber Ultramontane, Großdeutsche, Partikularisten fühlten eine solche Wolluft, ihre Galle mehr gegen Preußen als gegen Frankreich zu ergießen, daß der Patriotismus Vieler zweifelhaft, ihr renommistisches Gebahren ekelhaft wurde. Es gehörte viel Gewissenlosigkeit dazu, so schwach organisirte Truppen und in Folge ihrer wahrscheinlichen Niederlage auch Land und Leute der französischen Rache preiszugeben. Doch man verließ sich ja auf Preußen! Zum Glück waren die Dynastien der Mittelstaaten 1859 nicht so kriegslustig gegen Frankreich, wie 1866 gegen Preußen! Die Führer jener 1859er antiitalienischen, antifranzösischen und antipreußischen Aufhetzung würden vor der Geschichte in einem ganz anderen Lichte dastehen, wenn nicht ein Theil derselben nach Königgrätz französische Waffen auf deutschen Boden gewünscht oder doch die Neutralität unseres Südwestdeutschlands in einem Krieg um das linke Rheinufer gerathen hätte. Und solche Patrioten entrüsteten die Perfidie Cavours!

Seit Talleyrand 1830 die Julidynastie mit England in nähere Verbindung gebracht hatte, wurde diese von England besonders in der Absicht gepflegt, Frankreich an diesem Faden in seinen kriegerischen Neigungen zu zügeln. Dieses Band war zwar in der Orsinikrise etwas erschlafft, aber Oestreich und Piemont waren doch mit Recht überzeugt, daß England stets noch durch seine Haltung auf die Entschlüsse des Kaisers der Franzosen Einwirkung habe. Deßhalb wandte sich Buol seit dem 25. Januar mittelst Depeschen an seinen londoner Gesandten Grafen Apponyi an die Friedensliebe Englands, um es zu Vermittlungsanträgen und zur Unterstützung Oestreichs zu bewegen. Oestreich fuhr fort als der Bevollmächtigte der italienischen Fürsten, Piemont als der der Völker Italiens zu plädiren. Der Hauptinhalt der Anklagen gegen einander ist uns aus dem Bisherigen bekannt. Es war mehr ehrlich als klug, daß Buol in einer Depesche vom 25. Februar 1859 aussprach, daß die parlamentarische Regierung zwar für England passe, aber dem Genius, den Ueberlieferungen und socialen Zuständen der Italiener nicht homogen seie. Um Oestreich seine Besitzungen in Italien haltbar zu machen, hätte Pie

mont seine Freiheiten einschränken müssen. Cavour gestand in seiner Depesche vom 17. März an seinen Gesandten in London, b'Azeglio zu, daß
die piemontesische Verfassung Oestreich in eine unleidliche Lage versetze;
Oestreich aber habe die Bestimmungen des wiener Congresses über Italien, so günstig sie ihm auch waren, durch seine reaktionären Interventionen dem Geist und dem Buchstaben nach gebrochen. Dadurch sei Piemont in einen eisernen Reif eingezwängt, den es nur durch die Freiheit
brechen könne. Wenn Oestreich seinen italienischen Provinzen die 1815
und 1820 versprochene selbstständige Provinzialverfassung gegeben und die
1848 und 1849 gegebene Constitution gelassen hätte, so wäre ihm Piemonts Nachbarschaft keine unleidliche, erdrückende geworden. Den 23. März
reiste Cavour im größten Geheimniß nach Paris und kehrte nach wenigen
Tagen ermuthigt zurück. (Ich erfuhr dieß kurz darauf von einen Conservativen; es wurde mir von sonst Eingeweihten bestritten. Jetzt weiß ich
es gewiß. Auch einige Zeitungen hatten Wind von der Reise.) Das
Nähere über diese Besprechung weiß zur Stunde wohl nur Kaiser
Napoleon. Von da an verging keine Nacht, wo er und sein getreuer
Artom (Altpiemontese) nicht geweckt worden wären, um Telegramme zu
dechiffriren. Durch schwarzen Kaffee mit Grisini suchten sie sich wach zu
halten. Viele Tage arbeiteten sie nur halb wachend.

Das Wort Cavours, daß Depeschen und Brochüren beinahe dasselbe
geworden seien, bewährte sich auch in diesen an beiden Schriftstücken reichen Monaten. Farini hatte in seiner 1853 veröffentlichten Geschichte
Italiens während der ersten sieben Jahre der Regierung Pio's (daher unter
dem Titel lo stato romano) den Italienern als eine Hauptmoral den Fluch
der fremden Hilfe eingeschärft. Allein Cavour hatte auch ihn überzeugt,
daß das zu vier Fünftheilen von Fremden unterjochte Italien nur mit
Hilfe Fremder befreit werden könne, daß jene tugendhafte Moral eine
unfruchtbare platonische Liebe sei. In England hatten ihm seine, wenn
auch noch sehr discreten Enthüllungen über die weltliche Priesterherrschaft
einen großen Namen gemacht; er suchte jetzt die öffentliche Meinung
Englands zu überzeugen, daß Lombardo-Venetien nicht viel besser regiert
sei, als der Kirchenstaat. Dieses war nicht wahr, wohl aber das, was
er von der Unterdrückung des nationalen Geistes, der freisinnigen, humanen Tendenzen in Italien und von der nicht mehr zu ertragenden
Lage Piemonts, des Trägers derselben, sagte. (Das Nähere s. Unsere
Zeit Heft 78, S. 373 und 374.) Der Eindruck dieser, dem auch jetzt
Italien seine Freundschaft bewährenden Russel gewidmeten Denkschrift
wurde in England dadurch geschwächt, daß das Continental Review schon
gegen Ende des Jahres 1858 den veralteten Plan zweier napoleonischer
Königreiche in Italien („Königreich Italien" und Neapel) den Engländern mit großer Wichtigkeit vorsetzte.

Den 23. Februar 1850 trat Lord Cowley im Auftrag des Toryiſteriums ſeine friedliche Miſſionsreiſe nach Wien an. Er wurde dabei richtig nur von Preußen unterſtützt. Als Baſis ſollte der Wiener ...greßvertrag von 1815 dienen. Oeſtreich ſollte alſo auf die mit den ...gſteten Poherzogen im December 1847 geſchloſſenen Schutzverträge ...ichten; der längſt gehegte Wunſch der Engländer, die Räumung des ...henſtaats durch die Franzoſen, wie durch die Oeſtreicher ſollte verwirk= : werden. Buol ſtellte jenes in Ausſicht, wollte aber das zweite als ...re Sache, welche zwiſchen dem Pabſt, Oeſtreich und Frankreich aus= ...achen ſei, betrachtet wiſſen. Deßgleichen ſollten den italieniſchen ...ierungen vom Congreß nur Rathſchläge zu Reformen ertheilt ...den dürfen. Oeſtreich wollte ſeine mit italieniſchen Regierungen ...hloſſenen Verträge nur unter der Bedingung dem Congreß vor= ...n, wenn auch die andern Regierungen dieß thäten, das heißt, wenn ...ß Frankreich ſeinen mit Piemont geſchloſſenen Vertrag vorlege! ...eich ſollte auch auf Interventionen in Italien verzichten; aber Buol ...erfertigte die auf Verlangen der bedrängten Fürſten vollzogenen. Ca= ...ur mußte einen auf die Baſis der Verträge von 1815 angeſtrebten ...ngreß zu verhindern ſuchen. Er verlangte daher für Lombardo-Vene= ...t eine eigene Verwaltung und ein eigenes Heer. Ein Congreß konnte ...) offenbar nur das peinliche Siechthum Oeſtreichs verlängern. Wollte ...ropa etwa auch Oeſtreich unter ſeine ſcharfe Vormundſchaft nehmen, ...den kranken Mann, den Sultan, ob es die ſeinen italieniſchen Un= ...hanen gemachten Verſprechungen dem Geiſt wie dem Buchſtaben nach ...lte? „Auch Graf Buol, ſchreibt Carutti, gab ſich der Täuſchung nicht ...; als ob ein Congreß einen leiblichen Frieden ermitteln könne, er ſah ...; daß es ſich einerſeits um die Herrſchaft Oeſtreichs in Italien, anderer= ...s um die Unabhängigkeit Italiens handle." Es war etwas wie Ironie, ...Buol einen Bund der italieniſchen Staaten beantragte, in welchen ...reich auch Piemont einladen wollte. Und doch wollte es nicht einmal ...dem Congreß Piemont Sitz und Stimme einräumen. Hatte es dieß ...) auf dem Congreß von Laibach 1821 dem piemonteſiſchen Grafen ...Marſan zugeſtanden — weil derſelbe behauptete, kein italieniſcher ...at, am wenigſten der ſarbiniſche, tauge zur conſtitutionellen Regierung. ...So reich die engliſche Friedensvermittlung an Auskunftsmitteln war, ...wurde ſie doch immer hoffnungsloſer, zumal ſie durch eine ruſſiſche ...euzt wurde, welche aber im Grunde eine franzöſiſche war, was Buol ...l nicht durchſchaute. Frankreich ſuchte dadurch vielmehr Zeit für ſeine ...ſtungen, als eine Friedensbaſis zu gewinnen. Oeſtreich aber ebenſo= ...l als Piemont wurde von ſeiner ſchweren Kriegsrüſtung beinahe er= ...dt. Sein Staatspapier entwerthete ſich troſtlos. In Italien nahm ...n nur klingendes Metall. Die Londoner Börſe war den Anlehens= ...ſuchen Oeſtreichs gegenüber ſchrecklich zugeknöpft. Daher war es ganz ...nünftig und nothwendig, daß Oeſtreich als Probe der Friedensverſuche

Entwaffnung beider Theile verlangte. Wer diese nicht annehme, entlarve sich als europäischer Friedensbrecher. Die Hauptsache war, daß damit ausdrücklich die Auflösung des Freiwilligencorps Garibaldi's gesordert war, welche den Sturz der nationalen Politik Cavours in sich schloß. Die Noth war groß. Mit Recht stellt die Karikatur, auf ein grausames Vergnügen der Italiener anspielend, ebensowohl Cavour wie Oestreich als einen zwischen glühende Kohlen gesetzten Skorpion dar. Es wurde Cavour nicht leicht, das von der Kreuzspinne Oestreich an die Zweige Toscana und Modena angesponnene Netz zu zerreißen.

Schon im Februar, als die englische Friedensmittlung Mitteleuropa zu bearbeiten anfing, schrieb Cavour an Lafarina: „Die politischen Schwierigkeiten zeigen sich größer als man berechnet hatte. Nichtsdestoweniger verzage ich nicht und vertraue auf den Sieg der gerechten Sache." Die Führer des Nationalvereins verdoppelten jetzt ihre Anstrengungen, um den Muth der Minister aufrecht zu erhalten und der nationalen Sache eine wirkliche Kraft beizubringen. Ihnen arbeiteten neunzig Lokalausschüsse in die Hände. Ihr Eifer, welcher das nöthige Geheimniß gefährdete, war öfter zu mäßigen, als anzuregen. Mannschaft und Geld zu ihrer Reise wurden bis Rom hinab gesammelt. Mütter und Schwestern schickten die jungen Männer fort, in patriotischen Damenkreisen spielte der zurückbleibende eine schmähliche Rolle. Sechs- bis siebentausend Freiwillige kommen nach Piemont. Die tüchtigeren werden den piemontesischen Truppen eingereiht. Nicht ohne Grund befürchtet Lamarmora, sie möchten durch den Einschub der nur in der Eile Eingeübten an innerm Werth verlieren, die piemontesische Disciplin möchte erschüttert werden. Zu Anfang März wurde das erste Depot für die garibaldinischen Freicorps 1100 Mann stark im obersten Stromgebiet des Po zu Cuneo (?) eröffnet. Die Mannschaft mußte sich zu einjährigem Dienst verpflichten. Nicht uninteressant ist das von Cavour, welchem Lamarmora dieses Geschäft überließ, für sie gegebene Gesetz. Die Offiziere bekamen nach Ablauf der Kriegsfrist kein Anrecht an den Staat. Die Persönlichkeiten der Chefs waren bei einer solchen Truppe noch entscheidender als bei einer von langer Hand disciplinirten. Cialdini, seit 1831 flüchtiger modenesischer Offizier, in Spanien im Gebirgskrieg ausgebildet und zum Genieoberst aufgestiegen, stand vorerst an der Spitze der „Jäger". Das Depot von Cuneo stand unter Cosenz, einem der neapolitanischen Offiziere, welche nach dem 15. Mai 1848 vom Po nicht nach Neapel zurückkehrten; er hatte sich *)

---

*) Die Organisation und die Thaten dieser Freiwilligen sind nach den gedruckten und nach mündlichen Mittheilungen Carrano's, des wackeren Generalstabschefs Garibaldi's in diesem Feldzug, dargestellt im zweiten Heft der „Lebensbilder zur Zeitgeschichte" von Reuchlin: Garibaldi und die Alpenjäger, Nördlingen 1861. Die praktischen Resultate, welche am Schluß gezogen werden, sind von einem ausgezeichneten süddeutschen Offizier, welche dieser als Oberst 1570 im Schwarzwald anwenden.

der artilleristischen Vertheidigung von Venedig ausgezeichnet. Eine gleiche Zahl wurde unter die Befehle Medici's gestellt. Geborner Mailänder, hatte er, wie wir sahen, im Mai und Juni 1849 mit bewunderungs-würdiger Tapferkeit noch die letzten Trümmer einer Villa vor dem meist be-drohten Thore Roms vertheidigt. Wir werden diese tapferen Degen später näher kennen lernen. Am 17. März 1859, an welchem das Corps der Alpenjäger gesetzlich geschaffen wurde, gab ihm ein k. Dekret Garibaldi als Generalmajor zum Kommandanten. Die einfache Uniform war dunkelgrau. Die 45 berittenen „Guiden" waren großentheils aus den besten Familien. Die „piemontesischen Kroaten", die verstockten Klerikalen zeigten den an-kommenden Freiwilligen gar saure Gesichter. Turin aber begrüßte sie mit Jubel. Torino als Ochse (sein Namenswappen), selbst als Schütze aus-gerüstet, schreitet auf einem Bilde kampfmuthig einher. Der Fischietto bläst Kriegsmärsche. Er stellt den König als Neptun dar, welcher das Meer erregend die lecke Austria und die Nachen der italienischen Schutz-fürsten in große Noth bringt. Der Fischietto hat sich jetzt ganz an den Gedanken der französischen Waffenhilfe gewöhnt und auch er rechnet nur zu sicher darauf. Gianduja bietet dem Oestreicher über den Tessin eine Prise an; allein es ist eine Vexirdose, Napoleon springt heraus.

Durfte der Humor sich nichts Entmuthigendes anmerken lassen, so bildeten doch die höchsten Gewalten der großen Politik und die Freiwilligen-corps einen wirren gefährlichen Knäuel. Selbst der Generalstab des Nationalvereins, „welcher unter dem Congreßtisch ein Feuer anzündete", hielt trotz der gegentheiligen Versicherung des Kammerdieners Cavours, den Zusammentritt des Congresses für sehr möglich und schickte sich an, mit vielen Tausenden von Unterschriften auf demselben die unerträgliche, Krieg oder Revolution heischende Lage Italiens zu bezeugen. Er rechnete indeß darauf, daß Napoleon und England den Krieg für das kleinere Uebel hielten. Cavour klagte über mangelhafte Ausrüstung, besonders über die Gewehre der Freiwilligen. Davon nahmen die Mazzinisten und die Oestreicher Veranlassung, das Ministerium zu verdächtigen, es wolle sich dieser Brauseköpfe entledigen, indem es sie zur leichten Beute der Feinde mache. Andererseits fand sich Napoleon durch ihre Bewaffnung und besonders durch die Führerschaft Garibaldi's getäuscht und in revo-lutionäre Kameradschaft gestoßen. Deßhalb und noch mehr weil seine Kriegsfertigkeit noch sehr viel zu wünschen ließ, war er dem Vorschlag der Entwaffnung, welche schlau die Auflösung der Freicorps voranstellte, nicht abgeneigt. England und Preußen verbürgten Piemont, daß es dann von Oestreich nicht angefallen würde. Cavour widersetzte sich aber ent-schieden dem Ansinnen Oestreichs, daß Piemont zuerst entwaffnen solle. Er berief sich darauf, daß Oestreich zuerst bewaffnet habe. Er fügte die Bedingung hinzu, daß die beiderseitigen Heere sich gleichweit von den Gränzen zurückzögen. Oestreich erklärte, dieß sei gegen seine

Würde einer Großmacht, und Cavour freute sich dieser Weigerung. Doch soll er in diesen Tagen sich dem Gedanken nicht verschlossen haben, daß die Auflösung der Freicorps unvermeidlich werden könnte. Jetzt aber soll Lamarmora diese verweigert haben.

Indeß war die Mitte des April vorüber. Das englische Kabinet machte in Paris noch einen Vorschlag. Oestreich sollte angehalten werden, dem Bevollmächtigten Piemonts den Zutritt zum Congresse zuzugestehen, zuerst aber nur zur Regulirung der Entwaffnungsfrage, und sofort sollte die Entwaffnung eintreten. Für Piemont war dieser Vorschlag auch darum fatal, weil auch die andern ihm feindlichen italienischen Regierungen Zutritt haben sollten. Kaiser Napoleon aber glaubte vor Frankreich und vor Europa sich als Friedensbrecher darzustellen, wenn er den Vorschlag nicht annähme und seine Annahme Piemont nicht auferlegen würde. So erhielt denn gegen den 20. April Cavour von Napoleon durch den Telegraphen die kategorische Weisung: „Nehmen Sie unverzüglich die Friedensbedingungen des Congresses (Auflösung der Freicorps, Sistirung der Rüstungen) an und antworten Sie durch den Telegraphen." Der Moniteur erklärte, Frankreich nehme die Entwaffnung im Princip an. Cavour konnte sich nicht weigern; er antwortete nur, er müsse zuvor die Willensmeinung des auch vermittelnden Rußlands einholen.

Dieser telegraphische Blitzstrahl traf Cavour aus heiterem Himmel. Am 17. April hatte er von einem vertrauten Patrioten am neapolitanischen Hofe die Nachricht erhalten, der Kaiser von Oestreich, erbittert darüber, sich von einem Zwergstaate foppen zu lassen, sei entschlossen ein Ultimatum nach Turin zu schicken. Damit wären Krieg und Friede in Cavours Hand gelegt worden. Auf dieses hin hatte Lafarina in die Herzogthümer Befehle geschickt, da der Krieg in den nächsten Tagen bevorstehe, sich in Parma und Modena auch ohne weiteren Befehl zur Insurrektion bereit zu halten (Epistolario Vol. II, p. 166). Jetzt aber brach mit der Zerstörung seiner Plane die physische und die geistige Kraft Cavours zusammen. Seit einigen Monaten hatte er ohne Unterschied von Tag und Nacht sich jeden Augenblick seiner Pflicht gestellt. Er hatte sich ein Bett im Ministerium aufschlagen lassen, von welchem er sich bei jedem Telegramm erhob, die Zuversicht des Gelingens hatte ihn aufrecht erhalten. Muß auch manches dunkel bleiben, so wissen wir doch aus dem Munde des beinahe einzigen Zeugen, in welchem Zustand der Verzweiflung er sich jetzt befand. Männer, welche Cavour nahe standen, sagen, er habe sich öfters nur das Ansehen gegeben, als ließe er sich zu einem bereits gefaßten Entschlusse durch seine Vertrautesten, Castelli und Villamarina, bestimmen. Jetzt aber brauchte er einen Freund, welcher seinen Muth ihn selbst wieder aufrichtete. Castelli, auf die Nachricht von dem Zustande Cavours, ging in seine Wohnung. Der Kammerdiener sagte, Cavour nehme weder Speise noch Trank; ruhelos durchstöbere er seine Papiere.

nb verbrenne viele. Er verrieth seine Furcht, sein Herr werde sich
rschießen. Seit 24 Stunden habe er niemanden zu sich gelassen. —
Dann kann auch ich nicht zu ihm, sagte Castelli. — Nein, eben deßhalb
müssen Sie jetzt zu ihm, ehe es zu spät ist. — Castelli fand Cavour ganz
rstört. Seit acht Jahren, sprach dieser, habe ich dem braven Volke
nit blutendem Herzen die schwersten Lasten aufgebürdet, um Italien zu
tten. Und jetzt sind wir weiter vom Ziele entfernt als im Anfange.
ch kann diesen alle Hoffnungen vernichtenden Schlag nicht überleben. —
Zur wer sich selbst verloren gibt, sprach Castelli, nur der ist verloren.
doch nie habe ich gesehen, daß Sie den Muth verloren hätten. Vor
llem, rüsten Sie nicht ab! — Aber wozu soll das führen? was sollen
ir thun? — Wagen wir allein ein zweites Novara und fangen wir
ann wieder von vorn an. Italien wird uns dann vertrauen. — Es war,
ls ob ein Lichtstrahl die Finsterniß durchbräche, welche Cavours Geist
.mnachtet und seine Kraft vernichtet hatte. Wie ein dem Ertrinken naher
Schiffbrüchiger klammerte er sich an diese Idee an. Lamarmora wurde
erufen; auch er erklärte sich bereit tollkühn diesen Weg zu gehen, das
on ihm geschaffene Heer der sichern Niederlage entgegen zu führen. Als
ι Ende Aprils die Oestreicher über den Tessin gingen und sich noch
ine Franzosen zeigten, hatte Cavour, stets in der äußersten Nerven=
ispannung, wieder einen kurzen Anfall von Verzweiflung, von dem nur
ei Vertraute wußten. Er sprach davon, nach Amerika zu gehen und
rt alle Unterhandlungen zu veröffentlichen. Gleichzeitig lag dem aus
ondon nach Paris zurückgekehrten M. d'Azeglio das östreichische Ultimatum
schwer auf dem Magen", was auch seine in diesen Tagen aufgenommene
Photographie beurkundet.

Wer sich mit solch patriotischem Muthe gegürtet hat, der darf auch
nf das Glück, namentlich auf fördernde Fehler der Feinde rechnen. Auch
der wiener Kaiserburg, wo man seit Jahren in der äußeren Politik,
mentlich Piemont gegenüber, einzelne leidenschaftliche Akte abgerechnet,
a Grundsatze gehuldigt hatte, daß dem Geduldigen die Welt gehöre,
rte man jetzt die Kehrseite heraus: dem Muthigen gehört die Welt!
us Telegramm aus Neapel war gut unterrichtet gewesen. Zwischen
ι 22. und dem 23. erfuhr Castelli aus zuverlässiger Quelle, daß einige
reichische Offiziere, Träger des kaiserlichen Ultimatums, bereits auf
montesischem Boden seien. Sogleich machte er davon Cavour persönlich
tttheilung; Cavour sprang bei dieser ersehnten Kunde auf und ging,
ιι er lief zum König, ihm davon Mittheilung zu machen. Lamarmora
> Lafarina wurden zunächst benachrichtigt. Dieser schreibt am Mittag

23. April an den Führer der Liberalen in Parma, Armelonghi:
heuerster Freund! Rascheste Veränderung seit ich Dir diesen Morgen
ieb. Piemont hat erklärt (?), daß es auf die neuen Ausflüchte Oest=
hs keine Antwort geben werde. Zwei östreichische Gesandte mit dem

Ultimatum sind schon an den Gränzen. Der Minister ist in die Kammer gegangen, um die Diktatur zu verlangen. Das französische Heer ist schon im Marsche. Der große Augenblick ist da! Jetzt wird man sehen, ob Italien der Freiheit würdig ist, oder ob wir uns Illusionen gemacht haben. Jedenfalls ist der Anstoß zur Bewegung nicht ohne die sichere Nachricht von der Kriegserklärung zu geben. Mit ruhigem Geist inmitten der allgemeinen Erregung gebe ich allen den Unsrigen den Bruderkuß. Es lebe die Unabhängigkeit Italiens!" Der Nationalverein in Parma und die ihm befreundeten Offiziere und Bürger nöthigten durch nationale Demonstrationen die edle Herzogin von Parma, den 1. Mai mit ihren Kindern das Land zu verlassen. Sie wandte sich der Schweiz zu. Die am wenigsten despotischen Fürsten wurden die ersten Opfer der nationalen Schilderhebung.

Die in die Osterferien gegangene piemontesische Kammer war rasch einberufen worden. Am Mittag des 23. April (Karsamstag) trat Cavour in ihre Mitte. In gedrängtem, rein geschäftlichem Vortrag gab er einen Ueberblick über die Unterhandlungen, welche sich schließlich in dem Vorschlag Englands einer allgemeinen gleichzeitigen Entwaffnung, als Preis des Congresses, zusammenfaßten. „Dieser Vorschlag ist von Frankreich, Rußland und Preußen angenommen. Obgleich Piemont begriff, welche Zweifel, welche Unzuträglichkeiten die Anwendung des Grundsatzes erwecken könne, gab es doch im Geiste der Versöhnung und als loyales Zugeständniß seine Zustimmung. Oestreich dagegen hat den Vorschlag formell zurückgewiesen. Diese Ablehnung, worüber uns aus allen Theilen Europas Mittheilung gemacht wurde, ist uns endlich offiziell durch den Vertreter Englands in Turin mitgetheilt, welcher uns auf Befehl seiner Regierung ankündigte, daß das wiener Kabinet entschlossen sei Piemont direkt zur Entwaffnung aufzufordern, indem es binnen dreier Tage eine definitive Antwort fordere. Inhalt und Form lassen Europa keinen Zweifel über die wahren Absichten Oestreichs. Angesichts dieser schweren Gefahren hat die Regierung die Kammer einberufen, um die nöthigen Vollmachten von ihr zu verlangen. Gestern in später Nachtstunde ward uns, zwar indirekt, die Mittheilung gemacht, Oestreich zögere, die beschlossene Mittheilung zu machen; dieß kann indeß, da Oestreich Vorschläge Englands abgelehnt hat, weder an der Sachlage noch unsern Entschlüssen etwas ändern. Die dispositions des Kaisers der Franzosen sind für uns in diesen Umständen eine Ermuthigung und Gegenstand des Danks. Wir sind überzeugt, daß die Kammer nicht zögern wird dem König die unbeschränkten Vollmachten zu ertheilen, welche Zeitumstände verlangen. Wer könnte ein besserer Wahrer der Freiheit sein? Wir haben die feste Zuversicht, daß diese Uebertragung den einstimmigen Beifall Piemonts, Italiens finden wird." Die Gesetzesvorlage lautete: „Artikel 1: Für den Fall des Kriegs mit dem Reiche Oestreich

rb der König mit allen gesetzgeberischen und Vollziehungsgewalten be=
iket und kann er unter der Verantwortlichkeit des Ministers durch ein=
be königliche Dekrete alle zur Vertheidigung des Vaterlands und unserer
titutionen nöthigen Akte machen. Artikel 2: Indem die constitutio=
len Institutionen unberührt bleiben, hat die Regierung des Königs
 Kriegsdauer die Vollmacht, Verfügungen zu provisorischer Beschränkung
 Freiheit der Presse und der Personen zu treffen.“ Italien war durch
t Schaden, welchen während der Kriege und des Waffenstillstands von
48 und 1849 die zügellose Presse und die gebieterischen Parteiver=
mmlungen angerichtet hatten, klug geworden. Damit wurde dem König,
er eigentlich Cavour die Diktatur zuerkannt, und zwar noch an dem=
ben 23. April.

An demselben Tage langte Freiherr von Kellersberg in Turin an
tt überreichte das vom 19. datirte Ultimatum Buols, welches zur Er=
irung aufforderte, „ob die königliche Regierung zustimme, ja oder nein,
hne Bezug ihr Heer auf den Friedensfuß zu setzen und die Freiwilligen
t verabschieden. Der Ueberbringer habe den Befehl, die Antwort binnen
rier Tage abzuwarten.“

Diese Frist nützte Cavour energisch aus. Jetzt war für Frankreich
r casus foederis eingetreten. Die Annahme des londoner Vorschlags
rch Frankreich war durch Oestreich ignorirt. Piemont konnte sich, ohne
i selbst zu vernichten, ohne als feiger Intriguant zu erscheinen, ohne
zleich auf Frankreich Schmach zu häufen, der peremtorischen Forderung
ht unterwerfen. Piemont war jetzt der angegriffene Theil. Die in
lombieres übernommene Verpflichtung, es dahin zu bringen, war von
weur erfüllt. Er machte nun seine Rechte an Frankreich energisch geltend.
npoleon fühlte es tief, daß er von Cavour genöthigt sei, jetzt sein Zögern
tter sich zu werfen. Und eben jetzt fand er es übereilt. Seine Rüstungen
ren trotz der gegentheiligen Betheuerungen der Oestreich dienenden
esse erst nahezu vollendet. Die Alpenpässe lagen in tiefem Schnee, was
hl Oestreichs Entschluß beschleunigt hatte. Nur im Heere herrschte ein
rnst, den Schauplatz der Siege von 1796 zu betreten. Die Industrie
t mit Mißmuth die Eröffnung des Janustempels. Die katholische Partei
rde durch die Betheuerung, daß der Krieg nur auf Oberitalien lokalisirt
rde, daß der Pabst und der Kirchenstaat ganz außer seinem Bereiche
n, nur nothdürftig beschwichtigt. Aber Napoleon sah, daß er mußte.
m 26. April erklärte er dem wiener Hof, er würde die Ueberschreitung
s Tessin für eine Kriegserklärung gegen Frankreich betrachten, während
ne Vorhut schon die Gränzen von Savoyen überschritten hatte. Am
. gab Cavour an Kellersberg die lakonische Antwort: „Die andern
roßmächte gaben dem Entwaffnungsvorschlag Englands ihre Zustimmung.
uch Sarbinien nahm im Geist der Versöhnung dieselbe ohne Vorbehalt,
ne Hintergedanken an. Da Graf Buol unmöglich in Unkenntniß

weder des englischen Vorschlags, noch der Antwort Sardiniens sein kann, so müßte ich nichts hinzuzufügen, um die Absichten der königlichen Regierung zur Kenntniß zu bringen." Das war weder ja, noch nein, also Ablehnung des k. k. Ultimatums. Die Thaten sprachen noch deutlicher.

Beide Theile ließen nun ihre Papierdrachen in Gestalt von Proklamationen und Noten aufsteigen. Besonders feierlich war das vom Kaiser Franz Josef den 28. April an seine Völker gerichtete Manifest. Nicht ohne Grund erklärte er, er habe seinem Heere Befehl gegeben, den mehrjährigen, nun aber aufs äußerste gesteigerten Angriffen Piemonts auf seine unbestreitbaren Rechte ein Ende zu machen. Mit ruhigem Gewissen könne er seinen Blick zum Allmächtigen erheben, dessen Rathschlüssen er sich unterwerfe. Seit zehn Jahren habe Piemont seine Unterthanen gegen alles Völkerrecht aufzuwiegeln gesucht. „Oestreich hat mit der Gewalt des Edelmuths nur Versöhnung, Frieden gesucht. Piemont stellte den Vermittlungsversuchen unannehmbare Bedingungen entgegen, an welchen sie scheitern mußten. So wandte Ich denn das noch einzige Mittel zu Erhaltung des Friedens an, Ich forderte den König auf, sein Heer auf den Friedensfuß zu setzen und die Freiwilligen zu entlassen. Da Sardinien sich dessen weigert, so mußte Ich mit schwerem Herzen meinem Heere den Befehl geben, in Sardinien einzurücken. Das Herz des Monarchen muß schweigen, wenn Ehre und Pflicht gebieten. Ich bin Mir der Tragweite dieses Schritts bewußt. Der Feind hat sich mit der Umsturzpartei verbündet, er ist unterstützt von dem Souverän von Frankreich, welcher sich unter unbegründeten Vorwänden in die Angelegenheiten der Halbinsel mischt. Wieder ist Oestreich berufen, mit seinem guten Schwert nicht nur sein gutes Recht, sondern auch das aller Völker, aller Staaten, die heiligsten Güter der Menschheit gegen die Umsturzlehren zu vertheidigen, welche jetzt sogar von Thronen aus geschleudert werden." Schließlich spricht der Kaiser noch die Hoffnung aus, daß die deutschen Brüder sein Heer nicht allein lassen würden. Italien sei das mit Strömen deutschen Bluts eroberte Bollwerk Deutschlands, welches die Feinde Deutschlands stets zuerst angreifen. Als „Haupt des deutschen Bundes" kündigt er den Deutschen diese Gefahr an und erinnert „an die Befreiungskriege von 1813, in welchen ganz Europa der Einmüthigkeit unserer Begeisterung seine Befreiung verdankte." Und es waren Viele in Oberdeutschland, welche jetzt vergaßen, daß Oestreich 1813 sehr wenig Begeisterung fühlte und daß Kaiser Franz und Metternich vor allen uns um die Früchte der blutigen Freiheitskämpfe betrogen hatten. Den Höfen stellte sich Oestreich als die europäische Friedensmacht dar und kündigte ihnen die Wiederaufnahme der Eroberungspolitik Napoleons I. an. Man war in Wien so klug, den Italienern nichts zu versprechen. Es hätte auch nicht den mindesten Glauben mehr gefunden. Oestreich zog also sein Schwert für die alte Reichsidee, welche für die Italiener Fremdherrschaft bedeutete.

Oeſtreich verließ ſich vorerſt nur auf ſein eigenes gutes Schwert. 〈Je glorreicher〉 ſich dieſes ſofort bewährte, deſto ſicherer durfte Oeſtreich 〈ſeine〉 Verbündete zunächſt am Oberrhein zu bekommen, durch welche die 〈Kräfte〉 Frankreichs getheilt, aber auch erſt recht aufgereizt worden wären. 〈Der〉 Kriegsplan, welcher unter dem herrſchenden Einfluß Grünne's ent〈worfen〉 war, beruhte auf den Geſichtspunkten, welche Werklein bald nach 〈dem〉 Sturze Napoleons I. entworfen hatte: „Piemont iſt im Frieden mit 〈Hülfe〉 ſeiner Klerikalreaktionäre in völliger Abhängigkeit von Oeſtreich zu 〈halten〉. Im Falle eines öſtreichiſch-franzöſiſchen Kriegs hat das öſtreichiſche 〈Heer〉 raſch bis nach Turin und in das obere Pobecken zu bringen, das 〈pie〉monteſiſche Heer entweder zum Anſchluß zu zwingen oder es und 〈ſ〉eine Arſenale zu vernichten und dann die franzöſiſchen Corps, ſobald 〈ſi〉e ermattet aus den Alpenpäſſen hervortreten, einzeln zu ſchlagen.“ 〈D〉ieß beabſichtigte Grünne's Plan. Die Jahreszeit begünſtigte die Aus〈f〉ührung.

Cavour war darauf gefaßt; er war von dem Wunſche erfüllt, daß 〈v〉or der Ankunft der Franzoſen die Italiener allein ſich mit den Oeſtreichern 〈blu〉tig meſſen, auf die Gefahr hin, daß ſie unterlägen. Das geſammte 〈p〉iemonteſiſche Heer zählte 65,000 Mann mit 120 Geſchützen, worunter 〈ge〉zogene nach der Erfindung des piemonteſiſchen Artillerieoffiziers Cavalli. 〈D〉rei Diviſionen waren auf der ſpitzen Halbinſel zwiſchen dem Po mit 〈ſein〉en Brückenköpfen, Caſale und Valenza und dem unterſten Tanaro 〈au〉fgeſtellt, wo das mit ihnen durch Eiſenbahnen verbundene Aleſſandria 〈e〉in einzigen ſtarken Anlehnungspunkt bot. Von hier aus ſollten die auf 〈d〉er längs dem linken Poufer nach Turin führenden Straße vorrückenden 〈O〉eſtreicher in ihrer linken Flanke bedroht werden. Die von Jvrea, alſo 〈v〉om Norden herab in den Po laufende Dora Baltea war verſchanzt und 〈m〉it ſchwerem Geſchütz bewaffnet. Hier ſollte die vierte Diviſion den 〈O〉eſtreichern das Vorrücken nach Turin erſchweren. Garibaldi hatte den 〈1〉5. April Befehl erhalten, ſich mit ſeinen Alpenjägern auf dem rechten 〈U〉ufer der Mündung der Dora Baltea gegenüber aufzuſtellen. Wahr〈ſ〉cheinlich hatte Cavour, den Weiſungen Napoleons entſprechend, auf den 〈Pl〉an verzichten müſſen, durch ihn in den Herzogthümern den Aufſtand 〈h〉ervorzurufen. Sollten die Oeſtreicher den Flußübergang auf die be〈ſe〉ſtigte ſpitze Halbinſel erzwingen, und zugleich über Voghera-Tortona auf 〈di〉e Rückzugslinie der Piemonteſen Aleſſandria-Novi-Genua mit Uebermacht 〈tr〉eten, ſo hatten zwei von jenen drei Diviſionen kämpfend ſich an den 〈un〉teren Po oder über Aſti und Acqui über den Apennin an die genueſiſche 〈Küſt〉e bei Savona zurückzuziehen, um dann mit den Franzoſen vereint 〈wie〉der von Genua aus vorzubringen und Aleſſandria zu entſetzen. Wir 〈hö〉rten aus dem Munde Cavours, daß er die Einnahme Turins für nicht 〈un〉wahrſcheinlich hielt. Die Kronkleinodien und die wichtigſten Papiere 〈w〉aren indeß von Turin nach Genua geſchafft. Die Turineſen, ſo ſehr sie den Zorn Habsburgs zu fürchten hatten, sahen ihrem Schicksal mit patriotischem Muth entgegen.

Allein Lord Malmesbury, welcher auch die Absendung des Ultimatums von Wien verzögert zu haben scheint, schickte seinen Gesandten in Bern sogar an Giulay mit der Bitte, auch wenn die dreitägige Bedenkzeit des Ultimatums ohne Erfolg verfließe, doch nicht sofort über den Tessin zu gehen, um den Friedensvermittlungen noch eine Frist zu gönnen. Giulay verdankte seine Ernennung zum Oberbefehl der Anciennetät, seiner bewährten Lenksamkeit gegen die Befehle des Hofs, welchen deßhalb die Hauptschuld der strategischen Fehler traf. Dazu kam, daß es sich jetzt erst herausstellte, daß ein Theil des Heeres nur auf Kanzleipapier stand, und daß nach herrlichen Nachwintermonaten, welche den Oestreichern noch einmal alle Reize des lombardischen Klimas entfaltet hatten, sich gegen Ende des April die Schleußen des Himmels aufthaten. Die Pässe von Frankreich her wurden mit Schnee überschüttet; zugleich wälzten sich aber auch aus den Voralpen durch alle Rinnsale Wassermassen nach den Flüssen der Ebene. Den 29. April setzte das östreichische Heer, etwa 100,000 Mann stark, bei, ober= und unterhalb Pavia über den Tessin und besetzte, trotz den zum Theil noch künstlich gestauten Wassern, rechts Novara und Vercelli, links Tortona. Dieser linke östreichische Flügel, welcher Piacenza zum Stützpunkt hatte, bedrohte somit die Rückzugslinie des piemontesischen Heeres von Alessandria über Novi nach Genua, wie den Vormarsch der französischen Corps von Genua, um sich in Alessandria mit den Piemontesen zu verbinden. Giulay kündigte sich dem Volke als Befreier von der Gewaltherrschaft der wenigen Kecken an. Den dritten Mai machten die Oestreicher den Versuch, nahe unterhalb der Sesiamündung über den Po, also in den Mittelpunkt der piemontesischen Stellung zu bringen. Den 5. Mai rückten die Oestreicher auf der turiner Straße vor. Wir waren fest überzeugt, daß sie am 6. Mai, dem Jahrestage der Schlacht bei Sta. Lucia 1848, einen großen Schlag führen würden. Allein es geschah nichts. Den 9. zog Giulay nach einigem Herumtasten mit Räumung Vercellis seine Truppen hinter die Sesia in die Lomellina (um Mortara, zwischen dem Po und dem unteren Ticino) zurück. Dieser Rückzug machte auf die intelligenteren östreichischen Offiziere den schlimmsten Eindruck; Offiziersbediente erzählten uns, daß ihre Herrn, namentlich ein in Preußen geborener Stabsoffizier, bereits mit Selbstmord umgingen. Aber auch die Piemontesen bekamen keine Gelegenheit, selbstständig den Krieg zu eröffnen.

Indeß waren auch die Häupter Frankreichs und Piemonts nicht stumm, noch unthätig geblieben. Den 29. erließ auch Viktor Emanuel eine kurze Ansprache an sein piemontesisches Volk und eine an die Italiener. In jener erklärt er, daß Oestreich die freie Verfassung Piemonts nicht mehr habe aushalten können. „Ich greife wieder zum Schwert als

Wächter unseres gemeinsamen Erbes von Ehre und von Ruhm, um für Freiheit und Recht zu kämpfen." Das war die Sprache, welche das brave piemontesische Volk verstand. Die Ansprache an die Völker Italiens lautete: "Oestreich überfällt Piemont, weil ich in den Berathungen Europas die Sache des gemeinsamen Vaterlands geführt habe. So zerreißt es denn die Traktate, welche es nie gehalten hat. Damit ist heute das Recht der Nation hergestellt und ich kann mit bestem Gewissen das auf dem Grab meines heldenmüthigen Vaters gethane Gelübde lösen. Indem ich zur Vertheidigung meines Throns und der Freiheit meiner Völker die Waffen ergreife, kämpfe ich zugleich für das Recht der ganzen Nation. Ich habe keinen Ehrgeiz als den, der erste Soldat für die Unabhängigkeit Italiens zu sein." So riefen denn beide Parteien die Hilfe des Gottes der Heerschaaren an. Die Einen zogen in den Kampf für das geschriebene Recht, für das der wiener Verträge, die Andern für das dem Menschen angeborene Recht sich selbst zu bestimmen und sich mit Stammesgenossen zusammenzuthun. Ehe der König zum Heere abging, ernannte er seinen Vetter den Prinzen Eugen von Savoyen-Carignan, einen gediegenen Mann, zu seinem Generallieutenant, mit der Vollmacht, die Entscheidungen über dringende Geschäfte unter ministerieller Verantwortlichkeit zu unterzeichnen. Eugen gab den Biglietten der Nationalbank Zwangscurs, bevollmächtigte diese zur Ausgabe von Biglietten von sechs weiteren Millionen Lire und verpflichtete sie zu einem Staatsanlehen von dreißig Millionen zu zwei Procent. Da auch Lamarmora ins Feld rückte, besorgte Cavour auch das Kriegsministerium. Morozzo della Rocca, der böse Genius des Königs, war Generalstabschef.

Schon den 23. April hatten sich die französischen Truppen auf den Straßen über den Mont Cenis, über den Genevrepaß, über Nizza und über See nach Genua und Alessandria in Bewegung gesetzt. Die ersten schwachen Abtheilungen erreichten Turin und Genua am 29. Erst am 3. Mai richtete Napoleon an die Franzosen eine Proklamation. Sie war eine lange Rechtfertigung seines Schrittes. Den 26. April hatte er dem gesetzgebenden Körper erklärt, daß Frankreich dem Hilferuf einer angegriffenen verbündeten Nation entsprechen müßte, mit welcher es durch gemeinsame Interessen und überlieferte Sympathieen verbunden sei, welche durch eine neuere Waffenbrüderschaft (in der Krim) und durch die zwischen den beiden regierenden Häusern geschlossene Verbindung verstärkt seien. In der Proklamation vom 3. Mai betheuert der Kaiser, daß er immer noch den Umsturzideen feind, aber der civilisatorischen Aufgabe Frankreichs eingedenk sei. "Frankreich zieht das Schwert nicht um zu erobern und zu herrschen, sondern um zu befreien, um Italien sich selbst zu geben. Es ist durch Oestreichs Schuld dahin gekommen, daß Oestreich entweder bis an die Alpen herrschen, oder Italien bis zur Adria frei werden muß. Der Zweck des Kriegs für Frankreich ist, daß wir an unsern Gränzen ein Volk haben, welches uns seine Unabhängigkeit verdankt."

Das nach Italien bestimmte französische Heer war 150,000 Mann stark mit 162 Geschützen, worunter 37 gezogene nach dem System Lahitte. Mitte Mais standen in Alessandria, nördlich davon bei Valenza bis auf das linke Pouser hinüber und östlich bis Voghera 100,000 Franzosen. Prinz Napoleon stand in Genua mit der Reserve, wovon ein Theil ihm nach Toscana folgte. Der Kaiser reiste den 10. Mai von Paris ab, über Marseille; er landete den 12. in Genua. Hier begrüßten ihn Prinz Carignan und sein Freund Graf Arese. Während der Kaiser diesen Arm in Arm auf dem Verdeck auf- und abführte, sagte Napoleon (wie wir aus guter Quelle wissen) zu ihm: „Sie sprechen von meinen Siegen über die Oestreicher. Allein das ist nicht die Hauptsache. Mit dem Pabst wird man nicht vermittelst Kanonenschüsse fertig. Diese Seite des Kriegs gefällt mir nicht."

Während Napoleon rasch alles zu einem energischen Schlage vorbereitete, welcher seines großen Oheims nicht unwürdig, ihm auch die Lorbern des Feldherrn sichern sollte, harrte Giulay auf Verstärkungen. Er hatte etwa 120,000 Mann um sich, war also dem Gegner an Zahl weit nicht gewachsen. Wir erhielten damals aus der Lomellina Briefe, worin besonders Damen sich beklagten, daß ihr national gesinnter Herr Stadtpfarrer von den Oestreichern gezwungen würde an ihren Befestigungswerken mitzuarbeiten. Cavour machte an alle Höfe Mittheilung, daß die Oestreicher in einem Hause, aus welchem ein Schuß gefallen war, alle Inwohner niedergestochen hätten. Die Oestreich dienenden deutschen Blätter rechtfertigten Giulay, daß er ein Stück von Piemont als Pfand festhalte. Als ob man im Kriege ein solches gerichtliches Verfahren üben könnte! Natürlich wurde, trotz des ausposaunten Selbstlobs schonender östreichischer Großmuth, der Viehstand auch des cavourschen Hauptguts bei Vercelli durch die östreichischen Requisitionen sehr heruntergebracht. Cavour trat später in der Kammer der Bitte dieser Provinzen um Schadloshaltung durch den Staat entgegen.

Obgleich Giulay auch zwischen der wichtigen strategischen Stellung von Strabella (zwischen Gebirg und Po unter Pavia) und Piacenza ein starkes Corps aufgestellt hatte, fürchtete er doch, daß die Franzosen, die Lomellina links lassend, unter Pavia über den Po gehen und in seinem Rücken in die Lombardei einfallen möchten. Dieses wäre eine freie Nachahmung des napoleonischen Feldzugs vom Mai 1800 gewesen, Giulay wäre dadurch in dieselbe schlimme Lage gekommen, in welcher damals Melas nach der Kapitulation Genuas war. Ein neues Marengo drohte dann dem Krieg ein rasches Ende zu machen. Giulay wollte sich daher überzeugen, ob vorwärts Alessandria-Novi, wo in den lachenden Landschaften am nördlichen Fuß des Apennin sich Städtchen an Städtchen reißen, eine bedeutende französische Macht vereinigt sei. Nicht der Mann energischer Entschlüsse, wählte er das Auskunftsmittel der Verlegenheit, eine starke Recognoscirung. General Stadion, welcher vorwärts Stradella stand, rückte mit 25 Bataillonen und mit den entsprechenden Spezial-waffen auf der am Fuß des Apennin hinlaufenden Straße vor. Es war der 20. Mai. Um Mittag stieß seine Kolonne bei Montebello (von welchem Lannes, hier fünf Tage vor Marengo Sieger, den Herzogtitel trug) auf die Vorhut des Feindes. Diese, sechs Schwadronen piemontesischer Reiterei unter Oberst Moritz Sonnaz, Neffen des wackern alten Generals, griffen die Uebermacht mit ausdauernder Tapferkeit an. Morelli, Oberst der leichten Reiterei von Montferrat, fiel. So bekam die französische Division Forey Zeit mit der Eisenbahn auf den Platz zu kommen. Halb geworfen, halb um in der Rolle eines Recognoscirungscorps zu bleiben, zogen sich die Oestreicher am Abende zurück. Sie hatten 294 Todte, 715 Verwundete, einige hundert Versprengte. Pfarrer der Umgegend er-zählten uns, daß Franzosen die in den zerstreuten Häusern liegenden österreichischen Verwundeten grausam niedergestochen hätten. Die Franko-Sarden gaben ihren Verlust auf 679 Mann an. Die Franzosen rühmten sich eines Siegs. Ein Jahr nach dem Treffen zeigte uns ein Versaglieri-offizier in Montebello die Kaserne seines Bataillons, wovon beinahe die Hälfte Venetianer waren.

Die Franzosen bildeten vorherrschend den rechten Flügel und auf der Westspitze der Po-Tanarohalbinsel das Centrum der gesammten alliirten Aufstellung. Nördlich von ihnen, auf der Linie Casale-Vercelli, schlossen sich die Piemontesen an. Giulay betrachtete diese nur als Nebensache, sein Blick war ganz nach Südwesten auf die Franzosen gerichtet. Dieses erleichterte Garibaldi in der Frühe des 23. Mai den Uebergang über den bei Sesto-Calende aus dem Lago Maggiore tretenden Tessinfluß mit 3200 Mann, größerntheils Lombarden, und seinen Vormarsch auf Varese. Aus Rücksicht auf den Haß Napoleons gegen Garibaldi hielt man diesen so weit wie möglich fern vom kaiserlichen Hauptquartier. Giulay nahm auf Garibaldi wenig Rücksicht. Indeß bereitete ihm Napoleon eine groß-artige Täuschung. Blücher wußte, daß Napoleon I. ihn persönlich haßte. Er wußte diesen öfters von anderen besseren Planen abzuziehen, indem er mit seinem Corps vorging und wenn der Kaiser, wie der Streitstier gegen ein rothes Tuch, darauf losging, zog Blücher sich zurück. Napoleon III. aber beschloß aus der Geringschätzung, welche Giulay den Piemontesen zeigte, Nutzen zu ziehen, indem er sich mit seiner Hauptmacht aus der Umgegend von Alessandria hinter den Piemontesen weg nach Norden zog, während der österreichische Generalstab von der Lomellina aus über den Po hinüber südlich schaute, um einen Vormarsch der Franzosen gegen Pavia sofort zu entdecken. Die Ablösung der Franzosen im Centrum bei Valenza durch die Piemontesen bestärkte Giulay in diesem seinen alten Glauben.

Von hier am Po und an der Sesia hinauf bis über Vercelli hinaus stellten sich die Piemontesen als spanische Wand auf. Hart hinter ihnen fuhren die Franzosen seit dem 26. Mai auf der Eisenbahn von Alessandria über Casale gegen Vercelli.

Jetzt galt es, die spanische Wand im Rücken der Oestreicher auch nach Nordwesten vorzuschieben. In der Frühe des 30. Mai ging Cialdini von Vercelli aus über die Sesia und besetzte Palestro, ein eine deutsche Meile davon an der Straße nach Mortara gelegenes Dorf, und warf die zerstreuten Abtheilungen einer österreichischen Division, der er zwei Kanonen abnahm. Drei weitere piemontesische Divisionen lagerten hart hinter ihm. Giulay, um seinen Rücken frei zu machen, griff Palestro am 31. mit drei Divisionen an. Ein blutiger Kampf entspann sich. Da die Piemontesen ins Gedränge kamen, schickte ihnen Napoleon ein Regiment Zuaven zu Hilfe. Viktor Emanuel, welcher selbst commandirte, schloß sich ihnen an und setzte sich selbst dem Schützenfeuer so tollkühn aus, daß Zuaven seinem Pferde in die Zügel fielen und ihn zum Zuavenkorporal ausriefen. Beinahe entkleidet setzten die Zuaven durch die tiefen Wassergräben und warfen sich mit dem Bajonett auf die Oestreicher. Diese erfuhren besonders hier die Furchtbarkeit des Bajonettangriffs, welchen sie von nun an nachzuahmen suchten und auf den sie sich im Feldzug 1866 verließen. Ermuthigt drangen auch die Italiener wieder vor. Die Oestreicher wurden schlimm zugerichtet. Ihr Verlust berechnete sich auf 513 Todte, 878 Verwundete, 500 Gefangene, 300 Zersprengte und auf 8 Kanonen. Aber auch die Piemontesen hatten schwere, nicht so genau anzugebende Verluste. In Frankreich und lokal galten die Zuaven für die Helden des Tags. Die Knaben der Umgegend zeigten uns vor allem die Gräber der Zuaven, für die sie schwärmten. Aber weithin freute sich Italien der italienischen Waffenthat und die Tapferkeit des Königs machte auf Toscana und auf die, die Kühnheit über alles ehrende Romagna einen begeisternden politischen Eindruck. So wurde denn doch das im Anfang des Monats Versäumte zum Theil noch gut gemacht. Die Piemontesen standen jetzt unter dem französischen Oberbefehl. Im östreichischen Generalstab scheint indeß immer noch die Ansicht vorgeherrscht zu haben, daß das Vorgehen der Piemontesen nur eine, freilich sehr energische Demonstration, ein Scheinangriff sei, um die Aufmerksamkeit der Oestreicher von dem immer noch vorausgesetzten Vormarsch der Franzosen von Tortona nach Strabella abzulenken. Während am 31. Mai bei Palestro so blutig gekämpft wurde, gingen französische Massen bei Vercelli über die Sesia und ihre Vorhut besetzte am 1. Juni Novara, und von hier aus am 2. das linke Tessinufer auf der geraden Straße nach Mailand bei St. Martino, Buffalera-Magenta gegenüber, und links anderthalb deutsche Meilen am Tessin weiter oben Turbigo gegenüber.

Im Verlauf des 1. Juni überzeugte sich der östreichische Generalstab endlich von der Sachlage und beschloß rasch über den Tessin zurückzugehen, um sich zwischen die Franzosen und Mailand zu stellen. Das östreichische Heer concentrirte sich in der Linie Magenta-Abbiategrasso, also auf und südlich der Straße, welche von der Buffalorabrücke über Magenta nach Mailand führt. Endlich langte jetzt ein neues Armeecorps unter Clam aus Böhmen zur Verstärkung an. Giulay hatte mit demselben 115,000 Mann in die Schlachtlinie zu stellen. Aber er wollte am 4. Juni seinen durch die rückgängigen Eilmärsche und durch die völlige Frontveränderung erschöpften Truppen einen Rasttag geben. Am 5. wollte er die etwa bei Turbigo über ihre Brücke gegangenen Franzosen auf das westliche Ufer zurückwerfen. Dazu war er um einen Tag zu spät daran. Aus Geringschätzung gegen die Piemontesen, die man zur Schau trug, waren die Vorbereitungen zur Sprengung zweier von den eilf Bögen der Buffalorabrücke so schlecht getroffen, daß sie nur sehr unvollständig gelang und der Schaden von den Franzosen ausgebessert werden konnte. In der Frühe des 4. Juni, Samstag, begann Mac-Mahon mit seinem Armeecorps den Uebergang über den Tessin nach Turbigo und schwenkte dann rechts, südlich; um ein Uhr nach Mittag begannen zwei piemontesische Divisionen hinter ihm den Uebergang. An demselben Vormittag ließ Napoleon eine Gardebrigade auf einer über den Tessin geschlagenen Brücke nach Buffalora übergehen; ihr folgten nach Mittag andere französische Truppen auf der wiederhergestellten steinernen Brücke. Als sie 50,000 Mann stark waren, griff Giulay sie mit den nächststehenden 58,000 Mann an. Mit gleicher Tapferkeit wurde um den Besitz Magentas gerungen. Die Franzosen waren einige Stunden sehr im Gedränge. Aber im Schnellschritt, im Dauerlauf rückten Regimenter über die beiden Brücken ihnen zu Hilfe. Entscheidend war, daß in den letzten Tagesstunden das Armeecorps Mac-Mahons gegen den rechten östreichischen Flügel in die Feuerlinie einrückte. Jetzt waren die Franzosen den Oestreichern an Zahl überlegen. Erst in der Abenddämmerung langte Janti mit neun Versaglieribataillonen, auf Umwegen über Hindernisse weg, auf dem linken Flügel Mac-Mahons an. Sie konnten sich nur noch wenig am Kampfe betheiligen und verloren kaum 100 Mann. Die Franzosen berechneten ihren Verlust auf 657 Todte und 3223 Verwundete, die Oestreicher den ihrigen auf 1375 Todte und 4348 Verwundete. Bezeichnend ist, daß die Oestreicher 4500, die Franzosen nur 655 Versprengte zählten. Die Grabhügel erheben sich in der nächsten Nachbarschaft des Bahnhofs von Magenta. Hier hatte der Kampf am furchtbarsten gewüthet.

In Betracht, daß kaum zwei Dritttheile seiner Truppen am Kampfe Theil genommen hatten, gedachte Giulay seine unversehrten Armeecorps an sich zu ziehen und den andern Tag die Schlacht zu erneuern. Allein Clam erklärte ihm, daß sein Armeecorps zu sehr gelitten habe; man wußte nicht, daß die französischen Regimenter nicht weniger durch einander ge-

worfen waren. Andere östreichische Corps hatten sich ohne Befehl bereits
auf der südlich von der mailänder Hauptstraße laufenden Nebenstraße
gegen Mailand zu nach Cisliano zurückgezogen. Auf diese überraschende
Nachricht beschloß Giulay den Kampf nicht wieder aufzunehmen, sondern
sich mit den geordneteren Truppen südlich von Mailand gegen den Mincio
zurückzuziehen, das heißt die Lombardei zu räumen. Giulay wurde zum
unentbehrlichen Sündenbock für die großentheils in Wien und von untergeordneten Corpsgeneralen begangenen Fehler gemacht. Man hatte ja
vor allem einen lenksamen Figuranten gewollt.

In Mailand hatte man den Donner der nur drei Meilen davon
geschlagenen Schlacht nicht gehört. Abends eilten plötzlich die Offiziere
auf einige Signalschüsse des Castells nach diesem. Am folgenden Morgen,
Sonntag, füllte sich die westliche Straße Mailands, Borgo Magenta, mit
bis auf den Tod abgehetzten östreichischen Zersprengten, welche sich, ohne
Unterschied der Regimenter und der Waffengattungen, auf das Pflaster
niederwarfen. Um einen Bissen Brod sollen manche ihre Waffen gezahlt
haben. Es kamen zuerst einzelne, bald Reihen von Wagen aller Art mit
Verwundeten, welche die Spitäler überfüllten, und Kanonen. Die ge-
peitschten Pferde stürzten nieder, es bildeten sich Stauungen und Verwirrung, keine Leitung konnte Ordnung schaffen. Die vor Kurzem noch
so stolzen Herren schienen Kopf und Herz verloren zu haben. Das
Castell wurde mit Zurücklassung von schönen Geldsummen und Kanonen
geräumt. Das berüchtigte Gesindel Mailands plünderte die Waffenvor-
räthe desselben. Immer wilder, einem Eisgang gleich, drängten die
Massen der Flüchtigen herein. Alle Klassen der Bevölkerung bildeten
dichte Spaliere, theils mehr mit dem Ausdruck halbunterdrückten Jubels,
theils mehr mit dem des Mitleidens, das sich im Einzelnen bewährte.
Fort und fort erscholl das bisher nur mit Gefahr strenger Züchtigung
gesungene, die Oestreicher zum Abschied auffordernde Lied: Tagol e va
un passo (lombardischer Dialekt: mache dich einen Schritt weiter). Fahnen
mit den nationalen Farben und Teppiche wehten von den Balkonen. Die
Oestreicher zogen lautlos dahin. Hunderte von Familien der Beamten
und Offiziere suchten Mittel, um mit ihnen zu flüchten. Die Besitzenden
fürchteten sich mehr vor dem eigenen Pöbel, als vor den nach und nach
zum Theil geordneter sich durch die Stadt zurückziehenden Oestreichern.
Um Mittag hatten Anschläge der Municipalcongregation verkündet, daß
sich zum Schutz der öffentlichen Sicherheit eine Nationalgarde zu bilden
habe; der, indeß unrichtige oder doch zweideutige Beisatz, die verbündeten
Truppen nähern sich der Stadt, hob den Muth der Einen, während
die Angst der Andern steigerte. Mit Einbruch der Nacht waren die
Oestreicher größtentheils durch die Porta di Venezia abgezogen.

Während sich die Oestreicher durch Mailand drängten, zwei Uhr
Mittags, beschloß der Municipalrath von Mailand eine Adresse an König

[E]manuel, „als Ausdruck des einstimmigen Wunsches der Bevölkerung". [E]r beabsichtigte hiermit „den Vertrag von 1848 zu erneuern und Ange= [s]ichts der Nation eine politische Thatsache wiederzuverkünden, welche eilf Jahre vertrauensvoller Erwartung und unerschrockener Loyalität in allen [G]eistern zur Reife gebracht haben. Die Annexion der Lombardei an [P]iemont wurde diesen Vormittag, während die feindlichen Geschütze uns [n]och beschießen konnten, proklamirt. Diese Union ist der erste Schritt [a]uf dem Wege des neuen öffentlichen Rechts, welches den Nationen die [f]reie Verfügung über sich selbst zurückgibt." Diese Adresse wurde am [s]elbigen Tage dem König in Gegenwart des Kaisers Napoleon überreicht. [D]er längst ersehnte Tag ließ Mailand in fieberhafter Aufregung. Am [7]. Juni hielt Mac=Mahon mit einem Theil seines Armeecorps seinen [f]eitlichen Einzug. Erst am Morgen des 8. (Mittwoch) konnten Napoleon [u]nd Victor Emanuel als Triumphatoren einziehen, und zwar durch den [p]rachtigen Arco della pace oder del Sempione. Eine ganze Geschichte [s]chaute von ihm in seinen Bildwerken auf sie hernieder. Der Grundstein [d]esselben war unter Napoleon I., dessen Namen er tragen sollte, gelegt, [d]er Bau 1838 vollendet. Die Reliefs stellten den Uebergang der Ver= [b]ündeten über den Rhein 1814, ihren Einzug in Paris, den wiener Con= [g]reß, den Einzug der Oestreicher in Mailand 1814, den des Kaisers [F]ranz I. im Jahre 1825 dar. Auf der Plattform herrscht die riesige [F]riedensgöttin auf ihrem Sechsgespann, umgeben von Victorien. Obgleich [d]ie Mailänder befremdet waren, die französischen Befreier immer noch [e]twas ungeordnet zu sehen, so war doch der Empfang der beiden Herrscher [u]nd Heere nicht nur ein prachtvoller, sondern auch ein wonnetrunkener. [A]uch Tollheiten der Zuaven störten im Großen nicht die mehrtägige [F]reudentrunkenheit. Jeder französische Offizier hatte sich einer herrlichen [E]roberung zu rühmen. Alle Angst war endlich von den Herzen gewälzt. [W]ohl dröhnte noch am 8., am Abende des Einzugs der Kanonendonner [e]s Kampfs um die Lambrobrücke bei Melegnano bis Mailand. Dieser [b]lutige, hartnäckige Kampf Benedeks nahm nur durch die Umgehung der [O]estreicher durch Mac=Mahon eine den Franzosen günstige Wendung. [U]eber Hunderte von Franzosen waren gefangen und der weitere Rückzug [d]es östreichischen Heeres war gesichert. Die Franzosen hatten gefühlt, [d]aß der Feind noch scharfe Schneidezähne besaß. Nirgends versuchten die [B]evölkerungen Aufstände oder Zerstörung der Brücken und Wege. [S]chweigend sahen sie die schlagfertigen Kolonnen der Oestreicher langsam [v]orüberziehen. Die Klügeren bedachten, daß sie und ihre Väter öfters [d]en Abzug, aber auch die Rückkehr der Oestreicher gesehen und daß die [T]umulte von 1848 nur Unglück über das Land gebracht hatten.

Bis zur Schlacht von Magenta hatte Oestreich alle seine Stellungen [b]ehauptet, von welchen aus es seit Jahrzehnten die Unabhängigkeit Italiens [n]iederhielt. Piacenza, welches seit 1815 eine um so bitterere Bedrohung

Piemonts gewesen war, als dieses vertragsmäßige Rückfallsrechte dar: besaß, war auf eine längere Vertheidigung eben noch durch einen Gür von Forts ausgerüstet worden. Da die Oestreicher von hier aus t insurgirte Parma bedrohten, da die parmensischen Soldaten die Einreih in das piemontesische Heer, die Masse des Volks die hohen piemontesisd Steuern fürchtete, kehrte die am 1. Mai entflohene Herzogin schon n ein Paar Tagen wieder in ihr Land zurück, wo sie reaktionäre Ra handlungen verhinderte. Aber unerwartet, auch für das östreichische) fizierscorps, wurden die Forts von Piacenza den 10. Juni in die ? gesprengt und die Garnison zog ab. Alle die kleineren lombardisch Forts am Fuß der Alpen und an den Zuflüssen des Po wurden geräum Aber nicht blos die Lombardei wurde aufgegeben. Die Herzogin u Parma, welche das Unmögliche, die Neutralität, bei den Verbündeten nachgesucht hatte, und der Herzog von Modena mit seinen Truppen un ließen ihre Länder. Die Oestreicher zogen am 18. Juni auch von Anco und von Bologna, den 22. von Ferrara ab. Es galt nicht blos di Streitkräfte rückwärts zur Vertheidigung Venetiens zu concentriren; dem Abgang der Lothringer aus Toscana war die Haltung der Bevölker noch trotziger geworden, der Rückzug zur See war durch die nahen feindlichen Flotten bedroht. Denn den Oestreichern war eine Umflügu auf der einen Seite am Fuß des Gebirges, auf der andern zur See gedacht. Da die Losung des Kriegs die Befreiung Italiens bis zur Ar war, so mußte auch auf dieser die Ueberlegenheit der Seemacht der V bündeten, oder vielmehr Frankreichs, zur Geltung gebracht werden. In hatte Cavour, um auch bei der Einnahme Venedigs kräftig mitzuwir und sich diesen Besitz zu sichern, die piemontesische Flotte auf eilf Seg schiffe, worunter vier Fregatten, und auf acht Dampfer, worunter se Fregatten, gebracht. Die Segelflotte führte 311, die Dampfersch 382 Geschütze. Die Franzosen hatten sechs Linienschiffe und unter ander 21 Kanonenboote ausgerüstet. In Venedig schlugen tausend Herzen d Befreiern entgegen. Sie hofften, Napoleon III. werde den schändlic Verrath sühnen, welchen die französische Republik 1798 an Venedig begit indem sie diese durch die Dummheit ihrer Radikalen den Franzosen öffnete Schwesterrepublik gefesselt an Oestreich übergab, um dadurch Belg und die Lombardei zu erhandeln. Diese Hoffnung wurde gesteiger Oestreich den Lido armirte und seine Eingänge durch Versenkung l Lloydbdampfern sperrte.

Schon im vorhergehenden Jahre 1858 hatte eine französische Flott bei Gelegenheit der montenegrinischen Wirren sich in diesen Gewäss orientirt. Im Hintergrunde lag wohl der Plan Napoleons, sich du Unterstützung einer südwestslavischen Bewegung die Beihilfe Rußlan zu sichern. Die Vorhut der französischen Flotte, welche vor dem türkisch Antivari Anker warf, soll zu diesem Zweck Waffen gelandet haben. S

Besprechung Kossuths mit Cavour und eine Klapka's mit dem Prinzen Napoleon, ein Aufruf desselben an seine Landsleute ließ die Entfesselung revolutionärer Elemente auf den Fall eines hartnäckigen östreichischen Widerstands vermuthen. Indeß machte die französische Flottille auf östreichische Handelsschiffe Jagd, während die schwache östreichische Flotte sich nach Pola und in sichere Häfen Dalmatiens zurückzog. Die Italiener schmeichelten sich hier nationale Sympathien zu wecken. Die gepanzerten schwimmenden Batterien der Franzosen deuteten auf einen Angriff gegen Venedig. Allein zuvor mußten die vereinigten Heere den Mincio über-schritten haben. England hatte eine starke Flotte am Eingang des Adria-tischen Meers gesammelt und verlangte mit dem deutschen Bund die Neutralität Triests, welche Frankreich nach Möglichkeit anzuerkennen ver-sprach. Die Franzosen, welche den 12. Juni von Toulon ausgelaufen waren, setzten sich den 3. Juli am Eingang des Quarnero fest und re-cognoscirten Fiume. Die Ersetzung des Toryministeriums Derby durch Palmerston schien die Bewegungen der Flotte freier zu machen, als am 8. Juli ihr der Waffenstillstand angekündigt wurde, wodurch die See-operationen ihr Ende erreichten. Italienische Großsprecher, welche 1859 vom sicheren Lande aus über die Feigheit der östreichischen Flotte spotteten, sollten bei Lissa eine handfeste Züchtigung bekommen.

In der Frühe des 27. April trat bei Cavour ein erprobter mai-länder Patriote ein, welcher in Mantua zum Tode verurtheilt, fünf Jahre im Kerker von Josefsstadt gelegen war, wohin die „Begnadigten" im December 1853 auf offenen Karren geführt worden waren. Cavour theilte ihm mit, daß der französische Gesandte ihn von dem östreichischen Ultimatum in Kenntniß gesetzt habe und beauftragte ihn, indem er ihm 200,000 Lire zur Verfügung stellte, über 10,000 Gewehre vom piemon-tesischen Ufer des Lago Maggiore in die lombardischen Städte am Fuß der Alpen zu befördern. Angelo Mangili erbat sich eine königliche Prokla-mation; aber Cavour lehnte dieß als noch nicht zeitgemäß ab. Mangili bekam den Eindruck, daß Cavour nicht sowohl einen energischen Volks-aufstand als, um den Franzosen zu imponiren, die Bewaffnung der Be-wegenden in den von den Oestreichern verlassenen Städten wünschte. Er überzeugte sich bald darauf, daß Cavour seine guten Gründe dazu hatte. Denn als die Franzosen in Mailand eingezogen waren, sahen einige ihrer Generale in Aufzügen von Bürgern, welche den Kaiser bejubeln wollten, communistische Rotten. So war es denn ein Glück, daß das Vorhaben einiger Lafarinisten, in Mailand beim Durchmarsch der Oestreicher Barri-caden zu errichten, eigentlich nur um damit den Franzosen zu imponiren, nicht ausgeführt worden war. Mangili begab sich von Cavour nach Lugano, um die Mazzinisten von einem Einfall in die Lombardei abzu-halten. Von ihnen verläumdet, stand er in Gefahr, von dem General der schweizerischen Bundestruppen (deutscher Zunge) verhaftet zu werden. Er

konnte nicht verhindern, daß einige Rotten geworbenen Gesindels an das
Ostufer des Comersees einfielen und in Villa Carlotta Raub begingen.
Mazzini selbst war noch nicht angelangt.

Am 24. Mai war Garibaldi von der Südspitze des Lago Maggiore
aus in Varese eingerückt. Auf seine telegraphische Mittheilung davon an
Cavour, gab ihm dieser die Antwort: „allgemeine, sofortige Revolution."
Giulay schickte sofort seinen Garibaldi, General Urban, nach Como mit
einem fliegenden Corps von 3000 Mann zurück. So schlau dieser war,
so gelang es ihm doch nicht den wachsamen Garibaldi in der Frühe des
26. Mai in Varese zu überfallen. (Das Nähere siehe: Garibaldi und die
Alpenjäger, von Reuchlin. Nördlingen, 1861.) Die verbarrikadirten Vorstädte wurden von den Alpenjägern tapfer vertheidigt. Die Oestreicher
zogen sich geschlossen gegen Como zurück. Die Alpenjäger hatten 15 Todte
und 66 Verwundete. Der Plan der Insurgirung, durch welche die
Oestreicher, im Rücken bedroht, genöthigt worden wären ihr Hauptcorps
zu schwächen, sollte nun in den größeren Städten Bergamo und Brescia
versucht werden. Die Mannschaft der östreichischen Dampferflottille auf
dem Comersee, welche vor der Villa des Plinius lag, pflanzte auf die
Kunde von dem Gefechte bei Varese noch an demselben Tage die dreifarbige Flagge auf und die von der nahen Schweiz aus bewaffneten Bergbewohner kamen mit gefangenen Gensdarmen an das Ufer. Dieß bestimmte Garibaldi, zunächst auf Como vorzurücken. Urban hatte sich wieder
eine halbe Stunde darüber am Bahnhof der Eisenbahn nach Mailand
in Camerlata, aufgestellt. Garibaldi warf am Abende des 27. Mai den
rechten vorgeschobenen Flügel Urbans und rückte tollkühn in der Nacht in
das geräumte Como ein, aus welchem eben erst sechs östreichische Feldgeschütze abgezogen waren, während Garibaldi nicht eins mit sich führte.
Der Jubel der patriotischen Comasken um die auf der Piazetta vor dem
ehrwürdigen Dom bei ihren Feuern lagernden Alpenjäger wurde gränzenlos, als um Mitternacht die letzten Oestreicher auch Camerlata räumten.
Sie waren nach Mailand gefahren.

Obgleich die Berge, überall von Kleingrundbesitzern bewohnt, bis
Lecco hin im Aufstande waren, zog sich Garibaldi doch am 27. Mai nach
Varese zurück. Ihm fehlte ein fester Stützpunkt und Geschütz. Er mußte
hier die ersehnten vier Gebirgshaubitzen. Mit ihrer Hilfe beschloß er fort
fort den gut befestigten Hafenplatz der östreichischen Kriegsflottille, Laveno
am Lago Maggiore, Pallanza und den Borromeischen Inseln gegenüber,
zu überfallen, um eine sichere Verbindung mit Piemont zu gewinnen.
Die nächtliche Ueberrumpelung mißlang. Selten war Garibaldi so schlimmen
ungerechten Humors (Garibaldi und die Alpenjäger. S. 60). Tage der
Noth folgten. Urban besetzte Varese den 31. Mai mit 10,000 Mann.
Außer andern schweren Contributionen legte er der 8000 Seelen zählenden
Stadt eine binnen 24 Stunden zu bezahlende Summe von drei Millionen

Zwanzigern als Strafe für ihr „apolitisches Benehmen" auf. Es schien unbegreiflich, daß Urban mit seiner Uebermacht Garibaldi nicht so einschloß, daß er ihn nicht nöthigte sich über die Schweizergränze zurückzuziehen und sich hier entwaffnen zu lassen. Während Garibaldi in dieser Gefahr schwebte, brachte eine kühne Schöne, von einem Abbate begleitet, Garibaldi die Nachricht, Como sei bedroht. Er trug ihr auf, der tapfere Bergamaske Camozzi sollte Como aufs äußerste vertheidigen, er werde in den nächsten Tagen dort erscheinen. Die Schöne war Fräulein Marchesa Raimondi, welche Garibaldi, nicht zu seinem Glücke, einige Monate darauf heirathete. Nachdem sich beide Theile zwei Tage bei Varese beobachtet hatten, brach Garibaldi wirklich den 2. Juni nach Como auf. Urban, stets von den Bewegungen der Haupttheere unterrichtet, hatte sich in der Nacht des . Juni mit seinem Hauptcorps und „großmüthig" mit nur einer Million Brandschatzung gegen den oberen Tessinfluß gewendet. Die erste Ahnung, welche Giulay von der Umgehung seiner Stellung hatte, rettete Garibaldi. Die in der Stadt zurückgebliebenen Comasken hatten Gott in den Kirchen und die Oestreicher in Camerlata um Erbarmen angerufen. Die Kunde, Varese sei der, in Wirklichkeit blos angedrohten, Plünderung preisgegeben worden, hatte weithin Schrecken verbreitet. Die Stimmung war 1859 nicht eine plötzlich gesteigerte und explodirende Leidenschaft wie 1848, sondern eine gereifte, sowohl ihres Zwecks, als der Mittel sich klarer bewußte. Die Städte hatten 1848 und 1849 die schrecklichsten Züchtigungen erfahren und scheuten sich, sich der Gefahr derselben wieder auszusetzen, zumal sie gründlich entwaffnet waren. Es war eine Enttäuschung für Garibaldi, daß die neuen Freiwilligen sich nicht viel zahlreicher einstellten, als nöthig war, um seine Verluste zu ersetzen, obgleich mehrere der ausgezeichnetsten Familien alle ihre Söhne, z. B. ein Graf Belgiojoso alle seine vier Söhne sandte. Die Entschlossensten waren schon in Piemont eingereiht. Daher das Schwanken in Cavours Planen.

Indeß leistete Garibaldi mit seinen 3000 jungen Leuten, an welche die größten Forderungen stellte, das Mögliche. Die Oestreicher, an theueren Requisitionen verhindert, zogen sich seit Magenta auf der Straße am Fuße der Berge und südlich davon zurück. Am 8., an welchem die greichen Herrscher in Mailand einzogen, rückte Garibaldi mit Türr in Bergamo ein, wo die edle Familie Camozzi an der Spitze der Patrioten stand. Den 30. Mai schreibt Cavour an Lafarina: „Ich habe den ungarischen Grafen Teleky und noch zwei Offiziere in das Hauptquartier Garibaldi's geschickt, um sich mit den ungarischen Truppen in Beziehung zu setzen." Da Garibaldi als äußerster linker Flügel dem nach Südwesten die schräge Linie bildenden Heere voraus war, hielt er sich in Bergamo zwei Tage auf und rief durch Feuerzeichen die Bergbewohner zum Aufstande. Urban, stets Garibaldi's Nachbar, brach die Brücken vor den andrückenden Piemontesen ab. Daher zog sich Garibaldi durch die

Berge und durch die angeschwollenen Bäche und rückte am Pfingſtmontag
den 13. Juni, wie er auch in Bergamo gethan, zuerſt in die obere Stadt
Breſcia ein. Auch hier fand er in der Bergfeſte verlaſſenes Geſchütz.
Nunmehr unter den unmittelbaren Befehl des Königs geſtellt, wollte
Garibaldi am 15. Juni den Oeſtreichern den Rückzug über den Chieſe
erſchweren. Allein die ihm von della Rocca zugeſagte Hilfe der königlichen
Reiterei blieb aus und ſeine Alpenjäger wurden von Urban bei Treponti
in Unordnung zurückgeworfen. Ihr Verluſt an Todten und Verwundeten,
welche zum Theil in die Hände des Feindes fielen, betrug 150 Mann.
Türr war der linke Armknochen zerſchoſſen. Seine Wunde wurde von
den feinſten Damenhänden gepflegt. Garibaldi fühlte ſich dadurch der
Sache Ungarns nur noch mehr verpflichtet. Sehr nahe ging ihm der
Tod ſeines Freundes Bronzetti.*) Es war Garibaldi nicht zu verargen,
daß er von dieſem Tage an wenig Neigung mehr zeigte, ſeine Entſchlüſſe
von den Befehlen königlicher Generale abhängig zu machen, welche vergaßen, was ſie ihm befohlen und verſprochen hatten. Aber er erfuhr und
einmal wieder die Schwäche der Freiwilligencorps im Unglück. Er hatte
des andern Tags nur noch 1800 Mann. Alſo 1000 waren „verſprengt“.
Ueberhaupt iſt es ſehr zu bedauern, daß Garibaldi in dieſem Feldzug, in
welchem er ſich ſo aufopfernd lenkſam bezeigte, weniger glückliche Leiſtungen
aufzuweiſen hatte. Daraus erklärt ſich zum Theil die Eigenwilligkeit,
welcher er ſich von jetzt an ergab.

Einige Tage darauf in Salo, an dem herrlichen weſtlichen Seegelände
des Gardaſees angelangt, machte Garibaldi Anſtalten überzuſchiffen. Er
ſchwärmte bei dem Gedanken, das Gebirgsvolk zwiſchen Verona und Trient
unter die Waffen zu rufen, dann ſich mit ihm im Rücken des Feſtungs-
vierecks gegen Vicenza herabzuwälzen und durch Inſurgirung des Feſtlandes
zur Eroberung Venedigs mitzuwirken. Da ſich aber im Generalſtab der
Verbündeten die Beſorgniß feſtſetzte, die Oeſtreicher wollten aus Tyrol
über das Stilffer Joch mit einem ſtarken Corps in den Rücken des verbündeten Heeres hervorbrechen und da Napoleon näher heranrückte, ſo
wurde Garibaldi links hinauf in das oberſte Veltlin nach Bormio geſchickt.
Hier ſchoſſen ſich ſeine Jäger mit mehr Muth, als Erfolg, bis in den
Schnee hinauf mit den beſſer bewaffneten öſtreichiſchen herum. An der
äußerſten Gränze der italieniſchen Bevölkerung war Garibaldi hier um
ſo weniger an ſeinem Orte, als er die nahe Gränze des deutſchen Bundes
nicht überſchreiten ſollte. Am 9. Juli erhielt Medici von dem feindlichen

---

*) In dem einſt deutſchen Fleimſer Thal in Südtyrol geboren, war Bronzetti
bis 1847 öſtreichiſcher Offizier geweſen. In den Feldzügen 1848 und 1849 focht er
in organiſirten Freiwilligencorps unter der piemonteſiſchen Fahne. Er zog von Novara mit ſeiner Kompagnie nach Rom, bei deſſen Vertheidigung er ſich auszeichnete.
Manara ſtarb in ſeinen Armen. Ein Jahrzehnt führte er in Turin als Militärſchrift-
ſteller ein kümmerliches Leben und folgte 1859 Garibaldi als Hauptmann der Alpenjäger.

eneral die Mittheilung, daß ein Waffenstillstand geschlossen sei. Wenn
 blos ein Waffenstillstand war, so war er Garibaldi willkommen, denn
hatte sich in Folge von Magenta wieder rasch freiwillige Mannschaft
 zu 5000 unter seine Fahnen gesammelt, so daß er eilf schwache Ba=
llone und vier Schützenkompagnieen in Bildung hatte. Die meisten
en sich jetzt in die nahe Bal Camonica hinab. Garibaldi lag an der
t in Lovere am Lago d'Iseo und las die Commentarien Cäsars, als
die Friedenskunde hart traf. Er erholte sich eben etwas, als Major
lenchini ihn mit zweifelhafter Vollmacht an die Spitze des toscanischen
s berief. Garibaldi sah ein, daß die nationale Operationsbasis dahin
t war. Trotz allen bittern Enttäuschungen schreibt Garibaldi von
n Lafarina den 8. August: „Ich glaube wie Sie, daß unsere Sachen
schlecht stehen. Aber die Lage ist sehr heikel, die Männer von Muth
müssen sich um die Fahne der Wiedergeburt fest schaaren und sie
ner Faust aufrecht halten. Ich weiß noch nicht, ob es mir gegeben
nach Mittelitalien zu gehen. Hier sicher wird gegenwärtig die
e Frage entschieden und ich glaube daher, daß wir uns hier alle
ln müssen." Kurz, Garibaldi folgte dem Rufe, nachdem er sich in
no, zum Schrecken der Uniformirten, in leinener Jacke vom König
iedet hatte.

er wenn auch nicht besonders erfolgreiche Feldzug mit den Alpen=
hatte Garibaldi mit vielen Patrioten bekannt gemacht, welche ihm
ach Sicilien folgten, z. B. die Aerzte Bertani und Sacchi, der
toscanische radikale Minister Mordini. Der ihm schon von Rom
annte Nino Bixio, kühn und hart gegen sich und gegen die Mann=
hatte auf den Seen als erfahrener Seemann die Anstalten zum
a eingeleitet; er unterstützte Garibaldi bei der Ueberfahrt nach
t. Die Tausend, welche ihm dahin folgten, waren größtentheils
iebte Alpenjäger. Die Anderen bildeten nach ihrer Auflösung
und 52. piemontesische Infanterieregiment. Nicht ohne Grund
apoleon die Bildung von Freiwilligencorps unter Führern, welche
inen Truppen die Einnahme Roms so sehr erschwert hatten, mit
aen betrachtet. Es war nicht Garibaldi's Schuld, daß sich die
nicht wild erhoben. Hatte auch Cavour sich von ihnen mehr reale
versprochen, so waren doch von diesen Corps alle tollen Elemente
n worden, mit welchen Mazzini etwa einen die Verbündeten com=
renden Streich hätte ausführen können. Der geringe reale Er=
 Garibaldi's Feldzug war ein thatsächlicher Beweis, daß Piemont
nicht im Stande gewesen wäre, im Bunde mit der Insurrektion,
 französische Hilfe Oestreichs Besitz zu erschüttern.

lten wohl ist einem siegreichen Heere und seinem Führer in einer
Stadt eine so begeisterte Dankbarkeit entgegengetragen worden, wie
lland. Der Siegesjubel findet überall ein tausendfältiges Echo.

Aber hier brachte man die edelsten Opfer. Die Damen der ersten Familien wetteiferten in der Pflege der Tausende von Verwundeten, welche von den Schlachtfeldern herbeigeführt wurden. Die Spitäler Mailands, dieser Stolz der Stadt, und viele Privathäuser waren wohl noch nie der Schauplatz solcher Aufopferung gewesen. Dem Kaiser flogen die Herzen zu. In Mailand erließ er Ansprachen, welche an die Cäsars und an die des republikanischen Generals Bonaparte an seine Kriegsgefährten erinnerten. Seinen Soldaten rief er in das Gedächtniß zurück, daß vor sechs Wochen Frankreich ungerüstet zum Krieg herausgefordert wurde. „Aber Frankreich fand sogleich seine alten Tugenden wieder. In ein Paar Wochen habt ihr vier glückliche Gefechte geliefert und einen entscheidenten Sieg erfochten. Ihr habt 35,000 Feinde außer Kampf gesetzt, ihr habt achtzehn Kanonen, zwei Fahnen erobert, 8000 Gefangene gemacht. Von der Höhe des Himmels aus betrachten euch eure Väter mit Stolz. Ich verlasse mich auf euch, daß ihr und das italienische Heer das Werk vollenden werdet.“ An die „Italiener“ richtete der Kaiser folgende Ansprache: (Es wird versichert, Napoleon habe diese von Mailand aus datirte Ansprache an die Italiener schon in Magenta geschrieben, dessen Pfarrer noch nach Jahr und Tag die Autographie seines Concepts zeigte.) „Ich bin in die Hauptstadt der Lombardei gekommen kraft der Pflichten, welche die Ehre und das Interesse Frankreichs mir auferlegen, und als Verbündeter des ungerecht angegriffenen Königs von Sardinien. Eure Feinde, welche auch die meinigen sind, haben versucht die allgemein in Europa verbreitete Sympathie für eure Sache zu schwächen, indem sie glauben machten, daß ich aus persönlichem Ehrgeiz und zur Vergrößerung des französischen Gebiets Krieg führe. Wenn es Leute gibt, welche ihre Zeit nicht begreifen, so gehöre wenigstens ich sicher nicht zu ihrer Zahl. Die öffentliche Meinung ist heut zu Tage so erleuchtet, daß man durch sittlichen Einfluß größer wird als durch unfruchtbare Eroberung. Diesen sittlichen Einfluß suche ich, indem ich mit Stolz zur Befreiung eines der schönsten Theile Europas mitwirke. Euer Empfang hat mir bewiesen, daß ihr mich verstehet. Ich komme in eure Mitte nicht mit einem vorgefaßten System, Fürsten außer Besitz zu setzen und meinen Willen euch aufzulegen. Mein Heer wird sich nur mit zwei Dingen befassen: eure Feinde zu bekämpfen und die innere Ruhe aufrecht zu erhalten. Es wird sich dem freien Ausdruck eurer rechtmäßigen Wünsche (voti Abstimmung) keinerlei Hinderniß entgegenstellen. Die Vorsehung begünstigt manchmal die Völker wie Individuen, indem sie ihnen die Gelegenheit bietet durch sich groß zu werden, aber dieß nur unter der Bedingung, daß wir sie zu benützen wissen. Euer so lange Zeit ausgedrücktes, so oft getäuschtes Verlangen nach Unabhängigkeit wird zur Wirklichkeit werden, wenn ihr euch ihrer würdig zu zeigen wisset. So einigt euch denn in einem Streben nach der Befreiung eures Landes. Organisirt euch militärisch! Eilet

ner die Fahnen Viktor Emanuels, welcher euch die Bahn der Ehre so
el vorbereitet hat. Seid eingedenk, daß es ohne Disciplin kein Heer
bt. Durchglüht vom heiligen Feuer des Patriotismus seid jetzt nur
oldaten, um morgen die freien Bürger eines großen Landes zu sein!"
iesen Ruf unter die Waffen bezogen auch die eben sich für frei er-
lärenden „Italiener" südlich vom Po sehr auf sich.

Etwas trockener, rechtlich auf der Abstimmung des Mai 1848 fußend,
elche die Fusion der Lombardei mit Piemont beschlossen hatte, lautete
e Ansprache Viktor Emanuels, vom 9. Juni, an die Völker der Lom-
ardei: „Der Sieg der befreienden Waffen führt mich zu euch. Nachdem
o das nationale Recht wieder hergestellt ist, befestigen eure Wünsche (voti)
ie Vereinigung mit meinem Königreich, welches auf den Bürgschaften
er bürgerlichen Freiheit (vivere civile) gegründet ist. Die zeitweise Ge-
alt, welche ich heute der Regierung gebe (die Diktatur), ist durch die
Nothwendigkeiten des Kriegs begründet. Ist erst die Unabhängigkeit ge-
ichert, so werden die Geister die Fassung (compostezza, Bescheidenheit,
Ansäßigkeit), die Herzen die Tugend erlangen und so wird eine freie,
auerhafte Regierungsweise gegründet werden." Alle vernünftigen Leute
aren froh, daß man jetzt nicht lange Umfrage über innere Angelegenhei-
n hielt. Das lange Unglück war die beste politische Schule gewesen
nd hatte erkennen lassen, was zunächst Noth that. So forderte denn
uch Viktor Emanuel die Lombarden auf, sich an den großen Opfern zu
etheiligen, welche die subalpinischen Völker dem gemeinsamen Vaterland
ebracht, und noch zahlreicher in die Reihen des königlichen Heeres ein-
utreten. Der Zudrang der Freiwilligen zu den königlichen Linientrup-
en war indeß nicht stark. Der Eintritt bei Garibaldi lockte mehr. Selt-
amer Weise war der Kaiser der Franzosen sehr unwillkürlich Werber für
Garibaldi geworden.

Am 19. (alias 14.) Juni erließ das turiner Ministerium an seine
Gesandten an den Höfen eine Cirkularnote. Es wiederholte, daß der
Territorialbesitz Oestreichs zwar auf den Wiener Verträgen beruhe, aber
r sei durch eine so gewaltsame Mißregierung gegen die Unterthanen
chlecht erhalten worden, daß die Oestreicher nach beinahe einem halben
ahrhundert eigentlich nur ein Lagerleben in ihrem Italien führten. „Wie
ch die östreichischen Generale rühmten, wollte der Kaiser von Oestreich
ur in Turin unterhandeln. Durch seinen Friedensbruch hat Oestreich
ie Traktate zerrissen, worauf sein italienischer Besitz beruhte. Das Ziel
es gegenwärtigen Kriegs, der König erklärt es laut, ist die Unabhängig-
eit und die Ausschließung Oestreichs aus der Halbinsel. Die Sache
taliens ist zu edel, als daß man sie verschweigen sollte, sie ist zu heilig,
ls daß sie nicht zum voraus auf die Sympathieen des civilisirten
uropas rechnen könnte. Diese Sympathieen sind nur neuestens durch
as Mißtrauen verhüllt worden, als ob der Kaiser der Franzosen Ver-

größerungsplane hegte. Allein seine wiederholten Erklärungen, zumal in Mailand, sind so klar, so bestimmt und würdig, daß vollends alle Zweifel zerstreut werden mußten. Wir hegen das vollkommenste Vertrauen, daß das europäische Gleichgewicht nicht durch Territorialvergrößerung einer Großmacht gestört werden und daß in Italien eines starkes Königreich hergestellt werden wird, wie es durch Natur und Geschichte (?) vorgezeichnet, schon zu anderen Zeiten die Diplomatie im gemeinsamen Interesse Italiens und Europas herzustellen beabsichtigt hat. Mit dem Verschwinden der östreichischen Herrschaft und der Staaten, deren Geschick an das Oestreichs geknüpft war, wird die Ursache einer unausgesetzten Unruhe wegfallen, die Ordnung wird gesichert, der Revolutionsherd ausgelöscht sein. Europa wird sich mit aller Sicherheit den großen Unternehmungen hingeben können, welche unserem Jahrhundert zur Ehre gereichen." — In dem Rundschreiben war also ein italienisches Königreich ohne bestimmte Gränzen gegen Süden proklamirt und zwar nachdem sich Tags zuvor Napoleon Cavour gegenüber gegen die Union Toscanas ausgesprochen hatte! War das nicht eine lecke Mißachtung Napoleons? — So schien es. Allein das Rundschreiben war während des Aufenthalts Cavours in Mailand von seinem Generalsecretär für das Aeußere, Minghetti, erlassen. (Poggi, Vol. III. p. 39.) Trotz dieser Aufklärung mußte in Napoleons Innerstem ein Splitter zurückbleiben. Minghetti hatte ja doch nur die Gedanken der meisten Patrioten ausgesprochen. Alle Städte der Lombardei bildeten ein Echo der Unionserklärung Mailands und der Ansprache der beiden sieggekrönten Fürsten. Ihre Stadträthe warteten kaum den Abmarsch der Oestreicher ab, so proklamirten sie, daß die Union mit Piemont von 1848 wieder in Kraft trete.

Den 21. Juni beendigten die Oestreicher ihren Rückzug hinter den Mincio. Allein die Lombardei war nur provisorisch geräumt. Oestreich schien erst dann, wenn das Festungsviereck gebrochen wäre, darauf verzichten zu wollen. Wir wissen, daß man französischer Seits Mantua vermittelst der gezogenen Kanonen ohne langen Verzug zu nehmen hoffte. Der piemontesische Präfekt für Mantua war schon bezeichnet. Die Entscheidung schien wieder nur vor Verona gefunden werden zu können. Nachdem die verbündeten Heere die Adda und den Oglio ohne wesentlichen Widerstand überschritten hatten, hielten die beiden gekrönten Füh rer den 21. Juni in Brescia einen Kriegsrath. Es wurde beschlossen, mit den Heeren, die Piemontesen links, über den Chiese und durch das bewegte Terrain bis an den Mincio vorzugehen. Die Piemontesen sollten am Südufer des Gardasees hinziehen und Peschiera, am Ausfluß des Mincio aus dem See, einschließen. Am 22. Juni schob der Kaiser sein Hauptquartier vor gegen Castiglione delle Stiviere, am westlichen Fuß des bewegten Terrains, welches den oberen Lauf des Mincio an seinem beiden Ufern je ein Paar Meilen weit charakterisirt. Den Laien im Kriegswesen befremdet nichts mehr als die Möglichkeit der Nachbarschaft großer Truppenkörper, ohne daß sie eine sichere Fühlung von einander hätten. Das Incognito der Nachbarschaft liegt im Charakter des regelmäßigen Kriegs mit concentrirten Massen und der Selbstverpflegung ohne Fouragiercorps, welche das Nahen des feindlichen Heers verrathen.

Die sprüchwörtliche Unerschöpflichkeit der Hilfsquellen Oestreichs, welche erst nach verlorenen Schlachten recht in Fluß kommen, bewährte sich eben jetzt. Hinter dem Mincio standen jetzt, zum großen Theil aus Ungarn, selbst aus dem durch die feindliche Flotte gefährdeten Istrien herangezogen „217,324" Mann, während sich das französische Heer nur auf „130,603", das piemontesische auf 43,000 Mann belief. Erst jetzt nach ihren großen Verlusten waren die Oestreicher die der Zahl nach überlegenen. In der wiener Hofburg schmeichelte man dem Kaiser und sich, daß sein persönliches Erscheinen dem Heere eine wirksame Siegesgewißheit einflößen werde. Franz Josef begab sich nach Verona; am 16. Juni erbat und erhielt der unglückliche Giulay seine Entbindung von dem Oberbefehl, welchen der Kaiser übernahm. Eigentlich wurde er dem Feldmarschalllieutenant Heß übertragen, welcher in dieser Gegend 1848 und 1849 an der Spitze des Generalstabs Radetzky's das Heer Oestreichs von Sieg zu Sieg geführt hatte. Die Einheit der Führung wurde dadurch geschwächt, daß Franz Josef, namentlich am Tage von Solferino, auch Befehle ertheilte.

Obgleich Heß gealtert war, entschied er dafür, daß die Uebermacht in einer kräftigen Massenoffensive ausgenützt werden sollte. Dazu drängte auch die persönliche Anwesenheit des Kaisers, deren Zauber in einem Vertheidigungskriege des Festungsvierecks erblassen mußte. Die herrschende Stellung Oestreichs in Italien konnte nur durch eine siegreiche Entscheidungsschlacht wiederhergestellt werden, nur sie konnte der Gefahr des Angriffs der Flotten auf Venedig und eines Insurrektionsversuchs in Ungarn zuvorkommen. Je weniger die verbündeten Feinde einen solchen gewaltigen Vorstoß in die Lombardei erwarteten, um so sicherer durfte man sich Sieg und die Wiedereroberung der Lombardei versprechen. So zogen denn die östreichischen Heersäulen westlich über den Mincio und durch das Hügelland südlich vom Gardasee.

In der Nacht vom 23. auf den 24. Juni (Feiertag Johannes des Täufers, also nahezu längster Tag) lagerten auf den westlichsten Höhen und auf deren Südabhange 163,000 Oestreicher. Westnordwestlich unter ihnen in der Ebene übernachtete die Hauptmasse der 135,000 Verbündeten. Ihr rechter Flügel gegen die Ebene unter Niel war als Haken zurückgezogen, um das Vorgehen des Centrums auf Solferino gegen einen etwaigen östreichischen Angriff von Süden zu decken. Da das Wetter sehr heiß war, so war man schon um 3 Uhr in der Frühe marschfertig und schlagfertig. Ein Gefecht war wahrscheinlich, aber man wußte nicht, daß man das feindliche Heer so unmittelbar nahe vor sich hatte. Mit Tagesanbruch entbrannte unter Solferino das Feuergefecht. Nach einer Stunde wußte man sicher, daß ein großer Schlachttag angebrochen war. Solferino war der Mittelpunkt und der Schlüssel der österreichischen Aufstellung. Dahin concentrirten sich die französischen Massen und das französische Geschützfeuer. Vertheidigung und Angriff leisteten das Aeußerste. Die österreichischen Reitermassen sollten von Südost her in der Ebene am Fuß der Höhen sich auf den französischen rechten Flügel werfen und so die heldenmüthigen Vertheidiger von Solferino entlasten. In Folge schlechter Verpflegung und der Unentschlossenheit der österreichischen Generale wurde dieser Angriff auf den rechten feindlichen Flügel und Rücken ohne Energie und ohne Erfolg versucht. Um 11 Uhr befahl Franz Josef dem Corps Wimpffen sich hier auf Niel zu werfen. Dadurch wurde das östreichische Centrum der hochnöthigen Verstärkung und Ablösung beraubt und Niel hielt Stand. Einige Stunden nachher mußte Solferino vollends geräumt werden. Die blutenden Trümmer zogen sich südöstlich in das nahe Cavriana, wohin die Franzosen nachdrängten. Ein starkes Gewitter mit Wolkenbrüchen verhüllte von 5 Uhr an den Rückzug der Oestreicher gegen den Mincio.

Die Truppen des schwächeren Verbündeten haben in der Regel nicht eben die wichtigste und darum ehrenvollste, sondern die gefährlichste Aufgabe zu lösen. Die Piemontesen sollten an demselben 24. Juni in der schmalen Ebene zwischen dem Nordabfall des Hügellands und dem Südufer des Gardasees östlich gegen Peschiera vorgehen. Um 3 Uhr in der Frühe traten zwei Divisionen diesen Marsch von Lonato aus an. Die fünfte auf dem rechten Flügel war darauf gefaßt, bei Pozzolengo auf einige feindliche Bataillone zu stoßen. Allein diese waren nur die Vorhut eines ganzen Armeecorps von 36,000 Mann unter dem Feldmarschalllieutenant Benedek, welcher in den Feldzügen 1848 und 1849 den Piemontesen nur zu gut bekannt geworden war. Die beiden piemontesischen Divisionen wurden bis Rivoltella, an das Ufer des Seebusens zwischen Desenzano und der Landzunge von Sermione zurückgeworfen. Das war, so lachend der See dem Reisenden hier erscheint, für eine gedrängte Truppe eine sehr unheimliche Stellung. Es galt vorwärts zu gehen und womöglich Benedek zurückzudrängen. Dieser hatte sich auf dem Plateau von St. Martino aufgestellt, welches gegen Norden und Westen, woher die Angriffe kamen, steil abfällt. Fünfmal stürmten die schwachen piemontesischen Bataillone, aber so oft sie auch bis an den oberen Rand gelangten, wurden sie wieder blutend zurückgeworfen. Nach einigen hochnöthigen Raststunden in der Glühhitze des Nachmittags griffen sie, verstärkt durch eine von Fanti herbeigeführte Division, selbst unter dem Wolkenbruch von neuem wieder an. Um 7 Uhr Abends faßten sie auf dem Plateau festen Fuß. Kraft der Befehle vom Hauptquartier, in Folge des Rückzugs des Hauptcorps im Centrum mußte nemlich auch Benedek, wie man sagt, vor Zorn weinend, sich gegen den Mincio zurückziehen. Eine weitere piemontesische Division hatte indeß gegen eine Abtheilung Benedeks und gegen Truppen des östreichischen Centrums in den Hügeln weiter rechts gekämpft. Mit jener Division und mit neuen Truppen langte am Abend auch Lamarmora bei St. Martino an. Man beschränkte sich bei der Erschöpfung der Truppen darauf, die zurückziehenden Kolonnen Benedeks aus vierzehn Geschützen zu beschießen. Während die Franzosen durch Concentrirung ihrer Streitkräfte siegten, verloren die Piemontesen in Folge der Zersplitterung der ihrigen in zwei Angriffskolonnen und der Schwäche der einander mehr ablösenden, als zu einer That unterstützenden Bataillone verhältnißmäßig mehr Mannschaft, ohne einen Erfolg zu erzielen. Rüstow tadelt nicht blos Benedek, daß er, statt dem östreichischen Centrum Verstärkung zuzuschicken, sein ganzes Armeecorps gegen die Piemontesen verwendete, ja daß man noch weitere Truppen gegen sie ins Feuer rücken ließ. Wir sehen abermals, daß die östreichischen Generale in ihrer Leidenschaftlichkeit gegen die Piemontesen den Franzosen den Sieg erleichterten.

Die Schlacht bei Solferino war eine sehr blutige. Die Oestreicher zählten 2386 Todte, 10,684 Verwundete, 9290 Zersprengte, welche zum Theil gefangen waren. Ihr Gesammtverlust summirte sich also auf 22,360 Mann. Die Franzosen geben nur 1620 Todte, 8530 Verwundete, 1518 Zersprengte an; Summa 11,670 Mann. Die Piemontesen hatten 49 todte Offiziere, worunter drei Obersten, 642 todte Soldaten, 167 verwundete Offiziere und 3405 verwundete Soldaten, 1258 Zersprengte. Der piemontesische Gesammtverlust beziffert sich also auf 5521 Mann. Rechnet man nur die Todten und die Verwundeten, so war der Verlust der Angreifenden größer als der der Oestreicher. Schon nach Magenta hatte Lafarina auf Grund der napoleonischen Ansprache an die Italiener zunächst nach Sicilien geschrieben: Napoleon und Piemont bekriegen nur Oestreich, nicht die schlechten italienischen Regierungen. Dieß ist Sache der Völker. Napoleon will nur ein unabhängiges Italien machen, wollen die Völker ein einheitliches, so müssen sie selbst anfangen. Gerufen, wird Piemont kommen. Nach Solferino schrieb er dieß noch dringender. Während unsere östreichisch oder antipreußisch und damals antifranzösisch Gesinnten sich an dem noch vergrößerten Verlust der Piemontesen trösteten und weideten, nahm auch Lafarina keinen Anstand patriotisch aufzuschneiden und den Süditalienern vorzuhalten, es seien jetzt 30,000 Oberitaliener im Kampf für die Freiheit Italiens kampfunfähig geworden, auch Süditalien habe jetzt seine Pflicht zu thun. Ein Bündniß zwischen Piemont und Neapel sei weder möglich, noch wünschenswerth. Mit den Bourbonen müsse ein Ende gemacht werden.

Je unerwarteter sich die große, blutige Schlacht entzündet hatte, um so schrecklicher war der physische Zustand der Heere nach derselben. Beinahe nüchtern waren die Oestreicher, welche größerntheils in der Nacht des 23. marschirt waren, in den hartnäckigen Kampf gegangen; sie mußten in der zweiten Nacht sich zurückschleppen. Auch die Franzosen sanken ermattet zu Boden. Aber die Jammertöne der Tausende Verwundeter raubten Tausenden Gesunder den Schlaf. Sie rafften sich auf, um den Fieberdurst mit oft blutgemischtem Wasser aus den Lachen für Augenblicke zu stillen. Der anbrechende Tag enthüllte erst das ganze Grauen der Zerstörung an Menschen und Thieren, an Gebäuden und Pflanzungen. Tausende liegen mit zerschmetterten Gliedern, zum Theil noch von den Geschützen überfahren, bald haufenweise, bald einzeln auf dem Schlachtfeld. Die Chirurgen, bei den Offizieren beginnend, gehen wieder an die Arbeit der Amputationen und sägen und schneiden fort bis sie ohnmächtig niedersinken. Ein Zeuge und Gehilfe dieser schrecklichen Tage und Nächte, der Genfer Heinrich Dünant, hat nicht blos der heldenmüthigen Tapferkeit auf beiden Seiten ein Denkmal gesetzt und versucht ein Bild des unsäglichen Jammers zu entwerfen, sondern er hat auch daraus den Vorsatz gefaßt, die ganze fühlende Menschheit zu einem Bunde aufzurufen, um die tausendartigen Wunden, welche die furchtbare Gottesgeißel des Kriegs und seine so vervollkommneten Zerstörungsmittel ihren Söhnen schlagen, mit aufopferndem Mitleiden zu pflegen. Es ist die Pflicht jedes Gebildeten, Dünants Schrift „die Barmherzigkeit auf dem Schlachtfelde" zu lesen und in seiner Nachfolge Hand an das gemeinsame schwere Werk zu legen. Die ausdauernde Aufopferung unserer deutschen Frauen im Befreiungskriege von 1813 und im Kriege von 1866, die einer Miß Florence Nigthingale in der Krim sollen unvergessen bleiben. Aber auch Italien hat ihnen viele würdige an die Seite zu stellen. Die Massen der Verwundeten waren unabsehbar, da die Oestreicher Tausende zurückgelassen hatten; dazu die höchste Sommerhitze und die von ihr ausgebrüteten Myriaden von Insekten, die ganze Spitäler zur Verzweiflung bringenden Fieberphantasieen, als kehre der Feind zurück und morde alles ohne Unterschied. Diejenigen Städte Oberitaliens, welche vor zehn Jahren den kühnsten Muth im Kampfe erprobt und seitdem die schwersten Opfer gebracht hatten, bewiesen jetzt den stärksten Heroismus der Humanität. Brescia, eine Stadt von 40,000 Einwohnern, nahm vom 15. Juni bis 31. August 19,665 kranke Soldaten und gegen 10,000 Verwundete auf. Die Gräfin Bronna widmete sich vorherrschend der Pflege der Amputirten. Sie ließ sich auch durch die ekelerregendsten Fälle nicht zurückschrecken, denn, sagte sie, „ich bin Mutter". Andere Frauen fanden einen Beruf zu diesem Samariterdienste darin, daß auch sie einen Sohn im Kampfe für das Vaterland verloren hatten. Schon vor Solferino beherbergte und pflegte Mailand 9000 Verwundete und Kranke; von Sol-

ferino kamen noch einige Tauſende Verwundeter. Die Paläſte der Bor=
romeo allein nahmen ihrer 300 auf. In der Spitze der Pflegerinnen
in Mailand ſtand die Gräfin Juſtina Verri, geborene Borromeo. In
Turin, wohin von Paleſtro und von Magenta Maſſen Verwundeter ge=
ſchickt worden waren, hatte die Marcheſa Pallavicino=Trivulzio ebenfalls
nicht blos die Leitung, ſondern ſie war auch viel mit den Verwundeten
ſelbſt beſchäftigt. *) Hunderte von Frauen und Nonnen ermüdeten nicht
in dieſem aufreibenden Dienſte, während die Mehrzahl mit dem beſten
Willen es nicht in die Länge vermochte. Die in romaniſchen Völkern
herrſchenden Anſchauungen erlauben ſolche Dienſte Jungfrauen beinahe
nur, wenn ſie durch ein Gelübde als geſchützt erſcheinen. Die Dankbar=
keit iſt zumal in der Politik eine Seltenheit. Doch hörten wir, auch noch
als der franzöſiſche Eigennutz ſich auch Italien gegenüber enthüllt hatte,
italieniſche Damen ſagen: wir werden es den Franzoſen nie vergeſſen,
daß wir Tauſende von ihnen ſahen, welche für die Freiheit Italiens ver=
wundet und verſtümmelt waren. In Beziehung auf Verpflegung der
Truppen wie der Verwundeten herrſchte jetzt viel mehr Ordnung und
Ausdauer als 1848 und ſo wurde mit gleichem Aufwande viel mehr ge=
leiſtet. Die verwundeten Gefangenen wurden in der Regel von beiden
Theilen beinahe eben ſo gut behandelt als die eigenen Verwundeten.
Dieſes wird nicht widerlegt durch vereinzelte Klagen verwundet gefangener
öſtreichiſcher Offiziere, welche gewöhnt waren, auf einem ganz anderen Fuß
behandelt zu werden als die Mannſchaften. Dazu kam die tief herabge=
drückte Seelenſtimmung der Geſchlagenen und Gefangenen und die Un=
fähigkeit der meiſten, ſich verſtändlich zu machen.

Unbehelligt vom Feinde gingen die Oeſtreicher am 25. Juni über
den Mincio zurück. Ihr Verluſt an Geſchütz war ſehr unbedeutend. Die
Wiederholung des Unterliegens war das Schreckliche, es trieb manchen
Offizier zum Selbſtmord. Nur einzelne Abtheilungen hatten ſich in
Flucht aufgelöſt. Was nicht in den Feſtungen und in dem verſchanzten
Lager Raum fand, das zog ſich hinter die Etſch. Hielt man es auch für
nöthig, vorherrſchend italieniſche Regimenter nach Deutſchland zu ſchicken,
ſo wurden ihr Abgang und die Kriegsverluſte durch nachrückende Streit=
kräfte erſetzt. Indeß durfte auch Ungarn nicht zu ſehr von zuverläſſigen
Truppen entblößt werden. Die feindlichen Flotten näherten ſich Fiume.

---

*) Die Gattin des Marcheſe Pallavicino=Trivulzio, des Märtyrers von Spielberg,
eine in Prag geborene Deutſche. Wir hoffen, keine zartere Rückſicht zu verletzen,
wenn wir erzählen, daß eines Tags der Marcheſe ſagte: „Keine Italienerin konnte
mehr für die Verwundeten thun, als meine Gattin. Sie werden ſehen, was deutſche
Frauen eintretenden Falls thun werden!" Und deutſche Frauen haben das für ſie ge=
ſprochene Wort des italieniſchen Marcheſe eingelöſt und werden es noch ferner einlöſen.
Denn ſo lange Deutſchland nicht feſt in ſich geſchloſſen iſt, lauert der Krieg an ſeinen
Pforten.

Auch den Verbündeten zogen theils Ersatzmannschaften, theils ganze zurückgelassene Corps zu. Die eine der in Genua als Reserve aufgestellten Divisionen rückte über Piacenza heran. Die andere unter dem Prinzen Napoleon am 24. Mai in Livorno gelandete hatte ihre politische Mission erfüllt. Prinz Napoleon in seinem an den Kaiser den 4. Juli von Goito aus erstatteten Bericht schreibt der Ende Mai vollzogenen Aufstellung seines, des fünften Armeecorps in Florenz und in Pistoia die Aufgebung der beiden Großherzogthümer durch die Oestreicher unmittelbar nach Magenta zu. Noch wahrscheinlicher ist, daß auch dadurch die östreichischen Besatzungen veranlaßt wurden, auf die Kunde von Magenta Ancona und Bologna zu räumen und Befestigungen in die Luft zu sprengen, welche mit großem Geld- und Zeitaufwand gebaut waren. Der Prinz erhielt indeß Befehl die Romagna zu vermeiden, um den Kaiser nicht *in die* Kirchenstaatsfrage zu verwickeln, und marschirte deßhalb, statt die Linke der Oestreicher am untern Po zu bedrohen, während der zweiten Hälfte des Juni über Lucca, Pontremoli mit Benützung der Abetonestraße über den Apennin nach Parma; von hier aus ging er nach der Schlacht bei Solferino bei Casalmaggiore unterhalb Cremona über den Po. Die ihm unter Ulloa folgende toscanische Truppe war 9000 Mann stark; ihre durch die Revolution erschütterte Disciplin wurde während des Marsches wieder gehoben.

Die Piemontesen brauchten nicht weit vorzurücken, um Peschiera einzuschließen, welches man trotz seiner seit 1849 weit vorgeschobenen starken Forts mit Hilfe der Recognoscirungs-Luftballons und der gezogenen Geschütze bald zu nehmen hoffte. Das Hauptquartier Viktor Emanuels war kaum eine deutsche Meile südlich davon in Mozambano. Weiter vorgeschoben waren die französischen Corps, indem sie das Hügelland auf dem östlichen Mincioufer von Castelnovo bis Custoza besetzt hielten. Südlich davon, eine Stunde von Monzambano, in Valeggio auf dem linken Mincioufer war das napoleonische Hauptquartier. Aber jetzt, Angesichts des ein Viereck oder mit der Etsch und den Sümpfen bei Legnago einen weiten Halbkreis bildenden Festungssystems war in die erst zu vollziehende Geschichte ein Gedankenstrich gemacht. Nebst den strategischen, machten sich politische, auch außeritalienische und italienische Erwägungen geltend. Die früheren Congreßmächte sahen jetzt den Krieg zu einem Abschnitte gereift, welcher zu realen Friedensunterhandlungen eine Basis bot. Deutschland oder vielmehr Preußen hatten jetzt einen Entschluß zu fassen, denn die piemontesischen Corps am Gardasee sahen Berge der Bundesgebiete, welche bei einer ernstlichen Belagerung Veronas Kriegsschauplatz werden mußten. Lag es doch ganz in der Hand Oestreichs, durch eine die Belagerer von Verona bedrohende Aufstellung in Südtyrol die Verbündeten zu einem Angriff auf dieses zu nöthigen.

Wie während der Versuche, durch einen Congreß den Frieden zu erhalten, so ging auch nach Ausbruch des Kriegs das russische Kabinet mit England, ob sie gleich verschiedene Sympathieen hatten, Hand in Hand; sie ermahnten die deutschen Bundesstaaten, die von Napoleon beabsichtigte Lokalisirung des Kriegs auf Italien nicht zu verhindern. Sie riethen den beiden Verbündeten durch Achtung der Gränzen Tyrols, und durch möglichste Schonung Triests jeden rechtlichen Anspruch Oestreichs auf die Einmischung des deutschen Bundes zu entfernen. England erklärte in Frankfurt und an den deutschen Höfen, daß man auf keine Unterstützung durch eine englische Flotte zu rechnen hätte, wenn man ohne einen durch Frankreich hervorgerufenen casus foederis sich in den Streit einmischen würde. Rußland und England begnügten sich mit der Erklärung Preußens, daß es seine Armeecorps nur in defensiver Absicht auf den Kriegsfuß stelle, um auf alle Fälle die Integrität Deutschlands, seine Interessen und das europäische Gleichgewicht gegen alle Fälle sicher zu stellen.

Als sich die südwestdeutschen Bevölkerungen durch die östreichische, größerntheils ultramontane Partei immer mehr für eine Diversion der deutschen Bundestruppen am Rhein zu Gunsten Oestreichs erhitzen ließen und die kleineren Höfe diesen Forderungen kaum zu widerstehen wußten, so wandte sich Rußland an sie, die seit Jahrzehnten nur zu sehr gewöhnt waren auf seine Weisungen zu achten, in einer Depesche vom 15. (27.) Mai, worin sich nicht blos seine italienische Politik aussprach.*) Allein die

---

*) Rußland beruft sich darin auf seine eifrigen, unparteiischen Bemühungen zur Erhaltung des Friedens. Allein alle seine Hoffnungen seien getäuscht worden, indem Oestreich in dem Augenblick, wo alle Schwierigkeiten geebnet schienen, die Unterhandlungen durch die schroffe Erklärung abgebrochen habe, es könne sich nicht an einem Congresse betheiligen, in welchem die italienischen Höfe, also auch Sardinien säße. Aber, da es sich auf demselben um die Angelegenheiten Italiens handeln sollte, so haben nach den auf den von Oestreich berufenen Congressen zu Aachen, Laibach und Verona anerkannten Grundsätzen die italienischen Höfe nicht ausgeschlossen werden können. Damit habe Oestreich die Entscheidung auf den Weg des Kriegs verlegt, während Frankreich die Mittel eines friedlichen Ausgleichs angenommen habe. Deßhalb bleibe nur noch übrig, mit allen Mitteln die Begränzung des Kriegselends zu versuchen. In Folge der bedauerlichen Agitation in einigen Theilen Deutschlands sei zu befürchten, daß wieder einmal die Schicksale der Völker durch Mißverständnisse bestimmt, daß aus Gefahren, welche von Seiten Frankreichs für die Zukunft gefürchtet werden, sofort wirkliche Gefahren entspringen. „Frankreich hat feierlich erklärt, daß es keine feindliche Absicht gegen Deutschland hat. Indem die großen Mächte diese Erklärung angenommen haben, übernehmen sie auch Verpflichtungen gegen Deutschland.(?) Rußland hat durch die größten Opfer bewiesen, was es für die Erhaltung des europäischen Gleichgewichts zu thun bereit ist. Wenn die deutschen Staaten wissentlich und absichtlich einen unabsehbaren Krieg für fremde Interessen entzünden wollten, so würden sie den rein defensiven Charakter des deutschen Bundes verläugnen, unter welchem Titel dieser in das europäische Recht auf der Basis der auch von Rußland unterzeichneten Verträge eingetreten ist. Würde der deutsche Bund feindselige Handlungen gegen Frankreich begehen blos auf Voraussetzungen hin, bei deren Eintritt ihm Bürgschaften geboten sind, so würde er die Absicht seiner Institution fälschen und den Geist der seine Existenz

Schwäche dieser kleinstaatlichen Regierungen, welchen hiemit eine jede Fiktion russischer Kriegshilfe aufs bestimmteste benommen wurde, ließ befürchten, daß sie durch das Geschrei der östreichischen Partei sich zu herausfordernden Schritten erschrecken ließen. Die wenn auch noch so vernünftigen Warnungen des russischen Protektors waren freilich für alle Deutschen bemüthigend. Die russische Depesche beweist, daß Rußland mit dem französischen Programm des auf Italien lokalisirten Kriegs wirklich Ernst machen wollte. War dieses jetzt noch ausführbar?

Lafarina klagte, daß England immer noch, statt territorialer Veränderung, nur freiheitliche Reformen anrathe. War auch Lord Russel zum Theil durch die Sympathieen des englischen Volks für Italien an das Staatsruder gelangt, so war er doch nicht sofort geneigt, die Flucht des Großherzogs und der herzoglichen Regierungen von Parma und Modena, die Ausrufung der piemontesischen Diktatur in diesen Ländern als eine genügende Basis einer Territorialveränderung anzuerkennen. Dies erhellt aus seiner Depesche vom 28. Juni 1859, also auf die Nachricht von Solferino, an seinen Gesandten in Turin, Sir John Hudson: „Ich muß Ihnen sagen, daß die Regierung der Königin gerne die Opportunität der Combinirung der Streitkräfte der zum Krieg gegen Oestreich Alliirten anerkennt, sei sie nun kraft der regelrechten Aktion der betreffenden Souveräne, sei sie kraft der freiwilligen Bewegung der Einwohner unter gemeinsamer Führung erfolgt. Was aber die dauernde Annexion der bisher ihren respektiven Souveränen gehorchenden Staaten an Sardinien anbelangt, so hat sich die Regierung der Königin eine Richtschnur ihres Verhaltens gezogen, welche sie für dem Völkerrecht entsprechend hält. Die Regierung der Königin ist der Ansicht, daß alles was bis jetzt geschehen ist, als provisorisch zu betrachten sei. Mag es nöthig sein, Anerkennung zu zeitweiser Aufrechterhaltung der Ordnung in den Ländern zu treffen aus welchen die frühere Regierung sich zurückgezogen hat oder gezwungen wurde, so müssen doch der Volkswille, das Kriegsglück und definitiv ein europäischer Vertrag in letzter Instanz die territorialen Bestimmungen und die Rechte der Souveräne des nördlichen und Mittelitaliens regeln. Die Regierung der Königin freut sich zu sehen, daß ihre Ideen in dieser Rücksicht von der Regierung des Kaisers der Franzosen getheilt und in der Erklärung des Moniteur vom 24. dieses bestätigt werden. Ich schließe

---

sanktionirenden Verträge mißkennen. Wir erhalten indeß noch die Hoffnung, daß die Weisheit der verbündeten Regierungen vor Entschlüssen zurücktreten wird, welche ihnen selbst zum Nachtheil gereichen müßten und wodurch auch ihre innere Stellung nicht befestigt würde. Sollte es aber, was Gott verhüten möge, anders bestimmt sein, so haben wir auf jeden Fall eine Pflicht aufrichtiger Freundschaft erfüllt. Welches auch der Ausgang der gegenwärtigen Verwicklungen sei, so wird unser erhabener Herr vollkommen frei in seiner Aktion, sich in seinen Entschlüssen nur durch die Interessen seines Landes und durch die Würde seiner Krone bestimmen lassen."

s der Sprache des Baron Brunnow, daß dieses offenbar auch die An=
mung der russischen Regierung über diesen Gegenstand ist." — Am
ge von Solferino nemlich, am 24. Juni hatte der Moniteur die
anzosen zu beschwichtigen, die Italiener zu warnen gesucht, indem er
rieb: „Es scheint, daß das Publikum nicht die rechte Vorstellung vom
arakter der von allen Seiten in Italien dem König von Sardinien
gebotenen Diktatur mache, indem es daraus schließt, daß Piemont, ohne
großen Mächte zu befragen, mit Hilfe der französischen Waffen ganz
alien in einen Staat zu vereinigen gedenke. Solche Conjekturen sind
abgegründet. Die befreiten oder verlassenen Bevölkerungen wollen gegen
estreich gemeinsame Sache machen; in dieser Absicht haben sie sich natur=
mäß unter die Protektion des Königs von Sardinien gestellt. Aber die
iktatur ist eine blos zeitweise Gewalt, welche, indem sie die gemeinsamen
äste in eine Hand legt, den Vortheil hat, den zukünftigen Combina=
onen in nichts zu präjudiciren." So mag auch Cavour dem Kaiser ge=
agt haben.

„Es ist nicht unsere Aufgabe, fährt Russel fort, näher auf die
tellung einzugehen, welche Preußen während dieses Kriegs inmitten
ßer innerer und äußerer Schwierigkeiten einnahm und consequent be=
uptete. So sehr es bedauerte, daß Oestreich die von ihm getheilten
riesbemühungen Rußlands und Englands zerrissen hatte, so hatte es
 Nothfall die deutschen Gränzen zu wahren. Als sich nach Magenta
r Krieg gegen die Südgränze des deutschen Bundesgebiets in Tyrol
anwälzte und als die Leidenschaft in Südwestdeutschland zur Zusammen=
ehung französischer Truppen in Lothringen herausforderte, so machte
reußen einige seiner Armeecorps mobil. Der preußische Minister des
eußeren richtete den 24. Juni an seine Gesandten in London und in
eersburg eine Depesche, worin er versicherte, daß Preußen fortfahre in
emeinschaft mit diesen Höfen den Frieden zu suchen. Einerseits dürfe
estreich nicht so sehr geschwächt werden, daß es sein Gewicht im euro=
ischen Gleichgewicht verliere. Nichts desto weniger sind wir weit von
ßkennung der Schwierigkeiten entfernt, welche der einfachen Wieder=
richtung eines Zustands entgegenstehen, der nicht blos zu einem Kriege,
ern auch zu einer Reihe von Aufständen führte, welche sich vom
dlichen nach dem mittleren Italien verbreiteten. Wir glauben vielmehr,
ß wirkliche, ausgedehnte Reformen ein sichereres Mittel zur Erhaltung
r Ruhe in diesen Ländern sind, als die Gewaltmaßregeln und die Ent=
dlung einer Militärmacht es waren, welche für Oestreich eine Last sind,
ie mit den Hilfsmitteln seiner italienischen Provinzen in keinem Ver=
ltniß stehen. Wir sind auch der Ansicht, daß an die Stelle der Ver=
äge, kraft welcher Oestreich über einige italienische Gränzstaaten eine
rt von Protektorat übte, eine Combination treten könnte, welche den
efühlen der Bevölkerungen weniger entgegen wäre und zu Gunsten der

Ordnung und der Legalität sicherere Bürgschaften enthielte als diejenigen, deren Erfolglosigkeit wir vor Augen haben." Preußen wolle indeß keine nähern Anträge stellen, um den Friedensfund nicht zu erschweren, sondern es beauftrage seine Gesandten, darauf zu achten, was für Ideen das englische und das russische Kabinet über eine gemeinsame Friedensvermittlung vorschlagen würden. — Offenbar erkannte Preußen die Gefahr, daß es, wenn es von den Südwestdeutschen sich zu entschiedener Parteinahme für Oestreich hinreißen ließe, an jenen Kleinstaaten keine militärische Hülfe finden würde, wenn es dadurch nach der äußersten Schwächung Oestreichs sich zugleich in einen Krieg gegen Frankreich und vielleicht auch gegen Rußland verwickelt sähe. Nicht wenige von denen, welche Preußen in den Krieg zu stoßen suchten, würden sich, wie sie 1866 bewiesen, getröstet haben, wenn Preußen schweren Schaden erlitten, Manche auch, wenn es einen Theil seiner Gränzlande verloren hätte, ja „zerschlagen" worden wäre. Lord Russel gab Preußen zu bedenken, wie furchtbar das National-gefühl der Franzosen durch eine Parteinahme des nicht unmittelbar interessirten Preußens entzündet werden müßte. Aus zuverlässigster Quelle wissen wir, daß Cavour 1859 durchaus nicht auf eine Waffenhilfe Ruß-lands rechnete. Bismarck, damals preußischer Gesandter in Petersburg, theilte den dort herrschenden Haß gegen Oestreich und wollte, Preußen sollte sich mit Rußland, Frankreich und Piemont verständigen. Er fand aber in Berlin kein Gehör. Seinen Anschauungen entsprachen damals die eines mailänder Abgeordneten, welcher im Frühjahr 1860 im Vertrauen zu mir sagte: „Europa steht in der Gefahr des Communismus. Es haben diesen, was Weiber und Güter betrifft, in den Zuaven verkörpert gesehen. Darum wird sich Europa unter den Despotismus Napoleons flüchten. Ob wir gleich diese Gefahr und bis Genua reichende Forderungen Napoleons voraussehen, sind wir doch bereit, uns um den Preis der Er-oberung Venetiens ihm zu verkaufen. Napoleon wird zugleich Ungarn explodiren lassen und den Rhein angreifen. O, wenn doch die öffentliche Meinung Deutschlands reifte und die Gemeinsamkeit seiner Interessen mit denen Italiens noch zu rechter Zeit erkennte! Seid auf eurer Hut! Wollt ihr bleibenden Frieden, so helft uns zum Besitz Venetiens!"

War dieß nicht der Keim, die Mutteridee des preußisch=italienischen Bündnisses vom Frühjahr 1866? — Wir können übrigens mit Bestimmt-heit die Thatsache feststellen, daß zwar Cavour stets auf Preußens künftige Freundschaft hoffte, aber keinerlei Kenntniß von Bismarcks Tendenzen, überhaupt keine Kenntniß von der Bedeutung dieses Mannes hatte, welcher bestimmt und schon Willens war, zur äußeren Vollendung Italiens die starke Hand zu bieten.

Aus obigen russischen und englischen Staatsschriften spricht vor allem die Friedensliebe und das Bestreben, den Krieg in die Gränzen Oberitaliens einzudämmen, damit kein europäischer Krieg sich entzünde.

ntebello, Palestro, noch Magenta mochten ihnen als gerechte Züch=
:ngen der Verstocktheit der Habsburger erscheinen. Allein die nationale
astrophe in Toscana und in der Romagna, der Aufruf Napoleons
die „Italiener", das denselben benützende Rundschreiben Minghetti's
iethen, daß die Bewegung bereits Oberitalien weit überschritten
e. Oestreich hatte im Mai 1848 die Vermittlung Englands auf der
is der Mincio= oder Etschlinie nachgesucht. Rußland hatte, wie wir
) aus Lanfrey ersehen, von 1798 bis 1805 die Wiederherstellung
ments zu einer seiner ersten Bedingungen der Wiederherstellung des
:opäischen Gleichgewichts gemacht. Kaiser Alexander II. war Piemont,
n Feind Oestreichs, freundlich gesinnt. Beide Mächte hätten seine
rgrößerung auf Kosten Oestreichs gerne gesehen, wenn sie ohne eine
.größerung Frankreichs möglich gewesen wäre. Vor allem war ihnen
siegreiches Auftreten der französischen Flotte in der Adria zuwider.
.poleon I. hatte das von ihm ganz abhängige Königreich Italien als
:ß nicht blos seiner Operationen gegen Deutschöstreich und Ungarn,
:ern auch seines Einflusses auf die Türkei benutzt. Ein Aufstand der
:slaven und der Ungarn konnte auch Polen ergreifen. Das National=
täsprincip war nicht blos Oestreich gefährlich. Keine Regierung liebt
de unberechenbare blinde Gewalten. Napoleon war offenbar schon von
:n Wirbeln erfaßt. Wer wußte, wie weit sie ihn mit sich fortreißen
:den? Die Versuchung, als Protektor des Nationalitätsprincips die
:hatur in Europa zu erraffen, trat an ihn heran.

Trotz der von Oestreich erlittenen geringschätzigen Behandlung konnte
:n sich in Preußen der Niederlagen Oestreichs nicht freuen. Es war
:Preußen eine starke Partei, welche immer noch glaubte, der Rhein sei
: Po zu vertheidigen. Besonnene Staatsmänner mußten es für wahr=
:cinlich halten, daß Napoleon, nachdem er an Rußland und an Oest=
:ß Rache genommen, für 1813, 1814 und 1815 auch an Preußen
:rte Rache und von ihm den Lohn für alle französischen Kriegserfolge
:men wollen. Preußen hatte keinen Einfluß in der mißtrauischen, miß=
:lligen wiener Hofburg, welche nur Forderungen an Preußen zu stellen
:te. Ohne Hoffnung auf irgend einen Dank, war Preußen entschlossen,
:Gränzen des deutschen Bundes zu wahren, so schwierig dieß war.
:ab es auch vielleicht an einigen deutschen Höfen Verständniß seiner
:sichten, so erwuchs ihm daraus doch kein entscheidender Kraftzuwachs.
:her wollte Preußen zu jenem Zwecke, im Einvernehmen mit England
: Rußland, durch bewaffnete Intervention den Lauf des Kriegs
:hen. Antonini, der neapolitanische Gesandte in Paris, berichtet schon
: 19. Juni an seinen Hof in Chiffern: „Man unterhandelt über ab=
:gränzte Garantie. Zwischen Rußland, Preußen und England sind
:terhandlungen darüber angeknüpft."

Auf die unerwartete Nachricht von einer neuen großen blutigen

Schlacht, von einer neuen Niederlage Oestreichs, welche den Krieg an die Südgränzen des deutschen Bundes zu wälzen drohte, bietet Preußen alles auf, das Einvernehmen mit England und Rußland zur Nothreise zu bringen. Den 1. Juli berichtet Antonini nach Neapel: „Vorerst sucht Preußen sich mit Rußland und England zu verständigen, um den kriegführenden Mächten die Vermittlung und den Frieden vorzuschlagen, sobald der geeignete Zeitpunkt eintreten wird, wenn Oestreich nach dem Verlust der Lombardei in Gefahr steht, auch Venetien zu verlieren. Alsbald wird man dem Kaiser der Franzosen vorschlagen, sich mit der Annexion der Lombardei und der Poherzogthümer an Piemont zu begnügen, Oestreich aber, Venetien als einen unabhängigen Staat unter einem Erzherzog hinzustellen, Toscana seinem Erzherzog zurückzugeben und diese drei aufzufordern, mit dem Pabst und dem König der beiden Sicilien einen italienischen Bundesstaat zu bilden. Doch sagt Antonini, die italienische Conförderation, zur Theilnahme an welcher auch sein König von den im Congreß versammelten vermittelnden Großmächten eingeladen werden würde, sei noch „eine entfernte Eventualität". Er mochte durch diesen Satz das Souveränitätsbewußtsein seines Königs zu beschwichtigen suchen. Offenbar war die Territorialsetzung das Erste, das Brennende, was die sich behufs der Friedensstiftung dazwischen legenden Mächte festzustellen hatten. Aber auch die Territorialabgränzung mußte durch eine politische Idee bestimmt werden. Obige projektirte Abgränzung ermöglichte, da sie Oestreich aus Italien ausschloß unter der Bedingung, daß alle Staaten Italiens Verfassungen gaben, einen unabhängigen italienischen Staatenbund.

Die Frankreich am meisten befreundete Macht war Rußland. Man setzte im francosardischen Hauptquartier voraus, daß es, sobald es seine Rüstungen vollendet hätte, was aber vor Monaten nicht möglich war, mit Frankreich behufs seiner Ziele im südöstlichen Europa gemeinschaftliche Sache machen werde. Aber am 6. Juli erhielt Napoleon einen Brief des Kaisers von Rußland, welcher ihm erklärte, er könne Preußens Absicht, in Gemeinschaft mit dem übrigen Deutschland und mit England mit allen Mitteln den Frieden zu machen, nicht weiter hemmen. Rußland sei nicht in der Lage sich deßhalb in einen Krieg zu stürzen. Es sei besser, ohne Nöthigung die Minciogränze anzunehmen. Diese Linie empfahl sich den Friedensmächten auch darum, weil dann Frankreich keinen Anspruch auf Savoyen erheben konnte.

Die gewichtige Bedenken erregenden Erscheinungen in Italien kennen wir, wie Rom und die Ultramontanen. Der Kaiser der Franzosen war Ende Aprils, wenige Tage nachdem er die Entwaffnung zugesagt hatte, aus seinem abwägenden Zaudern auf den Kampfplatz fortgerissen worden. Obgleich durch die patriotische Schilderhebung in Toscana scheu gemacht, trat er doch in die Schranken. Eine Reihe von Siegen und Triumphen hatte ihn die furchtbaren Scenen des Abends auf dem Schlachtfelde ver

Magenta, wie die Selbstconstituirung der Romagna vorerst vergessen lassen. Es ging ihm wie Uhlands Grafen von Greiers: „Sie raffen ihn von innen mit Sprung und Reigenlied, Sie tanzen durch die Dörfer, wo Glied sich zieht an Glied." Wenn auch mit Blumenbanden, war er ein Gefangener der Italiener und der Italienerinnen geworden. Hatte er auch selbst durch seine Mailänder Ansprache an die Italiener die verabredeten Dämme wie eine Sturmfluth überschritten, schon Minghetti's Rundschreiben zeigte ihm seine Lage im fremden Spiegel. Allein die Ehre der Waffen Frankreichs, der Drang seines siegestrunkenen Heeres nöthigten Napoleon, wenigstens bis an den Mincio vorzugehen. Aber ehe er diesen erreichte, traten ihm die Oestreicher unerwartet entgegen, ein viel größerer Kampf mit den furchtbarsten Scenen entspann sich wie von selbst. Um zu beweisen, daß er Sieger sei, mußte er über den Mincio gehen. Jetzt stand er der Sphynx von Verona gegenüber; jede Anhöhe war ein Monument öftreichischer Siege. Die Hartnäckigkeit des Feindes verbürgte neue schwere Kämpfe und im Hintergrund drohte ein großer europäischer Krieg von unabsehbaren Verwicklungen, vielleicht mit Entfesselung der glühendsten revolutionären Leidenschaften. Rasche, glänzende Entscheidungsschlachten standen zunächst nicht in Aussicht, sondern langwierige Belagerungen. Venedig hatte eine Besatzung von 30,000 Mann, es war weithin durch stark befestigte Inseln geschützt. Die beste Kriegsflotte Frankreichs dampfte durch die Adria heran. Aber wenn sie von den Engländern darin eingeschlossen wurde? Zwar hatte soeben die Italien günstige öffentliche Meinung das Toryministerium Derby gestürzt und die Whigs ans Ruder gebracht. Allein in realen Fragen des englischen Interesses tritt der Parteistandpunkt zurück. Auch war England der Emancipation Italiens von jeder Fremdherrschaft, aber nicht der Machtvergrößerung Frankreichs geneigt. Die schwere heiße Jahreszeit brütete über der Scene und drohte das französische Armeecorps, welchem die Belagerung der Sumpffestung Mantua übertragen war, mit tödtlichen Wechselfiebern heimzusuchen. War es nicht gerathener, wenn auch ohne die vertragsmäßigen Ländererwerbe, die glänzenden Trophäen, die Magie der Siege sich nach Frankreich zurückzutragen? War dann nicht ein neuer großartiger Beweis geliefert, daß Frankreich wirklich die einzige großmüthige Macht sei, welche sich ohne allen ländergierigen Eigennutz für große Ideen zu opfern wisse? Dieser Beweis von Uneigennützigkeit konnte vielleicht bei den ideologischen Deutschen bald real verwerthet werden. Nach all den erschütternden Kontrasten, nach den Anstrengungen der Strapazen und Freuden war auch der physische Zustand, „das Rückenmark", schreibt Lamarina, des nicht mehr jungen Kaisers und seiner Generale, von deren Heimweh nach Paris, von deren Uneinigkeit man viel erzählte, der der Abspannung. Unter solchen Umständen, bei solcher Stimmung mußte die Fortsetzung des Kriegs, oder vielmehr die Eröffnung eines neuen Kriegs

zur Befreiung Venetiens nicht als die That eines die Andromeda befreienden Perseus, sondern als ein abenteuerlicher Zug Don Quixote's
erscheinen.   So erklärte sich denn der Entschluß Napoleons politisch, psi-
chologisch und physiologisch vollkommen.

Dieses alles zusammenfassend und die italienische Situation hervor-
hebend, sagt Poggi (in seinem memorie storiche V. I. p. 128 etc.:
Offenkundig waren die verdächtige Haltung Preußens und des übrigen
Deutschlands, die Beunruhigung Englands, der Brief des Kaisers von
Rußland, das Drängen der Kaiserin von Frankreich in Betreff des Papstes und die Erwägung über die Art, wie die Siege errungen worden
waren, die numerische Ueberlegenheit der Oestreicher.   Die Schlächterei
bei Solferino war eine so gräuliche gewesen, daß Feldmarschall Heß unseren Friedensunterhändlern bekennen mußte, er habe seit Wagram, wo
er seine lange Militärlaufbahn begann, nie mehr eine solche Masse zer-
fleischter Menschenleichname gesehen.   Dieser Anblick übte auf Kaiser Napoleon einen tief erschütternden Eindruck.   Zu diesem, seinem Herzen
Ehre machenden, kamen auch Motive des Egoismus (der Politik), welche
das Maaß der Entscheidung überfließen machten: die Ungeduld Cavours
in Förderung der Annexionen Mittelitaliens während des Kriegs, die gar
erst in Toscana in dieser Richtung erhobenen Hinderungen (Napoleonischer Plane), und sofort die plötzliche Hitze (furori), womit Ricasoli und
und Salvagnoli Cavours Annexionspläne beförderten.   Der Verdacht des
Kaisers gegen die geheimen Absichten der piemontesischen Politik wurde
wahrscheinlich durch den Prinzen Napoleon bestärkt, welcher dadurch seine
Hoffnung auf den Besitz Toscanas gekreuzt sah.   Indem der Prinz seinen
ganzen Einfluß für Abschluß des Friedens geltend machte, hoffte er, die
Toscaner würden, um nur nicht wieder unter die Herrschaft der Lothringer
und Oestreichs zu fallen, in der Wahl des Prinzen, des Schwiegersohnes
des Königs, den einzigen Ausweg sehen.   Der Versuch der toscanischen
Regierung vom 12. Juni (eigentlich eine Florentiner Massendemonstration zu Gunsten des Anschlusses an Piemont), welcher von Napoleon
in Uebereinstimmung mit Viktor Emanuel mißbilligt wurde, bewies
doch, daß man in der That eine den Abmachungen von Plombieres entgegengesetzte Politik zur Geltung zu bringen suchte.   Die erst im Verlauf
sich herausstellende Spaltung der kühnsten Partei, die plötzliche Selbst-
übergabe der von ihren Fürsten verlassenen Bevölkerungen, der Aufstand
in Perugia mußten den Kaiser zur Ueberzeugung bringen, daß statt der
durch den Frieden beseitigten Gefahr, welche aus dem französischen Ehr-
(von Seiten der Mächte) erwuchs, nunmehr die des sogenannten piemontesischen Ehrgeizes erwuchs.   Und wirklich zettelte Piemont, das heißt Cavour, als Oestreich noch lange nicht aus Italien verjagt war, eine Zettel-
lage an, welche der Uebereinkunft zuwider war.   Statt eines Königreichs
von zwölf Millionen wurde eines von vierzehn angelegt; statt die Grä-

ns bis an die Apenninen vorzurücken, zielte man auf Annexion
und wo möglich auch Umbriens, so daß ein Staat von einiger
in Mittelitalien für den Prinzen Napoleon unmöglich wurde.
iche Regierung wäre also durch Fortsetzung des Krieges in ernst=
idlungen mit der päbstlichen Regierung und damit mit der ka=
tei in Frankreich und in ganz Europa gezogen worden, nur
Werkzeug einer unverhältnißmäßigen Vergrößerung Piemonts zu
Wenn es nun durch neue, noch größere Opfer hauptsächlich von
ankreichs gelungen wäre, Oestreich aus Venetien und damit
talien zu vertreiben, was hätte der Kaiser dafür heimgebracht?
Savoyen wären wenig dafür gewesen und die Gegner Italiens
hrieen, Frankreich habe auf seine Kosten jenseits der Alpen
ne Interessen zu großes, also ein ihnen schädliches Königreich

kamen Motive der inneren französischen Politik. Die klerikale
lcher der Kaiser seine Wahl besonders verdankte, fürchtete, die
staat immer weiter um sich greifende Erhebung der Städte
päbstliche Herrschaft möchte Bestand gewinnen. Die Kaiserin
a diesem Sinne dringend an den Kaiser. Die Politiker, die
: alten französischen und der napoleonischen äußeren Politik
ḥ das Rundschreiben vom 15. Juni vollends scheu geworden.
genügt ein Bericht des neapolitanischen Gesandten in Paris
an seinen Hof vom 1. Juli: „In einer Besprechung mit
Minister des Aeußern) über das letzte Rundschreiben Cavours
s) und über die Folgen, welche dieser aus dem Krieg zu ziehen
e mich Walewski, welchen Sinn ich ihm gebe? Ich antwortete:
épare des arguments pour se plaindre qu'on lui aura
morceau trop petit." Und in der That, wenn der Graf ein
zu träumen wagt, „von allen Bevölkerungen, wie es die Boden=
e Einheit der Rasse, der Gebräuche, die Sprache anzeigt" (Worte
chreibens), so ist klar, daß er (?) König von Italien zu werden
lewski antwortete mir: y compris Rome et Naples. — Oui,
irculaire, antwortete ich; und Walewski fügte bei: Je suis
de pouvoir dire que vous aussi l'avez ainsi interprété.
mit den Worten: mais il fait le compte sans l'hôte! mit
jem Ton gegen den anmaßenden Minister des Königs von Sar=
Wir haben die Motive Napoleons bei seinen jetzt geplanten
gehäuft. Sie waren alle Carutti auch bekannt. Er fragt in=
jalb hatte Napoleon ein Programm aufgestellt, welches er nach
iten selber zerreißen mußte?" Erst die Zukunft werde enthüllen,
lapoleon den Krieg begonnen und, obgleich nur leicht voraus=
Bedenken eintraten, ihn jetzt schon abgeschlossen habe. — Napo=
den Plan, sich an die Spitze der romanischen Welt zu stellen.

Er durfte sich nicht mit dem Pabst überwerfen, wenn er für diesen Plan Spanien, Südamerika und Mexiko gewinnen wollte. Dieses sind die Motive, welche den Kaiser der Franzosen nicht blos zum Abschluß des Friedens, sondern auch seine italienische Politik während der nächsten sechs Monate bestimmten. Zum Theil war dieß später noch der Fall.

Am Abende des 6. Juli, also den Tag nach dem Berichte des Prinzen Napoleon über Toscana, unmittelbar nach dem Empfang des Schreibens des Kaisers von Rußland, schickte Napoleon seinen Adjutanten den General Fleury mit einem Handschreiben an den Kaiser von Oestreich. Darin schlug er ihm, indem er sich an seine Humanität wandte, einen Waffenstillstand vor, welcher für Friedensunterhandlungen Raum geben sollte. Franz Josef, welcher beim Anblick der Gräuel und der Auflösung in Cavriana bitter geweint hatte, welcher Verona mit Verwundeten erfüllt sah, antwortete am folgenden Morgen bejahend. Am 8. Juli vereinigten sich in Villafranca beiderseitige Generale, für Italien der unvermeidliche della Rocca, und unterzeichneten einen Waffenstillstand bis zum 15. August. Die Linien waren so gezogen, daß die beiderseitigen Heere in ihren Stellungen blieben. Villafranca war neutraler Boden. Morgens 9 Uhr den 11. Juli trafen hier die Monarchen persönlich zusammen. Der Streit zwischen dem Kaiser von Oestreich und dem König von Sardinien war seit Jahren ein so persönlich erbitterter gewesen, daß die persönliche Gegenwart des Königs nur störend wirken konnte. Daher erschien von dieser Seite aus Napoleon, welcher somit dabei zugleich als siegreiche Hauptmacht und als Vermittler auftrat. Schon in seinem ersten Schreiben hatte er auf die beabsichtigte Friedensvermittlung der anderen Mächte hingewiesen. War es nicht der beiden Großmächte würdiger, demselben zuvorkommend sich selbst zu verständigen, als vor einem europäischen Schiedsgericht zu erscheinen? Obgleich dieses voraussichtlich behufs Erhaltung des europäischen Gleichgewichts sich des Besiegten angenommen hätte, so wäre es doch für Oestreich peinlich gewesen, je besiegt vor einen Congreß zu treten, nachdem es vor zehn Wochen Einleitung zu einem solchen durchbrochen hatte. Die Mächte, scheint es, waren deßhalb und im Andenken an die Friedensvorschläge vom Jahre 1848 der Ansicht, Oestreich werde sich frühestens nach dem Verluste der ganzen Lombardei, also auch Mantuas und Peschieras, dazu herbeilassen und nur auf das blutig Abgerungene verzichten. Einen dauernden Frieden stellte nur die Abtretung von ganz Lombardo-Venetien in Aussicht. Sollte aber Oestreich sich noch weiteren Opfern und Gefahren unterziehen, auch die andere Hälfte zu verlieren? Oestreich wollte für diese eine militärisch sehr starke Gränze.

Kaiser Franz Josef eröffnete die ohne Zeugen vollzogene Besprechung mit der Erklärung, er trete, aber an den Kaiser der Franzosen, die Lombardei, mit Ausnahme von Mantua und Peschiera, ab. Venetien behalte

' Krone. Er forderte nachdrücklich die Rückkehr des Groß-
Toscana und des Herzogs von Modena in ihre Staaten,
ieben die des Herzogs von Parma, indem Franz Josef durch-
aß dessen Land an Piemont gegeben werden könnte. Dieses
st ja zwischen Piemont und die Lombardei eingeteilt. Nicht blos
ch Habsburg hatte keine Theilnahme für diesen Zweig der Bour-
r sich Oestreichs Obmacht entzogen hatte. Jene beiden Va-
konnten nach wie vor vom Festungsviereck aus beschützt und
den. Durch Modena war der Weg von Verona nach Tos-
. Napoleon brachte seine Idee einer Conföderation der ita-
aaten unter dem Vorsitze des Pabstes vor, wogegen Franz
inwandte. Dieser bemerkte nur, dann befände sich das öst-
ch in Betreff Venetiens in einer Stellung, welche der des
liederlande entspräche, welcher für Luxemburg Mitglied des
ndes sei. Napoleon behielt sich vor, darüber reiflich nachzu-
ist sehr wahrscheinlich, daß er mehr oder minder wichtige
orlegte, nach welchen im Fall der Fortsetzung des Kriegs
en Vorsitz im deutschen Bunde an Preußen abtreten müßte.
er Franz Josef an der reizbarsten Stelle. Die Gemeinsam-
le gegen Preußen, welches zunächst sie beide zur Verständi-
, brachte sie einander näher. Bekanntlich bezeichneten beide
Manifesten, in welchen sie ihren Völkern den Frieden ver-
eußen als den Schuldigen, welcher das Ungenügende dessel-
tworten habe, und darum beinahe als den Ursächer und als
nlichen Gegenstand des nächsten, vielleicht mit vereinten Kräf-
lben europäischen Kriegs. Der Groll Habsburgs, welcher sich
gegen Piemont gerichtet hatte, wälzte sich jetzt ganz gegen
eich dieses den Wünschen Piemonts entschieden in den Weg trat.
stündiger Besprechung schieden die Kaiser in den freundlichsten
war nichts schriftlich gemacht worden. Napoleon war nicht
Hauptquartier zurückgekehrt, als er eine Skizze dessen, wor-
ündlich übereingekommen war, niederschrieb. Darin war die
Conföderationsidee, die Abtretung der Lombardei an Frank-
ihre Gränzbestimmung, aber mit dem Zusatze: „welches die-
unsche der Bevölkerungen gemäß dem König von Sardinien
eformen im Kirchenstaat, und Artikel 5 aufgenommen: „Die
eräne werden alles aufbieten, ausgenommen das Mittel der
it die Herzoge von Toscana und Modena in ihre Staaten
und daß sie eine allgemeine Amnestie und eine Verfassung
war doch einige Rücksicht auf das ausgeschlossene Piemont,
n dieses Projekt durch seinen Vetter, den Prinzen Napoleon,
osef mit dem Auftrage schickte, dasselbe zu besprechen und zu
Der Prinz kam an demselben Tage Nachmittags um Vier

und ein halb in Verona an und trat sofort mit dem Kaiser in Conferenz. Die Besprechung drehte sich hauptsächlich um die Rückkehr der beiden Herzoge von Modena und Toscana in ihre Gebiete. Der Prinz, welcher selbst noch Absichten darauf hegte, bemerkte als genauer Zeuge der Stimmung der Bevölkerung, die Möglichkeit einer Restauration ohne den Schutz einer fremden Intervention zuzulassen, sei illusorisch. Die alliirten Truppen aber würden sich für eine Restauration nicht in den Harnisch werfen, noch werde man eine östreichische Intervention zulassen. Franz Josef, welcher wohl in seiner Geringschätzung des nationalen Geistes der Italiener den Betheuerungen der Herzoge von der Anhänglichkeit der Majorität ihrer Unterthanen zu viel Glauben schenkte, sagte schließlich, die italienische Conföderation werde bei ihrem Zusammentritt diese schwere Frage behandeln. — Allein wie sollte jene Conföderation zusammentreten, während zwei von ihren sechs Gliedern nicht existirten? — Zu langen Erörterungen war keine Zeit. Es lagen Sibyllinische Blätter in Gestalt eines brennenden Ultimatums vor. Der Prinz erklärte, er habe Befehl, um 10 Uhr in Valleggio (3 deutsche Meilen Wegs) bei seinem Kaiser zurück zu sein, und er müßte bedauern, keine günstige Antwort mitzubringen. Franz Josef antwortete, er werde eine bekommen. Um Sieben und ein halb wurde ihm ein Blatt mit den Friedenspräliminarien übergeben. Auf den Wunsch des Prinzen wurden sie von Franz Josef selbst unterzeichnet. Der Prinz versprach ihm, daß wenn sie nicht die Zustimmung des Kaisers der Franzosen erhielten, so würden sie am andern Morgen in die Hände des Kaisers von Oestreich zurückgegeben werden.

Das Schriftstück besagte: „Zwischen dem Kaiser von Oestreich und dem Kaiser der Franzosen wird folgende Uebereinkunft abgeschlossen: Die beiden Souveräne werden die Schöpfung einer italienischen Conföderation begünstigen. Diese wird unter dem Vorsitz des H. Vaters stehen. Der Kaiser von Oestreich tritt an den Kaiser der Franzosen seine Rechte auf die Lombardei, mit Ausnahme der Festungen Mantua und Peschiera, ab. Dem gemäß läuft die Gränze von dem äußersten Festungsbereich (³⁄₄ Meilen) von Peschiera den Mincio entlang bis Grazie (am Westufer des Sees von Mantua) und von hier südlich bis Scorzarolo am Po. Weiterhin bleiben die bisherigen Gränzen Oestreichs. Der Kaiser der Franzosen wird diese abgetretenen Gebiete an den König von Sardinien übergeben. Venetien wird einen Theil der italienischen Conföderation bilden, indem es unter der Krone des Kaisers von Oestreich bleibt. Der Großherzog von Toscana und der Herzog von Modena werden in ihre Staaten zurückkehren und eine allgemeine Amnestie gewähren. (Parma ist nicht erwähnt.) Die beiden Kaiser werden vom H. Vater fordern, daß er in seinen Staaten unvermeidliche (?) Reformen einführe. Beide kriegführende Theile haben den Personen, welche in ihren Gebieten bei Gelegenheit der letzten Ereignisse compromittirt wurden, vollständige Amnestie zu gewähren." — Der

olgenden Morgen überschickte Kaiser Napoleon an den Kaiser von Oest-
eich eine von ihm unterzeichnete Abschrift obiger Uebereinkunft und so
ar der Frieden abgeschlossen. Man kam überein, daß behufs der for-
aalen Redukion des Vertrags die betreffenden Bevollmächtigten in Zürich
jammenzutreten hätten. In einem ganz andern Sinne als Parma
ar der Romagna im Friedensvertrag keine Erwähnung gethan. Es war
orausgesetzt, daß diese insurgirte Provinz unter den Gehorsam des Pabstes
zurückkehre.

Die Rolle, welche Viktor Emanuel beim Friedensschluß zufiel, war
eine sehr unbedeutende, es war die Rolle eines kleinen nur ad hoc Verbündeten zwischen zwei Großmächten. Seine und seiner Truppen tapfere
Leistungen schienen ihn doch zu etwas Besserem zu berechtigen. Er hatte
den Buchstaben seines Vertrags für sich. Allein die Macht, ihn geltend
zu machen, fehlte ihm. Zur Unthätigkeit verdammt, warf er sich zwischen
extremen Entschlüssen hin und her. Er dachte daran, er schien zu mancher
Stunde entschlossen, den Krieg auf eigene Faust durch Entfesselung der
revolutionären Kräfte fortzuführen. Allein wie war dieß nur möglich,
wenn die Franzosen die vorerst ihnen gehörige Lombardei und besonders
ihre Ostgränze besetzten? Napoleon war durch seine Unterschrift und durch
die Sachlage verpflichtet, den Frieden aufrecht zu halten. Wir brauchen
die Folgen so tollkühner Anwandlungen nicht weiter auszuführen. Der
König mußte den Friedenstraktat unterzeichnen. Er that es am Abend
des Eilften, drückte aber sogleich nachher gegen Napoleon seine Reue darüber
lebhaft aus.

Nur das optimistisch sanguinische Temperament, welches ihn der Ansteckung durch den Siegestaumel aussetzte, erklärt die Thatsache, daß Cavour von bedenklichen, am 10. Juli erhaltenen Nachrichten wie von einem
Blitze getroffen wurde. Durch Senator Plezza, welcher Napoleon seinen in
den oberitalienischen Dialekten bewanderten Kammerdiener gegeben hatte, war
Cavour schon unterrichtet gewesen, was im französischen Hauptquartier geplant wurde. Cavour stellte sich, als glaube er diesen Mittheilungen nicht.
Jedoch reiste er auf die Nachricht, vom Abschluß des Waffenstillstands beunruhigt, von Turin an den Mincio ab. Allein offenbar hatte Napoleon
den Friedensabschluß so sehr beschleunigt, weil er, sich der Magie, welche
der Vertraute von Plombieres auf ihn übte, bewußt, in der Lage sein wollte,
dem Ankommenden eine vollendete Thatsache als Schild entgegenzuhalten.
Cavour überzeugte sich unterwegs, daß die Volksstimmung aus dem Taumel des Optimismus sich in den Abgrund des Pessimismus stürzte: Verrath! Verrath! Mazzini war der Prophet, hatte er doch vorausgesagt, der
Fürstenkrieg werde an der Minciogränze abschließen. In jedem Franzosen-
gesicht las der ergrimmte Cavour Hohn auf Italien. Der „große Nationalkrieg" enthüllte sich jetzt vor Europa als eine blos zur Vergrößerung Piemonts aufgeführte Tragikomödie. Dem in äußerster Aufregung Ange-

kommenen gegenüber hüllte der Kaiser sich in Phlegma. Er sprach von dem fürchterlichen Eindruck der Schlachtfelder, von der Geist und Körper der Führer, wie der Truppen lähmenden, erdrückenden Atmosphäre. „Napoleon, äußerte Cavour gegen Vertraute, gab mir vortreffliche Gründe gegen das Kriegführen, aber nicht einen guten für den Friedensschluß." Er sagte, Napoleon habe sich Tage lang in einer körperlichen Unfähigkeit zu allem befunden.

Cavour sah zunächst das Gebäude seiner großen schon halberfüllten Hoffnungen wie durch ein Erdbeben in einen Trümmerhaufen verwandelt. Konnte er, der erfindungsreiche Odysseus, nicht Napoleons Conföderation adoptiren und verbessern? Aber Graf Cäsar Balbo hatte schon 1845 an der Miserabilität des deutschen Bundes mehr gelernt als manche Deutsche im Jahr 1866. Er erklärte darum in seinen berühmten speranze eine italienische Conföderation mit einem vorherrschend unitalienischen Zuge für ein Unding. Schon Balbo sagte: Wenn Oestreich einen Theil der Conföderation ausmachen würde, so wäre Oestreich alles und die Gleichheit der Glieder der Conföderation würde zur bloßen diplomatischen Fiction. „Nein, die italienischen Fürsten werden sich nicht abhängiger, nicht zu ärgeren Sklaven machen lassen, als sie es schon sind." — Oestreich war „der Wolf im Schaafstall". Carutti schildert uns noch 1859 (Unsere Zeit, Heft 35. S. 697) klar und prägnant die elende Lage, worein sich Piemont und Italien durch den plötzlichen Friedensschluß versetzt sahen: „Gewiß ist nur, daß der Friede Italien in einem Zustande beklagenswerther Unfertigkeit und Unsicherheit zurückgelassen hat, während Europa von Zweifel und Mißtrauen bewegt wird. Die Conföderation, die Napoleon den Italienern auflegen will, ist mit Oestreich ein Ding der Unmöglichkeit. Diese Macht würde vermittelst eines solchen Bundes mehr als je die Halbinsel beherrschen. Was sie bisher faktisch that, das würde sie nun mit vollem Rechte thun können. (Seit 1816 hatte Oestreich den italienischen Regierungen wiederholt eine Conföderation nach dem Beispiel der deutschen vorgeschlagen, s. Band I, aber alle außer den schwachen Herzogthümern hatten sie stets abgelehnt; allein durch Piemont, oder vielmehr durch die nationale Idee gefährdet, würden alle Dynastien sich jetzt Oestreich unterstellt haben.) Ein Bund mit den despotischen Regierungen, die gegenwärtig noch auf der Halbinsel bestehen, würde auch ein tödtliches Verhältniß für Piemont herbeiführen, das allein den Kampf gegen alle anderen zu führen hätte. Aus einer solchen unheilschwangeren Verbindung müßte der Bürgerkrieg hervorgehen. — Venetien, sagt der Vertrag ferner, wird unter dem Scepter Oestreichs verbleiben und nicht allein dieses Land, sondern auch Mantua und Peschiera, das heißt, die natürlichen Vertheidigungspunkte der Lombardei. Der König von Sardinien soll sonach zwar die Lombardei besitzen, aber nur so lange, als ihm Oestreich diesen Besitz zugestehen will. Der König hat das Haus, sein Feind

e Schlüssel dazu. Von einem starken Königreiche im Norden Italiens,
..s berufen sein könnte die Unabhängigkeit der Halbinsel zu sichern, ist
so keine Rede."

Durch die Territorialbestimmungen des Friedenstraktats war das
..nn auch vielleicht noch durch Parma zu vergrößernde Piemont von der
..alienischen Halbinsel durch habsburgische Vasallenstaaten ganz abgesperrt.
..estreich behielt selbst auf der Südseite des Po den sich von Guastalla
..s unter Sermide erstreckenden Landstrich, mit dem Brückenkopf von
..orgoforte, dem Ausfallthore Mantuas. Von hier bis an das Tyrrhe-
..ische Meer legt sich bis Carrara Modena quer herüber, welches bei dem
nahen Aussterben des Hauses Habsburg-Gonzaga nach Erbverträgen an
Oestreich fiel. Dahinter die lothringisch-habsburgische Secundogenitur
Toscana und die Provinzen des Kirchenstaats, welche stets östreichischer
Occupationstruppen bedurften. Die neapolitanischen Bourbonen waren
..etzt mürbe und reif, sich Oestreichs Leitung zu unterstellen. Piemont
..ätte somit keine Wahl gehabt, es mußte sich ganz an Frankreich anleh-
nen, um seine gewonnenen Provinzen zu behalten. Piemont wurde
..othwendig die Personification des französischen Einflusses in Italien,
..elcher dem östreichischen einigermaßen das Gleichgewicht hielt. Seit dem
Frieden von 1748 hatten dieß ohne wesentlichen Nutzen für Italien die
Bourbonen in Neapel und Parma gegenüber den Lothringer-Habsburgern
..n Toscana und in der Lombardei gethan. Aber in der zweiten Hälfte
..es vorigen Jahrhunderts waren doch Piemont, Venedig und der Pabst
..inigermaßen selbstständig gewesen. Nun war es schlimmer geworden.
Dazu kommt, daß die nationale Unabhängigkeitsidee mit der constitutionellen Regierungsform solidarisch war und daß jetzt Italien unter den
getheilten Einfluß zweier absolutistischen Großmächte gestellt war. Die
Verfassungsgelübbe der zu restaurirenden Fürsten waren also todtgeborene
Kinder.

Das war also nicht die Conföderation eines selbstständigen Italiens,
welche Cavour stets als zulässig, ja als die für eine längere Probezeit
wünschenswerthe Form ansah, welche eben Preußen, England und Rußland planten. Ihre erste Bedingung sine qua non (si no, no) war
der völlige Ausschluß jedes nichtitalienischen Staats, also Oestreichs aus
den natürlichen Gränzen Italiens. Daher war Cavour, sobald er sah,
daß der Friedenstraktat unwiderruflich feststehe, entschlossen, seine sämmtlichen Ministerien niederzulegen. Dieses war die einzig mögliche Form
seines Protestes, die Rettung seines guten Namens für bessere Zeiten.
Er that es, nach Turin zurückgekehrt, formell den 19. Juli. Damit versiegelte er die Thatsache, daß er nicht blos eine Vergrößerung Piemonts
angestrebt hatte. War alles verloren, so war es doch seine Ehre nicht.
Artom fand den nach drei Tagen nach Turin Zurückgekehrten um mehrere
Jahre gealtert, körperlich gebrochen, blaß. Aber seine geistige Elasticität

war nicht gebrochen. Den 24. Juni schreibt Cavour an einen Freund: „Dieses Auskunftsmittel (seine gegebene Entlassung) wurde mir weder vom Zorn, noch von der Entmuthigung eingegeben. Ich bin voll Zuversicht in den künftigen Sieg der Sache, für welche ich bisher gestritten habe, ich bin stets bereit ihr mein Leben und die Kräfte zu opfern, welche ich noch besitze. Aber ich bin tief überzeugt, daß meine Betheiligung an der Politik in diesem Augenblick meinem Lande schädlich wäre. Seine Schicksale sind jetzt in die Hände der Diplomatie gelegt. Nun stehe ich aber in schlimmem Geruch bei den Diplomaten. Meine Entlassung ist ihnen so angenehm, daß ihre Folge sein wird, sie gegen die unglücklichen Bevölkerungen Mittelitaliens, deren Schicksale sofort festgestellt werden müssen, günstiger zu stimmen. Es gibt Umstände, unter welchen ein Staatsmann sich nicht genug in Sicht stellen kann, es gibt aber auch andere, unter welchen das Interesse, welchem er dient, erfordert, daß er sich in den Schatten zurückziehe. Dieß verlangen von mir die gegenwärtigen Umstände. Ein Mann der That, unterstelle ich mich freiwillig zum Besten meines Landes der Gewalt der Ruhe.“

Poggi sagt: „Daß Cavour unmittelbar nach den Friedenspräliminarien von Villafranca vom Ministerium zurücktrat, war nicht blos die Folge plötzlicher unüberlegter Entrüstung, sondern ein Akt absoluter Nothwendigkeit. Dieser Frieden bedeutete für ihn, daß Napoleon in seiner Seele gelesen hatte und daß dieser seinen feinen Listen andere feinere und zwar mächtigere entgegensetzte. Cavour war für die nunmehrigen Abmachungen kein möglicher Minister mehr, da er alle Handlungen der Regierungen Mittelitaliens verdächtig gemacht hätte. Das Wohl Italiens wollte, daß er sich zurückziehe, und er zog sich zurück.“ Er konnte durch seinen Rücktritt dem seine Ehre für Jahre abschneidenden, schon sich laut machenden Verdachte des „Verrathes“ ausweichen, nur so konnte er, frei gestellt, als Theilnehmer an der allgemeinen Entrüstung, als Opfer der napoleonischen Politik, dadurch populärer, durch Rathschläge mehr nützen als durch Befehle. Ja, der Minister von Piemont durfte Mittelitalien keine Befehle mehr ertheilen.

Nicht mindere Eile als Cavour hatten die beiden siegreichen Fürsten in ihre Hauptstädte zurückzukehren. Am Morgen des 12. Juli wurde durch Rücksendung des vom Kaiser von Oestreich formulirten Friedenstraktats mit der Unterschrift Napoleons und Viktor Emanuels der Friede perfekt. An demselben Tage dankten die beiden verbündeten Fürsten ihren Heeren für die bewiesene Tapferkeit und reisten nach Mailand ab. Hier hielten sie sich den 14. Juli auf. Welche ganz andere Gestalt hatte dieses jetzt angenommen! Es war ein großes furchtbar aufgeregtes Trauerhaus. Niedergeschlagenheit und Zorn sprach aus allen Blicken. Wir können es dem Kaiser nicht verdenken, wenn er an Meuchelmörder dachte. Am 15. reisten sie nach Turin ab. Hier war der Empfang der Bürgerschaft kalt

artige Eindruck einer tiefen, mannhaften Trauer. Cavour machte
Kaiser seine Aufwartung nicht. Es wird erzählt, der Kaiser habe
en Freund, den Grafen Arese gegen zehn Uhr Abends zu Cavour ge=
t, welchen er als krank im Bette fand. Arese habe ihn gebeten Auf=
n zu vermeiden, und habe ihn durch die Erklärung, Napoleon reise am
enden Tage ab und sei fest entschlossen ihn noch zu sprechen, bewogen
zustehen und ihn zu Napoleon zu begleiten. Der Kaiser empfing ihn
der größten Auszeichnung und sprach lebhaft seine Hoffnung aus, ihn
wieder am Staatsruder zu sehen. Cavour war sehr zurückhaltend.
e er schon an der Thüre war, sagte Napoleon: trennen sich wahre
eunde so? und umarmte ihn. So erzählt man. Der König begleitete
Kaiser noch bis Susa am Fuß des Mont=Cenis.

Wir bedauern, daß wir, da wir nicht die Biographie Cavours schrei=
, den Privatmann nicht sofort auf seiner Reise nach Genf begleiten
nen. Diese bildet eines der ergreifendsten Blätter von de la Rive's
timem Buche. Schließlich zu Fuß, in Hemdärmeln in dem Landhause
ner Verwandten angekommen, ließ Cavour zuerst seinem Zorne freien
uf. Er sah, daß er selbst dadurch, daß er diesen Frieden nicht hatte
hindern können, ein für Italien weniger wirksames Werkzeug geworden,
der Glaube der Italiener an ihn geschwächt war, daß jetzt neue Wege
zuschlagen seien, was bei der Verwirrung der Geister, bei dem vergif=
ten Verdacht des Verraths, bei der Gefahr der Entfesselung der Leiden=
aften schwer war. Um aus den unterbrochenen, halben Erfolgen Nutzen
ziehen, kam alles auf den Willen Italiens an. Aber wie konnte ihm
Ein Wille eingeflößt werden? Das wurde Cavour bald klar, daß
talien dem über ihm schwebenden Adler Oestreichs nur den Schild seiner
empaktheit entgegen halten konnte. Bald reifte in ihm das Axiom: „die
litische Einheit Italiens, welche seit Novara eine Möglichkeit war, ist
Villafranca unentbehrlich, eine Nothwendigkeit geworden." Kurz vor
ner Abreise nach Turin schrieb er: „Nun gut! sie werden mich nöthigen,
Rest meines Lebens mit Conspiration zuzubringen."

Wenn ein Staatsmann erster Größe durch diesen plötzlichen Umschlag
Lage Italiens auf Tage aus sich herausgeworfen wurde, so war dieß
ch mehr der Fall bei der Menge, welche eben noch in schrankenlosen
ffnungen himmelhoch sich wiegend, jetzt zerschmettert herabstürzte. Der
hmerz nahm die verschiedensten Gestalten an. In Venedig hatten viele
milien, welche während der Belagerung von 1848 und 1849 Söhne
d einen großen Theil ihres Vermögens verloren hatten, sich getröstet
d Tag um Tag auf Zeichen des Nahens der verbündeten Flotte geharrt.
ie versanken jetzt plötzlich in die Resignation der Verzweiflung. Vene=
n war durch k. k. Kriegslieferungen und Viehseuche furchtbar erschöpft.
n den Städten der Lombardei, wo man an Venetien auch aus wohlver=
ndenem Selbsterhaltungstrieb den wärmsten Antheil nahm, trat der

Schmerz in Gestalt des Zornes, der Wuth über schmählichen Verrath auf
Hundert Liebesverhältnisse wurden abgebrochen. Die einquartirten Fran
zosen wurden nicht mehr mit der Familie, sondern besonders gespeist
Die gewaltige Gegenwart des französischen Heeres hielt Ausbrüche nieter
Nur sehr wenige dachten daran, wie viel die Franzosen, wie wenig man
selbst gethan hatte, und daß es nicht ihre Sache sei, dem Wohlthäter das
Ziel seiner Wohlthaten zu setzen. Auch gegen die Oestreicher entbrannt
der bisher in großmüthiger Freude vergessene Zorn wieder. Erst in tiefer
Tagen des plötzlichen Umschlags hatten einige deutsche Frauen, welche die
östreichischen Offiziere in den Spitälern besuchten, von den Wache habenden Nationalgarden höhnische Worte zu hören. Nur nach und nach brach
die Erwägung sich Raum, daß der Soldat nicht verantwortlich sei. Die
Verwundeten bildeten das versöhnende Mittelglied.

Ueberblicken wir die Stimmungen dieser letzten Monate in ihren
bildlichen Darstellungen. Der uomo di pietra, das mailänder Witzblatt,
bereitete im April 1859 auf die Tage der Befreiung ihre Platten vor.
Die Zielscheibe des Grimms waren „die Menschen, welche ihren Staat
verkauften", die Spione. Die Furcht vor ihnen trennt durch Angst vor
Verrath die Mitglieder derselben Familie. Ueber sie bricht mit dem Abmarsch der Oestreicher der „Tag des Zorns" herein. Durch die Posaunen
des Gerichts zusammengejagt, sollen sie gebrandmarkt werden. Aber ein
Spion sagt zum Richter: wie kannst du mich für mein Handwerk bestrafen, wofür du mich bisher belohntest? Namentlich in Mailand fehlte
es nicht an Leuten, welche bisher eifrige Diener Oestreichs, sich jetzt in
ihren Aemtchen durch die Betheurung zu erhalten suchten, sie seien längst
national gesinnt. Nicht minder scharf waren die jungen Herren un-
Geißelhieben der Satyre in die Reihen der Freiwilligen getrieben werden.
Auch die Karikatur von 1859 athmet nicht den faulen Uebermuth der von
1848. Die Tapferkeit des östreichischen Soldaten wird anerkannt. Einzig
war die Zielscheibe. Im Mai macht er auf den Gütern der Lomellina
Jagd auf zahme Schweine. Nach Magenta weisen ihm die Flußgötter
der Lombardei mit ausgestreckten Armen den Weg nach Osten. Schließlich
geben ihm der italienische und der habsburgische Stiefel Fußtritte.

Der turiner Fischietto hatte, als Napoleon III. seine Siegeslaufbahn
betrat, die Vendomesäule dargestellt; die Italia steigt auf einer Le...
hinauf und bittet Napoleon I., etwas seitwärts rückend auch für sein-
Neffen Platz zu machen. Auf die Nachricht von Villafranca fragt
Oheim, ob der Neffe bald heraufsteige; Antwort: bald, er wechsle
nur noch sein Hembe. Die Delila Diplomatie hat dem Simson die Haare
abgeschnitten. Diese legt jetzt der Kanone einen Maulkorb an, der Fi-
chietto greift zum Rosenkranz. Der uomo di pietra schildert den Eindruck, welchen die von einem betrunkenen Spion ausgerufene Friedens-
botschaft auf die italienische Familie macht: der Vater bricht ohnmächtig

zusammen, der Aerger der älteren läßt sich an den kleineren Kindern aus. Die Italia erscheint mitten in Dornen, der zerzauste Oestreicher schaut aus dem Stiefel heraus, der Preuße wird von dem Oestreicher an dem einen, von dem Zuaven am andern Ohre gefaßt. Weil Napoleon die Restauration der Herzöge zugelassen hat, erscheint er als Taschenspieler; auf dem Tische stehen drei Becher, er versichert, ohne daß er sie berühre, werde etwas hineinkommen; unter dem Tische hockt der Oestreicher mit drei Puppen in der Hand. Die Italiener der Conföderation sind mit einem Stricke zusammengebunden, dessen Ende der Oestreicher dem Pabst überreicht. Allein der Spott der östreichischen Blätter über die Verzweif=lung der von ihrem Beschützer im Stiche gelassenen Italiener reizt bald den Uebermuth dieser wieder. Der Oestreicher ist ja doch bloß, nur mit Feigenblatt und Kommismütze aus seinem Paradies, der Lombardei, ver=jagt. Wüthend muß der Oestreicher, hinter dem spitzen Zaun vorschauend, sehen, wie der Versagliere die herrlich geschmückte Lombardia unter dem Jubel ihrer Freundinnen, der drei Herzogthümer, zur Trauung führt. Diese muntern Mädchen bringen der hektischen Diplomatie ein Charivari, deren Reifen durchs Fenster, und die Weisung, zu ihren Vormündern zurückzukehren, erregt nur ihr Gelächter. Die Karikatur läßt manchmal Gedanken ausfliegen, welche erst nach Wochen, nach Jahren von den Poli=tikern ernstlich aufgefaßt werden. So zeigt schon jetzt der uomo di pietra sogleich nach Villafranca die nackte Venetia auf dem Sklavenmarkt; die vieux gaillards, der feiste Meneghini (Lombarde) und der hagere Gian=duja (Piemontese) sind lüstern sie zu kaufen. (Siehe die Geschichte der italienischen Karikatur im Feuilleton der Kölner Zeitung gegen Ende des Jahres 1860.) — In Piemont, welches über zehntausend seiner Söhne todt und verwundet sah, war der Schmerz intensiv, mannhaft. War es für das neue Ministerium nach der Niederlage von Novara äußerst schwierig gewesen, irgend eine Stellung zu nehmen, so war dieß beinahe ebenso schwierig für das nach Villafranca gebildete Ministerium, zumal der Prä=sident desselben und Kriegsminister Lamarmora, der des Innern Rattazzi und Dabormida für Napoleonisten galten. Sie mußten dem nationalen Unwillen, soweit er begründet war, Ausdruck geben, ohne Napoleon zu verletzen; er blieb ja doch die Hauptstütze Italiens. Zugleich suchten sie die Hoffnung der Nation wieder zu heben, indem sie den von Napoleon in Aussicht gestellten Congreß als eine Macht darstellten, welcher die Ge=rechtigkeit der italienischen Sache anerkennen müsse. Den 23. Juli 1859, zwei Tage nach der Uebernahme des Portefeuilles des Aeußern, erließ Dabormida an die piemontesischen Gesandten eine Note. (Poggi docu=menti N. 12.) Diese Note erklärt, daß die Friedensbedingungen nicht allen legitimen Rechten Italiens Genugthuung gewähren; Italien habe damit noch nicht diejenige Unabhängigkeit erlangt, welche für seine innere Ruhe und für die Sicherheit Europas nöthig sei. „Oestreich bleibt die auf der Halbinsel vorherrschende Macht; es ist leicht vorauszusehen, daß die Restauration der Fürsten, welche ihre Staaten verlassen haben, auf Hindernisse stoßen wird; sei es für die Gegenwart, sei es für die Zukunft, erscheinen ernstliche Verwicklungen als unvermeidlich. Um so lebhafter wünscht der König nach Abschluß des Friedens den Zusammentritt des Congresses, im Vertrauen, daß er im Interesse der Bevölkerungen die Friedensbedingungen möglichst bessern wird. In der Absicht, Venetien in das italienische Concert einzuführen, reden die Friedenspräliminarien von einer Conföderation der italienischen Staaten, welche diesen zwar nicht auferlegt, aber angerathen wird. Ich bin autorisirt Ihnen zu erklären, daß die Regierung des Königs zu keinerlei Conföderation, an welcher Oestreich betheiligt wäre, die Hand bieten wird, da sie nur zu Gunsten der ausschließlichen Suprematie Oestreichs gereichen und eine Verletzung der Freiheit würde. Der Vorsitz, wenn auch nur der Ehrenvorsitz des Pabstes würde eben so schlimme Folgen haben. Da in Beziehung auf Venetien der Kaiser von Oestreich keine formelle Verpflichtung übernommen, sondern sich auf die Versicherung seiner guten Absichten beschränkt hat, so ist über seine künftige Verfassung nichts festgestellt. Deßhalb hält es die Regierung des Königs für ihre Pflicht, für dieses Land eine getrennte, unabhängige Verwaltung und Institutionen zu fordern, durch welche ihm das Aussprechen seiner Bedürfnisse und die Betheiligung an der Führung seiner Angelegenheiten ermöglicht wird. Die Proklamationen des Kaisers der Franzosen und das lebhafte Interesse, welches er fortwährend für das Loos Italiens zeigt, geben mir die Hoffnung, daß nicht die Gewalt allein über das Loos Mittelitaliens und über das der Herzogthümer entscheiden werde. Die Regierung des Königs betrachtet es als Ehrenschuld, vor dem Congreß ihre gerechten Reklamationen sorgsam zu vertheidigen. Die Unterstützung Frankreichs und der andern Großmächte läßt uns annehmen, daß die gewünschten Reformen und Bürgschaften nicht illusorisch sein werden. Dieß wären sie aber, wenn das seit vierzig Jahren von Oestreich geübte Recht der Intervention in den kleinen Staaten fortdauern sollte." So drückend die Situation dem Minister erscheint, so sieht er doch in der Aufstellung eines acht Millionen Seelen starken Königreichs Oberitalien eine Bürgschaft größerer Unabhängigkeit und besserer innerer Verwaltung für die Halbinsel, zumal das verstärkte Piemont fortfahren wird sich auf die parlamentarische Regierung zu stützen. Die wiederholt hervorgehobene Fortdauer der Suprematie Oestreichs über die Halbinsel ist ein scharfer Sporn für Frankreich und für die andern Mächte. — Wie tief heruntergestimmt waren diese Hoffnungen im Vergleich zu denen der mailänder Proklamationen, und glaubte das Ministerium selbst auch nur an jene? — Der patriotische Schmerz nahm eine sehr persönliche Beimischung in den Ländern an, deren zusammengestürzte Regierungen zurückkehren sollten, also in Toscana und am bittersten in den zunächst

:genen, in Modena und in der Romagna. Man kannte hier die Ver=
ung der weltlich herrschenden Priester und die modenesische Amnestie
1849. Tausende von Personen, Hunderte der besten Familien hatten
durch Betheiligung an den provisorischen Regierungen compromittirt.
nationales und ihr persönliches Ehrgefühl sträubte sich entschlossen
egen, von der Restauration sich Verzeihung dafür ertheilen zu lassen,
sie ihre heiligsten Pflichten erfüllt hatten. Das waren kostbare Ele=
te sittlichen, und sobald sich die rechten Führer fanden, auch des ma=
:ellen Widerstandes. Und jetzt, wo Cavour vom Schauplatz abtrat,
entarte sich die ganze Größe Cavours und der feine Takt des italienischen
:istes. Cavour hatte sich nicht blos Werkzeuge, er hatte sich seine Cha=
:n, seine mündigen Ersatzmänner gebildet. Sie erkannten, daß die ein=
: Lücke im Friedensvertrag, die der Rückkehr der Fürsten, aber ohne
mre Waffen, die Bresche war, welche mit allen Kräften der Verzweif=
:g zu vertheidigen sei. Das Unglück Italiens waren die sich seit 1821
:derholenden Interventionen in allen Theilen Italiens gewesen. Wie
: Loch in der Schiffswand unter dem Wasserspiegel war dieß der Punkt,
über Leben und Tod unterschied. Man war aber zu erbittert über
:poleon, als daß man ihm seine voraussichtliche Hilfe zur Abwehr der=
:en gedankt hätte. Manche schauten sofort weiter. In einem Briefe,
:her wahrscheinlich vom Nachmittag des 13. Juli ist, schreibt Lafarina,
:her eben im Begriff war sich zur Insurgirung Venetiens einzuschiffen,
: Ferrara aus: „Nur zu sehr bestätigt sich heute von allen Seiten das
:legramm in Chiffern. Heute wurde mir das ungerechte Aufgeben Ve=
:igs brieflich mitgetheilt. Jetzt thut es Noth, daß Mittelitalien um
:en Preis gerettet werde, und wenn dieß geschehen ist, so wird die aus=
:hmsweise Unterjochung Venetiens nicht von langer Dauer sein. Modena,
:oscana, Romagna müssen die innere Reaktion verhindern und die Stimm=
:ister für den Ausschluß der alten Herrschaften und für die Annexion
:ch Piemont öffnen. Weder Oestreich noch Frankreich werden inter=.
:iren, wenigstens verspricht dieß Napoleon. Ich begreife wohl, daß man
: sich nicht im Ernst auf solche Versprechungen verlassen kann. Aber
: gibt keinen andern Weg des Heils als diesen und man muß ihn mit
:tschlossenheit durchschreiten. England schlägt die Einberufung eines
:ngresses vor. Wir müssen vor diesen Congreß mit Millionen Unter=
:isten für die Annexion treten. Erscheinen Ihnen diese Gründe nicht
:rzeugend, daß wir uns nach Modena zu begeben haben?" — Also der
:danke, daß Venetien jetzt in Mittelitalien zu gewinnen und dann von
: aus selbst zu erobern sei, lief wie ein elektrischer Funke durch alle
:litischen Köpfe.

Kurze Zeit nachher schreibt d'Azeglio in seiner Brochüre la politique
:e droit chrétien: „wenn Oestreich Venetien aufgegeben hätte, so wäre
: wenn nicht moralisch, so doch politisch möglich gewesen, die Restaura=

tion der gefallenen Fürsten anzunehmen. Da aber Oestreich in Italien in einer so drohenden Stellung bleibt, so besteht das einzige Mittel, um nicht die Lage Sardiniens absolut precär und um nicht die Unabhängigkeit des italienischen Italiens zu einer bloßen Täuschung zu machen, in der Bildung eines Staats, welcher stark genug ist, für die mangelnden Gränzen einen Ersatz zu bieten und der Wiederkehr eines Zustandes, welchen Frankreich unter den Augen des zustimmenden Europas umzustürzen wußte, einen realen Widerstand entgegen zu setzen. Dieß hat der Bewußtsein ganz Italiens wunderbar begriffen. Daher der einstimmige Aufschwung in die Arme Sardiniens, daher das Aufgeben aller egoistischen Traditionen, aller, auch der eingewurzeltsten, dem italienischen Municipalismus theuersten Instinkte, daher die Annexionen. — Man denkt nur daran Kräfte zu schaffen, und man muß anerkennen, daß die kleinen italienischen Staaten ihre lokalen Glorielen theuer genug bezahlt haben, damit sie ihren Geschmack daran verlieren mußten. Ohne den Frieden von Villafranca war vieles möglich, was mit diesem Frieden nicht mehr möglich ist." So urtheilten jetzt in allen Tonarten alle politischen Köpfe Italiens, die andern der Reihe nach.

Vierunddreißigster Abschnitt.

Modena-Parma und die Züricher Friedensconferenz.

Keine Stunde, sich auf den rosigen Wolken der Hoffnung zu schaukeln, keine Bedenkzeit blieb Modena. Modena war jetzt der Punkt, in welchem sich die Geschicke Italiens sofort entscheiden mußten. Auf die Nachricht von der im Friedenstraktate von Villafranca stipulirten Rückkehr des Herzogs mit einer Art von Verfassung und einer Amnestie, rüstete sich die klerikal-partikularistische Partei, ihm gewohntermaßen entgegen zu ziehen. Die Dynastie war bei dem Landvolk nicht unbeliebt. Der Herzog stand mit seinen 6000 Mann modenesischer Truppen, welche er beim Ausbruch des Kriegs ins östreichische Gebiet geführt hatte, am Po. Mit diesen konnte er bei Borgoforte auf das östreichische Südpogebiet übersetzen und unter dem ersten Eindruck des Friedens nach einem Tagemarsche durch ebenes Land in seiner Hauptstadt seinen Einzug halten. Die meisten Eltern hätten wohl der Rückkehr ihrer Söhne zugejubelt. Das Beispiel der friedlichen, ja der jubelnden Restaurationen war dann gegeben. Alle Mitglieder der provisorischen Regierung hatten in der Nacht ihre Koffer gepackt. Nur Einer war entschlossen, nicht zu gehen. Er dachte: hilf dir selbst, so werden dir Italien, der Congreß und Napoleon helfen, sie werden vollendete Thatsachen anerkennen müssen.

Unmittelbar nachdem die Oestreicher und der Herzog in Folge von Magenta abgezogen waren, hatten die Stadträthe von Modena und von Reggio am 13. Juni Viktor Emanuel erklärt, daß die Unionsabstimmung vom Mai 1848 wieder in Kraft trete. Der Generallieutenant von Piemont hatte am 4. Juni den Historiker Farini, welcher sich 1848 in Rom und in Bologna erprobt hatte, nach Modena geschickt, um die Leitung der Regierung zu übernehmen. Daß Modena und Reggio Farini zum Ehrenbürger erklärten, sollte bald sehr wichtig werden. Während er die Ordnung aufrecht erhielt, suchte er mit aller Energie die Freiwilligen zu organisiren und Geld in die leeren Kassen zu sammeln. Zum Glück sind wir über die nun in Modena sich concentrirende italienische Krise theils mündlich durch die bedeutendsten Männer, theils durch St. Mauri's Farini und durch Lafarina's Epistolario genau unterrichtet. Auf die erste sichere Nachricht vom Inhalt des Friedens telegraphirt Farini am 13. Juli nach Turin: „Ich bin entschlossen, meine Entlassung von meinem Amte (als königlich piemontesischer Regierungsbevollmächtigter) zu geben. Aber ich will dieses Land nicht der Reaktion und der Verwirrung preisgeben. Ich erwarte bestimmte Befehle und einen Nachfolger.“ Farini ermuthigte die Nationalen durch öffentliche und private Ansprachen und in Folge dessen konnte er den 14. Juli telegraphiren: „Man unterschreibt Erklärungen, welche die Abstimmung (von 1848) für die Union mit Piemont erneuern und erklären, daß man jedem Versuch der Restauration den stärksten Widerstand entgegensetzen werde. In Erwartung der Befehle des Königs bleibe ich auf meinem Posten und indeß wird die Ordnung gegen jeden Versuch ihr aufrecht erhalten werden.“ Da das piemontesische Ministerium kaum einen andern Befehl als den der Rückberufung geben konnte, so zögerte es, einen Befehl zu geben. Es konnte sich gegen Frankreich und gegen Oestreich damit entschuldigen, daß die größte blutige Unordnung die nächste Folge von Farini's Abgang wäre. Aus Scheu davor und vor einem blutigen, wenn auch zu überwindenden Widerstand gegen diese erste Restauration hielt Oestreich den muthigen Herzog und seine Truppen vorerst zurück. An demselben 15. Juli schreibt Farini an Lafarina in Ferrara: „Ihren Brief erhalten. Danke. Schreiben Sie oft; auch ich werde oft schreiben. Sorgt, daß die venetianischen Freiwilligen nicht heimkehren, ohne ihr edles Verlangen, dem Vaterlande zu dienen, erfüllt zu haben. Schicken Sie sie hierher; sie werden sofort eingereiht und mit allem Nöthigen versehen werden. Aus Turin schreibt man mir, daß es jetzt mehr als je nöthig sei, Soldaten zu sammeln. Das brauchen sie mir nicht zweimal zu sagen. Minghetti (piemontesischer Generalsecretär des Aeußern) schreibt mir auch neulich: hoffentlich nimmt niemand dieß Gerede vom wahrscheinlichen Frieden ernstlich. Der Graf (Cavour) schreibt: Waffen und Geld! dasselbe im Vertrauen Lanza. Uebrigens weiß ich wenig von diplomatischen Schlichen und wünsche sie auch nicht zu wissen, damit mein Gewissen nicht verwirrt wird. Ich gehe gerade auf unser Ziel zu und wende alle möglichen Mittel an. Theilen Sie mir alle bedeutenderen Notizen über Venetien mit. Mir scheint, daß wir Mitte Augusts die Insurrektion Venetiens doch werden beginnen können. Dann werden wir 12= bis 15,000 Mann dahin führen können. Ich nehme Ihre Ansicht darüber an. — Ich habe hier einige der thätigsten Emissäre der Austro=Estenser verhaften lassen. Die Spione übergebe ich dem Kriegsrath. Den andern werde ich mit ihrem lieben Gesetzbuch der estensischen Polizei den Prozeß machen lassen. Mir scheint, sie haben sich nicht zu beklagen, nach estensischem Gebrauch gerichtet zu werden. Ich ordne viele Amtsentsetzungen an. Ich mache ein Anlehen und eine Aushebung, organisire die Freiwilligen, bereite die Kriegs-

uer vor. Ich finde wenig Unterstützung, allein, sei's im Guten oder mit
walt, werde ich mir Mannschaft und Geld verschaffen." Farini erklärte
nach Turin bereit, wenn es nöthig wäre, um Piemont nicht zu com-
mittiren, auf sein piemontesisches Bürgerrecht zu verzichten. Den Mo-
esen legte er die Frage vor, ob sie wieder unter das alte Joch zurück-
ren wollten oder ob sie bereit seien, ihr Land und ihre Stadt mit ihm
s Aeußerste gegen die herzoglichen Truppen zu vertheidigen. Sie er-
rten sich für energischen Widerstand. Darauf erklärte ihnen Farini,
ß er die Thore, die wichtigsten Häuser unterminiren lassen würde, um
b lieber mit denselben in die Luft zu sprengen. Das fachte den Muth,
e Begeisterung der Modenesen an. Die Minenarbeiten wurden mit
rnst betrieben. Oestreich und Napoleon glaubten dem Taumel einige
it zur Abkühlung lassen zu müssen, damit die Restauration nicht über
inen einziehe.

Den 16. Juli forderte der Stadtrath von Modena seine Mitbürger
uf, seinem Beispiele zu folgen und zum drittenmal ihre Beistimmung zu
r Union mit Piemont durch ihre Unterschriften zu beurkunden. Mit
ziehung auf das von Napoleon als Grundlage seiner Herrschaft aner-
nnte allgemeine Stimmrecht heißt es in dieser Aufforderung: „Die
neuesten Ereignisse lassen den Bevölkerungen den Ausdruck ihres Wunsches
r die Wahl einer Regierung frei." Dieses war eine etwas freie, kühne
uslegung der nicht einmal im Friedenstraktat schriftlich einverleibten
bereinkunft, daß die Fürsten nicht mit fremder Intervention zurückkehren
ßten. Binnen Monatsfrist erneuerten 90,000 Stimmen bei kaum
90,000 Seelen den Unionsvertrag mit Piemont. Von diesem 16. Juli
aben wir sechs Telegramme Farini's nach Turin: „In Modena, in Regio und in allen Städten unzählige Unterschriften, um gegen die Restau-
ation des Herzogs zu protestiren und Union und Freiheit nochmals zu
rkünden. — Immer noch harre ich auf bestimmte Instruktionen. Indeß
bte ich mich nach den Forderungen der Nothwendigkeit und der Ehre.
 werde die königliche Regierung nicht compromittiren, aber auch die
kunft nicht. Ich fühle, daß sich alles noch retten läßt. — Die Mani-
estationen der öffentlichen Meinung immer noch im Wachsen. Auch der
rus nimmt daran Theil. Der Wunsch dieser Bevölkerungen kann nicht
Zweifel gezogen werden. — Große Volksdemonstration. Ich mußte selbst
e Ansprache an das Volk halten. Der Entschluß des Volkes ist gefaßt.
 beherrsche die Situation. Ich werde die mir ertheilten Befehle mit
the und Würde vollziehen, aber wieder einfacher Bürger geworden mit
n Volke, welches die Gefahr für seinen König übernommen hat, Sol-
 werden, um die Gefahren zu theilen; vielleicht werde ich der Sache
 Königs und des Vaterlands auch so noch Dienste leisten können."
ne Hauptgefahr war die radikale Partei, besonders eine altadelige Fami-
 welche Garibaldi einen seiner tapfern Führer gab.

Den 17. Juli schrieb Cavour an Farini, daß er sein Gesuch um Entlassung dem König vorgelegt und dieser sie mit Verdankung angenommen habe. Auch Cavour dankt ihm zugleich persönlich für seine Unterstützung. Farini erklärte seinen sofortigen Abgang für eine Unmöglichkeit. Er würde die schrecklichsten Unordnungen zur Folge haben. Ehe Cavour nun zunächst auf sein Landgut Leri abging, schreibt er ihm: „Der Minister ist todt, der Freund drückt Ihnen die Hand und ruft Ihrem Entschluß Beifall zu." Gleichzeitig vollzog er, wie auch Minghetti uns als Zeuge verbürgt, seine letzte Handlung als Minister, indem er für Farini eine Anweisung von 10,000 Flinten an das turiner Arsenal ausstellte. Inzwischen war es für einen Einmarsch des Herzogs mit seinen Truppen zu spät geworden. Eine große Entscheidung war für Italien gefallen. Die Festbrücke bestand noch, aber sie war nicht mehr praktikabel. Die Restauration in der Romagna und in Toscana war durch die Haltung der Mächte sehr erschwert. Aber Eines dürfen wir nicht verschweigen, um welchen Preis Farini diese Entscheidung errang. Männer, welche in dieser furchtbaren Entscheidungskrise ihm nahe standen, wollten bemerken, daß er, Tag und Nacht überangestrengt, Momente hatte, in welchen er eine Geistesstörung verrieth. Die Gehirnerweichung war ein in seiner Familie erbliches Uebel. Es war ihm nicht vergönnt, den Soldatentod für sein Vaterland zu sterben, aber sich selbst, seinen Geist hat er ihm geopfert. Zum Glück für Italien entwickelte sich der jetzt in ihm geweckte Keim langsam. Seine Neider hatten noch einige Jahre Zeit, die Dornenkrone ihrer Verläumdungen ihm tief einzudrücken.

Farini fand für gut, erst am 27. Juli seine Abberufung durch den König zu veröffentlichen. Seine Ansprache sagte: „Die Regierung des Königs muß euch heute die volle, unverkümmerte Freiheit lassen, von neuem und auf die spontanste und feierlichste Art und Weise eure gemeinsten Wünsche auszudrücken. Ich lasse euch hiezu als freie, organisirte und bewaffnete Männer. Hiemit kehre ich in die Stellung des Privatmanns zurück." Sicher war Farini nicht überrascht, daß sofort nach Veröffentlichung dieser seiner Ansprache die Nationalgarde sich auf der Piazza versammelte und daß deren Kommandanten den Stadtrath auffordern, Farini als Diktator von Modena auszurufen. Farini nahm die zeitweilige Diktatur an. Er ordnete sogleich die Wahl der Abgeordneten an, welche die Vollmacht haben sollten, über die Landessouveränität und über die nationale Stellung Modenas zu entscheiden. Alle Bürger über 21 Jahren, welche lesen und schreiben konnten, waren Wähler. Am 16. August traten die 72 Gewählten zusammen. Auf den Antrag der angesehensten Männer wurde den 20. August mit geheimer Stimmabgabe einstimmig beschlossen, daß Franz V. von Oestreich-Este und jeder andere lothringische habsburgische Fürst für immer von der Herrschaft ausgeschlossen sein solle. Den folgenden Tag wurde erklärt, daß die Union mit dem Haus Savoyen

reis aufrecht zu erhalten sei. Farini schrieb (Mauri's Farini
lich ohne Datum!) an Michelangelo Castelli, welcher anstatt
en Cavour dieses Ländchen bei der turiner Regierung förderte,
n eine Denkschrift für diese übersandte: „Man kocht vielen
masch (pasticci); ich mag keinen kosten. Ich gehe gerade auf
it Piemont los und bereite die Mittel vor, um jeden Angriff
en. Glaube mir: in der Politik war es stets die Hauptsache,
s man will, und wir, wir allein wissen es. Die Diploma=
, schließen aus, sie bejaen nie; nicht Einer weiß, was er
Macht kann auf eine Allianz rechnen. Oh! alle haben Angst
olutionskriege. Lassen wir sie sich abmühen, schreien und
wollen uns nur mit leeren Flinten Angst machen. Laden
gen! Ich sage zu allen Diplomaten: ich will, ich kann nichts
n, als die Union mit Piemont und ich nehme keinerlei Trans=
ie schlimmste unter allen wäre die Errichtung einer Dynastie
ien. Wenn sich Andere an dieser Angel fangen lassen, ich
und verbürge dir, daß sie, so lange ich in der Gewalt bin,
nmen wird." Farini konnte nur darum so entscheiden, weil
sche Regierung die Bildung jeder unabhängigen Partei unter=

der von Turin aus ernannte Gouverneur Parma verlassen
r populäre Advokate Manfredi provisorisch in seine Stelle
rdnete eine allgemeine Volksabstimmung über die Union mit
Dafür waren 63,167, dagegen nur 504 Stimmen. Der
rief Farini als Diktator auch für Parma, um die Union
. Aengstliche Patrioten tadelten die Vereinigung der beiden
einer Person, in der Befürchtung, es könnte dadurch hier
für den Prinzen Napoleon geschaffen werden! Farini ent=
r parmensischen Abgeordnetenversammlung bei ihrer Eröff=
September ein Bild der Mißregierung der letzten zehn Jahre.
Die Verdienste dieser bourbonischen Dynastie sind die Mit=
estreich gegen Piemont, gegen Italien, gegen Frankreich.
richten." Die Abgeordnetenversammlung bekräftigte am
r die Entthronung der Bourbonen und die Union mit Pie=
ai 1848. Die Hauptschuld der Dynastie in der letzten Krise
euchelte Neutralität", das heißt, die Schwäche in der fatalsten
Lage. Daher wurde die Entthronung mit allgemeiner Zu=
genommen. Den 15. September empfing Turin festlich eine
on Modenesen und Parmensern, welche dem Könige sofort
der Abstimmungen die Union in nationalem Sinn mittheil=
odenesische Sprecher stellte dieß als eine Huldigung für den
chthalter der politischen Freiheit und für den ersten Soldaten
Italiens dar. Der Parmenser erklärt, das Motiv sei das

allgemeine heiße Verlangen, den Namen und den Staat des kriegerischen
Königs zu mehren, „welcher den italienischen Geistern die hehre Hoffnung
eines großen, starken, freien, unabhängigen Vaterlands aufleuchten ließ."

Angesichts des Friedensvertrags, der Einsprache Frankreichs und Oesterreichs, und der auf dem angekündigten Congreß zu erwartenden Einsprache
der andern Mächte antwortete Viktor Emanuel zurückhaltend und etwas
zweideutig: „Ich nehme den Wunsch der Bevölkerungen an als einen erneuten Ausdruck ihres festen Vorsatzes, den vaterländischen Boden vor
den schmerzlichen Folgen der Unterwerfung unter Fremde zu bewahren.
Das sicherste Mittel zu diesem Zwecke sehet ihr in der Vereinigung eures
Geschicks mit dem meines Königreichs, indem ihr so eine, Italien den Bruch
seiner selbst sichernde, Schranke errichtet. Ich danke euch dafür als italienischer Fürst auch im Namen meiner Völker. Um die Erfüllung eures Wunsches
zu erreichen, werde ich die mir von euch übertragenen Rechte vor den Mächten geltend machen. Vertrauen Sie auf den Verstand (senno) Europas,
welches auch schon andern Völkern das Recht der Wahl einer ihre Freiheit beschützenden Regierung zuerkannt hat und auf das wirksame Protektorat des Kaiser Napoleons. Ich brauche Ihnen nicht zu sagen, Sie
möchten auf dem betretenen Wege einträchtig ausharren. Wie Ihre wiederholten Abstimmungen, haben die zahlreichen freiwilligen Soldaten, welche
Sie für die Tage der Schlachten unter meine Fahnen sandten, Zeugniß
abgelegt, daß Festigkeit in den Entschlüssen eine erprobte, mit Blut versiegelte Tugend der Völker von Modena und Parma ist. Auch Sie haben
durch Ihre Mäßigung Europa bewiesen, daß die Italiener sich selbst zu
regieren wissen und würdig sind, Bürger einer freien Nation zu sein."

Die italienische Revolution, dieß war es ja südlich des Po doch,
durfte sich, wie uns einst Pariser Bürger die das Eigenthum ehrende
Julirevolution als eine reine, reinliche rühmten, sich eine schonende, der
Blutbefleckung reine, gemäßigte nennen. Ob man sich und wer sich an
dem Silberzeug der allgemein verehrten Herzogin von Modena vergriffen, ist
schwer zu entscheiden. Wenn man alle die harten Bedrückungen, die grausamen Verletzungen der Ehre, der Freiheit, des Eigenthums sich zurückruft, welche Hunderte während der letzten Jahrzehnte besonders in Parma
zu erdulden hatten, wenn man bedenkt, daß die Mehrzahl der Werkzeuge
dieser Mißregierungen im Lande geblieben waren, so mußte man sich verwundern über diese Selbstbeherrschung. Die Erklärung dieser Erscheinung
findet sich zumeist in der Mäßigkeit des Italieners im Trinken. Aus der
Ferne erscheint uns daher diese Zeit wie ein großes Familienfreudenfest.
Aber wie bei einem solchen plötzlich ein sonst ferngehaltenes wahnsinniges
oder verbrecherisches Familienmitglied eintritt, so geschah es auch hier. Eines
der verhaßtesten Werkzeuge der wahnsinnigen Grausamkeit, oder vielmehr
ein Verführer des ermordeten Herzogs von Parma, der Oberst Anviti,
welcher sich an der Prügelstrafe gebildeter Jünglinge geweidet hatte, war

von der Herzogin verbannt worden. Am 5. Oktober verbreitete sich in
Parma wie ein Lauffeuer das Gerücht, er sei zurückgekehrt, um eine Reaktion anzuzetteln. Die Behörde setzte ihn, um ihn zu beschützen, ins Gefängniß. Allein trotz tapferer Gegenwehr der Carabinieri und einiger
Garibaldiner wurde dieses erstürmt; der Sohn eines auf seinen Befehl
öffentlich geprügelten Bürgers gab ihm den ersten Stich; er wurde getödtet und durch die Stadt geschleift, sein Kopf ausgestellt. Die Behörden
beschränkten sich darauf, diese That an dem „Elenden" zu tadeln. Farini
eilte aus Modena herbei, befahl die Abgabe aller Waffen, außer denen
der Nationalgarde, und entsetzte energielose Beamte. Aus demselben
Grunde verlegte er die Brigade Parma aus der Stadt. Allein der Haß
gegen den Verworfenen, die Wuth war so allgemein, daß die große Mehrzahl der Bevölkerung durch Geschehenlassen sich mit betheiligt hatte. Und
so war es, obgleich Frankreich gebieterisch Bestrafung verlangte, jetzt für
Farini unmöglich, die männiglich bekannten Mörder zu bestrafen, wie es
für die edle Herzogin unmöglich gewesen war, die Mörder ihres Gatten
zu bestrafen. Der Anstifter war ein Fleischer, dessen Mutter und Bruder
Anviti wegen Raisonnirens öffentlich hatte hauen lassen. Die alten Soldaten hatten Aehnliches an ihrem alten Oberst durch Passivität gerächt.
Hat auch die Volksrache nicht leicht einen würdigeren Gegenstand getroffen,
so durchlief doch diese Kunde, von den Reaktionären verschlimmert, die ge-
sittete Welt wie ein unheilschweres Vorzeichen. Die Patrioten waren bestürzt. Der Blüthe der italienischen Erhebung war der Duft abgestreift.
Gleichzeitig zeigen sich Spuren einer anderen, dem italienischen Charakter
anhaftenden Schlechtigkeit, welche seitdem das Land überwuchert hat. Nicht
blos radikale Phrasenhelden, wie Brofferio, tadelten es, daß und was Andere geschafft hatten, das war ihr Verjährungsrecht; es gab Politiker,
welche von Farini freundlich aufgenommen, ihn mit Lob überhäuften und
sofort in der Italia und in anderen Zeitungen sein Thun und Lassen
herunterrissen. Lafarina fand, daß, wie bei allen Revolutionen, große
Ereignisse und meist kleine Menschen Hand in Hand gingen. Namentlich
fand er die Mittelitaliener ängstlich. Drei hochadelige Sicilianer agitir-
ten in London mit einer von dem unberechenbaren Sicilianer Ferrara
und von Heinrich Amari verfaßten Denkschrift für die „sicilianische Selbstständigkeit" mit der Verfassung von 1812. Das Schmähliche war, daß
sie für ihre Plane Hilfe im Ausland suchten, weil sie fühlten, daß der
großen Mehrzahl des italienischen Volkes mehr noch die sittliche, als die
materielle Kraft fehlte sich selbst zu helfen. Man ist manchmal in Versuchung, Garibaldi, ja dem Mazzini der besseren Tage Recht zu geben,
weil sie verlangten, daß Italien sich selbst helfe, damit die Einmischung
des Auslandes endlich aufhöre. Cavour wollte mit Hilfe der National-
kraft die unentbehrliche fremde Hilfe unschädlich machen. Jene Stänkereien der Eitelkeit im Auslande waren um so schlimmer, als sich von

Frankreich aus ein Gewitter über die Bemühungen um die Unabhängigkeit Italiens zusammenzog. Die ultramontane Presse und die Bischöfe, den von Orleans Düpanloup an der Spitze, riefen Allarm wegen der Gefährdung der weltlichen Macht des Pabstes. Der Kaiser erkannte bald die Unabhängigkeit Italiens an, bald gab er ihm Weisungen wie sein Gebieter. Dem Bischof von Bordeaux, welcher sich gegen ihn für die weltliche Macht sprach, antwortete der Kaiser: es werde eine neue Aera des Ruhms für die Kirche anbrechen, wenn alle erkennten, daß die weltliche Macht des Pabstes der Freiheit und Unabhängigkeit Italiens nicht im Wege stehe. Aber Europa werde eine endlose Besetzung Roms durch die Franzosen nicht dulden. Man müsse daher Sorge tragen, daß nach ihrem Abzug der Pabst und seine Unterthanen versöhnt seien. Je näher sich die Romagna an die Herzogthümer anschloß, um so stärker drückten diese klerikalen Kräfte auch auf die Willensmeinung des Kaisers ihnen gegenüber. Farini hatte zuerst noch im August in Modena die Entsetzung der Dynastie und den Unionsbeschluß durchgesetzt, weil die nationale Sache hier viel mehr gefährdet war als in Parma. Eben jetzt machte sich der Einfluß des in Paris angekommenen östreichischen Gesandten Fürsten Metternich geltend. Oestreich erklärte sich, um Modena und Toscana für seine Schutzfürsten zu retten, bereit, Venetien nur durch Personalunion an sich zu behalten, es ganz in die napoleonische Conföderation, deren Vortheile für Oestreich es nun durchschaute, eintreten zu lassen. Die Züricher Friedensconferenz wurde nun durch Veröffentlichungen der Regierungen vor Europa eingeläutet und starke Differenzen ihm angezeigt. Schon im August erzählte man, Napoleon habe über die Entwicklung in Mittelitalien gesagt: tout cela finira par un coup de tonnerre. Dieser entlud sich im Moniteur vom 9. September. Derselbe bringt eine Apologie des Friedens von Villafranca. Dieser habe Italien nicht blos die Kriegseroberungen, sondern auch eine nationale Entwickelung gesichert, welche nur durch die Rückkehr der Herzoge von Toscana und von Modena zu erzielen sei, während für Italien alles in Frage gestellt gewesen wäre, wenn Napoleon, wegen Fortsetzung des Krieges von Deutschland am Rhein angegriffen, seine Truppen hieher zurückgeführt hätte. „Diese Thatsachen, sagt der Moniteur weiter, sprechen klar für sich, da sie aber durch Leidenschaft und Intrigue entstellt werden, so wird es unerläßlich, ihren wahren Charakter wieder herzustellen. Wenn nach dem Frieden das Geschick Italiens Männern anvertraut worden wäre, welchen die Zukunft des gemeinsamen Vaterlandes näher lag als kleine theilweise Erfolge, so wäre das Ziel ihrer Bestrebungen gewesen, die Folgen des Vertrags von Villafranca zu entwickeln, statt ihnen Hindernisse zu bereiten. Was wäre in der That einfacher und patriotischer gewesen, als zu Oestreich zu sagen: du wünschest die Rückkehr der Herzoge? — Wohlan, es sei! dann aber führe dein Versprechen rücksichtlich Venetiens loyal aus! Venetien erhalte

ein selbstständiges Leben, es habe eine italienische Verwaltung und ein italienisches Heer, mit einem Worte, der Kaiser von Oestreich sei diesseits
ter Alpen nichts mehr als Großherzog von Venetien, wie der König von
Holland für Deutschland nichts mehr ist als Großherzog von Luxemburg.
Es ist sogar möglich, daß man durch offene freundschaftliche Verhandlungen
ten Kaiser von Oestreich dahin geführt hätte, auf Kombinationen einzugehen, welche den Wünschen der Herzogthümer Modena und Parma noch
mehr entsprochen hätten." (? Ihre Vereinigung unter dem Prinzen Napoleon? Erklärung später. Vielleicht dachte Napoleon damals auch an ihre
Vereinigung mit Venetien unter einem souveränen Erzherzog, so daß Oestreich selbst gar nicht in der Conföderation gewesen wäre.) „Nach den
obigen Vorgängen durfte Kaiser Napoleon auf den geraden Sinn und auf
den Patriotismus Italiens zählen, und annehmen, daß sie den Beweg-
grund seiner Politik faßten, welche in seinen Worten enthalten ist: statt
einen europäischen Krieg und in Folge desselben die Unabhängigkeit seines
Landes zu riskiren; anstatt weitere dreihundert Millionen auszugeben und
das Blut von noch fünfzigtausend seiner Soldaten zu vergießen, nahm
Kaiser Napoleon einen Frieden an, welcher zum ersten Mal seit Jahrhunderten die Nationalität der Halbinsel sanktionirt. Das vergrößerte
Piemont wird, wenn die Conföderation zu Stande kommt, darin die erste
Rolle (?) spielen. Aber auf alle diese Vortheile ist eine einzige Bedingung gesetzt: die Rückkehr der alten Herrscherhäuser in ihre Staaten. Noch
hoffen wir, daß diese Sprache vom gesunden Theile der Nation verstanden
werden wird. Denn was wird sonst geschehen? — Die französische Regierung hat bereits erklärt: die Erzherzoge werden nicht durch eine fremde
Macht in ihre Staaten zurückgeführt werden. Aber wenn durch ihre
Ausschließung ein Theil der Friedensbedingungen nicht ausgeführt wird,
so wird sich der Kaiser von Oestreich aller zu Gunsten Venetiens übernommenen Verpflichtungen enthoben sehen. Durch feindselige Demonstrationen am rechten Poufer beunruhigt, wird er sich auf dem linken Ufer
im Kriegszustand verhalten; statt einer Politik der Versöhnung und des
Friedens wird man bald wieder eine Politik des Mißtrauens und des
Hasses erstehen sehen, welche neue Ruhestörungen, neues Unheil herbeiführen wird. — Man scheint viel von einem europäischen Congresse zu
hoffen. Wir selbst verlangen ihn aufs Innigste, aber wir bezweifeln sehr,
daß ein Congreß bessere Bedingungen für Italien erzielen würde. Ein
Congreß wird nur verlangen was gerecht ist. Wäre es aber gerecht, von
einer Großmacht wichtige Zugeständnisse zu fordern, ohne ihr dafür billige
Entschädigungen zu bieten? Außerdem wäre das einzige Mittel hiezu
der Krieg. Aber Italien täusche sich nicht! es gibt in Europa nur eine
einzige Macht, welche Krieg führt für eine Idee, und diese ist Frankreich.
Frankreich aber hat seine Aufgabe erfüllt."

Der Schluß geht wohl gegen England, dessen neues Whig-Ministerium

Union Mittelitaliens begünstigte, aber ohne einen andern, als diplomatischen Aufwand machen zu wollen. Die Gefahr, daß Oestreich zur Wieder-
vergeltung Venetien rechtlos stellen würde, schreckte die Nationalitaliener
durchaus nicht. Im Gegentheil wurde dadurch die Sehnsucht der Venetianer, mit Italien vereinigt zu werden, in ihrer ganzen Stärke erhalten.
Um aus dem halben Zustande heraus zu kommen, hielt man in Italien
noch einen Krieg mit Oestreich für nöthig und hoffte ihn mit den Kräften
beinahe ganz Italiens und mit irgend einem Bundesgenossen, vielleicht
Rußland und Preußen, in geeigneter Stunde zu führen. Man sah, daß
Napoleon sich vorerst Oestreich sehr zu nähern suche. Es gehörte nicht
viel Muth dazu, ihn dafür in den Zeitungen anzugreifen. Als Rechtfertigung der den Unionsabordnungen ertheilten Antworten und als Motivirung ihrer mittelitalienischen Politik richtete die piemontesische Regierung
an die vier Großmächte den 28. September 1859 eine Denkschrift: „Beim
Ausbruch des Krieges von 1859 zwischen ihre Pflichten als italienische
Fürsten und ihre Verpflichtungen gegen Oestreich gestellt, gaben die Fürsten
Mittelitaliens diesen den Vorzug. Ohne eigentliche Revolution das Land
räumend, gaben sie den Völkern das Recht, über ihr Schicksal selbst zu
verfügen. Diese, sich aller radikalen Versuchungen erwehrend, thaten dieß
mit würdiger Ruhe, Ordnung und Einmüthigkeit. Alles, was der Art
Hervorragendes hat, was im Handelsstande sich auszeichnet, was die Intelligenz Erleuchtetes besitzt, wirkte zusammen, um dem Lande nach so bittern Uebeln eine seinen und den Interessen der Halbinsel entsprechende
Zukunft zu sichern. Eine lange, grausame Erfahrung hatte alle Italiener
gelehrt, daß die Halbinsel keinen Schutzwall gegen den Druck von außen
besitze, daß ihre Unabhängigkeit keine reale sei, als von dem Tage an, wo
im Norden ein starker Staat bestehe, welcher mächtig genug wäre die Einflüsse des Auslandes abzuwehren. Deßhalb ergaben sich die Herzogthümer
ohne jeden Vorbehalt an die piemontesische Dynastie. Ist auch durch den
Frieden das Gebiet Oestreichs beschränkt worden, so hat dieses doch nichts
von seiner offensiven und invasiven Kraft verloren. Solche Gelegenheiten
sind auch für die ehrlichsten Absichten eine zu starke Versuchung. Das
Gleichgewicht der Kräfte, welches im vorigen Jahrhundert zu Gunsten
Italiens, namentlich Piemonts bestand, ist in Villafranca so wenig als
auf dem wiener Congreß hergestellt worden. (Der nun folgende Beweis
für die Verschlimmerung der Lage Piemonts und Italiens durch den wiener
Congreß ist derselbe wie der in der klassischen Denkschrift d'Azeglio's vom
Jahre 1814, erster Theil unserer Geschichte, S. 61.) Die Erfahrung des
letzten halben Jahrhunderts hat gezeigt, daß durch die Einverleibung des
großen venetianischen Festlandes in Oestreich Oberitalien wenigstens in
völlige Sklaverei verfallen war. Nun hat die Vorsehung eine einzige Gelegenheit geboten, Italien und Europa die Ruhe wiederzugeben. Die
Vereinigung der drei Herzogthümer mit Piemont würde, wenn auch nicht

genügende Kraft, um der Großmacht, welche im Besitz Venetiens ist, zu widerstehen, so doch geeignete Elemente zur Beschwörung der nächsten Gefahren gewähren. Dazu kommt, daß die Restauration eine moralische Unmöglichkeit geworden ist; sie würde die Interventionen fremder Waffen nöthig haben, welche die Ursache des letzten Krieges waren. Das monarchische Princip würde dadurch aus dem Gewissen ausgerottet, dem Radikalismus das Feld zubereitet. Die Achtung vor der freien Willensmeinung der Bevölkerungen ist die einzige Rettung, welche in Villafranca gesichert wurde." Die Denkschrift geht schließlich auf die schwierigste, die eminent europäische Frage, auf die der Romagna über, auf welche der Friedenscongreß wenig Bezug hatte. Wir werden daher unter dem Abschnitt Romagna dieses Stück der Denkschrift nachholen. Die Darstellung der Ereignisse, zumal ihre Uebersichtlichkeit wird dadurch erschwert, daß in jedem Partikularstaat die Unionsbewegung sich unter ganz eigenthümlichen Verhältnissen vollzog, daß sie in jedem ihre Führer hatte, welche wir kennen lernen müssen. Daß wir sie in Modena und in Parma zuerst schilderten, ist durch die hier zuerst gestellte Entscheidung gerechtfertigt. Die Romagna hängt mit ihnen sehr nahe zusammen, aber beinahe ebenso sehr mit Toscana. Dieses Land ist um so wichtiger, als hier die napoleonischen Absichten sich am klarsten verriethen. Daher behalten wir für seine Geschichte die Schilderung der diplomatischen Schachzüge vor, auch solcher, welche die Nachbarländer betrafen. Toscana brachte die letzte große Entscheidung und schließt deßhalb die Geschichte der Unionsarbeit ab, ja hier war die Bresche zur Annexion des Südens eröffnet. Allein ehe wir die Romagna betreten, erledigen wir den über Oberitalien entscheidenden Züricher Friedenstraktat, für welchen weder früher noch später Raum ist. Den 20. Oktober ermahnte Napoleon Viktor Emanuel, sich auf den Boden der ihm so vortheilhaften Friedenspräliminarien von Villafranca zu stellen; aber diese hatten zwei Gesichter. Er setzt bei: „Wir werden in Zürich verlangen, daß Parma und Piacenza, weil sie Piemont strategisch unentbehrlich sind, mit Piemont verbunden werden und daß die Herzogin von Parma nach Modena berufen werde." Dieß war offenbar ein Versuch des Kaisers, die französischen Ultramontanen, welche immer schroffer auftraten, etwas zu beschwichtigen. (Berichtigend fügen wir bei, daß die Erzherzogin Maria Theresia von Modena den Prinzen Ludwig von Bayern heirathete.) Aus diesem kaiserlichen Handschreiben erhellt, wie wenig diejenigen Fragen, welche nicht schon in Villafranca vorläufig ausgemacht waren, sich geklärt hatten. Als Napoleon dasselbe veröffentlichen ließ, mußte er wissen, daß die Herzogthümerfrage sich im Friedenstraktat nicht entscheiden ließ. Schon im Anfang des August waren die Bevollmächtigten Oestreichs, Frankreichs und Piemonts in Zürich zur Friedensconferenz zusammengetreten. Wir kennen die Wünsche, die Pläne jedes dieser Kabinete so ziemlich. Nur die Piemonts waren thatsächlich vorgeschritten, aber sie konnten in Zürich keine

Gestalt gewinnen, weil sie den Absichten der in Villafranca verständigten Kaiser zu sehr widersprachen. Auf Grund der Präliminarien wurden am 10. November 1859 drei Traktate unterschrieben, der erste zwischen den drei Staaten, der zweite zwischen Oestreich und Frankreich, der dritte zwischen Frankreich und Sardinien.

Den Inhalt des ersten Traktats über Gränzen, Amnestie kennen wir schon aus den Präliminarien. Piemont verpflichtete sich zur Uebernahme von drei Fünftheilen der Schulden des aus den Zeiten des Königreichs Italien stammenden Monte Lombardo-Veneto und eines Theils des Anlehens von 1854. „Die von Piemont gesetzlich aufgehobenen geistlichen Körperschaften können in der Lombardei frei über alle ihre Güter verfügen." Diesem Paragraphen zunächst verdankt es der Reisende, daß er in der herrlichen Karthause bei Pavia noch Karthäuser sehen kann. Der Kaiser von Oestreich und der König von Sardinien verpflichteten sich, allen ihren Unterthanen, „welches Standes sie sein mögen", völlige Amnestie zu gewähren, „wie sie sich auch während des Krieges compromittirt haben möchten." Dieß kam besonders den östreichischen Deserteuren zu gut. In einem Briefe, welchen Klapka den 27. November 1864 an einen alten Waffengefährten richtete, zählt er unter seinen Verdiensten um Italien auch auf: „ich habe nach dem Frieden von Villafranca 5000 ungarische Legionäre, welche ich (in Asti, zunächst ohne Waffen) gesammelt hatte, nach der Amnestie in ihre Heimath zurückgeschickt." Mag diese Zahl auch hoch gegriffen sein, so ist es doch ein Beleg für die Pläne der Verbündeten für den Fall der Fortsetzung des Krieges. Mazzini wollte wissen, in diesem Falle sei Ungarn dem Großfürsten Constantin bestimmt gewesen. — Im zweiten Vertrag verpflichten sich Oestreich und Frankreich, die Errichtung der Conföderation der italienischen Staaten zu fördern, deren Unabhängigkeit und Unverletzlichkeit zu sichern die erste Aufgabe der Conföderation ist. Die Rechte der drei Herzöge werden vorbehalten. Beide Mächte verpflichten sich, alles aufzubieten, um bei Sr. Heiligkeit auszuwirken, „daß die Nothwendigkeit der Einführung der als unvermeidlich anerkannten (?) Reformen von seiner Regierung in reifliche Erwägung gezogen werde." Frankreich verpflichtete sich, auf Rechnung Piemonts die vierzig Millionen östreichischer Gulden für den Antheil an dem Anlehen von 1854, welchen Piemont übernahm, in Terminen an Oestreich zu bezahlen. — Wollte Habsburg kein Geld unmittelbar aus der Hand Piemonts empfangen?

Im dritten Traktat von demselben Datum, zwischen Frankreich und Sardinien, trat jenes an dieses die Lombardei mit den bekannten Ausnahmen ab. Piemont übernahm obige Verpflichtungen, welche Frankreich Oestreich gegenüber übernommen hatte. Die Verträge, welche Oestreich mit Eisenbahngesellschaften geschlossen hatte, gingen mit ihrem Soll und Haben auf den neuen Besitzer über. Dieser gestattet binnen Jahresfrist allen seinen neuen Unterthanen taxfreie Auswanderung nach Oestreich. Allen Lombarden steht es frei, aus dem östreichischen Heere aus= und in denselben Chargen in das piemontesische einzutreten. In weiteren Ar= tikeln verpflichtet sich Piemont gegen Frankreich zur Fortbezahlung von Pensionen aus lombardischen Kassen. Schließlich wird die Rückbezahlung obiger vierzig Millionen Gulden von Piemont an Frankreich geordnet. Als Kriegskostenentschädigung gibt Piemont an Frankreich sechzig Mil= lionen Lire Rentenbriefe auf sein Staatsschuldbuch, welche Frankreich al pari annimmt.

Die französische Regierung richtete an die Höfe ein Rundschreiben über die Motive des Friedenstraktats. Darin heißt es unter Anderem: „Dieser Traktat ist die loyale Auslegung des in einem feierlichen Augenblick von den zwei (nicht drei!) Souveränen vollzogenen Wer= kes. Durch diesen Traktat wird die Uneigennützigkeit und der Edel= muth der kaiserlichen Regierung constatirt, welche auch dießmal die Waffen ergriff, um ihren Nutzen nur in dem ihres Verbündeten zu suchen. Das reiche Gebiet zwischen Mincio und Tessin ist von einer Bevölkerung bewohnt, welche drei Fünftheile der alten Besitzungen Oest= reichs im Süden der Alpen bildete. Durch sie wird Piemont um ein Drittel verstärkt, indem es bis zu einer Seelenzahl von acht Millionen gebracht wird. Außer dieser Basis seines Einflusses in Italien verzichtet Oestreich auch auf sein Garnisonsrecht (von 1815) in Ferrara, Comacchio (beide im Kirchenstaat) und in Piacenza, womit eine der Hauptursachen des Abhängigkeitsstandes aufgehoben wird, in welchem sich die Halbinsel dieser Macht gegenüber befand. Somit hört ihre Stellung auf eine an= greifende und vorwiegende zu sein, und bietet keinen Zug mehr dar, welcher sich nicht mit der freien Entwicklung der politischen Interessen Ita= liens versöhnen könnte. Die Bestimmung der Geldsummen hat den Ab= schluß verzögert. Frankreich wollte Piemont nicht noch durch einen ver= hältnißmäßigen Antheil an der östreichischen Gesammtschuld belasten lassen; Piemont übernimmt nur an dem östreichischen Anlehen von 1854 hundert Millionen Francs (obige vierzig Millionen östreichische Gulden). In Be= treff der Fragen der allgemeinen Politik hatten die Bevollmächtigten in Zürich keine Entscheidungen zu treffen, durch welche ihre Lösung präjudicirt worden wäre, und zwar nicht blos weil dieselben die Rechte Dritter be= rührten, welche in dieser Conferenz nicht vertreten waren, sondern auch weil jene Fragen durch ihre Natur unter die Competenz europäischer Be= rathungen fallen. Die kaiserliche Regierung hat dieß vom Tage der Unter= zeichnung der Präliminarien an so angesehen. Da über die Herzogthümer bestimmt wurde, daß ihre Gränzen nicht ohne die Zustimmung derjenigen Mächte verändert werden könnten, welche an ihrer Bildung (1814) be= theiligt waren, so sind die Rechte der Souveräne von Toscana, Modena und Parma der Verständigung unter diesen contrahirenden Theilen vorbe=

halten." Folgt das Bekannte über die beabsichtigte Conföderation der italienischen Staaten. „Die kaiserliche Regierung hat sich mit der östreichischen verständigt, die Mächte, welche den Generalakt von Wien 1815 unterzeichneten, einzuladen, zu einem Congreß zusammenzutreten, um Mittheilung über die Traktate von Zürich entgegenzunehmen und über die noch anhängigen Fragen zu berathen, wozu noch die der beiden Sicilien, die Roms und Sardiniens kommen. Somit ist alle Hoffnung, daß für Italien eine neue Aera des Wohlbefindens anbreche, und daß es, nachdem seine Mißlage so lange Zeit eine permanente Quelle der Unruhe und von Gefahren gewesen, unter den neuen Verhältnissen eine weitere Bürgschaft der Befestigung und der Dauer des allgemeinen Friedens sein werde." Die französische Regierung erließ die Einladungsschreiben gegen Ende Novembers. Der Congreß sollte zu Anfang des Jahres 1860 in Paris zusammentreten.

Oestreich, indem es Frankreich zum Bürgen und Vollstrecker des Friedens machte und mit Piemont direkt so wenig wie möglich traktirte, fuhr fort dieses als Brecher der Verträge, seine Versprechungen als werthlos zu behandeln. Piemont seinerseits hatte die Absichten der Präliminarien bereits thatsächlich durchbrochen. Zwischen ihnen beiden bestand eigentlich nur ein Waffenstillstand ohne feste Gränzen. Starke französische Corps blieben in der Lombardei zurück, als ob sie einen Wiederausbruch des Krieges verhindern sollten. Diese Lage sicherte Frankreichs Einfluß, war aber zugleich für dasselbe lästig. War zu hoffen, daß einem Congreß die Consolidirung des Friedens auf diesen Grundlagen gelänge? Waren die Geister und die Verhältnisse in Italien hiezu hinlänglich gereift? Wir dürfen nie aus den Augen verlieren, daß eine der deutschen ähnliche Conföderation der ernstliche Wunsch des Herrschers der concentrirten französischen Macht war, und daß die Aufrichtung dieser Conföderation von der Restauration der Dynastieen in Modena und der Toscana als conditio sine qua non abhing, daß sie diese zur Voraussetzung hatte. Wenn diese zwei Staaten, mit Piemont vereinigt, einen Schutzwall gegen Oestreich bildeten, so war nicht daran zu denken, daß Oestreich für Venetien, und ebenso wenig, daß der Pabst und Neapel mit dem gefährlichen Piemont in eine Conföderation eintreten könnten und wollten. Eben so wenig konnte und wollte Piemont im Falle der Restauration mit diesen solidarischen fünf italienischen Staaten in eine Conföderation treten. Es hätte, um nicht von ihnen stets majorisirt und unterdrückt zu werden, ganz Frankreichs Vasall werden müssen. Deßhalb verpflichtete sich Piemont weder in seinem Friedensvertrage mit Oestreich, noch in dem mit Frankreich auch nur mit einem Worte zum Beitritt zur Conföderation.

———

Fünfunddreißigster Abschnitt.

Der Kirchenstaat im Jahre 1859.

Die innere Lage des Kirchenstaats, die Stimmung zumal in den … Provinzen, wo der bürgerliche Unterthan durch den Grund-… zur Thätigkeit gespornt war, waren aus den uns schon bekannten Gründen schlimm. Die Priesterherrschaft und ihre Organe, von ihren Stützen, den östreichischen Offizieren nicht minder verachtet und zurückge-… als beschützt, genoß auch von Seiten der Mehrzahl der kraftbe-… Bevölkerung der Romagna*) vielleicht noch mehr Geringschätzung … Haß. Die Gebildeten fühlten ihre geistige Ueberlegenheit über die … im kanonischen Rechte und in der Scholastik Beschlagenen. Die trägen, … den Friseurboutiken, in den Kaffeehäusern, im Theater herumlungern-… kleinen Rentiers warfen die Schuld ihrer Nichtigkeit auf die Priester-… Ihr miserabler Klatsch wurde manchmal von den Erzählungen der Alten unterbrochen, welche sich ihrer zur Zeit des ersten Napoleon unter der Fahne des Königreichs Italien verrichteten Heldenthaten und

---

*) Bologna wird von den klassischen italienischen Historikern des Cinquecento (6. Jahrhundert), z. B. von Macchiavelli, nie zur Romagna (le Romagne) ge-… Bologna war, bis es sich dem Pabst 1278 unter Bedingungen unterwarf, … selbstständige Republik, welche bald mehr zur Lombardei, bald mehr zu der Ro-… sich neigte. Nach der Volksanschauung waren die beiden hängenden Thürme … Marksteine der Romagna und der Lombardei innmitten der Stadt. Erst um das … 1830, als die nationale Idee unter den Gebildeten Bolognas Wurzel faßte, … diese an, Bologna unter dem Namen le Romagne mitzubefassen, um auf die … der Romagna durch diese Gemeinsamkeit mehr Einfluß zu Gunsten jener Idee … gewinnen. Der Gedanke, sich durch Anschluß an Piemont zu nationalisiren, um … civilen Regierung theilhaftig zu werden, tauchte erst im Sommer 1848 auf, … sich Pius IX. und seine Truppen von der nationalen Sache zurückzogen und … stark genug zeigten, Ordnung gegen die wilden Elemente zu schaffen. — Diese … erhalten wir von einem Bolognesen von mehr als europäischem Ruf. Die … Statthalter der Romagna hatten größere Vollmachten als die im übrigen …chenstaat. Hier hießen sie Prodelegaten, dagegen die in Forli, Ravenna, Bologna … Ferrara „Legaten"; deßhalb sagte man auch für Romagna „die vier Legationen".

Abenteuer rühmten. Die Kirchenfeste, populär predigende Bettelmönche versammelten wohl das schaulustige Volk. Der Beichtstuhl wirkte, jedoch mehr
auf die Weiber, zu Gunsten des herrschenden Systems. Das Ehrgefühl
fühlte sich durch die Thatsache verletzt, daß man allein in Europa noch unter
der Vormundschaft der weltlichen Priesterherrschaft stand. Die durch Pracht-
bauten erhaltene Erinnerung an große Zeiten, deren sich jede Stadt rühmen konnte, bildeten einen zu schroffen Contrast zur ruhmlosen Gegenwart. Die ewige fremde Occupation störte die besseren und die schlimmen Gewohnheiten. Die Steuern waren schwer und unfruchtbar. Man
glaubte, man wußte sich zu Gunsten Roms ausgesogen und zurückgesetzt.
Der Besuch, welchen Pius im Sommer 1857 der Romagna machte, war
ohne Folgen, obgleich ernste Zeichen der Sachlage hie und da bis zu ihm
durchdrangen. (Das Nähere „Unsere Zeit" Br. VIII, S. 773 und folgende.)

Die Priesterregierung durfte es nicht wagen, sich durch die Conscription eine eigene Stütze zu schaffen. Während junge Leute in die Klöster
traten, rühmten die Anhänger des Priesterregiments dessen Humanität,
sagte doch die Kurie selbst, „es wäre unmenschlich, die Jugend in den Jahren der heißesten Leidenschaften zum Cölibat zu zwingen". Daher mußte
das Werbesystem und zwar zur Schonung der Finanzen auch im eigenen
Lande beibehalten werden. Aber diese einheimischen Corps wurden sowohl
von den Oestreichern und Franzosen, als von den geworbenen „Schweizer-
regimentern" gering geschätzt. Daher ließen sich, obgleich nach Schönbals
die Romagna das schönste Material zu Soldaten bietet und an Strolchen
kein Mangel war, immer wenigere anwerben. Diese Werbung erzielte
1853 noch 769 Rekruten, 1858 aber, nachdem die Dienstzeit von drei auf
vier Jahre, aber das Handgeld um mehr als das Dreifache erhöht war,
nur 264 Rekruten. Alle Pfarrer und Schulzen waren zum Werben aufgeboten worden; das Maaß und die sittlichen Bedingungen waren herabgesetzt worden; man nahm alles, was nur nicht auf der Galeere gewesen
war. Wenige Monate nachher warb der Nationalverein für die Schaaren
Garibaldi's. Diesen Freiwilligen wurde nur das Reisegeld gegeben. Die
Behörden schritten mit den strengsten Strafen gegen dieses „Fremdwerben"
ein, der nach Piemont Abgegangene wurde für auf Lebenszeit verbannt
erklärt, auf den Wegen dahin lauerten die Gensdarmen auf ihn, um ihn
in den Kerker zurückzuführen, seine Verwandten wurden verantwortlich
gemacht. Und doch gelangten Hunderte päbstlicher Unterthanen nach Piemont. In Rom hielt man es für klug, diese gefährlichen Elemente sich
entfernen zu lassen. Der in Rom wohnende Abbate Coppi schrieb
(Annali Tomo 14. Cap. 210): „Aus Rom selbst zogen 2000 ab, ohne
irgend welche Polizeiausweise. Die Regierung mißbilligte diese Bewegung,
wußte sich aber unmächtig, sie zu verhindern. Die Freiwilligen vereinigten sich größtentheils in Arezzo, wo General Mezzacapo ihre militärische
Organisation unternahm." Seit Toscana national war, nach Magenta

und Solferino, stellten sich in der Romagna Tausende von Freiwilligen. Sobald der Krieg ausgebrochen war, riß die Desertion bei den geworbenen päbstlichen Truppen ein. (Die Dokumente, Berichte päbstlicher Beamten nach Rom, deren Abschriften in den Registraturen der Romagna zurück blieben, liegen bei Gennarelli in Masse vor. Das Nähere s. in „Unsere Zeit" Band VIII, S. 776 u. s. f.)

Schon Mitte April 1859 berichten die rathlosen päbstlichen Beamten nach Rom, der kecke Sinn des Romagnolen trete herausfordernd hervor. Selbst die Gebirgsdörfer seien von der Ansteckung ergriffen. In dem Berichte des päbstlichen Delegaten in Forli, eines Prälaten, an den General-direktor der päbstlichen Polizei in Rom vom 15. April 1859 heißt es: „Trotz der allgemeinen Gährung ist die öffentliche Ordnung erhalten worden; man kann sogar behaupten, daß in Folge davon, daß die Gemüther vom Unabhängigkeitskampf erfüllt sind, die gewöhnlichen blutigen Verbrechen weniger häufig vorkommen. Wirklich scheint die von den aus-wärtigen Leitern ihren Anhängern im Lande gegebene Parole mitzuwirken, nämlich Ordnung und Ruhe zu erhalten, mit Gelassenheit und Vertrauen die Lösung der Verwicklungen abzuwarten. Diese Lage schüchtert den ge-sunden Theil immer mehr ein und entmuthigt auch die gerichtlichen Be-hörden der Provinz." Die also durch die ungewohnte sittliche Haltung der Bevölkerung eingeschüchterten päbstlichen Behörden hatten ihre einzigen Stützpunkte an den Truppen; die päbstlichen beliefen sich nach amtlichen Angaben in der Romagna auf 5165 Mann, worunter 1200 der zuver-lässigen Carabinieri (Gensdarmen) und das 1500 Mann starke zweite Schweizerregiment. Sie hatten in Forli ihren Stützpunkt. Die Oest-reicher hatten sich um Bologna concentrirt.

Seit Jahr und Tag graute es den besonnenen Patrioten ganz Ita-liens vor den blutigen Rachehandlungen, durch welche die zahlreichen Ver-bannten bei einer auch nur kurzen Rückkehr an den Zwittergeschöpfen, den päbstlichen Beamten in Prälatentracht, sich zu lechzen drohten. („Unsere Zeit" S. 775.) Durch Cavours Plan der Errichtung von Freiwilligen-corps in Piemont, wurde die Bewegung eine entgegengesetzte, man zog nach Piemont. Der Nationalverein machte sich auch dadurch sehr ver-dient, daß er die trotz der gründlichen Entwaffnung des Volkes aufschäu-menden Aufstandsgelüste zurückdrängte und die Bevölkerungen zur Erhal-tung der Ordnung organisirte. Dieß war bei der energischen, heißblü-tigen Bevölkerung hoch nöthig. Sie wurde durch die Nachricht von der Schlacht bei Magenta in die trunkenste Freudenaufregung versetzt. Aber unangefochten zogen sich die östreichischen Kolonnen von Ancona durch die Romagna über den Po zurück. Der wahrheitsgetreue Abbate Coppi er-zählt (Band 14 seiner Annalen, Kapitel 136): „Bologna wurde von den östreichischen Truppen in der Nacht vor dem 12. Juni geräumt und ehe die Morgenröthe anbrach, erfüllte sich der große Platz del Gigante (welcher von dem Palast der Regierung, dem des Podesta, in welchem Enzio gefangen war, und von der Hauptkirche St. Petronio umgeben ist) mit festlicher Volksmenge, welche sich beeilte, sich mit der nationalen Kokarde zu schmücken. Der päpstliche Legat (Gouverneur) Kardinal Milesi suchte sie durch eine Veröffentlichung im Gehorsam zu halten. Sie lautete: „Die östreichische Garnison hat die Stadt verlassen. Damit sind aber die feierlichen Uebereinkünfte nicht erloschen, wodurch die Souveränität des H. Vaters von den beiden Krieg führenden Kaisern geschützt ist. Ich wende mich an den guten Sinn dieser Stadt und Provinz. Alle Freunde der Ordnung mögen sich um mich schaaren, um sie zu vertheidigen. Und sie wird aufrecht erhalten werden, wenn das erste, heiligste Recht, das des Fürsten, des H. Vaters geachtet wird." — Aber diese Ankündigung blieb beinahe unbekannt und ganz und gar unwirksam. Der Enthusiasmus des Volkes wuchs, allgemein rief man: „Es lebe Italien, es lebe Viktor Emanuel, es lebe die Fusion!" Zu früher Stunde wurde vom Saatspalast des Gouverneurs das päpstliche Wappen abgenommen und an seine Stelle das nationale Banner gesetzt. Die Gensdarmen verschlossen sich in ihre Kasernen, die Linientruppen bezeigten sich geneigt, mit dem Volke zu fraternisiren. Drei angesehene Männer stellten sich dem Legaten vor und riethen ihm, dem allgemeinen Wunsche freien Lauf zu lassen. Und in der That reiste der Legat an demselben Morgen ab." Von allen Heiligen und Menschen verlassen, folgte er den Oestreichern nach Ferrara, von wo aus er einen Protest erließ, ohne darin einer Gewaltthat, oder einer Sympathiebezeugung für die päpstliche Regierung die mindeste Erwähnung zu thun. Abbate Coppi fährt (Kapitel 137) fort: „Forli, Ravenna und alle andern Städte der Romagna ahmten sofort das Beispiel Bolognas nach und erklärten sich für die Sache Italiens unter der Dictatur Viktor Emanuels. Dasselbe that Ferrara am 22., sobald die Oestreicher abgezogen waren. Gleichermaßen pflanzten Fano, Sinigaglia, Ancona, Jesi, Fossombrone, Citta di Castello, Perugia und Orvieto (alle in den Marken, in Umbrien und unweit der toscanischen Gränze bis unweit des von den Franzosen besetzten Patrimoniums St. Petri) die italienische Fahne auf. Man darf nicht unterlassen, Akt davon zu nehmen, daß die Volkserhebungen ohne Blutvergießen, ohne nennenswerthe Unordnungen sich vollzogen: das von einflußreichen Liberalen aufgerufene Volk versammelte sich auf der Piazza und begrüßte die Unabhängigkeit Italiens. Die päpstlichen Behörden und Soldaten gaben nach und zogen sich zurück. Die unter dem General Kalbermatten in den Legationen stehenden päpstlichen Truppen zogen sich nach Pesaro, südlich vom Engpaß von Cattolica, zurück. Die Besatzung von Ancona zog sich unter General Allegrini in die Cittadelle zurück." Ganz besonders im Kirchenstaat bewährte sich die Bemerkung Jacini's: „Oestreich erwies sich als die einzige Macht in Ober- und Mittelitalien; denn sobald die Oestreicher ab-

egen, fielen die alten Regierungen zusammen, man kann sagen, wie ein
Kartenhaus." Als Augenzeuge erzählt Coppi: „Am 6. Juni erhielt man
in Rom die erste Nachricht vom Siege bei Magenta, am Abende begaben
sich mehrere Tausende der gebildeten Klasse mit ruhigen Freudenbezeigungen
vor die Wohnungen des französischen und des piemontesischen Gesandten.
Am folgenden Abend wurde beinahe die ganze Stadt ohne Ruhestörung
erleuchtet."

In der Romagna wußte man nicht blos das Kartenhaus einzublasen,
man war auch über das Ziel einig. Wie unter der welken Puppenhülle
der Schmetterling, so lag die Idee des Nationalvereins flugfertig in den
Geistern der Gebildeten. Der Stadtrath von Bologna ernannte zum
Schutze der geistigen und materiellen Interessen sofort einstimmig eine
provisorische Regierung für Stadt und Provinz. Deren fünf Mitglieder
waren Joachim Napoleon Marchese Pepoli (Murats Enkel), ein weiterer
Marchese, ein Graf, Professor Montanari und ein Advokat, lauter anerkannte Ehrenmänner. Die Junta telegraphirte noch am Zwölften an
Cavour: „In der ersten Stunde der Befreiung nach zehnjähriger Occupation durch fremde Truppen vertraut sich unsere Stadt einstimmig der
Diktatur des Königsbürgers, des italienischen Helden an. Für uns alle
gibt es keine andere Pflicht, als in den Reihen der Tapfern zu kämpfen,
welche bei Montebello und bei Palestro für das Vaterland fochten." An
den Aufruf, in welchem Napoleon in Mailand „die Italiener" zu den
Waffen rief, anknüpfend, wandte sich eine romagnolische Abordnung an
den Kaiser mit der Bitte um Gestattung der freien Aeußerung ihrer berechtigten Wünsche. Napoleon versicherte ihnen, daß sein Heer derselben
kein Hinderniß in den Weg legen werde. Cavour antwortete den 18. Juni:
„Der König, ausschließlich mit dem Gedanken beschäftigt, Italien von dem
Fremdjoche zu befreien, könnte sich nicht herbeilassen zu einem Akte (Uebernahme der vieldeutigen Diktatur), welcher durch Hervorrufung diplomatischer Verwickelungen die Erreichung dieses Ziels leicht erschweren könnte.
Jedoch das edle Gefühl ehrend, kann er, trotz seiner tiefen Ehrfurcht für
den H. Vater, nicht umhin, die Streitkräfte unter seine Leitung zu nehmen, welche diese Lande zu organisiren im Begriffe stehen und in den
Dienst der italienischen Unabhängigkeit stellen wollen, womit sie eine doppelte Pflicht erfüllen, die Beihilfe der Romagna zum Kriege einzuleiten
und zu verhindern, daß die vollzogene nationale Bewegung in Anarchie
ausarte." Wirklich fürchtete man, daß die Mazzinisten sich der Bewegung
bemächtigten, mit der Ermordung der Priester anfingen und dann weiter
griffen. Dem konnte man nur dadurch zuvorkommen, daß man selbst die
Leitung übernahm.

Der König ernannte Massimo d'Azeglio zu seinem außerordentlichen
Commissär in der Romagna. Seine Vergangenheit empfahl ihn besonders
hiezu, da er 1845 in seiner Schrift i casi di Romagna die Mißregie-

rung in der Romagna geschildert, diese aber zum bloßen moralischen Widerstand aufgefordert hatte und da er im Juni 1848 neben den romagnolischen
Truppen bei der Vertheidigung Piacenzas verwundet worden war. Es
war ein schlimmes Vorzeichen, daß Napoleon d'Azeglio's Abreise von Turin
verzögerte. Den Tag vor dieser, den 3. Juli, schreibt d'Azeglio an seinen Freund Rendü in Paris mit Beziehung auf jene der romagnolischen
Abordnung gegebenen Antwort: „Trotzdem hat der König anerkannt, daß
man nicht Weiber und Greise durch die Schweizer ermorden lassen, noch
den Socialismus sein Nest inmitten Italiens aufschlagen lassen darf. Ich
vertrete die Rechte der Humanität und des Evangeliums. Ich habe den
Romagnolen erklärt, daß ich nur komme, um die Mittel zur Erhaltung
der Ordnung für den Nationalkrieg zusammen zu bringen, ohne den politischen Fragen irgend zu präjudiciren." D'Azeglio errichtete sogleich ein
Ministerium, in welchem der dazu sehr tüchtige Pepoli die Finanzen, der
unerschrockene Montanari das Innere, der Piemontese Pinelli das Kriegswesen übernahm. Sowohl die Stimmung in der Romagna, als die Verhältnisse an ihren Gränzen hatten sich in der Zwischenzeit verschlimmert.

In den Provinzen des Kirchenstaats südlich von der Romagna nämlich, also südlich von dem Engpaß von Cattolica (zwischen Rimini und
Pesaro), war die nationale Bewegung ungleich weniger ins Volk gedrungen. Wohl war in den meisten Städten ein Kreis von gebildeteren
Patrioten, welcher mit dem Nationalverein in Verbindung stand, aber die
Initiative fehlte ihm, weil er fühlte, daß das eingeschüchterte, rohe Volk
keinen starken Rückhalt bot. So geschah es, daß in Ancona nach dem
Abmarsch der Oestreicher die von diesen sehr erweiterten Festungswerke
über 12 Stunden unbesetzt blieben. Dann rückten wieder päbstliche Trup-
pen ein und es war jetzt vollends unmöglich, der von Bologna gekommenen
Weisung, der Revolution diesen starken Stützpunkt zu sichern, nachzukommen.
Den vielfachen Interessen des Handels und der Industrie, zumal den zahlreichen fremden Kaufleuten war damit gedient. Die Erinnerungen der
Anarchie von 1849 wirkten lähmend. Seit einem halben Jahrhundert hatte
jede Erhebung nach kurzer Frist nur den Oestreichern oder den Franzosen
Veranlassung geboten, die feste Stadt zu besetzen. Die kleineren Städte
wie Foligno, Spoleto wurden wieder von päbstlichen Truppen besetzt.

In der kühn auf ihrer Bergeshöhe gelegenen Stadt Perugia mit
ihren 18,000 Einwohnern hatte, wie wir schon erwähnten, die nationale
Partei eine Schilderhebung gewagt, obgleich die muthigsten jungen Patrioten
sich zu den Schaaren Garibaldi's und nach Arezzo begeben hatten. Den
14. Juni hatte sich der Corso unter Hochrufen auf Italien, auf seine Unabhängigkeit mit Menschen erfüllt; die nationale Fahne mit dem Kreuz
von Savoyen wehte von vielen Balkonen, auch Rufe für Viktor Emanuel „König von Italien" erschollen. Krieg gegen die Fremden war die
Losung. Man wußte, daß Pius an diesem sich nicht betheiligen würde.

Deßhalb zunächst verlangte die aus der Masse auftauchende Abordnung die Diktatur Viktor Emanuels. Diese Abordnung, in welcher Männer wie Guardabassi, Baron Danzetta hervorragten, begab sich zum päbstlichen Legaten, welcher von den Civil- und den Militärbehörden und von den vom Pabst ernannten Municipalbeamten umgeben, sogleich erklärte, er weiche der Gewalt und lege sie in die Hände derer nieder, welche dieselbe besser üben zu können glaubten. Er verließ unter Protest am gleichen Tage die Stadt, ohne Widerstand zu versuchen. So zahlreich überall die klerikale Partei war, so war sie auch im letzten Jahrzehnt so zusammenregiert, daß sie sich allein auf die fremden Soldtruppen verließ. So wurde die Abordnung zur provisorischen Regierung. Sie erließ eine Proklamation und rüstete zum Widerstand. Einige Anhänger der päbstlichen Herrschaft erhielten Auftrag, Perugia zu gutwilliger Rückkehr unter dieselbe aufzufordern. Allein sie wagten dieß nicht und beschränkten sich auf heimliche Zettelungen. Mehr Anklang mögen die Versprechungen gefunden haben, welche schon in Foligno den Soldaten gegeben worden sein sollen, Perugia würde ihnen zur Plünderung preisgegeben werden. Das ist eine Idee für Söldnertruppen!

Die Kurie besaß gegen 10,000 Mann eigener Truppen. Sie hatte sogar im Februar, um zu verhindern, daß der Kirchenstaat Kriegsschauplatz werde, Frankreich und Oestreich aufgefordert, ihre Truppen aus dem Kirchenstaat zurückzuziehen. Antonelli hoffte jetzt die abgefallenen Städte durch seine Soldaten wieder zu unterwerfen, sofern denselben nicht von auswärts Hilfe geleistet würde. Er zog daher aus dem durch die Franzosen gesicherten Rom und aus den Marken seine Streitkräfte in die Gegend von Foligno zusammen. Da Zuzug für die Insurgenten aus Toscana erwartet wurde, so beschleunigte der Oberst des Schweizerregiments A. Schmid den Angriff. Sein Regiment war durch eingeborene Artillerie und etwa 100 Mann Gensdarmen und Finanzwächter verstärkt. Trotz einer Waffensendung aus Toscana besaß Perugia nur etwa 600 zum Theil schlechte Feuergewehre, aber kein Geschütz. Die Zahl der Bewaffneten war also auf päbstlicher Seite beinahe die dreifache.*)

Den 20. Juni Nachmittags drei Uhr begann das Feuer auf dem publico passeggio, unweit der Basilika St. Pietro außerhalb der Stadtmauer, deren Gemälde der von Rom kommende Reisende zuerst besucht. Am blutigsten war der Kampf an dem verbarrikadirten Thor von St. Peter.

---

*) Die mit der Erstürmung Perugias verbundenen Ereignisse haben der europäischen Presse einige Zeit lang Stoff zu Parteipolemik gegeben. Wir erzählen sie hauptsächlich nach amtlichen Dokumenten. Der von der conservativen Presse hochgehaltene Bericht des Obersten Schmid sagt wohl nichts Unwahres, aber verschweigt viel Wahres. Zu seiner Ergänzung dient der gleichzeitige Bericht des der Expedition zugetheilten päbstlichen Unterintendanten Monari an den Generalintendanten Agostini in Rom. Dazu kommen die Verzeichnisse der Unthaten in einzelnen Häusern.

Nachdem die Artillerie vorgearbeitet hatte, stürmten die Schweizer beute-
dürstig unter Hochrufen auf den Pabst. Hauptmann Abyberg fiel tödtlich verwundet. Die ersten Häuser wurden noch verzweifelt, auch mit
Steinen vertheidigt. Die Plünderung, die Zerstörung, die äußerste Mißhandlung jedes Alters und Geschlechts wurde trotz der Bemühung der
Offiziere nicht unterbrochen, als der wieder eingetretene alte Stadtrath
die weiße Fahne auf dem Stadthaus aufzog. Ein städtischer Beamter,
welcher an der Spitze desselben mit der weißen Fahne den Truppen ent-
gegenging, wurde von zwei Kugeln getödtet. Viele Söldner hatten sich
schon im Kloster St. Peter betrunken, alles zerschlagen, in der Kirche
Heiligenbilder geplündert. Geistliche, die Nonnen, welche hier einem
Waisenhaus vorstanden, wurden aufs Aeußerste mißhandelt. Eine Frau
wurde inmitten ihrer Familie vor den Augen ihrer Töchter ermordet,
ferner zwei Jungfrauen und siebzehn unbewaffnete Männer. Manche
wurden die Opfer ihrer Fluchtversuche. Abbate Coppi sagt: „In der Straße
St. Pietro zündeten die Soldaten einige Häuser an, plünderten mehrere
und verwüsteten beinahe alle. Soldaten, welche kostbare Gegenstände geraubt hatten, desertirten in der folgenden Nacht in das nahe Toscana.
Man durfte von diesen besten Stützen des Altars und des päbstlichen
Throns nichts anderes erwarten. Sie standen sittlich sehr tief unter Krom-
wells frommen Geschwadern, ja unter Garibaldi's Schaaren.

So sah Perugia die Gräuel seiner Bürgerkriege erneuert. Das von
Rom aus befohlene abschreckende Beispiel war gegeben. Die geflüchteten
Insurgenten mußten mit ihrem Vermögen den dem Staat zugefügten
Schaden ersetzen. Oberst Schmid wurde zum General befördert, die Soldaten erhielten Denkmünzen, Ruhe und priesterlich-militärisches Regiment
breiteten ihre Fittige wieder über die Stadt, welche sprüchwörtlich war für
ihre Vorliebe für das Studium des päbstlichen Rechts. Fano, Sinigaglia,
Ancona unterwarfen sich. Aber die noch vergrößerten Schilderungen der
erlittenen Gewaltthaten und der Jubel der klerikalen Presse riefen besonders in der Romagna die größte Erbitterung hervor, welche Opfer suchte.

Die zu Zehntausenden, besonders als Kaufleute und Kaffeewirthe in
den Städten Italiens ansäffigen Schweizer hatten in Folge der Nieder-
schlagung liberaler Aufstände durch die päbstlichen Schweizerregimenter
seit 1848 wiederholt sehr unangenehme Tage gehabt. Die Unthaten in
Perugia riefen wieder eine große Entrüstung bei den Italienern hervor.
Längst hatte man sich geärgert, daß Schweizer durch ganz Italien sich
mehrerer Gewerbe bemächtigt hatten, welche dem italienischen Charakter besonders gut zusagen. Jetzt hieß es, sie seien nicht Tells, sondern Kains
Söhne. Sowohl die sociale Stellung, als auch das Gewerb der Schweizer war vieler Orten bedroht. Die in Florenz ansäffigen Schweizer hatten daher schon den 26. Mai an den Schweizer Bundesrath eine Erklärung gegen die mit dem Werbunfug zusammenhängenden schweren Uebel

stände gerichtet. Dieser erließ an seine Konsuln den 6. Juni ein Rundschreiben, worin er auf seine bisherigen Bemühungen zur Abstellung dieses Unfugs und darauf verweist, daß eben der letzte Vertrag mit der Krone
beider Sicilien ablaufe. Die durch die Mißhandlung der Perugianer gesteigerte Erbitterung gegen die „Italien auf jede Weise aussaugenden
Schweizer" beschleunigte die Schritte des Bundesraths, um die Entfernung
der Schweizer Wappen von den Fahnen der neapolitanischen Söldnerregimenter durchzusetzen. Er suchte die Ausführung des von einem Bürger
von Uri mit der Kurie geschlossenen Vertrags über Anwerbung eines neuen
Regiments mit allen Mitteln zu verhindern. So sollte es sich bald,
namentlich in Neapel, bethätigen, daß der von den ultramontanen Organen gepriesene Sieg der Schweizer über Perugia ein schwerer Pyrrhus-
sieg war. Aber nicht blos gegen das feile Menschenfleisch der „Schweizer"
und gegen die weltliche Herrschsucht der Priester war dadurch die Leidenschaft in ganz Italien entzündet, sondern auch gegen die durch Uebermaß
von Rück- und Vorsichten „verrätherische" Politik Cavours und Ricasoli's.
Die in dem von Perugia nur vier Meilen entfernten Arezzo zur Drillung
gesammelten Söhne des Kirchenstaats hatten verlangt, Perugia zu Hilfe
geführt zu werden. Allein auf höheren Befehl war es ihnen verweigert
worden. Dreihundert zogen dennoch aus. Als sie das Ohr an die Erde
legend, den Kanonendonner vernahmen, verdoppelten sie den Schritt, allein
sie kamen zu spät. Nicht blos Mazzinisten fachten diesen Funken der Erbitterung an. Die Romagnolen waren um so empfänglicher, als der
Pabst in den dem Angriff auf Perugia vorausgeschickten Manifesten ihre
Erhebung bitter angeklagt und verurtheilt hatte. Ihnen war also durch
die Priesterrache Aehnliches zugedacht, wenn es möglich war.

Der römische Abbate Coppi leitet die Mittheilung der diese militärischen Schritte begleitenden Manifeste mit folgender gewichtiger Bemerkung ein: „Die päbstliche Regierung betrachtete die Revolution immer als
das Werk von Meuterern und Intriganten, sie nahm den Einfluß des
nationalen Geistes der Unabhängigkeit und der Einheit Italiens nicht in
Acht oder stellte sich, als wüßte sie nichts von ihm (dissimulava)." Die
nun in die Welt ausgehenden Aktenstücke der Kurie athmeten natürlich
gekränkte väterliche Liebe, das unerschütterliche Bewußtsein hoher Rechte
und Pflichten, welche alles was rechts und links davon liegt, als nicht
seiend behandelte. Aber nicht blos werden die wichtigsten Thatsachen ignorirt, als lägen sie in einem anderen Himmelskörper, sondern es werden
auch notorisch falsche Thatsachen vorgebracht. So erregte es den gerechten Widerspruch der Bolognesen, daß der Staatssecretär Antonelli in
seinem den 15. Juni an die Vertreter der Kurie bei den Höfen gerichteten Rundschreiben behauptete, die ehrenhaften Bürger Bolognas hätten
am Morgen des 13. Juni die nationale Bewegung öffentlich getadelt, sie
seien aber von den Aufrührern überschrieen worden. Die Berichte der

Augenzeugen, selbst der verdrängten päbstlichen Beamten, sagen kein Wort davon. Dennoch wird diese Fabel auch in allen an die ganze Christenheit gerichteten päbstlichen Ansprachen wiederholt. Von der Höhe des Felsens Petri herab erklärte Antonelli: „Gezwungen von den Pflichten Seines Gewissens und von feierlichen Eidschwüren, das Seiner Sorgfalt anvertraute heilige Depositum des Erbtheils der Kirche ungeschmälert zu erhalten und Seinen Nachfolgern zu übermachen, hat der H. Vater mir als Seinem Kardinal-Staatssecretär befohlen, Ihnen Mittheilung von diesen Akten der Rebellion zu machen, durch welche Seine, von allen Mächten Europas anerkannte souveräne Autorität und Unabhängigkeit verletzt wurde. Er behält sich vor, mit allen Ihm von der Vorsehung an die Hand gegebenen Mitteln die unverletzlichen, heiligen Rechte des H. Stuhls ungeschmälert zu erhalten."

Am 16. Juni war es dreizehn Jahre, daß Pius zum Papst gewählt worden war. Am 18. erließ er eine Encyklica an alle Patriarchen, Primaten, Erzbischöfe und Bischöfe der katholischen Welt. Als Text waren Worte Mosis an Aaron genommen, welche derselbe bei dem Aufruhr der Rotte Korah sprach, damit der Zorn Gottes nicht mit gelöstem Zügel über alles Volk ausbreche, und der Undank eines Theils seiner Unterthanen gegen seine väterlich sorgsame Regierung nicht an allen bestraft werde. Es seien ja auch nur Wenige, welche das Volk aufstiften, „sich jener italienischen Regierung zu unterwerfen, welche sich in den letzten Jahren der Kirche, ihren legitimen Rechten und Dienern feindlich bezeigte." Doch wird Piemont noch nicht namentlich als der fluchbeladene Bock Asasel bezeichnet. „Wir aber, heißt es weiter, erklären, daß diesem H. Stuhl die weltliche Fürstenthum nöthig ist, damit er in Freiheit, ohne irgend ein Hemmniß zum Besten der Religion seine heilige Gewalt ausüben könne, während die verdorbenen Feinde der Kirche Christi ihm dieselbe zu entreißen beflissen sind. Wir erklären, daß Wir jede Gefahr und jede Bitterkeit erdulden werden, ehe Wir irgend einen Theil Unserer apostolischen Pflicht aufgeben werden."

Noch gereizter durch die Erklärungen der Romagnolen sprach sich der H. Vater am 20. Juni, dem Tage der Erstürmung Perugia's, in seiner Allokution an das Kardinalcollegium aus. Er nennt den Aufstand „ein freches Sacrilegium gottloser Menschen, welche alle göttlichen und menschlichen Rechte mit Füßen treten". Vor zwei Jahren habe er Bologna bei seiner persönlichen Anwesenheit mit Wohlthaten überschüttet. — Während gute Katholiken mit Schmerz behaupteten, der gebildete Theil der Italiener werde durch die schlechte weltliche Priesterregierung, durch deren Weigerung civilen und nationalen Bedürfnissen zu entsprechen, dem Papstthum, der katholischen Kirche und damit der Religion entfremdet, so verkündet der Pabst in dieser Allokution: „Die unermüdlichen Feinde der weltlichen Herrschaft der römischen Kirche suchen dieselbe mit allen Mitteln zu zerstören, damit sie, nachdem sie die römische Kirche ihres Erbtheils beraubt hätten, die Würde und die Majestät des apostolischen Stuhls niederstürzen und die allerheiligste Religion selbst frei, bitter bekriegen und stürzen könnten. Dieß ist in der That ihr unablässiges Ziel. Deßhalb haben Wir die heilige Pflicht, alle Unsere Rechte und Besitzungen als Schutzwehren der freien Ausübung des geistlichen Primats über den ganzen Erdkreis zum Nutzen der katholischen Kirche zu vertheidigen. Deßhalb protestiren Wir gegen alles was jene Rebellen zu thun sich erfrechten, Wir verwerfen es, cassiren es und stellen es mit Unserer höchsten Autorität ab. Ferner rufen Wir allen die große Excommunication und andere Kirchenstrafen in Erinnerung, welche von den H. Kanones, apostolischen Constitutionen und von den Beschlüssen der allgemeinen Concilien geschleudert wurden, denen auch ohne weitere Erklärung Diejenigen verfallen, welche auf irgend eine Weise die weltliche Macht des Pabstes zu erschüttern sich erdreisten. Deßhalb erklären Wir alle Diejenigen für diesen Strafen verfallen, welche in Bologna, Ravenna, Perugia und sonstwo sich erdreisteten, durch That oder Rath oder Zustimmung oder sonst auf irgend eine Weise Unsere bürgerliche Gewalt, Unseren heiligen Stuhl und das Erbtheil St. Peters zu stören oder zu verletzen." Folgen Betheuerungen, welchen bitteren Schmerz die Erfüllung dieser Pflicht dem väterlichen Herzen mache und der Fürbitte um Belehrung der verblendeten Kinder. „Nebst dem Vertrauen zu Gott werden Wir auch durch die Hoffnung gestärkt, daß die Fürsten Europas auch ferner vereint sich zur Vertheidigung und Erhaltung Unseres ganzen weltlichen Fürstenthums und des H. Stuhls vereinigen werden, zumal es für einen jeden von ihnen von der äußersten Wichtigkeit ist, daß der Pabst vollster Freiheit genieße, damit er der Gewissensruhe der in ihren Staaten wohnenden Katholiken die gebührende Genugthuung verschaffen könne. Diese Hoffnung wird sicherlich auch dadurch vermehrt, daß die gegenwärtig in Italien stehenden französischen Heere, gemäß den Erklärungen Unseres in Christo geliebtesten Sohnes des Kaisers der Franzosen, nicht blos nichts gegen Unsere weltliche Macht und gegen diesen H. Stuhl thun, ihn vielmehr vertheidigen und erhalten werden." — Das war eine ernste Ermahnung und Warnung an Napoleon, und ein paar Wochen nachher schloß dieser den Frieden von Villafranca.

Da seit langen Zeiten im Kirchenstaat Kirchliches und Politisches verquickt waren, da die klerikale Partei mit diesen vereinten Waffengattungen zum Angriff schritt, so war es natürlich, daß in der Romagna die Apologeten der Erhebung, namentlich d'Azeglio, über ihr den Schild des Menschenrechts, seiner politischen und religiösen Ueberzeugung zu folgen, hoch hielten, daß sie die Gewissensfreiheit verkündeten. Das war eine treffliche Gelegenheit, sie als Ketzer zu verdammen.

Pius erließ den 15. Juli ein Schreiben an den Generalvikar von Rom über den Frieden von Villafranca, wobei er nicht umhin konnte, sich gegen das angebliche Recht der Gewissensfreiheit auszusprechen. Der Pabst verordnet, daß in der Hauptstadt der Christenheit Dankgebete für die Erhörung der Gebete um Frieden angeordnet werden. Dann fährt er fort: „Es thut aber Noth, daß dem Dank Bitten folgen, weil mehrere Provinzen des Kirchenstaats noch eine Beute der Umwälzer der Ordnung sind, und weil in denselben Provinzen von einer usurpatorischen fremden Autorität erklärt wird: „Gott machte den Menschen frei in seinen eigenen Meinungen (opinione), sowohl den politischen, als den religiösen," womit sowohl die von Gott auf der Erde errichteten Autoritäten, denen man gehorchen muß, als die Unsterblichkeit der Seele vergessen wird, welche bei ihrem Uebergang von der Zeitlichkeit in die Ewigkeit dem allmächtigen, unerbittlichen Richter auch über ihre religiösen Meinungen genaue Rechenschaft geben muß; dann wird sie, aber viel zu spät, lernen, daß es nur Einen Gott, nur Einen Glauben gibt, und daß Jeder, welcher aus der Arche der Einheit austritt, in der Sündfluth der ewigen Strafen untergeht. Es muß daher darum gebetet werden, daß der Barmherzige den Fortgerissenen wieder den rechten Verstand und das rechte Herz gebe, und daß sie statt über das eingebildete, erlogene Blutbad in Perugia, über ihre eigene Schuld und Verblendung weinen. Diese Verblendung hat neuestens eine Rotte Wahnsinniger, größtentheils Juden, hingerissen, einige Nonnengemeinschaften aus ihrer heiligen Einsamkeit zu vertreiben." — Daraus erhellt, daß dem Pabst verläumderische Klagen, welche durch die Klostervorsteherinnen selbst widerlegt wurden, beharrlich als Thatsachen dargestellt wurden. Dadurch mußten sie für Tausende zu einer Art von Glaubenswahrheiten werden, wie sie denn auch fort und fort durch die ultramontane Presse aller Länder wiederholt wurden. — Der Kardinalvikar ordnete für drei Tage feierliche Gebete an mit dem Zusatz: „Seine Heiligkeit gewährt Jedem für jeden Besuch dieses dreitägigen Gottesdienstes einen Ablaß von sieben Jahren und sieben Quarantanen, vollkommnen Ablaß aber Jedem, welcher nach Beichte und Communion aller drei Tage sich nach der Absicht Seiner Heiligkeit daran betheiligt." Bekanntlich kann nichts den Fanatismus der Massen so sehr entflammen, als solche in tausend Kirchen zu kirchlich-politischen Zwecken angeordnete, mit den H. Sakramenten verbundene Gebete. Wie ein Volk im Aufruhr die verrosteten Waffen hervorholt, womit die Urväter siegreich gekämpft haben, so holte jetzt die Kurie aus ihrem Arsenal die Waffen des Religionskriegs hervor. Deßhalb wurden die Romagnolen und ihre Bundesgenossen, weil sie in diesem Leben eine menschenwürdige Existenz anstrebten, für Läugner der Unsterblichkeit, also des Geistes erklärt. Allerdings schlossen sich den gläubigen Liberalen auch Leute an, welche tief verbittert gegen die weltliche Herrschaft des Klerus, Feinde der Kirche, des Katholizismus, jeder positiven Religion geworden waren. Alle ohne Unterschied in eine Rotte Korah zusammen zu werfen, forderte die Priesterpolitik.

Gleichzeitig mit dem Frieden von Villafranca, den 14. Juli, richtete der Kaiser der Franzosen an Pius folgendes Handschreiben: „In dieser neuen Ordnung der Dinge kann Eure Heiligkeit den größten Einfluß zur Entfernung jeder Ruhestörung ausüben. Mögen Sie zustimmen, oder vielmehr aus eigener Bewegung geruhen, den Legationen eine getrennte Verwaltung zuzugestehen, mit einer von Ihnen ernannten Laienregierung, welcher aber ein gewählter Rath zur Seite stünde (circondato); diese Provinz hätte dem H. Stuhl einen fixirten Kanon zu bezahlen. So wäre Eurer Heiligkeit die Ruhe Ihrer Staaten gesichert, und Sie könnten die Zahl der fremden Truppen vermindern. Ich beschwöre Eure Heiligkeit demüthig (supplico), die Stimme eines ergebenen Sohnes der Kirche zu erhören, welcher dabei die Nothwendigkeit seiner Zeit begreift und weiß, daß die Gewalt nicht hinreicht so schwierige Fragen zu lösen. In der Entscheidung Eurer Heiligkeit sehe ich entweder die Keime einer Zukunft des Friedens und der Ruhe oder die Fortsetzung eines gewaltsamen, jammervollen Zustandes." — „Aber, setzt Coppi hinzu, diese Rathschläge wurden nicht gehört und die Revolution setzte ihren Weg fort." — Macht nicht dieses humane Bekenntniß des Mannes vom 2. December, welches seine eigenen Thaten verurtheilt, einen wehmüthigen Eindruck? Der Sohn, auf dem Gipfel seines Glückes, theilt dem Vater seine warnenden Erfahrungen mit. Aber umsonst! Napoleon erkannte, daß des Pabstes und sein Schicksal seit der Eroberung Roms im Sommer 1849 solidarisch war. Daher ahnte ihm Böses, daß der Pabst durch seine Unbeugsamkeit sich Unheil bereitete. Napoleon erkannte, daß, so wenig als der Pabst durch Kanonen allein zu besiegen sei, der Pabst den Zeitgeist durch seine Bannstrahlen nicht niederblitzen könne. Allein beide fuhren fort, durch die Gloriole ihrer auswärtigen Stellung ihren nächsten Unterthanen imponiren zu wollen. Quousque tandem?

Renbü macht (in corresp. politique p. 113, Anmerkung) folgende wichtige Mittheilung: „Ein auf obige Grundlagen ausgeführter vollständiger Plan wurde im August der Regierung des H. Vaters durch den Herzog von Grammont mitgetheilt. Er schloß sich an die von Cavour auf dem pariser Congreß 1856 mitgetheilte Idee über die Secularisirung der Verwaltung der Romagna unter dem Protektorat Viktor Emanuels an, eine Idee, welche schon im Jahre 1815 von dem Grafen Albini Talleyrand und Metternich unterbreitet war. Die Häupter der Bewegung der Romagna gaben jetzt diesem Plan ihre Zustimmung."

Allerdings folgte auch der Pabst dem Beispiele der von den Mächten im Frieden von Villafranca gewährten Amnestie. Hunderte, ja Tausende von jungen Männern kehrten nach Abschluß des Friedens enttäuscht in den Kirchenstaat zurück. Sie so wenig wie Mazzini konnten die Politik begreifen, welche sich besonders dem Pabst gegenüber in Schranken hielt und sich Zeiten der Sammlung nahm. Der militärische Geist, der Sinn für

Disciplin war unter der Prieſterregierung erſtorben; ſich in piemonteſiſche Regimenter einreihen und ſich drillen laſſen, erſchien den Römern als Sklaverei. Daher kehrte die Mehrzahl zurück, abgeriſſen und murrend. Die Kurie war ſo klug, ſie als Reuige zu behandeln und ſie durch Unterſtützung von Gefährdung der Sicherheit, des Eigenthums abzuhalten. Manche ließen ſich in das päbſtliche Militär anwerben, noch mehrere blieben in der Romagna in Garibaldi's Schaaren.

Für dieſes Jahr hatte das Budget einen Ueberſchuß verſprochen. Allein der Abfall der fleißigſten Provinz, der am meiſten beſteuerten Legationen, und die erhöhten Militärausgaben nöthigten zum Verkauf von Papieren der conſolidirten Schuld im Betrage von 2,934,000 Scudi. Das päbſtliche Gebiet wurde durch verſchiedene Naturereigniſſe heimgeſucht.*)

So geordnet auch die Revolution der Romagna in der Mitte des Juni verlaufen war, ſo kündigten ſich doch bald auch die inneren Gefahren an. Seit 1831 hatte das Land drei Reſtaurationen der weltlichen Prieſterherrſchaft erfahren. Man kannte ihre Rachſucht. Daher verweigerten die Kaſſenbeamten, kraft Inſtruktion der päbſtlichen Regierung, die Staatsgelder, viele Richter gaben ihre Entlaſſung. Andere mußten entlaſſen werden, worüber die Kurie bittere Klagen anſtimmte. In ihre Stellen drängten ſich viele Unerfahrene und Parteigänger, für welche ſelbſt neue Aemter geſchaffen wurden, beides eine Laſt und ein Schaden für den Staat. Ihnen mußten zum Theil Piemonteſen, worunter mehrere Abgeordnete, vorgeſetzt werden, welche in ihren niederen Stellen tüchtig geweſen waren. Zur Bildung des Heeres kamen nach und nach, man ſagt 2000 Piemonteſen aller Grade. Kaum hatte d'Azeglio verſucht, der Oberleitung Einheit zu geben, als er, kraft Villafranca, den Abberufungsbefehl des Königs erhielt, dem er als Soldat und Edelmann folgen zu müſſen glaubte. Den 24. Juli ſchreibt er an Dentü von Turin aus: „Bei meiner Ankunft in Bologna erklärte mir die Junta, ſie ſei außer Stande die Ordnung zu erhalten. So nahm ich denn ganz gegen meine Inſtruktion die Diktatur an. Drei Tage darauf erhielt ich vom König Befehl, meine (die piemonteſiſchen) Truppen und Beamte in die Lombardei zurückzuführen. An der Südgränze ſtanden die päbſtlichen Schweizerregimenter, im Innern warteten die Mazziniſten nur auf meinen Abgang. Ohne Zögern ſagte ich zu mir: Das ſofortige Verlaſſen dieſes Volkes wäre gegen die Ehre des

---

*) Oeſtlich von Spoleto, 1571 Fuß über dem Meere, liegt Norcia, das alte Nurſia, die Geburtsſtadt des H. Benedikt, das gewerbſamſte ruhige Städtchen des Kirchenſtaats, auf der Südſeite des Apennins. Es zählte 3800 Einwohner. Schon wiederholt war es von Erdbeben heimgeſucht. Am 22. Auguſt 1859 ſtürzten binnen ſieben Minuten von 670 Häuſern 195 ganz ein, die übrigen, bis auf 76, waren ſo arg zugerichtet, daß auch ſie niedergeriſſen werden mußten. Zum Glück waren die meiſten Bewohner auf einem Jahrmarkt abweſend; aber 101 Perſonen blieben verſchüttet todt. Der H. Vater überſandte der unglücklichen Stadt 3500 Scudi.

Königs und gegen die meinige. Darum ist es unmöglich, und ich gehorchte nicht. Ich schickte 9000 Mann zur Deckung der Südgränze gegen die Schweizer von Perugia, ließ 3000 zum Schutz der Regierung, die ich in Bologna eingesetzt hatte, indem ich meinem Generalstabschef, dem Obersten Falicon alle meine Vollmachten übertrug. Dann reiste ich am fünften Tag nach Turin ab, wo ich dem König sagte: Sire, Sie können mich vor ein Kriegsgericht stellen, denn ich bin formell ihren Befehlen ungehorsam gewesen. Er antwortete: Sie haben wohlgethan. Der an Sie geschickte Befehl war ein Mißverständniß!" — D'Azeglio fürchtete mit dem Pabst in Krieg zu gerathen. Aber als er in Modena auf der Durchreise sah, wie Farini sich rüstete, die Restauration des Herzogs abzuwehren, gerieth er in Zweifel, ob er nicht ebenso auf seinem Posten hätte bleiben sollen. Wir wissen aus dem Munde eines seiner Vertrauten, daß d'Azeglio noch Jahr und Tag nachher Scrupel hatte, ob er durch seinen Abgang nicht einen großen Fehler begangen habe. Die provisorische Regierung ernannte General Cipriani zum Generalstatthalter und suchte sich kraft des Selbstbestimmungsrechts des Volkes eine Rechtsbasis zu schaffen. So gab man der Romagna Zeit, sich zu constituiren, und, di far da se, schrieb d'Azeglio an seine Frau, „dann erst, vorher nicht, kann man sich daraus mit Ehren zurückziehen, weil wir doch allein Europa nicht Widerstand leisten können". Den 13. August schreibt er an dieselbe: „Ich glaube, daß man mit Verstand und Energie viel Frucht erzielen kann. Centralitalien benimmt sich vortrefflich; mit der Romagna hat man es dahin gebracht, daß man sie mit materiellen Mitteln sich selbst überlassen kann, welche wohl angewandt zu ihrer Vertheidigung hinreichen. So geht es indeß, und unterwegs macht man das Lastthier zurecht, sagt das Sprüchwort." Bei einer ähnlichen Gelegenheit schrieb er, er pflege es zu machen wie die Esel, welche probiren, ob und wie sie auftreten können. Ein Vertrauter d'Azeglio's sagte mir, dieser habe nicht blos tragische Folgen in Bologna vor Augen gehabt, sondern sich auch gefürchtet, hier ohne Boden in der Luft stehend, sich lächerlich zu machen. „Der Bevölkerung sollte volle Freiheit gelassen werden, ihre Stimme über die Ordnung der Dinge abzugeben, welche ihrem Interesse und dem Italiens am meisten entspräche." Nachdem ein Pfarrer mit 160 bewaffneten Bauern das Signal zur Contrerevolution zu geben gesucht hatte, aber von 60 Freiwilligen aus Ferrara geschlagen worden war, glaubten auch die Klerikalen eher durch Volksabstimmung zum Ziele zu gelangen. Diese war auch aus Rücksicht auf den Kaiser des allgemeinen Wahlrechts nöthig. Der Corse Cipriani war ein Vertrauensmann Napoleons, der einzige italienische Militär, welcher in seinem Generalstab den Feldzug mitgemacht hatte.

Das Volk sollte jedoch nicht unmittelbar über die Souveränitätsfrage abstimmen, sondern auf je 8000 Seelen einen Abgeordneten wählen. Diese Nationalversammlung hatte die Vollmacht, über jene Frage zu entscheiden.

Dadurch wurden auch Ruhestörungen verhindert und ein günstigeres Resultat erzielt. So breit die Basis des Wahlrechts war, so schloß man, um ja unparteiisch zu erscheinen, die zurückgekehrten Flüchtlinge und die früher politisch Compromittirten vom Wahlrecht aus. Die Bevölkerung von 1,050,000 wählte 131 Abgeordnete, worunter 40 Adelige, 27 Aerzte; diese waren als Vertreter der modernen Bildung und des Liberalismus der Klerusregierung bisher besonders verdächtig gewesen. Die Abgeordneten traten am 1. September zusammen. Zuerst begaben sie sich in den Dom von St. Petronio und eröffneten sodann ihre Sitzungen in der Academia delle belle arti, welche durch Raffaels Sta Cecilia und durch Guido Reni's Madonna della pieta weltberühmt ist. Zum Präsidenten wurde der milde Bolognese Minghetti gewählt. Es war ein Zeichen, daß Männer wie er und wie Farini, welche in der Krise von 1815 Pius so nahe gestanden waren, daß Montanari und Aubinot, welche im November 1848, als der päpstliche Ministerpräsident Rossi im Gebäude des päpstlichen Parlaments ermordet wurde, allein den Muth hatten gegen diesen Frevel kühn aufzutreten, daß sie jetzt die päpstliche Herrschaft ein für allemal für unerträglich erklärten.

Die Abgeordneten sahen sich nun berufen, Antonelli und dem ganzen Prälatenthum den Spiegel ihrer Thaten vorzuhalten. Seit Jahrzehnten, namentlich aber während des letzten Jahrzehnts hatten sie bewiesen, daß nicht vorübergehende Zeitumstände, sondern daß ihr caracter indelebilis ihrer Regierung das Gepräge aufgedrückt hatte. Zehn durch Geblüt und Bildung ausgezeichnete Männer, unter ihnen ein Graf Bentivoglio, reichten folgenden Antrag ein: „In Erwägung, daß die Völker der Romagna, nachdem sie in früheren Jahrhunderten unter eigenen Gesetzen gelebt hatten und zu Anfang des gegenwärtigen ein Theil eines civilen Königreichs gewesen waren, im Jahre 1815 gegen ihren Wunsch wieder unter die weltliche Herrschaft des Pabstes gestellt wurden; daß diese Herrschaft, ohne die alten Freiheiten wieder herzustellen, die guten Einrichtungen des Königreichs Italien zerstörte und durch ihre schlechte Verwaltung, welche Europa bekannt ist, ihre Unterthanen in Leid versetzte; daß seitdem die Geschichte dieser Provinzen ein so trauriger Wechsel von Revolutionen und den Reaktionen wurde, daß schließlich die Ausnahmsmaßregeln und der Belagerungsstand die gewöhnliche Regel der Regierung wurden; in Erwägung, daß dadurch nicht blos der Volkswohlstand schwer geschädigt, sondern auch das sittliche Gefühl der Bevölkerungen verdorben und die Ruhe Italiens und Europas unabläßig gefährdet wurden; daß jeder Reformversuch erfolglos war, daß die Bitten der Völker, die Rathschläge der Potentaten Europas ohne Erfolg, die Versprechungen immer Täuschungen waren; in Erwägung, daß sich diese Regierung mit der italienischen Nationalität, mit der Gleichheit der Bürger, mit der politischen Freiheit unverträglich erwies, daß sie nicht einmal das Leben und das Eigenthum

nterthanen zu vertheidigen wußte; in Erwägung, daß diese Regie=
atsächlich auf ihre Souveränität verzichtete (abdico), indem sie ihre
Prärogative in die Hände östreichischer Generale legte, welche viele
indurch die Civil= wie die Militärregierung dieser Provinzen be=
, sie schimpflich mißhandelten, daß diese Regierung sich nicht durch
räfte, sondern nur durch fremde Waffen aufrecht halten kann,
bie öffentliche Ruhe und jede feste Ordnung unmöglich wird;
ägung endlich, daß die weltliche Regierung des Pabstes ihrem
und der Geschichte nach von der geistlichen Regierung der Kirche
eden ist, durch welche Unterscheidung die Ehrfurcht dieser Völker
Kirche gewiß nicht verringert werden wird — erklären wir, die
r der Völker der Romagna, in die Generalversammlung einbe=
indem wir Gott zum Zeugen unserer ehrlichen Absichten nehmen,
Völker der Romagna die weltliche Regierung des Pabstes nicht
llen."

se prägnante, ganz thatsächliche, gleichsam norddeutsch geschäft=
rache contrastirt sehr mit der Phrase von 1849 (s. Unsere Ge=
Theil I, S. 230). Der Antrag wurde gedruckt und den Abthei=
übergeben. Die Commission legte am 6. September ihren Bericht
eser bestätigte durchaus und einstimmig den Antrag, er fügte nur
en hinzu, z. B.: „in den letzten zehn Jahren wurden in der Ro=
Todesurtheile im Namen Seiner kaiserlichen apostolischen Maje=
Kaisers von Oestreich ausgesprochen, ihm, eigentlich seinen Gene=
and das Begnadigungsrecht zu. Die Angeklagten wurden durch
treiche gezwungen, deutsch geschriebene und deutsch verlesene Pro=
u unterschreiben. Auch Weiber wurden geprügelt. Eine Haupt=
ist, daß in den letzten zehn Jahren die Liebe zur Nationalität
Unabhängigkeit Italiens in den Bevölkerungen so lebendig und
geworden ist, daß sie jedes andere Gefühl beherrscht. Die Regie=
oms aber hat sich als damit unverträglich erwiesen." Zehn Ab=
e waren abwesend. Alle andern 121 stimmten in geheimer Stimm=
dafür, daß die Romagna in ihr Selbstbestimmungsrecht wieder
b, die weltliche Regierung des Pabstes nicht mehr wolle. Der
e Sendbote Napoleon Reiset war Zeuge des ungeheuren Jubels
sen Beschluß.

starf die Thatsachen sprachen, so war die Form doch insofern
woll, als der Pabst nicht für abgesetzt erklärt war. Freilich wurde
selben Tage folgender Antrag gestellt und am folgenden Tage
einstimmig zum Beschluß erhoben: „In Erwägung, daß der ein=
, feste Wunsch dieser Völker eine starke Regierung ist, welche eine
aft für die bürgerliche Gleichheit, für die nationale Freiheit und
ngigkeit ist, daß ihr erstes Bedürfniß ist, der Nation gegenüber in
initive feste Stellung zu kommen, durch welche die Aera der Re=

volutionen geschlossen würde, in Erwägung, daß die einzige Regierung, welche diese Bedingung erfüllen kann, vermöge ihrer Macht, ihrer Traditionen, ihrer Organisation, ihrer (constitutionellen) Institutionen und ihrer der Sache Italiens gebrachten Opfer die Regierung Sardiniens ist, — erklären wir, die Vertreter der Romagna, daß die Völker derselben die Annexion an das Königreich Sardinien unter dem constitutionellen Könige Viktor Emanuel II. wollen."

Den 24. September trug eine romagnolische Abordnung in Monza dem König diesen Beschluß vor: „Nehmen Sie, Sir, sagte der Sprecher, unseren Beschluß an, welcher nicht blos eine Aufwallung der Begeisterung, sondern auch die Frucht reiflicher Berechnung ist, verfechten Sie ihn vor Europa. Damit werden Sie diesen Provinzen, welche am längsten aus Liebe zu Italien gelitten haben, wieder Frieden und Wohlstand geben." Damit war der König gebeten, zunächst der Kriegsvogt der Romagna in Zürich und auf dem europäischen Congreß zu sein. Der König dankte für ihr Zutrauen und für ihren Antrag. „Als katholischer Fürst, antwortete er, werde ich unter allen Umständen die tiefe, unwandelbare Ehrfurcht für das Oberhaupt der Kirche bewahren. Als italienischer Fürst darf ich nicht vergessen, daß Europa, indem es anerkannte und feierlich aussprach, daß die Lage Ihres Landes rasche, wirksame Maßregeln erheische, formelle Verpflichtungen gegen dasselbe eingegangen hat. Indeß nehme ich Ihre Wünsche (voti, immer, besonders aber hier absichtlich zweideutig, da es auch Abstimmung, Beschluß bedeutet) an und stark durch das Recht, welches Sie mir übertragen, werde ich Ihre Sache vor den Großmächten verfechten. Vertrauen Sie auf deren Einsicht und Gerechtigkeit. Vertrauen Sie auf das edelmüthige Protektorat des Kaisers der Franzosen, welcher gewiß Willens ist (wollen wird), das große Werk der Wiederherstellung (Genugthuung) zu Ende zu führen, an welches er so mächtig die Hand gelegt hat, wodurch ihm die Anerkennung ganz Italiens verbürgt ist." Gewiß noch mehr ging es dem König von Herzen, die Tapferkeit zu rühmen, welche die Romagnolen unter seinen Fahnen bewiesen hatten. Dieß sei der beste Beweis dafür, daß sie verstanden, daß Piemont nicht für sich, sondern für das gemeinsame Vaterland kämpfe. Viktor Emanuel soll gesprächsweise geäußert haben, er werde die Romagna nicht aufgeben und wenn es ihm selbst an Land und Leute und an seine Person ginge. Das Geschrei gegen den unersättlichen Ehrgeiz Viktor Emanuels wurde jetzt in der reaktionären Presse womöglich noch verstärkt. Darüber schreibt d'Azeglio: „Wenn Sie nur wüßten, wie es mich, der ich den König so genau kenne und weiß, wie übrig genug (par dessus les oreilles) er schon an der kleinen piemontesischen Krone hatte, es mich lachen macht, Viktor Emanuel mir vorzustellen devoré par l'ambition." Selbst die Staatsmänner der besseren illustrirten Karikaturpresse hatten bisher nur schüchtern auf die Romagna Anspruch erhoben. Erst zu Ende

Augusts erscheint sie im Fischietto als viertes Kind, welches dem Gian=
duja (Piemont): „Papa, Papa!" zuruft.

Mit der Schnelligkeit eines Echo kam die Antwort auf die Worte
des Königs aus Rom. Zwei Tage darauf, am 26. September, hielt Pius
an das Consistorium der Karbinäle eine Allokution. Er beruft sich dar=
auf, welche Milde er seit Anfang seiner Regierung besonders auch den
materiellen Bedürfnissen seiner Unterthanen gegenüber bewiesen habe. Nun
haben diese aber nicht nur seine weltliche Gewalt zu stürzen gesucht, son=
dern auch seine geistliche Gewalt angegriffen, indem sie neue Gesetze über
Spitäler, Waisenhäuser und andere Stiftungen gegeben.*) Die Kurie
erklärte alle Beschwerden für freche Lügen. Der Anschluß an Piemont
sei eben jetzt Modesache. Nicht ohne Grund war die Klage des Pabstes
gegen die Spöttereien der Presse über „heilige Personen". Zuerst hatte
sich die Kleruspartei beklagt, daß sie durch Beschränkung der romagnoli=
schen Presse verhindert sei, ihr Recht zu verfechten. Nun aber Preßfreiheit
gegeben wurde, blieb der heilige Priesterrock nicht verschont. Besonders
die Karikatur ergoß den zehn Jahre verhaltenen Grimm in nur zu ver=
sinnlichen, oft rohen Bildern. Der päbstliche Galgen ist zugleich der Weg=
weiser in ein glückliches Jenseits. Die Banditenverwandtschaft Antonelli's
wurde auch auf kleinen und Pulcinellatheatern vorgeführt. Am tiefsten
ist der H. Vater darüber entrüstet, daß die Gebete an die unbefleckte Mut=
ter Gottes Gegenstand des Spottes geworden sein. Daraus erhelle, daß
man den katholischen Glauben aus den Herzen aller reißen wolle. In
diesen tiefen Schmerzen bleibt ihm nur der Trost, daß nicht blos der
ganze Klerus, sondern auch die große Mehrzahl der Romagnolen in der
Treue gegen den H. Stuhl und seine weltliche Regierung fest bleibe. Auch
die Bischöfe der ganzen katholischen Christenheit (zumal die in Frankreich)
ordnen Gebete für Erhaltung des Erbtheils St. Peters an. „So lasset
denn auch uns zum Gott der Erbarmung für die Verirrten flehen, unter
welchen vielleicht einige, elendiglich betrogen, nicht wissen was sie thun."
In allen diesen Aktenstücken wird die Verkündigung des Bannes und der
andern Kirchenstrafen, welcher den 20. Juni über die näheren und ent=
fernteren Theilnehmer ausgesprochen war, bekräftigt. Wir wiederholen
dieß ferner nicht mehr. Bestimmte Personen werden nicht namhaft
gemacht.

Den 1. Oktober schrieb Antonelli an den interimistischen Gesandten
Piemonts, den Grafen della Minerva, eine Depesche des Inhalts, „nach
allem was Piemontesen in der Romagna gethan haben, erlaube die Würde

---

*) Diese Anstalten waren bisher der Raub von nahezu unverantwortlichen Ver=
waltungen gewesen, in welchen heuchlerische Anhänger der Klerusregierung sich
mästeten, so daß es hohe Zeit war, behufs der Abschaffung des ungeheuern Bettels,
das Gut der Armen unter Aufsicht zu stellen und seiner ursprünglichen Bestimmung
zurückzugeben.

des H. Vaters nicht mehr, daß ein Vertreter des Königs von Sardinien bei Ihm sich aufhalte; er befinde sich daher in der bedauerlichen Lage, ihm hiemit seinen Paß zu schicken." Der römische Abbate Coppi erzählt wieder als Augenzeuge: „Sobald sich diese Nachricht in der Stadt verbreitete, begaben sich ungefähr 4000 Personen in das Hotel des Gesandten und gaben bei ihm ihre Karten ab. Seine Abreise fand am 9. October statt. Eine große Menge gab ihm ein demonstratives Geleite, das die Polizei und das Militärkommando, um eine Störung der Ruhe zu verhindern, auf den Straßen Truppenabtheilungen aufstellten. Viele Personen begrüßten ihn ehrfurchtsvoll an der Porta del popolo, andere erwarteten ihn am Ponte molle mit dem Rufe: „es lebe Viktor Emanuel! es lebe Italien!" Er fuhr bei Nacht durch (das päbstliche) Viterbo, wo die Straßen, durch welche er kommen mußte, beleuchtet waren." Wenn man weiß, welcher zahlreiche Schweif von gieriger Klientel sich im Kirchenstaat an jeden Karbinal, an jeden Prälaten von Einfluß hängt, so muß man sich über diese Demonstrationen verwundern.

Die päbstlichen Allokutionen waren nicht kraftlose Klagen eines unmächtigen Greises. Bereits waren seit dem Ende Juli die Kanzeln und die ultramontanen Zeitungen von den äußersten Küsten Spaniens und Irlands an bis in die Gebirge Ungarns auf das Nothzeichen des H. Vaters zu Feuerwarten geworden, von welchen aus die Alarmhörner ertönten. Ein glühender Wetteifer entbrannte, Zeugniß von aufopfernder Liebe und von zerstörendem Grimme abzulegen. Nur ein neuer Kreuzzug, ein Vernichtungskrieg wie gegen die Albigenser, schien das ungeheure Verbrechen sühnen, den Weltuntergang abwenden zu können. Aber die Chorführer in diesem furchtbaren Concerte, die Bischöfe und die Redakteure sahen doch ein, daß nur durch die Regierungen reale Hülfe geschafft werden könne. Ihr Eifer sollte geschürt, ihnen sollte Angst eingeflößt werden. Die Königin von Spanien, Isabella, welche mit Pius in der Schwärmerei für die unbefleckte Empfängniß, dieser Steigerung der Lehre von der Kirche, wetteiferte, brannte von Eifer, Truppen zum Schutze des Pabstes und zugleich ihrer bourbonischen Secundogeniturdynastieen in Neapel und in Parma zu schicken. Vor allen trat jetzt die erstgeborene Tochter des Pabstthums, die französische Kirche, wie eine stahlgerüstete Prophetin auf und stieß in die Posaune eines Engels der letzten Zeiten. Aber nicht blos Veuillot, dieses enfant terrible der ultramontanen Weltmacht, der ecclesia militans, drohte Aufruhr und mußte durch eine Verwarnung seines Univers daran erinnert werden, daß es auch noch einen Staat und eine weltliche Macht gab, daß das Jahrtausend der ausschließlichen Herrschaft der Heiligen noch nicht angebrochen sei. Auch der sonst milde ami de la religion fühlte sich durch „Gewissen und durch die nationale Ehre" gestachelt, wie ein zornentbrannter Prophet als warnender Bote des göttlichen Zorns, bei der Strafe des Verlustes der Gunst der Frommen, von

em Kaiser zu fordern, daß er das Programm, womit er den Feldzug er=
öffnet und die Gebete seiner Gläubigen für den Sieg der Waffen Frank=
reichs sich erkauft hatte, daß er die Neutralität des Kirchenstaats mit ener=
gischen Mitteln wieder herstelle. Er wurde daran erinnert, daß die sechs
Millionen Wähler, welche sein Werk vom 2. December bestätigt, ihn von
der Blutschuld absolvirt, ihn zum Kaiser erhoben hatten, ihm durch seine
Eroberung Roms und durch den Klerus gewonnen worden seien. „Das
Frankreich von 1849 (die Republik, welche den Pabst restaurirte) ist todt!
rief er. Soll darum heute Frankreich unter den neuen Institutionen
schweigend Zeuge sein von der Vernichtung des glorreichen Werks der Re=
publik? Sollen jetzt im Rathe unserer Nationalpolitik die Wünsche, die
Rechte der Katholiken von keinem Gewicht mehr sein? Wenn wir die Un=
macht der Politik Dunkelheit auf Dunkelheit häufen sähen, so müßten
wir, nach dem Beispiele unserer Bischöfe, uns gegen die Feinde des Pabst=
thums scharf aussprechen."*)

Der französische Minister des Aeußern, Walewski, sagt in dem uns
von bekannten an seine Gesandten gerichteten Rundschreiben, welches durch
den Moniteur vom 11. November veröffentlicht wurde: „Die Regierung
des Kaisers hat schon die Gewißheit, daß der H. Vater nur den passenden
Augenblick erwartet, um die Reformen zu veröffentlichen, welche er seinen
Staaten zu ertheilen entschlossen ist. Indem sie dem Lande eine durchweg
aus Laien bestehende Verwaltung zusichern, werden sie die Folge haben,
nämlich die Bürgschaft einer besseren Ordnung der Justiz und einer Con=
trole über die Finanzverwaltung vermittelst einer gewählten Versammlung zu
geben." Dasselbe war seit 1850 öfters versprochen worden, aber nie hatte
sich der passende Augenblick gefunden. Es bewährte sich die Erfahrung,
daß die Leidenschaften um so weniger die Hoffnung einer Abkühlung, der

***

*) Als die unmittelbaren Feinde werden Viktor Emanuel und die Anstifter des
Aufruhrs in der Romagna bezeichnet. Der ami de la religion schreibt: „Das Un=
gerechte, das Unerträgliche ist, daß der Mißbrauch, welchen sie mit der durch Frankreich
erstrittenen Unabhängigkeit Italiens treiben, straflos bleiben soll. Es schmerzt uns
, daß italienische Banditen (Garibaldi, Roselli), welche 1849 vor Rom auf unsere
Soldaten schossen, welche der geistlichen und der weltlichen Macht des Pabstes ewigen
Haß schwuren, daß diese Räuber, dank den illoyalen Intriguen eines mit Frankreich
verbündeten Fürsten, jetzt im päbstlichen Gebiet triumphiren. Es schmerzt uns tief,
die Drohung dieser Revolutionäre und die vollendete Thatsache einer Revolte nun
nur in den Händen der Diplomatie ein für die Würde des H. Vaters demüthigendes
Zwangsmittel werde sollen, um dem Pabst als Preis der Wiederherstellung seiner
Autorität sogenannte Reformen aufzuzwängen. Weßhalb sollen wir diese dem H. Vater
dictirte Lage noch länger ertragen? Etwa um die Bedingungen und die Ausdehnung
der weltlichen Macht des Pabstes dem Entscheid eines Congresses anheimzustellen?
Nein! Frankreich wird als die älteste Tochter der römischen Kirche stets die bewaffnete
Schützerin der Rechte des Pabstes sein, nie seine unehrerbietige Vormünderin werden!"
sprach ein mild kirchliches Blatt.

billigen Erwägung der gegentheiligen Rechte, der Versöhnung zulassen, für
je heiliger sich diese Leidenschaften halten.   Darum hoffte Napoleon umsonst Hilfe von der Zeit, von Entlastung auf einem Congreß. Er warnte
deßhalb Viktor Emanuel in dem Schreiben vom 20. Oktober vor weiteren
Annexionen, wohl zunächst vor der der Romagna. Er täuschte sich selbst
mit Hoffnungen; er konnte nicht anders. Er, welcher sich mit Nutze
der niederen Triebe der Menschen bedient hatte, erzielte namentlich auch
bei den Frommen nichts, als er sich an die edleren Triebe wandte. „Sint
ut sunt, aut non sint." Niemand ist unversöhnlicher, als die in ihren
Interessen verletzten Prediger der Versöhnung.

Mittlerweile befand sich die Romagna nach außen und nach innen
in einer gefährlichen Lage. Die befestigte Stellung Oestreichs in Kamern
mußte nach so vielen Occupationen von dieser Seite als eine Gefahr erscheinen, welche unwiderstehlich hereinbrach, sobald Napoleon, durch die ultramontanen Drohungen geschreckt, erklärte, das Nichtintervention erleide
erleide in Beziehung auf den Kirchenstaat, als ein Wesen sui generis,
eine Ausnahme. Andererseits rückten der Südgränze der Romagna, dem
Engpaß von Cattolica, zwischen Rimini und dem päbstlichen Pesaro, die
päbstlichen Regimenter immer näher. Hinter ihnen, in den nördlichen
Abruzzen, sammelte sich ein neapolitanisches Heer unter dem tüchtigen General Pianell. In den benachbarten Herzogthümern fehlte es nicht an
Liberalen, welche die Frage der Romagna für eine ausnahmsweise, europäische erklärend, es nicht für rathsam hielten, durch deren Unterstützung
die eigene Annexion rückgängig zu machen, wodurch sie selbst der Rache
der Restauration preisgegeben worden wären. Deßhalb mußte man so
viel und so gut wie möglich eigene Truppen aufstellen. Dieß verlangte
viel Geld. Aber der hohe Salzpreis mußte herabgesetzt, die Accise-
steuern für die Landesprodukte aufgehoben werden. Um die neue Regierung
nicht durch neue Steuern verhaßt zu machen, wurde mit einem Anlehen
von sechs Millionen der Anfang gemacht. Man erhielt sie unter piemontesischer Bürgschaft. So sammelten die provisorischen Regierungen zu der
alten eine schwere passive Mitgift für den Nationalstaat, weil das leichte
Schuldenmachen kein Zügel gegen unnöthige Ausgaben ist. Da der lange
Despotismus so viele Quellen des Wohlstandes verstopft hatte, war man
überzeugt, daß dieselben mit Macht strömen würden, sobald nur die Hindernisse entfernt und die bürgerliche Freiheit gesichert wäre. Denn welches
Wunder verspricht sich nicht der lang Geknechtete von ihr? Die Soldaten der aufgelösten Freicorps ersetzten eine strenge Conscription, aber sie machten
größere Ansprüche als Conscribirte, und waren ein durch kühne Köpfe
leicht fortzureißender Stoff. Nachdem dem Bürger seit einem Jahre
bei Todesstrafe alle Waffen verboten gewesen waren, mußte man ihm das
Tragen der Waffen erlauben. Zum Glück war man, war auch Garibaldi
frei von dem Bürgerwehrenschwindel; nur die Ordnung innerhalb

…ete sollten Nationalgarden aufrecht erhalten. Während die Priester-
erung durch ausgesetzte Preise für Einbringung der Verbrecher den
…nnutz mit wenigem Erfolg gereizt hatte, wurden jetzt dieselben von den
…gern freiwillig eingebracht. Eine Zeit lang kamen keine Meuchelmorde
…r vor, so gerecht die Privatrache an den früheren Denuncianten er-
…nen mochte. Die Hirten des Apennin waren zugleich Schmuggler und
…en ebensowohl Mördern als politischen Verfolgten (1844) Zuflucht ge-
…n. Nun die Zolllinie gegen Toscana aufgehoben war, entging ihnen
…beste Einnahme. Dennoch imponirte auch ihnen eine Zeit lang der
…e bürgerliche geharnischte Staat. Noch im Mai 1860 reisten wir auf
…em früher gefährlichen Wege ohne Eskorte ganz gemüthlich durch den
…en Apennin, dessen Bergzüge gleich den Aesten der Eiche phantastisch
einander- und zusammenlaufen, nach Toscana hinüber.

Da der heilige Eifer den Geist der Verläumbung nicht ausschließt,
…ibt es keine Schandthat, welche nicht von der ultramontanen Presse,
nicht blos von ihr, sowohl im Norden der Alpen, als von der rö-
…ben über die Romagnolen, namentlich über die „Wenigen" erzählt wor-
…wären, „von welchen die der Kurie getreuen Unterthanen des Pabstes
…rijirt wurden". Daher schickte die Regierung der Romagna den
…ktober und den 1. November an die europäischen Mächte interessante
…kschriften, worin der Rechtsstandpunkt und ältere wie neuere Thatsachen
…estellt wurden, damit die Mächte nicht auf bloße Verläumbungen hin
…Urtheil über eine Million Seelen sprächen. Die Klerikalen behaup-
…t, das ganze große Erbtheil St. Peters sei ein über alle politischen
…alten und Rechte erhabenes, unantastbares, unzertrennliches Fidei-
…miß. Diesem widersprach die ganze Geschichte der Bildung und der
…nlungen des Kirchenstaates. Nicht blos hatte sich Parma vor drei-
…ten Jahren von dem Kirchenstaat losgerissen; im Februar 1797 hatte
…Pabst, ganz wie ein anderer besiegter Fürst, die Romagna im Frieden
…Tolentino an Frankreich abgetreten. Sie war ihm durch die auf dem
…er Congreß versammelten weltlichen Fürsten unerwartet wieder zuge-
…t worden. Nachdem aber, heißt es weiter, die Kurie die Voraussetzung
…Regierungsfähigkeit, unter welcher Land und Leute ihr zugesprochen
…en waren, seitdem nicht erfüllen konnte, so kann Europa seine Ent-
…ung jetzt reformiren.

In Betreff der Vermengung der geistlichen und der ihnen stets unter-
…neten weltlichen Interessen, und der neueren Thatsachen verweisen
…auf die Auszüge aus jenen Denkschriften in „Unsere Zeit" VIII, von
…783 an. Die Klerikalen waren aufs Tiefste darüber empört, daß
…iche Pfarrer wegen bürgerlicher Vergehen, z. B. wegen Aufreizung
…Desertion, vor bürgerliche Richter gestellt und bis zu zwei, drei Wochen
…Gefängniß gesetzt und ihrer mehrere zusammen in ein Pfarrhaus con-
…t wurden. Aber auch Ultramazzinisten, wie Mario, Miß White, welche

26*

ihnen in diesem sauberen Geschäfte Concurrenz machten, wurden über die Gränze geschafft. Dieser und der zum Theil nur auf ein paar Tage, um sie gegen Mißhandlung zu schützen, gefangengesetzten Priester waren im Ganzen sechszehn. Die wohlgemeinten Rathschläge der Secularisirung der Verwaltung werden von diesen Denkschriften als für das römische System unannehmbar, als seiner ganzen Natur zuwiderlaufend, trefflich nachgewiesen: „Der Kirchenstaat ist Kirchenstaat selbst in dem absolutesten Staat ist dessen Wohl und das Wohl der Unterthanen Staatszweck. Der Kirchenstaat aber ist zuerst dazu da, um mit seinen Einkünften die Zwecke der Kirche, auch die blos eingebildeten, zu fördern. Die päbstlichen Finanzen wurden seit dem 16. Jahrhundert durch Subsidien für die Religionskriege in Frankreich und in Deutschland ruinirt. Am Ende des vorigen Jahrhunderts beliefen sich die Kirchenstaatsschulden auf 78 Millionen Thaler. Durch die Krise der Revolution erleichtert, trat Pius VII. im Jahre 1814 nur 14,614,000 Thaler Schulden an; jetzt belaufen sie sich mindestens auf 67 Millionen. Mehr als der dritte Theil davon verdankt seinen Ursprung der Dotirung des Jesuiten und anderer Orden, den Subsidien für Don Karlos und für andere Prätendenten. Dabei ist der Grundbesitz aller möglichen geistlichen Korporationen, welcher den größeren Theil der Südhälfte des Kirchenstaats einnimmt, principiell steuerfrei. Die Kirche kann doch nicht ihre eigenen Güter besteuern. Wie im Geistlichen, so ist der Pabst, wenigstens im Kirchenstaat, in allem Weltlichen, principiell und thatsächlich, unbedingter Herr. Der aklerikale Unterthan hat ihm gegenüber, hat überhaupt kein Recht, er ist ein blos besessenes Ding, seine Ehre ist, willenloses Werkzeug für die höchsten Zwecke, für die der Kirche zu sein. Deßhalb wird, deßhalb kann der Pabst nie einer Laienvertretung eine wahre Kontrole seiner Finanzen zugestehen. Der Hirte fragt die Schafheerde nie, ob und wie sie geschoren werden wolle." Gerade gegen diese blos dingliche Existenz, welche in der ganzen übrigen christlichen Welt seit der Aufhebung der Sklaverei nicht ihresgleichen hat, sträubte sich das tiefste Ehrgefühl, das menschliche Bewußtsein der ausgesogenen Provinzen, welche von 1797 bis 18 als Unterthanen eines, wenn auch absoluten, so doch weltlichen Sta wenn auch als Werkzeuge der Plane Napoleons, doch ein gewisses bürgerliches und militärisches Selbstbewußtsein eingeathmet hatten.

Von derselben furchtbaren Schneidigkeit ist, was die Denkschriften dem Mißbrauch der zum Polizeimittel erniedrigten Zwangsbeichte, der Excommunication zu bloßen weltlichen Zwecken sagt. „Der Pabst erkl es für unedel, ihn, der geistlich der Höchste, materiell schwach sei, materi anzugreifen. Aber während das Pabstthum mit rührender Gebärde Euro seinen schwachen, wehrlosen Greisenarm zeigt, schwingt er mit dem ande eiserne Ruthen auf den Rücken seiner Unterthanen. Kraft welches Pr cips kann ein Volk dazu verurtheilt werden, in der Religion nur ih

rsen Züchtigungen zu sehen? Christus hat das Reich des Gewissens
zerichtet. Der Pabst aber glaubt seine Pflicht zu thun, indem er dem
reisen Anderer Gewalt anthut. Wenn dasselbe zu ihm nach seinem
bte ruft, so muß er antworten: non possumus! Darum, da uns
.n verweigert wird, was allen streng katholischen Völkern gewährt wird,
müssen jetzt auch wir im Namen der Menschenwürde erklären: non possu-
s! Wir appelliren vom Statthalter Christi an den, welcher auf die
e niedergestiegen ist, um alle Menschen zu Brüdern zu machen. Auch
wollen in der Kirche eine Mutter sehen. Oder weßhalb soll sie für
s allein eine Rabenmutter sein? Und das ist sie für uns."

Wir haben keine sichere Spur, daß durch diese Darstellung handgreif=
er Wahrheiten Einige der vom Eifer für das Haus des Herrn Ent=
unten in ihrem Gewissen erschüttert, Gerechtigkeit auch für die Unter=
aen des Pabstes verlangt hätten. „Nichts, sagt Charles de Remüsat von
Privilegirten, welche Ludwig XVI. abhielten, 1789 die junge Freiheit
richtig anzuerkennen, nichts ist unbezähmbar wie die Vorurtheile,
de man als Pflichten ansieht. Sie stehen unter der zweifachen Schutz=
be des Stolzes und des Gewissens." Vielmehr kam jetzt die apologe=
e Darstellung auf, der Kirchenstaat mit seinen Bewohnern sei das
einsame Eigenthum der ganzen katholischen Kirche, aller Katholiken.
: Sinn für Eigenthum, hier der Procentantheil an einer Heerde von
. bis drei Millionen rechtloser Menschen, wurde dadurch gereizt. Der
at wurde dargestellt als in der äußersten Gefahr schwebend in die Hände
Schächer zu fallen. In ihm würde die Kirche, der Glaube, das Ge=
sen aller Katholiken geknechtet. Aus Eifer für ihn, das personificirte
Gnadenthum, hätten sich Viele nicht gescheut, dem eigenen Fürsten
walt anzuthun — wenn nicht Soldaten zu seinem Befehl stünden.
nn allerdings verfehlten die langjährigen Erfahrungen von der Unver=
erlichkeit der weltlichen Priesterherrschaft, die dargestellten Thatsachen und
Furcht, einen Kohlenmeiler der Revolution zu schaffen, nicht, auf die
elen Menschen, wofür der Fanatiker die Staatsmänner, namentlich die
lomaten ansieht, Eindruck zu machen, sie zu Erwägungen, zur Billig=
zu stimmen. Dieß bewies ihre negative Haltung gegen die Forde=
gen der Heiligen.

Während so fanatische Gluth und kühle Erwägung einander fremd
Auge schauten, vertrauten sich edle Männer, welche in sich und in der
t die Urkräfte der civilisirten Menschheit: Religion, Humanität und
erlandsliebe, zu versöhnen trachteten, um ihnen die Leitung der Mensch=
zu sichern, ihre intimsten Gefühle und Gedanken über den vorerst un=
öhnlichen Widerstreit derselben an. Unter diesen Männern ragen
ssimo d'Azeglio und Eugen Renöü in Paris hervor. Letzterer hat in
em von uns schon oft benützten Buche: l'Italie de 1847 à 1865,
rrespondance politique de Massimo d'Azeglio, accompagnée d'une

introduction et de notes par E. Rendu, Paris 1867, vorherrschend die
Ergüsse seines Freundes mitgetheilt. Wem es ein Bedürfniß ist, über
diese größten Fragen der Menschheit, und zugleich über die der Politik
unserer Zeit, welche von den Wogen der Ereignisse stets wieder in den
Vordergrund getragen werden, sich wirklich zu belehren, der kann keinen
besseren Führer wählen als dieses treffliche Buch. Dazu kommt, daß die
feinste Urbanität, ein Esprit des familiären Briefstyls, wie er in Frankreich selbst selten gefunden wird, eine ritterliche Vaterlandsliebe, welche der
Elite der Italiener der schönen Vorbereitungszeit ein so edles Gepräge
gibt, in allen Adern dieses Werkes pulsirt. Es ist durchaus in der besten
französischen Conversationssprache geschrieben. Indem wir Einiges daraus
hier mittheilen, wie es der Stoff und die Situation verlangt, sind wir
uns völlig bewußt, daß durch die Uebersetzung und durch die bringend gebotenen Abkürzungen, den abgerissenen Blättern der warme Farbenschmuck,
der Duft geraubt, und daß wohl Mancher, welcher würdig ist im Lesen
dieser Briefsammlung den edelsten Genuß zu finden, vom Lesen derselben
abgehalten werden kann.

Trotz der tiefen Einsicht, welche er bei seinem langjährigen Aufenthalte in Rom in das innere Verderben der Prälatur und der Bevölkerung Roms erlangt hatte, bewahrte M. d'Azeglio nicht blos die traditio-
nelle Kirchlichkeit seiner Familie, der Katholizismus war ihm die einzig
für Italien mögliche Religion und Quelle des sittlichen Volkslebens. Eben
darum war er so tief verletzt durch die Feindseligkeit der Klerikalen gegen
die gerechten Ansprüche, welche das italienische Volk auf geistige, nationale
Entwickelung erhob. Die zu einem Kreuzzug behufs Unterjochung der
Romagna aufrufenden Hirtenbriefe der französischen Bischöfe tönten ihm
wie Signale einer neuen Invasion der Fremden. Den 28. September
1859 schreibt er: „Und der Hirtenbrief des Bischofs von Arras! Ich
möchte fürwahr sagen, man habe geschworen, alles religiöse Gefühl aus
dem Herzen der Italiener auszurotten." Er nennt den gegenwärtigen Zustand der Romagna eine sociale Auflösung. Was müssen da die Massen
von einem System denken, welches lauter Lüge und Verläumdung ist?
Die religiösen Leute bei uns denken, daß die Kirche in ihrer gegenwärtigen
Organisation eine politische Sekte (Verschwörung, Partei) wird, und die
Nichtreligiösen sagen, man müsse diese Kirche um jeden Preis zerstören,
wenn man ein Vaterland und eine Nationalität haben wolle." Bei Gelegenheit des trefflichen Werkes von Giorgini sul dominio temporale
dei papi geißelt d'Azeglio die Unwissenheit der Franzosen in den Angelegenheiten anderer Völker,*) in welche sie doch überall entscheidend sich

---

*) D'Azeglio sagt, nur wenige Franzosen kennen Rom und die römische Frage
wie Lacordaire (welcher im Jahre 1840, als der Verfasser dieser Geschichte mit ihm in
Rom, in St. Clemente beim Collisseum und in seinem Dominikanerkloster Sta. Sabina
auf dem Aventin öfters darüber sich besprach, noch eine gute Meinung von der römi-

mischen wollen. „Sie haben ein anderes Maaß und System für fremde
.ter, ein anderes für Frankreich. Avignon gehörte dem Pabst mit dem-
en Rechte wie die Romagna. Also mache Frankreich den Anfang mit
.ückgabe Avignons an den Pabst! Ganz Frankreich würde im tiefsten
.ört sein, wollte das Ausland ihm verbieten, seine inneren Angelegen-
en, sogar revolutionär selbst zu bestimmen; indem man Italien dasselbe
. Verbrechen macht, indem man es wie einen Cadaver behandelt, den
.nre Hände nach Belieben zuzuschneiden sich erdreisten, verhöhnt man
.ie Schwäche und stachelt es dazu, im Nationalstaat sich eine andern
.aaten ebenbürtige Kraft zu verschaffen." Der Brief d'Azeglio's vom
. December 1859, von Seite 133 bis 144, behandelt die von den Ul-
:montanen vorgebrachten Gründe für den Fortbestand des Kirchenstaats,
.nentlich den, daß dieser für die Kirche, weil für die „Unabhängigkeit
Pabstes" nützlich, ja nöthig sei. Es wird gezeigt, daß diese durch die
immer nöthig gewordenen fremden Occupationstruppen längst zum
.atten und das größte Unglück Italiens geworden sei. „Der Pabst
.n sich weder reformiren, noch kann er gutwillig Land und Leute auf-
.n, diese müssen sich von ihm losmachen." D'Azeglio beweist, daß die
.den Ultramontanen, namentlich von den französischen, erzwungene
.upation des Kirchenstaates durch fremde Waffen zum Schutz der uner-
.lichen klerikalen Mißregierung eine Hauptursache der Verrottung, der
.eilbarkeit dieser Regierung sei. Mit Recht darf er schon den 13. Au-
.t 1859 schreiben: „Ich kenne Rom (die Kurie) ziemlich gut. Seien
.: überzeugt, daß es, je sicherer es sich fühlt, um so tiefer in sein Ver-
.ben rennt (plus elle se perdra). Das Uebermaaß von Protektion hat
.m in sein gegenwärtiges Elend gestürzt. Denn ohne die Conspiration
.n Interessen, welche in allen katholischen Ländern zum Vortheil des
.ltischen Roms arbeitet, wäre dieses nicht in einer so vollständigen Sicher-
.t eingeschlafen, der kirchliche Glaube wäre nicht aus Italien gewichen,
.Indifferenz gegen die Religion hätte sich nicht in dem Maße verbrei-
.Frankreich hätte nicht blos die Wahl zwischen der Räumung Roms
.: der nicht sehr angenehmen Rolle, welche es darin spielen muß."

Doch die schönsten Ideen brauchen Waffen und Männer. Die tos-
.iischen Truppen waren beim Abschluß des Friedens am untern Po stehen

---

.n Priesterregierung hatte), Abbé Perreyve und M. Maret. E. Abouts la question
.naine (Bruxelles, 1859) war ihm wohl zu schneidig. Von dem Grafen Monta-
.bert schreibt d'Azeglio: „qu'on ne me parle pas de cet homme-là. C'est lui qui
.ut perdu en 1849, indem er mit Veuillot der beinahe gebieterische Rathgeber der
.ie zur starren Reaktion war." D'Azeglio sollte es nicht mehr erleben, daß Mon-
.mbert endlich die Folgen dieser politischen extremen Richtung in der Mißachtung
.Rechte des Episkopats durch die Kurie erkennend, im Jahre 1869 auf schwerem
.ntenlager seine Zustimmung zu der berühmten Erklärung der trierer und der
.ner Katholiken gab.

geblieben, um die vom Herzog auf das östreichische Ufer geführten vene-
nesischen zu beobachten. Sie wurden durch die in Modena und Parma
zusammengerafften verstärkt. General Mezzacapo stand mit freiwilligen
Corps, die er unter einer Fahne von 1848 in Toscana gebildet hatte, am
Engpaß von Cattolica, um ihn gegen Angriffe der päbstlichen Truppen zu
vertheidigen; zu ihm stießen Romagnolen unter Roselli, welcher 1849 die
Vertheidigung Roms so umsichtig geleitet und seitdem in edler Armuth
gelebt hatte. Um Einheit in ihre Organisation zu bringen, schlossen die
provisorischen Regierungen von Toscana, Romagna, Modena und Parma
jenes Militärbündniß. Sie baten die piemontesische Regierung um einen
General, und dieß wurde ihnen gewährt.

Manfred Fanti, geboren 1806 in Carpi im Modenesischen (gestorben 1865), war Zögling der von Napoleon errichteten berühmten mathematischen Kriegsschule in Modena. Da er sich an dem Aufstand in Modena 1831 unter dem tapferen General Zucchi betheiligt hatte, flüchtete
er nach dessen völligem Unterliegen nach Frankreich. Unter dem Genie-
general Fleury arbeitete er an der Befestigung von Lyon. In dem zwölf-
jährigen Bürgerkrieg in Spanien stieg er durch seine Verdienste zum Obersti
im Generalstab auf. In sein Vaterland kehrte er erst zurück, als im
Sommer 1848 das piemontesische Heer auf dem Rückzug war. Er organisirte während des Waffenstillstandes unter dem Namen des Generals
Ramorino die lombardische Division in Piemont, von welcher er auch im
kurzen Feldzug 1849 eine Brigade befehligte. Als Ramorino unmittelbar
nach Novara vor das Kriegsgericht gerufen wurde, blieb Fanti an der
Spitze der Division, abgeschnitten und ohne irgend eine Instruktion, in den
schwierigsten Verhältnissen. Er beabsichtigte zuerst Alessandria zu decken,
und bot alles auf, damit sein Corps sich nicht dem republikanischen Aufstand in Genua anschloß. Selbst vor ein Kriegsgericht gestellt, legten
Alfons und Alexander Lamarmora so entschieden günstige Zeugnisse für
ihn ab, daß er mit Ehren freigesprochen wurde. Es wird der reaktionär-
partikulistischen Consorterie im piemontesischen Offiziercorps nachgesagt,
daß sie damals alle nicht-piemontesischen Offiziere im Heer als Revolutionäre ausstoßen und brandmarken wollte.

Als Ausländer zur Disposition gesetzt, lebte Fanti von 1850 bis
1855 seinen Studien auf der königlichen Militärbibliothek in Turin.
Seine dortigen Bleistiftnotizen sind uns eine treffliche Quelle der Geschichte der römischen Belagerung geworden. Für den Krimfeldzug vertraute ihm, ob er gleich nur von Wenigen gekannt war, Alfons Lamarmora eine schöne Brigade an. Seine unermüdliche Pflichttreue, seine
Entschlossenheit, seine Kenntnisse, sein Charakter beschämten bald die im
Heer gegen ihn ausgesprengten Verdächtigungen. Sein Name hatte bald
im ganzen Heere Gewicht. Er bot alles auf, um den trefflichen Geist der
Truppen zu befestigen; er allein betheiligte sich mit seiner Division an

der Schlacht bei Magenta und wirkte bei Solferino mit. Natürlich verkannte Fanti die ungeheuren, mannigfaltigen Schwierigkeiten seiner neuen Aufgabe nicht, indem er jetzt den geordneten piemontesischen Dienst aufgab. Allein er war entschlossen, der Sache Italiens jedes persönliche Opfer zu bringen. Er übernahm zu Ende Augusts 1859 das Oberkommando in Mittelitalien. Die kaum 8000 Mann starken Toscaner hatten eine gute Artillerie; aber Instruktion und Disciplin waren gesunken. Auf seinen Antrag berief die toscanische Regierung den tüchtigen piemontesischen Obersten Caborna als Kriegsminister, welchem die Reorganisation anvertraut wurde. Ein anderer energischer Piemontese Oberst Pinelli begann die 10,000 Mann in der Romagna zu organisiren. Die politische Vereinigung von Modena und Parma erleichterte hier das Werk. Aushebung und Freiwillige halfen zusammen. Artillerie, Reiterei und Geniecorps begannen sich zu bilden.

Indeß war das piemontesische Ministerium Lamarmora-Rattazzi durch die europäische Diplomatie so eingeschüchtert, daß es Mittelitalien Instruktionsoffiziere und Material verweigerte; kaum durfte dieses in Piemont gekauft werden. Also mußte das Meiste, Militärschulen wie Kanonengießerei geschaffen werden. Eine Bürstenfabrik wurde in eine Laffettenwerkstätte verwandelt. Piacenza und Bologna wurden mit strategischem Scharfblick zu Waffenplätzen gemacht, befestigte Lager angelegt. Selbst hoch oben über Bologna, um die Wallfahrtskirche mit dem wunderthätigen byzantinischen Bilde der Madonna di St. Luca, zu welcher der Porticus mit 635 Bogen führt, von welcher aus das Auge die meeresgleiche Ebene und die schneebedeckten Gipfel des vielverzweigten Apennin beherrscht, sahen wir im Frühjahr 1860 Schanzen aufwerfen. — Eben jene Aengstlichkeit Rattazzi's in Anerkennung und Unterstützung der mittelitalienischen Provinzen war in den Augen der öffentlichen Meinung und in denen des Königs ein so großer Fehler, eine so schwere Schuld, daß dieses Motiv wesentlich dazu beitrug, an seine Stelle zu Ende Januars 1860 Cavour wieder an das Ruder zu bringen. Für seine Haltung war es charakteristisch, daß er Fanti sofort zum piemontesischen Kriegsministerium berief und ihm doch die Oberleitung der Organisation der mittelitalienischen Truppen ließ. Im Anfang des Jahres 1860 führte Fanti Piemont ein Heer von 40,000 Mann leidlich organisirter Truppen zu, welchen er sofort piemontesische Offiziere zutheilte. Die 14 Infanterieregimenter setzten seit Januar die Nummern der piemontesischen von 37 bis 50, die Schützenbataillone von 21 bis 27 fort. Wie früher die unbärtigen Jungen ihr Ideal im geistlichen Gewand gesucht hatten, so drängten sie sich nun zu, um die Offiziersuniform zu tragen. So hübsch, zum Theil fein diese Jungen sich darin ausnahmen, so stand ihre beinahe studentisch freie Erscheinung seltsam zu der zugeknöpften Haltung des bisherigen aristokratischen piemontesischen Offiziercorps. Es war jetzt ein Glück, daß seit dem Krimfeldzug schon einige hundert Söhne des übrigen Italiens damit verschmolzen waren.

Aber diese organisatorischen Arbeiten wurden in ihrer Wiege durch den mephistophelischen Geist des alten Verschwörungswesens gefährdet; er suchte sie zu seinen Werkzeugen zu machen. Wenn Mazzini seine Großmacht=stellung nicht verlieren, wenn der Hohepriester und der Prophet der Revo=lution seine Gläubigen nicht vollends verlieren wollte, so mußte er jetzt eingreifen. Die durch die Einflüsse der fremden Mächte in Unklarheit belassenen Verhältnisse Mittelitaliens, besonders des Kirchenstaats, ließen ihn hoffen, hier im Trüben zu fischen. Er beabsichtigte, sich dahin zu be=geben. Er ließ seinem persönlichen Erscheinen ein Manifest vorausgehen, in welchem er dießmal eine hochpolitische Rundschau gab, sich vorbehal=tend, je nach Befund seine Fäden nach allen Seiten auszuspinnen.

Im August 1859 erließ Mazzini von London aus ein Sendschreiben voll Grimms und geweissagter Zuchtruthen über alle Staaten, welche an eine ähnliche des Jesaia erinnern. Das Ungeheuer des Imperialismus bedroht Europa, es droht alle Freiheit zu verschlingen. Napoleon hat sich zu dem Zwecke mit Rußland verbündet und will sich zu demselben Zwecke auch mit Gewalt Oestreich verbünden. „Wie seine römische Expe=dition sein Vorspiel zum französischen Staatsstreiche war, so waren der Krimkrieg und der italienische Krieg zwei bedeutsame Schritte zum euro=päischen Staatsstreich. Der angeerbte Stolz Oestreichs konnte nur auf dem Schlachtfelde gezähmt und zur Allianz gebracht werden. Es ist gleich=giltig, ob aufrichtig oder nicht, Cavour gab seine Zustimmung dazu und machte die nationale Idee Italiens zum Fußschemel der russisch=französisch=östreichischen Allianz. Sobald aber die national=italienische Idee sich von diesem Plan emancipirte, sich auf den Einheitsstaat richtete und Napo=leons dynastischen Ehrgeiz enttäuschte, drängte dieser mit geflügelter Eile wieder zum Frieden. So ist Villafranca der Anfang einer neuen H. Al=lianz geworden." Mazzini predigt besonders gegen die egoistische kurzsich=tige Isolirungs= und Neutralitätspolitik Englands, welches Napoleon nicht an dem Einrücken in Italien verhinderte, er spottet der Uneinigkeit Deutsch=lands, welches ihm dabei nicht in den Zügel fiel; er hofft aber, Preußen, mit ihnen vereint, werde dem drohenden Imperialismus Halt gebieten.

Ist nicht, wenn auch verdüstert durch seine alten Phrasen, durch Neid gegen Cavour und gegen den Nationalverein, in diesem seinem Propheten=pathos etwas von ächt politischer Vaterlandsliebe? England und Preußen, welche Italien retten sollen, können Italien nie gefährlich werden, wie Oestreich und wie das von Cavour gerufene Frankreich. Jeder gute Ita=liener konnte in den Schluß seines Schreibens einstimmen: „Dieser Bund sollte zum Imperialismus sagen: Du hast mit Oestreich Frieden geschlos=sen, also mache dich fort aus Italien, was hast du hier ferner noch zu suchen? Du hast die Alpen überschritten, um die Unabhängigkeit Italiens zu erkämpfen; diese Unabhängigkeit erheischt den Abmarsch aller ausländischen Streitkräfte, also marschire ab! Du hast vor dem Krieg den Abzug aus dem Kirchenstaat versprochen, falls Oestreich abzöge; die Bedingung ist erfüllt. Also zieh ab! Laß dem italienischen Volk die Freiheit aus eigener Macht die Fragen zu entscheiden, welche seit einem halben Jahrhundert zwischen ihm und seinen Regierungen, zwischen ihm und Oestreich in der Schwebe geblieben sind. Wir wollen schon dafür sorgen, daß Oestreich, die Herrin Benedigs, nicht wieder den Mincio überschreite und das als Nation organisirte Italien angreife." Wenn nur geistreiche Worte Kraft und That wären! Mazzini sah die Franzosen auch als Beschützer der piemontesischen Monarchie an, deren Stärkung ein Hinderniß seiner republikanischen Plane war. Aber Mazzini brandmarkte sich doch nie mit der Infamie, dieß mit der Hilfe des gefährlichsten Nachbars zu beabsichtigen.

Cavour in seinem Bestreben, alle Kräfte Italiens für seine Plane zu gewinnen und die ihnen feindlichen wenigstens unschädlich zu machen, hatte 1856, seine alte entschiedene Abneigung gegen die Verschwörer überwindend, dasselbe durch zwei Abgeordnete auch bei Mazzini versucht. Dieß war Mazzini willkommen, aber nur um durch Veröffentlichung dieses Versuchs sich Relief zu geben. Die klerikale Armonia in Turin stellte wiederholt Aufforderung an Cavour, sich über diese seine Schritte zu erklären, aber Cavour hüllte sich in Schweigen. Durch seine Verbindung mit Napoleon, seit Plombieres verfiel Cavour vollends in den Kirchenbann Mazzini's. In obigem Schreiben wollte Mazzini offenbar beweisen, daß er noch einen höheren staatsmännischen Standpunkt einnehme als Cavour. Er hoffte nach Cavours Rücktritt auf zwei Männer Einfluß zu gewinnen und sie zu seinen Werkzeugen zu machen, den öfters zu den kühnsten, extremsten Velleitäten der Selbsthilfe aufbrausenden Viktor Emanuel und Garibaldi. Dieser war ein Romantiker nach seinem Sinn. Wie in Rom, sollte er wieder Mazzini's Schwert werden; wie Samuel dem jungen David die Waffen in die Hand gegeben hatte, so wollte Mazzini Garibaldi aussenden. Nicht blos ihre größten Erinnerungen lagen in Rom wie eine verborgene Kohlenglut, sie selbst brannten beide von dem Verlangen, die päbstliche Religion durch eine freimaurerische zu verdrängen. Garibaldi hatte sich unter das Kreuz von Savoyen gestellt, um Italien frei zu machen, um seine Einheit vorzubereiten. Mazzini erklärte nun, auch er sei Unitarier gewesen, ehe er Republikaner geworden sei. Er und die Seinigen könnten jetzt, wenn auch stets im Sinn ihrer republikanischen Idee protestirend und theoretische Propaganda für sie machend, unter der Fahne der Dynastie vorgehen, so lange diese kühn Frankreich und Oestreich ignorirend, auf das Ziel der nationalen Einheit osgehe, auf Rom, als die Hauptstadt Italiens ziele. Dann könnte der Eine rechts, der Andere linkwärts gehen. Hätte man erst das Carroccio mit der Fahne Italiens mit vereinten Kräften auf das Kapitol, diesen Nabel der Erde, gezogen, dann sollten daraus, wie aus dem trojanischen Rosse, die republikanischen, in Erz gerüsteten Helden aussteigen und es besetzen. . .

Die gegebene Persönlichkeit, um sich an den König zu wenden, war für Mazzini der Abgeordnete Brofferio, der alte Gegner Cavours, dessen Lebenselement das Conspiriren und das Redenhalten war. Ehe er mit diesem im Tessin eine Zusammenkunft hielt, schrieb Mazzini an einen gemeinsamen Freund. Er erklärt in diesem Briefe, daß er seine letzten Bedingungen, sein „wo nicht, nicht" enthalte. Sich vor der Souveränität des Volkes, welches gegenwärtig die Monarchie wolle, beugend, unterzeichnet auch Mazzini das Programm: Einheit und Freiheit. „Um mich nicht von Zwischenfällen, namentlich vom Tode des Königs abhängig zu machen, lehne ich die progressive Union oder Unification, also die Gewissenstransaktionen ab, z. B. das Vordringen auf zehn Jahre zu vertheilen, heute die Herzogthümer, dann den Tod des Pabstes abzuwarten, nach einigen Jahren Venetien durch einen Krieg Oestreich zu entreißen. Jetzt sind Piemont und die Revolution stark genug, das Werk zu vollenden. Mittelitalien im Revolutionszustand ist jetzt der Hebelpunkt. Von hier aus ist der Süden zu revolutioniren. Mit dem neapolitanischen Heer, mit den sicilianischen und den Milizen Oberitaliens haben wir 500,000 Mann. Der Sieg wird rasch sein wie der Blitz. Er ist eine vollendete Thatsache, welche Napoleon nicht angreifen kann, ohne von Preußen, Deutschland, England bekriegt zu werden. (!) Freilich, wenn die sardinische Monarchie nicht einen Mann hat, welcher durch Intuition, durch die Macht des revolutionären Genies diese Wahrheit fühlt, so ist jede Annäherung unnütz, jede Verständigung unmöglich. Dann thue jeder was er kann! Ich verlange nicht, daß Piemont zuerst in die Schranken trete, die Initiative ergreife. Die Initiative ist unsere Sache; wir werden sie ergreifen. Nur darf man uns nicht hindern. Die sardinische Regierung hat nur Garibaldi, sei es direkt, oder durch Ricasoli, oder durch Farini, die Versicherung zu geben, daß er, wenn er außerhalb der gegenwärtigen Gränze handelt, der stillschweigenden Zustimmung Piemonts gewiß ist, daß er ihre Hilfe haben wird, wenn Oestreich oder die Mächte zwischen den Italienern und ihren Herren interveniren wollten."

„Unter diesen loyal erfüllten Bedingungen versprechen wir auf Ehre: 1) das absolute Geheimniß über alles dieses, für heute und für morgen, so lange es der sardinischen Regierung gefallen wird; 2) die Insurrektion Siciliens, sobald die Unseren den Engpaß Cattolica (gegen die päbstlichen Marken) überschritten haben werden, selbst, wenn es nöthig ist, noch vorher. Nur müßte dieß uns mitgetheilt werden; 3) die Insurrektion des Königreichs Neapel, sobald Garibaldi an der Abruzzengränze stehen wird. Denn sobald Neapel zwischen der sicilianischen Insurrektion und der Bewegung der Provinzen steht, so ist die Insurrektion Neapels gewiß; 4) das Anerbieten der Annexion an den König, welches er einfach anzunehmen hat. Dieses Anerbieten ist, da jede Opposition von unserer Seite aufhört, ebenso sicher. Das Weitere wird von selbst kommen!" Rom, für Mazzini die Hauptsache, die härteste Nuß, den Knoten der europäisch-italienischen Frage, verschweigt Mazzini ganz. Er erklärt nur, daß er nach vollendeter Großthat sich ins Exil zurückbegeben werde, um von dort aus für seine republikanische Idee Propaganda zu machen. Zum Schluß sagt er: „Dieß alles muß sogleich, rasch geschehen. Bereits verbreitet sich, zumal in Mittelitalien und bei den Freiwilligen, in Folge der Enttäuschung und Unthätigkeit, das Mißvergnügen. Wir müssen dieses jetzt für uns ausnützen, ehe es den Feinden nützt. Man muß handeln oder untergehen. Einen Augenblick Entschlossenheit und Piemont kann machen, daß Italien sei und der König ist der Mann des Jahrhunderts. Wo nicht, so stürzen wir in den Bürgerkrieg und in die Anarchie. Noch zwei durch Bedenken verlorene Monate, so kann sich die anscheinende Popularität in Antagonismus und in eine reaktionäre Brise verwandeln."

Es ist für jeden, welcher je in Berührung mit radikalen oder mit reaktionären Extremen gekommen ist, außer Zweifel, daß Mazzini, trotz des Scheiterns einer Reihe früherer Schilderhebungen, an die versprochenen blitzschnellen Erfolge selbst glaubte. Allein Lafarina, welcher seit Jahren aus seiner sicilianischen Heimath am besten berichtet war, in ihr fortwährend schürte, glaubte nichts von den ausgestreuten Nachrichten über Bewegungen in Neapel, noch wußte er etwas aus Sicilien. Der König sagte mit Recht, es werde nicht schwer sein, einen Aufstand auf einem Punkte Siciliens durch das Erscheinen Garibaldi's zu veranlassen, wohl aber ihn mit Erfolg zu unterstützen. Der zur Explosion unentbehrliche Garibaldi konnte doch nicht überall sein. In einem Briefe vom September hatte Mazzini dem König eine Strafpredigt darüber gehalten, daß er durch Unterwerfung unter den Frieden von Villafranca sich zum Vasallen Napoleons gemacht. „Im Namen der Ehre und des Stolzes der Italiener, heißt es darin, brechen Sie diesen gehässigen Pakt! Fürchten Sie denn nicht, daß die Geschichte einmal von Ihnen sage: er trieb mit dem Enthusiasmus der Italiener Handel, um seine Domänen auszudehnen? Machen Sie sich frei von dem Haufen von Zwergen, den Rathgebern der Feigheit!" Mit enthusiastisch naiver Offenheit schließt Mazzini: „Es liegt wenig daran, ob an der Spitze des neuen Italiens ein lebenslänglicher Präsident der Republik oder ein König steht. Sie müssen für einige Zeit vergessen, daß Sie König sind, und der erste Bürger und der bewaffnete Apostel der Nation werden." Wenn Mazzini darauf verzichtete, der erste Bürger und Apostel zu sein, so war es ja doch, meinte er, nicht zu viel verlangt, daß Viktor Emanuel auch auf die Krone verzichtete! Natürlich gingen alle diese Fühlungen ganz hinter dem Rücken des Ministeriums

vor ſich. Als Broſſerio ſich von dem dadurch angeregten Könige verab=
ſchiedete, um im Teſſin mit Mazzini ſich zu unterreden, ſoll der König
geſagt haben: „verſuchen Sie eine Verſtändigung, aber nur daß der
Generalſtaatsanwalt nichts davon erfährt.“ Auch die Mazziniſten behaup=
ten nicht, daß eine Verſtändigung erzielt worden ſei.

Wenigere, ja keine Opfer verlangte Mazzini von Garibaldi; es war
beinahe unmöglich, daß dieſer ſeinen Schmeicheleien widerſtehe, da von
ihm nur verlangt wurde, ſeinem Naturell und ſeinen Herzenswünſchen
zu folgen. Als Mazzini auf ein geheimes Einverſtändniß mit dem König
verzichten mußte, ſchrieb er an einen Vertrauten, „es bleibe ihnen keine
andere Hoffnung mehr, als den Ehrgeiz Garibaldi's aufzureizen. Ihn
müſſe man zum Diktator Mittelitaliens aufwerfen.“ Farini fing dieſen
Brief auf und gab ihn an Garibaldi. Mazzini verpflichtete nur auf
„das Programm Garibaldi's“: Einheit ganz Italiens mit Rom als Mittel=
punkt. Dafür wurden Geld und Waffen mit Eifer geſammelt. Garibaldi
ſollte Fahne und Schwert ſein. Mazzini reiſte insgeheim nach Mittel=
italien. Komiſch iſt es, wie ſeine Anhänger, z. B. Piancini, es hoch und
werth halten, daß Baron Ricaſoli gegen den wackeren Patrioten, den
Bäcker Dolfi den momentanen Wunſch ausdrückte, mit Mazzini eine Unter=
redung zu halten, und daß Farini einmal rühmte, Mazzini habe große Selbſt=
entſagung geübt, indem er vieles vorbereitete, ohne ſeine Perſon durchblicken
zu laſſen. Auf Farini glaubten die Tollkühnen rechnen zu können, weil
er in Modena trotz Napoleon die äußerſte Entſchloſſenheit auf ſeine eigene
Verantwortung gezeigt hatte. Farini dachte freilich nicht, wie die mode=
neſiſchen „Patrioten“, welche ſagten: „Wenn nur wir mit Piemont ver=
einigt werden, ſo mag aus der Romagna werden, was daraus werden
kann und will.“ Aber nie waren jene Männer gemeint, ſich unter Maz=
zini's Leitung zu geben.

An dem Plan Mazzini's, welcher zuerſt von Ultramontanen, ſpäter
von Mazziniſten enthüllt wurde, war das Motiv richtig, daß man den
Enthuſiasmus, zumal bei einem romaniſchen Volke, alsbald ſo weit wie
möglich zu führen und auszunützen habe. Schon Manin hatte einige
Jahre zuvor dem Plane einer ſucceſſiven, durch einige Jahre der Samm=
lung unterbrochenen Revolutionirung Italiens gegenüber geſagt: „die Re=
volution von heute macht die von morgen todt.“ Richtig war auch, daß
der Pabſt damals im Herbſt 1859 nur einige zuverläſſige Schweizerregi=
menter beſaß, daß das neapolitaniſche Heer erſt im Anfang ſeiner Reor=
ganiſation ſich befand. Allein daſſelbe war auch mit den Truppen der
Herzogthümer und der Romagna, ja mit dem piemonteſiſchen Heere der Fall,
welches die Tauſende öſtreichiſch exercirter Lombarden ſich zu aſſimiliren hatte.
Wie ſollte Piemont damit eine europäiſche Intervention verhindern? Hier
lag der Grundfehler des mazziniſtiſchen Plans. Trotz oder in Folge der
Erfahrungen der öſtreichiſchen Interventionen von 1821 und 1831 war

bei einem großen Theil der liberalen Italiener die schon von Balbo be=
kämpfte Verblendung eingerissen, daß Italien bei seinen Erhebungen, wie
der Vogel Strauß, das Ausland zu ignoriren habe.   Mazzini sah 1850
diesen Irrthum ein, er suchte die europäische Revolution solidarisch zu
machen.   Aber er kannte die Lage der Völker Europas hauptsächlich aus
dem Verkehr mit Flüchtlingen, also grundfalsch.   Während er gegen den
Optimismus der besonnenen Patrioten, besonders Cavours eiferte, war
er selbst darin der blindeste Optimist.   Er dachte sich die Stellung be=
sonders Englands, dessen Neutralitätspolitik er doch geißelte, und Deutsch=
lands zur italienischen Frage so, wie sie ihm am erwünschtesten war.   Die
Mazzinisten in ihrem Haß gegen den Pabst deklamirten gegen die Ab=
reißung der Frage der Romagna von der des übrigen Kirchenstaats, sie
sahen darin einen Beweis, daß es nur auf Vergrößerung Piemonts ab=
gesehen sei.   Die Mächte waren aus sehr verschiedenen Gründen entschlos=
sen, die östreichische Occupation, welche allein hier einige Ordnung hatte
schaffen können, nicht mehr zu dulden.   Daher war zu hoffen, daß sie
zuließen, daß Piemont unter irgend einer Form mit Aufrechthaltung der
Ordnung in der Romagna betraut würde.   Die Cavour'sche Politik wollte
diese Abfindung als Basis für Weiteres annehmen.

Diesem Plane durch einen auf eigene Faust geführten Schlag zuvor=
zukommen, waren im Oktober 1859 einerseits der Pabst, andererseits Maz=
zini entschlossen.   Beide verließen sich auf Sympathieen in den alten
Pfaffenlanden.   Wo ein Aas ist, da sammeln sich Adler und Geier.   Die
schwüle Atmosphäre, plötzlich zu schwerem, drohendem Gewölk zusammen=
geballt, bis an den Boden herabhängend, zog von zwei Seiten gegen
die Romagna heran.   Die Piemontesen waren hier zahlreich, indem sie
vorschützten, kein italienischer Staat sei für Italiener Ausland.   Sie waren
ein Haupthinderniß für den Plan des Pabstes, wie für den Mazzini's.
Nicht ohne Grund sich auf die Souveränität jedes italienischen Staats
berufend, verlangte die Kurie, daß das Nichtinterventionsprincip für alle
Nichtromagnolen gelte, daß also die piemontesischen Offiziere abberufen
werden müßten.   Seit dem Aufstande von 1831 hatten jedesmal die Un=
ordnung und die Maßlosigkeit der Revolution der Reaktion die sichere
Straße geebnet.   Die durch die Piemontesen getragene Ordnung war
daher für Rom unerträglich.   Und bereits war der Vollstrecker dieser from=
men Wünsche an seiner unterwühlenden Maulwurfsarbeit, er, welcher wie
der Satan geistreicher Orthodoxer mit all seinen Mühen nur den Willen
Gottes vollbringt.   Hier verlassen uns unsere sichern Zeugen Coppi und
d'Azeglio völlig.   Selbst Mauri hält es für gerathen, nur einige Funken
in die düsteren Gänge fallen zu lassen.   Lafarina betritt sie mit der Fackel;
aber er ist dabei selbst Partei, allerdings von der Partei des besonnenen
und doch energischen Patriotismus.   Vom Standpunkt der Mazzinisten
erzählt Pianciani in dell' andamento delle cose in Italia.   Milano

1860. Sehr willkommen war es uns daher, darüber mündliche Mittheilungen von Männern zu erhalten, welche den Führern der Gegenparteien
damals sehr nahe standen.

Der Unwille der Italiener, daß abermals das Ausland auf einem
Congresse über das Schicksal Italiens entscheiden sollte, wurde von den
Mazzinisten geschürt. Nicht minder der alte Haß zwischen Romagnolen
und Toscanern, von welchem wir schlagende Beispiele erlebten. Den energischen Romagnolen wurde geschmeichelt, daß sie die Stagnation, die Lahm-
heit der Toscaner beschämen sollten, während die bisherigen Leiter der
romagnolischen Erhebung, Montanari, Minghetti, Pepoli, sich durch die
ganz ausnahmsweise heikle Lage der Romagna zur größten Vorsicht bewogen sahen. Das durchaus antidiplomatische Temperament Garibaldi's
grollte und kochte gegen den Congreß. Da trat der Versucher ihm näher
und forderte ihn auf, ein Wunder zu thun. Zunächst sollte Cipriani als
Werkzeug und Spion Napoleons entfernt werden. Der König und Cavour,
selbst Rattazzi gaben ihre Zustimmung hiezu durch den binnen fünf
Wochen dreimal von Turin nach Bologna offiziös reisenden Lafarina.
Den 9. November trat Cipriani ab. Glücklicher Weise trat Farini an
seine Stelle. Was man auch in Oberitalien jetzt erharrte, schildert uns
ein Blatt des Fischietto: Die fliegende Italia stößt in die Posaune von
Jericho, die Pfaffheit stürzt zusammen; jene trägt Garibaldi, dessen Bild
sich der in Wolken herniedersteigende St. Petrus von Genien überreichen
läßt. — Die Marken sollten von der Romagna aus mit überlegenen Streit-
kräften überschwemmt werden. Selbst Farini und Fanti waren nicht unbedingt abgeneigt, dieß geschehen zu lassen, sobald nemlich eine ernstliche
Erhebung in denselben Statt hätte. Die Mazzinisten behaupteten, durch
ihre Flugblätter sei selbst ein Theil der Schweizer geneigt gemacht überzugehen; bereits sei die Zahl der Kanonenschüsse verabredet, welche ehrenhalber abgefeuert werden sollten, ehe man dem zu Schiffe erscheinenden
Garibaldi die Festung Ancona öffne. Dann erst sollte der Einfall zu
Land erfolgen. Sie verbürgten sich dafür mit jener Zuversicht, welche
Wühlern eigen ist. Allein Farini und Fanti bestanden darauf, daß sie
selbst zu entscheiden hätten, ob in den Marken ein erklecklicher Aufstand
ausgebrochen sei. Garibaldi aber nahm jetzt den Zügel zwischen die Zähne,
um auf eigene Faust loszubrechen. Er verlangte, daß ihm 24 Stunden
lang freie Verfügung über seine zwei Divisionen gegeben werde. Die
Freicorps nahmen eine drohende Stellung an. Farini erklärte ihnen,
man könne ihn wohl zum Fenster hinauswerfen, aber nie werde er vor
einer Militärrevolte einen Schritt von seiner Pflicht zurückweichen. Die
Munitionswagen standen beladen zum Abmarsch bereit. Da erhielt Garibaldi von Turin bestimmte Weisung, dahin sich zu verfügen. Ein Mann
von großem Gewicht versichert uns, Farini habe am 17. November Garibaldi erklärt: Sie haben Ihr mir gegebenes Wort gebrochen, und mit aus-

gerecktem Arm habe er nach der Thür gewiesen. Garibaldi gab sofort seine Entlassung vom Kommando, was auf das Volk einen sehr niederschlagenden, auf die Truppen einen erbitterten Eindruck hervorbrachte. („Unsere Zeit" VIII, S. 789.) Er reiste nach Turin ab. Diese Vorgänge gaben zu den bittersten, persönlichen Zerwürfnissen Veranlassung. Die Toscaner, welche dem Wunsche Farini's, sich mit der Romagna genau zu verbinden, in diesem Momente nicht entsprachen, wurden selbst von Cavour des engherzigsten Municipalismus beschuldigt. Er urtheilte jedoch bald gerechter. Die Regierungspresse ignorirte alles Vorgefallene; um so lauter wurde es von den Extremen ausposaunt. Die Klerikalen, welche im Univers und im Monde ihre Nachrichten mittheilten, bewiesen damit die Herrschaft der Revolution in der Romagna und die Solidarität des Königs mit ihr. Die Radikalen verurtheilten die Männer, welche ihnen in die Zügel gefallen waren, als Verräther, welche aus bloßem Neid gegen gegen sie, die Erlösung einer Million Sklaven des Klerus verhindert hätten. Jetzt sei es mit Händen zu greifen, daß man sich unfähig fühlend, ein großes, freies Italien zu regieren, in Turin nur eine Vergrößerung Piemonts wolle." — Wäre der Plan der Radikalen auch vollendete Thatsache geworden, so würde die damit noch lange nicht reife Frage des Kirchenstaats wahrscheinlich ein unübersteigliches Hinderniß für die Durchführung der Annexion Toscanas, Modenas und Parmas geworden sein. Jetzt mußten selbst die Kabinette die Mäßigung Viktor Emanuels anerkennen. Die Radikalen behaupten, auf einer Reihe von Berggipfeln seien schon Holzstöße errichtet gewesen, um den Aufstand bis in die neapolitanischen Abruzzen zu tragen. In Turin waren auch die Kühnen dafür, zuerst die Nordhälfte Italiens zu consolidiren; dann konnte man in umgekehrter Ordnung von Sicilien aus zuletzt an den Kirchenstaat gehen.

Wie man in den altnational-liberalen Kreisen in Turin urtheilte, ersehen wir aus einem Briefe d'Azeglio's vom 18. November: „Ihr (in Paris) werdet zufrieden mit uns sein. Garibaldi hat seine Entlassung genommen und ist von Bologna abgereist. Und die Times, welche aus ihm einen Washington machte! Hat er den Verstand verloren?" Der König, welcher mit Garibaldi sympathisirte und den Nothwendigkeiten der Diplomatie, dießmal sicher der napoleonischen, nur knirschend sich fügte, empfing ihn herzlich. Und mit Recht. Garibaldi erklärte in seiner Abschiedsproklamation seinen Soldaten nur, er sei durch Hinterlist aus dem Militärdienst Centralitaliens entfernt. „Aber an dem Tage, wo Viktor Emanuel wieder seine Krieger zum Kampfe für die Erlösung des Vaterlandes ruft, werde ich irgend eine Waffe und einen Posten an der Seite meiner Kriegskameraden finden. Die miserable Fuchspolitik, welche für en Augenblick den majestätischen Gang unserer Sache stört, muß uns mehr als je überzeugen, daß wir uns um dem tapfern, loyalen Soldaten Italiens anzuschließen haben, welcher unfähig ist, von seinem erhabenen,

edlen Vorsatz zurückzuweichen, und daß wir mehr als je Gold und Eisen ver-
zubereiten haben, um jeden, welcher es versucht, uns wieder in das alte
Elend zu versenken, gehörig zu empfangen." So ungeduldig auch die
leitenden Damen in Neapel und in Wien mit Antonelli correspondirten,
um eine riesige reaktionäre Schilderhebung bis an den Po herauf zu veranlassen, so waren die päbstlichen und die neapolitanischen Höfe doch noch
lange nicht stark genug, und diese starke Haltung der romagnolischen
Regierung und der toscanischen imponirte ihnen.

Sechsunddreißigster Abschnitt.

Toscana im Jahre 1859.

Deutschland hat zum Glück keine so trennende Linie, wie sie der Apennin von Chiavari an südlich bildet. Dieser hohe Bergrücken ist der wahre Rubico. Er scheidet Nordbitalien, wozu auch die Romagna gehört, vom Flußgebiet des Arno, von Toscana, von Mittelitalien, dessen weitaus wichtigste Länder und Städte im Südwesten des Apennin liegen. Auf das so abgemarkte Nordbitalien zunächst waren die Plane Cavours gerichtet. Wenn die nationale Idee von Norden her den Apennin überschritt, so kam es ganz darauf an, ob sich mit ihr die Lothringer-Habsburger in Florenz weislich zu verständigen wußten, um nicht ihr Opfer zu werden. Gelang ihnen diese Verständigung, so war vielleicht noch auf eine Reihe von Jahrzehnten Italien zum Staatenbund bestimmt. Mangelte aber der Dynastie diese Weisheit, so rollte Italien dem Einheitsstaat entgegen. Deßhalb war die Entscheidung in Toscana so wichtig. Sie balancirte auf einem gespannten Haare. Darum sind auch Details, manchmal Stunden achtenswerth. Und indem wir diese scharf beobachten, lernen wir auch die Toscaner kennen.

Schon im Jahre 1858 soll Ricasoli in patriotischer Entrüstung gesagt haben, wenn Toscana nicht von Oestreich befreit würde, so würden 1,000 der gebildetsten und wohlhabendsten Toscaner nach Piemont auswandern. Der größere Theil des Florentiner Adels wäre sicher nicht migrirt. Die Hofchargen und die berühmten, den Fremden offenstehenden Feste machten die Mehrzahl des Adels zu getreuen, aber nicht sehr werthvollen Anhängern des Hofs, von welchen Ricasoli und Genossen übel angesehen wurden. Kaum hatte die Neujahrsconbolation des Kaisers Napoleon an den östreichischen Gesandten die gebildeteren Kreise in Toscana erregt, als man vernahm, daß der Großherzog seinen leidenden Schwager, den König Ferdinand von Neapel besuchen werde.*) Er reiste

*) Die Literatur über die Ereignisse in Toscana im Jahre 1859 ist reich und von allen Standpunkten aus geschrieben: Zobi, cronaca degli avvenimenti d'Italia

27*

den 17. Januar ab und blieb sechs Wochen aus. Niemand zweifelt daran, daß Leopold in Neapel in seinen Absichten des Widerstandes gegen die nationalen Forderungen bestärkt worden sei. Eben erschien in Florenz das für höher gebildete Kreise geschriebene Buch des Advokaten V. Za vagnoli, della indipendenza d'Italia (bei Le Monnier), welches auf diesen Fall den Fürsten den Urtheilsspruch fertig entgegenhielt; er lautet „diejenigen Fürsten in Italien, welche durch völlige Uebergabe an Oestreich auf ihre Eigenschaft als Italiener (italianità) verzichten, geben ihrer Herr schaft nur die Dauer der östreichischen Herrschaft in Italien."

Während im Jahre 1846 und weiter die Winkelpresse und die Flug blätter die öffentliche Meinung zu entzünden wußten, waren es jetzt fein edel geschriebene kleine Bücher von hundert und mehr Seiten, welche in der Dämmerung als Leuchtfeuer dienten. Das für die Zeitungen strenge Preßgesetz war Veranlassung dazu, und es diente dazu, daß die Artikel

---

nel 1859. Firenze 1859. Carletti quattro mesi di storia toscana dal 27 Aprile al 27 Agosto 1859. Firenze 1859, welcher der Pression des Auslands zu viel Ein fluß zuschreibt. Corsini storia di quattro ore. Firenze 1859. Ridolfi breve ris a una storia di quattro ore. Firenze 1859. Während wir auch obige Zeitschriften zu Rathe zogen, sind wir durch vielfache Erkundigungen in Florenz besonders hin gewiesen worden auf die demokratisch unzufriedene Schrift eines tief Betheiligten: storia intima della Toscana dal 1 Gennajo 1859 al 30 Aprile 1860 narrata di Ermolao Rubieri. Prato 1861, ein starker Band in Perlschrift, und auf Memorie storiche del governo della Toscana nel 1859—60 di Enrico Poggi, già membro di quel governo e senatore del regno. Pisa 1867. Zwei Bände. Dazu kommen noch die Memoranda und der monitore toscano. Der ausgezeichnete Advokat Galeotti legt in seiner l'allamblea della Toscana, Barbera 1859, dem Einfluß des Adels ein Gewicht zu, was der vom Hofdemokraten sich immer mehr zum Hofmann verkehrende Gualterio in seinen Ultimi rivolgimenti noch mehr thut. Der Verfasser ist seit längere Zeit irregeleitet worden. Die Initiative der nationalen Bewegung ging in Toscana vom guten Bürgerstand aus, er hatte aber den Takt, diejenigen welche sich ihm anschlossen, an die Spitze treten zu lassen. Rubieri neigt sich zum Extrem. Die reaktionäre Darstellung der toscanischen Umwälzung: la Toscana nel 1859 e 1860, narrati al popolo d'una compagnia di Toscani con note e documenti. Firenze 1864, sagt, der piemontesisch gesinnte Adel habe zuvor keine Verdienste um das Land erworben, (?) er habe weder Bücher geschrieben noch Stiftungen gemacht. Aus Ehrgeiz habe er eine Verschwörung gemacht, um minder guten piemontesischen Zustände Toscana aufzuerlegen. Die Krone sei eine Kette von Listen escamotirt worden. Der Kern Toscanas, der Bürgerstand und der Klerus haben sich nicht betheiligt. Der Haß dieser hofaristokratischen liberalen Erzähler concentrirt sich auf Ricasoli und auf Boucompagni. Diesen katholischen Charakter im Sinn Balbo's, welcher ganz Rechtsmann, wenig Kopf ist, können sie nicht begreifen. Ricasoli hat allerdings einen beschränkten Sinn, was ihm in Krisen den Entschluß erleichtert, aber manchmal das Umschlagen seiner Ansichten ins Gegentheil herbeiführt. Die Landwirthschaft auf seinem nach Oestreich weisenden messenden Gute betrieb er mit Energie und Ausdauer, aber entfernt mit den Kenntnissen und mit dem Erfolge Cavours. Manchmal ließ er im Eigensinn große Waldungen niederschlagen.

es Besitzes, und namentlich die des gebildeten Geistes die Führerschaft erlangten; wir nennen sie die Aristonationalen, oder die nationalen Alt-liberalen. Von den hitzigeren Nationalen wie Rubieri, und von den noch weniger zahlreichen Republikanern wurden sie die Männer des 12. April 849 genannt, weil sie den in Florenz an jenem Tage vollzogenen Sturz der Herrschaft der Livorneser Terroristen zu benützen gesucht hatten, um die Verfassung wieder aufzurichten. Der ehrwürdige Gino Capponi sagte uns: Die besseren Klassen hatten im Frühjahr 1849 die Bürgschaft über-nommen, daß der Großherzog nach der Verfassung regieren werde. Da er, der Schuldner, seine Schuld nicht bezahlte, so machten sie ihn 1859 bankerott. Im Folgenden werden wir dagegen sehen, wie das kluge tos-canische Volk durch die Erfahrung der von Oestreich kommandirten Klein-staaterei, und durch das Beispiel wahrer Aristokraten, welche sich an die besten Elemente des Bürgerthums anschlossen, politisch zum nationalen Ehrgefühl erzogen worden war. Man wollte Toscaner bleiben, aber unter der Bedingung, daß man Italiener nicht blos in Gedanken sein dürfte. Bornirter Partikularismus war nur bei der klerikalen Partei zu finden, weil Oestreich, auf jenen gestützt, die weltliche Herrschaft des Papstes stützte. Von Mazzinisten fanden sich beinahe nur in Livorno Exemplare. Ob sie gleich die europäische Revolution und Republik als Ziel vor Augen haben, so haben sie doch nie für eine vaterlandslose Zigeunerfreiheit geschwärmt, die verrätherisch mit einer fremden Macht, sei es Frankreich, sei es Oest-reich, kokettirt. Das deckt einen Theil ihrer Sündenmenge. Die Aristo-nationalen verbreiteten Uebersetzungen der die französische Allianz verkün-denden Brochüren, z. B. Napoleon III. et l'Italie, und gaben in Heften die bibliotheca civile dell' Italiano heraus. Besonderes Aufsehen machte ein Bändchen derselben: Toscana ed Austria von dem geistreichen Cele-stino Bianchi. Mit beigegebenen Dokumenten belegte er geschichtlich, daß Toscana als Anhängsel Oestreichs seiner Autonomie und Würde beraubt, in seinen tiefsten sittlichen und materiellen Lebensinteressen verletzt sei. Dem Bürger wird jene würdige ruhige Haltung empfohlen, welche im Bewußtsein ihres guten Rechts und ihres gewissen Siegs die Kräfte für die Entscheidung sammelt. Wenn aber der Krieg zwischen Italien und Oestreich ausbreche, so müsse sich Italien dabei mit allen seinen Kräften betheiligen, um seine Selbstständigkeit auf dem Boden und unter dem Schutze der italienischen Nationalität wieder zu gewinnen. Dieß war das Programm der Partei, und deßhalb hatten Männer wie Ridolfi, wel-cher, der großherzoglichen Familie längst näher stehend, als Ministerpräsi-dent ihre Stütze in der Bewegung von 1848 gewesen war, Peruzzi, Ri-casoli ihre Namen als Bürgen diesem Büchlein vorangesetzt. Allein kaum war der Großherzog aus Neapel zurückgekehrt, so wurde von der Regie-rung in den ersten Tagen des März Beschlag auf die ganze Auflage ge-legt. Aber als 89 Advokaten dieß für gesetzwidrig erklärten, und der piemontesische Gesandte Schabloshaltung für den Verleger Barbera, einen Piemontesen, verlangte, wurde das Büchlein freigegeben, und in wenigen Tagen waren in Folge dessen fünftausend Exemplare verkauft.

Gerade die in dieser Schrift herrschende Absicht und Hoffnung, die Dynastie noch für die nationale Sache zu gewinnen, trug viel zu ihrer großen Wirkung bei. Denn trotz den Erfahrungen seit 1849 war der Wunsch Toscaner zu bleiben herrschend; eine eigene Dynastie erschien noch als Bürgschaft dafür; daher wünschte, und eben deßhalb hoffte man allgemein, die Dynastie werde sich noch zu Italien bekehren, und das schwarzgelbe Band, welches sie an das habsburgische Familienoberhaupt in Wien fesselte, lösen. Man traute der Dynastie mehr edles Ehrgefühl zu als sie hatte; bei ihr herrschten die bitteren Erinnerungen an die Demüthigungen, welche sie 1849 durch die Radikalen und durch Oestreich erlitten, die Angst vor ihrer Wiederkehr, welche das Ansehen stolzer Verschlossenheit, ja höhnischen Trotzes annahm. Die ungeduldigen Nationalen, theils Radikale von 1848, theils junge Männer, extreme Charaktere, hielten sich für klüger, weil sie die Unheilbarkeit der Dynastie voraussagten; aber sie waren nur leidenschaftlicher. Das Volk konnte nur durch die erneute Erfahrung von dieser Unheilbarkeit überzeugt werden. Und so waren die Aristonationalen, weil sie diese Wünsche theilten, die natürlichen Vertreter und Führer des toscanischen Volks. Die hitzigen Nationalen warfen ihren Schriften vor, sie bitten und betteln die Dynastie an, und sagen nicht, was zu thun sei, wenn sie es ablehne, sich entschieden zu nationalisiren. Aber eben die Vermeidung der vorzeitigen Erörterung dieser Frage sicherte den starken Anhang der Aristonationalen.

Auch mit Piemont, mit Cavour waren diese ganz einverstanden. Der eitle, aber zuverlässige Poggi schreibt (Memorie storiche I. 3): „Als ich Boncompagni im Februar 1859 besuchte, kam er eben aus dem Palazzo vecchio (Ministerium) zurück, wo er eine lange Conferenz mit dem Minister Baldasseroni gehabt hatte, um mit ihm über die Nothwendigkeit zu sprechen, daß Toscana, angesichts des drohenden Kriegs mit Oestreich, sich mit Piemont und Frankreich verbinde; allein Baldasseroni hatte geantwortet, die Regierung beabsichtige neutral zu bleiben. Aus dem vertrauten Schreiben Cavours an Lafarina erhellt, daß dieser „um Gottes willen" die Livornesen von Straßenunruhen abmahnte. Lafarina schreibt den 20. Februar von Turin an einen Livornesen: von hier sind den toscanischen Liberalen folgende Weisungen ertheilt: eine starke Agitation zu beginnen; nicht von Reformen, noch von Verfassung zu reden, sondern von Nationalität und Unabhängigkeit, die sofortige Auflösung der Verträge mit Oestreich zu verlangen, und die Vereinigung der toscanischen Truppen mit den piemontesischen zum Unabhängigkeitskrieg. Jeder Conflikt mit dem Militär ist zu vermeiden, aber Bittschriften, Demonstrationen, Flugblätter sind zu machen. Kurz, man will hier, daß ganz Europa von der

Ueberzeugung durchdrungen werde, daß die Sache der Unabhängigkeit nicht allein Piemont, sondern ganz Italien am Herzen liege." Guerrazzi's *) Anerbietungen beantwortete Cavour nicht, da er nicht von ungeregelten Bewegungen, provisorischen Regierungen und „andern Dummheiten" hören wollte. Aus einem Berichte Boncompagni's an Cavour vom 12. April 1859 (Il conte di Cavour di Nic. Bianchi, Torino 1863, pag. 70) erhellt, daß Cavour schon wiederholt den Großherzog eingeladen hatte, der französisch-piemontesischen Allianz beizutreten. Er erinnerte ihn an die Eifersucht auf eine gewisse souveräne Unabhängigkeit, welche die toscanischen Staatsleiter bis 1849 Oestreich gegenüber bewiesen hätten. Cavour mußte es äußerst darum zu thun sein, durch die möglichst zahlreichen italienischen Kräfte die Gefahr der napoleonischen Intervention in Italien einzudämmen. Der Großherzog erklärte dem piemontesischen Gesandten, soweit dem nationalen Drängen nachgeben zu wollen, daß er sich im etwaigen Kampfe neutral verhalten werde, obgleich ihn Verträge eigentlich verpflichteten, dieselben Freunde und dieselben Feinde zu haben wie Oestreich. Da der Großherzog die Schwierigkeit der Neutralität ahnte, tröstete er sich damit, der Diplomatie werde es noch gelingen, den Krieg zu verhindern. Während die hitzigen Nationalen bereits an eine Revolution dachten, durch welche der Großherzog vertrieben werden sollte, fürchtete Cavour diese, namentlich ihren verfrühten Ausbruch, am meisten, weil dadurch die Realisirung der Waffenhilfe Napoleons verloren gegangen wäre. Und so geschah es. In einem Florentiner Cirkel von gebildeten Nationalliberalen verschiedener Nüancen wurde auf Cavours Rath beschlossen, die Toscaner zu Unterschriften aufzufordern, in welchen in beliebiger Form auch mit Modificationen den Grundsätzen der Bianchi'schen Schrift, namentlich dem Grundsatze zugestimmt würde, daß Toscana verpflichtet sei, im Kriegsfall Piemont gegen Oestreich beizustehen. Gesagt, gethan. Binnen eines Monats liefen fünfzehntausend Unterschriften ein. Den obgenannten Bürgen der Schrift wurde damit eine Art von Vollmacht, und von manchen Radikalen eine so spornende Amnestie dafür gegeben, daß sie sich auf den Grund der Thatsache vom 12. April 1849 gestellt hatten, und daß sie dabei in ihrer Hoffnung, dadurch die Verfassung wieder herzustellen, düpirt worden waren. Eine Anzahl Zuschriften aus dem Livornesischen, aus dem energischen Sienesischen, aus den Maremmen und aus dem romagnolischen Toscana auf der Ostseite des Apennin, deuteten bereits im unitarischen Sinn nicht blos auf den Sturz der östreichischen Herrschaft in Italien, sondern auch auf den Sturz der Herrschaft der Lothringer in Toscana. Die hitzigen Nationalen, welche in den Städten ihren Anhang hatten, mußten selbst gestehen, daß jene gewichtigen

---

*) Ueber diesen demokratischen Partikularisten findet sich vieles in Band I, Kapitel X, und Band II, zweite Hälfte, von Seite 1 an. Desgleichen über Montanelli.

Namen sehr viel dazu beitrugen, auch das Landvolk für dieses Programm
zu gewinnen. Deßgleichen konnten nur sie in den Augen der europäischen
Diplomatie der toscanischen Bewegung eine gewisse Wichtigkeit verschaffen.

Ein großer Unterschied der Bewegung von 1848 und der von 1859
war, daß damals die Führer, das heißt die Redner, wie Pilze bei dumpf-
feuchter Witterung aufschossen, während man jetzt auf Führer harrte.
Nachdem sich nun jene geachtetsten Namen vorangestellt hatten und anerkannt worden waren, wurden sie von den ungeduldigeren Nationalen gedrängt, einen gemeinsamen leitenden Ausschuß zu errichten und ein Programm aufzustellen. Die Aristonationalen erklärten sich zum Ersteren
bereiter als zum Zweiten; namentlich legten sie Nachdruck darauf, es dürfe
im Programm nicht von Annexion an Piemont die Rede sein, da sie für
Toscana schädlich wäre, und, wenn sie auch erreicht würde, sich doch nicht
aufrecht erhalten ließe. Da die Dynastie wo möglich zu erhalten sei, müsse
man warten, bis sie durch den Ausbruch des Kriegs, oder durch andere
Thatsachen sich zur Entscheidung gedrängt sehe. Wenn erst die Oestreicher
vertrieben seien, so würden die toscanischen Lothringer unschädlich, ja national werden. Diese Partei theilte mit der großen Mehrzahl des Volks
die Furcht, es würde bald wieder zu schädlichen Excessen kommen, sobald
man den hitzigen Linken die Hand biete. Deßhalb bildete sie eine Art
von Ausschuß durch Zuziehung mehr „abkühlender“ Elemente. Das
Schlimme dabei war nur, daß bei solcher Mäßigung diese Partei wohl
nicht im Stande war, jenen moralischen Druck auf einen Hof zu üben,
welcher beinahe nur für das Gefühl der Furcht zugänglich war, und daß
somit ohne die Mitwirkung Toscanas über das Schicksal Italiens entschieden werden konnte.

Trotz dem Wunsche aller Parteien, vereint zu wirken, trotz der Einsicht, daß nur vereint mit Erfolg gewirkt werden könne, blieb jede Partei
auf ihrer Willensmeinung und verlangte, daß die Einheit durch Anschluß
der Anderen an sie realisirt werde. Die ungeduldigen Nationalen, gereizt durch die Achtung vor der Autorität, welche bei den „Conservativen“
(den Aristonationalen) herrsche, durch ihr unthätiges Harren auf das
„Manna“, traten unter sich zusammen und stellten ihr eigenes Programm
auf. Während die Aristonationalen dießmal sich der Wiederaufrichtung
der Verfassung besser vergewissern wollten, als im Jahre 1849, beschlossen
die Jungnationalen: es ist wenigstens vorerst auf jede innere Frage zu
verzichten, und das einzige Ziel der Nationalunabhängigkeit, und deßhalb
der Krieg zu verfolgen. Zu diesem Zweck ist eine absolute, klar bestimmte,
wirksame Versöhnung aller Parteien zu erzielen; das Heer ist für die
Sache der Unabhängigkeit und des Kriegs zu gewinnen, um jeden Preis
ist Feindseligkeit gegen dasselbe und seine Auflösung zu vermeiden. Die
Zustimmung der lothringischen Dynastie ist weder zu suchen, noch zurückzuweisen; man muß vielmehr entweder dahin wirken oder doch geschehen

lassen, daß sie sich schließlich, sei es durch unvorsichtigen Widerstand oder durch widerwillige Zugeständnisse, discreditire, und so den Toscanern die Freiheit und die Geneigtheit lasse, der nationalen Sache die weiteste Lösung zu geben, welche am Ende des Krieges besiegelt würde." — Dieses konnte sich die Partei der Aristonationalen durch die sich entwickelnden Thatsachen bieten lassen und von ihnen annehmen, nimmermehr aber konnte sie es als Programm annehmen, am wenigsten in Gemeinschaft mit Männern, welche das „entweder, oder" desselben ausnützend, ihrem „Thatendurst" folgend, „nur darauf hingewirkt hätten, die Dynastie zu discreditiren." Ueber das Ziel hätte man sich vielleicht verständigen können, aber nicht über die Mittel und über die Methode des Handelns; und dieß war eben das Praktische. Dieß zeigte sich sogleich in einer Sache, in welcher gemeinsames Wirken so nahe zu liegen schien.

In Piemont sammelten sich die Freiwilligen, und zwar unter der Führung Garibaldi's. Der Nationalverein betrieb durch seine Vertrauten den Zuzug aus allen Theilen Italiens. Die „Apenninjäger", das war ja die erste Bestimmung und der Name der Freiwilligen, mußten von Spezia aus bald die Gränze Toscanas überschreiten und es war daher von besonderem Werthe, daß eingeübte Toscanesen sich bei ihnen befänden. Zum Theil die besten Elemente der Jugend bethätigten ihre Freiwilligkeit. Um die Reisekosten der minder Bemittelten zu bestreiten, eröffnete der Marchese Bartolommei eine Sammlung, welche über hunderttausend Lire aufbrachte. Die Freiwilligen waren zumeist junge Handwerker, Studenten, Künstler, aber auch Söhne der ersten Familien, ein Ricasoli, der Sohn des halbliberalen Ministers Baldasseroni. Mit solchen gingen wohl auch Söhne ihrer Pächter, doch wenigere vom Landvolk. Die ersten Familien begleiteten die Ihrigen in Florenz auf den Bahnhof der Livorneser Bahn, das Volk stand in Massen zujauchzend, Zeuge der rührendsten Abschiedsscenen. Das Ernsthafte war, daß darunter Reiche waren, welche sich vor Kurzem mit drei- bis vierhundert Scudi vom toscanischen Kriegsdienst losgekauft hatten, neben gedienten Leuten, welche in schlechter Kleidung aus ihren Schneebergen kamen, das Einstehergeld verschmähten und Freiwillige wurden. Stumm wie Säulen standen die Gensdarmen dabei. In Livorno war die Einschiffung schon lebhafter. Malenchini schiffte sich auf einmal mit einem „Bataillon" ein. Hieher waren auch viele Romagnolen unter schweren Gefahren entwichen. Ein Weib verabschiedete sich auf dem Lido von ihren zwei Söhnen mit den Worten: „So geht denn, meine Söhne! nur zwei Dinge lege ich euch an das Herz: fürchtet Gott und vergesset nicht euren Vater, welcher auf dem Waffenplatz von den Oestreichern erschossen wurde!" Norddeutsche Damen, welche mit einer Schaar toscanischer Freiwilliger nach Genua reisten, konnten uns die Ordnung, die Stille, die Nüchternheit und Aufmerksamkeit der die Nacht über auf dem Verdeck Lagernden nicht genug rühmen. — Schon den

14. April waren 422 Toscaner unter den Fahnen Garibaldi's und des Hauses Savoyen gesammelt und verpflichtet. Viele Dutzende ließen sich noch in Florenz zu Pferd, in ihrer künftigen Uniform photographiren und vertheilten diese ihre Bilder als Unterpfänder ihres Entschlusses der patriotischen Damenwelt.

Die aristonationale Partei ermuthigte und unterstützte aufs Nachdrücklichste den Abzug der Freiwilligen. Die ungeduldigen Revolutionslustigen aber erließen schon den 20. März einen Aufruf: „Diese patriotische Gluth ehrt euch. Aber manchmal schadet übermäßige Ungeduld der Erreichung ihres Ziels. · Toscana ist im italienischen Heere bereits genug vertreten. Jedes mehr wäre zu viel. Wir sind verpflichtet und Willens uns alle zu bewaffnen, aber vereint. Es ist jetzt nöthig, daß Diejenigen in Toscana bleiben, welche durch ihre Gegenwart und, wenn es Noth thun sollte, durch die That unwiderstehlich beweisen können, daß Toscana entschlossen und einig ist, die gemeinsame Unternehmung mit allen seinen Kräften zu unterstützen, und daß, was wir nicht glauben, Niemand die Absicht haben kann, noch die Macht hat, es zu verhindern." — Das war sehr verständlich gesprochen. Man wollte schlagfertige Leute unter der Hand behalten. Gerade weil die Regierung den Abzug der Freiwilligen nicht verhinderte, und der Großherzog sich täglich berichten ließ, wie viele ihrer waren, so glaubten die Mazzinisten und die andern Ultranationalen dem Abzug Schleußen entgegenstellen zu müssen.

Dagegen waren sie beflissen, den Eindruck, welchen die Abschiedsscenen auf das toscanische Militär machten, auf eine Weise zu benützen, wie die Aristonationalen es nimmermehr über sich vermocht hätten, während auch sie jeden Zusammenstoß mit demselben zu vermeiden suchten. Mochten sie auch in Offizieren das nationale Feuer zu nähren suchen, die Bearbeitung des Soldaten blieb Sache der Radikalen. Und sie erfüllten diese Arbeit mit Eifer und mit Geschick. Die dem feinfühligen Toscaner verhaßte, zum Theil ehrenrührige Härte der östreichischen Disciplin hielt nicht lang Stand gegen edle und unedle Motive. Es erschien ja als soldatisch, Betheiligung am Krieg gegen Oestreich zu fordern. Als der Großherzog eine Revüe über die Besatzung des am Nordende von Florenz liegenden Fort di St. Giovanni (Fortezza da Basso) abhielt, um sich von ihrer Stimmung zu überzeugen, so war ihre Haltung eine durchaus stumme. Kein Hoch erfreute ihn.

Die Radikalnationalen hielten den ihnen ersehnten Krieg für sicherer, als er es in Wahrheit war. Daher drängten sie sich mit Einladungen zu raschen gemeinsamen Maßnahmen an die Aristonationalen. Ein großer Theil der deutschen Leser ist vielleicht noch durch die damals und seitdem uns überschwemmenden falschen Darstellungen über die Hinterlist der Aristonationalen beherrscht. Sie stammen hauptsächlich aus den großherzoglichen Hofkreisen und häufen die Anklage des Verraths auf die Aristo-

nationalen viel mehr als auf die Radikalen. Die reaktionären Hofdiener,
mit welchen Oestreich den Großherzog hermetisch einschloß, und seine Ministerien besetzte, und welche die Hauptursacher seiner Vertreibung waren,
hätten den Stab über ihre eigene Verblendung und Hartnäckigkeit gebrochen,
wenn sie irgend einmal den wahren Hergang sich und Andern eingestanden
hätten. Jedermann hätte dann einsehen müssen, daß es nicht schwer war
die Dynastie Toscana zu erhalten, und den italienischen Einheitsstaat
längere Jahre durch einen Staatenbund unmöglich zu machen, um so
länger, je aufrichtiger sich die Dynastie der nationalen Sache ergeben
hätte. Aber jetzt schon mußten die einleitenden Schritte geschehen, um
im Moment, wo der Kriegsausbruch nahezu gewiß war, ein Ministerium
von Aristonationalen aufzustellen. Das fürchteten eben die Radikalen und
die regierenden Restaurationsminister haßten mit demselben Haß des Hofadels und der Hofdienerschaft die unabhängigen Männer der Aristonationalen, besonders die Adeligen unter denselben, als den wahren Adel,
die Karikatur haßt das edle Original, wie der Schooßhund der Schloß-
dame den das Schloß bewachenden Hofhund neidisch anbellt, wenn er sich
der Herrin nahen will.

Da selbst die Minister nicht an eine bewaffnete Parteinahme für
Oestreich denken konnten, sondern sich für große Staatsmänner hielten,
indem sie sich skeptisch in den Mantel der thatlosen Neutralität hüllten,
so hatten sie bis auf einen gewissen Grad die Billigung der englischen,
ja lange die der französischen Gesandtschaft. In der Mitte des April
drückte der Großherzog dem Wiener Hof sein Bedauern aus und bewies
ihm, daß es ihm rein unmöglich sei, seiner vertragsmäßigen Verpflichtung
nachzukommen und seine Truppen mit den östreichischen zu vereinigen.
Dieß erwartete nun auch der Wiener Hof nicht. Beinahe gleichzeitig
machte er durch Nerli seinem Gesandten in Paris Mittheilung von diesem Schritt. Darauf erklärte der einer durchgreifenden Umformung Italiens abgeneigte Walewski, die herkömmliche Neutralität Toscanas werde
von Frankreich geachtet werden. Er rieth dem Großherzog, seinen Entschluß der Neutralität nicht zu veröffentlichen, um keine Aufregung zu veranlassen. Sobald aber der Krieg als unvermeidlich und in Folge dessen
die Neutralität als unhaltbar erschien, so gab, freilich zu spät, am 25. April
(laut Bericht des toscanischen Gesandten in Paris Nerli in il conte di
Cavour di N. Bianchi, Torino 1863, pag. 68), Walewski seine Meinung
dahin ab, der Großherzog müßte débordé werden, wenn der Krieg ein
Nationalkrieg werde, deßhalb rathe er ihm den zweiten ihm noch offen
stehenden Weg an, sich an Frankreich anzuschließen; dann werde Kaiser
Napoleon dem Großherzog unter den möglichst wenig drückenden Bedingungen en tout état de cause Toscana garantiren. Das war durchaus nicht der Wunsch der italienischen Nationalen. Da Cavour alle Kräfte
Italiens, auch als Gegengewicht gegen den französischen Einfluß zusammen-

zufassen suchte, so hatte er, wie auch aus dem Berichte Boncompagni's vom 12. April erhellt, den Großherzog schon seit Monaten zu einem Bündniß mit Piemont dringend eingeladen. Die Aristonationalen in Toscana hatten diese Bemühungen durch Vorstellungen an einige toscanische Minister zu fördern gesucht und deßhalb Zurückhaltung gegen die Nationalradikalen beobachtet.

Es war wenig Aussicht, den Minister des Aeußeren Cavaliere Ottavio Lenzoni für die nationale Idee zu gewinnen, da er früher Gesandter Toscanas am Wiener Hofe, in dessen Gunst stand. Wegen seiner schroffen, spöttischen Haltung allen nationalen und freisinnigen Rathschlägen gegenüber war er verhaßt. Die mündlichen Vorstellungen Boncompagni's soll er mit Gähnen beantwortet haben. Die meisten anderen Minister waren als politische Nullen, als Diener vielmehr gering geschätzt. Einen Fuß auch im liberal-nationalen Steigbügel hatte der schlaueste unter allen Ministern Baldasseroni. Er hatte gegen Aristonationale geäußert, er verzweifle nicht daran, den Großherzog nach und nach dahin zu bringen, daß er den Volkswünschen entspreche, wenn nur gute Bürger die Ordnung aufrecht erhielten. Allein jetzt verflog in der bewegteren Luft dieses Flittergold. Dadurch ließ sich der Marchese di Lajatico, Don Neri Corsini, nicht abhalten, sich nochmals direkt an ihn zu wenden. Er hatte schon im Jahre 1847 seine Erfahrungen gemacht, indem er dem Großherzog rieth, noch aus freien Stücken eine Verfassung zu geben. Die Antwort war seine Enthebung von der Stelle des Gouverneurs von Livorno gewesen. Unaufgefordert richtete er den 18. März 1859, den Tag nach einer erfolglosen mündlichen Besprechung, ein Schreiben an Baldasseroni. Ohne auf die italienische Frage einzugehen, erklärte er nur die Mittel erörtern zu wollen, wie die Ordnung und die Dynastie erhalten werden könnten, mit welcher seine Vorfahren und er seit 119 Jahren sich verbunden fühlten. Die entschiedene Parteinahme für Oestreich sei bei der Schnitt der toscanischen Truppe eine Unmöglichkeit. Daher bleibe nur die Neutralität oder der Anschluß an die französisch-piemontesische Politik. Unläugbar sei, daß die nationale Idee viel tiefere Wurzeln geschlagen habe, als 1848 der Fall gewesen. Deßhalb würde dem Volk Neutralität nur als eine Aeußerung östreichischer Gesinnung erscheinen und es würde dagegen vom Volke demonstrirt werden. Wenn erst von den Gränzen der Kampf für die Unabhängigkeit Italiens herüberdröhne, werde es sehr schwer sein, durch die toscanische Truppe eine nationale Volksbewegung, welche den Anschluß an Piemont verlange, niederzuhalten. Daher sei es räthlich, diesen noch bei Zeiten freiwillig zu vollziehen. Die Dynastie habe 1848 die schmerzliche Erfahrung gemacht, wie sehr sie an moralischer Autorität verliere, wenn sie erst auf das Geschrei der Straße hin dem Volkswillen Zugeständnisse mache. „Ich will nicht einmal voraussetzen, daß man an ein anderes Auskunftsmittel denken könne, nemlich daß der Großherzog

das Land verließe, denn dieses Auskunftsmittel wäre für Toscana ver=
hängnißvoll, da hiedurch Toscana in die Anarchie gestürzt würde, welche
der Dynastie selbst am meisten Unheil bringen müßte. Zwar glückte diese
Ausflucht im Jahre 1848 dem Herzog von Modena; ich sehe aber nicht
ein, wie sie dießmal glücken sollte. Damals ließ die Ungleichheit eines
verzweifelten, durch nicht vorherzusehende Ereignisse herbeigerufenen Kampfes
von Anfang an leicht voraussehen, welches Ende er nehmen würde; die
Rückkehr des Herzogs hatte schon bei seinem Entweichen viele Wahrschein=
lichkeit für sich.*) Ich glaube, daß heute die Rückkehr problematischer wäre
und wenn sie einträte, so würde sie von solchen Umständen begleitet sein,
welche der großherzoglichen Dynastie äußerst schaden und sie in ihren feste=
sten, tiefsten Wurzeln untergraben müßten. Die Dynastie würde Gefahr
laufen, mehr als die Popularität zu verlieren. — Deßhalb halte ich die
Aufrechthaltung der Neutralität für unmöglich und für die Quelle der
schwersten Uebel für Toscana und für seine Fürsten."

„So bleibt nur noch der andere Weg zu untersuchen, welcher zum
Anschluß an die franco=piemontesische Politik führt. Welches wären seine
Vortheile? welches seine Gefahren? — Wenn die Regierung freiwillig
darauf vorschreitet, so wird sie mit dem Lande, seinen Tendenzen gemäß
vorgehen, sie wird Tumulten zuvorkommen und immer die Leitung behal=
ten. Ja die Dynastie wird sich immer mehr die Liebe Toscanas gewin=
nen, besonders wenn, sobald der Krieg, der bereits schwer zu vermeiden
ist, ausbricht, ein oder zwei Prinzen sich an die Spitze der Truppen
stellten, welche sich mit den franco=piemontesischen zu vereinigen hätten.
Es wäre dabei, nebenher gesagt, auch die Aussicht auf eine Erweiterung
des Gebiets bei einer neuen Gränzeintheilung Italiens eröffnet. — Fassen
wir aber auch die Gefahren dieser Politik ins Auge: vielleicht den Ver=
lust des Landes für die großherzogliche Dynastie in Folge eines unglück=
lichen Kriegs? Ich glaube, daß diese Gefahr im entferntesten nicht besteht.
Da dieser in dem Jahre, wo die Niederlage Italiens eine vollständige war
(1849), nicht eintrat, so könnte er im Jahre 1859 nicht eintreten, wo
die Kräfte ganz anders sich balanciren; und die Mächte, welche damals
nicht zuließen, daß Toscana von der östreichischen Macht absorbirt wurde,
würden es heut zu Tage noch viel weniger dulden. Darüber könnte sich
die Regierung schon jetzt nicht blos von Frankreich, sondern auch von den
neutralen Mächten Gewißheit verschaffen. Was wäre aber außerdem im
Falle einer Niederlage zu befürchten? vielleicht der Verlust der Freund=
schaft des Wiener Hofs? Glaubt denn aber die Regierung dessen Wohl=
wollen 1848—49 besessen zu haben? Sollte denn die toscanische Regie=

---

*) Es liegt auf der Hand, daß der Herzog von Modena nur der zur Exempli=
fication vorgeschobene Strohmann ist. Wir können statt seiner getrost: der Großherzog
von Toscana setzen, was Corsini aus Schonung und Politik nicht thun konnte.
Schließlich verräth er sich aber doch.

rung alle die Demüthigungen vergessen haben, welche ihr und dem Lande, ja der erlauchten Person des Fürsten während der östreichischen Occupation angethan wurden? daß die Strafjustiz und das Recht der Begnadigung von östreichischen Generalen in Livorno geübt wurde, daß man bei gewissen Gelegenheiten so weit ging, dem Fürsten aufzuerlegen, in welcher Uniform er zu erscheinen habe! Wenn daher Oestreich für die großherzogliche Regierung nur eine über ihre Vergangenheit erbitterte Herrin ist, so kann derselben wenig daran gelegen sein, daß Oestreich es bleibe, sobald nur ihre Unabhängigkeit durch die anderen Mächte verbürgt ist und die Dynastie tiefe Wurzeln in der Liebe des Volkes hat. Auch ein Fürst von Gottes Gnaden hat nicht den Beruf, sein Volk nach den Interessen eines fremden Staats, sondern den Beruf, dasselbe nach dessen Bedürfnissen, nach dessen Naturell und edleren Tendenzen und nach der geographischen Lage seines Landes zu regieren.‟

Mit dieser Auseinandersetzung erfüllte der Marchese die Pflicht eines gewissenhaften Bürgers, eines Mannes von wahrem Adel. Aber war zu hoffen, daß der Großherzog dieselbe als unabhängiger Fürst und Staatsmann aufnehme und in Erwägung ziehe? Von 1849 her war ihm nichts so tief eingeprägt, und Schwarzenberg hatte es, wie wir sahen, darauf angelegt, ihm Oestreich gegenüber Angst und die Ueberzeugung einzuflößen, daß er nur unter der Bedingung seines Gehorsams von Oestreich auf seinem Throne geschützt würde. Er hielt die unitarische Partei für stärker, als sie vorerst wohl noch war. Gegen sie konnte ihn und mußte ihn nach seiner Meinung und nach den Einflüsterungen seines Hofadels nur Oestreich sicher schützen. Von Oestreichs Macht hatte er nach der schweren Probe, welche dieses in der Krise von 1848 bestanden hatte, eine gränzenlose Vorstellung. Er fühlte sich seitdem vor Allem als Erzherzog und hatte deßhalb auch die Zuchtruthen des Familienhauptes nicht mit dem Ehrgefühl eines unabhängigen Fürsten empfunden und alta mente reposta. Tief war dem Großherzog der Umschlag seiner liberalen Popularität in die freche Unzuverlässigkeit des Jahres 1849 und die Vergreifung an seiner Souveränität in Erinnerung geblieben. Es war ihm wohl nie klar geworden, daß seine eigene Schwäche und die seiner Regierung einen großen Theil der Schuld daran trug. Die durch seine Flucht im Februar 1849 gesteigerte Anarchie hatte seine Restauration erleichtert. Der Marchese Lajatico selbst erklärte ja, daß in Folge einer neuen Entweichung wieder Anarchie über das Land hereinbrechen würde. Im schlimmsten Fall hoffte also der Großherzog eine Wiederholung von 1849. Sollte er sich lieber revolutionären Wächtern, wie dem länderlüstigen Piemont und Frankreich anvertrauen? Hatte dieses auch entschiedenes Interesse an der Getheiltheit Italiens, so konnte es sich auch zu Wiederaufrichtung des Königreichs Etrurien mit einem Napoleoniden versucht fühlen. England bot keine reale Bürgschaft, sondern immer nur gute Rathschläge und eine Zuflucht auf seinen Schiffen. Preußen mußte nach seiner erzherzoglichen Meinung Oestreich Heerfolge leisten. Rußland liegt fern und hatte sich als Oestreichs Nebenbuhler nie für Toscana interessirt. Aussicht auf Gebietserweiterung lockte den conservativen ängstlichen Herrn wenig. Sie war Toscana seit den zwanziger Jahren von den Liberalen zugedacht, welche in Florenz ein Asyl fanden, aber ohne Erfolg, sie war überdieß nur auf Kosten des Pabstes möglich und davor war es Leopold bange. Indeß war ja der Krieg noch nicht gewiß. Der Unentschlossene schließt gerne die Augen vor der Gefahr und denkt: kommt Zeit, kommt Rath.

So blieb der Brief Corsini's unbeantwortet, den Patrioten ein sicheres Zeichen, daß die Regierung sich für die Oestreich günstige Neutralität entschlossen hatte. Seit den Tagen der heruntergekommenen Mediceer war Neutralität die Politik Toscanas; der erste Lothringer Franz II. und im Jahre 1778 der vielgerühmte Leopold I. hatten die Neutralität Toscanas als eine Art von Staatsgrundgesetz proklamirt. Da in Folge dessen der militärische Geist noch mehr abgestorben war, so war sie zu einer Art von innerer Nothwendigkeit herangewachsen. Ein solches Toscana taugte aber nicht mehr in das nach seiner Unabhängigkeit ringende Italien.

Gleichzeitig mit dem Briefe Corsini's schrieb der damals schon als Professor von Pisa berühmte Matteucci eine Auseinandersetzung der Lage an das englische Parlament, worin er zu beweisen suchte, daß England die Aufgabe habe, durch Zusammengehen mit Frankreich die unerträgliche Oberherrschaft Oestreichs über Italien, durch welche jede Reform niedergetreten werde, auf friedlichem Wege zu beseitigen. Eine schöne Phrase! Mittlerweile wurde der Großherzog in seinen Neutralitätsgedanken durch den englischen Residenten Sir Peter Campbell-Scarlett bestärkt, welcher dadurch den Frieden zu erhalten oder im Fall des Kriegs diesen in enge Gränzen einzufriedigen hoffte.

Seit Mitte Aprils konnten die Radikalen ihre Ungeduld kaum mehr zügeln. Sie hatten Wind, daß die Aristonationalen den Hof für die nationale Sache zu gewinnen suchten und sie fürchteten, daß die Angst des Hofs ihn bestimmen könnte, ein aristonationales Ministerium zu bilden. Dieses suchten die Radikalen zu verhindern, damit die Dynastie dadurch nicht eine Stütze erhalte; sie sollte durch Beibehaltung ihres alten Ministeriums und mit diesem zu Fall kommen. Deßhalb drängten die Radikalen den Nationalaristokraten die Leitung der gesammten nationalen Partei auf, indem sie für den Fall, daß diese die Leitung nicht annähmen, mit Losbruch drohten. Am Abende des 21. April traten Abgeordnete sämmtlicher Fraktionen der nationalen Partei zusammen; selbst der Mazzinist, der wackere, geachtete Bäcker Dolfi fehlte nicht. Es wurde diktatorisch verlangt, daß die Aristonationalen an diesem Abende das von der Linken aufgestellte Programm im Princip entweder annehmen, um es als „Manifest der Toscaner in der Stunde des Unabhängigkeitskriegs" mit

Namensunterschriften zu veröffentlichen, oder daß sie es ablehnen. Nach einer phrasenreichen Einleitung heißt es darin: „Folgende Resolutionen werden für unabweisbar und dringend erklärt: Offensiv- und Defensiv-bündniß mit Piemont; sofortige Mitwirkung beim Krieg mit allen Kräften Toscanas; alsbaldige Einsetzung eines Kriegsausschusses unter dem Vorsitz des Kriegsministers, von welchem es unmittelbar und allein ab-hängt; unmittelbare Aufforderung an die Oberoffiziere bis zum Haupt-mann herab, ihre Zustimmung zum Grundsatz der Unabhängigkeit und des Kriegs zu geben oder abzudanken. Der Grundsatz der Freiheit bleibt in-takt, aber suspendirt bis zu dem Tage, an dem das Ende des Kriegs dem Lande seine Truppen zurückführt. So ist jeder vernünftige Grund zu Tumulten beseitigt und jeder Ruhestörer muß, da er nur zu der unver-besserlichen Sekte, welche an die Fahnen und an das Schicksal Oestreichs und des Jesuitismus gefesselt ist, gehören kann, als Verräther an dem Vaterland erkannt und bestraft werden.‟

Die Aristonationalen, welche die hierin liegende Suspendirung der fürstlichen Gewalt zu vermeiden suchten, wollten der Dynastie Neufrist gewinnen. Sie erklärten am Morgen des 22. April (Karfreitag) ihre Zustimmung zu den Grundsätzen des Programms, und trugen darauf an, daß am Samstag Abend Vertrauensmänner zu einer Besprechung über die Mittel sich zusammenfänden. Gewiß wurden Männer der Regierung von der nahen Gefahr unterrichtet. Als es sich am 22. April im Ministerrath darum handelte, daß der Großherzog öffentlich seine Neutralität er-klären sollte, scheute Baldasseroni vor den Folgen dieser Erklärung zurück. Er vermittelte auf den folgenden Tag für den ihm vertrauten Advokaten Vincenzo Landrini, welcher allgemein als Ehrenmann und Patriot geach-tet, keine ausgesprochene Parteistellung einnahm, eine Audienz bei dem Großherzog. Dieser setzte ihm auseinander, welche Vortheile die Neutrali-tät für das Land haben würde. Landrini erklärte dem Fürsten unum-wunden, daß die offizielle Proklamirung derselben unmittelbar den Aus-bruch einer Revolution zur Folge haben würde. Das Volk sei einmüthig im Verlangen der franco-piemontesischen Allianz. Der Erzherzog drückte seinen Zweifel darüber aus, worauf Landrini erklärte, diese Täuschung komme daher, daß der palazzo vecchio (Sitz des Ministeriums) wie außerhalb Toscanas sei. Landucci, der Minister des Innern, sei ganz isolirt, weil sich der anständige Bürger wegen seiner Gesetzwidrigkeit von ihm fern halte. Auf das Verlangen des Großherzogs, sich über die herr-schende Stimmung Gewißheit zu verschaffen, nannte ihm Landrini mehrere der angesehensten Männer, welche bis jetzt ihre politischen Ansichten noch nicht ausgesprochen hatten. Es scheint, daß der Großherzog vertraute höhere Beamte beauftragte, mit ihnen Rücksprache zu nehmen. Der den Reisenden aller Nationen wohl bekannte Bankier Fenzi rieth durch Bal-dasseroni dem Großherzog, unverzüglich im Monitore zu erklären, da Oestreich die Friedensbemühungen der europäischen Diplomatie habe scheitern machen, so achte sich die toscanische Regierung jeder Verpflichtung und Rücksicht entbunden, sie sei daher entschlossen, mit allen ihren Mitteln der Sympathie des Landes für die italienische Sache Geltung zu verschaffen.*)

Am Abende des Samstags, 23. April, fand im Palazzo Ricasoli unter dem Vorsitze Ridolfi's die Zusammenkunft der Vertrauensmänner sämmtlicher Fraktionen statt. Ricasoli's Freund Giorgini sprach für Vermeidung jeder revolutionären Bewegung, die Mittel der Versöhnung seien vorzuziehen, die Regierung sei dahin zu lenken, daß sie die Wünsche des Volkes begünstige; es sei von ihr die Wiederherstellung der Verfassung von 1848 und die piemontesische Allianz zu verlangen. Peruzzi sprach sich besonders dagegen aus, daß man das Militär in die revolutionäre Bewegung hereinziehe. Die Radikalen wollten nichts von Bitten, noch von der Verfassung hören; es handle sich jetzt allein um die nationale Unabhängigkeit. Aber die Mehrheit der Anwesenden verwarf das obige Programm der Radikalen. Ricasoli schlug die Abfassung eines neuen gemäßigten Manifests vor. In später Nacht trennte man sich. Die Radikalen, oder die Aktionspartei, fühlten sich verhöhnt, weil ihr Programm nicht einmal besprochen werden sollte. In denselben Nachtstunden war im Palazzo vecchio Ministerrath, verstärkt durch angesehene, zum Theil liberale Männer. Ein von Ricasoli dahin geschickter Vertrauter kam in die Versammlung der Nationalen mit der Nachricht zurück, die Regierung neige sich zur Nachgiebigkeit, wahrscheinlich würden am morgigen Osterfeste ihre Zugeständnisse publicirt werden. Das war den Radikalen sehr ärgerlich. Sie hielten das Ganze für eine auf ihre Kosten und auf die der Freiheit und Unabhängigkeit gespielte Komödie, in welcher die Aristonationalen und einige Hofleute sich in die Rollen theilten. In dieser Stimmung kamen sie gegen Mitternacht in die ihrer harrende Versammlung ihrer Parteigenossen. Jetzt, rief man hier, seien die Versuche, mit Aristokraten sich zu verständigen, aufzugeben. Allein Offiziere erklärten, daß es viel eher thunlich sei, für die Unabhängigkeit zu kämpfen, wenn man eine Revolution vermeide. Endlich beruhigten sich auch die Hitzigen mit der Hoffnung, daß die großherzoglichen Zugeständnisse sich bald als falsch verrathen würden.

„Die Stunde hat geschlagen!" diese von den Linken schon wiederholt an die Spitze ihrer Aufrufe gestellte Phrase, war jetzt Wahrheit: am

---

*) Demokraten wie Rubieri machen Ricasoli bittere Vorwürfe, daß er einem unbußt gerathen, zum Besten der Dynastie — abzudanken. Er und seine Freunde hätten sich alle Mühe gegeben, dem unter dem Damoklesschwert schlafenden Großherzog mit Gewalt die Augen zu öffnen; Männer wie Neri Corsini, wie die Advokaten Salvagnoli, Galeotti, Landrini, wie der Graf Digny und Ubaldino Peruzzi haben es nicht unter ihrer Würde gehalten, einen Baldasseroni in gleicher Absicht brieflich anzugehen.

23. April übergab Oestreich in Turin sein Ultimatum. Boncompagni vereinigte seine immer dringenderen Bemühungen mit denen der Aristonationalen, aber die Austriakanten bei Hof machten seinen Einfluß auf den Großherzog zu nichte, indem sie nicht müde wurden, zu behaupten, der Gesandte Piemonts stehe mit den Radikalen auf dem vertrautesten Fuße.*) Den 24. April war also der Kriegsausbruch als gewiß anzusehen. An diesem Tage reichte Boncompagni persönlich bei dem Minister des Aeußeren Lenzoni eine Note ein, worin der Großherzog zum Eintritt in das franco-piemontesische Bündniß eingeladen wurde. Dieser, erklärte Boncompagni, sei das einzige Mittel, um von dem Volke Verzeihung für die Mißregierung des letzten Jahrzehnts zu erhalten. Es stehe der toscanischen Regierung nur der entschiedene Anschluß an dieses oder an das östreichische Bündniß offen. Jede italienische Regierung, welche sich für neutral erklären wollte, würde damit ihren unwiderruflichen Entschluß aussprechen, sich dem östreichischen Einfluß und Herrschaft zu unterstellen. Durch diese seine Einladung bethätige Piemont, daß es nicht von unmäßigem Ehrgeiz geleitet werde. Denn wenn es der Idee des Einheitsstaats huldigen würde, so würde es vielmehr zu diesem Zwecke kommen, indem es den Haß gegen die anderen Fürsten sich steigern ließe und die aus dem Kampfe für die nationale Unabhängigkeit erwachsende Popularität allein sich aneignen würde. Offenbar sei die nationale Bewegung seit 1821 im Wachsen. Nur diejenige Regierung habe eine Zukunft, welche sich ihr anschließe. Deßhalb lade Piemont den Großherzog dringend zum Beitritt ein, um eine Union der italienischen Staaten herbeizuführen. — Die Note blieb ohne Antwort.

Der Großherzog war durch fortgesetzte Einflüsterungen des östreichischen Kabinets und der reaktionären Partei überzeugt, die piemontesische Regierung sei durch die unitarische Partei beherrscht, sein Thron sei von dieser im Einverständniß mit jenem systematisch untergraben. Dieses Gefühl war um so bitterer für ihn, da Viktor Emanuel sein Neffe war, da dieser mit seinen Eltern, nach der Compromittirung Karl Alberts durch die piemontesische Erhebung von 1821, während seiner ersten Lebensjahre ein Asyl am großelterlichen Hofe von Florenz gefunden hatte. Stand dem Großherzog jene Voraussetzung der Zettlungen der piemontesischen Regierung gegen seinen Thron fest, so konnte er keinem Versprechen dieser personificirten Illoyalität Glauben schenken; die Ehre erlaubte ihm nicht, Glauben auch nur zu heucheln. So war es denn mit Hilfe der

---

*) Diese scheinen allerdings, um sich Relief zu geben, sich dieses vertrauten Einverständnisses gerühmt zu haben. Ohne Fühlung mit ihnen war natürlich der Gesandte Piemonts nicht. Halbe Freunde von seinen aristonationalen Vertrauten sagten uns, diese, wie er hätten in der Ueberzeugung gehandelt, etwaige antidynastische Schliche würden ihnen um des guten Zweckes willen verziehen werden. Boncompagni hielt sich gewiß immer in seinem Charakter des strengen Juristen.

Reaktionäre den radikalen Extremen der Nationalpartei gelungen, Viktor Emanuel am florentiner Hof und diesen beim italienischen, beim toscanischen Volke aufs äußerste zu compromittiren.

Das Osterfest, der 24. April, war daher sehr kritisch und die, wenn auch herkömmliche Auffahrt des Hofs zum Hochamt im Dom schien eine Volksdemonstration herauszufordern. Jetzt mußte es sich zeigen, welche Partei in ihrer Auffassung der Volksstimmung richtig geurtheilt hatte. Die Volksmassen standen wie Mauern, die Truppen bataillonsweise aufmarschirt. Aus den Staatskarossen mit ihrer altfränkischen Pracht grüßten die zurückfahrenden Herrschaften freundlichst nach allen Seiten. Kein Laut erscholl, kein Hut lüftete sich aus dem Volke. An einer Ecke der Calzajolistraße standen Führer der verschiedenen Nüancen der Nationalen. Aus ihnen ragte eine hohe, hagere Gestalt, die Arme über der Brust gekreuzt, wie eine Statue, nur einen magnetischen Blick auf den Fürsten schießend. Es war Bettino Ricasoli. Ruhig zog das Volk sodann nach Hause. Die Radikalen sagten, es sei im Volke eine große Neigung gewesen, dem Großherzog zuzurufen; „es lebe der Krieg, es lebe die Unabhängigkeit, es lebe Viktor Emanuel!" Aber ein Wink der Radikalen habe genügt, diese laute Demonstration zu verhindern; mißvergnügt über das Unterbleiben derselben seien die Truppen in ihre Kasernen zurückmarschirt. Und der Hof war um nichts klüger geworden. Nachmittags zwei Uhr versammelten sich die Vertrauensmänner der nationalen Parteien im Palast Ricasoli; nur die Mazzinisten fehlten. Das von Giorgini und Bianchi verfaßte Manifest wurde verlesen. Es nahm als Ausgangspunkt und Basis die Verfassung von 1848, welche die Beibehaltung der Dynastie in sich schloß, und stellte von ihr aus die Forderung der nationalen Unabhängigkeit. Ricasoli gab zuerst seine entschiedene Zustimmung. Ermolav Rubieri (der Verfasser der uns bei der Schilderung dieser Vorgänge größtentheils leitenden storia intima) dagegen erklärte im Namen der Linken, dieß wäre nur eine Wiederholung der Restaurationsbewegung vom 12. April 1849, also ein seiner Partei hingeworfener Handschuh. Diese Erinnerung mußte die Aristonationalen an ihrem schmerzhaftesten Punkte hart berühren, sie war eine Wiederanfachung alter bitterer Vorwürfe über ihre Verbindung mit der Reaktion, von welcher sie wieder getäuscht werden würden. Man warf sich gegenseitig vor, durch Unnachgiebigkeit den Bürgerkrieg zu entzünden. Nicht ohne Grund wurde den Aristonationalen entgegen gehalten, sie wissen ja nicht einmal, ob ihr Programm von der Dynastie angenommen würde. „Nun, meine Herren, treten Sie mit Ihrem Programm vor das Volk, aber seien Sie versichert, daß wenn Sie dadurch eine Demonstration hervorrufen, diese gegen Sie sein wird!" rief Rubieri und trat ab. Zwei Jahre nachher schreibt er: „Dieser mein Austritt war das Richtige; denn von diesem Moment an begann die Partei der Aktion, die der Nationalität (des Einheitsstaats), oder wie

28*

sie von den Andern genannt wurde, die Partei der Straße das Uebergewicht zu bekommen und die Partei des Zuwartens, der toscanischen Autonomie oder, als solche hatte sie sich jetzt enthüllt, die Partei des Hofes wider ihren Willen mit sich fortzureißen." Als sich die Aristonationalen am folgenden Tage, dem 25., wieder versammelten, erschien die eingeladene Linke nicht; sie erklärte, es sei nicht mehr Zeit zu Erörterungen, sondern zu Thaten. Wenn jene sich dieser anschließen wollten, würden sie loyale Bundesgenossen finden. Dieß aristonationale Comité ernannte Zannetti zu ihrem Stellvertreter bei der Linken und löste sich auf. Letztere sah diesen Akt nur für den Uebertritt oder für die Ausstoßung des entschieden nationalsten Mannes des Comités zu ihr an.

Richtig ist die Anklage, daß die Aristonationalen jetzt ihre Bemühungen hauptsächlich dem Großherzog zuwandten und ihn bestürmten, die Verfassung und das piemontesische Bündniß zu proklamiren. Ihr Ehrenvorstand Gino Capponi begab sich in den Palast Pitti und beschwor den Großherzog, diesem Rath zu folgen. Dieser antwortete, er sei von den Tendenzen der guten toscanischen Liberalen wohl unterrichtet und sehr zufrieden mit ihrer klugen Haltung, Capponi sollte ihnen in seinem Namen danken und sie zur Fortsetzung derselben ermahnen. Anderen Gleichgesinnten sagte er, je stürmischer die See gehe, je mehr Ruhe bedürfe der Steuermann; sie sollten ihn daher in Ruhe lassen.

Als Ricasoli am Abende des 23. auf seine dringenden Warnungen von Landucci die Antwort erhielt, die Gefahr einer Revolution sei nicht so groß, und je stärker das Seil angezogen werde, desto leichter breche es, rief er entrüstet aus: che ciuco! (zu deutsch: welcher Esel!). Als aber seine Partei den Verband und damit die Leitung der Radikalen verloren hatte, ließ er den 25. April demselben Minister in den Palazzo vecchio sagen, er habe ihm wichtige Mittheilungen zu machen. Ueber dem Für- und Herfragen der Minister, ob man ihn hören sollte, ging die versprochene halbe Stunde vorüber, ohne daß Ricasoli Antwort erhielt und er verließ die Piazza del Granduca. In der folgenden Nacht tumultuirten, wohl auf Anstiften der Radikalen, die Soldaten in den Forts und in den anderen Kasernen; sie köpften Büsten des Großherzogs und zerrissen seine Porträts. Obgleich der Regierung die ganze Wahrheit wohl nicht mitgetheilt wurde, so ließ Baldasseroni doch Ricasoli zu sich laden. Als dieser am Abende ihm von der Aufregung in der Stadt sprach, antwortete Baldasseroni, dieß sei nicht so schlimm; das Uebel komme eben größtentheils von unruhigen Leuten wie Ricasoli. Es sei jetzt doppelt die Pflicht jedes guten Bürgers, sich auf die Weisheit der Regierung zu verlassen. Dieses Selbstblindheitszeugniß riß Ricasoli zu einem seiner raschen Entschlüsse hin; binnen weniger Stunden war er auf dem Wege nach Turin. Schon 1858 hatte er geschrieben: „Was die Macht Turins bildet, was uns täglich mehr zu ihm hinzieht, besteht darin, daß es unsere so ergeläugnete Nationalität bestätigt, daß es ein Mittelpunkt ist, bereit alle zerstreuten Kräfte Italiens zu vereinigen, daß wir mit ihm Hoffnung haben das zu erlangen, was uns fehlt: religiöse Duldung, Freiheit des Worts und der Presse und vor allem eine thätige Rolle in den Geschicken unseres Landes. Florenz will lieber der Hauptort einer Provinz eines glücklichen Staats sein, welcher unabhängig, frei, ganz italienisch ist, als die Hauptstadt eines unbedeutenden Herzogthums, dem Gegenwart und Zukunft fehlen." Dieser sein extrem nationaler Untergrund brach jetzt durch die Schichte seiner Besonnenheit, Loyalität und Mäßigung durch. So zäh und zugleich unberechenbar ins Gegentheil überspringend ist Ricasoli's Charakter.

Die erste „That" wurde von Radikalen und jungen Leuten vollbracht, welche weniger Verantwortung zu fürchten hatten als die Ausschußglieder. Und diese That war gut florentinisch vorsichtig. Am Abende des 26. April begaben sich Züge von Soldaten und Bürgern vor das Thor von St. Gallo, welches 120 Jahre früher zu Ehren des ersten lothringischen Großherzogs, des habgierigen Franz, mit Pracht ausgeführt war. Man zog, nachdem man fraternisirt hatte, in geschlossenen Kolonnen mit militärischem Schritt, aber friedlich in die Stadt. Dem strengen, ehrenhaften östreichischen General Ferrari del Grado, welcher dem Menschenstrom stolz entgegen und durch ihn schritt, wurde kein Haar gekrümmt. Mit einbrechender Nacht versammelten sich Vertreter aller nationalen Parteien bei dem Bäcker Dolfi. Die Aristonationalen waren durch den Hauptverfasser der Biblioteca civile Celestino Bianchi vertreten. Er ging davon aus, daß der Bürgerkrieg wo möglich zu vermeiden sei, weßhalb man mit friedlichen Mitteln voran gehen müsse; sollte aber die Truppe diesen Gewalt entgegensetzen, so müsse man zu energischem Kampf und zu sicherem Siege gerüstet sein, um nicht in den Fluch des vae victis zu fallen. Um Uneinigkeit unter den Nationalen zu vermeiden, wollte jetzt auch seine Partei die inneren Fragen suspendiren. Das Volk und in zweiter Linie die Truppe sollte Betheiligung an dem Unabhängigkeitskampfe fordern. Eine großartige friedliche Demonstration sollte dem Großherzog nur die Wahl des Beitritts zum piemontesischen Bündniß oder seiner zeitweisen Entfernung aus dem Lande bis zum Ende des Kriegs lassen; im letzteren Falle sollten ihm seine Rechte vorbehalten bleiben und Viktor Emanuel nur die militärische Diktatur üben. Die Radikalen stimmten diesem Programm zu, ob sie gleich den sofortigen Sturz der Dynastie vorgezogen hätten. Allein sie verließen sich darauf, daß deren Verstockung die Erfüllung ihres Wunsches verbürge.

Den 26. April erfuhr man in Florenz die Landung französischer Truppen in Genua. Peruzzi und Digny wandten sich deßhalb mit dringenden Briefen an den Hof (Zobi cronaca, T. I, p. 117). In der Frühe des 27. April schrieb Cosimo Ridolfi an den Großherzog Leopold einen

Brief, welcher, um 9 Uhr Morgens übergeben, die Krisis, welche die Dynastie zu verschlingen drohte, offen ankündigte, aber dieß mit möglichster Zartheit der Gefühle aussprach; wir können hier nicht die aufrichtigen Betheuerungen seiner Theilnahme, sondern nur den bitteren Kern des patriotischen Raths mittheilen: „Königliche Hoheit, ein Tag der Entscheidung (giorno supremo) bricht heute für Toscana an.   Indem ich aufrichtig die Lage ausspreche, erfülle ich meine Pflicht, da jeder gute Bürger das Wohl des Landes und das der Dynastie unzertrennlich wünscht. Aber die Leitung der Regierung während des letzten Jahrzehnts hat es dahin gebracht, daß es scheint, dieser Wunsch der Toscaner müsse erstickt werden in dem edlen Sehnen, welches sie mit Entschlossenheit zur Erkämpfung der Unabhängigkeit Italiens treibt.   Noch vor wenigen Tagen wäre es leicht gewesen, durch den Beitritt zur Befriedigung dieses allgemeinen Verlangens das Land zu beruhigen.   Heute würde jeder Mittelweg nur Schaden bringen.   Nur noch ein Akt der Selbstverläugnung und des Muths kann die Dynastie vor dem Schicksal bewahren, als unverträglich mit der Constituirung Italiens gerichtet zu werden.   Der Erbprinz trete heute vor das Volk, welches gedrängt vor der königlichen Schwelle mit der Forderung der Betheiligung am Unabhängigkeitskampfe erscheinen wird, und entfalte die dreifarbige Fahne.   Dann lassen mir die alte Liebe der Toscaner zu dem Hause Lothringen, die unerschütterte Treue der Truppen keinen Zweifel, daß dieser aufrichtigen Initiative freiwillig der Ruf antworten wird: es lebe Ferdinand IV.!   Und damit würde sich ein neuer Familienvertrag schließen, welcher durch die Vereinigung des Schicksals der Dynastie mit dem Italiens unauflöslich würde.“

Der Großherzog Leopold hörte diese Begnadigungsbotschaft wohl, aber ihm fehlte der Glaube daran.   Er hörte daraus nur die Forderung, daß er zu Gunsten seines Sohnes abdanken sollte, wie Karl Albert in der Nacht nach der Niederlage bei Novara zum Besten seiner Dynastie und seines Landes seine Krone zum Opfer gebracht hatte.

In die das Volk darstellende Junta waren Peruzzi, welcher ablehnte, Ricasoli, Zannetti, der Major Malenchini und Rubieri gewählt.   Da die Riesendemonstration am nächsten Vormittag des 27. April stattfinden sollte und nur die beiden letzten Mitglieder ortsanwesend waren, hatten sie mit persönlichen Rücksprachen und mit Telegraphiren in alle Gegenden Toscanas, mit materiellen Vorbereitungen die äußerste Thätigkeit zu entwickeln.   Ihre Proklamation an das Volk und an die Truppe wurde schon in der Frühe des 27. April einigermaßen gekreuzt durch Anschläge im Sinn des Ridolfischen Briefs und durch Aufforderungen zum Ruf: es lebe Ferdinand IV.!   War die Verkündigung dieses schon längst von besonnenen Patrioten genährten Gedankens auch nicht ausdrücklich gegen die Verabredung der vergangenen Nacht, sondern eine Mittelstraße zwischen dem „entweder, oder“ desselben, so war sie doch den Radikalen sehr unangenehm.

Der Großherzog war jetzt am Ende seiner seit Neapel wiederholten Drohung: sie sollten wohl zusehen, was sie thäten! dieser Drohung mit östreichischer Intervention, allein es bedurfte noch eines äußeren Stoßes um ihn zur Nachgiebigkeit zu stimmen. Und dieser kam am Morgen. Je ein Oberoffizier der Artillerie und einer der Reiterei begaben sich in den Palast Pitti und erklärten, daß sie selbst für die Treue dieser bevorzugten Truppen nicht mehr einstehen könnten, wenn man nicht den nationalen Forderungen willfahren würde. Ob sie gleich nicht vor den Großherzog vorgelassen wurden, machte doch ihre Erklärung den entscheidenden Eindruck; sie erhielten zwar unbestimmte Zusicherungen, daß man den Forderungen der Zeit entsprechen werde (beinahe wörtlich dieselben, welche deutsche Schultheißen, deren Throne erschüttert waren, im Frühjahr 1848 gaben, um Zeit zu gewinnen).

Der Großherzog berief Ricasoli und, als man dessen bedenkliche Abwesenheit anzeigte, Don Corsini Neri, Marchese von Lajatico, als einen der Häupter der eben so gut toscanisch-constitutionell, als national gesinnten Aristonationalen zu sich. Dieser begab sich zuerst zu Boncompagni, welchem es vor allem oblag, Toscana ohne Bürgerkrieg für die nationale Sache zu gewinnen. Bei ihm traf der Marchese die Führer seiner Partei; sogleich wurde ein Ministerium, bis auf das der Finanzen, vereinbart. Im Palast sagten ihm die bisherigen Minister, daß ihm der Großherzog, welcher dem Bündniß und der Verfassung zustimme, Vollmacht zu Bildung eines Ministeriums gebe; er solle jetzt nur die Geister beruhigen. Der langgehegte und unermüdlich betriebene Wunsch der Aristonationalen schien siegreich, sofern der Hof nicht durch sie Gelegenheit bekam, nach verrauschter Erregung sich auf Frankreich stützend sich in die Neutralität zurückzuziehen.

Die Führer der Linken erhielten von diesen Vorgängen namentlich durch einen Artillerieoffizier Mittheilung, welcher anzeigte, daß in Folge dieser Mittelwege im Offizierscorps heftige Parteiungen ausgebrochen seien; die Unteroffiziere und Soldaten seien für die Bewegung. Es wurde beschlossen, unbeirrt das in der Nacht vereinbarte Programm, zunächst den Massenumzug zu vollziehen. Schon vor zehn Uhr Vormittags an diesem 27. April sammelte sich das Volk auf der großen, nördlich vom Dom gelegenen Piazza di Barbano (seitdem dell' Indipendenza). Eifrigst wurden hier die Nachrichten von den großherzoglichen Zugeständnissen unter Abmahnung von Demonstrationen verbreitet. Allein die Massen von Bürgern und Jugend wollten sich nicht um die Freude des Umzugs bringen lassen und setzten sich mit Jubel nach der nahen Fortezza da basso oder St. Johann in Bewegung, in welche die Führer der Bewegung schon eine nationale Riesenfahne zu Händen vertrauter Militärs geschafft hatten.

Während dessen begaben sich die beiden Mitglieder der Junta und andere Häupter der Linken in die Wohnung Boncompagni's. Corsini theilte ihnen, wie den Aristonationalen die ihm ertheilte Vollmacht mit, ein volksthümliches Ministerium zu bilden. Aber Rubieri erklärte, dieses sei jetzt nicht mehr genügend, nachdem der Hof durch seine Hartnäckigkeit das Land an den Rand des Bürgerkriegs gebracht habe. Er zog ein Papier mit den Bedingungen der zum Aufstand bereiten Partei hervor und las: „1) Abdankung des Großherzogs, 2) Absetzung des Ministeriums und der Offiziere, welche sich gegen das Nationalgefühl am meisten ausgesprochen haben, 3) Offensiv= und Defensivallianz mit Piemont, 4) rasche Mitwirkung zum Krieg mit allen Kräften des Staats unter dem Oberbefehl Ulloa's. 5) Die innere Organisirung Toscanas ist erst mit der definitiven Gesammtorganisation Italiens zu regeln." Nachdem zu Artikel Eins der Zusatz: „Proklamirung Ferdinands IV." angenommen war, erschien das Programm nur als eine energische Formulirung der längst gehegten Voraussicht der meisten Aristonationalen. Ridolfi, der langjährige Freund der großherzoglichen Familie, erklärte, indem er krampfhaft Boncompagni's Arm faßte und mit Thränen, er selbst wisse kein anderes Mittel der Versöhnung des Volks und der Dynastie. Corsini trat den sauren Weg nach dem Pittipalast an, überzeugt, dem guten Großherzog durch seine Bedingungen das Herz zu brechen.

Der „Erzherzog" Prinz Karl hatte eben seine Mutter die Großherzogin und seine jüngeren Geschwister von der Rückseite des Pittipalastes durch die herrlichen immergrünen Laubgänge des Boboligartens hinauf in die den Kamm des Höhenzugs beherrschende Fortezza Belvedere gebracht, welche die herrlichste Aussicht auf die Stadt, auf die Thalebene, auf die Hügelzüge und weithin auf den Apennin eröffnet. Er befahl jetzt als Artillerieoberst, einen versiegelten Befehl zu eröffnen, welcher den 14. August 1858 mehreren Kommandanten für den Fall eines Aufstandes übergeben werden war. Es war offenbar ein Recept aus der östreichischen Apotheke: Geschützkugeln, Stahlpillen waren als Beruhigungsmittel vorgesehen, in welchem Fall, auf welche Weise war nicht gesagt. Die Phantasie der Offiziere und der Artilleristen war von der Vorstellung beherrscht, man wolle von ihnen das Bombardiren der Stadt verlangen. Ein Offizier und sodann alle erklärten, mit allen Mitteln für die persönliche Sicherheit der großherzoglichen Familie einstehen zu wollen, daß man sich aber gegen die gerechten nationalen Wünsche des Volks nicht werde gebrauchen lassen. Der Erzherzog blaßte bei dieser Ueberraschung ab. Diese unnöthige, drohend angstvolle Maßregel ließ die Zugeständnisse den aufgeregten Gemüthern als bloßen Hinterhalt erscheinen. Und siehe, da wehte plötzlich in der Verlängerung der Linie über die Zinnen des Palast Strozzi weg die dreifarbige nationale Fahne. Sie flaggte am andern Ende der Stadt von der Fortezza da basso, nachdem die Offiziere es so lange wie möglich verhindert hatten. Und die Artilleristen des Belvedere begrüßten sie nicht blos mit Jubelruf, auch sie pflanzten dieselbe auf ihrem

Fort auf. Die Bitte einiger Oberoffiziere um Erlaubniß der Aufpflanzung der Nationalfahne war indessen im Palast vom Erbprinzen als unschickliche Forderung behandelt, schließlich aber doch zugestanden worden.

Der Großherzog erhob wenige Wochen darauf von Wien aus besonders darüber Klage, daß in derselben Stunde, in welcher er nachgegeben habe, seine Abdankung verlangt wurde. Denn jetzt erschien Corsini mit den schriftlichen Forderungen, dem Ultimatum seines Volks. Der Großherzog antwortete, da es sich um seine Ehre handle, werde ihm sein Entschluß leicht. Nach kurzer Besprechung mit dem östreichischen Gesandten und mit seinen Ministern erklärte er dem versammelten diplomatischen Corps seinen Entschluß, sofort Toscana zu verlassen, indem er sich und seine Familie auf der Reise dem Schutz desselben befahl, was jedenfalls ganz unnöthig war, aber der Abreise den Schein physischer Nöthigung gab. Um ein Uhr Mittags brachte Corsini diese Entscheidung zu Boncompagni; die Aristonationalen waren betroffen, die Linken befriedigt; konnten sie auch die Entthronung der Dynastie nicht sogleich aussprechen, so konnten sie sich doch mit der nahen Unvermeidlichkeit derselben beruhigen.

Indeß hatten sich die Kolonnen der fraternisirenden Bürger und Soldaten in dem auf dem rechten Ponfer gelegenen größeren Theile der Stadt jubelnd, von dem herrlichsten Wetter begünstigt, in Bewegung gesetzt. Nicht der mindeste Exceß fiel vor. Dem Gesandten Frankreichs und dem von Piemont wurden Hochs ausgebracht. Boncompagni erinnerte in seiner Ansprache daran, daß die Freiheit Opfer verlange, er forderte zum Eintritt in das Heer, zur Ordnung und zum Gehorsam gegen die provisorischen Nothbehörden auf, und schloß bedeutungsvoll: „Viktor Emanuel liegt das Schicksal Toscanas am Herzen; er wird für die öffentliche Ruhe und für die Nothwendigkeiten des Kriegs Sorge tragen, ohne damit der definitiven Feststellung der Schicksale Toscanas irgend vorzugreifen.“ Auf den Antrag der Linken wurde eben bei Boncompagni einstimmig die Militärdiktatur Viktor Emanuels für Kriegszeit beschlossen, und nur bis zur Uebernahme derselben eine provisorische Regierung.

Die Ruhe bei der Abreise der großherzoglichen Familie wurde dadurch gesichert, daß der Druck seines Protests verhindert wurde. Es wurde dem Großherzog zu verstehen gegeben, daß er sich auf der wenig bevölkerten Straße nach Bologna zu entfernen habe. Das Volk, welches in den engen, von Pitti zum Dom und nach Bologna führenden Straßen des Abzugs harrte, wurde getäuscht; der Verabredung gemäß fuhren die fürstlichen Wagen gegen Sonnenuntergang von der Rückseite des Palastes ab durch den Boboligarten bis an das sich gegen Porta Romana öffnende Gartenthor, und von hier rechts außerhalb der Stadtmauer, auf der Eisenbrücke über den Arno, und wieder außerhalb der Stadtmauer bis Porta St. Gallo, von wo sie dann links in die Apenninstraße einlenkten. Die fremden Gesandtschaftssecretäre, Offiziere beider Parteien begleiteten sie; als Schutzengel hatte sich ein Freiwilliger von 1848 mit seinen Krücken auf den Bock des großherzoglichen Wagens gesetzt. Der Großherzog antwortete Personen, welche entlehnte Bücher brachten, sie sollten dieselben bis zu seiner Rückkehr behalten; von dem diplomatischen Corps verabschiedete er sich an der Gränze „auf baldiges Wiedersehen". Er soll, damit nach seiner Abreise wieder Anarchie, die Brücke zur bewaffneten Restauration, einreiße, keine Vorsorge für die einstweilige Regierung getroffen haben. Aber er hinterließ ein gewichtiges Regierungsmittel: sechs Millionen Lire in baar und neunzehn Millionen Werthpapiere in der Staatskasse. Ueberhaupt haben die Lothringer das durch eine mehr als hundertjährige schmähliche Mißregierung der Mediceer heruntergebrachte Toscana vielfach gehoben. Aber ihre Abstammung und die drohenden Ansinnen der wiener Hofburg entfremdeten sie dem national gehobenen, besseren Theile ihres Volks. Alles verlief auf das Friedlichste, ohne Demonstrationen in freundlichem, noch im feindlichem Sinn. Das toscanische Volk freute sich seiner nüchternen Siegestrunkenheit und seines Anstands, seiner „Erziehung". Auch in den andern Städten wurden keine Rachehandlungen begangen, „kein Fensterglas wurde durch die Revolution zerbrochen". Das Temperament dieser Lothringer und das der Toscaner hatten viel Wahlverwandtschaft. Das ist die Geschichte von dem schnöden Verrath, welchen ein Theil des Adels und der Bürgerschaft von Florenz an einer schwachen, aber nicht grausamen Dynastie beging. Der gutmüthige Erzherzog-Großherzog war die Unschuld selbst. Wie die Schutzmacht Oestreich den Herzog von Modena von der Rückkehr in seinen Staat in der rechten Stunde abhielt, so hatte ihr beherrschender Einfluß die Lothringer aus Toscana entfernt.

Von Ferrara, der ersten östreichischen Festung, aus erließ Leopold folgenden Protest: „Die neuesten Gewaltthätigkeiten der von Piemont aufgereizten Revolution beabsichtigten Mir die Zustimmung zu Handlungen aufzuerlegen, welche gegen die Würde Meiner Person als Souverän, gegen Meinen Willen waren, die Zustimmung zur Kriegserklärung, indem man das erste Souveränitätsrecht vergewaltigte. Angesichts einer solchen Sachlage sah Ich mich genöthigt, das geliebte Toscana zu verlassen und mit Meiner Familie außerhalb desselben bei einem befreundeten Staate, mit welchem Mich Verträge zu gegenseitiger Hilfleistung verbinden, ein Asyl zu suchen. Schon am Morgen des 27. April habe Ich vor dem bei Meiner Person beglaubigten diplomatischen Corps gegen solche Vergewaltigungen feierlich protestirt, und diese Akte für null und nichtig erklärt. Diesen Protest und diese Nichtigkeitserklärungen wiederhole Ich heute, den 1. Mai, in Ferrara, als gegen Handlungen, die auf den Umsturz eines Rechtszustands zielen, welcher durch die Wiener Verträge von 1815 sanktionirt, von den europäischen Mächten garantirt ist. Ich will hiemit, daß die ganze Verantwortlichkeit für diese Akte auf Diejenigen falle, welche dieselben gegen alles Recht Mir aufnöthigen wollten."

Dießmal konnte Leopold wenigstens nicht seiner 1849 geübten Zweizüngigkeit beschuldigt werden. Offen trat er auf den Boden der Italien verhaßten Verträge von 1815, und Oestreichs. Er stellte durchaus kein Zugeständniß an den nationalen Geist, noch die Wiederaufrichtung der Verfassung in Aussicht. In Oestreichs Lager war jetzt das legitime Toscana. Mit den siegreichen Legionen Oestreichs wollte es nach Florenz zurückkehren. Dann vae victis!

Die Linke schlug, noch ehe der Großherzog Florenz verlassen hatte, für die provisorische Regierung zwei Aristonationale, den Cavaliere U. Peruzzi und den Advokaten B. Malenchini nebst dem Major Danzini vor, welche von der Municipalität von Florenz, aber erst „nachdem sie Nachricht erhalten, daß der Großherzog das Gebiet verlassen habe", um acht Uhr Abends noch am 27. proklamirt wurde. Bei der uralten Bedeutung der Städte in Italien hatte es durchaus nichts Auffallendes, daß in solchem Nothfall auf diese Weise im Namen des ganzen Landes gehandelt wurde. Diese Regierung war überdieß nur von ganz vorübergehender Bedeutung. Schon am folgenden Tage erließ sie an Cavour eine Note, worin mit absichtlichem Nachdruck als ausschließliches Motiv der Veränderung das Verlangen, sich am Nationalkrieg zu betheiligen, dargestellt wurde. Die provisorische Diktatur für Kriegszeit wird dem König Viktor Emanuel im Vertrauen auf seine erprobte Loyalität und seinen Edelmuth angetragen. „Auch während dieser Uebergangszeit würde Toscana seine Autonomie, eine von der sardinischen unabhängige Verwaltung bewahren, und seine definitive Constituirung wird am Ende des Kriegs statthaben, wenn zu der allgemeinen Constituirung Italiens geschritten wird. Es ist, heißt es am Schluß, eine Art von Vormundschaft, welche nicht blos im Interesse Toscanas, sondern der gemeinsamen Sache angerufen wird." Cavour möchte die Gewährung dieser Bitte bei dem König befürworten. Cavour antwortete den 30. April: der König danke für das Vertrauen, diese Zeichen nationaler Eintracht lassen ihn das Beste für das gemeinsame Vaterland hoffen. „Sie werden aber leicht die Gründe hoher Convenienz zu würdigen wissen, welche Seine Majestät die Annahme der Diktatur in der angebotenen Form verbieten. Toscana soll seine unabhängige Administration behalten, dabei ist aber die einheitliche Oberleitung (governo) des nationalen Kriegs nothwendig. Seine Majestät übernimmt demgemäß den Oberbefehl aller Truppen, und die zu ihrer Kriegsaufstellung nöthige Autorität, wie die Protektion der toscanischen Regierung, indem er seinem bevollmächtigten Gesandten Boncompagni, welcher den Titel eines außerordentlichen Commissärs für den Unabhängigkeitskrieg annimmt, die nöthigen Vollmachten und Instruktionen ertheilt. Wollen Sie sich daher mit diesem ins Einvernehmen setzen." Diese unbestimmte Antwort hatte ihre verborgenen Spitzen.

Cavour gab aus guten Gründen diese etwas zweideutige Antwort,

woraus nur erhellte, daß er das diplomatische Protektorat und den militärischen Oberbefehl im Namen des Königs annehme, während· er den
anstößigen Titel der Diktatur ablehnte. Toscana sollte noch mehr als es
bis jetzt war als der zur Einheit drängende, Piemont als der ablehnende
Theil erscheinen.   Durch die Abreise des Großherzogs war für Kaiser
Napoleon und für Cavour eine Verlegenheit, ein Punkt der Reibung,
ein Keim der Entzweiung geschaffen.   Toscana war das zwischen ihnen
liegende schallose Ei. In Pombieres war absichtlich über Toscana wenig
gesprochen worden, um nicht voreilig schwarze Punkte am Horizont der
Freundschaft anzuzeigen.   Der Kaiser hatte seine guten Gründe, selbst
einige Vergrößerung Toscanas als möglich anzunehmen.   Seit Anfang
des Jahres 1859 hatte die französische Diplomatie Toscana zur Neutralität im Krieg eingeladen, der Dynastie für diesen Fall ihren Besitz verbürgt, während Piemont im Einverständniß mit den nationalen Parteien
den Erzherzog zum Bündniß mit Piemont gedrängt hatte, was dem Krieg
eine weitere Ausdehnung zu geben drohte, als dem Kaiser, besonders in
Betracht des Kirchenstaats, erwünscht war.   Vertragsmäßig hatte in dem
eben erklärten Krieg Frankreich den Oberbefehl über die alliirten Streitkräfte; es war also schon die Gefahr, daß Frankreich in der Uebertragung der Oberleitung der schwachen toscanischen Streitkräfte an Piemont eine Verletzung des Vertrags sähe.   Die Aufgabe Cavours war,
ohne solchen Beschwerden Raum zu geben, alle italienischen Streitkräfte
um Piemont zu sammeln, damit sie der Uebermacht der über Oberitalien
sich ergießenden Franzosen einigermaßen ein Gegengewicht bildeten, und
namentlich zu verhindern, daß nicht ein französischer Prinz statt eines
Erzherzogs in Florenz seine Residenz aufschlage.   Mitglieder der Linken
und verbitterte Feinde der Dynastie erzählen uns, daß in Toscana Un-
befriedigung über die nicht weit genug gehenden piemontesischen Schritte
geherrscht habe.   In ihren Kreisen mag dieses wohl der Fall gewesen
sein; aber die Mehrzahl war bis jetzt noch lange nicht so weit. Hier tritt
nun als unser Hauptführer Enrico Poggi ein, welcher alsbald Justizminister wurde und 1867 als Senator des Königreichs auf einem höheren
Standpunkt stehend, seine memorie storiche del governo della Toscana nel 1859—60 (Pisa, zwei Bände, und einen dritten Band mit
wichtigen Dokumenten), in der Absicht, seinen Antheil an der Regierung
ins Licht zu setzen, herausgab.   Dieser sagt (I. 72): „Kein Staatsmann
(dazu rechnet Poggi also die Führer des Nationalvereins nicht) dachte damals an die Einheit Italiens, keiner hielt sie für möglich, am wenigsten
die sarbinische Regierung; ihr Ziel war nur die nationale Unabhängigkeit
Italiens mit ihrer eigenen Vergrößerung, um der Rückkunft der Fremden,
sei es von rechts, oder von links, einen undurchbrechlichen Damm entgegenzusetzen.   Zur Einheit wäre man erst mit der Zeit gekommen, indem
man die Obermacht Piemonts über alle Provinzen, welche man zum Heil

Italiens für nothwendig achtete, fortdauernd aufrecht erhielt. Es sollten je nur so viele Absorbirungen stattfinden, als das einmal constituirte, große Nordkönigreich schrittweise machen könnte, um sich so die neu hinzukommenden wirksamer zu assimiliren. Zunächst galt es, als Basis hiezu die nationale Unabhängigkeit mit Frankreichs Hülfe zu erringen. — Um diese Politik ins Werk zu setzen, war zwei Hindernissen vorzubeugen: nemlich der Bildung eines ausgedehnten Königreichs in Mittelitalien, welches als Herr der Apenninen (und zu beiden Seiten derselben, vielleicht von Meer zu Meer) im Stande gewesen wäre, den Invasionen der Nordapenniner (Piemontesen) einigen Widerstand entgegen zu setzen, zweitens die Wahl des französischen Prinzen im Mittelpunkt Italiens. Es gab ein einziges Mittel zur Beseitigung dieser beiden Hindernisse: die Absorbirung Toscanas und vielleicht einiger andern Provinzen (der Herzogthümer und der Romagna) so bald wie möglich durchzuführen; dann wären in Italien nur noch zwei andere Staaten geblieben, der schwache Staat des Pabstes und der des Königs von Neapel, welcher leicht zu zähmen war, sobald das Nordkönigreich sich über die Apenninen herüber ausdehnte. Darauf zielte die Politik Cavours" (aber entschieden erst nachdem der Großherzog Toscana verlassen hatte).

Cavour hatte in seiner Antwort vom 30. April an die provisorische Regierung der verlangten selbstständigen Verwaltung Toscanas „die Einheit der Oberleitung des Nationalkriegs", „die Nothwendigkeiten des Staats und des Kriegs" an die Seite und entgegengestellt. Die toscanischen Municipalisten (Partikularisten) verschiedener Parteifarben, welche ernstlich die Entscheidung über die Geschicke Toscanas bis zum Ende des Kriegs verschieben wollten, sahen darin ein Zeichen, daß Cavour die Bitte Toscanas um sofortige Annexion mit beiden Händen gern ergriffen hätte, wie er es in diesen Tagen mit dem auch auf der Südseite des Apennin gelegenen Modenesischen (Massa-Carrara) machte. Sie waren aber entschlossen, diesem Gelüsten Cavours sofort den Riegel vorzuschieben. Boncompagni suchte den verschiedenen Ministerien bloße Direktoren vorzusetzen. Allein, Einer und der Andere weigerte sich, diese Stellung zu übernehmen, und so mußte er sich herbeilassen Minister zu suchen. Ricasoli übernahm, aber nur auf zwei Monate, das Ministerium des Innern, Ridolfi das des Unterrichts, Poggi das der Justiz. Aber Peruzzi und Malenchini machten noch Schwierigkeiten, ihre Vollmachten als provisorische Regierung abzutreten. Sie benützten die Zwischenzeit zu einem Akt, durch welchen die Regierungen Europas zu Zeugen der Autonomie Toscanas gemacht wurden.

Den 2. Mai richtete die provisorische Regierung an alle europäische Höfe ein Memorandum, welches die uns bekannten Thatsachen natürlich in günstigem Lichte darstellte, z. B. wurde darin die treffliche Disciplin und unantastbare Treue der Truppe gerühmt, welche aber das herrschende

nationale Gefühl getheilt habe. Es sollte und konnte der Verdacht abgewiesen werden, daß es eine Militärrevolution gewesen, wie 1820 in
Neapel und 1821 in Piemont. Aus den vorgefundenen Berichten der Re-
gierungsagenten während der ersten vier Monate des Jahres wurde nachgewiesen, daß diese dem Hofe über die in und außerhalb Toscanas herrschende nationale Bewegung wahrheitsgemäße Mittheilungen gemacht hatten.
Das Nationalgefühl und das daraus entspringende Verlangen der Theilnahme am Unabhängigkeitskriege sei die einzige Ursache der Ereignisse.
Zu diesem Zweck, und um eine vorläufig haltbare Regierung zu schaffen,
habe sich diese an das bewährte Piemont gewandt, indem Toscana seine
Autonomie vorbehalten sei. Schließlich wird zur Ehre Toscanas versichert,
daß diese wichtige Veränderung vor sich gegangen sei, ohne daß ein Tropfen
Bluts vergossen worden, ohne daß ein Insult, eine noch so kleine Unordnung vorgekommen wäre.

Die provisorische Regierung erklärte den 8. Mai Boncompagni,
daß sie ihre blos momentane Gewalt in seine Hände zum Besten des Ge-
sammtvaterlands niederzulegen beabsichtige. Auf dieses wohl mit ihm zuvor verabredete Schreiben antwortete den folgenden Tag Boncompagni:
der König habe die Diktatur abgelehnt, damit es nicht den Schein habe,
als wollte er für jetzt, oder für die Zukunft die Autonomie Toscanas
schädigen. Damit eben die Souveränität des toscanischen Staats nach
dem Sturze der Regierung ungeschmälert bleibe, damit aber zugleich die
Ordnung und die Kriegsmittel gesichert seien, übernehme er, Boncompagni,
die Ausübung der Souveränität, aber so, daß die toscanische Verwaltung
von der piemontesischen völlig getrennt bleibe. „Ich werde alle dem Oberhaupt des Staats zukommenden Pflichten (incombenze) so üben, daß die
ihm zukommende Souveränität nicht gemindert wird, und daß dem künftigen Zustand Toscanas ebenso wenig vorgegriffen werde, wie der definitiven Gestaltung Italiens, welche sich zur Heilung der unglücklichen Verträge von 1815 eignen würde."

Piemont hatte während des Feldzuges 1848 sattsame Erfahrungen
über die Wirksamkeit der Agenten der Lombardei und besonders Venetiens
gemacht, welche ganz auf Piemonts Hilfe angewiesen, doch in Paris und
London ihre eigene, die piemontesische kreuzende Politik getrieben hatten.
Auch die besten Männer waren der Gefahr, Intriganten zu werden, nicht
ganz entgangen. Da nunmehr Piemont ein festes Ziel und einen trefflichen Lenker hatte, so war es natürlich, daß er eine toscanische Mission
nach London zu verhindern suchte. Salvagnoli, der Verfasser der 1847
dem Ministerium überreichten trefflichen Denkschrift, bildete jetzt mit
Ricasoli und Lambruschini das nationale Triumvirat. Da er Napoleon
persönlich bekannt war, zog er gern eine Mission im Hauptquartier der
Verbündeten einem toscanischen Ministerportefeuille vor. Dabei rechtfer-
tigte sich Cavours Ansicht nur zu sehr. — Napoleon und Cavour hatten

sich verständigt, die toscanische Frage vorerst möglichst unberührt bei Seite liegen zu lassen, was Cavour nicht abhielt, die Blicke der neutralen Mächte auf die toscanischen Absichten des Kaisers zu lenken. Auch Salvagnoli hatte den Verdacht, Napoleon werde von der Ehe seines Cousins mit der piemontesischen Prinzessin ein Motiv ableiten, um in dessen Person eine halbitalienische Dynastie in Toscana einzusetzen. Salvagnoli konnte es nicht erwarten, den Kaiser über solche Absichten auszuholen, noch ehe er Cavour, der in Turin weilte, gesprochen hatte. Zu dem Ende entwarf Salvagnoli dem Kaiser eine schwarze Schilderung der Auflösung aller Bande der militärischen Disciplin und Ordnung in Toscana, welche einen Sieg der Mazzinisten befürchten lasse. In Wahrheit hätten die zweitausend bereits zugesagten piemontesischen Veteranen zur Aufrechthaltung der Ordnung genügt, da auch der hohe Klerus sich der neuen Regierung noch nicht sehr feindlich zeigte. Der Kaiser machte nun vor ihm kein Geheimniß aus seiner Absicht, seinem Vetter die Krone von Toscana zu verschaffen, und lud Salvagnoli ein, dessen Minister zu werden. Napoleon drückte auch gegen Viktor Emanuel seine motivirte Willensmeinung aus, seinen Vetter mit dem fünften Armeecorps in das gefährdete Toscana zu schicken, und dessen Streitkräfte zu organisiren und zu befehligen; von hier sollte er mit Hinterlassung der nöthigen Mannschaft dieselben gegen die Oestreicher führen. Cavour und die toscanische Regierung wurden durch diese Mittheilung gleich unangenehm überrascht. Cavour suchte den Kaiser durch die Vorstellung, England und Preußen würden dadurch aufs Aeußerste gereizt, von dem Vorhaben abzubringen, verrieth aber dabei seine Absicht, Toscana so bald wie möglich mit Piemont zu vereinigen. Beiden Staatsmännern war es klar, daß in der Politik ein horror vacui herrsche, und daß Toscanas Schicksal nicht wohl bis zu Ende des voraussichtlich durch Belagerungen verlängerten Kriegs unentschieden bleiben könne. Allein Cavour konnte keinen der Aristonationalen überzeugen, daß Toscana das mindere Uebel wählen und sich wenigstens für die Kriegszeit ganz an Piemont ergeben sollte. Der Cavaliere Nigra sollte sie persönlich für Cavours Plane zu gewinnen suchen, aber Ricasoli ersuchte ihn im Einvernehmen mit dem sehr vorsichtigen Boncompagni, Toscana zu verlassen.

Den 23. Mai landete Prinz Napoleon in Livorno, wo er von Boncompagni empfangen wurde. Um seine Plane namentlich vor den neutralen Mächten zu verhüllen, erklärte er, daß seine Mission eine ausschließlich militärische sei. Allein in seinem Bericht an den Kaiser vom 4. Juli (Poggi, Vol. III, Documento Nr. 11) nennt er seine Mission mit dem fünften Armeecorps eine bei weitem vorherrschend politische (il fine politico il quale prima e sopra ogni altra cosa voleva Vostra Maëstà raggiungere). „Die Aufgabe war, der Bevölkerung den Ausdruck ihrer Sympathie für die italienische Einheit zu ermöglichen, sie aber zugleich in der Linie der Aufführung zu halten, welche vom Kaiser gezogen war, nemlich den Ausdruck des patriotischen Gefühls nicht ausarten zu lassen, und ihre Dankbarkeit für die wohlwollenden Absichten des Kaisers zu ermuthigen." So charakterisirt der Prinz selbst seine Mission. Er gab sich indeß den Anschein, für die Annexion Toscanas durch Piemont zu wirken. Er mußte sich nicht blos von der Abneigung der Mehrzahl dagegen überzeugen, sondern auch davon, daß man in ihm nur den Vetter des Kaisers der Franzosen, aber durchaus nicht einen erwünschten Großherzog begrüßte. Unwillkürlich mußte er die Entscheidung über die Zukunft Toscanas beschleunigen und wider Willen für die Annexion Toscanas arbeiten. Schon die Befürchtung des Erscheinens des napoleonischen Prinzen hatte zu der provisorischen Anschließung an Piemont mit Nothwendigkeit gedrängt. Seine Gegenwart drang den denkenden Patrioten auch die Frage auf, ob eine Wiederaufrichtung des zur vielgerühmten „Autonomie" viel zu schwachen Staats überhaupt wünschenswerth sei. Ein Napoleon, erkannte man, würde das Herz Italiens dem französischen Einfluß öffnen. Ein Prinz des Hauses Savoyen wäre eine halbe Maßregel. In jedem Fall müßte Piemont alles aufbieten, um den zwei süditalienischen Staaten gegenüber Toscana unter seinen Einfluß zu bringen. Daher wäre es doch besser, piemontesisch zu werden. Dazu kamen als starke Motive die Siegesnachrichten. Besonders wirkte die Kunde von der persönlichen Tapferkeit des Königs, namentlich am Tage von Palestro. Noch in der ersten Woche des Juni wurden Erklärungen für Anschluß an Piemont in Florenz aufgelegt, und von dem nunmehrigen Kultusminister Salvagnoli und von Ricasoli unterzeichnet. Jener wollte wohl damit seine unbesonnene Kreuzung der Plane Cavours wieder gut machen. Die andern Minister, namentlich Ridolfi, fühlten sich durch diesen Schritt sehr verletzt, da jene Beiden zuvor sich darüber durchaus nicht gegen ihre Collegen geäußert hatten. So sehr Poggi diese Eigenmächtigkeit tadelte, so konnte er sich gegen die Idee, durch Anschluß an Piemont italienisch zu werden, nicht mehr verschließen. Ihre Anerkennung durch die höher Gestellten wurde hauptsächlich noch durch das rücksichtslose Drängen der Demokratie erschwert. Erst der Abmarsch des Prinzen Napoleon mit sämmtlichen französischen Truppen ermöglichte die Erklärung der Willensmeinungen. Am Pfingstfest, den 12. Juni, schien eine von den Unitariern angeführte Massendemonstration die Regierung nöthigen zu sollen. Ricasoli aber wollte nicht den Anschein haben, durch sie bestimmt worden zu sein. Da erschien die höchst ermuthigende Proklamation des Kaisers Napoleon aus Mailand, welche das Schicksal Italiens in die Hände der Italiener legte. Der durch seine persönliche Milde und seine unerschöpfliche Klugheit sich in seiner äußerst schwierigen Stellung bestens erprobende Boncompagni schlug am 12. Juni folgendes Dekret vor: „In Betracht, daß die Erfolge des Unabhängigkeitskriegs mit solcher Raschheit und Glück sich drängen, daß durch sie Italien die Erfüllung seines festen Wunsches, sich als ein einiges und starkes zu constituiren, beschleunigt und bestätigt werden; in Betracht, daß die Macht dieser höchsten Bestimmung der Nation, während sie die Oestreicher aus Italien vertreibt, die Italiener entschlossen und einträchtig um Viktor Emanuel II. sammelt und zusammenschließt, welcher vereint mit seinem großmüthigen Verbündeten, dem Kaiser Napoleon III., der Erlöser und der Vorkämpfer der italienischen Nation ist, in Erwägung, daß unter seiner nationalen Souveränität schon die Lombarden, die Parmigianen, die Modenesen und Romagnolen vereinigt sind (?); in Erwägung, daß, nachdem nunmehr die erharrte Gelegenheit eingetreten ist, auch die Toscaner ihr altes Verlangen aussprechen wollen, zu der Bildung eines einen, starken Italiens mitzuwirken, indem sie in die große, wiedererstandene Nation alle Ueberlieferungen ihrer Civilisation mitbringen; in Erwägung, daß die Proklamirung der nationalen Souveränität Viktor Emanuels der feste, wohlerwogene Vorsatz der ganzen Regierung Toscanas ist; in Erwägung, daß zur Bekräftigung dieses ihres feierlichen Akts das Gutachten der Staatsconsulta (der sogleich von der ersten provisorischen Regierung ernannten Vertrauensmänner) von großem Gewicht ist; beschließt die Regierung Toscanas: Die Staatsconsulta ist auf den 16. Juni einberufen, um ihr Gutachten über die Proklamation der nationalen Souveränität des Königs Viktor Emanuel II. auszusprechen." Boncompagni erklärte sich bereit, den Ministern voran das Dekret zu unterzeichnen, es an den König zu telegraphiren; erst nachdem es von ihm und von dem Kaiser bestätigt wäre, sollte das insgeheim Gedruckte veröffentlicht werden. Alle unterzeichneten, nach einigem Bedenken auch Ridolfi.

Dadurch wurden die Auflösung des Ministeriums und vielleicht Unruhen verhindert. Am 14. Juni kam die Antwort, das Dekret dürfe nicht veröffentlicht werden, der Kaiser habe Mühe genug gehabt die Diplomatie über die provisorische Lage Toscanas zu beruhigen, es dürfen ihm durch neue Veränderungen während des Kriegs keine weitern Verwicklungen bereitet werden. Und selbst die Linke hielt sich ruhig, da Boncompagni einigen Heißspornen den Trost gab, das gehe nur die Regierung an, Privaten könne damit die Freiheit, ihre Wünsche auszusprechen, nicht geschmälert werden. Ueberwallen der Kraft war nicht zu befürchten, auf feine Fühlung der Lage und der Möglichkeiten war bei Vielen zu rechnen, wo, wie in Toscana, die Mazzinisten nicht in Rechnung kamen. Die toscanischen Begebenheiten lassen sich mit den deutschen am ehesten vergleichen, sie haben die hiezu nöthigen Aehnlichkeiten neben gründlichen Verschiedenheiten in den Parteiprogrammen und Temperamenten. Der Monitore toscano vom 17. Juni erklärte, man habe seine Wünsche wegen definitiver Feststellung Toscanas nicht mehr an die Landesregierung, sondern an den König zu richten. Die Linke wandte sich jetzt an die Stadträthe, daß sie um Annexion bitten sollten. Diese Herren suchten größtentheils so wenig wie möglich aufzufallen, keiner wollte der Erste, keiner der Letzte sein. Zwanzig Stadträthe stimmten gar nicht ab, 225 für, einer gegen die Annexion. Die Gemäßigten waren gegen jedes Drängen; die Klerikalen nannten die Annexion eine Schmach, eine Infamie, waren aber, nachdem sie durch solche Reden ihr Gewissen, wie sie auch ihre Leidenschaft nannten, entlastet hatten, nicht abgeneigt, die Annexion über sich ergehen zu lassen, um nicht unter den Sichelwagen der Mazzinisten zu fallen. Die Herzogthümer und die Romagna hatten sich indeß an Piemont angeschlossen und von ihm Statthalter bekommen. Am meisten wurde Toscana durch den Aufstand des benachbarten Perugia und durch die Gräuelscenen aufgeregt, welche von den Schweizertruppen des Pabstes bei der Einnahme der Stadt am 20. Juni verübt wurden, gegen *die* päbstliche Herrschaft aufgeregt. Salvagnoli, als Kultminister, ließ sich dadurch hinreißen, Cirkulare an die Bischöfe zu richten, worin er sie auf= forderte, die Schäden aufzudecken, welche aus der weltlichen Herrschaft des Pabstes entspringen, natürlich ohne Erfolg. Die einen Minister suchten durch Gesetzesreformen seit Jahren landeskundige, besonders den Kredit ruinirende Uebelstände zu beseitigen, welche zum Theil noch im napoleo= nischen Code wurzelten; andere fanden es unpassend noch toscanisch refor= miren zu wollen. War bisher der Staat mit seiner Bürde von Geld= gratifikationen an Hohe und Niedrige beinahe zu einer schlaffen Wohl= thätigkeitsanstalt geworden, so wurden die Minister jetzt von Schaaren meist eingebildeter Märtyrer des früheren Systems, welche nicht selten wegen Unterschleifs gerichtlich verurtheilt waren, von Amtsteisbettlern, von Prozeßkrämern überlaufen, welche je für ihren Fall eine Reform der Gesetze und der Gerichte verlangten. Die provisorische Regierung hatte die Dämme durch ihre allgemeine Amnestie eingerissen, welche auch Civil= verbrecher sich angeeignet hatten. Den durch die öffentliche Meinung unterstützten Ansprüchen der aus sehr verschiedenen politischen Motiven von der Reaktion entlassenen Beamten auf Wiedereinsetzung in ihre Rechte gegenüber siegte die gesunde Ansicht, daß nicht jedes Märthyrenthum zu belohnen sei. Dieß war um so richtiger, da nicht selten reiche Leute schweren Märthyrersold für wohlverdiente Entlassung forderten. Auch die Gemeinden wetteiferten in Forderung von Abtretung von Staatsdomänen an sie. Das Ministerium legte ihnen dafür wenigstens einige Gegen= leistungen auf. Doch das sind die gewöhnlichen Leiden von Revolutions= ministern besonders in Mittelstaaten, deren Unterthanen an jene gemüth= liche Willkür gewöhnt sind, welche man patriarchalische Regierung heißt. Indeß herrschte eine gewisse materielle Ordnung im Lande. Livorno spielte nicht mehr die Rolle des radikalen Feuerspeiers. Guerrazzi und Montanelli, welcher sich durch Intriguen mit französischen Radikalen schad= los hielt, machten sich um Italien verdient, indem sie auf den Versuch verzichteten, ob sie immer noch Mächte seien. Die Erfahrungen der Jahre

1848 und 1849 und die der durch ihre Maßlosigkeiten herbeigeführten Restauration wirkten jetzt mäßigend. Die Presse wurde mit ziemlichem Erfolg in die Schranken der Mäßigung gewiesen. Die Nachrichten von den Schlachtfeldern erhielten eine bei allem Jubel ernste Stimmung. Kanonendonner macht Phrasenhelden bescheiden.

Am 6. Juli hatte die Eröffnung der Staatsconsulta im Palazzo vecchio statt, welche von den Bedächtigen ersehnt, von den zum Anschluß an Piemont Drängenden möglichst verzögert worden war. Sie bestand aus 42 von der Regierung ernannten freisinnigen Vertrauensmännern aller Klassen. Die allgemeine Verehrung hatte Gino Capponi zum Präsidenten erhoben. Alles ließ sich mit Ruhe in parlamentarischer Form an. Da kam am Abende des Eilften die Nachricht vom Waffenstillstand und bald darauf die von den Friedenspräliminarien von Villafranca. Sie war so unerwartet, so erschütternd, daß man erst den Detailnachrichten Glauben schenkte. Der ruhige Poggi sagt: „Weder Minister, noch Bürger hielten sich mit dem Gedanken auf, welches Loos Toscana vorbehalten sein möchte. Einmüthig wandten sie sich alle auf Venedig, diese unglückliche Stadt, welche jeden Tag die Landung der Befreier erwartete und jetzt wurden ihre Ketten durch ein neues Campoformio (1797) befestigt. So hatten denn weder die heroische Ausdauer im Jahre 1849, noch die Leiden des letzten Jahrzehnts seine Befreiung verdient!"

Von Angst beklemmt mußte man gegen außen eine muthige Geistesruhe, ein unbesiegbares Vertrauen in die Sache Italiens zeigen. Boncompagni war von dieser Wendung wie vom größten Familienunglück niedergedonnert. Ricasoli und Savagnoli wollten am 13. im Ministerrath abdanken, da sie nichts mehr für Italien thun könnten; aber Ridolfi und Poggi, sie die gemäßigteren, gaben ihnen jetzt das Beispiel der Ausdauer. Celestino Bianchi, welcher als Generalsecretär vor und nachher einen großen Theil der Geschäftslast trug, wurde nach Turin geschickt mit der Erklärung, man wolle die Dynastie entschieden nicht mehr. Die Kunde, der Erbprinz habe, wenn auch nur als Zuschauer, auf östreichischer Seite der Schlacht bei Solferino beigewohnt, verbreitete große Erbitterung. In kindischer Wuth hatte ein Haufe in der Druckerei des Monitore selbst die Pressen beschädigt, mit welchen die Friedenspräliminarien gedruckt wurden. Die Minister erließen ein Manifest, welches mit den Worten schloß: Toscana wird nicht gegen seinen Willen, es wird nicht gegen sein Recht wieder unter das Joch und unter den Einfluß Destreichs gebracht werden. Das Manifest wurde in das ganze Land ausgeschickt. Der französische Gesandte billigte es, daß Napoleons darin keiner Erwähnung geschah. So groß war die Erbitterung gegen ihn.

In der Frühe des 13. Juli versammelte sich die Consulta, deren Gegenwart jetzt ein Rettungsanker war. Die Minister forderten sie nach Mittheilung der Thatsachen und der Instruktion Bianchi's zur Aeußerung ihrer Willensmeinung auf und traten ab. Die Linken wollten indeß in einer Volksversammlung sofortige Annexion an Piemont fordern. Ricasoli's Autorität wandte es ab. Die Consulta erklärte: die Rückkehr der gefallenen Dynastie, wie jede dem italienischen Gefühl widersprechende Einrichtung wäre mit der Ruhe Toscanas unverträglich und würde über Italien den Samen neuer Verwicklungen ausstreuen. Ihr Gutachten ging dahin, die Regierung sollte 1) dem Kaiser der Franzosen und den andern Großmächten die dringendsten Vorstellungen machen, daß man bei der Bestimmung des Schicksals des Landes auf die freie Aeußerung seiner legitimen Wünsche Rücksicht nehme; dieselbe sollte 2) hiezu eine Abgeordnetenversammlung kraft des Wahlgesetzes von 1848 einberufen, 3) sich an König Victor Emanuel mit der Bitte wenden, das Protektorat über Toscana bis zur definitiven Ordnung beizubehalten. Boncompagni hielt Letzteres für unmöglich. Er wirkte überhaupt mäßigend, was um so nöthiger war, als jetzt selbst Ridolfi rieth, dem Volke Waffen zu vertheilen, um die Rückkehr der Lothringer abzuwehren. Das Ende des Kriegs, auf welches die Gemäßigten die Entscheidung über das Schicksal Toscanas vertagt hatten, war jetzt da, und zwar ohne daß Oestreich durch den Verlust Venetiens aus Italien ausgeschlossen worden wäre. Oestreich drohte daher von dieser Basis aus seinen Einfluß auf die verwandten Höfe wieder aufzunehmen. Diese hätten sich also nicht nationalisirt. Die Männer, welche unmittelbar nach der Abreise des Großherzogs sich in dieser Hoffnung der sofortigen Annexion an Piemont widersetzt hatten, würden also von der öffentlichen Meinung verurtheilt worden sein, noch einmal, wie 1849, die Fremdherrschaft zurückgeführt zu haben. Angesichts dieses Brandmaleisens kam der ehrwürdige Ridolfi außer sich. Ridolfi's Sohn wußte zu beruhigen, indem er bewies, daß man sich vor allen weiteren Schritten zu vergewissern habe, ob eine Uebereinkunft zur Wiedereinsetzung der Fürsten zwischen Frankreich und Oestreich bestehe oder nicht. Wir müssen uns leider oft versagen die intimen Stimmungssymptome anzugeben. Jetzt trat die innerste Gesinnung zu Tage. Als Poggi um Mitternacht durch die, trotz der herrlichen Mondnacht, wenig belebten Straßen heimkehrte, fand er seine Gattin in christlicher Fassung, mit ihm, mit der zahlreichen Familie und mit wenigen Mitteln vielleicht binnen weniger Tage in die Verbannung zu gehen. Frauen waren in solchen Krisen die stärksten Trägerinnen der Geschicke Italiens. Man war im Augenblick nicht in der Stimmung, das Gewicht der auswärtigen Verhältnisse zu fühlen. Bereits dämmerte der Gedanke und flog von Norditalien nach Mittelitalien und von Mittelitalien nach Norden, daß zumal in Toscana der Ersatz für Venetien zu suchen und daß später von dieser Basis aus mit vereinten Kräften Venetien zu erobern sei. Ricasoli, der Mann für außerordentliche Situationen, erklärte jetzt: „So lange der Krieg währte, so lange man noch die Hoffnung hegen durfte, daß nach völliger Vertreibung der Oestreicher aus ganz Italien das oberitalienische Königreich seine Kraft durch Venetien verstärkt sähe, hatte die Autonomie Toscanas noch ihre Vertheidiger. Jetzt aber sind sie verschwunden. Und weßhalb? Weil in Toscana alle andern Gedanken durch die italienische Nationalidee verdrängt werden. Nachdem Toscana, wie die andern italienischen Staaten, die schmerzliche Erfahrung gemacht hat, wie wenig Sicherheit auch guten Institutionen in kleinen Staaten einwohne, und wie unfruchtbar sie in denselben sind, hat es jetzt in seiner Kleinheit eine beständige Bedrohung seiner Civilisation erkannt; und so hat sich das, was man bisher Liebe zu seiner Autonomie nannte, in ein Verlangen nach Vergrößerung verwandelt, um sich zur Selbstvertheidigung zu stärken."

Der 15. Juli erinnert uns an Züge römischer Kaltblütigkeit im Moment als Hannibal sein Lager im Albaner Gebirge aufschlug. Die Minister, um dem Volke eine Zuversicht einzuflößen, welche sie selbst unmöglich haben konnten, erließen Verordnungen über innere Reformen und über die Pensionirung der großherzoglichen Kapelle und anderer Diener der Dynastie. Endlich am Abende ging den Steuerleuten des Staats ein Leuchtfeuer auf. Von Celestino Bianchi langte aus Turin eine Depesche an, deren Dechiffrirung bange Stunden verursachte. Er hatte den Exminister Cavour gesprochen. Dieser rieth, daß Boncompagni seine Entlassung als Commissär des Königs nehme, daß sich eine rein toscanische Regierung constituire, daß man eine Abgeordnetenversammlung einberufe oder besser, daß jeder Bürger seine Willensmeinung einschreibe. (Das allgemeine Volksstimmrecht erscheint uns hier in seiner wahren Bestimmung als Nothrecht.) Der Kaiser sei der Rückkehr des Großherzogs nach Toscana nicht entgegen, wenn es ohne fremde Hilfe geschehe. Stimme Toscana aber für die Annexion, so stimme England bei. Parma nebst der Lombardei werde Piemont annexirt; von Modena und den Legationen wisse man nichts. Es sei räthlich, die toscanischen Truppen und das Freiwilligencorps vom Po zurückzurufen. Bianchi schloß, wenn sich Toscana im nationalen Sinn in seinem Recht zu behaupten wisse, so sei es Meister seiner Geschicke und fördere die Italiens.

Die Minister athmeten aus ihrer Beklommenheit wieder auf. Auch die Gefahr eines durch Mazzinisten angeschürten Wuthausbruchs war durch den ehrenfesten Radikalen, den Bäcker Dolfi entfernt, welcher einige hundert der zuverlässigsten Bürger bewaffnet zu Streifwachten führte. Es waren zur Erhaltung der Ordnung nur die zweitausend Gendarmen in Toscana zurückgeblieben. Aber die Hauptgefahr kam von außen. Man mußte überzeugt sein, daß Frankreich Toscana alle Torturen der Restaurationsgefahr würde durchmachen lassen, damit Toscana sich zum Prinzen Napoleon bekenne. Günstig war die Ersetzung des Tory Derby durch Palmerston. Er suchte durch Begünstigung der Wünsche der Nationalen den Einfluß Englands in Italien wieder zu gewinnen, welchen der Krieg

und die Parteinahme des englischen Gesandten in Florenz für die Dynastie sehr geschmälert hatten. So groß der Vortheil war, daß Ricasoli und
Salvagnoli das Zutrauen der ungeduldigen Nationalgesinnten, Ridolfi
und Poggi das der Liberalconservativen besaßen, deren Willensmeinung
besonders bei den fremden Regierungen Gewicht hatte, so entstanden
doch daraus manche Reibungen im Ministerium. Der Angesichts des
Auslandes so hochwichtige Fortbestand des bisherigen Ministeriums war
besonders gefährdet, als Boncompagni die Oberleitung der Regierung in
Folge des Friedens abzugeben hatte und es sich um eine neue Form derselben handelte. Der heißblütige Salvagnoli schlug die Diktatur des von
ihm beeinflußten Ricasoli vor. Aber Boncompagni, auf die gemäßigten
Minister gestützt, erklärte, er würde einem Diktator die Regierungsgewalt
nicht übergeben. Die Diktatur hätte den Anschein innerer Gefahren,
welche bei dem ruhigen Charakter des Volks nicht beständen, dem Ausland
angezeigt; die Volksabstimmung würde als eine terrorisirte erscheinen.
Da es sich um das Heil ganz Italiens handelte, dürfte die Entscheidung
nicht den raschen Entschließungen Ricasoli's allein überlassen werden. Am
29. Juli übergab Boncompagni die Souveränitätsrechte nicht, wie die
Demokraten wünschten und Rubieri forderte, an das Volk, sondern an
den gesammten Ministerrath; Ricasoli behielt als Ministerpräsident auch
das Innere; die Dekrete, welche er auf diesem wichtigsten Posten erließ,
waren auch von Ridolfi, welcher auch das Aeußere übernahm, zu unterzeichnen. Am 1. August verabschiedete sich Boncompagni von den Ministern und reiste unter den Zeichen der dankbaren Achtung ab, damit aller
Schein einer Beeinflussung Toscanas durch Piemont schwände.

Um dem Selbstbestimmungsrecht Toscanas Gestalt und Kraft zu
geben wurde das Wahlgesetz von 1848 mit den nöthigen Verbesserungen
als zu Recht bestehend erklärt. Jeder der 86 Wahlbezirke sollte zwei Abgeordnete stellen. Die gemäßigten Männer von Einfluß beseitigten die
Absicht der ungeduldigen Ricasoli und Salvagnoli, welche das Mandat
auf Bejahung und Verneinung der Souveränität der Lothringer beschränken wollten, was bestimmte Mandate darüber an die Abgeordneten zur
Folge gehabt hätte. Als Aufgabe der Abgeordneten wurde gesetzliche Feststellung des Schicksals des Landes bezeichnet. Eine 45jährige Regierung
hatte viele persönliche Beziehungen zwischen Leopold II. und zahlreichen
Familien geknüpft; daher war seine Abdankung zu Gunsten seines Sohnes am 21. Juli jetzt viel zu spät, eine Schwächung der dynastischen
Partei. Sein 24jähriger Nachfolger galt für östreichisch gesinnt und war
der Neffe König Ferdinands II. von Neapel. Die Restaurationspartei
zählte wenige Kapazitäten und wußte, wie die radikale, nur durch allar-
mirende Gerüchte zu wirken. Die Regierung beschränkte sich darauf ihren
Wunsch zu äußern, daß die Mehrzahl der Gewählten aus Männern bestehe, welche sich bisher nicht im politischen Parteiwesen, als Flüchtlinge,

als Opfer der Restauration hervorgethan hätten. Dieser Wunsch wurde durch die am Sonntag den 7. August unter lebhafter Theilnahme, aber in friedlicher Stimmung vollzogene Wahlen erfüllt. Obgleich die ultramontane Partei vor den Wahlen gewarnt hatte, stimmte die Hälfte der Berechtigten, 35,240 Bürger.

Nach eingetretener Ernüchterung, als man sich anschickte, seine Stimme zu einer wirklichen Entscheidung abzugeben, fühlte man in Florenz das Bedürfniß, sich über die Stimmung der Mächte genau zu orientiren. In Folge der Erfahrungen des Jahres 1848 mit den venetianischen Agenten hatte also Cavour gewollt, daß die provisorische Regierung Toscanas nicht anders an den auswärtigen Höfen vertreten werde, als durch den piemontesischen Gesandten. Florenz stand daher bis Villafranca blos mit der piemontesischen und mit den benachbarten provisorischen Regierungen in offiziellem Verkehr. Erst nach Villafranca schickte das toscanische Ministerium eigene Agenten mit Instruktionen ab. In London pflegte der Marchese Corsini, in Paris Cavaliere Peruzzi offiziöser Weise die Beziehungen Toscanas zu dem Ministerium des Aeußern. Sie hatten zu erklären, man sei allgemein und entschieden den Lothringern abgeneigt, man wolle über sich selbst verfügen und wünsche die Annexion. Als es sich darum handelte, die Ausführung der eine friedliche Rückkehr der Dynastieen zulassenden Friedensbestimmung einzuleiten, „bat und rieth" die französische Regierung, aber stets nur auf persönlichem privatem Wege, der provisorischen Regierung Toscanas, die Restauration der Lothringer anzunehmen, indem sie liberale Institutionen, die Verfassung von 1848 und die nationale Tricolore in Aussicht stellte. Den 24. Juli telegraphirte Peruzzi von Paris an den toscanischen Minister des Auswärtigen, Marchese Ridolfi: „Restauration in Modena; größte Gefahr für Toscana, muß vermieden werden. Wir glauben, daß die toscanische Intervention in Modena die Gefahr der östreichischen Intervention nicht vermehrt. Walewski gesehen, er wünscht Ferdinand, Constitution und dreifarbige Fahne; er weiß aber unsere Einwendungen nicht zu widerlegen. Er bittet mich, dazu zu rathen; er hat an Baron Reiset nach Florenz Instruktionen geschickt. Er hält Interventionen nicht für wahrscheinlich. Morgen werden wir den Kaiser sehen." Nach einem Briefe Peruzzi's an Ridolfi vom 24. Juli (Poggi III, Documento Nr. 13) war der Kaiser noch am besten gesinnt, die öffentliche Meinung, durch den halben Frieden mißstimmt, gegen die Restauration, noch mehr aber gegen die Annexion an das egoistische Piemont. Die ganze Diplomatie wollte nichts von der neuen Phrase: „Volkswillen" hören und war ganz von Legitimitätsideen erfüllt. Peruzzi erklärte den Machthabern, das Heer, die guten Klassen hätten sich den Lothringern gegenüber so gründlich compromittirt, daß diese nur mit Gewalt zu restauriren wären und durchaus ohne Stütze im Lande bleiben würden. Nur die Mazzinisten könnten dabei gewinnen. Walewski hielt,

wenn auch nicht für den Augenblick, eine bewaffnete Intervention für möglich, „wenn nicht eine andere Lösung (?) die Zustimmung des Landes und
Europas erhielte." Auch Freunde Italiens hielten es für das Beste, daß
die bourbonische Dynastie Parma mit der wichtigen Festung Piacenza an
Piemont abträte und dafür Toscana erhielte. Da aber kein Plan festgestellt war, hält Peruzzi es für möglich, daß Toscana bei geordneter, fester
Haltung doch schließlich seinen Annexionswunsch durchsetze." — Allein
hatten Männer wie Peruzzi auch diese Zuversicht, welche sie Andern einzuflößen suchten?

Den folgenden Tag telegraphirt Peruzzi an Ridolfi: „Der Kaiser
ist gut gestimmt; er wünscht die Dynastie wie Walewski, aber er fühlt
die Schwierigkeiten noch mehr, schließt Interventionen aus, gibt keine Hoffnung zur Annexion; vielleicht eine andere Dynastie (sic!); er räth der
Versammlung alles, auch die Anerbietungen Ferdinands auseinander zu
setzen."

Der durch Abdankung seines Vaters thronberechtigte Erzherzog Ferdi-
nand, welcher in Toscana wenig bekannt war, hatte sofort an den Kaiser
Napoleon die besten Versprechungen gerichtet und begab sich, alle Bedenken
hinter sich werfend, selbst nach Paris, wo sich ihm der Minister des Aeußeren
Walewski günstig bezeigte. Dieser, welcher der Kandidatur des Prinzen
Napoleon wirklich entgegen gewesen zu sein scheint, richtete den 26. Juli
1859 folgende Depesche an de la Ferrière, seinen Ministerresidenten in
Florenz: „Herr Marquis, ich glaube gerne, daß die Zurückberufung des
sardinischen Commissärs (Boncompagni's) und der jetzt positive Entschluß
des turiner Cabinets, soviel an ihm liegt, die ganze Idee der Annexion
(Toscanas) von sich zu weisen, das Resultat haben müssen, die Geister immer
mehr zu einer ruhigeren und somit verständigeren Beurtheilung der Lage
zu führen. Denn bleibt von dem Augenblick, wo die unwiderrufliche Beseitigung der Annexion constatirt ist, für die großherzogliche Bevölkerung
eine andere Alternative, als entweder die Rückkehr des Erbherzogs oder
die Anarchie? Die Wahl zwischen diesen beiden Eventualitäten kann für
alle durch Leidenschaft nicht Verblendete nicht zweifelhaft sein. Es wäre
nach meiner Meinung eine kluge politische Maßregel, geeignet, den Erbprinzen an die nationale Sache zu binden, wenn man selbst die Initiative
seiner Zurückberufung auf den großherzoglichen Thron ergriffe. Wie
ich Ihnen schon mitgetheilt habe, begreift dieser Prinz die Nothwendigkeit,
die Institutionen des Landes in Harmonie mit den Fortschritten der Zeit
und der neuen Lage Italiens zu setzen, er ist überdieß geneigt, die italienische Fahne aufzupflanzen und alle nur zu wünschenden Bürgschaften
zu bieten. Unter solchen Bedingungen kann sein Regierungsantritt nichts
die Würde des toscanischen Volkes verletzendes haben, und Dank den Umständen, inmitten welcher er eintritt, und dem politischen System, an
welchem Toscana sich nunmehr betheiligen wird, ist nicht zu befürchten,

daß die neue Regierung ihren Versprechungen ungetreu werden sollte. Ich habe mich in diesem Sinne gegen Herrn Peruzzi und den Marchese Lajatico ausgesprochen und ich lade Sie, Herr Marquis, wiederholt ein, die Realisirung einer Combination vorzubereiten und zu unterstützen, von welcher jetzt das Glück Toscanas abhängt."

Ridolfi theilte diese Depesche der Volksvertretung mit, unter dem Beifügen, daß die Versprechungen keine positiven und formalen seien, daß sie nicht urkundlich seien. Es seien nur die hundertmal vorgelegten und hundertmal von der provisorischen Regierung widerlegten Vorschläge. Es sei von derselben darauf immer erklärt worden, daß man auf dieser Basis der dynastischen Restauration gar nicht unterhandeln könne. Der Kaiser selbst, stets wohlwollender und billiger, rathe vielmehr, als daß er eine Bedingung auflege; nie habe er eine Intervention gegen den von der Volksvertretung zu fassenden Beschluß angedeutet.

Etwas pikant schloß Ridolfi seine Mittheilung mit den Worten: Andererseits sind die uns von unserem Bevollmächtigten in London zu= kommenden Mittheilungen der Art, daß sie uns das größte Vertrauen einflößen, sie zeigen, wie große Sympathie unsere Sache der englischen Regierung einflößt und wie geneigt diese ist, derselben jede Unterstützung ihres hohen Einflusses zu gewähren. Und in der That lauteten die Tele= gramme Corsini-Lajatico's aus London sehr ermuthigend, z. B. das vom 30. Juli: Ich habe Russel gesehen. Er billigt die Abstimmung, räth Frei= heit der Wahl. Die Betheiligung Englands am Congresse ungewiß, aber jedenfalls liberal. Den 1. August: Gladstone bestgestimmt; er versichert, daß Palmerston ebenso; werde diesen alsbald sehen. Die Annexion miß= fällt nicht besonders. Das Publikum ist für uns. Ich hoffe auf Con= greß. Den 8. August: Russel erhielt eine russische Depesche, welche das Verlangen ausdrückt, daß Italien von Italienern regiert werde. Muth! Den 11. August: Russel sagt: um Intervention zu vermeiden, muß die Republik ausgeschlossen und die constitutionelle Monarchie votirt werden. Er räth mir hier zu bleiben.

Die drei Agenten Toscanas an den drei wichtigsten Höfen sind die unwiderleglichen Belege, daß nichts unrichtiger ist, als die Behauptung, es sei von Anfang des Jahres oder des Kriegs von 1859 in Mittelitalien verschwörungsweise auf die Annexion abgesehen gewesen. Poggi schüttet aus seinen Dokumenten einen ganzen Korb Berichte derselben vor uns aus. Corsini-Lajatico hatte die beste Stellung, denn er war schon vor Villa= franca zu der Ueberzeugung gereist, die Annexion sei der einzige Weg zum Heil Italiens und er fand dafür in London bereitwillige Anerkennung, theils weil man befürchtete, Mittelitalien würde sonst ein Herd von Auf= ständen werden, theils weil man durch diese Zustimmung Napoleon in der Popularität der Italiener ausstechen wollte. Allein die englische Freund= schaft hielt nicht Farbe, die Gesandten trieben nach ihrer Neigung Politik,

Cowley in Paris machte keine Schwierigkeit wegen der Restaurationen, während Hudson in Turin für den Prinzen von Parma war.

Peruzzi hatte sich langsam, entschieden erst seit Villafranca zur Annexion bekehrt. Da er aber in Paris Niemanden fand, der für sie war, so ließ er einen piemontesischen Prinzen, sogar den Bourbon von Parma auf Wohlverhalten zu; er erklärte aber, die Lothringer seien nur durch blutige Intervention Oestreichs oder Frankreichs und durch fortgesetzte Occupation möglich. Für den Bourbon spreche, daß die schwache auswärtige Stütze, die er an Spanien hätte, ihm die Nationalisirung eher erleichtere, als dieß bei einem von Oestreich, von Frankreich oder von Rußland getragenen Fürsten der Fall wäre. Es war lange ein großes Anliegen der provisorischen Regierungen, zu erfahren, was eigentlich in Villafranca zwischen den beiden Kaisern über die Rückkehr der entrichnen Fürsten ausgemacht sei, um ihre Ziele und Mittel darnach zu reguliren. Prinz Napoleon erklärte Peruzzi auf sein Ehrenwort, zur näheren Verständigung über die Friedenspräliminarien nach Verona geschickt, habe er vorgeschlagen, daß stipulirt werde, der Kaiser der Franzosen sei nicht gegen die Rückkehr der Fürsten auf ihre Throne, wenn sie von ihren früheren Unterthanen dahin zurückgerufen würden; da aber der Kaiser von Oestreich erklärte, er könne ein solches Recht der Völker nicht anerkennen, so habe er, der Prinz Napoleon, der einfachen Vertragsformel: „les princes rentreront dans leurs états" zugestimmt, mit der ausdrücklichen Erklärung, der Kaiser Napoleon werde weder selbst dafür interveniren, noch zulassen, daß es ein anderer thue. Der Kaiser von Oestreich habe den Eintrag dieser Erklärung in die Präliminarien nicht zugegeben, aber seine Zustimmung erklärt, „da er glaube, daß, sobald sich die erste Aufregung gelegt hätte, das toscanische Volk seine Dynastie aus freien Stücken wieder zurückrufen würde und daß der Herzog von Modena seine Staaten mit seinen treu gebliebenen Soldaten würde wieder einnehmen können. Wenn dieß nicht geschehen sollte, so würden die Streitkräfte der italienischen Conföderation schon dafür sorgen, denn die Conföderation müße doch etwas thun." (Letzterer Gedanke, auch sonst bestätigt, ist offenbar eine Uebertragung der östreichischen Methode der Ausnützung des deutschen Bundestags auf Italien.) Kaiser Napoleon fing bereits an, an obigem rentreront zu deuteln, indem er die schwächere Bedeutung des Futurums, das „mögen" zuließ. Je gespannter die Diplomatie jedes Zucken seiner Mundwinkel beobachtete, um so mehr bediente er sich der Sprache, um seine Gedanken zu verbergen; er wies das den Toscanern nächst der Annexion Wünschenswertheste, den Prinzen Carignan als Großherzog, als das den Mächten gegenüber Unhaltbarste zurück, während er über die Dynastie der bourbonischen Parmenser sagte: elle me convient, weil er glaubte, daß das toscanische Volk dieselbe nie annehmen würde. Er hatte also einen anderen Plan in petto. War sein Minister des Aeußern

Walewski wirklich so kurzsichtig, daß er mit Ueberzeugung stets sagte, der
Kaiser wäre der Ausrufung seines Vetters ganz entgegen? Es war in
Paris eine Partei von dem Prinzen befreundeten Progressisten; diese
riethen Peruzzi und den Romagnolen, sie sollten sich vereinigen und den
Prinzen als ihren Regenten ausrufen; wenn der Kaiser Napoleon in Be=
tracht der Bestürzung ganz Europas sich dagegen ausspräche, so könnte
sich ja dann Mittelitalien an Norditalien anschließen, nachdem es den
Kaiser durch jenes Anerbieten gewonnen habe. Kraft der in Frankreich
herrschenden Tradition, daß in Italien kein mächtiger Staat aufkommen
solle, meinte man, daß andernfalls ein Franzose, sei es ein Napoleon,
oder auch ein Bourbon, das erledigte Toscana zu beanspruchen habe. Dem
toscanischen Agenten wurden in Paris so viele „Ideen" über die Südpo=
staaten zugetragen, daß er an Ridolfi Briefe voller Fragezeichen richtete.
Daß Toscana sich mit Modena, vielleicht mit Parma näher verbinden
sollte, stand fest; sollte man dasselbe thun mit der heikligen Romagna?
sollten einige dieser Länder darauf zielen, Ein Staat zu werden? sollten
sie alle, wie die Rumänen den Cusa, denselben Prinzen von Piemont
(auch Leuchtenberg wird genannt) oder Viktor Emanuel als provisorischen
Regenten wählen? oder sollte man auf Personalunion unter Viktor Emanuel
zielen? Ist eine solche vollendete Thatsache oder das sich Ueberlassen
an die Entscheidung des Kaisers der Franzosen oder aller Mächte räth=
licher? oder aber Fortdauer des Provisoriums? Eine der Annexion
nächststehende vollendete Thatsache empfahl sich am meisten. Die Diplo=
maten sagten, die Diplomatie bringe die Entscheidung nicht vorwärts;
man müsse handeln, ehe Oestreich es thue, indem es intervenire. Am
zugänglichsten für fremde Rathschläge war der toscanische Bevollmächtigte
in Turin, Matteucci, der spätere Unterrichtsminister, weil er es noch nicht
zu einer festen Ueberzeugung gebracht hatte und keinen Glauben an die
Einheit hatte. Der französische Gesandte diktirte ihm die Restauration;
Matteucci meinte, die Patrioten müßten dann eine Mauer um den Groß=
herzog bilden, damit die Reaktionäre sich seiner nicht bemächtigten. Peruzzi
war entschieden gegen die Restauration. Während Peruzzi die Einheit
herzlich wünschte, aber fürchtete, nur das mittelitalienische Königreich habe
Aussicht, war jene für Matteucci eine Chimäre, nur dieses hielt er
für gewiß.

Den ganzen Sommer 1859 wimmelte Toscana sowohl von franzö=
sischen, als von Agenten der vertriebenen Dynastie. Baron Reiset, von
Napoleon geschickt, schien diesen nicht fern zu stehen, indem er freundlich
vorstellte, die Anarchie und das Ausbleiben der Fremden werde bedingungs=
loser Reaktion die Thore öffnen, während der französische Senator Pietri,
aus Corsica stammend, den nationalen Gefühlen nicht feind schien. Aber
die Karikatur, allen mißtrauend, stellte den Kaiser als mit Lügenpfeilen
gespickten St. Sebastian dar. Am meisten Aufsehen machte die Erscheinung

des Fürsten und französischen Senators Josef Poniatowski, dem Kaiser
längst nahe stehend, Oheim der Gräfin Walewski, welcher noch vor wenigen
Jahren französischer Gesandter am florentiner Hofe gewesen war. Deß=
halb bemühten sich auch einige Anhänger der großherzoglichen Partei
demonstrativ um ihn, sie suchten durch Verweisung auf seine Mission ihre
lau werdenden Anhänger zu ermuthigen. Seine Verbindungen wurden
von dem Präfekten von Florenz genau überwacht, wie ein Bericht dessel=
ben an Ricasoli vom 21. September beweist (Zobi cronaca V. 2, p. 659.
Besonders zogen dessen Aufmerksamkeit Verzeichnisse von Personen auf sich,
welche theils beim Fürsten, theils aus Versehen bei seinem national ge=
sinnten Bruder Michele abgegeben wurden. Es waren darauf der Reihe
nach ganze Familien nebst Kindern und Dienstboten aufgeschrieben. Als
Beitreiber dieser Namensverzeichnisse wurden nur ein Priester, einige
Barbiergehülfen und ähnliche Leute ausfindig gemacht. Die meisten vor=
nehmeren Anhänger des vertriebenen Hofs hielten sich vorsichtig im Hinter=
grund, und der Fürst, gelangweilt über seine Isolirung und geärgert durch
Spottgedichte, entfernte sich bald mißzufrieden. Man erinnert sich, welch
entscheidende Wichtigkeit diesen „Missionen" damals von der Tagespresse
beigelegt wurde. Außer ihnen machten sich auch patriotische Italiener,
welche irgend ein orakelhaftes Wort Napoleons erschnappt hatten, mit
ihren Rathschlägen wichtig. Die toscanischen Minister waren also in der
Gefahr, dem Sprüchwort zu verfallen: wer lang frägt, geht lange irre.
Dieses gegenseitige Horchen jedes was der andere beabsichtige, enthält einen
trefflichen Stoff für eine Komödie. Der Groll gegen den Kaiser aber
entlud sich in Karikaturen gegen den Prinzen Napoleon.

Die Südpoststaaten waren indeß eventuell von bewaffneter Interven=
tion bedroht; denn die europäischen Mächte waren gemeint, sie nur so
lange selbst machen zu lassen, als sie die Ruhe im Inneren aufrecht er=
hielten. Zu beidem waren Soldaten nöthig. Obgleich die regelmäßige
Truppe Toscanas sich nicht auf 10,000 Mann belief, so wurde Toscana
schon im Juli 1859 doch wegen dieses Schatzes von Farini und von Ci=
priani, dem Gouverneur der Romagna, umworben. Wenn Toscana diese
Länder besetzte, so verlegte es dem Großherzog den Landweg für die Rück=
kehr. Aber Toscana lehnte das ihm angebotene Bündniß vorerst ab und
ließ die Truppen auf dem Rückmarsch vom Po in Modena und in der
Romagna nur zeitweiligen Aufenthalt machen, um nicht mit dem Pabst
sich noch mehr zu überwerfen und vielleicht andererseits auch Spanien
und Neapel zu einer Intervention zu veranlassen. Ulloa legte den Ober=
befehl nieder; Malenchini und Montanelli, welchem seine Eitelkeit nicht
lange Ruhe ließ, fragten ohne Rücksprache mit einem Minister bei Gari=
baldi an, ob er den Oberbefehl nicht übernehmen würde? Und da Pie=
mont Toscana keinen General leihen durfte, so nahm auch das Ministe=
rium Garibaldi an. Piemont konnte nicht mehr thun, als einen Theil

seiner Freiwilligen verabschieden, damit sie Garibaldi, aber ohne Waffen, folgten. Garibaldi bezeigte das festeste Zutrauen zu Viktor Emanuel, welcher sich ganz Italien widme. Es war ein Schritt vorwärts, daß am 10. August eine Liga mit Modena geschlossen wurde, kraft welcher ein Angriff der „desertirten" Fürsten gemeinsam abgewehrt, die Ordnung gegen jedwede Störung aufrecht erhalten, die Einheit von Gewicht und Maaß und die der Münze nach dem (französisch-piemontesischen) Decimal-system angenommen und jede Schranke des Verkehrs der Personen und Waaren zwischen beiden Staaten aufgehoben wurde. Toscana verpflich-tete sich zu einem Contingent von 10,000, Modena von 4000 Mann. Bald darauf wurde auf Minghetti's Betrieb auch die Romagna mit 7000, Parma mit 4000 Mann in die Liga aufgenommen. Es war ein Zeichen des sich befestigenden Vertrauens, daß der Finanzminister die letzten sechs Millionen des noch von der großherzoglichen Regierung beschlossenen An-lehens mit drei Procent um 56 verkaufte.

Am Mittag des 11. August bewegte sich der Zug der Minister und der Abgeordneten vom Palazzo vecchio nach dem Dom. Die Bau- und Kunstwerke großer Jahrhunderte schauten heute mit mahnender Bedeutsam-keit auf die einen wichtigen Gang antretenden Enkel herab. Ihren Ge-fühlen gab Corsini Ausdruck in den Worten: „Es wird eine schöne That sein, wenn die Geschichte eines Tags auf ihre Blätter schreiben kann, daß es dem festen Willen von blos drei Millionen Italiener gelang, Europa seine Zustimmung zu ihrer Freiheit abzuringen, welche man ihnen mit Listen verweigern oder schmälern wollte; diese That wird ein ewiger Ruhm Toscanas sein, welches zuerst dieses Beispiel gab, ein ewiger Ruhm der Männer, welche es in seiner schwersten Krise so weislich leiteten." Das Volk jubelte dem Zuge seiner Abgeordneten zu. Das Domkapitel las die Messe. Der Erzbischof war nicht anwesend; hitzigen Ministerialsecretären und Vikaren andererseits war es gelungen, sein Erscheinen zu verhindern. Der Zug kehrte in den Saal der Fünfhundert zurück, welcher auf Sava-narola's Rath für die Wächter der Freiheit gegen die mediceische Herr-schaft gebaut ist. Hier sollte jetzt der Grundstein zur Einheit Italiens gelegt werden. Alle 172 Wahlen wurden bestätigt. Der Dank der Ver-sammlung für die bisherige Regierung wurde mit allen gegen zwei Stim-men votirt. Marchese Ginori stellte den von den Ministern gebilligten Antrag, daß die Lothringische Dynastie weder zurückgerufen, noch wieder angenommen werden könne. Der Antrag wurde einstimmig unterstützt und an die Abtheilungen verwiesen. Der Berichterstatter Andreucci er-füllte seine Aufgabe mit klassischer Würde. Er verschwieg die früheren Verdienste der Lothringer nicht. „Aber sie sind moralisch unmöglich ge-worden, kraft Beleidigung der italienischen Nationalität, deren sie sich trotz ihrer großmüthigen Restauration durch das Volk am 12. April 1849 schuldig machten. Wir müssen befürchten, daß sie uns wieder zu Werkzeugen Oestreichs machen wollen. Es kann behufs ihrer Restauration der Verzeihung nicht die Rede sein. Wir wollen uns nicht rächen; aber wir haben nicht das dazu nöthige Vertrauen zu ihnen, die Erfahrung hat es uns unmöglich gemacht."

Am 16. August, 11 Uhr Vormittags, wurde die öffentliche Sitzung eröffnet. Andreucci verlas bei lautloser Stille seinen Bericht. Die 165 Abgeordneten — nur die auf Missionen abwesenden und ein Sterbender fehlten — legten Mann für Mann vortretend ihre Kugeln ein. Zwei Blinde, worunter die hohe, kräftige Gestalt Gino Capponi's, wurden an die Urne geführt. Alle Kugeln waren schwarz. Bei dieser Erklärung brach ungeheurer Jubel aus. Der Antrag, daß Toscana ein Theil eines starken italienischen Königreichs unter dem constitutionellen Szepter Victor Emanuels sein sollte, wurde einstimmig an die Abtheilungen verwiesen. Hier sprachen nur drei Abgeordnete für ein eigenes Königreich Mittelitalien unter dem Prinzen Napoleon, namentlich der radikale Partikularist Montanelli, welcher sich rühmte, das Geheimniß Napoleons zu besitzen, und sein Stiefsohn. Sie und ein Republikaner fehlten in der entscheidenden Sitzung des 20. August. So wurden der Antrag der Annexion und die Legitimirung des bestehenden Ministeriums bis zum Vollzug des Beschlusses einstimmig angenommen. Da hiezu Zeit nöthig war, so wurde die Versammlung vertagt. Ihre öffentlichen Sitzungen haben einen dramatischen Verlauf gehabt. Niemand meldete sich zum Wort; keiner der zahlreichen erst zur Einheit Italiens Bekehrten war so eitel zu glauben, er müsse sich rechtfertigen. So sühnte man die Phrasenseligkeit von 1848 und 1849. Durch die Vertagung kam man den Symptomen von Meinungsverschiedenheiten zuvor. Besonders angenehm mochte es Ricasoli sein, die Abgeordneten nach solcher Leistung scheiden zu sehen. Durch langjährigen Landaufenthalt ist er der persönlichen Discussion entwöhnt und hält wenig auf die Leistung von Versammlungen, besonders in gesetzgeberischer Beziehung.

Ricasoli forderte die Bevölkerung auf, sich lärmender Freudenbezeugungen zu enthalten und verbot spöttische Gedichte und Bilder auf die gefallene Dynastie. Das Ausbleiben der erhofften Anarchie erbitterte die Reaktionspartei am meisten; sie suchte sich durch persönliche Angriffe auf die Minister zu rächen, welche unrechtmäßiger Weise sich die Regierung angemaßt und den Piemontesen die Schlüssel des Landes verrathen hätten. Der großherzogliche Gesandte in Rom, welcher sich in dem Gesandtschaftspalast behauptete, benützte die römische Presse, um Lügen über die Terrorisirung der Wahlen zu verbreiten. Es war freilich bedauerlich, daß die gewöhnlichen Handlanger der Reaktion angesichts der Einstimmigkeit der gebildeten Klassen sich resignirten, indem Mazzini auf einen Wink Ricasoli's sich nach kurzem Aufenthalt wieder entfernte. Es blieb nur noch ein Mittel, die Verläumdung der nationalen That als der Frucht einer ehnjährigen Verschwörung bei dem Auslande; und dieses Mittel wurde angestrengt.

Auch die Regierung wandte sich an die Großmächte, selbst an Spanien, und setzte ihnen in einem Memorandum ihre Motive auseinander. Die Abordnung, welche Viktor Emanuel den Beschluß der Vereinigung anzeigen sollte, reiste den 1. September ab. Matteucci hatte um Verzögerung gefleht, besonders bis der Vertraute Napoleons, Graf Arese, aus Paris zurück wäre. Allein Ridolfi beschied ihn mit Telegramm wie: Jede Unentschlossenheit wäre Unordnung. Capitela una volta! — Muth! vollendete Thatsachen, hernach schreie wer will! — Ridolfi wußte genau, daß man in Paris die Abordnung nach Turin bitter ungern sehen würde. (Poggi documenti Nr. 47, II.)   Da der König durch seine Unterschrift unter die Präliminarien von Villafranca die Rückkehr der Fürsten zugelassen hatte, wäre es seinen Ministern auch lieber gewesen, wenn der Kelch der Abordnung an ihnen vorübergegangen wäre. Von Genua bis Turin hielt die Deputation einen Triumphzug. Ihr Sprecher war Graf Ugolino Gherardesca, aus der Familie des im Hungerthurm gestorbenen Gisellinen. Der König nahm am 3. September den Ausdruck des Volkswillens entgegen, indem er erklärte, er werde kraft der ihm damit übertragenen Rechte die Sache Toscanas bei den Mächten, besonders bei dem Kaiser der Franzosen vertheidigen. Vor allem ermahnte er zur Ausdauer. Diese Antwort war zuvor von Cavour gebilligt. Abordnung und Volk nahmen diese Worte absichtlich als entschiedene Bejahung. Eine halbe Stunde hernach riefen die Kanonen die Florentiner zur Festfeier. Die auf dem Castellplatz versammelten Turinesen drückten ihre Bewunderung für die Florentiner aus, daß sie so großmüthig, aus Liebe zu Italien, auf die Hauptstadt verzichteten. Die Stimme des toscanischen Sprechers erstickte in Thränen; noch Jahr und Tag später traten trockenen Torinesen die Thränen in die Augen, wenn sie von diesem Tag erzählten. Lauterer Jubel empfing die Abordnung in Mailand, wo man die Toscaner als die Mittler mit den ernsten Piemontesen begrüßte. Man wollte sich nunmehr nur als gleichberechtigter Italiener fühlen. An den Hochruf auf Toscana schloß sich der auf die Union ganz Italiens, auf den König von Italien an. Karl Poerio sprach in Turin aus, das geknechtete Neapel müsse jetzt Hoffnung auf Befreiung fassen; dieselbe drückte auch eine Abordnung von Venetianern aus (Rubieri p. 245). In Paris aber herrschte auf diese Nachrichten nicht Freude. Rubieri sagt ganz richtig: „Die Romagna war eine bloße Gebietsvergrößerung für Piemont. Wenn aber das alte, festverwachsene Toscana überging, so fiel mit seiner Selbstständigkeit der Schutzwall des Kirchenstaats und Neapels, der Einheitsstaat war nur noch eine Frage der Zeit.“

· Walewski, dessen Gattin eine Toscanerin war, hatte dem jungen Großherzog um so mehr Hoffnung auf seine Rückkehr gemacht, da dieser nur Vertrauen auf französischen, keines auf östreichischen Schutz aussprach. Seine beste Bundesgenossin, die Anarchie, sagte der Minister, müsse bald ausbrechen. Als Peruzzi ihm am Tage der Audienz in Turin das Memorandum übergab, äußerte der Minister, Alles sei das Werk piemontesischer Zettelungen und Bestechungen, wie des schroffen Ricasoli, der Frankreich beleidige. Nur Frankreich und Oestreich würden in Zürich Frieden schließen; die Lombardei, durch Krieg errungen, könne durch Krieg wieder verloren gehen. Oestreich werde eher seine letzte Patrone abbrennen, ehe es die Ausschließung der ihm verwandten Fürsten geschehen ließe. Der Beschluß der toscanischen Abgeordneten bringe den König in die peinliche Lage, entweder seinen ganzen Einfluß in Italien oder die Lombardei zu verlieren; er hoffe, Viktor Emanuel werde ablehnen. Die Italiener ließen sich immer von ihrer Phantasie nach unmöglichen Zielen hinreißen. In jedem Fall sei eine allgemeine Volksabstimmung nöthig, Esterhazy verlange diese. Daß man damit nur die Anarchie hervorzurufen hoffe, verrieth Walewski durch das Wort, daß ihm die Mazzinisten lieber wären, als die Faktion, die sich Regierung nenne, denn man würde jene rasch niederwerfen. Peruzzi antwortete dem napoleonischen Polakken mit ruhiger Würde, wenn es sich wegen der andern Mächte als unmöglich ausweisen sollte, daß Toscana sich mit Piemont vereinige, so könnte man auch an ein Königreich Mittelitalien denken. Wenn man ihm aber die alte Dynastie aufnöthigen wolle, so gehe der Weg nur über Leichen; und die Toscaner würden bei erster Gelegenheit sich wieder als Italiener erheben. Nach dem soeben beendigten glorreichen Feldzug stehe es Frankreich übel, die Geschäfte Oestreichs und Mazzini's zu machen. (Poggi document. Nr. 46.) Der französische Gesandte La Ferrière hatte Florenz mit Hinterlassung seines Secretärs bereits verlassen. Aber ein Programm hatte man in Paris nicht. Auch in London nicht; Palmerston rieth nur „als Privatmann" dem König provisorische Annahme der Wahl, aber sein Gesandter entfernte sich für den Tag der Audienz der Abordnung von Turin. Und Palmerston sprach sich gegen Corsini am 5. sehr zufrieden darüber aus, daß der König nicht angenommen, sondern nur sein Protektorat versprochen habe. In ihrer Verlegenheit sprachen sie von einem Congreß. Frankreich und England betrachteten sich mit scharfer Eifersucht.

Ueber der offiziellen, ausgesprochenen Politik der französischen Minister und über vielen egoistischen Leidenschaften der polternden Eifersuchtspolitik der meisten Franzosen stand Kaiser Napoleon, wenn auch nicht in der Sonnenhöhe, in welche italienische Geschichtschreiber aus Klugheitsgründen ihn stellen. Schon den 23. August konnte Corsini aus London an Ridolfi berichten, was der französische Gesandte Persigny, welcher weit mehr in die Gedanken des Kaisers eingeweiht war, als der polternde Walewski dem d'Azeglio anvertraut hatte. Napoleon war zwischen das Nichtinterventionsprincip und Villafranca eingeklemmt gewesen. Die musterhaft

Haltung der mittelitalienischen Bevölkerung machte ihn frei von seiner
Zustimmung zu den Restaurationen, da er die gewaltsamen nie gebilligt
hatte. Deßhalb war er auch nicht entschieden gegen die toscanische Abordnung nach Turin. Dieß wußten aber außer den Genannten und dem
Könige nur sehr Wenige. Die Restauration der „Erzherzoge" nach dem
siegreichen Feldzug konnte auch Napoleon nicht wünschen. Je mehr Werth
Oestreich auf dieselbe legte, desto deutlicher war es, daß es seine alte Obermacht in Italien wieder herstellen wollte. Wenn Napoleon auch die Ueberwindung des Partikularismus durch den italienischen Nationalgeist mit
Recht etwas skeptisch und nicht für nachhaltig ansah, so fühlte er sich doch
in seinem Glauben an die Leichtigkeit der Restaurationen angenehm enttäuscht, wenn er sie auch immer noch für möglich hielt. In seiner Seele
waren Oscillationen, und er war für die verschiedenen Nachrichten offen,
sie machten Eindruck auf ihn. Nichts gewann ihn und die öffentliche
Meinung Europas so sehr, als das Ausbleiben der für unvermeidlich gehaltenen republikanischen Versuche. (Berichte Corsini's vom 23. August
und vom 12. September, Poggi documenti Nr. 48, II u. V.)

Aber die Candidatur des Prinzen Napoleon, war sie aufgegeben? —
Wir wissen nur, daß seine Pariser Parteigenossen über den Beschluß der
toscanischen Abgeordneten und über die Annahme des Protektorats durch
seinen Schwiegervater sehr ungnädig aufbrausten; daß in Mittelitalien
immer noch für ein besonderes Königreich agitirt wurde; wir wissen, daß
die öffentliche Meinung Frankreichs gegen den Prinzen sehr aufgeregt war,
weil er mit seinem Armeecorps bei Solferino gefehlt hatte. Konnte der
Kaiser angesichts dieser Stimmung hoffen, die auch in Frankreich herrschende
Unzufriedenheit über den Frieden, welcher nach solchen Siegen und Opfern
das Kriegsprogramm nur halb erfüllte, und den Geschäftsmännern keinen
Glauben auf Dauer einflößte, zu versöhnen, wenn er durch den beinahe
aussichtslosen Versuch, dem Vetter die Krone Mittelitaliens zu erwerben,
die Eifersucht aller Mächte entzündete? Die öffentliche Meinung Frankreichs war durch die Hoffnung auf den Erwerb Savoyens und Nizzas
für den Krieg gewonnen worden. Gab es kein Mittel, diese ohne neuen
Krieg doch noch zu gewinnen? — Die Italiener forderten statt Venetiens
Mittelitalien für Piemont. Konnte Frankreich, wenn es dazu half, nicht
den für Lombardo-Venetien versprochenen Lohn beanspruchen? Aber aus
Rücksicht auf Oestreich und auf die andern Mächte, und um sich jenen
Lohn von den schlauen Italienern nicht unterschlagen zu lassen, vielmehr
ihnen denselben abzupressen, mußte sich Frankreich bis nach dem Züricher
Frieden sehr uneigennützig und als Freund Oestreichs stellen. Dazu mochte
noch die Rücksicht auf den Pabst kommen; das Königreich Mittelitalien
empfahl sich dem Kaiser als Schutz gegen die Einheitsidee, welche das
weltliche Gebiet des Pabstes bedrohte. Aber hätte dieses Königreich auch
unter dem Prinzen Napoleon, der mit Hilfe von Ultraradikalen für sich

agitirte, welche durch die Mäßigung der nationalen Bewegung niedergehalten waren, zur Schutzmauer des Pabstes gedient? Die kaiserliche
Politik verhüllte ihre Absichten in jenem durch Beschwerden Oestreichs veranlaßten Moniteurartikel vom 9. September.

Die Hauptsache war, daß Toscana und seine verbündeten Staaten
in dem bevorstehenden langen provisorischen Zustand, in diesem Fegefeuer
der Prüfung die Ordnung gegen die Ungeduldigen und gegen die Restaurationspartei aufrecht erhielten. Das toscanische Ministerium erbat in
dieser Absicht vom Könige die Bestätigung seiner Vollmachten; er weigerte
sich dessen, um sich nicht zu weit einzulassen, damit er nicht als Brecher
der Friedenspräliminarien erscheine. Nur zur Anbahnung eines Zollvereins zeigte er sich geneigt. So übernahm denn das Ministerium die Aufgabe auf Grund der ihnen von den Abgeordneten ertheilten Vollmachten.
Es war ein Uebelstand, daß im Jahre 1859 die Stimmung der National-
liberalen und des Klerus gegen einander eine entschieden unfreundlichere
war als im Anfang der Bewegung von 1847. Treffliche Männer, wie
der lang erprobte Beförderer der Nationalität und realer Bildung Abbate
Lambruschini, wurden dadurch zurückgesetzt. Seit der Entthronung der
Dynastie wußte die Reaktionspartei besonders wegen Bedrohung des
Kirchenstaats den höheren Klerus für sich zu gewinnen. Poggi wurde
nicht müde, das Wort Gianni's an Peter Leopold einzuschärfen, wenn
man Unruhen vermeiden wolle, so dürfe man weder die Geldbeutel, noch
die donne, noch die madonne berühren. Aber der Kultusminister Salvagnoli war in Folge eines Nervenleidens sehr ungleich in seiner Haltung
gegen den Klerus; er hielt sich nicht an die goldene Regel, den Klerus
um nichts zu ersuchen, was man ihm nicht befehlen konnte, aber Gesetzes-
überschreitungen desselben streng in die Schranken zu weisen. Der Kultusminister wollte, ganz gegen Cavours Grundsätze, das auf Lehens- und
Pachtherkommen beruhende Einkommen der Geistlichkeit, geistlicher und
wohlthätiger Körperschaften in der Art ablösen, daß diesen statt des Grund-
eigenthums Staatsschuldscheine gegeben würden. Da der Justizminister
eine solche tiefgreifende Veränderung für in bewegten Zeiten unbillig und
gefährlich hielt, so entflossen aus dieser Frage lange Streitigkeiten innerhalb und außerhalb des Ministeriums. — Viel Aufsehen im Lande und
außerhalb machten räuberische Plünderungen von Postwägen. Da sie
großentheils von entlassenen Freischärlern verübt wurden, verminderten sie
sich in Folge von Anwerbung von Freiwilligen. Im Justizministerium
wurden viele Gesetze reformirt, um sie denen Oberitaliens anzunähern,
die Urkunden der oberitalienischen Behörden sollten dieselbe Geltung haben,
wie die der toscanischen; durch diese Mittel suchte man auch den erschütterten Bodenkredit zu heben. Um die brodlos gewordenen Künstler zu
beschäftigen, wurden Statuen berühmter Männer auf öffentliche Plätze ihrer
Geburtsstädte bestellt. Ricasoli hatte namentlich auch den Eindruck auf

das Ausland im Auge, indem er, ohne als Minister des Innern die Gesetze wesentlich zu ändern, Friedenswerke betrieb. Er sagte uns eines Tages in seinen engen Räumen des dunkeln Hintergebäudes des Palazzo vecchio: „wir machen eine Revolution, indem wir in die Kirche und ins Theater gehen, indem wir eine Eisenbahn eröffnen; und, auf seine Bewaffnung als Nationalgardist weisend, fügte er bei, sollte eine Störung der Ordnung drohen, so sind wir auf dem Platze." Durch und durch Toscaner, war er, schon durch seine hohe Gestalt und kraft seines Selbstbewußtseins, „der Mastbaum" des nach dem Hafen der Nationaleinheit steuernden Schiffs. Der Mastbaum schwankt wohl beim Wechsel der Luftströmungen, aber er steht fest.

An die toscanischen Minister machten sich nunmehr wieder verschiedene Rathgeber, deren Theorie uns an gewisse Bedingungen des Prager Friedens von 1866 und an ihre Ausnützung durch Feinde der deutschen Einheit erinnert. Sie riethen, Toscana, die Romagna und Modena zu einem Staate zu vereinigen; dieses wäre das beste Mittel, die sonst unvermeidliche Restauration der früheren Fürsten abzuwenden und diese Länder auf dem Weg ihrer Vereinigung mit Piemont zu fördern. Die Minister, vom Gegentheil überzeugt, beriefen sich auf ihre von der Abgeordnetenversammlung erhaltenen Instruktionen. Nun rückten die Rathgeber mit ihrer eigentlichen Ansicht heraus, ein centralitalienisches Königreich zu gründen, als dessen König sie den Prinzen von Carignan, Viele aber den Prinzen Napoleon in Aussicht nahmen. Diese Herren waren theils Romagnolen, welche in der Angst vor der Restauration der päbstlichen Herrschaft jene Auskunft als das geringere Uebel wünschten, theils waren es Engländer, wie Layard, welche sich eine politische Mission aus wohlwollender Wohlweisheit und Eitelkeit anmaßten, während Palmerston nichts weniger wünschte, als ein halbfranzösisches Königreich. Die toscanischen Minister wurden seitdem vorsichtiger in Schritten, welche Toscana mit jenen beiden herrenlosen Staaten fusionirt hätten, indem sie sich selbstbewußt an der bereits hervortretenden Methode Rattazzi's, der Lombardei die zum Theil sehr unvollkommenen piemontesischen Gesetze ohne weiteres aufzulegen, stießen. Man wollte in Toscana Einheit in den nöthigen Hauptsachen, hoffte aber später eine mit gemeinsamen Kräften zu erzielende Reform der Gesetzgebung, während die geängsteten Nordapenniner geneigt waren, auch die piemontesische Gesetzgebung mit in den Kauf zu nehmen. Doch vereinigte Toscana sich mit ihnen dahin, die Truppen Treue gegen Viktor Emanuel, „erwählten König", schwören zu lassen. Der Eid auf die Verfassung und auf die Gesetze, ohne zu sagen, auf welche, in Toscana war zwar etwas jesuitisch, während man in den Nordapenninstäätchen die piemontesischen nannte. Den 29. September erklärte die Regierung in einer Proklamation, daß sie im Namen des Königs ihre Gewalt führe. Seine Wappen wurden an die öffentlichen Gebäude befestigt, es wurde mit seinem Bilde gemünzt. Am folgenden Tag wurde um Mittag unter dem Donner eines Gewitters und dem der Kanonen die dreifarbige Fahne mit dem Kreuz von Savoyen auf dem lecken Thurm des Palazzo vecchio im Sturm entfaltet. Die Lenksamkeit des Volks erlaubte den entschlossenen nationalen Führern, den Großmächten solche vollendete Thatsachen vor die Augen zu stellen.

Kaiser Napoleon kehrte gegen Ende der Züricher Friedensunterhandlungen nach Paris zurück. Er lehnte eine Abordnung der Romagna versorglich ab. Am 16. Oktober gab er einer Abordnung von Parma Audienz, welche er mit bester Hoffnung auf Anschluß an Piemont entließ. Corsini war der Sprecher der sofort eintretenden toscanischen Abordnung: er sprach den Entschluß Toscanas aus, bei dem Beschluß der Abgeordneten zu beharren und bat den Kaiser hiezu um seinen Schutz. Mit dem Wohlwollen, welches dieser seit Jahren für Italien hegte, sprach er sein Bedauern aus, durch die Friedensbedingungen und durch die Verhältnisse gebunden zu sein, „Modena wird auf den Wunsch des Kaisers von Rußland, welcher die Legitimität aufrecht erhält, was sich leicht begreift, weil es sonst eines Tages ihn angehen könnte, an den Herzog von Parma gegeben werden, welcher eine, ich weiß nicht mehr welche, deutsche Prinzessin heirathen wird. Der junge Großherzog wird nach Toscana zurückkehren, wo er unter dem Landvolk viel Anhang haben soll. Er ist nicht bösartig. Als er mich besuchte, umfaßte er meine Knice und versprach alles zu sein, was ich verlangte. Ich kenne Italien und kann nicht begreifen, daß Florenz eine piemontesische Provinzstadt werden möchte. Ich hätte gerne die Romagna an Toscana gegeben; allein es ist schwer, von Rom etwas zu erreichen." Corsini antwortete: „Wir haben in Umbrien und in den Marken eine Pulvermine, nur mit Mühe verhindern wir das Anlegen der brennenden Lunte; aber wir können dazu genöthigt werden und die Folgen wären unberechenbar." Dieß schien auf den Kaiser Eindruck zu machen. Dieses Land ist die Heimath Orsini's.

Der Kaiser hob hervor, wie groß die Vortheile der italienischen Conföderation seien, gegen welche allerdings Piemont anfangs Einwendungen gemacht habe. Der Ehrenvorsitz des Pabstes sei nothwendig. Es sei doch viel, daß Oestreich sich zu einer ganz italienischen Armee und Verwaltung in Venetien herbeilasse, daß die starken Festungen italienische Bundesfestungen würden. Aber Gewalt werde zur Restauration nicht angewendet werden; auch Neapel werde nicht interveniren. Wie zufällig berührte der Kaiser die Agitation Montanelli's für den Prinzen Napoleon: „Montanelli ist sehr vereinzelt", fielen einige Abgeordnete ein. Ihre Erklärung, daß die Restauration moralisch unmöglich sei, hatte Eindruck gemacht. Da der Kaiser den Prätendenten nicht besonders rühmlich hingestellt hatte, befestigten sich die Abgeordneten in der Ueberzeugung, daß Ausdauer durchaus nicht aussichtslos sei. Napoleon hatte erklärt, seine

Politik sei die der Möglichkeiten; wenn nun Toscana dabei beharrte, daß die Rückkehr der Lothringer unmöglich sei? Das vom Kaiser ausgesprochene Nichtinterventionsrecht deckte sie gegen Vergewaltigung. Die Regierung verkündigte in Toscana den Bericht der Abordnung wieder mit etwas zu günstiger Färbung. Als sie dasselbe in Betreff der günstigen Aeußerung der preußischen Regierung versuchte, wurde sie durch den preußischen Staatsanzeiger in die Schranken gewiesen. Es war schon genug, daß Schleinitz sagte, Preußen erkenne das Princip der Nationalität an, es würde ein starkes, unabhängiges Italien gerne sehen und auf dem Congreß sich ihm gewiß nicht ungünstig bezeigen. Auch Napoleon stellte seine Ansichten in einem Briefe an den Pabst und in einem an Viktor Emanuel fest. Darin wurde der Nichtinterventionsgrundsatz erklärt und der Vorschlag gemacht, Toscana unter Großherzog Ferdinand sollte durch die Romagna vergrößert an den Pabst Tribut bezahlen. Auf die sich widersprechenden und schwankenden Worte der englischen Minister legten die italienischen Politiker wenig Werth mehr. Fürst Gortschakoff sagte in Warschau dem toscanischen Agenten: Ich wäre unehrlich, wenn ich Ihnen Versprechungen machen würde. Wenn ich Ihnen sage, daß Rußland weder für, noch wider ist, so glaube ich, kann es Ihnen genügen. Der zur Begrüßung des Kaisers Alexander nach Warschau geschickte Erzherzog Albrecht konnte von ihm kein Versprechen der Unterstützung Oestreichs erlangen.

Dieses Bitten bei allen Mächten herum hat für den Nordländer, welcher sich am liebsten auf die eigene Kraft stützt, etwas Widerliches. Allein die Regierungen thaten zugleich für Selbsthilfe ihr Mögliches. Toscana hatte seit den Zeiten der Medicäer und des vielgerühmten Peter Leopold (1765 bis 1790) und seiner Neutralitätspolitik beinahe keine militärischen Ueberlieferungen; die von den Oestreichern seit 1849 eingebläute Disciplin war widervolksthümlich. Piemontesische Offiziere, namentlich Cadorna, thaten das Mögliche. An ein Massenaufgebot dachte man nicht, da dieses nur den Extremen zu Ruhestörungen gedient hätte. Die Spielerei der Nationalgarden hatte man 1848 satt bekommen; man bildete sie nur in größeren Gemeinden zum Sicherheitsdienst. Wohl hatte Fanti, der treffliche Organisator, das Kriegsministerium der drei verbündeten Staaten übernommen. Aber er war noch nicht recht im Sattel und die Erscheinung Bixio's, Garibaldi's Waffengenossen, steigerte selbst bei ihm die Invasionslust gegen den Kirchenstaat. Cipriani schrieb sehr besorgt nach Florenz. Das toscanische Ministerium befahl Garibaldi von seinen Invasionsplanen abzustehen. Garibaldi erwiderte, er gehorche nicht den Befehlen einer, sondern nur den Befehlen der drei Regierungen. Dieß veranlaßte, daß Ricasoli, Farini für Modena-Parma und Cipriani für die Romagna den 29. Oktober unweit Florenz zusammenkamen. Um eine einheitliche Autorität zu schaffen, besprachen sie sich über den Plan, eine gemeinsame Regentschaft aufzustellen. Früher hatte man diese, so sehr sie von Paris aus empfohlen wurde, als wider den Anschluß an Piemont zielend, abgelehnt; jetzt sollte sie eine die radikalen Elemente niederhaltende Diktatur sein. Dieser Titel wurde vermieden, da sie den Vorwurf der Restaurationssüchtigen, die ihnen günstige Stimmung der Mehrzahl werde durch Gewalt niedergehalten, zu bestätigen schien. Peruzzi rieth von Paris aus, wo möglich den Prinzen Carignan oder Cavour, wenn auch nur mit Zulassung des Königs, zum Regenten zu ernennen. (Poggi documenti Nr. 65.) Aber Europa wäre besonders durch Cavours Regentschaft in Aufregung gerathen und Piemont wollte bis zum Abschluß seines Friedens mit Oestreich alle Betheiligung vermeiden. Geheimnißvolle Briefe führten zur falschen Ansicht, Napoleon sei insgeheim für die Regentschaft; aber in welcher Absicht? Auch Prinz Napoleon rieth dazu. Man sagte, auch der Chefredakteur des Fischietto sei als Regent in Vorschlag gekommen. Da Viktor Emanuel sich jeder Einmischung enthalten wollte, so kam man endlich in Florenz überein, die Abgeordnetenversammlung sollte den Prinzen Carignan zum Regenten ernennen, damit er „im Namen des erwählten Königs" regiere. Farini und Cipriani waren in ihrer Noth damit ganz einverstanden. Nachdem die Abgeordnetenversammlung von Modena und die der Romagna den Prinzen Carignan kraft ihres Volksrechts zum Regenten mit voller Gewalt ernannt hatten, that es auch die von Toscana, welche hiezu den siebenten November sich versammelte. Nur Montanelli und zwei andere Abgeordnete wollten mit dieser Wahl ein Königreich Mittelitalien fördern, da Italien zur Einheit nicht reif sei. Rubieri trat ihnen im Namen der jungen Demokratie entschieden entgegen. Toscana wahrte angesichts des erwarteten Congresses das monarchische Princip strenger. Parma folgte den dreien. Der kluge Cipriani, als Werkzeug Napoleons verdächtigt, legte sofort nach Erreichung dieses seines Planes seine Gewalt über die Romagna nieder. Farini übernahm nun provisorisch die Regierung derselben neben der von Modena und Parma. Wir haben oben gesehen, wie er Garibaldi's Invasionspläne zügelte.

Oestreich, welches in der Regentschaft mit Recht ein Präjudiz gegen die Restauration in Toscana und in Modena erkannte, hemmte sofort die Friedensunterhandlungen in Zürich mit Piemont unter dem Vorwand einer Differenz über den anzuwendenden Geldcurs. Piemont erholte sich bei Napoleon Raths über die Regentschaft. Der Kaiser erklärte, die Annahme derselben von Seiten eines Prinzen von Savoyen würde den in Aussicht genommenen Congreß unmöglich machen und so der Ruin Piemonts und Italiens sein. Der König that dieß durch zwei Abgesandte dem Ministerium in Florenz zu wissen. Aber Ricasoli antwortete, der König solle die Volkssouveränität anerkennen und sich im Congreß auf diese Basis stellen. So wenig Preußen und Rußland dafür waren, so wohl wollten sie wie England die Person des Prinzen Carignan, welche dagegen in Frankreich Anstoß fand. Jene Mächte wollten lieber, daß diese Regentschaft zu einem Königreich Mittelitalien unter Carignan oder zu einem einigen Italien führe, als einen weiteren gekrönten Napoleon sehen. So fest sich die toscanische Regierung fühlte, so sehr befürchteten die gebildeten Klassen in Bologna einen Ausbruch der Volksleidenschaft. Als ihr Sprecher ging Minghetti nach Turin, um irgend eine piemontesische Autorität mit nach Hause zu bringen. Er wurde in einen Ministerrath geführt, welchem auch Cavour, d'Azeglio und Boncompagni beiwohnten. Cavour äußerte, nachdem man den Fehler begangen, in Paris anzufragen, müßte man sich der kaiserlichen Entscheidung fügen. Carignan sollte Boncompagni zum Regenten designiren. So geschah es. Da durch ihn die toscanische Regierung eher geschwächt zu werden befürchtete und durch diese Auskunft die Vereinigung mit Piemont nicht gefördert wurde, antwortete Ricasoli auf seine Verantwortung diktatorisch: „Ich nehme den Vorschlag nicht an, entweder den Prinzen oder nichts. Nur so können der König und Italien gerettet werden." Allein die Emilianer hatten Boncompagni indeß schon angenommen. Farini drang in die Toscaner dasselbe zu thun. Diese beharrten aber auf ihrem Rechtsstandpunkt, daß sie von der Abgeordnetenversammlung keine Vollmacht für Boncompagni erhalten hätten. Auch zeigte am 20. November bei der Einweihung der Nationalfahnen in den Lascinen von Florenz und bei dem Nachtfest auf der herrlichen Villa Poggio imperiale das Volk sich in heiterster Ruhe. Das waren die Waffen Toscanas gegen das drohende Europa. In diesen Tagen erließ die Regierung ein Memorandum an die Mächte, worin sie erklärte, die gesetzlich ausgesprochene Willensmeinung des toscanischen Volks sei die Union Toscanas mit Piemont; nur durch Blutvergießen könne dieselbe für einige Zeit niedergedrückt werden. „Verwirft Europa unsere Wünsche, so würden wir uns in der schmerzlichen Nothwendigkeit befinden, gegen seinen Ausspruch und Angriff Widerstand zu versuchen, obgleich wir die Gewißheit des Unterliegens hätten." Unter der weichen toscanischen Form barg sich die Unbeugsamkeit Ricasoli's und seiner Freunde rechts und links; sie hielten das Ziel der Nationaleinheit fest im Auge, indem sie aus ihrem Partikularismus einen Schild derselben machten. Diese Methode kann sich auch in Betreff der Erfolge neben die Cavoursche stellen; der französische Gesandte in Turin, Latour d'Auvergne, hatte nur halb recht, als er sagte: la conduite de la Toscane n'est pas adroite, mais elle est droite.

Die Haltung Toscanas fand ihre Rechtfertigung durch das Poltern Walewski's und durch die bitteren Angriffe der demokratisch napoleonischen Presse in Paris. Ein bloßer Privatmann als Regent erschien ihren Zwecken dienlich, da er nicht die gehörige Autorität gehabt hätte, um Unordnungen zuvorzukommen. Dann konnte der Prinz Napoleon als

Friedensfürst, als Retter der Gesellschaft und der Kirche erscheinen. Toscana, rief man, zerreiße die Einheit durch Ablehnung Boncompagni's als gemeinsamen Regenten. Farini dagegen nahm Boncompagni als „Symbol der piemontesischen Autorität" an, verkündete der dreitheiligen Emilia, daß er die politische und militärische Oberleitung übernehme und drang in die Toscaner dasselbe zuzulassen, damit Mittelitalien vor dem Congreß als einiges die Restauration des dadurch zerstörten Alten ausschlösse; entweder erreiche man dadurch den Anschluß ganz Mittelitaliens an Piemont oder bestehe man einige Zeit als nationalisirter mittelitalienischer Staat. Ein langes Bestehen habe ein solcher nicht in Aussicht; er sei nur ein Uebergangsstadium. — Aber zu was? fragte Ricasoli. — Wir haben in jenen Zeiten verschiedene Gelegenheiten gehabt, die tiefe, alte Abneigung der überfeinerten Toscanesen und der derben Romagnolen zu beobachten. Diese Abneigung und Ricasoli's Eigensinn bestärkten Toscana in seiner Erklärung, zumal Toscana von Oestreich vermöge seiner geographischen Lage nicht so unmittelbar bedroht war. Sein Alpdrücken war der rothe Prinz als König von Centralitalien. Deßhalb wollte Toscana dieses Königreich nicht gründen helfen. Man hatte auf beiden Seiten des Apennin dasselbe Ziel im Auge; der Streit um die Mittel und Wege war eine Mischung von lokal motivirten Gründen, von Rechthaberei und von Finessen, welchen wir nicht nachzugehen brauchen. Das Annexionsverlangen war überreif geworden. Die politische Scholastik war so spitz, daß selbst Cavour Zeit brauchte, um ihren Sinn zu verstehen. Man stritt so lange, bis die Meisten nicht mehr wußten, um was man stritt. Ricasoli personificirte zweitens das Gefühl der Toscaner, daß sie viel zu verlieren hätten, was bei den Zwerg- und Priesterstäätchen der Nordapenniner nicht der Fall war. Die Toscaner wollten ihre Autonomie nicht aufgeben, ohne zu wissen, für was sie Opfer bringen sollten, ob ihnen die nationale Einheit dafür würde. Die Nordapenniner waren bereit, um nur nicht in die alte Misère zurückzufallen, sich auch mit einer Abschlagszahlung zu begnügen. Die Toscaner waren überzeugt, daß, wenn sie mit dieser ihrer Opferbereitschaft vor den Congreß träten, ohne daß der Verdacht piemontesischer Unterdrückung der Volksstimme auf ihnen ruhte, dieß die Verleumdungen gegen die toscanische Nationalbewegung niederschlagen müßte. Der einstimmige Ministerbeschluß wurde im Monitore toscano am 28. November ausgesprochen: „Toscana will keine Partialunionen, welche Europa den Vorwand geben könnten, unvorsichtig eingeleitete Trennungen zu sanktioniren. Getreu der Nation und dem König, muß es sich weigern Sitze für Prätendenten aufzustellen, welchen Namen diese auch haben, welches Protektorats sie sich auch rühmen möchten." Dieß machte zu beiden Seiten des Apennin Eindruck. Prägnant war der Scherz, man sehe, die Regierung von Toscana sei entschlossen Piemont zu bekriegen, um mit ihm vereinigt zu werden. Indeß stellte

Toscana den Nordapenninern seine Streitkräfte behufs der Erhaltung der Ordnung zur Verfügung.

Das beste Mittel zur Klärung war, daß Ricasoli am 30. November nach Turin reiste. Der Beweis, den Toscana gab, daß man nicht sogleich auf einen Wink von Turin tanze, war auch hier erwünscht. Carignan hielt es für eine Ehrensache, daß man seinen Delegirten Boncompagni, wenn auch nur zum Schein, annehme. Man kam überein: „Die bisherigen Regierungen zu beiden Seiten des Appennin behalten alle ihnen von den Abgeordneten übertragenen Vollmachten; Boncompagni nimmt den Titel eines Generalgouverneurs des schon im August geschlossenen Bundes der mittelitalienischen Provinzen an, um die guten Beziehungen unter ihnen und mit dem König zu erhalten; er wird dem Generalkommandanten der Bundestruppen die Befehle in Betreff aller Militärangelegenheiten übermachen; er hat die Leitung der gemeinsamen diplomatischen Schritte, so oft die Einzelregierungen es einstimmig wollten; diese behalten aber auch ferner ihre Beziehungen mit den fremden Regierungen vermittelst ihrer eigenen Agenten, zum Zweck der Union mit dem constitutionellen Königreich Viktor Emanuels.“ Das war die Stellung eines Ehrenvertrauensmanns, kein Regent. Boncompagni, dessen Person der Widerstand durchaus nicht gegolten hatte, wurde vom Ministerium am 21. Dezember in Florenz feierlichst begrüßt.

Die unmittelbare Folge dieses Abkommens war, daß Oestreich, welches den Sinn desselben nicht sogleich begriff, die Friedensunterhandlungen mit Piemont wieder aufnahm, wodurch auch der Congreß ermöglicht wurde. Walewski aber rächte sich für diese Ablehnung des Königreichs Mittelitalien dadurch, daß er die Restauration als eine der Grundbedingungen des Congresses hinstellte. Die Karikatur tröstete die vier nach Papa Gianduja weinenden Töchter, Walewski thue guten Kindern nichts. Sie suchen den schlafenden Kaiser zu wecken, damit er ihnen helfe. Die Dinge waren zum Congreß noch unreif; jede Großmacht sah, daß die Erreichung ihrer Zwecke auf dem Congreß unsicher war. Oestreich mißtraute England, Preußen und Rußland, ja Frankreich; dieses wußte, daß alle Mächte gegen die Throncandidatur des Prinzen Napoleon waren. Es wurde auch discutirt, ob neben den Vertretern der vertriebenen Fürsten auch die ihrer Länder Zutritt in den Congreß haben sollten. Der von Toscana dazu vorgesehene Corsini starb plötzlich in London an den Blattern, im festen Glauben an die Einheit Italiens, ob er gleich die großen Schwierigkeiten derselben kannte. Der Bestimmung des Anfangs des Congresses mußte die Entscheidung darüber vorangehen, ob seine Entscheidung mit Waffengewalt durchgesetzt werden sollte, und zwar durch die Waffen welcher Macht? Im Falle dieses nicht feststünde, hätte der Congreß Zeit und Papier verloren und blieb besser uneröffnet. Namentlich hatte die neueste Haltung Toscanas den Kreis für die Aussprüche des Congresses enge gezogen.

Der Streit über die Regentschaft spann sich in Toscana noch fort, zumal der Zweck der Haltung der toscanischen Regierung Vielen dadurch unklar geblieben war, daß sie Carignan, nicht dem König selbst die Regentschaft angeboten hatte. Das Königreich Mittelitalien hatte auch unter den Abgeordneten einige Anhänger. Montanelli, diesen seinen Zweck verbergend, hetzte ungeduldige Demokraten gegen die Regierung. Jene stachelte der Gedanke, durch Vereinigung der Abgeordnetenversammlungen von beiden Seiten des Apennin in Florenz eine Art von Constituirenten zu bilden. Wir bedauern, daß auch Alberi, der gründliche Kenner der klassischen italienischen Diplomatie und der Werke Galilei's, sich bemühte der Regierung eine Lektion über die Absichten Napoleons zu geben. Sie kannte diese recht wohl, sie stellte sich nur an, als kennte sie sie nicht. Der Kaiser sagte später, Toscana habe die den Interessen Frankreichs und seinem Willen zuwider laufende Union mit Piemont dadurch erreicht, daß es in der Ueberzeugung verging, Napoleon werde, nachdem er so viel französisches Blut für Italien vergossen habe, keine Kanone gegen dasselbe abfeuern. Das Ministerium übertrug nicht dem etwas weichen Minister des Aeußeren Ridolfi, sondern dem Ministerpräsidenten Ricasoli die Oberleitung der Congreßangelegenheiten. Er, der eiserne Baron, war unerschütterlich entschlossen die Annexion durchzuführen. Der Congreß schien gewiß, seine Eröffnung nahe bevorstehend. Zu den ihm vorzuschlagenden Candidaten für die Krone Mittelitaliens scheint Northemb auch einen belgischen Prinzen in Petto getragen zu haben. (Poggi II. p. 20 Anmerkung.) Rußland wollte auch darüber nichts vorausbestimmen lassen; Leuchtenberg war sein Kandidat. Aber plötzlich wurde zu Ende Dezembers 1859 die mittelitalienische Frage durch die Brochüre le pape et le congrès in den Hintergrund gedrängt. Wenn d'Azeglio einmal „wie ein frisch herausgeflicktes (calfaté) Schiff" aus dem Hafen seiner Muße, seines otium cum dignitate, aussegelte, so war er zum Optimismus geneigt. Als Italiener, als einer der Gründer des „lebenden Italiens" sprach er mit freudigem Selbstbewußtsein besonders Franzosen gegenüber, so sehr er Napoleons Verdienst um Italien anerkannte. So schreibt er den 18. September nach Paris: „Offenbar ist für Italien der große, entscheidende Augenblick angebrochen. Hätte man mir alles was jetzt vorgeht, noch vor zwei Monaten gesagt, ich hätte dem Propheten ins Gesicht gelacht. Wer hatte es für möglich gehalten, die Romagnolen sanft und besonnen, die Toscaner energisch zu sehen. Die Venetianer sind die ersten, welche den seltsamen Handel, welchen Oestreich ihnen vorschlägt, mit der Erklärung zurückweisen: wir wollen für das gemeinsame Wohl dulden; unsere Reihe wird schon kommen! Und die Römer verpflichten sich, was auch kommen möge, nichts gegen ihre Regierung zu unternehmen, um den Feinden Italiens keinen Vorwand zu bieten." In seiner neuen Muße schrieb d'Azeglio ein Schriftchen: la politique et le droit chretién; er hat

Renbü, da seine Finanzen auf dem Fuß der östreichischen stehen, ihm einen Verleger zu suchen, welcher unschuldig genug sei, es auf eigene Kosten zu drucken. Es erschien bei Dentü in Paris, 15,000 Exemplare wurden in acht Tagen abgesetzt und so wirkte es sehr auf die Auffassung der Franzosen über die italienische Frage. Er sagt darin, die Thatsache, daß die tief erregten Bevölkerungen sich gegen ihre provisorischen Regierungen so lenksam bezeigen, daß Millionen „Revolutionäre" einen König ver-langen, müsse freilich den beiden Extremen und den schlauen Politikern ein Skandal sein. — Allein gerade diese Lenksamkeit der Bevölkerung durch meist social hochgestellte und zum Theil durch ihr Martyrthum für die nationale Sache berühmte Männer, welche die Annexionen in der oberen Hälfte Italiens so sehr erleichterte, hatte auch ihre Schattenseite. Eines Tags saß ich an der Tafel eines berühmten Märtyrers mit einigen seiner Freunde, welche Aehnliches erduldet hatten. Sie freuten sich über das rasche Wachsthum des Wunderbaums der italienischen Einheit, mit einigen Seitenblicken auf das deutsche Phlegma. Ich sagte, der Einheitsstaat könnte Deutschland nur in Folge einer großen Noth und des Verraths von Seiten der Mittelstaaten an das Ausland als nothwendig erscheinen. Diese Staaten seien durchaus nicht so verkommen, wie die italienischen es 1859 waren, bei uns könne es, abgesehen von dem Einfluß der Ultramontanen und des dem italienischen größerntheils so unähnlichen Adels, schon selbst mit der Union, mit dem Bundesstaat darum nicht so rasch gehen, weil es, zumal in den altlandständischen Ländern, in jedem Dorfe Männer gebe, welche die politischen Fragen selbst durchzudenken suchen und sich zum Theil das Brod am Munde absparen, um eine Zeitung zu lesen. Die Herrn sahen sich schweigend an und unser Gastwirth sprach dann: da muß wohl Ihre Eiche langsam wachsen, aber sie wird tiefere Wurzeln und zäheres Holz haben.

Siebenunddreißigster Abschnitt.

Scharfe politische Krise, welche im Januar 1860 zur Bildung des letzten Cavourschen Ministeriums führt.

Daß Piemont der italienischen Conföderation nicht beitreten würde, hatte, wie wir eben sahen, Dabormida in dem Rundschreiben vom 23. Juli erklärt. Die von ihm abgeschlossenen Züricher Traktate hatten dieser Erklärung nichts vergeben, nur Oestreich und Frankreich hatten versprochen die Conföderation zu fördern. Das piemontesische Ministerium durfte aber eben darum die Annexionen nicht offen befördern. Das besorgten der König, Farini, Ricasoli, Minghetti und durch Castelli und Lafarina der scheintodte Cavour.

Das Ministerium Lamarmora-Rattazzi-Dabormida hatte die Wünsche Mittelitaliens vor und nach dem Züricher Frieden eher abgekühlt, weil die öffentliche Meinung Frankreichs und die europäische Diplomatie über die „Gelüstigkeit Piemonts" mißtrauisch wachten. Anfangs mahnte ja eben sowohl der toscanische Bevollmächtigte Peruzzi, als der französische Gesandte von der Annahme jener Länder ab. Ratazzi hoffte, die Bescheidenheit Piemonts könnte auf dem Congreß etwa mit Parma belohnt werden. Sie war es auch, welche die nationalen Kraftworte des Königs an die Mittelitaliener deckte. Es war schon etwas, daß das Ministerium das Ansinnen Frankreichs an Piemont, für die Restauration in den Herzogthümern zu wirken, mit Würde ablehnte. (Poggi documenti Nr. 13, II.) Die Assimilation der Lombardei hatte sich trotz der Verlegung des Kassationsgerichtshofs von Turin nach Mailand viel schwieriger erwiesen, als man allgemein geglaubt hatte. Die entfernteren Bevölkerungen drohten mit noch größeren Schwierigkeiten. Was in der Lombardei die öffentliche Meinung gegen Rattazzi aufbrachte, war nicht blos die Härte und Sprödigkeit der zurückgebliebenen Straf- und Verwaltungsgesetzbücher Piemonts, welche durch den Ton der piemontesischen Beamten durchaus nicht gemildert wurden. In Mailand und in der übrigen Lombardei war in allen Lebensgebieten eine unverwüstliche Unabhängigkeit der Geister,

eine vielseitige Bildung und Produktivität, welche uns besonders in d'Azeglio's ricordi und in der Biographie Valentino Pasini's von Bonghi so
lebhaft entgegentritt.   Die idealisirten Erinnerungen an das Städtebünd-
niß der lombardischen Republiken, welches Barbarossa's imperatorischen
Ideen siegreich widerstanden hatte, waren durch den Druck der tyrannischen Herzoge nur noch gesteigert worden.   Leo in seiner berühmten Geschichte Italiens beweist, daß die Concentration der Gewalten im Herrscher,
wie sie sonst nur von den Sultanen geübt wurde, in den Sforza sich
vollendete.   In großen, in herrlichen, in nützlichen Bauwerken hat sie
Denkmale ihrer Größe hinterlassen.   Die Spanier maßten sich dieselbe
unumschränkte Gewalt an, aber sie machten sie durch hochmüthigen, rohen
Eigennutz verächtlich.   Der Geist der Lombarden konnte dadurch nur erbittert, nicht innerlich geknechtet werden.   Unter Maria Theresia's Scepter
brach er wie ein verspäteter Frühling wieder hervor.   Die leichten Sitten
der zweiten Hälfte des vorigen Jahrhunderts lähmten seine Kraft mehr
als die Polizeiwillkür Kaiser Josefs II.   Trotz der schweren Luft des gegen
die Nord- und die Seelüfte abgesperrten Binnenlandes war der Geist der
Lombarden ein praktisch mathematischer.   Aber das Mißtrauen der Poli-
zeiregierungen verschloß ihm die Uebung in der Selbstverwaltung.   Daher
waren die von den Franzosen seit 1796 hervorgerufenen Republiken Ge-
schöpfe ohne Knochen.   Eine zuerst ganz, unter dem napoleonischen Königreich Italien eine halbmilitärische Verwaltung befahl nur Gehorsam; die
zum Theil treffliche Staatsmaschine wurde bis ins Einzelne von dem
Herrscherwillen Napoleons bewegt.   Mailand besonders vergrößerte, bereicherte, verschönerte sich.   Der so gebundene Geist mußte sich halb
kritisch, halb idealistisch entwickeln, aber mehr in ästhetischer Richtung.
Die Persönlichkeit des Lombarden stand dem fremden Staate fremd entgegen; sie fand auch in den städtischen Aufgaben keine würdige Beschäftigung, oder verschmähte sie dieselbe, weil die französische wie die folgende
östreichische Herrschaft gegen den Lombarden ein abschätziges Mißtrauen
zeigte.   Dieß bot auch der Scheu vor ausdauernder Arbeit gute Vor-
wände.   Um so ausgelassener, um so trotziger wurde der Individua-
lismus.   Er machte den Staat für alles verantwortlich.

Er leistete momentan Schönes, er verdarb noch Mehreres in der
Probe von 1848.   In einzelnen edlen Kreisen erprobte sich nationale
Opferfähigkeit und politische Reife.   Aber der provinziale und der indi-
viduelle Dünkel, in demokratische Phrasen gehüllt, beherrschte die Menge.
Zehn harte Strafjahre drängten diese Fehler zurück.   Rattazzi stand auf
derselben abstrakten demokratischen Basis des contrat social.   Sein Staat
hielt sich im Namen derselben für berechtigt in alle Verhältnisse der Person, der Gemeinde, aller Korporationen, der Justiz und der Verwaltung
als Vormünder einzugreifen.   Er meinte dazu, wie die Klerikalen von der
Kirche, so hier von der vorausgesetzten zustimmenden Volkssouveränität

Vollmacht und Ablaß zu besitzen. In der That aber war es nicht ein neugeschaffener, es war der piemontesische Staat, welcher seine auf enge Verhältnisse angemessene, theils alten, theils neuen Gesetze und Gewohnheiten der in Bildung ihm wenigstens ebenbürtigen Schwesterprovinz auflegte. Der Staat aber erschien dem Lombarden seit Jahrhunderten als etwas Fremdes, als ein Feind; der Piemontese war gewöhnt ihm alle Opfer ohne Murren zu bringen. Diese Zumuthung erschien daher vielen Lombarden als eine neue Fremdherrschaft, welche die Vergewaltigung der persönlichen Freiheit und der durch Gewohnheit berechtigten provinziellen Eigenthümlichkeiten zu wiederholen versuchte. Eine gewisse Eifersucht Mailands gegen das prosaische Turin rührte sich wieder. Doch war man so gewitzigt, daß man die Ansprüche auf eine constituirende Volksvertretung nicht wiederholte. Erst Cavour erkannte diese Gefahr, er kannte aber auch die Schnellkraft der Lombarden, mit welcher sie in einem noch sich erweiternden nationalen Staate sich auch mit Piemont versöhnen würden. Persönliche freiwillige Kriegsthaten (opera supererogationis) mußten sie auch den Staat schätzen lehren, der sie deckte, den sie dadurch mitschufen. Diese Motive bestimmten die Politik Cavours 1860 mit. Darum ließ er die Lombarden nach Sicilien.

Der König gab sich alle Mühe zunächst die Lombarden zu gewinnen. Er hatte auf seiner Rückreise mit Napoleon durch Mailand den 13. Juli an die lombardische Bevölkerung eine Ansprache gerichtet, worin er ihr mittheilte, daß sie nunmehr mit seinen alten Provinzen eine einige freie Familie bilde. Erst als der Grimm über das Verbleiben Venetiens bei Oestreich sich etwas abgekühlt hatte, kehrte Viktor Emanuel den siebenten August von Turin in die Lombardei zurück. Er dehnte seine Reise bis Brescia aus. Ehren wurden ausgewechselt, es herrschte Jubel. Der greise mailänder Dichter der „Verlobten" Alexander Manzoni erhielt als Nationalbelohnung eine Pension von 12,000 Lire. Aber damit war die Unzufriedenheit nicht gestillt. Das Ministerium, von der ihm beim Ausbruch des Kriegs von den Kammern ertheilten unbeschränkten Vollmacht Gebrauch machend, gab eine Reihe von zum Theil neuen Gesetzen; die über Gemeinde- und Provinzialverwaltung, das Strafgesetzbuch, die Gesetzbücher über Civil- und Kriminalverfahren sollten die Vorwürfe, daß Piemont darin zurückgeblieben sei, entkräften und besonders den Lombarden Genüge thun, indem man auf die Ideen der Juristenschule von Pavia besondere Rücksicht nahm. Allein man fand bei den kritischen Lombarden wenig Dank. Die alten piemontesischen Gesetze und Gewohnheiten mußten in den ungleich entwickelteren socialen Zuständen der Lombardei gar zu patriarchalisch und schleppend, die neuen den nach der alten municipalen Selbstverwaltung sich längst zurücksehnenden gar zu büreaukratisch centralisirend erscheinen. Besonders schmerzlich wurde man durch die Abschaffung der Verwaltungsordnung berührt, welche unter Napoleon I. im „Königreich Italien" eingeführt, von Oestreich, wie in Parma und Modena bisher erhalten worden war. Die höheren lombardischen Familien hatten die größten Opfer im Kampfe gegen Oestreich gebracht und jetzt wurden sie durch zu demokratische Gesetze über die Corporationssteuern auch der kleinen Gemeinden, in welchen ihre Landgüter lagen, der Plünderung preisgegeben. Die großentheils aus unbemittelten Leuten zusammengesetzten Gemeinderäthe derselben beschlossen theure Maßregeln, welche größtentheils durch jene Großgrundbesitzer, die in den Städten wohnten, bezahlt werden mußten. Kein Wunder, wenn diese über die Sündfluth der rattazzi'schen Gesetze erbittert waren. Der einzige Lombarde im Ministerium, Graf G. Casati, war der würdige Sprosse einer altpatriotischen Familie. Aber er hatte während des letzten Jahrzehnts in Piemont gelebt. Rattazzi, als Minister des Innern, war die Hauptzielscheibe des Unmuths. Man konnte also den Mächten nicht sagen, die Annexion sei die Bürgschaft für die Befriedigung Mittelitaliens. Die östreichischen und überhaupt die reaktionären Blätter triumphirten. Indeß feierte man in der Lombardei die Abordnungen Mittelitaliens, welche dem Könige die Annexionsbeschlüsse überbrachten. Mit ihm vereint wollte man durch ächt italienischen Geist die nur halb italienischen, spröden Elemente Piemonts schmelzen.

So war denn die Denkschrift, welche der Minister des Aeußeren Dabormiba den 28. September an die Höfe von Paris, London, Berlin und Petersburg erließ, sehr gehalten. Sie verwies auf das Unrecht und auf das Unglück, welche nicht blos Oestreich, sondern Europa durch seine Behandlung Italiens seit dem Wiener Congreß über Italien gebracht habe. „Unglücklicher Weise haben die Dynastieen Mittelitaliens längst ihre Sache von der Italiens getrennt, sich rechtlich und thatsächlich mit dem Fremden solidarisch gemacht, welcher so die einzige Stütze einer allgemein diskreditirten und von der allgemeinen Mißachtung aufgegebenen Gewalt wurde. Beim Ausbruch des Krieges erkannte die Bevölkerung, daß es sich um die nationale Unabhängigkeit, um das Schicksal der Halbinsel handle. Die Souveräne hatten die freie Wahl zwischen ihren Pflichten als italienische Fürsten und ihren Verbindlichkeiten gegen Oestreich. Ohne durch eine eigentliche Revolution gedrängt zu werden, verließen sie ihre Staaten und ohne eine Regierung zu hinterlassen. Zwei von ihnen stellten sich unter die Fahnen ihres Verbündeten und theilen somit seine Niederlage. Die Bevölkerungen, in ihr Selbstbestimmungsrecht eintretend, beschlossen ihre Absetzung und die Vereinigung mit Piemont. Es kann dem König nicht verargt werden, daß er schon im Interesse der Ordnung vorläufig die ihm übertragene Gewalt annimmt. Es ist zu hoffen, daß Europa, um nicht einen Herd des Radikalismus zu erhalten, um nicht gewaltsame Restaurationen und fortgesetzte Occupationen herbeizuführen, den geordneten Ausspruch des Volkswillens anerkenne, wie sie in Griechenland, in Belgien und neuerdings in den Donaufürstenthümern gethan. Das Gewissen der Völker läßt sich nicht ungestraft verletzen. Dieses gilt namentlich auch von der Romagna." Damit war eigentlich die Congreßidee angeregt, welche Frankreich zu Ende Novembers aufnahm, ob sie gleich von allen energischen italienischen Patrioten mit Entrüstung zurückgewiesen wurde.

Es bestand eine, wenn auch durchaus nicht in irgend eine Form gebrachte Verschwörung derselben gegen die Einmischung des Auslands in die mittelitalienische Frage. Cavour drängte es die Leitung derselben zu übernehmen, um diese trefflichen Elemente von Irrwegen ab zum Ziele zu führen.*) Aber er hegte doch wieder schwere Zweifel, ob er und ob er jetzt schon dazu berufen sei. Schon im September wandte der unsäglich geschäftige Lafarina sich an ihn mit seinem Plan, den Nationalverein wieder zu organisiren. Gegen diesen Plan sprach sich Cavour vorerst entschieden aus, denn wo die Presse frei sei, da sei eine wenn auch nur theilweise geheime Gesellschaft eher schädlich. Er fragt Lafarina, weßhalb dieser ihn während seines turiner Aufenthalts nicht besucht habe (er weilte auf seinem nahen Landgute Leri.) „Halten Sie mich für nicht mehr geeignet die italienische Sache zu fördern? Diese Vermuthung ist vielleicht begründet. Das nur theilweise Gelingen der erhabenen Unternehmung, welche ich in meinem Geiste geplant hatte, macht mich allerdings ungeeignet, ferner die italienische Politik zu leiten. Wenn aber auch dieß der Fall wäre, so habe ich so viel Vaterlandsliebe, um, wenn auch nicht als Haupt, so doch als Soldat zu kämpfen. Es scheint mir daher, daß ich die Sympathie und die Achtung meiner bisherigen Genossen und Freunde nicht verlieren müsse." Den 6. Oktober schreibt Cavour an Lafarina: „Ich komme am Montag nach Turin. Ich bitte Sie, am andern Morgen mich zu der alten Stunde zu besuchen. Es wird mir viel Freude machen, mit Ihnen über Vergangenes, über Gegenwärtiges und über die Zukunft Italiens zu sprechen (ragionare) und das unterbrochene, aber nicht aufgegebene Werk wieder anzufangen." — D'Azeglio schließt seine „Erinnerungen" mit der Schilderung der Unterredung, welche er im Jahre 1845 in der düstern Morgendämmerung mit Karl Albert über die verzweifelte Lage der Romagna und über Abhülfe derselben hatte. „Die alte Stunde" der vertrauten Besprechungen Cavours mit Lafarina war seit 1856 zu jeder Jahreszeit fünf Uhr Morgens. — So bereitet man große Dinge vor.**)

---

*) Nach der toscanischen Darstellung hätte die Hartnäckigkeit, womit Toscana die, wenn auch nicht bedingungslose, Union anstrebte, in Cavour die Hoffnung erweckt, dieselbe, welche er bei seiner Einsicht in die europäischen Verhältnisse noch vor wenigen Monaten für unmöglich angesehen hatte, in kurzer Frist vollzogen zu sehen oder selbst zu vollziehen.

**) Ein italienischer Minister erzählte mir, im Jahre 1853 habe ihm Cavour ein treffliches Buch über englisches Steuerwesen angeboten und gesagt, wenn er es früh

Ueber die kritischen Zustände in der Romagna wurde Cavour von dem ihm längst vertrauten Minghetti und von Lafarina auf dem Laufenden erhalten. Cavour schreibt diesem im November, seine Haltung billigend: „Ihr schmerzlicher Bericht bestätigt nur zu sehr meine Ueberzeugung, daß unser Schicksal gegenwärtig Personen anvertraut ist, welche wenig geeignet sind, den Staat in diesen schwierigen Zeiten zu leiten." Ohne es beweisen zu können, dürfen wir die Ueberzeugung aussprechen, daß dieß besonders auf Rattazzi zielt. Sein zweizüngiger Charakter und parallele Fälle lassen vermuthen, daß Rattazzi sowohl Napoleon, als Garibaldi zu entsprechen suchte, daß er diesem gegenüber, als er kurz vor der Novemberkrise einen Augenblick in Turin war, sich billigend über seine Invasionspläne in die Marken aussprach, aber auf Weisungen von Paris hin es nicht Wort haben wollte. D'Azeglio weigerte sich unter Rattazzi Statthalter in Mailand zu werden. Der Schluß des Jahres war eine recht trübe Zeit voll persönlicher Verbitterungen. Lafarina bildete sich ein, Garibaldi sei gleichsam sein Geschöpf, weil er ihm durch glänzende Schilderung seiner südamerikanischen Heldenthaten seit Anfang der vierziger Jahre in Italien zuerst einen Namen gemacht habe. „Man muß diese persönlichen Verbitterungen lieber nicht kennen, jedenfalls nicht sagen, bemerkte uns ein tief darein Verwickelter." So wollen denn auch wir es halten.

Seit die Romagna nicht mehr der Sammelplatz der Radikalen war, ging es ganz gut. Seitdem saß Farini fest im Sattel. Er schreibt den dritten Dezember: „Es geht immer besser: vollkommene Eintracht, einstimmige Entschlossenheit, die öffentliche Ordnung aufrecht zu erhalten und uns auf starke Proben vorzubereiten." Doch verrieth das ungestüme Drängen zu rascher Vollziehung bedingungsloser Annexion, daß man nicht auf lange Zeit für die Ordnung einstehen konnte. In Bologna wollte man, daß die Union mit Piemont als vollendete Thatsache dem Congreß entgegenträte, während man in Turin die Rückseite, die Verantwortung ins Auge faßte, welche man sich damit vor den Mächten aufbürdete. Farini that alles um die Annexion einzuleiten. Als Generalgouverneur vereinigte die stolze Romagna mit Modena und Parma als „Emilische Provinz" nach dem Namen der sie verbindenden alten Römerstraße. Er führte die piemontesische Verfassung und Gesetze ein, hob die Zolllinie gegen Piemont und Toscana auf, übergab die Verwaltung der Post an Piemont.

___

pole, so wolle er ihn auf das Wichtigste aufmerksam machen. Er kam in der nach mailänder Anschauung sehr frühen Stunde acht Uhr. Allein Cavour war längst ausgegangen. „Soll ich denn um fünf Uhr kommen?" — „Kommen Sie ungenirt um fünf", antwortete Cavours Kammerdiener. Der Lombarde blieb nun in der folgenden Nacht etwas länger auf, und stellte sich um fünf Uhr ein. Er traf Cavour nach schon beendeter Toilette. In der ersten Frühstunde besorgte dieser in gewöhnlichen Zeiten Rechnungen seiner Güter.

Er setzte seine Popularität in seiner Heimath aufs Spiel und büßte auch einen Theil derselben ein, indem er den Sitz seiner Regierung nach dem unbedeutenden Modena verlegte. Allein es lag im Mittelpunkt der Emilia und bis hieher ging die Eisenbahn von Turin. Um auf die öffentliche Meinung dieser Provinzen und auf Europa zu wirken, veröffentlichte er die in den Registraturen der Legaten und der Städte gebliebenen, die weltliche Regierung des Klerus am ärgsten belastenden, zum Theil haarsträubenden Dokumente, meist amtliche Correspondenzen derselben von 1815 bis zum Juni 1859, wie er auch in Modena that. Sie wurden zuerst in seinem Monitore veröffentlicht, dann von Gennarelli gesichtet und vermehrt in zwei starken Quartbänden herausgegeben. Ihre Authentie ist nie angefochten worden. Sie machten dem Gewissen Europas eine bloße Restauration unmöglich.

Die Kurie war durch die Drohung Napoleons, seine Truppen aus Rom abzuberufen, nur noch hartnäckiger geworden. Er konnte, indem er diese Drohung ausführte, die Worte gegen den Pabst aussprechen, welche ihm eine Karikatur in den Mund legte: Du sagst ja, deine Unterthanen haben dich so lieb! Aber die Kurie wußte, daß er dieß Angesichts der ultramontanen Bewegung in Frankreich nicht wagen durfte. Napoleon gedachte, diese in endlosem falschem Cirkel sich drehende Frage von sich auf die Schultern der zu einem Congreß versammelten Mächte abzuwälzen. Dieser sollte in Paris statthaben. Napoleon wäre in demselben in seinem neuen Siegerglanze, wo es ihm beliebte, als oberster Schiedsrichter aufgetreten. Aber was würde die europäische Sphinx über die römische Frage sprechen? Cavour graute mit jeder Woche weniger davor. Er wußte, daß er zwar nur auf die moralische Unterstützung Englands rechnen konnte. Aber England gewann bereits wieder mehr Einfluß auf die Entschließungen des Kaisers. Es hatte erklärt, es würde den Congreß nur unter der Bedingung beschicken, daß die entwichenen Fürsten nicht mit Gewalt zurückgeführt würden. Der Congreß konnte also nur einen formellen Rechtsvorbehalt für dieselben aussprechen. Dessen versah man sich namentlich von Petersburg und von Berlin. Die öffentliche Meinung Piemonts und der Lombardei sprach zu Anfang Dezembers so entschieden das Verlangen aus, daß sie, oder vielmehr Italien durch Cavour auf dem Congreß vertreten würde, daß das Ministerium Rattazzi, wenn es nicht gestürzt werden wollte, zustimmen mußte. Diese Zustimmung geschah freilich sehr widerwillig, da die Minister Cavour bereits als ihren lachenden Erben ansahen. Cavour, stets von Castelli auf dem Laufenden erhalten, hatte den siebenten August ihm vom Genfersee aus geschrieben: „Grüßen Sie Rattazzi, versichern Sie ihn meiner Unterstützung in allem und zu allem. Ich habe keine Neugierde für die Geheimnisse seiner Politik, will vielmehr gern den gegenwärtigen Geschäften ganz fremd bleiben. Sollte er jedoch meinen Rath für nützlich achten, so bin ich immer bereit

ihm demselben mit Freimuth zu ertheilen. Rattazzi hat durch die Ueber=
nahme des Ministeriums nach dem Friedensschluß Muth und Patriotis=
mus bewährt; er hat daher ein Recht auf die Unterstützung der ehren=
haften, freisinnigen Männer und so wird er die meinige frei, loyal und
energisch haben." Obgleich Cavours Verhältniß zu Rattazzi jetzt getrübt
war, war er doch ganz rosiger Laune und humoristisch genug gestimmt,
sich ein Logis im Hotel Bristol in Paris zu bestellen, in welchem Buol
während des pariser Congresses von 1856 gewohnt hatte, „stets bereit,
das östreichische Gebiet anzugreifen". Die illustrirten Witzblätter sehen
zwar in dem Congreß einen neuen Versuch die Italia einzuschläfern, aber
auch bei ihnen herrscht der gute Humor vor: alle italienischen Charakter=
masken putzen sich, um an dem grünen Tisch sich zu produciren. Auch
Bomba probirt sich die Schafsmaske an, Narboni (das weltliche Prälaten=
regiment, an der nachgeschleppten Kugel des Galeerensklaven kenntlich) hat
sich in Galla geworfen; die schöne Italia läßt sich durch ihre vier an=
nexionslustigen Töchter Toscana, Romagna, Modena, Parma festlich an=
kleiden. Sie brechen in Freudenrufe aus als Cavour in der Maske des
Gianduja (Piemonts) erscheint, um die Italia als ihr Cavalier auf dem
Congreß einzuführen. Mit spitzem Finger deckt er das Brandmal Nar=
boni's auf.

Indeß waren die Früchte der Beharrlichkeit der Kurie und der nach
der Union ringenden Länder gereift. Der nicht im Purpur geborene
Kaiser der Franzosen mußte die öffentliche Meinung, zumal wenn sie in
einer gewissen Entfernung von seinem weitsichtigen Auge sich darstellt,
wohl zu beachten. Er, der Sohn des allgemeinen Stimmrechts, hatte sich
jetzt überzeugt, daß in Italien nicht blos eine augenblickliche Aufwallung
vorlag; die national=monarchische Einstimmigkeit, die Ordnung imponirten
ihm. Sein Vetter war längst überzeugt, daß es mit der toscanischen
Krone nichts sei. Die dynastischen Wünsche mußten daher hinter die un=
mittelbaren Interessen Frankreichs zurücktreten. Italien sollte den für
Lombardo=Venetien ausbedungenen Preis, Savoyen=Nizza, für die Deckung
der Annexion Mittelitaliens bezahlen. Da jeder Franzose, welcher Partei
er angehöre, einen rühmlichen Sinn für die Größe seines Vaterlandes
hat, so war dadurch am ehesten der ultramontanen Bewegung der Stachel
zu nehmen. Die Kurie rief wohl den Schutz Frankreichs an, aber sie
suchte ihre eigenen Streitkräfte zu einer Achtung gebietenden Stärke zu
erhöhen und zwar mit östreichischem Fleisch und Bein. Bereits langten
broblos gewordene Urlauber compagnieweise in starken Schiffsladungen
von Triest in Ancona an. Seit Oktober macht die erbitterte italienische
Presse auf diese neue Invasion oder Intervention aufmerksam. Der
mailänder uomo di pietra stellt dar, wie vermittelst einer Maschine öst=
reichische Soldaten in einer Sekunde in päbstliche verwandelt werden. Sie
werden durch das gleiche Gewicht Bajocchi (päbstliche Kupfermünze) auf=

gewogen. Oestreich und Narboni tragen sich wieder gegenseitig. Der hinkende Aneas Oestreich trägt Narboni, welcher das Heiligthum, den Doppeladler in den Händen hält, aus den Flammen. Oestreich bedrohte zugleich vom Festungsviereck und von Rom aus Italien und den französischen Einfluß. In Wien, in Rom und in Neapel wurde eine Contrerevolution in Toscana und in der Romagna geplant, welche von neapolitanischen und von päbstlichen Truppen unterstützt, bis an den Po restauriren sollte. Wenn es auch nur zu einem unentschiedenen Bürgerkriege gedieh, wie thöricht, wie fluchbelaben erschien dann der Feldzug von 1859 und der Friede von Villafranca! Welches waren dann die Thatsachen, die von dem Congreß besiegelt werden sollten? Der Knoten der römischen Frage wurde dann nur unlösbarer, die ultramontanen *und die* radikalen Leidenschaften glühender.

Die durch das persönliche Zusammentreffen in Villafranca in Napoleon gepflanzte Oestreich freundliche Stimmung hatte von seiner Seite zu einer politischen Annäherung an Oestreich geführt. Allein der Stolz der wiener Hofburg erwies sich weder als gebrochen, noch als versöhnt. Ein Eingehen auf den ziemlich zusammenstimmenden Standpunkt Englands und Piemonts dagegen versprach Napoleon einen ungleich zuverlässigeren Rückhalt und Nutzen. Der Pabst ging Napoleon den 2. Dezember brieflich um Unterstützung zur Wiederherstellung der Integrität seiner weltlichen Herrschaft an; er wollte, da ihm diese wie ein Dogma über alle politische Erörterung weit erhaben erscheint, den Congreß nur dann beschicken, wenn er gewiß wäre, daß derselbe zu Gunsten seiner Herrschaft mit allen Mitteln einschreiten würde. Bei der Stimmung Englands, Rußlands, Preußens war es rein unmöglich, dieser Bedingung zu entsprechen. Diese Situation wurde für Napoleon theils Motiv, theils Vorwand und Rechtfertigung für eine entschiedene Frontveränderung seiner Politik.

Merkwürdig ist die Form, in welcher der kaiserliche Schriftsteller dieses Manöver ausführte. Den 24. Dezember erschien bei Didot in Paris die starke anonyme Brochüre: „Der Pabst und der Congreß", welche, wenn auch von Laguerroniere oder von Maupas redigirt, mit Recht als der Erguß der eigensten napoleonischen Gedanken aufgenommen wurde, die mit denen Russels übereinstimmten. Der Inhalt ist: „Der Pabst ist durch eine Revolution seiner Unterthanen bedroht. Es ist die Ehrenaufgabe des Kaisers der Franzosen, welcher die päbstliche Herrschaft mit seinen Waffen wieder hergestellt hat, den Pabst mit seinem Volke und mit seiner Zeit wieder zu versöhnen. Der Kaiser hat, nachdem er dem italienischen Volke die Rechtstitel seiner Nationalität wieder zurückgegeben hat, auch dessen Sicherheit und Unabhängigkeit zu verbürgen. Dieses alles hat durch den italienischen Bundesstaat derart zu geschehen, daß die päbstlichen Provinzen mit reicher Selbstverwaltung ausgestattet, der Kurie die Last der Verantwortung abnehmend, in denselben eintreten, und daß der Pabst durch die Bundestruppen geschützt wird. Die Lostrennung der Romagna ist eine vollendete Thatsache. Eine Restauration der päbstlichen Herrschaft in derselben durch bewaffnete Intervention ist für alle Mächte eine Unmöglichkeit. Wohl ist eine weltliche Macht des Pabstes nothwendig für die Ausübung der geistlichen Gewalt, aber sie ist mit einem Staat von einiger Ausdehnung unverträglich. Nur Rom und das Erbtheil St. Peters sind dem Pabst von den Großmächten zu garantiren. Die katholischen Mächte haben die Verpflichtung, für die Kosten des Kultus, bei welchem sie interessirt sind, zu sorgen und dem Pabst als Tribut ihrer Ehrfurcht eine beträchtliche Rente zu bezahlen."

Aus dem Vorschlag, der Pabst solle nur so viel Truppen haben, als zur Erhaltung der Ordnung nöthig ist, also eigentlich nur Ehrengarden und Carabinieri, erhellt, daß Napoleon die Errichtung neuer „freiwilliger" Söldnerregimenter zumal von Oestreichern und Ultramontanen nicht gerne sah. „Jede kriegerische oder revolutionäre Verwicklung und Idee soll für immer aus dem Regierungsgebiet des Pabstes verbannt bleiben, daß man sagen kann: wo der Statthalter Christi regiert, da soll auch Eintracht, Wohlstand und Frieden herrschen. Das Werk dieser Umwandlung ist dem Congreß anheimgefallen."

Diese neue Welt wäre eine umgekehrte Welt gewesen; denn bisher hatten alle unparteiischen Beobachter von der ersten zerfallenen Gränzzollstation des Kirchenstaats an bis zur letzten im Kirchenstaat das Gegentheil gefunden. Allein die Kurie fühlte sich durch dieses Paradies nicht gelockt. Der Pabst sah sich in seiner hohen Idee von der Stellung des Statthalters Christi tief verletzt. Antonelli hielt Land und Leute mit der verzweifelten Energie des Geizigen fest, dem man seine Schätze rauben will. Jeder Kardinal betrachtet sich als Kronprinzen, welcher auf die höchste, stark ins Zeitliche übergreifende höchste Macht auf Erden ein Anrecht, ein providentielles Lotterielos hat. Unmittelbar nachdem das Schriftchen in Rom angekommen war, antwortete die Kurie in ihrem Giornale di Roma: „Es ist so eben in Paris ein anonymes Werkchen erschienen unter dem Titel: le Pape et le congrès. Dasselbe ist eine wahre Huldigung für die Revolution, ein den Schwachen, welche das darin verborgene Gift nicht zu unterscheiden wissen, gelegter Hinterhalt, ein Gegenstand des Schmerzes für alle guten Katholiken. Der Inhalt ist nur eine Wiedervorbringung von Irrthümern, von Insulten, welche schon oft gegen den H. Stuhl ausgespieen (vomiti), eben so oft triumphirend widerlegt wurden. Mag übrigens die Halsstarrigkeit der obstinaten Widersprecher der Wahrheit noch so groß sein, so kann der Verfasser, wenn er etwa beabsichtigen sollte, den mit so großem Unglück Bedrohten einzuschüchtern, sicher sein, daß dieser auf unerschütterliche Rechte sich stützend, unter dem Schutze des Königs der Könige vor den Nachstellungen der Menschen nicht zu zittern hat." Als darauf am 1. Januar 1860 das Offizierkorps der französischen Occupationstruppen in Rom dem Pabst seinen Glückwunsch darbrachte, so sprach der Pabst in nervöser Erregung sehr verständlich auf den Kriegsherrn desselben zielend: „Vor dem Ewigen mich niederwerfend, flehe ich, daß er reiche Gnaden und Erleuchtung über das erhabene Haupt dieses Heeres und Volkes ausgieße, damit er die Falschheit gewisser Grundsätze erkenne, welche dieser Tage in einem Werkchen erschienen sind, das als ein bezeichnendes Denkmal der Heuchelei und als ein unedles Gemälde von Widersprüchen charakterisirt werden kann. Wir hoffen zuversichtlich, daß der Kaiser kraft dieser Erleuchtung die Grundsätze desselben verdammen wird, und zwar um so mehr, als wir einige Dokumente besitzen, welche uns von ihm vor einiger Zeit mitgetheilt, eine wahre Verurtheilung dieser Grundsätze sind." In dieser Ueberzeugung, unter dieser Voraussetzung, gleichsam unter dieser Bedingung ertheilte der Pabst dem kaiserlichen Hause und Frankreich seinen Segen. Obgleich die Kurie am 30. Dezember vom französischen Kabinet als conditio sine qua non der Beschickung des Congresses durch den Pabst eine Verleugnung der Brochüre verlangte, so erhielt sie doch keine klare Antwort darüber.

Der Eindruck, welchen die in mehreren Uebersetzungen, in starken wiederholten Auflagen verbreitete kaiserliche Brochüre in Italien, namentlich in der Romagna machte, war ungeheuer. D'Azeglio schreibt den 14. Januar 1860 von Turin aus an Renbü: „Die Brochüre hat hier allen Leuten den Teufel in den Leib gejagt. Man könnte damit den ganzen Kirchenstaat pflastern. Dennoch ist keine Unordnung zu befürchten, so lange man hofft. Aber Gott verhüte, daß man auch nur 24 Stunden in der Romagna an die Wiederkehr der Regierung der Priester glaube! Die Romagnolen haben ihre Schiffe verbrannt. Es käme zum äußersten Blutvergießen. Das Volk droht, keinen dahin zurückgekehrten Priesterbeamten wieder entwischen zu lassen." Den 22. Januar schreibt d'Azeglio: „Das weltliche Rom hat, wenn dieß überhaupt noch möglich ist, den Kopf verloren. Ungeschickte Freunde desselben haben den Einfall gehabt eine Erklärung zu unterschreiben, daß sie von der Priesterregierung entzückt seien. Fiasle! Wenn Sie wüßten, wie das kläglich angezettelt ist; wenn Sie die miserablen kleinen politischen Intriguen sähen, welche in Paris angesponnen, in Rom reifen! Fünfzehn oder zwanzig „gute Seelen" des Faubourg St. Germain, fünf französische Bischöfe, ganz unwissend in unsern Angelegenheiten, welche doch die verwickeltsten in der Welt sind, das sind die Helden, welche gegenwärtig mit ihren Händen die Fäden knüpfen, mit deren Schlingen man ein Volk zu fangen und der kaiserlichen Regierung die Kehle zuzuschnüren prätendirt!" Italien erklärte, das „je kleiner der Kirchenstaat ist, desto größer ist der Pabst", für den Kern der Brochüre und bejubelte ihn. Ein illustrirtes Blatt stellt den Pabst dar, wie er nur eine Scholle Erde unter den Füßen frei und glücklich über das Weltall hinfliegt. Der

Fischietto stellt ihn als Säulenheiligen der Erde entrückt, dem Himmel nahe dar. Oestreich aber begriff sofort, daß wenn der Pabst nicht in der Romagna restaurirt würde, die flüchtigen weltlichen Fürsten noch viel weniger Hoffnung darauf hätten.

Es ist hier nicht am Orte, den, wenngleich interessanten, weiteren Schriftwechsel (s. Coppi T. XV. von Kapitel 5 an, und Unsere Zeit, Heft 96, S. 792) zu verfolgen. Napoleon, als besonnener Sohn, ignorirte die Zornergießungen des H. Vaters. Schon um den Jahresschluß schrieb er an den Pabst einen Brief über die weltliche Herrschaft,*) welchen Cavour später im Parlament einen eben so großen der Sache Italiens geleisteten Dienst nannte, als Solferino. Dieser Brief, welcher vom Pabst das Opfer der Romagna gegen die Garantie für die Hälfte seiner Staaten durch die Mächte erbat, war die Antwort auf den Brief des Pabstes vom 2. Dezember 1859, mit welchem Datum dem Kaiser wohl unter anderem in Erinnerung gebracht werden sollen, daß der Pabst zuerst unter den europäischen Mächten den Staatsstreich gebilligt hatte. Noch deutlicher zielte Pius darauf, indem er sofort den 8. Januar 1860 dem Kaiser schrieb: „Wenn man sich blos der Mittel der Vernunft bedient, so werden, davon ist E. M. gewiß ebensowohl überzeugt als Ich, diejenigen, welche sich fremdes Gut anmaßen (der Communist Viktor Emanuel) und die Revolutionäre unüberwindlich sein." Da die Mächte doch keine bewaffnete Intervention in der Romagna beschließen würden, so sei der Congreß aussichtslos. Der Pabst schreibt: „Der Vorschlag Ew. Maj. bietet unübersteigliche Hindernisse, weil Ich nicht abtreten kann, was Mir nicht gehört, und weil Ich sehr wohl einsehe, daß der Sieg, welchen man den Revolutionären in den Legationen gewähren will, den einheimischen und den fremden Revolutionären der übrigen päbstlichen Provinzen, wenn sie den glücklichen Erfolg jener sehen, zum Vorwand und Antrieb werden würde, dieselbe Karte auszuspielen. Die Mächte, sagen Sie, werden Mir den Rest meiner Staaten garantiren. Aber wird es den Mächten in ernsten, außerordentlichen Fällen möglich sein ihre Gewalt in diesem Sinne anzuwenden?" Man solle nur Piemont zwingen, seine Leute und Waffen aus der Romagna zu entfernen, den Truppen der Emilia befehlen, die Romagna zu räumen. Dann werde die Kurie sich mit Ausschluß Frankreichs und Oestreichs an die katholischen Mächte um Hilfe wenden und mit dieser und mit ihren eigenen Truppen sich die Romagna unterwerfen. Sei dieß geschehen, dann wolle der Pabst Reformen geben. Die Ergebenheitsadresse in Rom war größtentheils von Nobelgardisten, päbstlichen Beamten und von dem Schweif der Karbinäle unterschrieben. Am 22. Januar fand auf dem Colonnaplatz in Rom eine Massendemonstration mit

---

*) Das Datum vom 30. Dezember ist wohl fingirt, um die kränkende Scene vom Neujahr zu ignoriren. Der Pabst erhielt den kaiserlichen Brief erst am 8. Januar.

Hochrufen auf Napoleon, auf Viktor Emanuel und auf die Unabhängigkeit Italiens statt. Eine Abordnung aus Rom und aus den Marken ließ
in Paris dem Kaiser eine Denkschrift über die Unerträglichkeit der päbstlichen Regierung überreichen. Schon den 3. Januar hatte Walewski dem
englischen Gesandten gesagt, der Congreß sei „vertagt". Den 5. ersetzte Napoleon diesen der Union Mittelitaliens feindlichen Minister des Aeußeren
durch den, wenn es sein Kaiser wünschte, dieser Idee zugänglicheren, Italien befreundeten Thouvenel. Dieser Schritt war ein Zeichen, welches in
Turin nicht mißverstanden werden konnte und zu einem entsprechenden
Entgegenkommen einlud.*) Das Scheitern des Congresses und die Gründe
dieses Scheiterns hatten jetzt Napoleon und Italien wieder einander unmittelbar gegenübergestellt. Der Kaiser mußte wünschen an der Spitze
Italiens einen Minister zu sehen, welcher seine Wünsche schon kannte,
seine Andeutungen verstünde, welcher den Italienern gegenüber die Autorität hätte sie durchzuführen, welcher ihm Bürge wäre für Bezahlung des
Lohnes dafür, daß er zur Union Mittelitaliens ein Auge zudrückte, und
den Schild des Nichtintervensionsrechts darüber hielt. Wer allein konnte
dieser Zeichendeuter und Bürge sein? —

Indeß ging auch der Pabst seinen eigenen Weg weiter. Er richtete
den 19. Januar an alle Bischöfe der katholischen Welt eine Encyklica, worin
er ihren Eifer für den Kirchenstaat noch mehr anfachte, indem er nun
selbst diesen für das Gemeinbegut aller Katholiken und sich bereit erklärte,
selbst den Märtyrertod in Vertheidigung desselben zu sterben, wozu sich
indeß keine Gelegenheit zeigte. Die Organe des Ultramontanismus wurden nun so frech, daß Napoleon am 29. Januar den Univers unterdrücken
mußte, weil er die Geistlichkeit und die Gewissen der Gläubigen durch
seine staatsgefährlichen Lehren zu terrorisiren suche.

Seit Garibaldi, im Aerger über die Besonnenheit der provisorischen
Regierungen Mittelitaliens, sein Kommando in der Romagna niedergelegt
legt hatte, war Turin der Sammelplatz der Radikalen. Er legte das
Ehrenpräsidium des Nationalvereins nieder und ließ sich durch Bresserie
und Sineo bestimmen, einen Verein zu gründen, welcher zuerst durch den
Namen liberi comizii, dann durch den la nazione armata sich charakterisirte. Dieser Verein sollte arma virosque, namentlich auch Geld sam-

---

*) Die turiner Karikatur erkannte sofort den Nutzen und die Gefahr der neuen
Situation. Jetzt erst war der durchlöcherte Regenschirm Oestreichs, unter welchem
die italienische Karikatur die flüchtigen Fürsten lauern ließ, zerbrochen. Der Stern
der als Könige aus dem Morgenland maskirten und Constitutionen statt Weihrauch
der Italia Darbringenden ist erloschen. Im Kalender für 1860 erscheint die Italia
als Frühling, Frankreich, die Sichel, womit es die Verträge von 1815 abschnitt, in
der Hand, als Sommer, der Herbst als trunkener Mönch, Oestreich in seiner weißen
Uniform als Winter. Auf anderen Blättern erscheint es als zerrauster Pfau, welcher
umsonst die Nachtigallen lockt.

meln, um nun die Fahne der Revolution im Süden Italiens aufzupflanzen. Der tollkühne Rosolino Pilo war, nachdem ihn die romagnolische
Regierung aus einer kurzen Haft entlassen hatte, nach Sicilien gegangen,
um das Signal des Aufstands zu geben. Der diplomatische Stillstand im
Dezember und dann die Schritte der verhaßten Diplomatie stachelten die
Energie der ihr Mißtrauenden. Man hoffte durch die Kammer auch das
Ministerium fortzureißen. Cavour schrieb gegen Ende Dezembers an Lafarina: „Die Intrigue, zu deren Werkzeug Garibaldi gemacht wurde, ent-
wickelt sich. Sie ließ das parlamentarische Comite einladen, mit der
nazione armata eine Fusion einzugehen. Dieser Vorschlag wird heute
Abend zur Berathung kommen. Ich hoffe, daß die Mehrzahl nicht in die
ihr gelegte Schlinge geht. Sehen Sie, daß Sie einige Abgeordnete davon
in Kenntniß setzen. Mit Boggio und mit Tecchio ist es schon geschehen.
Es ist klar, daß wenn die parlamentarische Mehrheit den liberi comizii
beitritt, es mir nicht mehr möglich ist auf den pariser Congreß zu
gehen."

Cavour wollte zuerst die Union Mittelitaliens sicher stellen. Er und
die Männer des Nationalvereins wurden als Hemmschuhe der nationalen
Einheit verschrieen. Die Radikalen verbreiteten, Napoleon weigere sich
entschieden, die Union Mittelitaliens zuzulassen, man müsse daher südwärts.
Rattazzi, welcher es immer Napoleon und den Radikalen zugleich recht
machen wollte, entschuldigte sich bei diesen darüber, daß er nicht wagte,
dem Wunsch der Sicilianer entsprechend, einige tausend aufgelöste Alpenjäger auf Sardinien zu organisiren. Er verbot Geldsammlungen dafür
unter dem Vorwande, Cavour sei dagegen. Lafarina sah schon in dem
Beitritt des unitarischen Vereins in Mailand zu den liberi comizii ein
sicheres Zeichen des nahen Todes des Ministeriums Rattazzi, dem die
Bewegung über den Kopf gewachsen sei. Nun berichtet noch Farini den
2. Januar aus Modena, daß dem Republikaner Zannini der Prozeß gemacht werde, weil er durch Mazzinisten mit dem Erzherzog von Modena
in Correspondenz stehe, welche aufgefangen sei. Ihn und Ricasoli wollten
die Herrn des radikalen Vereins stürzen; sie sahen nicht, daß sie damit
nur der Bildung eines neapolitanischen Königreichs Etrurien Vorschub
leisteten. Rattazzi, welcher in dem vereinten energischen Auftreten der
besonnenen Nationalen vor allem die Tendenz sah, Cavour zum Minister
zu machen, fiel immer mehr in die Gewalt der Radikalen. Ob er gleich
fortfuhr jenen schöne Worte zu geben, entließ er doch ihrer mehrere aus
Aemtern. Es wurde sogar auch von ihm gegen die Sendung Cavours
auf den Congreß beim Könige intrigirt, damit ihm diese nicht als Sprosse
zur Macht diene. „Dennoch, schreibt Cavour, habe ich die Sendung angenommen, weil meine Weigerung die Erklärung eines für Italien ver-
hängnißvollen Antagonismus wäre. Durch die Annahme der Mission
glaube ich das größte Opfer gebracht zu haben, welches ein öffentlicher

Charakter seinem Lande bringen kann, indem er nicht blos gutwillig schweigend die grausamsten Injurien erträgt, sondern auch ein Mandat von einer Regierung annimmt, welche weder Achtung, noch Vertrauen einflößt." In Rattazzi trat seine Kammerbienersnatur hervor, er verschmähte kein Mittel, um sich in seiner Stelle zu behaupten.

Allein Turin war nicht der Boden, wo solche Stänkereien gedeihen konnten. Am 1. Januar 1860 wurde die nazione armata für constituirt erklärt. Von den Radikalen wurde eine öffentliche Demonstration zu Ehren Garibaldi's und somit mittelbar der nazione armata veranstaltet. Allein sie fiel ärmlich aus; die Nationalpartei und die solchen Scenen abholden Turiner brachten dabei Cavour Hochrufe aus. Man hörte auch: nieder mit den Comizien, nieder mit den Masken und den Puppen! Brofferio und Genossen, „um sich der Cavourianer und der Doktrinäre zu erwehren", um das ihnen verfallene Ministerium Rattazzi, welches sich den Neuwahlen gegenüber unmöglich halten konnte, zu stützen, wollten die Suspension der Verfassung, die Diktatur des Königs, da die Garibaldi's doch nicht möglich war. Allein der König war verfassungstreuer, als die Radikalen. Auch die aus 76 Mitgliedern der Linken und des Centrums bestehende liberale Union lehnte die Vereinigung mit der nazione armata ab. Sie wählte Boncompagni zu ihrem Präsidenten, Lafarina, den Präsidenten des aufgewärmten Nationalvereins, zu ihrem Vicepräsidenten. Was dieß bedeute, erklärte ihr Beschluß, keinen als Kandidaten für die Kammerwahl zu unterstützen, wenn er sich nicht verpflichte für die sofortige Annexion Mittelitaliens zu stimmen. Der mißbrauchte Garibaldi erklärte am 4. die Auflösung seines Vereins mit den Worten: „Bewogen durch das Verlangen die Parteien zu versöhnen, hatte ich die Präsidentschaft der nazione armata angenommen. Da sie aber den illoyalen, bestochenen, tyrannischen Leuten, dem ganzen Anhang der modernen Jesuiten Angst einflößte, so löse ich sie auf, um die Regierung nicht zu compromittiren." „Ein Herz von Gold und ein Büffelkopf", sagte d'Azeglio von ihm.

Kein Wunder, daß um den Jahreswechsel sich die Stimmung in den Zeitungen, namentlich in den politischen Karikaturblättern ziemlich düster reflektirt. Oestreich erscheint stets als der nahe drohende Feind. Die Italia sitzt als brütendes Vögelein im Neste, drohend kreist darüber der Aar Oestreichs. Die Riesenvögel England und Frankreich raufen sich um das Recht das Nest zu hüten; das Vögelein klagt, daß es zu schwache Flügel habe, sie alle zu verjagen. Es ist ein trauriger Trost, daß Oestreichs Adler mit dem venetianischen Löwen in ein Käfig gesperrt ist, daß Oestreich vom gallischen Hahn ermahnt, jetzt bei anbrechendem Tage sein Leben zu erneuen, antwortet: ich kann nicht, ich bin Nachteule. Kann doch auch Oestreich darüber spotten, daß Italien, vor dem Gewitter unter den schützenden Baum Frankreichs geflüchtet, jeden Augenblick in Gefahr chwebt vom Blitz erschlagen zu werden. Erst die Wendung der französischen Politik seit der Brochüre vom 24. Dezember entfesselt wieder, wie wir oben sahen, die zügellose Lustigkeit der italienischen Witzköpfe. Umsonst hatte Rattazzi durch seinen Anschluß an eine erst zu constituirende Linke und an die Actionspartei behufs der Revolutionirung des Südens sich im Ministerium zu halten gesucht. Er hatte nur wieder Garibaldi's politische Kurzsichtigkeit dokumentirt. Auf die Ernennung Thouvenels zum Aeußeren gab es nur Eine richtige Antwort. Am 16. Januar gab Rattazzi seine Entlassung. Am Abende berief der König Cavour zu sich und beauftragte ihn mit der Bildung eines neuen Ministeriums. Er berief zu dem des Kriegs aus der Emilia, wo er durch den schneidigen Modenesen General Cialdini ersetzt wurde, den General Fanti, für welchen, weil er der parlamentarischen Beredtsamkeit entbehrte, Cavour oft eintreten mußte. Aber Fanti hatte in der Emilia bewährt, daß er im Organisiren des Heers rascher vorzugehen verstand, als der etwas pedantische Lamarmora. Auch sonst nahm Cavour außer dem Präsidium vorerst noch einige Portefeuilles auf sich. Dieß war nur dadurch möglich, daß er, nach Art der großstaatlichen Minister, in der Regel nur mit dem Unterstaatssekretär jedes Ministeriums (blos im Innern gab es deren zwei), nur selten mit den Divisionschefs verkehrte. Ein illustrirtes Blatt stellt seinen dreifachen Ministerfauteuil als Triumphwagen dar, welcher von den ihm befreundeten Zeitungsredaktionen gezogen wird. Sobald Farini in der Emilia abkommen konnte, trat er in das Ministerium des Inneren ein. Das war das entscheidende Ministerium vom 20. Januar 1860. Außer dem Lombarden dem noch sehr jungen Stefano Jacini war auch der Romagnole, der spiritualistische Philosoph Graf Terenzio Mamiani, im Sommer 1848 Minister des Pabstes, Mitglieder dieses Ministeriums.

Was war eigentlich Rattazzi's Politik Mittelitalien gegenüber gewesen? Man hat viel darüber gestritten, weßhalb er die Arme Piemonts, in welche sich jenes werfen wollte, kreuzend geschlossen habe? War es blos bedientenhafter Gehorsam gegen Napoleon? Bonghi (in vita di Pasini p. 783) sagt: „Jedenfalls war auch Rattazzi's unentschlossene Politik ein seltenes Glück für Italien. Die Bereitwilligkeit Rattazzi's, jederzeit, unter jeder Bedingung und in jeder Verwirrung, namentlich auch nach Villafranca das Ministerium zu übernehmen, nützte Italien, dem in jenen wunderbaren Zeiten auch die Fehler seiner Söhne zu gute kamen, ebensosehr als Rattazzi's Unentschlossenheit in der Lenkung der hohen Politik. Denn die höchste Weisheit bestand darin, dem Kaiser der Franzosen und den Staaten Mittelitaliens Zeit zu lassen, damit im Geiste des Kaisers der Entschluß zum Aufgeben der Verträge von Villafranca reifen könnte, und daß die Beweise des eigenen Volkswillens und des nationalen Gewissens dieser Staaten vor den Augen Europas sich entfalten könnten.

Wenn aber jetzt die Regierung durch ihre Unentschlossenheit das Verlangen jener Bevölkerungen noch länger im Zweifel gelassen hätte, so hätte Verwirrung und Abspannung eintreten müssen. Aber der König, dessen Hauptverdienst war, die Opportunität des Augenblicks zu verstehen und das allgemeine Gefühl des Landes zusammenzufassen, ersetzte jetzt Rattazzi-Lamarmora durch Cavour, welchem der hoffnungsreiche Muth im Galopp wiedergekommen war, mit Geschick alles zu wagen um alles zu gewinnen, ohne eigentlich irgend einen Verlust zu riskiren." Napoleon hatte offenbar den Frieden geschlossen, weil er fühlte, Cavours kühne Politik sei ihm über den Kopf gewachsen; indessen aber hatte er Zeit gehabt, Cavours Beihilfe zu einer neuen Wendung zu vermissen und darnach zu verlangen. Welches Ziel sich Cavour beim Wiederantritt seines Ministeriums steckte, welche Mittel er anwandte, wie sich sein staatsmännisches Vorschreiten von dem ängstlichen Gang Rattazzi's unterscheidet, welcher oft an dem Häkchen formeller advokatischer Bedenken hängen blieb, dieß alles erhellt aus einem Billet, worin er Lafarina seinen Tagesbefehl gibt. Es ist wohl absichtlich ohne Datum, aber wohl vom Ende des Januars (nach N. Bianchi vom 24. Februar aus Mailand) 1860. Es lautet: „Mit Entschlossenheit, ja mit Unwillen ist jetzt eine Lösung zu fordern. Die Verzögerung, welche die Einberufung des Parlaments erleidet, ist zu beklagen. Es ist zu wiederholen, daß, es koste was es wolle, auch auf die Gefahr hin einige Irregularität zu begehen, ohne weitere Verzögerung die Einberufung der Wahlcollegien Noth thut. Es ist zur Kriegsrüstung zu treiben mit der Bemerkung, daß es etwas Schreckliches (orrendo) ist, blos auf die Diplomatie sich Rechnung zu machen, da sie doch einen Stand der Dinge, welcher auf der Zerstörung der sogenannt legitimen Throne beruht, nur dann wenn er vollendete Thatsache geworden ist, anerkennen kann. Der Ton darf nicht feindlich, wohl aber ein wenig drohend sein. Nicht als ob ich einer Pression bedürfte, um vorwärts zu gehen; aber es wird mir von Nutzen sein, sagen zu können, daß ich gedrängt bin. — Trotz meiner Rundschreiben, telegraphischen Depeschen und Anspornungen jeder Art, werden die Wählerlisten vieler Provinzen der Lombardei und Sardiniens kaum in den ersten Tagen des Aprils fertig sein. Ließe man Rattazzi machen, so hätte man das Parlament erst am Ende Mais versammelt. Aber kein Wort davon! Denn mit oder ohne Listen beabsichtige ich die Wahlcollegien einzuberufen, sobald ich nach Turin zurück bin. Ich glaube, daß wir (in den zu annexirenden Ländern) unsere Zuflucht zum allgemeinen Stimmrecht nehmen werden. Sie könnten dieß als Ihre Idee andeuten, indem Sie beweisen, dasselbe habe nicht mehr alle die Nachtheile, welche man fürchtet."

Cavour bemerkt auch bei andern ähnlichen Gelegenheiten, daß solche Maßregeln auf den Eindruck berechnet seien, welchen sie auf die Mächte machen würden. Das allgemeine Stimmrecht, über welches wir damals in Italien sehr abschätzige Aeußerungen auch von Radikalen hörten, war zunächst eine Huldigung für Napoleon und Frankreich. Die Reaktionäre, welchen damit Gelegenheit zur Aeußerung gegeben werden sollte, enthielten sich häufig der Abstimmung, ob sie gleich eine geheime war. In seinem Rundschreiben an die piemontesischen Gesandten an den auswärtigen Höfen vom 27. Januar erklärt Cavour, die Bevölkerung Mittelitaliens sei, seit sie die Hoffnung verloren habe, durch den Congreß ihre Willens- meinung anerkannt zu sehen, von einer hitzigen Ungeduld ergriffen, welche rasche Entscheidung heische. „Die Vertagung des Congresses, heißt es, die Veröffentlichung der Schrift le Pape et le congrès, der darauffol- gende Brief des Pabstes, die Wiederbefestigung der englisch-französischen intimen Allianz, welche man nach Villafranca für geschwächt hielt, vier Thatsachen, deren kleinste hingereicht hätte, die Entscheidung der mittel- italienischen Frage zu beschleunigen, haben ein längeres Abwarten un- möglich gemacht. Reichlich durch die europäische Presse commentirt, haben diese Thatsachen schließlich auch die erfahrensten Männer überzeugt, erstens, daß man nothwendig auf die Idee einer Restauration verzichten müsse, welche in Parma und in Bologna eben so unmöglich ist, wie in Modena und in Florenz, zweitens, daß die einzige mögliche Lösung in der Zulassung der Annexion bestehe, welche schon thatsächlich in der Emilia und in Toscana feststeht, endlich daß die italienischen Bevölkerungen, nachdem sie lange, aber vergeblich darauf gewartet haben, Europa werde ihre Angelegenheiten auf die Grundsätze der Nichtintervention und der Achtung der Volkswünsche feststellen, die Pflicht haben vorzugehen und selbst (da se) ihre Regierung zu bestellen. Diese Bedeutung gibt man in Italien obigen Thatsachen und — eine weitere nicht minder bedeu- tungsschwere Thatsache — dieß ist auch die Auslegung, welche die bedeu- tensten Zeitungen Frankreichs, Englands und Deutschlands (die Kölnische, die Nationalzeitung) ihnen geben. Angesichts dieser Sachlage sind die Bevölkerungen Mittelitaliens entschlossen, zu einer Lösung zu kommen und die Gelegenheit zur vollständigen, definitiven Durchführung der Annexion zu ergreifen. In dieser Absicht haben die Regierungen aller jener Pro- vinzen das Wahlgesetz unseres Landes adoptirt und schicken sie sich an, zur Wahl ihrer Abgeordneten vorzuschreiten. Die Regierung Seiner Majestät hat es nicht mehr in ihrer Macht, diesen natürlichen, nothwendigen Gang der Ereignisse anzuhalten. Sie fühlt die ganze Verantwortlichkeit, welche in diesem feierlichen Augenblicke auf ihr liegt. Ihre Entschlüsse werden ihr inspirirt von ihrem Pflichtbewußtsein, von den Interessen des italieni- schen Vaterlandes und von dem aufrichtigen Verlangen, die Pacifikation Europa's sicher zu stellen."

Mühselig klimmt von Bologna aus die Lokomotive durch Dutzende von Tunneln, durch Pässe voll blutiger Erinnerungen aus der Römerzeit und aus dem Mittelalter die enge Renokluft hinan, deren verwitterte

Felsenwände stets den Einsturz drohen. Endlich ist die Höhe des Apennin, ein von hohen Berggipfeln ummarktes Hochthal erstiegen. Zuerst langsam, dann mit geflügelter Eile fahren wir auf Riesenmauern, durch Gallerien, durch eine Reihe von Tunneln hinab. Der Garten Italiens, der Süden mit seiner Pracht edler Bergformen, thurmreicher Städte, brennender Farben lacht uns dann und wann entgegen. Jetzt ist er uns ganz und dauernd erschlossen. Wir sind mitten darin.

Seit einem halben Jahrhundert hatte sich die italienische National-idee in finstern Verschwörungen abgearbeitet. So oft sie einen Haltpunkt erklommen zu haben glaubte, waren schreckliche Reaktionen über sie herein-gebrochen. Sie schien lebendig begraben. Und dennoch erreicht mit dem blutigen Schweiß zweier Generationen die Lokomotive Italia die Paßhöhe. Jetzt rollt sie bergab, bald in lachendem Licht, bald durch beklemmende Nacht. Hoffen und Bangen pocht in den Herzen der Genossen. Hat nicht der Fanatismus Steine auf die Schienen gewälzt? Werden nicht die Tragmauern von Minen zerrissen zusammenstürzen? Seid festen Muths! Der Leiter der Lokomotive wacht glühenden Herzens, aber kühlen Haupts und scharfen Blicks über alles. Ihn erfüllt das größte, das edelste Be-wußtsein, welches eine Menschenbrust ertragen kann, das Bewußtsein, daß er für viele Millionen hochbegabter, tiefgesunkener Brüder ein sie ver-edelndes Vaterland schaffen muß. Im Lichte der Verklärung liegt es vor ihm. Pfeilschnell eilt er ihm zu, um in ihm sein Grab zu finden.

Druck von J. B. Hirschfeld in Leipzig.

Inhalt.

		Seite
XXVI.	Die italienische Politik Frankreichs, die kirchenstaatliche Republik, der Kampf um Rom, die Restauration in Stadt und Provinz	1
XXVII.	Toscana vom Jahre 1849 bis 1858	96
XXVIII.	Parma und Modena von 1849 bis 1859	120
XXIX.	Die Oestreicher in Lombardo-Venetien von 1849 bis 1858	133
XXX.	Politische Koryphäen Piemonts	158
XXXI.	Piemont nach Novara, unter dem Ministerpräsidenten Massimo d'Azeglio bis zum November 1852	173
XXXII.	Piemont unter dem Ministerpräsidenten Cavour von November 1852 bis 1858	217
XXXIII.	Oberitalien vom 1. Januar 1859 bis zum Frieden von Villafranca	305
XXXIV.	Modena - Parma und die Züricher Friedensconferenz	367
XXXV.	Der Kirchenstaat im Jahre 1859	381
XXXVI.	Toscana im Jahre 1859	419
XXXVII.	Scharfe politische Krise, welche im Januar 1860 zur Bildung des letzten Cavourschen Ministeriums führt	476